KRÖNERS TASCHENAUSGABE BAND 455

W. I. LENIN

THEORIE · ÖKONOMIE · POLITIK

Ausgewählte Texte und Werke

Herausgegeben und erläutert von
Iring Fetscher

ALFRED KRÖNER VERLAG STUTTGART

ISBN 3-520-45501-3

Satz und Druck: Tübinger Chronik, Tübingen

INHALT

EINLEITUNG

WERKE UND TEXTE

I. Abteilung

V. Abteilung

Die Lenin-Texte sind folgenden Ausgaben entnommen:

1. Ausgewählte Werke. 12 Bde. Übersetzt nach der russischen Ausgabe des Marx-Engels-Lenin-Instituts in Moskau. Verlagsgenossenschaft ausländischer Arbeiter in der UdSSR, Moskau 1938. Zitiert: AW, Bandzahl in *arabischen* Ziffern.
2. Ausgewählte Werke. 2 Bde. Verlag für fremdsprachige Literatur, Moskau 1946. Zitiert: AW, Bandzahl in *römischen* Ziffern.
3. Studienausgabe. Hrsg. v. I. Fetscher. Frankfurt 1966. Zitiert: Studienausgabe.

EINLEITUNG

1. Lenins welthistorische Bedeutung

Die von Karl Marx und den Marxisten seit Mitte des 19. Jahrhunderts in den entwickelten kapitalistischen Ländern erwartete proletarisch-sozialistische Revolution ist – unter unvorhergesehenen Bedingungen – erstmals im Oktober 1917 in Rußland zum Sieg gelangt. W. I. Lenins welthistorische Bedeutung kommt vor allem darin zum Ausdruck, daß er diese Revolution aus einer theoretischen Prognose in die Realität überführt hat. Allein seiner Energie, seiner strategischen Umsicht, seiner theoretischen Selbstsicherheit hat es die revolutionäre russische Arbeiterbewegung zu danken, wenn sie »als erste in der Geschichte der Menschheit« den Sprung von der kapitalistischen zur sozialistischen Gesellschaftsformation wagte. Diese Verwirklichung – oder genauer gesagt – den Ausbruch der proletarisch-sozialistischen Revolution in einem »rückständigen Agrarstaat« –, hat Lenin mit Hilfe seiner Auslegung der Theorie des imperialistischen Stadiums des Kapitalismus gerechtfertigt. Die durch den Imperialismus entstandene »ungleichmäßige Entwicklung« des Weltkapitalismus habe dazu geführt, daß die »Kette des kapitalistischen Systems« nicht im Zentrum, bei den hochentwickelten Staaten, sondern *an der Peripherie,* beim schwächsten Kettenglied zuerst zerrissen werden kann. Als ein solches schwaches Kettenglied erwies sich das zaristische Rußland, das einerseits selbst aktiv imperialistische Großmachtpolitik (in Asien) trieb und zugleich Objekt imperialistischer (finanzkapitalistischer) Ausbeutung durch englisches, französisches, deutsches Kapital war. Bis zum Ende des Bürgerkrieges war Lenin freilich fest davon überzeugt, daß die Initialzündung der Oktoberrevolution bald auf die entwickelten Industrieländer überspringen und das revolutionäre Proletariat dieser Länder der bedrängten Sowjetunion zu Hilfe eilen werde. Diese Hoffnungen haben getrogen.

Als zukunftsweisender erwies sich dagegen Lenins These, die russische Revolution stelle die »Brücke« zwischen der europäischen proletarischen Revolution und den nationalen Befreiungsbewegungen Asiens dar.

Von der anti-imperialistischen (bürgerlich-nationalen) Revolution in China und Indien erwartete Lenin die Entscheidung über den Ausgang der Weltrevolution. Denn objektiv würden sie Bundesgenossen der proletarischen Revolutionen in den Metropolen sein. Gemeinsam würden sie den imperialistischen Kapitalismus besiegen.

Tatsächlich hat Lenins Parteikonzeption und seine Interpretation der »Diktatur des Proletariats« als einer effektiven (politischen) Diktatur zahlreichen revolutionären Bewegungen der dritten Welt zum Muster gedient. Wie in Rußland schon eine konsequente bürgerliche Revolution nicht (mehr) von den nur schwach entwickelten und politisch zwischen Zarismus und revolutionären Massen »zerriebenen« bürgerlichen Parteien konsequent zu Ende geführt werden konnte, so auch in den meisten kolonialen und halbkolonialen Ländern. Sie alle waren gezwungen, ohne Bourgeoisie die Aufgaben der bürgerlichen Revolution zu lösen: dem Land die außenpolitische (und ökonomische) Unabhängigkeit zu verschaffen und die feudalen und anderen vorkapitalistischen Hindernisse einer wirtschaftlichen Entwicklung zu überwinden. Die Kaderpartei leninschen Typs und seine faktisch bürokratische (demokratisch sich artikulierende) Diktatur erwiesen sich als geeignete Instrumente zur Verwirklichung dieser Aufgaben.

Ernst Reuter hat in den zwanziger Jahren — nach seinem Ausschluß aus der KPD — Lenin einmal mit Kolumbus verglichen. Beide, so meinte er, haben den Kontinent, den sie eigentlich entdecken wollten, verfehlt, aber beide sind deshalb nicht minder groß, weil sie in Wahrheit einen »anderen« Kontinent entdeckt haben. Kolumbus gelangte nicht auf dem Seeweg nach Indien, sondern entdeckte Amerika, Lenin erreichte nicht die »freie Assoziation der Produzenten«, die sozialistische (klassenlose) Gesellschaft, wohl aber eine Gesellschaft, die auf planbürokratischem Wege — ohne kapitalistische Unternehmer – die industrielle Entwicklung beschleunigt durchführt.

Man kann sich fragen, ob der Erfolg, den Lenins Konzept in Rußland gehabt hat, nicht faktisch den Fortschritt revolutionärer sozialistischer Bewegungen in den Industrieländern verhindert hat. Es war nämlich allzu leicht, unter Verweis auf das »bürokratische Utopia« (Lenin in einem Brief an Kržianowski) den Sozialismus selbst zu diskreditieren und diffamieren. In dem Maße, wie die Parteien der »dritten Internationale« unter den überwältigenden Einfluß der Sowjetunion gerieten, die für 28 Jahre die einzige siegreiche »proletarische Staatsmacht« repräsentierte, erwiesen sie sich als unfähig, erfolgreich auf die politischen und sozioökonomischen Möglichkeiten ihrer eigenen Gesellschaften zu reagieren. Das sowjetische Modell erwies sich nur in relativ rückständigen (kolonialen und halbkolonialen) Ländern als anwendbar. Erst in den letzten 10 bis 15 Jahren haben sich starke kommunistische Parteien westlicher Industriestaaten (insbesondere die Kommunistische Partei Italiens) zunehmend vom sowjetischen Modell gelöst und »eigne Wege« zum Sozialismus zu entwerfen begonnen.

Gegenüber der sowjetischen Lenin-Hagiographie, die unter Stalin einen Höhepunkt erreichte, gilt es heute die realen Dimensionen dieses bedeutenden Strategen und Taktikers der proletarischen Weltrevolution im historischen Kontext sich zu vergegenwärtigen. In dem parteiamtlichen sowjetischen »Abriß seines Lebens und Wirkens« (1948) wird Lenin als »größter Genius aller Zeiten und Völker« bezeichnet, »der mit dem ganzen Reichtum menschlichen Wissens und menschlicher Kultur ausgerüstet ist«. Das ist ebenso nichtssagend wie übertrieben. Lenin selbst hätte alle solchen Epitetha am schroffsten zurückgewiesen und seine Witwe suchte vergeblich die byzantinistischen Ehrungsorgien der Stalinära durch ihren Protest zu bremsen.

Lenin hat sein eigenes Werk nicht vollenden können und er starb voll tiefster Skepsis und Sorge angesichts der wachsenden Bürokratisierung und der »zu großen Macht«, die Stalin als Generalsekretär der Partei akkumuliert hatte. Erst in jüngster Zeit haben oppositionelle Marxisten in den bürokratisch-sozialistischen Ländern unter Rückgriff auf das ganze Erbe Lenins den Kampf gegen die »neue Kaste« (Djilas) der etablierten Staats- und Parteibürokraten begonnen und die ritualisierten Leninbilder der Stalinära, die noch immer das Feld beherrschen, in Frage gestellt.[1] Lenins Prestige ist so groß, daß er auch der Entstalinisierung noch genügend Stichworte zu geben vermag. Entstalinisierung aber impliziert notwendig eine Korrektur dessen, was Stalin erfolgreich als »Leninismus« dogmatisiert hat.

2. Abriß seines Lebens

Wladimir Iljitsch *Uljanow*, der später unter dem revolutionären Tarnnamen Lenin berühmt wurde, ist am 10. (22.) April 1870 in Simbirsk geboren worden (das heute nach ihm Uljanowsk heißt). Sein Vater hatte sich durch Energie und Begabung aus kleinen Anfängen bis zum Gouvernements-Schulinspektor hinaufgearbeitet und wurde als solcher zum Staatsrat ernannt und in den untersten Rang des Dienstadels erhoben. Das einschneidenste Ereignis im Leben des begabten und musterhaft fleißigen Schülers Wladimir war die Hinrichtung seines bewunderten älteren Bruders Alexander im Jahre 1887. Alexander hatte sich als Mitglied der revolutionären Bewegung »Narodnaja Wolja« (Volksfreiheit oder Volkswille) an der Planung eines Attentats auf den Zaren Alexander III. beteiligt und vor Gericht – zur Entlastung seiner Mitangeklagten – bewußt alle Schuld allein auf sich genommen. Nach der Hinrichtung des Bruders wurde die Familie Uljanow (Vater Iljin war bereits vor der Verurteilung des Sohnes gestorben) von den liberalen Kreisen gesellschaftlich gemieden und polizeilich überwacht. Wegen Beteiligung an einem politischen Studentenzirkel von der Universität Kasan relegiert, beschäftigte sich der junge Lenin eine Zeitlang mit der Lektüre revolutionärer Schriften (Tschernischewski und andere russische Materialisten und seit 1888 vor allem Marx und Engels) und lernte aus unmittelbarer Anschauung (auf dem Gut Alakajewa unweit Samara, das Lenins Mutter gekauft hatte) die Probleme des russischen Dorfes kennen. 1891 konnte er als Externer (der nie dort studiert hatte) das juristische Examen der Universität Petersburg mit dem Prädikat »summa cum laude« ablegen. Nachdem er sich vorübergehend in Samara als Anwalt niedergelassen hatte, zog er 1892 wieder in die Hauptstadt und begann sofort – neben der Tätigkeit in einer Anwaltskanzlei – sich an den theoretischen Auseinandersetzungen unter den russischen Intellektuellenzirkeln zu beteiligen. Er trat mit einigen kritischen Rezensionen der ökonomischen und politischen Theorien der »Narodniki«, der »Volkstümler«, hervor, in denen er sich bereits als guter Kenner der marxistischen Kritik der politischen Ökonomie auswies. Dabei konnte er auch schon gewisse Mängel des liberalen Marxisten G. Struve aufdecken, der lediglich die romantisch-irrationale Seite der Narodniki, nicht aber deren soziale Basis (im Kleinbürgertum) erkannt hatte.

1895 reiste Lenin im Auftrag einer marxistischen Gruppe Petersburgs in die Schweiz, um Kontakt zu den bedeutendsten russischen Marxisten aufzunehmen, die in Genf im Exil lebten. Er lernte *Georgi Plechanow* kennen, als dessen »Schüler« er sich auf philosophischem Gebiet betrachtete, sowie *P. B. Akselrod* und *Vera Sasulitsch*, die am klarsten Lenins Genialität und Führungsqualitäten erkannte. Aus dem Ausland zurückgekehrt, vereinigte Lenin einen von ihm geleiteten Zirkel mit *J. Martows* Gruppe zum *»Kampfbund für die Befreiung der Arbeiterklasse«*, der jedoch noch im gleichen Jahr von der Polizei »ausgehoben« wurde. Lenin erhielt – nachdem er ein Jahr im Gefängnis gesessen hatte – eine Verbannungsstrafe von drei Jahren. Während dieser Zeit arbeitete er an seinem ersten größeren Werk *›Die Entwicklung des Kapitalismus in Rußland‹*, für das er eine Unmenge amtlicher Statistiken und Enqueten verarbeitete und das 1899 in Rußland publiziert wurde. Seine Lebensgefährtin und spätere Frau *Nadjeschda Krupskaja* folgte ihm nach Sibirien (d. h. sie ließ ihre Verbannung nach dem Ort Schuschenskoje, wo Lenin wohnte, »umschreiben«), wo sie 1899 heirateten. Lenin führte in Sibirien ein relativ angenehmes Leben. Ging auf die Jagd, fuhr Schlittschuh, korrespondierte mit zahlreichen politischen Verbannten in der Gegend und verdiente zusammen mit seiner Frau seinen Lebensunterhalt durch die Übersetzung des Buches von *Sidney* und *Beatrice Webb* ›Geschichte des Tradeunionismus in England‹. Als *Kautskys* Kritik des Bernsteinschen Revisionismus bekannt wurde, übersetzten sie diese Broschüre in weniger als zwei Wochen.

Im Februar 1900 war Lenins Verbannungszeit abgelaufen und er nahm seinen Wohnsitz in Pleskau (Pskow), um von dort aus wieder eine revolutionäre sozialistische Organisation aufzubauen. Bald stellte es sich jedoch heraus, daß unter den Bedingungen des zaristischen Rußland an eine erfolgreiche politische Arbeit nicht zu denken war, und Lenin ging 1901 zum erstenmal nach Westeuropa ins Exil. Mit *Julius Martov* (Zederbaum), *Georgi Plechanow, P. B. Akselrod* und *Vera Sasulitsch* gab Lenin von 1900 bis 1903 die Zeitschrift »Iskra« (der Funke) heraus, die eine konsequent marxistische Position vertrat und mit Hilfe eines Netzes von Vertrauensleuten nach Rußland hineingeschmuggelt wurde. Lenin war nicht nur einer der aktivsten Redakteure und Mitarbeiter, sondern organisierte mit Hilfe seiner Frau vor allem auch den Vertrieb und die Sammlung von Berichten aus Rußland. Er wollte die Zeitschrift zu einem ideologischen und organisatorischen Sammelpunkt entschlossener sozialistischer Berufsrevolutionäre machen, die imstande sein würden, in den kommenden Klassenkämpfen eine führende Rolle zu spielen. Auf dem zweiten Kongreß der RSDRP (Rossijskaja social-democratischeskaja rabotschaja partija = Sozialdemokratische Arbeiterpartei Rußlands SDAPR) gelang es Lenin (der dieser Partei kurz nach ihrer Gründung 1899 beigetreten war) durch Unterstützung Plechanows, eine Mehrheit für die Durchsetzung seines Statutenentwurfes zustande zu bringen (bolschewistische Fraktion), während *J. Martow,* der für eine weniger enge Begrenzung der Mitgliedschaft der »Kaderpartei« eintrat, in der Minderheit blieb (menschewistische Fraktion). Verhandlungen mit dem jüdischen »Bunt«, einer der größten sozialistischen Parteien im zaristischen Rußland, und mit der kleinen polnischen Partei (Sozialdemokratie des Königreichs Polen und Litauen SDKPiL), die unter dem vorwiegenden Einfluß *Rosa Luxemburgs* stand, scheiterten an Lenins unerbittlicher Forderung, daß jede lokale Parteiorganisation unmittelbar der neuen Zentrale unterstellt werden müsse, der sich die beiden Parteien – trotz prinzipieller Übereinstimmung in anderen Fragen – zugunsten eines föderativen Systems – versagten. Lenins Sieg über seine Gegner brachte ihm allerdings nicht die erhoffte Vormachtstellung in der Redaktion der ›Iskra‹; da Plechanow sich gegen ihn entschied, wurde er zum Austritt aus der Redaktion gezwungen. Eine erbitterte Auseinandersetzung um die Parteilinie (gegen die ›neue Iskra‹) folgte.

Im April des Revolutionsjahres 1905 kam ein neuer Parteikongreß in London zustande, auf dem Lenins Anhänger zwar wieder die Mehrheit erhielten, aber nicht bereit waren, seinem Antrag auf Ausschluß der Menschewiki zu folgen. Die Revolution führte vorübergehend zu einer praktischen Annäherung der beiden Fraktionen. Lenin erkannte bald die große Bedeutung der Revolution nicht nur für die Entwicklung der russischen Verhältnisse, aber seine Parteifraktion selbst hatte nur relativ wenig Anteil an den Ereignissen. Nach der Gewährung einer »Konstitution« konzentrierten sich die Menschewisten in Rußland auf die *legale* Parlamentstätigkeit, während einige linksradikale Bolschewiken die völlige Enthaltung von parlamentarischer Tätigkeit forderten. Lenin trat von der zweiten Duma an für eine Kombination von legaler (Parlaments- und Gewerkschafts-)Tätigkeit und konspirativer Arbeit (Vorbereitung des bewaffneten Aufstands und der Arbeit in einer jederzeit wieder möglichen Illegalität) ein. Er bekämpfte ebenso die Beschränkung auf die legale Tätigkeit als »Liquidationismus« (Liquidatorentum) als auch die »Abberufler« (Otsowitsy), die die Abgeordneten zurückrufen wollten. Zu diesen Abberuflern gehörte auch der Arzt und Philosoph *Alexander Bogdanow*, gegen dessen erkenntnistheoretische Auffassungen Lenin in seinem Buch ›Materialismus und Empiriokritizismus‹ (1908) zu Felde zog.

Erst auf dem Parteitag in Prag im Jahr 1912 gelang es Lenin, die definitive Loslösung von den Menschewiki (bzw. deren Parteiausschluß) durchzusetzen. Im gleichen Jahr wurde mit der Zeitung ›Prawda‹ (die Wahrheit) ein auflagenstarkes und wirksames Propagandamittel übernommen, das die Arbeit der illegalen Zirkel und Gruppen ergänzte und stützte. Unter den Abgeordneten, die von der Tribüne der Duma (des russischen Parlaments) die Ansichten der Bolschewisten verkündeten, tat sich R. W. Malinowski besonders hervor, der später als Polizeispitzel entlarvt wurde. Während der letzten Jahre vor dem ersten Weltkrieg leitete Lenin von österreichisch Galizien aus die Arbeit seiner Partei in Rußland. Bei Kriegsausbruch als angeblicher »russischer Spion« verhaftet, wurde er – auf Grund der Intervention österreichischer Sozialdemokraten – in die Schweiz abgeschoben, wo er bis zum April 1917 blieb. In der Schweiz hat Lenin die erzwungene politische Untätigkeit (angesichts der äußerst schwierigen Verbindungen mit Rußland) zu intensivem Studium genützt. Er las erstmals gründlich Hegels Logik und die Enzyklopädie, sowie Schriften von Feuerbach, unter anderem dessen Buch über Leibniz. Vor allem aber trug er Material für seine Arbeit über den ›Imperialismus als höchstes Stadium des Kapitalismus‹ zusammen, das 1917 legal in Rußland erscheinen konnte.

Mehr als vom Ausbruch des Krieges wurde Lenin (wie andere revolutionäre Marxisten) vom »Verrat der Führer der zweiten Internationale« überrascht. Fast sämtliche sozialistischen Parteien Europas (mit Ausnahme der Serben und der Bolschewiki) schlossen sich bei Kriegsausbruch ihren Bourgeoisien an, stimmten für Kriegskredite, akzeptierten den »Burgfrieden« im Klassenkampf, ja riefen sogar zur »Vaterlandsverteidigung« auf. Dabei hatte die zweite Internationale noch 1912 in Basel feierlich gelobt, entschieden gegen den Krieg zu kämpfen.

In den Konferenzen, die während des Krieges in der Schweiz von linken Sozialisten, welche die »sozialpatriotische Schwenkung« ihrer Parteien ablehnten, (in Zimmerwald 1915, in Kienthal 1916) veranstaltet wurden, erblickte Lenin den Keim einer neuen – der dritten Internationale. Lenin und seine Anhänger bildeten die »Zimmerwalder Linke«, die sich von den »halbherzigen« bloß-theoretischen Kriegsgegnern bewußt distanzierte. Das eigentliche Unterscheidungsmerkmal war für Lenin, ob jemand bereit war, 1. die Niederlage des *eignen* Landes (d. i. der eignen Bourgeoisie) zu fördern und 2. die Verwandlung des internationalen Krieges in einen Bürgerkrieg zum Zwecke der Durchsetzung der sozialistischen Revolution anzustreben.

Im April 1917 wurde Lenin zusammen mit einer Anzahl weiterer russischer Revolutionäre in einem von der deutschen obersten Heeresleitung zur Verfügung gestellten Waggon durch Deutschland transportiert und über Finnland nach Petersburg gebracht, wo er zu seiner größten Überraschung von einer vieltausendköpfigen Menge empfangen wurde. In den ›Briefen aus der Ferne‹ hatte er bereits seine Deutung der revolutionären Lage gegeben. Jetzt suchte er unverzüglich durch seine ›Aprilthesen‹ den Kurs der Ereignisse zu bestimmen. Im Gegensatz zu den meisten Mitgliedern seiner Partei trat er gegen eine Beteiligung an der Regierung und für deren sofortige Bekämpfung ein. Es galt seiner Überzeugung nach zunächst unter den Massen der Arbeiter, Bauern und Soldaten noch mehr Anhänger zu gewinnen und dann die provisorische Regierung zu stürzen, um die ganze Macht zu übernehmen. Es gelang ihm – gegen erheblichen Widerstand innerhalb der eignen Reihen – die Losungen: Frieden, Landverteilung an die armen Bauern und Brot durchzusetzen. Im Anschluß an den gescheiterten Juli-Aufstand, den die Bolschewiki zwar nicht geleitet, an dem sich aber eine Anzahl führender Bolschewiki beteiligt hatten, kam es zur Verfolgung der Bolschewiki, und Lenin mußte nach Finnland fliehen. Die Massen wandten sich daraufhin zunächst enttäuscht von den Bolschewiki ab. Nachdem aber Ende August der Putsch des zaristischen Generals Kornilow mit Hilfe der von Kerenski erbetenen Unterstützung sozialistischer Streitkräfte zusammengebrochen war, traten die Bolschewiki erneut mit der Losung »alle Macht den

Sowjets« hervor und entschlossen sich unter dem Drängen Lenins am 25. 10. (7. 11.) zum bewaffneten Aufstand. Inzwischen hatten die Bolschewiki in den Sowjets von Petersburg und Moskau die Mehrheit, und Trotzki, der sich im Sommer den Bolschewiki angeschlossen hatte, war Vorsitzender des Petrograder Sowjet geworden. Darüber hinaus konnte Trotzki das von den Menschewiki zur Abwehr eines möglichen deutschen Angriffs eingerichtete »revolutionäre Militärkomitee« geschickt zum Zweck der Sicherung der Machtzentren des Staates einsetzen. Beinahe lautlos vollzog sich die Zerschlagung der alten und die Übernahme der Macht durch die neue Regierung. Unverzüglich erließ die neue Macht Dekrete über den Frieden, über die Verteilung des Bodens und die Rechte des werktätigen und ausgebeuteten Volkes. Der soeben einberufene 2. Sowjetkongreß ratifizierte die Dokumente.

An der Regierung, die sich »Rat der Volkskommissare« nannte, um den Unterschied gegenüber bürgerlichen Kabinetten auch im Namen zu unterstreichen, beteiligten sich außer den Bolschewiki nur einige linke Sozialrevolutionäre (vom 23. (10.) 12. 1917 bis zum 15. 3. 1918). Eine breitere Linkskoalition, wie sie Kamenew, Sinowjew, Rykow, Lunatscharski und andere gefordert hatten, lehnte Lenin ab. Auch die Ratifizierung des ungemein harten »Friedens«-diktats von Brest-Litowsk konnte Lenin nur gegen Widerstand (vor allem Bucharins und Trotzkis) durchsetzen. Im Januar 1918 löste er durch Dekret die eben erst gewählte konstituierende Versammlung auf, weil sich in ihr keine bolschewistische Mehrheit gebildet hatte und dieses Organ seiner Überzeugung nach nur zu einem Hemmschuh der Revolution geworden wäre. Die Losung »alle Macht den Räten« sollte sich jetzt nicht mehr gegen die provisorische Regierung (Doppelherrschaft), sondern gegen die Konstituante richten. Diese Entscheidung brachte Lenin viele Anfeindungen nicht nur von Reformisten ein.

Auch mit dem Friedensschluß von Brest-Litowsk war die neue revolutionäre Macht noch nicht konsolidiert. Während der folgenden Jahre hatte sie gegen ausländische Interventionen (von Engländern, Franzosen, Deutschen und Japanern) und gegen zaristische Generale zu kämpfen, die von ausländischem Kapital unterstützt wurden. Die Unterstützung der bäuerlichen Bevölkerung, die den Bolschewiki das Land verdankte, und die unter Trotzkis Führung rasch aufgebaute Rote Armee führten schließlich zum Sieg der Bolschewiki im ganzen Land. Die Loslösung Finnlands —, der baltischen Staaten und Polens mußte allerdings hingenommen werden. Lenin selbst hatte — gegen den Widerstand vieler führender Bolschewiki — ausdrücklich das nationale Selbstbestimmungsrecht bis zum Recht auf Lostrennung von der neugeschaffenen Föderation verfassungsmäßig fixiert. Zur Zeit der Staatsgründung blieb dieses Recht nicht auf dem Papier stehen, sondern wurde von den genannten Nationen erfolgreich in Anspruch genommen. Freilich trug die militärische Schwäche des neuen Staates zur Durchsetzung dieses Rechtes ebenso bei wie auswärtige Rückendeckung (z. B. der Regierung Polens durch französische Truppen).

Die Härte des Bürgerkrieges und das Ausbleiben der vergeblich erwarteten europäischen sozialistischen Revolution (die über kurzlebige Ansätze in Ungarn und Bayern nicht hinauskam) trugen dazu bei, daß in der Epoche des »Kriegskommunismus« Organisationen und Maßnahmen entstanden, die den jungen Staat fast in allen Punkten zum Gegenteil dessen machten, was Lenin in »Staat und Revolution« als Zukunftsbild skizziert hatte. Vor allem mußte ein äußerst effektiver und repressiver Staatsapparat entstehen, der mit Geheimpolizei, Sondergerichten, Straflagern, stehender Berufsarmee und rasch wachsender Bürokratie wie eine modernisierte Neuauflage des zaristischen anmutete. Hauptunterschied war freilich, daß an die Spitze entschlossene und energische Angehörige der bisher unterdrückten Klassen traten, die Rußland zu modernisieren und kulturell zu revolutionieren suchten. Die größten und schnellsten Erfolge wurden auf dem Gebiet der Alphabetisierung erzielt.

In den Industriebetrieben wurde bald das »Einmannführungsprinzip« eingeführt und die straff zentralisierte staatliche Verwaltung und Parteiorganisation ließ die Kompetenzen der dezentralisierten Sowjets rasch zusammenschrumpfen. Nach Ende der Bedrohung von außen und innen opponierte vor allem die Bauernschaft, der die Industrie im Tausch für ihre Produkte wenig zu bieten hatte und die unter der staatlichen Zwangsablieferung zu Festpreisen die ganze Last der Notjahre tragen mußte. Aber auch die Arbeiter waren mit den Erfolgen der Revolution unzufrieden, da sie ihnen weder Selbstbestimmung im Betrieb noch ausreichende Versorgung mit Lebensmitteln und Wohnung gebracht hatte.

Angesichts dieser Lage riß Lenin Anfang 1921 das Steuer seiner Wirtschaftspolitik völlig herum und ging zur »Neuen Ökonomischen Politik« (NÖP oder russisch NEP) über. An die Stelle der Zwangsablieferung des Getreides trat eine Naturalsteuer; den Überschuß durften die Bauern zu Marktpreisen auf die städtischen Märkte bringen. Der Handel wurde teilweise reprivatisiert, ebenso das Handwerk und gewerbliche Klein- und Mittelbetriebe. Ausländischen Unternehmern wurden »Konzessionen« angeboten (meist in gemischten Betrieben, an denen sich der sowjetische Staat mit 50 Prozent beteiligte). Das Wirtschaftssystem, das damit an die Stelle des fast vollständig reglementierten Kriegskommunismus trat, nannte Lenin »Staatskapitalismus«. Betonte aber zugleich, daß dieser sich angesichts der politischen »Diktatur des Proletariats«, der Verstaatlichung der Bodenschätze, der Banken, des Außenhandels und der Großunternehmungen völlig unter Kontrolle halten lasse.

Auch in der Gewerkschaftsfrage, die zwischen Trotzkis Postulat einer »Verstaatlichung der Gewerkschaften« und Schljapnikows »Syndikalisierung des Staates« umstritten war, trat Lenin für eine der Situation angemessene gemäßigte Lösung ein.

Auf dem X. *Parteitag der KPdSU im März 1921* wurden weitreichende Beschlüsse hinsichtlich der innerparteilichen Demokratie verabschiedet. Bis dahin hatte es wiederholt vor den Parteitagswahlen sogenannte »Plattformen« gegeben, durch die unterschiedliche Parteirichtungen (z. B. die

»Arbeiteropposition«) ihre Auffassungen bekanntgaben und sich um Stimmen bewarben. Diese Plattformen wurden jetzt ausdrücklich verboten. Lenin legte aber Wert darauf, daß abweichende Meinungen in der Partei nach wie vor offen diskutiert werden konnten und forderte die Schaffung von Diskussionszeitschriften. Außerdem unterstrich er den Notstandscharakter dieser Maßnahme, die in erster Linie infolge des Kronstädter Aufstands (März 1921) sich als erforderlich erwiesen hatte.

Der Übergang zur Neuen Ökonomischen Politik, die bessere Konsumgüterversorgung der Bevölkerung, welche in der Tat die Folge war, und die gleichzeitige Straffung der Partei- und Staatsorganisation, die Verschärfung der Repression ließen schon damals den Keim jener Strukturen entstehen, die später – zur Zeit der Stalinschen Monokratie – deutlich sichtbar wurden.

Dennoch darf man nicht vergessen, daß Lenin zwar abweichende Auffassungen in der Partei scharf kritisierte, aber nach wie vor mit Männern wie Lunatscharski, Bucharin, Trotzki, Alexandra Kollontai (die zur Arbeiteropposition gehörte) eng zusammenarbeitete. Auch der Parteiausschluß hatte damals nicht notwendig die Infragestellung der bürgerlichen Existenz zur Folge. In der Regel wurden selbst Angehörige »verbotener Fraktionen« nicht aus der Partei ausgeschlossen. Bei aller Insistenz auf zentralistischer Führung hatte Lenin doch noch so etwas wie Sinn für die Legitimität und Nützlichkeit von Diskussionen. So hat er z. B. auch auf kulturellem Gebiet, obgleich er von den modernen Richtungen der Malerei und Dichtung nichts hielt, nie administrativ eingegriffen. Das Ausmaß an kultureller Vielfalt der zwanziger Jahre in der Sowjetunion erscheint im Rückblick wie ein »goldenes Zeitalter der revolutionären Kunst«. Lenin hat es durch seine Person inspiriert, aber er hat es nicht »geschaffen«, sondern lediglich toleriert.

Im März 1919 wurde unter Lenins entscheidendem Einfluß in Moskau die »dritte sozialistische Internationale« gegründet. Präsident wurde Sinowjew. Der linke Flügel der internationalen Arbeiterbewegung (namentlich in Europa) wurde unter den Schutz der jungen Sowjetmacht gestellt und nach dem Muster der Kommunistischen Partei der Sowjetunion (KPdSU) organisatorisch umgebildet. Zugleich suchte Lenin die Verbindung mit den antikolonialen nationalen Befreiungsbewegungen namentlich Asiens herzustellen. In Baku fand am 2. 9. 1920 der erste Kongreß der Völker Asiens statt.

Lenin konnte die Früchte seines Sieges nicht mehr lange reifen sehen. Im Frühjahr 1922 erlitt er den ersten Schlaganfall, nach dem er sich nur langsam wieder bis zur Arbeitsfähigkeit erholte; der dritte Anfall im Januar 1923 zwang ihn, sich vollständig von der aktiven politischen Arbeit zurückzuziehen. In seinen letzten schriftlichen Äußerungen – an den Parteitag und an Trotzki, in dem er trotz aller vorübergehender Meinungsunterschiede und trotz der von Lenin verurteilten Eitelkeit des Intellektuellen und Rhetors offenbar den einzigen ebenbürtigen Genossen sah – drückt sich die Sorge über die Entwicklung der Sowjetbürokratie, die repressive Nationalitätenpolitik Stalins und Ordshonikidses und die fast unbegrenzte Macht des Generalsekretärs des ZK (Stalin) aus, den er dringend abzulösen rät.

Am 21. Januar 1924 starb Lenin, seit März 1923 außerstande zu sprechen, hatte er – trotz vorübergehender Besserung – die letzten Monate seines Lebens entfernt von der Hauptstadt in Gorki zugebracht. Ganz Rußland und Millionen Anhänger in der ganzen Welt trauerten um ihn. Die Presse aller Länder gedachte des Revolutionärs und Staatsmanns. Die Führung der KPdSU »antwortete auf den Tod Lenins« mit dem »Leninaufgebot«, dem Eintritt von 200 000 Arbeitern in die Partei Lenins. Stalin ordnete das prunkvolle Staatsbegräbnis und die – Lenin ganz unangemessene – Einbalsamierung und Exposition im Lenin-Mausoleum auf dem »Roten Platz« in Moskau an. Trotzki, der nächste Vertraute unter den Politikern, war von Stalin durch ein irreführendes Telegramm bewußt von den Trauerfeierlichkeiten ferngehalten worden. Schon zeichneten sich Kämpfe um die Legitimität der Nachfolge ab. Noch im April des gleichen Jahres suchte sich Stalin durch seine Vorlesungen über ›Die Grundlagen des Leninismus‹ an der Swerdlow-(Partei-)Universität als rechtmäßiger Erbe Lenins zu profilieren. Er widmete seine Vorlesung dem »Lenin-Aufgebot«.

3. Sein theoretisches und praktisches Werk

3.1. Die Auseinandersetzung mit anderen revolutionären und reformistischen Richtungen in Rußland

Die einflußreichste Richtung unter den kritischen und oppositionellen Intellektuellen des alten Rußland war lange Zeit die des sogenannten »Narodnitschestwo«, der »Volkstümler«. Sie gingen davon aus, daß die Eigenart der russischen Kultur und Gesellschaft diesem Land einen Sonderweg ermöglichen werde, der den moralischen Zerfall und die Not des westeuropäischen Kapitalismus zu umgehen erlaubt. Dabei setzten sie meist ihre Hoffnung auf die Reste gemeinwirtschaftlicher Institutionen, die es auf dem russischen Dorf noch gab (Mir, Gemeindeland, Weide, Waldnutzungsrechte etc.). Der linke Flügel dieser Bewegung, dem auch Lenins Bruder angehört hatte, kombinierte eine radikal agrarsozialistische Zielsetzung mit einer Geschichtstheorie, die dem entschlossenen revolutionären Einzelnen (oder der Elite) eine entscheidende Bedeutung zuschrieb.

Im Gegensatz zu den Narodniki traten die russ. Liberalen (die später der Partei der »Kadetten«, d. i. »konstitutionelle Demokraten« angehörten oder sie unterstützten) für eine beschleunigte industriekapitalistische Entwicklung Rußlands ein, für die der Staat die politischen Voraussetzungen (durch Abbau der Autokratie und demokratische Reformen) schaffen sollte. Im Umkreis dieser Liberalen wurden auch die Lehren von Karl Marx als eine Unterstützung der These von der Notwendigkeit des kapitalistischen Weges in Rußland verstanden. Auch der russische Nationalökonom *Nikolai I. Siber* (1844–1883), der bereits 1871 eine Magisterarbeit mit dem Titel ›David Ricardo und Karl Marx und ihre sozialökonomischen Auffassungen‹ veröffentlicht und den ersten Band des ›Kapital‹ ins Russische übersetzt hatte, schloß sich nicht den Sozialisten an. *Peter Struve* (1870 bis 1944), dessen ›Kritische Bemerkungen zur Frage der ökonomischen Entwicklung Rußlands‹ (1894) eine Zurückweisung der Auffassungen der Narodniki enthielt, war oder wurde – wie sich bald herausstellte – trotz seiner Verwendung Marxscher Argumente ein Anwalt des liberalen Kapitalismus.

Der vierundzwanzigjährige Lenin griff mit zwei Arbeiten in diese Auseinandersetzungen ein und stellte sich sofort auf den Standpunkt eines konsequenten sozialistischen Revolutionärs. Er akzeptierte zwar die Argumente, die einem Anwalt der beschleunigten kapitalistischen Entwicklung Rußlands wie einem marxistischen Sozialisten gleich akzeptabel waren, stellte aber sogleich kritisch fest, daß die »Narodniki« vom kleinbürgerlich-kleinbäuerlichen Standpunkt die russische Rückständigkeit idealisierten, während die Liberalen sie vom kapitalistisch-großbürgerlichen aus kritisierten und den »Westen« idealisierten. Hier kam es entscheidend darauf an nachzuweisen, daß Rußland auf dem Weg zum Kapitalismus auf dem Land wie in der Stadt bereits weit fortgeschritten war und die von den Narodniki idealisierten Reste des »Mir« (oder Obschestwo) längst ihre ökonomische Bedeutung verloren hatten. Zugleich unterstrich aber Lenin auch in seiner ›Entwicklung des Kapitalismus in Rußland‹ (1899) die vermehrte Ausbeutung der armen und landlosen Bauern, die mit der sozialökonomischen Zersetzung des Dorfes einher ging. Technologisch-ökonomischer Fortschritt und soziale Differenzierung und Not proletarisierter Bauern waren eng miteinander verbunden. Im ganzen war die Entwicklung zu begrüßen, aber nicht, weil sie ideale Verhältnisse schuf, sondern nur weil sie eine sozialistische Umgestaltung auch in Rußland in greifbare Nähe rückte.

Neben diese theoretische Auseinandersetzung, die übrigens auch den Zweck hatte, die Entwicklungsfähigkeit des Kapitalismus (die Schaffung des »inneren Marktes« durch den Kapitalismus selbst) zu beweisen, trat die taktische um die Methoden der revolutionären Veränderung. Als revolutionärer Marxist wußte Lenin, daß die objektiven Verhältnisse für eine soziale Revolution erst noch heranreifen mußten, aber im Gegensatz zum passiven Evolutionsglauben der deutschen Marxorthodoxie (insbesondere Kautskys, den Lenin bis 1914 allerdings als führende Autorität des Marxismus vorbehaltlos anerkannte und von dem er erheblich beeinflußt wurde) verlor Lenin die Tatsache nicht aus den Augen, daß die Revolution selbst »gemacht« werden muß. Kautsky dagegen hatte die berühmte Formel geprägt, die »deutsche Sozialdemokratie sei eine revolutionäre, nicht aber eine Revolutionen machende Partei«.

3.2. Die Entwicklung der Theorie einer »Partei neuen Typs«

Nach dem Abschluß der Auseinandersetzung mit den nichtmarxistischen revolutionären und reformerischen Richtungen zeichnete sich zu Beginn des Jahrhunderts ein Konflikt unter den Marxisten selbst ab. Eine starke Tendenz unter den russischen marxistischen Intellektuellen, die Lenin legale Marxisten und Ökonomisten nannte, wollte die Arbeiterbewegung auf Streiks, wirtschaftliche Aktivitäten usw. beschränken und hielt die Schaffung einer zentralen, straff organisierten Kaderpartei für unnötig oder unerwünscht. Lenin trat in der »Iskra« (1900–1903) für eine »Partei neuen Typs« ein, der die Aufgabe der Entfaltung des proletarischen Klassenbewußtseins, der Führung der werktätigen Massen und der Vorbereitung der Revolution zufallen sollte.

Die vollständigste theoretische Begründung dieser Parteikonzeption gibt die Schrift ›Was tun?‹ (1902) Das gleiche Thema wird wieder aufgegriffen in ›Ein Schritt vorwärts – zwei Schritt zurück‹ (Mai 1904). Während ›Was tun‹ das Thema für die Auseinandersetzung auf dem Londoner Parteitag, der zur Bildung der bolschewistischen (Mehrheits-) Fraktion führte, formuliert, blickt Lenin in ›Ein Schritt vorwärts ...‹ auf die Debatten des Parteitags zurück und sichtet noch einmal die Argumente.

Der »Feind«, gegen den sich Lenins Polemik richtet, ist der Reformismus, wie er in Deutschland durch Eduard Bernstein vertreten wird, in Rußland durch die erwähnten »Ökonomisten«. Lenin kann sich um so leichter gegen Bernstein zur Wehr setzen, als in Rußland weder von einer massenhaften Hebung des Lebensstandards der Arbeiter noch von einer auch nur formalen demokratischen Artikulation sozialistischer bzw. sozialreformerischer Forderungen in Wahlen die Rede sein kann. Der Klassenkampf ist hier eine deutlich sichtbare und brutale Realität, die Reform utopisch, das sozialistische Endziel dagegen eine lebendige Hoffnung.

Die Theorie der Partei neuen Typs kann man systematisch in drei Hauptpunkte zusammenfassen:

1. Spontan, aus eigner Kraft gelangen die Arbeiter nur bis zu einem »tradeunionistischen Bewußtsein«, d. h. sie organisieren sich mit dem Ziel der Abwehr unmittelbar sie betreffender Mißstände (Arbeitsweise, Lohnhöhe usw.). Dagegen muß das »politische Klassenbewußtsein« *von außen* in die Arbeiterschaft hineingetragen werden. Unter Berufung auf einen Artikel von Karl Kautsky in der ›Neuen Zeit‹ (1901/2 Nr. 3) über das neue Programm der SPÖ betont Lenin die Rolle, die den marxistischen Intellektuellen in diesem Zusammenhang zukommt. Bei Kautsky heißt es: »Das moderne sozialistische Bewußtsein kann nur erstehen auf Grund tiefer wissenschaftlicher Einsicht. In der Tat bildet die heutige ökonomische Wissenschaft ebenso eine Vorbedingung sozialistischer Produktion, wie etwa die heutige Technik, nur kann das Proletariat beim besten Willen die eine ebensowenig schaffen wie die andere; sie entstehen beide aus dem heutigen gesellschaftlichen Prozeß. Der *Träger der Wissenschaft* ist aber nicht das Proletariat, sondern die *bürgerliche Intelligenz«* (hervorgehoben von KK); *»in einzelnen Mitgliedern dieser Schicht ist denn auch der moderne Sozialismus entstanden und durch sie erst geistig hervorragenden Proletariern mitgeteilt worden, die ihn dann in den Klassenkampf des Proletariats hineintragen, wo die Verhältnisse es gestatten.* Das sozialistische Bewußtsein ist also etwas in den Klassenkampf des Proletariats von außen Hineingetragenes, nicht etwas aus ihm urwüchsig Entstandenes ... Kann nun einmal von einer selbständigen, von den Arbeitermassen selber im Verlauf der Bewegung aus-

gearbeiteten Ideologie keine Rede sein, so kann die Frage nur so stehen: *bürgerliche oder sozialistische Ideologie.* Ein Mittelding gibt es hier nicht...« (AW Bd. I S. 207 f.). – Die Ökonomisten – so lautet Lenins Schlußfolgerung – überlassen die Arbeiterbewegung »bürgerlichen Einflüssen« und sind außerstande, die Revolution aktiv vorzubereiten. An die Spitze der Entwicklung muß eine »Avantgarde« treten, die eine *Partei von Berufsrevolutionären,* eine »*Kaderpartei*« zu sein hat. Aus diesem Grunde trat Lenin auch mit so großem Nachdruck für eine Fassung des Artikels 1 des Organisationsstatuts der SDAPR (Sozialdemokratische Arbeiterpartei Rußlands) ein, die den Kreis der Mitglieder *beschränkte* und ihnen höchste politische Aktivität (in Massenorganisationen, auf Spezialgebieten) zur Pflicht machte. Die scheinbare Kleinigkeit, auf Grund deren es zur Spaltung von Bolschewiki und Menschewiki kam, war Ausdruck eines für Lenin ausschlaggebenden Prinzips.

2. Entsprechend ihrer »Avantgarde«funktion und ihrer Führungs- und Erziehungsaufgabe gegenüber dem Proletariat wie gegenüber den übrigen Werktätigen (von denen viele unter dem Einfluß bürgerlicher Ideologien und kleinbürgerlicher Utopien stehen) soll nach Lenin auch die *Struktur der Partei* zentralistisch und die Unterordnung der lokalen und peripheren Gliederungen unter die oberste Führung vollständig sein. An dieser weitgehenden Kompetenz der zentralen obersten Führung war 1903 die Vereinigung mit dem jüdischen »Bunt« wie mit der Partei Rosa Luxemburgs gescheitert, weil beide eine gewisse föderative Unabhängigkeit im Rahmen der SDAPR verlangten. Die Führung selbst sollte sich – so meinte Lenin 1903 – durch *Kooptation* ergänzen. Das Organisationsprinzip war also nicht nur zentralistisch, sondern auch oligarchisch (elitär). Für diesen Modus der Führerbestellung hatte Lenin das plausible Argument, daß es in einem Lande, in dem die Geheimpolizei auf ihre Weise die »Auslese« der Revolutionäre vornehme, selbstmörderisch wäre, wenn man Wahlen innerhalb der Partei veranstalten wollte. Als nach der Revolution von 1905/6 vorübergehend sich die politischen Verhältnisse in

Rußland liberalisierten, trat Lenin aber sofort für das Prinzip des »*demokratischen Zentralismus*« ein, d. h. er forderte, daß sämtliche Parteiführer von unten bis oben durch die Mitglieder (bzw. die nächst niedrigen Ränge im Parteiaufbau) gewählt werden sollten. Die einmal an die Spitze Gelangten sollten aber dann unumschränktes Weisungsrecht (bis zum nächsten Parteitag) haben und notfalls auch örtliche Organisationen maßregeln (ja ausschließen) dürfen. Es hat sich – namentlich nach dem Verbot der konkurrierenden Linksparteien der Menschewiki und der Sozialrevolutionäre in den Jahren 1917 und 1918 – allerdings gezeigt, daß der demokratischen Wahl gegenüber der zentralistischen Weisungsbefugnis immer weniger echte Relevanz zukam. Zu einer monolithischen, jede Diskussion von Grundsatzfragen im Zusammenhang mit der Wahl von Personen ausschließenden Organisation ist die Partei allerdings erst unter Stalin geworden (und seither geblieben).

3. Ein dritter zentraler Gesichtspunkt der Leninschen Parteitheorie ist die Bestimmung des Verhältnisses der Partei zu den sogenannten *Massenorganisationen* – in erster Linie den Gewerkschaften. Jedes Parteimitglied soll in einer Massenorganisation aktiv tätig sein und dadurch zu einer allmählichen Hebung des politischen Bewußtseins der Arbeiter beitragen. Durch überlegene Klarsicht und erhöhten Einsatz für die Aufgaben z. B. einer Betriebsgewerkschaft soll sich der Parteigenosse das Vertrauen der nichtparteigebundenen Arbeiter erwerben und erst später beginnen, sie im Sinne des revolutionären Marxismus zu beeinflussen. Sollte aber die Parteileitung aus einem übergeordneten politischen Grunde z. B. zu einer bestimmten Zeit einen Streik für unerwünscht halten, dann muß er die Arbeiter zur Annahme dieses Entschlusses bewegen. Er muß seine Gewerkschaftstätigkeit immer den höheren Zielen der politischen Gesamtbewegung unterordnen.

Bewußtheit gegen bloße Spontaneität, Kaderpartei gegen Massenpartei, Zentralismus gegen »Handwerkelei« und Zirkelweisen ohne festen Zusammenhalt, Benutzung der Massenorganisationen des Proletariats als »Transmissionen«

des entschlossenen Willens der Parteiführung – so läßt sich die Leninsche Organisationstheorie zusammenfassen. Freilich muß man abschließend daran erinnern, daß Lenin schon 1907 meinte, dieses Werk (›Was tun?‹) »dürfe nicht aus dem Zusammenhang einer bestimmten geschichtlichen Lage, einer bestimmten und jetzt schon längst vergangenen Periode in der Entwicklung unserer Partei« herausgerissen werden (A.W. Bd. 2 S. 506). Unter Stalin wurde ›Was tun?‹ nicht zufällig kanonisiert. Es diente der autoritär-zentralistischen Partei und Staatsführung als ein wichtiges Legitimierungsmittel. Lenin selbst hat die Schrift nach der Oktoberrevolution nicht mehr als Einzelbroschüre publiziert und nur in einen Sammelband, der der historischen Dokumentation dienen sollte, aufgenommen.

Während Georgi Plechanow Lenin auf dem Londoner Parteitag 1903 noch unterstützte, hat er sich später gegen dessen Organisationstheorie gewandt. Einer der schärfsten Kritiker dieser Parteikonzeption war aber *Rosa Luxemburg.* Sie schrieb 1904 u. a.: »Die sozialdemokratische Bewegung ist die erste in der Geschichte der Klassengesellschaften, die in allen ihren Momenten, im ganzen Verlauf auf die Organisation und die selbständige direkte Aktion der Masse berechnet ist. – In dieser Beziehung schafft die Sozialdemokratie einen ganz anderen Organisationstypus als die früheren sozialistischen Bewegungen, z. B. die des jakobinisch-blanquistischen Typus. Lenin scheint dies zu unterschätzen, wenn er in seinem Buch (›Was tun?‹) meint, der Sozialdemokrat sei doch nichts anderes als ›der mit der Organisation des klassenbewußten Proletariats unzertrennlich verbundene Jakobiner‹. In der Organisation und dem Klassenbewußtsein des Proletariats im Gegensatz zur Verschwörung einer kleinen Minderheit erblickte Lenin die erschöpfenden Unterscheidungsmomente zwischen der Sozialdemokratie und dem Blanquismus. Er *vergißt,* daß damit auch eine völlige Umwertung der Organisationsbegriffe, ein ganz neuer Inhalt für den Begriff des Zentralismus, eine ganz neue Auffassung von dem wechselseitigen Verhältnis der Organisation und des Kampfes gegeben ist ... Der sozialdemokratische Zentralismus muß von wesentlich anderer Beschaffenheit sein als der blanquistische. Er kann nichts anderes als die gebieterische Zusammenfassung des Willens der aufgeklärten und kämpfenden Vorhut der Arbeiterschaft ihren einzelnen Gruppen und Individuen gegenüber sein; es ist dies sozusagen ein ›Selbstzentralismus‹ der führenden Schicht des Proletariats, ihre Majoritätsherrschaft innerhalb ihrer eigenen Parteiorganisation. Im ängstlichen Bestreben eines Teils der russischen Sozialdemokraten, die so hoffnungsvoll und lebensfreudig aufstrebende russische Arbeiterbewegung durch die Vormundschaft eines allwissenden und allgegenwärtigen Zentralkomitees vor Fehltritten zu bewahren, scheint uns übrigens derselbe Subjektivismus mitzureden, der schon öfters dem sozialistischen Gedanken in Rußland einen Possen gespielt hat« (›Politische Schriften‹, ed. Flechtheim Bd. III S. 87, 89, 104).

Das stärkste Argument Rosa Luxemburgs ist ihr Hinweis auf den historischen Unterschied zwischen jakobinischer und proletarisch-sozialistischer Politik. Während Lenin (und in seiner Nachfolge sowjetische Historiker und Ideologen) dazu neigt, die revolutionären Jakobiner zu überschätzen, hat Marx mit Nachdruck die kleinbürgerliche Limitiertheit ihrer Citoyens-Utopie unterstrichen. Sie glaubten allen Ernstes an die Möglichkeit der Wiederherstellung einer (romantisch verklärten) antiken Tugend-Republik. Aus der Konfrontation ihrer Utopie mit der Realität folgte der verzweifelte Terror. Ihnen gegenüber hatten die Thermidoriens (bei aller bürgerlich-egoistischen Borniertheit) welthistorisch recht. Wenn Trotzki im Exil Stalin als Repräsentanten der Thermidoriens (der Neuen Ökonomischen Politik) angriff, so könnte man diese historische Parallele genausogut umgekehrt zur Rechtfertigung seiner Politik und zur Kritik des utopischen linken »Kommunismus« benützen. In der Tat spricht einiges dafür, die Oktoberrevolution als eine Sonderform der bürgerlichen Revolution zu interpretieren, die (ähnlich wie die radikalen Flügel der bürgerlichen Revolution in England und Frankreich) mit einem »falschen Bewußtsein« von einer freilich höchst unbourgeoisen Schicht von Berufsrevolutionären geleitet und (wie die französische Revolution) von den bäuerlichen und städtischen Armen unterstützt wurde. In beiden Fällen wäre die objektive Funktion der Revolution die Beseitigung einer veralteten politischen Ordnung (des Absolutismus bzw. der zaristischen Autokratie) mit ständischen Privilegien und die Beschleunigung der ökonomisch-technologischen Entwicklung gewesen. Nur, daß im einen Fall der liberale Konkurrenzkapitalismus, im anderen auf Grund der fortgeschrittenen Entwicklung und zugleich wegen des Fehlens einer bürgerlichen Unternehmerschicht von ausreichender Stärke ein bürokratischer und geplanter Staatskapitalismus entstanden wäre. Derartige pauschale Charakterisierungen sind freilich problematisch, aber sie können doch dazu dienen, festgefahrene und fragwürdige Klischees zu korrigieren.

3.3. »Der Imperialismus als höchstes Stadium des Kapitalismus« und seine Bedeutung für die internationale und russische Arbeiterbewegung

Um die Jahrhundertwende trat die kapitalistische Welt zweifellos in ein neues Stadium. *Rudolf Hilferding* (›Das Finanzkapital‹, 1910) und – ohne Hilferding zu nennen und im Unterschied zu ihm – *Rosa Luxemburg* (›Die Akkumulation des Kapitals‹, 1912) haben den Charakter des neuen Stadiums mit Hilfe marxistischer Kategorien zu fassen gesucht. Lenin, der sich theoretisch auf Hilferding und den englischen sozialreformerischen Ökonomen *John Atkinson Hobson* stützt, hat die Grundzüge dieser Epoche als »Imperialismus« charakterisiert und weitreichende Folgerungen für die Perspektiven der proletarisch-sozialistischen Weltrevolution aus ihnen gezogen.

Die fünf wichtigsten Merkmale des imperialistischen Stadiums des Kapitalismus sind nach Lenin: 1. So weitgehende Kapitalkonzentration, daß Konkurrenz in *Monopol* umschlägt und dieses eine immer größere Rolle im Wirtschaftsleben spielt. 2. Verschmelzung von Industrie- und Bankkapital zum sogenannten *Finanzkapital* (These Hilferdings), das zur beherrschenden Rolle der Großbanken in der Volkswirtschaft führt. 3. Zunehmende Bedeutung des *Kapitalexports* anstelle des bisher vorherrschenden *Warenexports*. Das heißt, daß nunmehr vor allem Investitionsgüter nach Übersee gehen und zu ihrer Sicherung eine entsprechende politische und militärische Machtentfaltung der großen industriekapitalistischen Länder notwendig wird. 4. Die Herausbildung internationaler Kapitalistenverbände (z. B. weltweite Kartelle), die untereinander Absatzgebiete und Investitionsmöglichkeiten aufteilen. 5. Abschluß der territorialen Aufteilung der (nichtkapitalistischen und nichtindustrialisierten) Welt unter die kapitalistischen Großmächte, so daß künftig Expansionen der einen notwendig auf Kosten anderer gehen und entsprechende Konflikte (Weltkriege) heraufbeschwören müssen.

Im Unterschied zu *Karl Kautsky*, der den Imperialismus für das Produkt politischer Rückständigkeit hielt und an die Möglichkeit eines relativ friedlichen »Überimperialismus« glaubte, im Gegensatz aber vor allem zu bürgerlichen Historikern, die den Weltkrieg allein aus politischen Ursachen (oder ideologischen Haltungen) ableiteten, erblickte Lenin im ersten Weltkrieg den notwendigen Ausbruch der vom Imperialismus geschaffenen weltweiten Antagonismen. Durch das imperialistische Stadium des Kapitalismus hatten sich aber seiner Überzeugung nach auch eine ganze Anzahl von marxistischen Prognosen geändert:

1. war es jetzt nicht mehr wahrscheinlich, daß die sozialistische Revolution in den höchstentwickelten Staaten zuerst ausbrechen würde, weil deren Proletariat zum Teil, durch »Bestechung« einer »Arbeiteraristokratie«, aus den Reihen der revolutionären Arbeiterbewegung ausgebrochen und »reformistisch und revisionistisch« geworden sei;
2. entstehe in den kolonialen Gebieten und den ähnlich wie Kolonien ausgebeuteten Ländern (z. B. Lateinamerikas) eine antiimperialistische (z. T. zugleich antifeudale) nationale Befreiungsbewegung, die notwendig zum Bundesgenossen der europäischen revolutionären Arbeiterbewegung werden müsse und die ihrerseits durch die marxistischen Parteien unterstützt werden sollte. — Damit hat Lenin zugleich eine

wichtige Prognose aufgestellt und aktuelle Folgerungen für die SDAPR gezogen. Nachdrücklicher noch als Rosa Luxemburg verweist er auf die Relevanz der Befreiungsbewegungen gegen die imperialistischen Mächte.

Die durch objektive Bedingungen in den Metropolen geförderte Entstehung des Reformismus und Revisionismus bedeutete zwar eine Vertagung der Revolution in diesen Ländern, nicht aber eine prinzipielle Abweichung von der durch Marx und Engels vorausgesehenen Entwicklung. Die zunehmende Ungleichheit der ökonomischen Entwicklung schuf mit gleicher Notwendigkeit ständig neue Konfliktherde und die »Kette« des kapitalistischen Weltsystems würde an ihrem schwächsten Kettengliede reißen. Daß eins dieser Glieder in Rußland lag, hatte die Revolution von 1905/6 schon deutlich genug gezeigt. War aber einmal die Kette gerissen, dann — so folgerte Lenin — würde die proletarisch-sozialistische Revolution bald in den westlichen Industriestaaten sich erheben und sich mit der »asiatischen« antiimperialistischen Revolution zur Weltrevolution vereinigen. Rußland kam in diesem Entwicklungsprozeß auf Grund seiner geographischen wie seiner sozioökonomischen Lage eine Art Brückenfunktion zu. Es stand in der Mitte zwischen der europäischen Arbeiterrevolution und der asiatischen nationalen Befreiungsbewegung (deren Träger die nationalen Bourgeoisien und die bäuerlichen Massen sein würden).

So scharf Lenin daher auch den »Verrat der zweiten Internationale« zu Beginn des Krieges verurteilte, seine Prognose für die Zukunft der Revolution war eher optimistisch. Der Krieg würde die Illusionen über die Friedlichkeit des Kapitalismus vollends zerstören und die durch Not und Hunger radikalisierten proletarischen Massen Europas und Nordamerikas würden den internationalen Kampf in einen in allen Staaten parallel geführten Bürgerkrieg verwandeln. So würde aus dem Weltkrieg — wie schon Engels vorhergesehen hatte — die Weltrevolution resultieren.

3.4. Die erste russische Revolution (1905/6) und ihre Lehren

Die Revolution von 1905/6 hat Lenin später als »Generalprobe« für die Februar- und Oktoberrevolution des Jahres 1917 bezeichnet. Die Nachricht vom Blutbad unter den friedlichen Demonstranten, die im Januar 1905 vor dem Winterpalast des Zaren zusammengeströmt waren, erreichte Lenin im Genfer Exil. Sofort schaltete er sich durch Artikel und Reden (u. a. auf dem 3. Parteitag der bolschewistischen Fraktion im Frühjahr 1905 in London) in die Diskussion über Ziele und Mittel der Revolution ein. Entsprechend seiner prinzipiellen Forderung, daß die Avantgarde-Partei dem Proletariat und den anderen Werktätigen immer vorauszugehen (freilich auch stets engen Kontakt mit ihnen zu halten) habe, stellte er taktische Nahziele (Abschaffung der Autokratie, demokratische Republik) und Forderungen auf, die geeignet schienen, die in Bewegung geratenen bäuerlichen Massen für die Bolschewiki zu gewinnen. Zunächst trat er für die Rückgabe der 1861 bei »Befreiung von der Leibeigenschaft« den Gutsbesitzern zugesprochenen Landstücke (Otrezki) an die Dorfgemeinden und Abschaffung der Ablösungszahlungen sowie der gemeinsamen Haftung des Gemeindeverbands (gegenüber den Gutsbesitzern und dem Fiskus) ein. Anfang 1906 wurde die Nationalisierung des Bodens als einzig sinnvolles und von der Mehrheit der kleinen und mittleren Bauern gefordertes Programm von Lenins Partei übernommen. Die politische Forderung gipfelte schließlich in der nach »revolutionär-demokratischer Diktatur des Proletariats und der Bauernschaft«.

Im Herbst reiste Lenin über Schweden nach Rußland, um aus unmittelbarer Nähe die Ereignisse sehen und womöglich mitgestalten zu können. Das Proletariat erwies sich durch seine Massenstreiks (Oktober 1905 Generalstreik) und die neu geschaffenen Räte (Sowjets) als die eigentlich treibende und schöpferische Kraft der Revolution. Lenins Fraktion beschloß die im »Oktobermanifest« des Zaren ausgeschriebenen Wahlen zur ersten Reichsduma (Parlament) zu boykottieren und die Revolution durch Streiks und bewaffnete Aufstände der Bauern weiterzutreiben. Die Menschewiki, die vom Sturm der Revolution ein Stück weit mitgerissen worden waren, lenkten aber ein und suchten – jedenfalls zum Teil – die Resultate der Revolution durch Absprachen mit den »Kadetten« (den konstitutionellen Demokraten, einer linksliberalen bürgerlichen Partei) zu stabilisieren. Auf dem gemeinsamen Parteitag der beiden Fraktionen der SDAPR im April 1906 in Stockholm wurde ein mehrheitlich menschewistisches ZK gewählt, aber Lenin behielt die selbständige bolschewistische Organisation der Untergliederungen der Partei bei, so daß sich die »Vereinigung« nur als formal erwies.

Als die Auflösung der ersten Duma keinen neuen Generalstreik zur Folge hatte, wechselte Lenin jedoch die Taktik und trat jetzt – gegenüber den Otsowitsen, den Abberuflern, die keine Abgeordneten durch die Arbeiterpartei wählen lassen wollten – für eine Beteiligung an den Wahlen und für die Aufstellung von gemeinsamen Kandidatenlisten mit den Menschewiki ein (Januar 1907). Dabei kam es ihm vor allem darauf an, die Möglichkeiten der legalen Propaganda für bolschewistische Abgeordnete zu sichern und die Plattform des Parlaments zu nutzen.

Auf dem V. Parteitag, der im Frühjahr 1907 in London tagte, konnte Lenin eine bolschewistische Mehrheit erringen. Schon im Juni des gleichen Jahres löste der russische Ministerpräsident Stolypin die Duma auf, wozu Lenins Aufforderung, die Abgeordneten der SDAPR sollten für den bewaffneten Aufstand agitieren, den Vorwand lieferte. Alle 65 sozialistischen Dumaabgeordneten verloren ihre Immunität und wurden zum größten Teil nach Sibirien verbannt. Lenin wurde von der Polizei gesucht, konnte sich aber von Finnland aus über das Eis auf die schwedischen Alandsinseln retten. Ende 1907 kehrte er von Schweden in die Schweiz zurück.

In einer Skizze über ›Etappen, Richtung und Aussichten der Revolution‹ von Anfang 1906 hat Lenin Gegenwart und mögliche Zukunft der Revolution beschrieben. Es zeigt sich dabei, daß er in den ersten Phasen der Revolution mit einer freundlichen, dann passiven und schließlich mit einer feindlichen Haltung der bürgerlichen Liberalen (Kleinbürger), der Großbauern und von Teilen der Mittelbauern rechnete. Sobald die »revolutionär demokratische Diktatur des Proletariats und der Bauernschaft« ausgerufen worden sei, werde die liberale Bourgeoisie offen konterrevolutionär, während die wohlhabenden Bauern und ein Teil der mittleren Bauern mit der Gegenrevolution zu sympathisieren beginne. In dieser Phase der Entwicklung komme es zu einer »neuen Krise«, »wobei das Proletariat bereits für die Erhaltung der demokratischen Errungenschaften im Interesse des sozialistischen Umsturzes kämpfen müsse. Dieser Kampf wäre (aber) für das russische Proletariat allein nahezu hoffnungslos und seine Niederlage wäre ebenso unvermeidlich wie die Niederlage der deutschen revolutionären Partei in den Jahren 1848/49 oder wie die Niederlage des französischen Proletariats im Jahre 1871, wenn das europäische sozialistische Proletariat dem russischen nicht zu Hilfe käme« (W.W. 12 Bd. 3 S. 128).

»Unter diesen Umständen, meint Lenin, könne das russische Proletariat einen zweiten Sieg (über die Gegenrevolution, I.F.) erringen ... Der zweite Sieg werde der sozialistische Umsturz in Europa sein« (a.a.O.). Schon im September 1905 hatte Lenin den Gedanken eines baldigen Übergangs von der demokratischen zur sozialistischen Revolution klar formuliert: »... wir werden *sofort nach der demokratischen Revolution den Übergang zur sozialistischen Revolution in Angriff nehmen. Wir sind für die ununterbrochene Revolution*« (S.W. Bd. VII S. 248). Orthodoxe Leninisten konstruieren einen prinzipiellen Gegensatz zwischen dieser Formel Lenins und Trotzkis – aus der gleichen Zeit stammenden – Formel von der »permanenten Revolution«, der sie zum Vorwurf machen, »die revolutionäre Kraft der werktätigen Bauernmassen« und die »führende Rolle des Proletariats« zu leugnen. Der Hinweis auf die Unterschätzung der Bauern als revolutionäres Potential trifft Trotzki meines Erachtens zu Recht, obgleich er durch die Tatsache entschuldigt werden kann, daß fast alle Marxisten (einschließlich Lenins) bis 1905 deren Rolle stark vernachlässigt hatten.

Rückblickend hat Lenin noch deutlicher als in der Skizze von 1906 die Bedeutung der Spaltung der ländlichen Bevölkerung in »Dorfarmut« und wohlhabende Bauernschaft hervorgehoben. In seiner Schrift ›Die proletarische Revolution und der Renegat Kautsky‹ (1918) faßt er die wechselnden Klassenbündnisse während des Verlaufs der Revolution wie folgt zusammen: »Anfangs gemeinsam mit der *›ganzen‹ Bauernschaft* gegen die Monarchie, gegen die Großgrundbesitzer, gegen alles Mittelalterliche (und so weit bleibt die Revolution eine bürgerliche, eine bürgerlich-demokratische). Dann *zusammen mit der ärmsten Bauernschaft*, zusammen *mit dem Halbproletariat*, zusammen mit *allen Ausgebeuteten* gegen den Kapitalismus einschließlich der Dorfbourgeoisie, der Großbauern, der Spekulanten, und von da an wird die Revolution zur sozialistischen« (A.W. Bd. 2 S. 489).

Eins der wichtigsten theoretischen Ergebnisse der Revolution von 1905/6 war Lenins neue Bewertung der Agrarfrage. Sie kommt zum Ausdruck in seiner Broschüre ›Das Agrarprogramm der Sozialdemokratie in der ersten russischen Revolution 1905–7‹ (1908). Grundgedanke ist, daß es zwei grundsätzlich verschiedene und in ihren politischen Folgen entgegengesetzte Wege zur kapitalistischen Umgestaltung der russischen Landwirtschaft gibt. Einen »preußischen Weg«, den die Reformen Stolypins zu fördern versuchen und durch den modern-kapitalistisch betriebene Großgüter zu den Hauptträgern der Agrarproduktion gemacht, Großbauern und überhaupt der Konzentrationsprozeß auf dem Lande unterstützt werden und damit ein ländliches Proletariat unter elenden Lebensbedingungen erzeugt wird. Und einen anderen – wie Lenin selbst sagt – *»amerikanischen Weg«*, der auf die Umwandlung der Agrarstruktur in Richtung auf den Typus des amerikanischen *Farmers* abzielt. Um den Übergang zu dieser Agrarstruktur zu bewerkstelligen, hält Lenin die vollständige Nationalisierung des Bodens und die anschließende Zuweisung zur produktiven Nutzung (in annähernd gleich großen bzw. gleich wertvollen Parzellen) an Bauern für optimal: »Um eine wirklich freie Farmerwirtschaft in Rußland aufzubauen, müssen ›alle Zäune niedergerissen‹ werden, sowohl auf dem grundherrlichen als auch auf dem Anteilboden. Der ganze mittelalterliche Grundbesitz muß zerschlagen, alles Grundeigentum muß vor freien Wirten auf freiem Boden gleichgemacht werden. Der Ausdruck dieser wirtschaftlichen Notwendigkeit ist die Nationalisierung des Bodens, die Aufhebung des Privateigentums an Grund und Boden, die Übergabe des gesamten Grundbesitzes in das Eigentum des Staates, um einen vollständigen Bruch mit den fronwirtschaftlichen Verhältnissen auf dem Lande herbeizuführen. Eben diese wirtschaftliche Notwendigkeit hat die russischen Bauernmassen zu Anhängern der Nationalisierung gemacht...« (A.W. Bd. 3 S. 269). Mit diesem Leninschen Agrarprogramm war die Grundlage für das Zusammengehen mit den Bauern im Jahre 1917 und mit deren radikalsten politischen Sprechern, den linken Sozialrevolutionären, gelegt.

3.5. »Materialismus und Empiriokritizismus« oder die »Reinheit der proletarisch-sozialistischen Weltanschauung«

In der Periode der Reaktion als Lenin zum zweiten Mal – diesmal für fast zehn Jahre – ins Exil ging, sah er sich genötigt, seine Auseinandersetzung mit »abweichenden« Auffassungen unter den intellektuellen Führern der russischen Arbeiterbewegung auch aufs philosophische Gebiet auszudehnen. Bis dahin hatte er diese Aufgabe dem führenden philosophischen Kopf unter den russischen Marxisten Georgi Plechanow überlassen, dessen geistigen Rang er stets anerkannt hatte. Jetzt – nachdem es auf politischem Gebiet zum Bruch mit Plechanow gekommen war (der sich in der Redaktionsleitung der ›Iskra‹ gegen Lenin gewandt hatte), begann Lenin auch hier seinen eignen Standpunkt, den er für den einzig orthodox-marxistischen hielt, zu entwickeln.

Anlaß für sein philosophisches Hauptwerk ›Materialismus und Empiriokritizismus‹ (1908) war das Eindringen neukantianischer und machistischer (Ernst Mach 1838 bis 1916, Physiker und Philosoph) erkenntnistheoretischer Ansichten in den russischen Marxismus — vor allem bei *A. Bogdanow* (1873—1928, Arzt und Philosoph, Bolschewik, aber Anhänger der »Otsowistischen Richtung«, die keine sozialistischen Abgeordneten ins Parlament schicken wollte). Lenins Ausgangsthese ist dabei, daß niemand »oben«, d. h. im Bereich des historischen Erkennens, Materialist und zugleich »unten«, d. h. im Bereich der Naturerkenntnis, Idealist sein könne. Den Machschen Empiriokritizismus hielt er jedoch letztlich nur für eine neue, getarnte Form des Berkeleyschen subjektiven Idealismus.

Lenins erkenntnistheoretische Position knüpft an Engels und an den Arbeiterphilosophen *Joseph Dietzgen* (1828 bis 1888) an, der von Marx und Engels als materialistischer Denker geschätzt wurde. Für Lenins eigene philosophische Entwicklung waren aber auch die russischen revolutionären Demokraten *Tschernyschewski* (1828—1889), *Alexander Herzen* (1812—1870), von dem die Formel »Die Dialektik ist die Algebra der Revolution« stammt, und *Nikolai Dobroljubow* (1836—1861) wichtig. Tschernyschewskis Roman ›Was tun?‹ hat ihm nicht nur den Titel seiner organisationstheoretischen Schrift gegeben, sondern stellte auch das Vorbild für die »neuen Menschen« dar, die er in der Partei erziehen wollte. Endlich hat Lenin auch *Ludwig Feuerbach* größere Bedeutung zugeschrieben als »westliche« Marxisten.

Lenins Erkenntnistheorie ist ein als Materialismus bezeichneter *Realismus*. Das Bewußtsein, so lautet seine immer wieder variierte Formel, »bildet die außerhalb des Bewußtseins liegende, objektive Realität ab, spiegelt sie wider, photographiert sie...« Der Beweis für die Wirklichkeitsadäquanz der Erkenntnis kann nicht im Bewußtsein selbst, sondern nur in der *Praxis* gefunden werden, wie schon die 2. Feuerbachthese von Marx betont. Als solche Praxis läßt Lenin (wie Engels) das Experiment der Naturwissenschaftler, die industrielle Produktion und die politische (geplante) Aktion gelten.

Aber wenn auch das Bewußtsein die Wirklichkeit widerspiegelt, so erschöpft doch seine Erkenntnis diese Wirklichkeit nicht. Die Realität (z.B. »das Atom«) ist unerschöpflich. Die Erkenntnis kann immer noch weiter gehen. Lenin hat hier eine Theorie der ständigen Annäherung an die »absolute Wahrheit« aufgestellt, die gleichwohl der jeweils erreichten relativen Erkenntnis nichts von ihrem Wert nimmt. Eine wichtige Anwendung dieser Theorie ist die Unterscheidung zwischen dem *philosophischen* und dem *physikalischen Materiebegriff*. Der philosophische Materiebegriff enthält nicht mehr als die Aussage, daß Materie vom Bewußtsein unabhängige (von ihm nicht erzeugte) Realität ist. Er ist also nichts anderes als eine andere Bezeichnung für »objektive Realität« (das Substrat, von dem unsere Sinnlichkeit affiziert wird, würde Kant sagen). Von diesem philosophischen unterscheidet sich der physikalische Materiebegriff, der sich – entsprechend den Fortschritten der physikalischen Erkenntnis – ständig verändert. Durch diese Unterscheidung ist der erkenntnistheoretische Materialismus gegen seine Infragestellung im Namen der Errungenschaften der modernen Physik »gesichert«. Sowjetische dialektische Materialisten haben sich dieser Denkfigur bedient, um z. B. die Kategorie der »feldförmigen Materie« einzuführen. Die »Materie ist verschwunden«, mit diesem Triumphgeschrei des Idealismus wird durch Lenins einfache terminologische Distinktion Schluß gemacht.

Eigentliches Motiv der philosophischen Reflexionen Lenins dürften politische Erwägungen gewesen sein. Wenn nämlich die Gewißheit wissenschaftlicher Erkenntnis (ihre Objektivität) in Frage gestellt wird, dann – so folgerte er – kann auch die Zuverlässigkeit der marxistischen Theorie angezweifelt werden und damit schwände die Legitimationsbasis der marxistischen Parteiführung. Zugleich aber würde mit einer Infragestellung des Materialismus Platz geschaffen für eine idealistische Weltanschauung, die – so ist Lenin überzeugt – unvermeidlich der Religion Vorschub leistet. Ob sie es wollen oder nicht, auch die Empiriokritizisten leisten dem Fideismus Vorschub. Wenn aber auch die Arbeiterpartei gegenüber religiösen Vorurteilen der Arbeiter tolerant sein soll, so darf sie doch nicht unter ihren intellektuellen Führern Verwirrung dulden.

3.6. Vertiefung des dialektischen Materialismus durch das Studium Hegels (1914–1916)

Während seines Aufenthaltes in Bern, als der Weltkrieg ihn zu politischer Untätigkeit verurteilt, las Lenin unter anderem Hegels Logik, die Philosophie der Weltgeschichte und die Geschichte der Philosophie. Vor allem die Logik machte einen tiefen Eindruck auf ihn und er stellte die große Bedeutung der von Hegel entwickelten dialektischen Methode für Karl Marx immer wieder fest: »Man kann das ›Kapital‹ von Marx und besonders das erste Kapitel nicht vollkommen begreifen, wenn man nicht die ganze Logik Hegels durchstudiert und begriffen hat. Folglich hat nach einem halben Jahrhundert keiner von den Marxisten Marx begriffen.« Diesen Aphorismus notiert sich Lenin bei der Lektüre des dritten Buchs der ›Logik‹, ›Lehre vom Begriff‹. Aber nicht nur zu einer vertieften Aneignung der Marxschen Kritik der politischen Ökonomie, auch zur Kritik des Kantianismus (»und des Agnostizismus überhaupt«) sollten Marxisten sich der von Hegel entwickelten Denkformen bedienen. Kritisch stellt Lenin dagegen fest: »die Marxisten kritisierten (am Anfang des 20. Jahrhunderts) die Kantianer und die Anhänger Humes mehr auf Feuerbachsche (und Büchnersche) als auf Hegelsche Art«.

Die Hegelsche Dialektik benützt Lenin in seinen Randglossen zur ›Logik‹, um die materialistische Erkenntnistheorie zu vertiefen. Die einfache Widerspiegelungstheorie wird auf diese Weise geschmeidiger und überzeugender. »Die Logik (Hegels – I.F.) ist die Lehre von der Erkenntnis. Sie ist Erkenntnistheorie. Die Erkenntnis ist die Widerspiegelung der Natur durch den Menschen. Aber das ist keine einfache, keine unmittelbare, keine totale Widerspiegelung, sondern der *Prozeß einer Reihe von Abstraktionen*, der Formulierungen, der Bildung von *Begriffen, Gesetzen* etc., welche Begriffe, Gesetze etc. .. auch bedingt, annähernd die universelle Gesetzmäßigkeit der sich ewig bewegenden und entwickelnden Natur umfassen . . .« (W. I. Lenin, ›Aus dem philosophischen Nachlaß‹, Berlin 1949, S. 101).

Was die Dialektik überhaupt erst angemessen zu erfassen erlaubt, das ist vor allem der *Prozeß der Erkenntnis*, ihre Vertiefung in die Wirklichkeit. Als 11. Element der Dialektik nennt Lenin den »unendlichen Prozeß der Vertiefung der Erkenntnis des Dinges, der Erscheinungen, Prozesse usw. durch den Menschen, von der Erscheinung zum Wesen und vom weniger tiefen zum tieferen Wesen« (a.a.O. S. 145). Das bedeutet, daß eine Erkenntnis um so tiefer dringt, je weiter sie sich von der oberflächlichen Empfindung, der Sinneswahrnehmung entfernt, um sich dem Naturgesetz zu nähern. Das Naturgesetz gibt die Realität tiefer und angemessener wider als die Empfindung, obgleich beide »Realität«, d. h. außerhalb des menschlichen Bewußtseins existierende Wirklichkeit betreffen. »Die Bewegung der Erkenntnis *zum* Objekt kann stets nur dialektisch vor sich gehen: zurückgehen, um sicherer zu treffen – reculer pour mieux sauter (savoir?)« (a.a.O. S. 216).

Immer wieder stellt Lenin bei Hegel gleichsam »versehentlich« auftauchende Übereinstimmungen mit dem dialektischen Materialismus fest: »In der ›Anmerkung‹ bei Hegel, wie immer, Tatsächliches, Beispiele, Konkretes (Feuerbach macht sich deshalb einmal darüber lustig, daß Hegel die Natur in die Anmerkungen verbannt) (Feuerbach Werke Bd. 2 S. 234)« (a.a.O. S. 40). Letztlich ist der Unterschied zwischen dem objektiven Idealismus Hegels und dem Materialismus der Dialektiker nur noch ein terminologischer. So kann denn Lenin auch ein Hegelzitat unverändert in seine Definition der Logik aufnehmen, die ihrerseits als Definition der (marxistischen) Philosophie in der Sowjetenzyklopädie wieder auftaucht: »Die Logik ist die Lehre nicht von den äußeren Formen des Denkens, sondern von den Entwicklungsgesetzen ›aller materiellen, natürlichen und geistigen Dinge‹, d. h. der Entwicklung des gesamten konkreten Inhalts der Welt und ihrer Erkenntnis, d. h. das Fazit, die Summe, die Schlußfolgerung aus der Geschichte der

Erkenntnis der Welt« (a.a.O. S. 9). Von diesem materialistisch vereinnahmten Hegel aus läßt sich auch die Kantsche Position sehr viel überzeugender kritisieren als vom Standpunkt des Vulgärmaterialismus (und selbst dem von Engels). So kommentiert Lenin z. B. den Abschnitt Quantität in der ›Lehre vom Sein‹, wo Hegel bemerkt hatte, Kant kenne vier Antinomien, »der alte Skeptizismus (aber) habe sich die Mühe nicht verdrießen lassen, in *allen* Begriffen, die er in der Wissenschaft vorfand, diesen Widerspruch oder die Antinomie aufzuzeigen«. »Indem Hegel Kant überaus streitlustig (und scharfsinnig) zergliedert, kommt er zu dem Ergebnis, daß Kant einfach in den Schlußfolgerungen das wiederholt, was er in den Voraussetzungen gesagt hat, und daß er namentlich wiederholt, daß es eine Kategorie der Kontinuität und eine Kategorie der Diskretion gebe. Daraus folgt nur, daß keine dieser Bestimmungen, allein genommen, Wahrheit hat, sondern nur *ihre Einheit*. Dies ist die wahrhafte dialektische Betrachtung derselben, sowie das wahrhafte Resultat« (a.a.O. S. 216). Der Grundfehler des Kantschen Denkens ist nach Hegel dessen *Scheu, Widersprüche in der Realität* anzuerkennen und die Notwendigkeit, den dort verleugneten Widerspruch in die »subjektive oder äußere Reflexion« (d. h. ins subjektive Erkenntnisvermögen des Menschen) zu verlegen. Lenin knüpft an Hegels Formulierung »die gewöhnliche Zärtlichkeit für die Dinge.., die nur dafür sorgt, daß diese sich nicht widersprechen«, die Bemerkung: »diese Ironie ist köstlich. Das ›Zärtlichtun‹ mit der Natur und der Geschichte (bei Philistern) – das Bestreben, sie von den Widersprüchen und vom Kampfe zu säubern ...« (a.a.O. S. 51). Das undialektische Denken wird so mit dem Standpunkt des Philisters in Verbindung gebracht. Der Philister möchte die Widersprüche aus der Realität entfernt haben, er verdrängt sie, der revolutionäre Dialektiker sieht sie und gründet seine Tätigkeit auf ihre Dynamik.

Nachdrücklich unterstreicht Lenin das folgende Zitat aus der ›Lehre vom Wesen‹, weil er in ihm das Wesen der Dialektik erblickt: »Es ist .. eines der Grundvorurteile der bisherigen Logik und des gewöhnlichen Vorstellens, als ob der Widerspruch nicht eine so wesenhafte und immanente Bestimmung sei, als die Identität; ja wenn von Rangordnung die Rede, und beide Bestimmungen als getrennte festzuhalten wären (was aber in der Dialektik gerade nicht geschehen soll, I.F.), so wäre *der Widerspruch* für das Tiefere und Wesenhaftere zu nehmen. Denn die Identität ihm gegenüber ist nur die Bestimmung des einfachen Unmittelbaren, des toten Seins; er aber ist die *Wurzel aller Bewegung und Lebendigkeit;* nur insofern etwas in sich selbst einen Widerspruch hat, bewegt es sich, hat Trieb und Tätigkeit« (a.a.O. S. 54 f.).

Daß Lenins Hinwendung zu Hegel keine bloße Episode war, wird aus seinem Artikel ›Über die Bedeutung des streitbaren Materialismus‹ deutlich, der als eine Art Richtlinie für die »Gruppe der Redakteure und Mitarbeiter« der Zeitschrift ›Unter dem Banner des Marxismus‹ gedacht war. Von ihr verlangt Lenin, sie solle eine Art »Gesellschaft materialistischer Freunde der Hegelschen Dialektik« sein. Stalins Aversion gegen Hegel, den er schon vor 1914 als Exponenten der feudalen Reaktion auf die Französische Revolution charakterisierte und seine 1934 erfolgende Verurteilung des »menschewisierenden Idealismus« der Deborin-Schule, die sich eng an Lenins Weisung haltend zahlreiche Hegel-Texte und -Kommentare publiziert hatte, hat auf Jahrzehnte die negative Einstellung sowjetischer Ideologen gegenüber Hegel bestimmt. Erst seit 1956 hat sie einer ausgewogeneren Haltung Platz gemacht.

3.7. Die Februarrevolution und ihre welthistorische Bedeutung

Als im Februar 1917 in Petersburg der Zar gestürzt und eine provisorische bürgerliche Regierung eingesetzt wurde, sah Lenin seine Voraussage bestätigt: der Weltkrieg war in einen Bürgerkrieg umgeschlagen, die proletarische Weltrevolution konnte beginnen. Der wichtigste Grund für den raschen und scheinbar fast reibungslosen Sieg dieser Revolution war nach Lenin die (zufällige) Kombination zweier ganz verschiedener Strömungen: 1. die der russischen Kapitalisten, die im Bund mit den Westmächten den Zaren stürzten, um den Kriegseinsatz zu steigern und bis zum Sieg fortzusetzen, und 2. die der organisierten Arbeiterklasse und der armen Bauern, die für »Brot, Frieden und wirkliche Freiheit« kämpften. Punktuell trafen diese entgegengesetzten Strömungen zusammen und führten zum Sturz der zaristischen Regierung. Während aber Menschewiki, Sozialrevolutionäre und sogar einige Bolschewiki (insbesondere Redakteure der ›Prawda‹ in Petersburg) für eine Unterstützung der neuen provisorischen Regierung eintraten und auch den Krieg gegen Deutschland »bis zum Sturz des Kaisers Wilhelm« fortzusetzen bereit waren, rief Lenin unverzüglich zum Kampf gegen die provisorische Regierung und zur Beendigung des Krieges auf.

Lenin war davon überzeugt, daß diese Regierung der »kapitalistischen Grundbesitzer und Bourgeois« außerstande sein würde, dem Volk Frieden und Brot zu geben. Ihr gegenüber galt es »die Keimzelle der Arbeiterregierung«, die Sowjets der Arbeiter- und Soldatendeputierten (in Petersburg, Moskau und anderen Städten) zu stützen. Eine Zeit der »Doppelherrschaft« von bürgerlicher provisorischer Regierung und Sowjets deutete die Tatsache an, daß sich Rußland bereits auf dem Weg von der bürgerlichen zur proletarischen Revolution befand.

So entschieden aber auch Lenin schon in seinem ersten ›Brief aus der Ferne‹ für einen Kampf gegen die provisorische Regierung und die Vorbereitung des bewaffneten Aufstands (die Bewaffnung der Arbeiter) eintrat, sein Abschiedsbrief an die Schweizer Arbeiter macht deutlich, daß er die revolutionären Möglichkeiten Rußlands keineswegs überschätzte. »Dem russischen Proletariat ist (zwar) die große Ehre zuteil geworden, die Reihe der Revolutionen, die der imperialistische Krieg mit objektiver Unvermeidlichkeit hervorruft, *zu beginnen*, der Gedanke jedoch, das *russische Proletariat für das auserwählte revolutionäre Proletariat unter den Arbeitern der anderen Länder zu halten, ist uns absolut fremd.* Wir wissen sehr gut, daß das Proletariat Rußlands *weniger* organisiert, vorbereitet und klassenbewußt ist als die Arbeiter der anderen Länder. Nicht besondere Eigenschaften, sondern *lediglich besondere geschichtliche Bedingungen* haben das *Proletariat Rußlands auf eine gewisse, vielleicht sehr kurze Zeit zum Vorkämpfer des revolutionären Proletariats der ganzen Welt gemacht*« (A.W. Bd. 6 S. 18). An einen »unmittelbaren und unverzüglichen« Sieg des Sozialismus in Rußland sei nicht zu denken, aber die auch von der Mehrheit der bäuerlichen Massen geforderte Nationalisierung des Bodens (siehe oben) könnte, wenn sie unter einer provisorischen Arbeiterregierung verwirklicht würde, »die Stellungen der sozialistischen Umwälzung in Rußland und ihren Einfluß auf die Landarbeiter und die ärmsten Bauern gewaltig stärken« (a.a.O. S. 19). Es könnten dann Sowjets als Organe proletarischer Klassendiktatur etabliert und der bürgerliche Staat mit Armee, Polizei und Bürokratie durch sie ersetzt werden. Das russische Proletariat könne zwar die sozialistische Revolution nicht allein beenden, wohl aber *beginnen*. Zu ihrem endgültigen Sieg aber sei es *auf die solidarische Unterstützung des internationalen Proletariats angewiesen*. »Die objektiven Bedingungen des imperialistischen Krieges sind eine Bürgschaft dafür, daß die Revolution sich nicht auf die erste Etappe der russischen Revolution, daß sie sich nicht auf Rußland beschränken wird. *Das deutsche Proletariat ist der treueste und zuverlässigste Verbündete der russischen und der internationalen proletarischen Revolution*« (a.a.O. S. 20). Mit dem Ruf »Es lebe die beginnende proletarische Revolution in Europa« verabschiedet sich Lenin.

Als Lenin am 3. (16.) April in Petersburg eintraf und unverzüglich die Führung der bolschewistischen Partei übernahm, mußte er seine Losungen gegen erheblichen Widerstand durchsetzen. Heftigste Vorwürfe, er sei zum Anarchisten und wirklichkeitsfremden Voluntaristen geworden, wurden ihm entgegengeschleudert. Er aber hielt an seinem Kurs fest und konnte sich schließlich nicht nur gegenüber seiner Partei durchsetzen. Die Aprilthesen (über die Aufgaben des Proletariats in der gegenwärtigen Revolution) werden zur Richtschnur des Handelns gemacht: 1. Der imperialistische Krieg muß einseitig beendet werden (und sei es – wie sich später herausstellt – unter noch so hohen Verlusten). 2. Rußland befindet sich im Übergang von der ersten zur zweiten Etappe der Revolution. Die Schwäche des Proletariats hat eine bourgeoise Regierung an die Macht gebracht. 3. Diese Regierung darf nicht unterstützt werden. 4. Angesichts der Tatsache, daß die Bolschewiki in den Sowjets meist in der Minderheit sind, gilt es die Agitationsarbeit unter den Arbeitern und armen Bauern zu intensivieren und die Schwächen und Fehler der anderen Parteien offen anzuprangern. 5. Gegen die parlamentarische Republik – für eine »Republik der Arbeiter-, Landarbeiter- und Bauern-Deputiertenräte im ganzen Lande, von unten bis oben«. 6. Enteignung des gutsherrlichen Bodens, Nationalisierung des gesamten Bodens und Übergabe zur Verteilung an die Landarbeiter- und Bauern-Deputiertenräte. 7. Verstaatlichung der Banken unter Kontrolle des Arbeiterdeputiertenrates. 8. Nicht »Einführung des Sozialismus«, aber Kontrolle über die gesamte Produktion des Landes. 9. Parteitag, Änderung des Parteiprogramms, Definierung der Stellung zum Staat, Änderung des Minimalprogramms und des Parteinamens. 10. Erneuerung der »Internationale« (A.W. Bd. 6 S. 23 ff.). Zwar konnte sich Lenin nicht in allen Punkten sogleich durchsetzen, aber die Orientierung auf Kampf gegen die provisorische Regierung und die Losungen: sofortiger Friedensschluß, Nationalisierung des Bodens, alle Macht den Räten wurden angenommen.

3.8. Strategie und Taktik der Oktoberrevolution (1917–1920)

Im September 1917 faßte Lenin »die Lehren der Revolution« zusammen. »Die Revolution lehrt alle Klassen mit einer Schnelligkeit und Gründlichkeit, wie sie in der gewöhnlichen, friedlichen Zeit nie vorkommen« (W.W. 12 Bd. 6 S. 196). Zunächst haben die Kapitalisten gelernt. Sie erkannten die Nützlichkeit der Einbeziehung von Sozialrevolutionären und Menschewiki in die Regierung. Auf diese Weise sicherten sie ihre Macht und konnten sogar – mit dieser Unterstützung – am 19. Juni die Wiederaufnahme der Offensive verkünden. Aber nachdem die Kapitalisten gelernt hatten, lernten die Arbeiter und Bauern. Menschewiki und Sozialrevolutionäre verloren rasch an Einfluß und Kredit. Im Juli kam es zum spontanen bewaffneten Aufstand in Petersburg, der aber – ähnlich wie frühere Versuche – niedergeworfen wurde. Während der Offensive ging die faktische Regierungsmacht in die Hand der Militärs über. Führende Bolschewiki wurden verhaftet, Lenin mußte sich verstecken und floh dann – bis zum Vorabend der Oktoberrevolution – nach Finnland.

Im September kam es zwischen dem Ministerpräsidenten Kerenski und dem Oberbefehlshaber Kornilow zum offenen Konflikt. Um einen Putschversuch des Generals niederzuwerfen, sah sich Kerenski genötigt, sozialistische Organisationen und sogar die revolutionären Matrosen von Kronstadt zur Hilfe zu rufen. Jetzt veränderten sich auch die Mehrheitsverhältnisse in den beiden wichtigsten Sowjets von Moskau und Petersburg. Die Bolschewiki errangen dort die Mehrheit. Von Wiborg aus predigte Lenin den Übergang zum bewaffneten Aufstand. Das Abwarten des allgemeinen Rätekongresses sei nicht zu verantworten. Es gelte die Gunst der Stunde zu nutzen. Er hatte offenbar ein deutliches Gefühl für den »Kairos«, den einzig geeigneten Zeitpunkt für die Übernahme der Macht. Jede Verzögerung sei ein Verrat an den deutschen Arbeitern, die so lange nicht losschlagen könnten, »wie Kerenski, Kischkin u. Co. an der Macht sind« (a.a.O. S. 230). Die Armee werde »gegen eine Regierung des Friedens, des Landes für die Bauern usw.« nicht kämpfen.

Um seiner Mahnung Nachdruck zu verleihen, beantragte Lenin am 12. 10. (29. 9.) sogar seinen Austritt aus dem ZK! Endlich in einer Sitzung des ZK am 23. 10. (10. 10.) fiel nach langer Debatte die Entscheidung zugunsten des Aufstands. Lenin war eigens zu diesem Zweck aus seinem finnischen Versteck herbeigeeilt. Der Aufstand sollte am 2. 11. (20. 10.) am Tag der Einberufung des Sowjetkongresses beginnen. Als die Einberufung des Sowjetkongresses fünf Tage hinausgeschoben wurde, wollte Lenin von einer abermaligen Verschiebung des Aufstands nichts wissen, Trotzki jedoch sah richtiger, daß diese fünf Tage nur der Vorbereitung des Aufstands zugute kommen würden. Am Abend des 6. November (24. Oktober) ließ die provisorische Regierung das Redaktionsbüro der ›Prawda‹ besetzen. Damit lieferte sie den bereits angriffsbereit stehenden bolschewistischen Kräften den Anlaß zum Losschlagen. Alle strategisch wichtigen Punkte der Stadt wurden durch revolutionäre Truppen besetzt, die Regierung kapitulierte in der Nacht vom 6. auf den 7. November (25. auf den 26. Oktober). Im Sowjetkongreß verfügten die Bolschewiki zusammen mit den linken Sozialrevolutionären über eine Mehrheit. Unverzüglich verkündete Lenin das Programm einer rein sozialistischen Regierung. Die Regierung nennt sich »Rat der Volkskommissare« und Lenin tritt als Vorsitzender an ihre Spitze. Unter seinen nächsten Mitarbeitern sind viele, mit denen er in der Vergangenheit in der einen oder anderen Frage Meinungsverschiedenheiten gehabt hatte: Lunatscharski (der wie Gorki zu den »Gottbauern« gehörte), Trotzki (der als linker Menschewist schon 1904 Lenins Parteitheorie kritisiert, im Sommer 1917 aber Lenins Position sich angeschlossen hatte). Die beiden ersten Dekrete betrafen den sofortigen Waffenstillstand und die Nationalisierung des Bodens (sowie seine Verteilung durch die lokalen Landarbeiter- und Bauern-Räte).

In den letzten Monaten vor der Revolution hatte Lenin nicht nur ununterbrochen die taktische Linie des Vorgehens seiner Partei und den Stand der Entwicklung der Revolution diskutiert, sondern auch noch Zeit gefunden, in ›Staat und Revolution‹ seine Auffassung von proletarisch-sozialistischer Demokratie zu präzisieren und als Aktualisierung der Lehren von Marx und Engels nachzuweisen. Sein Kerngedanke war dabei: 1. die Notwendigkeit der *Zerschlagung der alten bürgerlichen Staatsmacht* samt Bürokratie, stehendem Heer, Polizei und Gerichtswesen, 2. die Errichtung einer *Diktatur des Proletariats,* die den Widerstand der ehemals herrschenden (und besitzenden) Klassen erbarmungslos unterdrückt, und 3. der Aufbau einer politischen Ordnung nach Muster der *Pariser Kommune,* oder ein *Räte-System,* das sich vom Parlamentarismus dadurch unterscheidet, daß die *Gewaltenteilung wegfällt,* d. h. daß die Räte zugleich gesetzgebende und ausführende Gewalt ausüben. Der eminent demokratische Charakter dieser neuen politischen Ordnung wurde durch die Forderung unterstrichen, daß kein Beauftragter oder Angestellter des proletarischen Staates einen höheren Lohn empfangen sollte als ein qualifizierter Industriearbeiter und daß alle Delegierten jederzeit von ihren Wählern abberufbar sein sollten.

Die prekäre Situation der neuen Regierung und der bald einsetzende Krieg der Interventionsarmeen und der zaristischen Generale machte freilich die Verwirklichung des Kommunestaates, der Räterepublik bald illusorisch. Die straff zentralisierte Partei und die von Trotzki aufgebaute Rote Armee sowie der von Lenin mit wachsender Sorge betrachtete bürokratische Staatsapparat (in den eine Menge ehemaliger kleiner zaristischer Beamter einströmte) wurden zu weit einflußreicheren Institutionen als die meisten Sowjets.

Als die am 5. Januar 1918 endlich zusammentretende konstituierende Versammlung eine überwältigend große nichtbolschewistische Mehrheit zeigte, ließ sie Lenin kurzerhand auflösen und erklären, daß sie ohnehin durch das flexiblere und dem raschen Fortschritt der revolutionären Erkenntnis angemessenere Sowjetsystem überflüssig geworden sei. An diese Entscheidung knüpften sich zahlreiche scharfe Kritiken von Seiten der Menschewiki – wie *Georgi Plechanow,* der von der »Diktatur einer Clique« sprach, aber auch von *Rosa Luxemburg* an, die allerdings mehr noch das Verbot der freien Presse konkurrierender Linksparteien und die Abwürgung der freien politischen Diskussion verurteilte.

Die Ende November 1917 beginnenden Waffenstillstandsverhandlungen führten zu unerhört brutalen Forderungen von Seiten der Mittelmächte, so daß Lenin nur mit größter Mühe gegen Bucharin und Trotzki ihre Annahme durchsetzen konnte. Die einzige Forderung, die Lenin nicht anzunehmen bereit gewesen wäre, war der Sturz der bolschewistischen Regierung. Um die Revolution zu konsolidieren, mußten alle anderen Zugeständnisse gemacht werden. Um Zeit zu gewinnen, mußte man Gebiete preisgeben. Am 3. März 1918 wurde der Waffenstillstand von Brest-Litowsk unterzeichnet. Eine Woche später verlegte Lenin den Regierungssitz von Petersburg nach Moskau. In dem dreijährigen Bürgerkrieg überließ Lenin die militärische Führung im wesentlichen Trotzki, dem Schöpfer der Roten Armee. Lenins Arbeit konzentrierte sich auf die Organisation von Verwaltung und Wirtschaft (soweit davon angesichts des Bürgerkrieges schon die Rede sein konnte). Neuere Studien (u. a. von Lorenz) haben deutlich gemacht, wie sehr Lenin durch die spontanen Fabrikbesetzungen und Übernahme der Fabrikleitungen durch aufständische Arbeiter überrascht und von der Realisierung seines ursprünglichen Konzepts abgehalten wurde. Absicht war es gewesen, die ehemaligen Fabrikbesitzer unter staatlicher Kontrolle weiterarbeiten zu lassen, teilweise den Staat als Teilhaber in die Firmen aufzunehmen und auf solche Weise die organisatorischen Fähigkeiten dieses Personenkreises für die sowjetische Wirtschaft zu erhalten. Boykott von Seiten der Besitzenden und spontane Aktionen der Arbeiter verhinderten die Durchführung dieses gemäßigten Projekts. Der Kriegskommunismus, der im Grunde nur eine Notmaßnahme war, wurde aber von vielen bolschewistischen Politikern als erster Schritt in Richtung auf den Sozialismus verstanden. Die Bauern hatten inzwischen das nationalisierte Land zur Bewirtschaftung an Bauern- und Landarbeiterfamilien überwiesen. Aber die Freude über den neugewonnenen Besitz (wenn er auch kein juristisches Eigentum war, so gab es doch ein unbegrenztes, lastenfreies Nutzungsrecht) währte nicht lange. Zur Versorgung der Städte und der Roten Armee wurde eine Zwangsablieferung für Getreide und andere Agrarprodukte eingeführt. Die Städte aber vermochten den Dörfern kaum Handwerks- und Industrieprodukte zu liefern.

3.9. Die Notwendigkeit des taktischen Rückzugs in der Wirtschaftspolitik (N.E.P.)

Die bäuerlichen Massen Rußlands hatten sich während des Bürgerkriegs auf Grund ihrer negativen Erfahrungen mit den konterrevolutionären Armeen schließlich doch auf die Seite der Bolschewiki gestellt oder sie jedenfalls passiv hingenommen, obgleich das System der Zwangsablieferung zu staatlich verordneten Festpreisen (die weit unter dem »Marktwert« lagen) ihren neuen Besitz faktisch fast wertlos machte. Als aber der Bürgerkrieg und der Abwehrkampf gegen die Interventionsarmeen sich dem Ende zuneigte, wuchs – nicht nur unter den Bauern – die Unzufriedenheit mit den neuen Verhältnissen. Hier und da kam es zu Bauernaufständen (anarchistischer oder anderer Art) und Anfang März kam es in Kronstadt, der Marinegarnison, in der die bolschewistische Revolution einst begonnen hatte, zum bewaffneten Aufstand. Unter der Losung »Sowjets ohne Bolschewiki« und »Herstellung der politischen Freiheitsrechte« kam es zur gefährlichsten Herausforderung der bolschewistischen Staats- und Parteiführung. Sozialrevolutionäre und Menschewisten beteiligten sich an der Agitation und ein »weißer« General (Koslowski) wurde zum Oberbefehlshaber der Verteidigung Kronstadts ernannt. Erst nach blutigen Kämpfen, an denen sich auch Delegierte des X. Parteitages der KPdSU beteiligten, wurde der Aufstand niedergeworfen.

Das Echo in der Weltpresse war durchweg negativ und auch linke Parteien rückten von den Bolschewiki ab. Lenin deutete die Ereignisse wie folgt. Unter den jungen Matrosen in Kronstadt, die zum großen Teil erst kürzlich aus ihren Dörfern dort eingetroffen seien, habe sich eine kleinbürgerlich-anarchistische Ideologie entfaltet, die von Sozialrevolutionären und Menschewisten agitatorisch genutzt worden sei. Die einzig richtige klassenmäßige Einschätzung der Bedeutung Kronstadts habe jedoch der Kapitalist und ehemalige Großgrundbesitzer Miljukow geliefert, der für finanzielle und propagandistische Unterstützung des Aufstands durch westliche Kapitalisten gesorgt habe. Gegenüber den verwirrten Führern des Kleinbürgertums Tschernow und Martow (den Führern der Sozialrevolutionäre und der Menschewiki) habe Miljukow, der vom Standpunkt der Großbourgeoisie aus urteile, den klareren Blick, »er verrate die wirkliche Taktik der wirklichen weißgardistischen Kraft, der Kraft der Kapitalisten und Gutsbesitzer: *wir wollen jeden beliebigen unterstützen, sogar Anarchisten, jede beliebige Sowjetmacht, wenn nur die Bolschewiki gestürzt werden,* wenn nur eine Verschiebung der Macht herbeigeführt wird! Ganz gleich, ob nach rechts oder nach links, ob zu den Menschewiki oder zu den Anarchisten, nur eine Verschiebung der Macht weg von den Bolschewiki, das übrige werden ›wir‹ .. die Kapitalisten und Gutsbesitzer schon ›selber‹ besorgen: die Anarchistlein, die Tschernow und die Martow werden wir schon mit Fußtritten zum Teufel jagen... Diese kleinbürgerlichen Narzisse – die Menschewiki, Sozialrevolutionäre und Parteilosen – hat die wirklich geschäftstüchtige Bourgeoisie in allen Revolutionen dutzendmal in allen Ländern zu Hunderten übertölpelt und zum Teufel gejagt...« (A.W. Bd. 9 S. 210 f.).

Zwar gelang es relativ rasch, den Kronstädter Aufstand niederzuwerfen, aber die für die Bolschewiki höchst schmerzliche und blamable Tatsache, daß sie gegen Arbeiter und Soldaten der Roten Armee blutige Kämpfe führen mußten, zeigte doch die Tiefe und Schwere der Krise. In dieser Situation riß Lenin das Steuer der Wirtschafts- und Innenpolitik radikal herum. Am 21. 3. 1921 beschließt das Zentralexekutivkomitee die Einführung der »Neuen Ökonomischen Politik«. An die Stelle der Zwangsablieferung der Agrarprodukte tritt eine (mäßige) Naturalsteuer und den Bauern wird erlaubt, ihre Überschüsse auf Märkten frei zu verkaufen. Damit wird zugleich ein großer Teil des Handels reprivatisiert und Handwerksbetriebe sowie mittlere Industriebetriebe in Privatbesitz zugelassen.

Neben diese privaten Kleinunternehmungen traten Genossenschaften und »Konzessionen« an ausländische Unternehmer. Bis auf die Konzessionen, von denen sich Lenin weit mehr versprach, erwiesen sich diese Maßnahmen als höchst wirkungsvoll. Die Agrarproduktion stieg rasch, der Handel blühte auf und eine neue Schicht von sogenannten »Nep-Männern« wurde rasch reich. Lenin sah das sehr wohl, hielt aber die eintretende Besitzdifferenzierung vorerst für unvermeidlich. Das jetzt herrschende Wirtschaftssystem nannte er »Staatskapitalismus«, weil der proletarische Staat nach wie vor die wirtschaftlichen Kommandohöhen (Banken, Außenhandel, industrielle Großbetriebe und Staatsgüter) in der Hand behielt und den Privathandel sowie die Privatproduktion vollständig unter Kontrolle hatte. Dennoch unterstrich Lenin die Tatsache, daß es sich *nicht* um Sozialismus handele, zumal ja die Masse der Bauern nach wie vor kleine Warenproduzenten blieben.

In einem Artikel »Über die Bedeutung des Goldes jetzt und nach dem vollen Sieg des Sozialismus« vom 5.11.1921 hebt Lenin den »reformistischen Charakter« dieses Handelns hervor: »Seit dem Frühjahr 1921 setzten wir an die Stelle dieser (kriegskommunistischen – I.F.) Art, an die Dinge heranzugehen, dieses Plans, dieser Methode ... eine ganz andere, reformistische Art: die alte sozialökonomische Formation, *den Handel, den Kleinbetrieb, das kleine Unternehmertum, den Kapitalismus nicht zu zerschlagen, sondern den Handel, das kleine Unternehmertum, den Kapitalismus aufleben zu lassen,* wobei wir uns vorsichtig und allmählich ihrer bemächtigen oder die Möglichkeit erhalten, sie lediglich nach Maßgabe ihres Auflebens der staatlichen Regelung zu unterwerfen« (A.W. Bd. II S. 893).

Dieser strategische Rückzug war nach Lenin notwendig, weil die Sowjetunion allein auf der Basis ihrer rückständigen Technologie noch nicht zum Sozialismus übergehen konnte. »*Ganz zu Ende geführt ist nur die bürgerlich-demokratische Arbeit unserer Revolution*« (a.a.O. S. 895). Die »proletarisch-sozialistische Arbeit« der Weltrevolution verlangt aber: 1. »den revolutionären Ausweg aus dem imperialistischen Weltkrieg«, den zwar die Sowjetunion gefunden hat, der aber »von allen Seiten ... nur durch die Revolution in einer Reihe der fortgeschrittenen Länder zu

Ende gebracht« werden könnte (a.a.O.). Das gleiche gilt für 2. »die Schaffung des Sowjetsystems, der Form der Verwirklichung der Diktatur des Proletariats«. »*Nur eine Reihe von Ländern wird das Sowjetsystem und alle Formen der proletarischen Diktatur ausgestalten und vollenden.* Bei uns gibt es auf diesem Gebiet noch sehr, sehr viel Unfertiges« (a.a.O.). Mit jedem Fortschritt auf dem Gebiet der ökonomischen und kulturellen Entwicklung müsse hier ein weiterer Ausbau einhergehen. »Umgestaltungen stehen uns noch viele bevor, und sich daran zu ›stoßen‹, wäre der Gipfel des Widersinns (wenn nicht schlimmer als Widersinn)« (a.a.O.). Endlich aber sei 3. auf dem Gebiet der Ökonomie »das Wichtigste, *das Fundamentalste noch nicht zu Ende geführt*«.

Dem Ausbau dieser Grundlagen diene auch der »maßvolle Rückzug« auf den Staatskapitalismus der Neuen Ökonomischen Politik. Im Augenblick aber sei der Handel und dessen Belebung bei richtiger Lenkung durch den Staat das wichtigste Mittel, »eben ›jenes Glied‹ in der historischen Kette der Ereignisse, in den Übergangsformen unseres sozialistischen Aufbaus ... das wir, die proletarische Staatsmacht ... mit aller Kraft anpacken müssen« (a.a.O. S. 896).

Einstweilen sei das Gold als internationales Zahlungsmittel auch für die Sowjetunion noch wichtig, »wenn wir aber im Weltmaßstab gesiegt haben, meint Lenin, dann werden wir, denke ich, in den Straßen einiger der größten Städte der Welt öffentliche Bedürfnisanstalten aus Gold bauen. Das wäre die ›gerechteste‹ und beste anschaulich-belehrende Verwendung des Goldes für die Generationen, die nicht vergessen haben, wie man um des Goldes willen zehn Millionen Menschen niedergemetzelt und dreißig Millionen zu Krüppeln gemacht hat in dem ›großen Befreiungskrieg‹ 1914–1918 ...« (a.a.O.).

Es läßt sich schwer sagen, für welche Zeitspanne Lenin die Phase der Neuen Ökonomischen Politik geplant hatte. Fest steht nur, daß er sie nicht für eine bloße Episode hielt und daß er hoffte, es werde nie mehr zu einem Konflikt zwischen Regierung und bäuerlichen Massen kommen, wie er durch Stalins Kollektivierung dann doch heraufbeschworen wurde. Auch die *Rolle der Gewerkschaften* bestimmte er in diesem Zusammenhang neu. In dem ›Prawda‹-Artikel ›Die Rolle der Gewerkschaften unter der NÖP‹ (vom 17. Januar 1922) unterstrich er die »Widersprüche zwischen den verschiedenen Aufgaben der Gewerkschaften«, die einerseits »Teilhaber der Staatsmacht« sind und sich als solche »nicht der Beteiligung an Zwangsmaßnahmen entziehen«, andrerseits aber »*ihre Hauptaufgabe die Verteidigung der Interessen der werktätigen Massen im unmittelbarsten und nächstliegenden Sinne des Wortes*« nicht vernachlässigen dürfen (a.a.O. S. 908 f.). Das bedeutet zugleich, daß sich die Gewerkschaften einerseits »an die Masse, an ihr gegebenes Niveau anpassen«, »andrerseits ... auf keinen Fall den Vorurteilen und Rückständigkeiten der Masse gegenüber nachsichtig sein« sollen (a.a.O. S. 909). Im Falle von Konflikten und Mißhelligkeiten müsse die Partei als höhere Instanz fungieren oder auch die Kommunistische Internationale.

3.10. Die dritte Internationale und die Bedeutung der nationalen Befreiungsbewegungen der Länder Asiens, Afrikas und Lateinamerikas

Bereits auf den Konferenzen der europäischen Sozialisten in Zimmerwald und Kienthal trat Lenin für die Gründung einer neuen, entschieden revolutionären Internationale ein. Endlich, im März 1919, mitten im Bürgerkrieg konnte der erste Kongreß der neuen, der dritten Internationale nach Moskau einberufen werden.

Die neue Organisation sollte sich in mehrfacher Hinsicht von ihren Vorgängern unterscheiden: 1. durch eine Reihe strenger Aufnahmebedingungen sollten der neuen Internationale nur Parteien angehören, die sich vom »Reformismus und Revisionismus« abgewandt haben, die den Sozialpatriotismus ablehnten und Organisationsprinzipien akzeptierten, wie sie die Bolschewiki unter Lenins Führung entwickelt hatten. 2. sollte die neue Weltorganisation nicht nur eine föderale Zusammenfassung selbständiger Parteien, sondern eine echte, mit Machtbefugnissen ausgestattete, Zentrale sein. In der Periode zwischen den Weltkongressen sollte ein Exekutivausschuß weitgehende Weisungsbefugnisse gegenüber den nationalen Parteien haben. 3. betrachtete Lenin die dritte Internationale als eine Art Generalstab der bereits beginnenden Weltrevolution, der nicht nur die Aktionen der kommunistischen Parteien, sondern auch den Befreiungskampf der kolonialen und halbkolonialen Länder zu koordinieren und zu führen hatte.

Während die erste Internationale am Gegensatz von Anarchisten (Anhängern Bakunins) und Marxisten scheiterte und nach der Verlegung des Sitzes des Generalrates nach New York sich rasch auflöste, war die zweite durch ihre Unfähigkeit, den Weltkrieg zu verhindern oder auch nur aktiv gegen ihn zu opponieren, zerfallen. Die verschiedenen sozialistischen Parteien schlossen sich fast ausnahmslos ihren nationalen Bourgeoisien an, wobei sie mehr oder minder fadenscheinige »marxistische« Rechtfertigungen für ihr Vorgehen vorbrachten. – Anträge auf Aufnahme in die dritte Internationale, die von dem Engländer McDonald und dem Vertreter der USPD Crespien gestellt wurden, wies Lenin entschieden zurück. »Zentristen«, Anhänger eines verbalradikalen, aber praktisch reformistischen Parteikurses hätten in der neuen Organisation keinen Platz. Es kam, wie Lenin überzeugt war, nicht darauf an, eine möglichst große Parteiorganisation aufzubauen, sondern eine möglichst geschlossene und kampfkräftige Kaderpartei zu bilden, die dann um so größere parteilose Massen taktisch richtig zu mobilisieren und zu führen imstande sein würde. Das russische Modell wurde als einzig erfolgversprechendes zur Nachahmung empfohlen, ohne daß dabei die lokalen und nationalen Besonderheiten übersehen werden dürften.

In seinem Bericht über die internationale Lage auf dem II. Kongreß der Internationale im Juli 1920 schilderte Lenin die Aufteilung der Welt in ein maximal 1/4 Milliarde Menschen umfassendes imperialistisches Lager, an dessen Spitze die USA und England stünden, 1 1/4 Milliarde Menschen in den Kolonien und halbkolonialen Gebieten (wie China) und weitere 1/4 Milliarde »in den Ländern, die ihre alte Stellung behalten haben«. »Alle grundlegenden Widersprüche des Kapitalismus, des Imperialismus, die zur Revolution führen ... hängen mit der Aufteilung der Bevölkerung der Erde zusammen« (A.W. Bd. 10 S. 175). Die internationalen Gegensätze, bei denen auf Grund des Versailler Vertrages Deutschland zu den wirtschaftlich unterdrückten Ländern gezählt wird, werden durch innergesellschaftliche verstärkt und kompliziert. Nur ein kleiner Teil des Proletariats der imperialistischen Staaten profitiert von der vermehrten Ausbeutung der Kolonien, aber diese »Arbeiteraristokratie« bleibt die soziale Basis des Reformismus-Revisionismus.

Erhebliche revolutionsfördernde Bedeutung schreibt Lenin weiter der von *J. M. Keynes* in seinem Buch »Die wirtschaftlichen Folgen des Friedens« beschriebenen Zerstörung des Weltwährungs- und Welthandelssystems durch die unerträgliche Schuldenlast zu, die auf den meisten Staaten (mit Ausnahme der USA) laste. Die von dem »Freund des Kapitalismus und Feind des Bolschewismus« Keynes dargelegten Tatsachen hält Lenin für so wichtig, daß er sie ausführlich darlegt und meint, diese Erkenntnisse würden »das Bewußtsein von Tausenden und Hunderttausenden« von Kleinbürgern verändern und sie dem Gedanken der Revolution näherbringen. Vor allem werde auf diese Weise der naive und weltfremde Pazifismus eines Woodrow Wilson entlarvt. »Die Wurzeln der Politik Wilsons waren lediglich pfäffische Dummheit, kleinbürgerliche Phrasen und vollkommenes Nichtverstehen des Klassenkampfes« (a.a.O. S. 180).

Die Zerstörung des Weltwirtschaftssystems wird durch die Uneinigkeit unter den kapitalistischen Mächten verstärkt und befestigt, wie sie – trotz des Völkerbundes – deutlich zutage trete. Diese »Krise« sei keine bloße Störung, wie Apologeten des Kapitalismus behaupteten, aber es sei auch nicht richtig, wenn Revolutionäre annähmen, »daß es absolut keinen Ausweg aus der Krise gebe« (a.a.O. S. 184). Daher komme es darauf an, die Situation aktiv zu nutzen und die revolutionären Kräfte zu sammeln und zu festigen. »Der Zusammenschluß der revolutionären Proletarier der vorgeschrittenen kapitalistischen Länder mit den revolutionären Massen jener Länder, in denen es kein oder fast kein Proletariat gibt, mit den unterdrückten Massen der östlichen Kolonialländer, dieser Zusammenschluß vollzieht sich auf dem gegenwärtigen Kongreß« (a.a.O. S. 190). In ihm erblickt Lenin die Voraussetzung des Sieges der Weltrevolution.

Zu den wichtigsten Dokumenten des II. Kongresses der Internationale gehören die »Thesen zur nationalen und kolonialen Frage«, die Lenin entworfen und – nach Kritik durch den Inder *M. Roy* – terminologisch leicht modifiziert hat. Hier ist besonders die 11. These wichtig, in der die Haltung der Internationale zu den nationalen Befreiungsbewegungen in »rückständigeren Staaten und Nationen bestimmt wird, bei denen feudale oder patriarchalische und patriarchalisch-bäuerliche Verhältnisse vorwiegen« (a.a.O. S. 229 f.). Lenin fordert hier u. a.: 1. »Die Unterstützung der bürgerlich-demokratischen Freiheitsbewegungen ... durch sämtliche kommunistische Parteien«, vor allem natürlich die der kolonialistischen Metropole. 2. Den Kampf »gegen die Geistlichkeit und andere reaktionäre und mittelalterliche Elemente«, sowie 3. »Den Kampf gegen Panislamismus und ähnliche Strömungen, die den Befreiungskampf gegen den europäischen und amerikanischen Imperialismus mit einer Stärkung der Positionen der Chans, Großgrundbesitzer, Mullahs usw. verknüpfen wollen ...« (a.a.O.). 4. Die Unterstützung der Bauernbewegungen gegen die Gutsbesitzer sowie »ein möglichst enges Bündnis zwischen dem westeuropäischen kommunistischen Proletariat und der revolutionären Bewegung der Bauern im Osten«. 5. Verhinderung, daß die »bürgerlich-demokratischen Befreiungsströmungen« als kommunistisch ausgegeben werden und Sammlung »der Elemente der künftigen proletarischen Parteien ... im Bewußtsein ihrer *besonderen Aufgaben, der Aufgaben des Kampfes gegen die bürgerlich-demokratische Bewegung«*. (Das durchaus notwendige »provisorische Bündnis mit der Bürgerlichen Demokratie der Kolonien« dürfe also keineswegs zur »Verschmelzung« führen. Eine Bestimmung, die später auf Grund des Interesses der jungen Sowjetunion an friedlichen Beziehungen mit dem neuen China gegenüber der bürgerlichen Kuomintang-Partei verletzt und durch den sogenannten »inneren Block« von Kuomintang- und KPCh ersetzt wurde.) 6. Entlarvung des Betrugs der bloß politischen Selbständigkeit bei fortdauernder ökonomischer Abhängigkeit.

Was die Organisation der armen Bauern der Kolonien anlangt, so vertrat Lenin die Auffassung, daß diese durchaus imstande seien, sich in Sowjets zu organisieren, wobei – nach Vorbild der Entwicklung »in den ehemaligen Kolonien des Zarismus« in Turkestan u. a. – die kommunistische Partei die Initiative und Anleitung übernehmen könne (a.a. O. S. 235). »Es ist ganz klar, daß die Bauern, die in halbfeudaler Abhängigkeit leben, den Gedanken der Räteorganisation sehr gut begreifen und ihn verwirklichen können...« (a.a.O.).

So groß aber auch Lenins Autorität und so entschieden sein Wille war, die Internationale zu einem Führungsinstrument der Weltrevolution zu machen, und so sehr er die Pflicht aller Kommunisten unterstrich, die Sowjetunion zu unterstützen, von einer Unterordnung der Interessen der Weltrevolution unter die Belange des neuen Sowjetstaates konnte zu seinen Lebzeiten noch nicht die Rede sein. Allerdings ging Lenin auch noch immer von der Annahme aus, daß die Weltrevolution – nach einem vorübergehenden Rückschlag – bald weitergehen werde.

3.11. Lenins verzweifelter Kampf gegen Bürokratismus und Nationalismus und sein »politisches Testament«

In allen Perioden seines politischen Lebens hat Lenin sich mit der Frage des Bürokratismus und mit dem Problem der Überwindung des Bürokratismus durch die sozialistische Revolution intensiv beschäftigt. In der »Zerschlagung des bourgeoisen Staatsapparates« und das heißt u. a. der Bürokratie bestand ja eine der Hauptaufgaben und der wesentliche Unterschied der proletarisch-sozialistischen von allen früheren Revolutionen. 1897 schrieb Lenin in ›Die Aufgaben der russischen Sozialdemokraten‹: »Nehmen wir das Beamtentum, die *Bürokratie, als eine besondere Schicht von*

Leuten, die sich auf das Verwaltungswesen spezialisiert haben und dem Volke gegenüber eine privilegierte Stellung einnehmen« (A.S. S. 84). »Angefangen vom absolutistischen, halbasiatischen Rußland, bis zum kultivierten, freien und zivilisierten England, überall finden wir diese Institution, die ein notwendiges Organ der bürgerlichen Gesellschaft bildet. Der *Zurückgebliebenheit Rußlands* mit seinem Absolutismus entspricht die *völlige Rechtlosigkeit des Volkes gegenüber dem Beamtentum, die völlige Kontrollosigkeit der privilegierten Bürokratie. In England besteht eine machtvolle Kontrolle des Volkes über die Verwaltung,* aber auch dort ist diese Kontrolle bei weitem nicht vollständig« (a.a.O. S. 84 f.). Grund für diese privilegierte Stellung der Bürokratie ist nach Lenin die persönliche Verbindung zwischen ihr und den Kreisen der Bourgeoisie und die Angst des Bürgertums, das Proletariat könnte »eine vollständige Demokratisierung ... ausnützen«. Von allen Klassen ist daher im Grunde nur das Proletariat an einer vollständigen Entmachtung, einer »vollständigen Demokratisierung des Beamtentums« interessiert. Das Proletariat ist daher auch in dieser Frage der Vorkämpfer der Demokratie.

Die erste russische Revolution und die Februarrevolution befestigen Lenins Überzeugung, daß das siegreiche Proletariat die alte Bürokratie abschaffen und durch einen »Staat vom Typ der Pariser Kommune« ersetzen werde. »Die Revolution«, schreibt er im Sommer 1917 in ›Staat und Revolution‹, »darf nicht darin bestehen, daß eine neue Klasse mit Hilfe der alten Staatsmaschinerie kommandiert, leitet, sondern muß darin bestehen, daß sie diese Maschine zerschlägt und mit Hilfe einer neuen Maschine kommandiert und leitet ...« (a.a.O. S. 787).

Aber dieser neue Apparat soll gerade nicht bürokratisch sein. Solange der Kapitalismus herrscht, bleibt die Demokratie »durch das ganze Milieu der Lohnsklaverei, der Not und des Elends der Massen eingeengt, eingeschrumpft, beschnitten, verstümmelt. Aus diesem Grunde, und nur aus diesem, werden die beamteten Personen in unseren politischen und gewerkschaftlichen Organisationen durch das Milieu des Kapitalismus demoralisiert ... und *weisen sie die Tendenz auf, sich in Bürokraten,* d. h. in *den Massen entfremdete, über den Massen stehende, privilegierte Personen zu verwandeln.* Das ist das Wesen des Bürokratismus, und solange die Bourgeoisie nicht gestürzt ist, solange ist eine gewisse ›Bürokratisierung‹ sogar der proletarischen beamteten Personen unvermeidlich« (a.a.O. S. 788). Das heißt, auch Arbeiterparteien und Gewerkschaften haben die Tendenz, eine bürokratische Führung herauszubilden, solange sie unter kapitalistischen Bedingungen existieren. Dagegen wird nach Lenins Überzeugung in einer sozialistischen Gesellschaft die Demokratie der Massen sich endlich frei entfalten können und *die »Masse der Bevölkerung ... sich ...* nicht nur an Wahlen, sondern auch *an der laufenden Verwaltungsarbeit beteiligen«* (a.a.O. S. 789).

Wie ernst Lenin diese Perspektive nahm, geht aus der Tatsache hervor, daß er schon in den Aprilthesen 1917 die Forderung aussprach: *»Abschaffung der Polizei, der Armee, des Beamtentums. Entlohnung aller Beamten, die durchweg wählbar und jederzeit absetzbar sein müssen, nicht über den Durchschnittslohn eines qualifizierten Arbeiters«* (A.W. Bd. 6 S. 24). In der Praxis ließ sich diese Forderung allerdings nicht realisieren, da – angesichts des niedrigen allgemeinen Kulturniveaus – die Voraussetzungen für Verwaltungstätigkeit bei der Mehrzahl der Bevölkerung fehlten. In den unteren Rängen mußten sogar zaristische Beamte in großer Zahl wieder eingestellt werden, und um Spezialisten zu gewinnen, war es unvermeidlich, daß ihnen höhere Löhne gezahlt werden mußten. Lenin gab sich hinsichtlich dieser Entwicklung keinerlei Illusionen hin. In seinem Bericht über das Parteiprogramm auf dem VIII. Parteitag am 19. 3. 1919 sagte er u. a.: »Den Bürokratismus bis ans Ende, bis zum vollen Sieg zu bekämpfen, wird nur dann möglich sein, *wenn sich die ganze Bevölkerung an der Verwaltung beteiligen wird ...«* (A.W. Bd. 8 S. 371). In den bürgerlichen Republiken sei das auf Grund gesetzlicher Schranken unmöglich. Aber auch in der Sowjetunion, wo diese gesetzlichen Schranken gefallen seien, »haben wir noch nicht erreicht, daß die werktätigen Massen sich an der Verwaltung beteiligen« (a.a.O.). So sei es z. B. gekommen, »daß die *Sowjets, die* nach ihrem Programm *Organe der Verwaltung durch die Werktätigen sein sollen,* in Wirklichkeit Organe der *Verwaltung für die Werktätigen* sind, *ausgeübt* von der vorgeschrittenen Schicht des Proletariats, aber *nicht von den werktätigen Massen selbst«* (a.a.O.). Schuld an diesem Zustand sei das »niedrige Kulturniveau«. »Das Kulturniveau ist nicht gestiegen, und *deshalb sitzen die Bürokraten an ihren alten Plätzen«* (a.a.O. S. 372). Bemerkenswert ist hier übrigens, wie Lenin im Abstand von nur wenigen Minuten den beamteten Apparat einmal euphemistisch mit »vorgeschrittene Schicht des Proletariats« umschreibt, dann aber direkt von »den Bürokraten« spricht. Zur Überwindung dieses Zustands fordert Lenin (abgesehen von der Hebung des Kulturniveaus) eine »viel umfassendere Organisation des Proletariats und der Bauernschaft« und »wirksamere *Maßnahmen zur Heranziehung der Arbeiter zur Verwaltungstätigkeit«* (a.a.O.). Derartige Maßnahmen hat Lenin immer wieder vorgeschlagen und neu formuliert. Eine der wichtigsten war nach seinem Willen »die Arbeiter- und Bauerninspektion«, eine Institution, die breite Massen von Arbeitern und Bauern zur Kontrolle aller Bürokratien heranziehen und schulen sollte. In dem Artikel ›Lieber weniger, aber besser‹ vom 2. März 1923 schrieb er u. a.: »Mit dem Staatsapparat steht es bei uns derart traurig, um nicht zu sagen abscheulich, daß wir zunächst gründlich überlegen müssen, in welcher Weise wir die Mängel des Staatsapparates bekämpfen sollen, eingedenk dessen, daß diese Mängel ihre Wurzeln in der Vergangenheit haben ...« (A.W. Bd. 9 S. 419). Das Problem ist, daß im Proletariat und in der Bauernschaft noch nicht genügend »Elemente des Wissens, der Aufklärung und der Schulung« vorhanden sind. Deshalb gilt es vor allem zu lernen. Aber Lenin hält es für möglich und nützlich, das Lernen mit dem Beginn der Kontrolltätigkeit zu kombinieren. Die Arbeiter- und Bauerninspektion soll »zu einer wirklich mustergültigen Institution gemacht werden« (a.a.O. S. 421). Um dieser Institution besonders viel Autorität zu verschaffen, soll sie Befugnisse der höchsten Staatsmacht (Volkskommissariat für die Arbeiter und Bauerninspektion) mit denen der höchsten Parteiinstanz (Zentrale Kontrollkommission des ZK) kombinieren. Eine solche Verschmelzung von Partei- und Sowjetinstitutionen wurde seinerzeit von *N. Ossinski* (W. W. Obolenski) kritisiert. Seine Einwände betrafen einmal die Arbeitsüberlastung mit zwei ganz verschiedenartigen Aufgaben, von denen eine notwendig vernachlässigt werden würde, und zum anderen »sei das Prinzip der Abgrenzung von Partei- und Sowjetfunktionen kein ›Bürokratismus‹, sondern die reife Frucht der ganzen Erfahrungen unseres Aufbaus. Jede, sei es nun offene oder versteckte Vereinigung der beiden Apparate (die stets zu einer Unterordnung des Sowjetapparates unter den Parteiapparat führt) hat bisher zu einem *Dahinsiechen des Sowjetapparates,* zum Anwachsen der Verantwortungslosigkeit und beamtenhafter Passivität, andererseits aber zur *Verschlechterung des Parteiapparates* geführt« (a.a.O. S. 661 f.). Ossinski spürt meines Erachtens zu Recht die Gefahr, daß durch die Verschmelzung der beiden Apparate nicht eine Verbesserung der Kontrolle, sondern umgekehrt ihre restlose Aufhebung erreicht wird. Wenn in der Tat während der Frühphase der Entwicklung der Sowjetgesellschaft (und in Restbeständen noch bis Anfang der dreißiger Jahre) Partei und Staat sich gegenseitig kontrolliert haben und dem Sowjetbürger auf diese Weise eine gewisse Freiheits-Chance verblieb, dann wurde diese Chance mit dem völligen Verschmelzen (d. h. – wie Ossinski schon richtig vermutete – der völligen Unterordnung des Sowjetapparates) restlos beseitigt. Lenin freilich sah die von ihm geplante Institution in einer völlig anderen Funktion. Er wollte ein mächtiges Instrument schaffen, das zugleich die vorhandenen Apparate von Staat und Partei kontrolliert und Massen von Arbeitern und Bauern zur Kontrolltätigkeit heranzieht (ausbildet), die später diese Apparate selbst mehr und mehr überflüssig machen und ersetzen könnten.

Dieser Kampf gegen den Bürokratismus und für die Heranziehung der Bevölkerung zur Kontrolle ist aber nach Lenin um so dringlicher, als die Sowjetunion durch Krieg und Bürgerkrieg in der Produktion und Produktivität der Arbeit weit zurückgeworfen, lediglich eine welthistorische Atempause besitzt, um sich auf die weltrevolutionäre Auseinandersetzung zwischen den imperialistischen Staaten auf der einen Seite und der sozialistischen und anti-imperialistischen Bewegung auf der anderen vorzubereiten. Es sei zwar denkbar, daß ein Konflikt zwischen den imperialistischen Staaten des Westens und den imperialistischen Staaten des Ostens (gemeint ist wohl Japan) ein zweites Mal eine Atempause für die Sowjetunion schafft, aber darauf könne man sich nicht absolut verlassen. Jedenfalls müsse jetzt erstens unbedingt das Vertrauen der Bauern in die Sowjetführung durch die KPdSU erhalten und zweitens der Staatsapparat so sparsam wie möglich gestaltet werden. Jeder Rubel werde für den Aufbau der Großindustrie und die Elektrifizierung des Landes gebraucht. »Die maximale Reinigung des Apparates, vermittels maximaler Einschränkung bei allem, was darin nicht absolut notwendig ist«, ist daher eine der Hauptaufgaben der Arbeiter- und Bauerninspektion (a.a.O. S. 435).

In vielen Arbeiten Lenins, die sich mit der Frage der Bürokratie beschäftigen, werden zwei Themen nicht immer klar geschieden, die im Grunde systematisch höchst unterschiedlichen Stellenwert haben. Einmal geht es – wie in »Staat und Revolution« – um die vollständige Abschaffung einer besonderen Schicht von Berufsbeamten und ihre Ersetzung durch wähl- und abberufbare Funktionsträger, die sich von der übrigen Bevölkerung nicht unterscheiden und mühelos in sie zurückkehren können. Dann wieder hat Lenin vor allem die *Qualität* des Apparates im Auge und stellt z. B. die preußisch-deutschen Beamten als Vorbild hin. Statt verknöcherter Bürokraten habe man dort tüchtige Beamte, »der bürokratische Apparat drüben hat eine tüchtige Schule durchgemacht: die Leute werden zwar geschunden, dafür aber *angehalten, wirklich zu arbeiten,* nicht nur den Sessel zu drücken, wie es in unseren Kanzleien oft vorkommt . . . Zaristische Bürokraten begannen in Sowjetinstitutionen zu arbeiten und Bürokratismus einzuführen, . . . sich als Kommunisten zu tarnen, um besser Karriere zu machen, sich Parteibücher zu verschaffen« (A.W. Bd. 8 S. 371). »Bürokratismus« in diesem Sinne ist mehr ein Charakterdefekt, der mit der Rückständigkeit des bäuerlichen Rußland zu tun hat, als ein Herrschaftsverhältnis, das der Verwirklichung der proletarischen Demokratie im Wege steht.

Auch in dieser begrifflichen Unschärfe und Ambivalenz spiegelt sich die Doppelaufgabe, vor die sich Lenin gestellt sah: die Überreste der feudal-agrarischen Vergangenheit zu überwinden und Rußland rasch zu modernisieren und zu industrialisieren, wobei ihm die USA und Deutschland als Muster an Effizienz erscheinen, und das Ziel, eine sozialistische Gesellschaftsordnung zu errichten (oder doch vorzubereiten), an deren Leitung die Bevölkerung selbst aktiv beteiligt ist. Der Rückzug auf die »Neue Ökonomische Politik« mit ihrem Staatskapitalismus hätte daher konsequenterweise durch eine politische Reform komplettiert werden müssen. Die Sowjets konnten kaum Organe sozialistischer Demokratie bleiben, wenn das Land zunächst eine Phase der beschleunigten staatskapitalistischen Entwicklung (und ursprünglichen Akkumulation) durchlief. Lenin versuchte auf politischem und kulturellem Gebiet über die Bedingungen der sozioökonomischen Entwicklungsphase hinauszugehen. Als Stalin dann die scheinparlamentarische Verfassung an die Stelle der Sowjetordnung setzte, hatte diese längst ihre lebendige Funktion verloren, das Land wurde von einer bürokratischen Oligarchie geleitet, über deren innere Machtstruktur es nur von Zeit zu Zeit (im Konfliktsfall) etwas erfuhr.

Das zweite Problem, mit dem sich Lenin in den letzten Monaten seines arbeitsfähigen Lebens immer wieder beschäftigte, das ihn so wenig ruhen ließ wie die Frage der Kontrolle und des Abbaus der Bürokratie, war der Nationalismus – insbesondere der großrussische. Auch das Problem der Nationen – namentlich der vom Zarismus unterdrückten – hat Lenin schon früh studiert. So schreibt er in einem Artikel über »die nationale Frage in unserem Programm« vom Juli 1903: »die fluchwürdige Geschichte des

Selbstherrschertums hat uns eine furchtbare Entfremdung der Arbeiterklassen der von ihm unterdrückten verschiedenen Völkerschaften als Erbe hinterlassen. Diese Entfremdung ist das größte Übel, das größte Hindernis im Kampf gegen das Selbstherrschertum, und wir dürfen dieses Übel nicht anerkennen, wir dürfen ihm nicht die Weihe geben durch irgendwelche ›Prinzipien‹ der getrennten Parteien oder der Partei-Föderation« (W. Bd. 2 S. 333). Wohl aber unterstreicht das Programm das bis zur staatlichen Lostrennung gehende »Selbstbestimmungsrecht der Nationen«, die dem russischen Reichsverband angehören.

Die »nationale und kulturelle Autonomie« wird den polnischen wie den jüdischen Arbeitern ausdrücklich zugesichert. Sie soll aber keine organisatorische Selbständigkeit der Arbeiterparteien der verschiedenen Nationen zur Folge haben. In diesem Punkt blieb Lenin intransigent. An dieser zentralistischen Parteikonzeption ist damals nicht nur das Zusammengehen mit der jüdischen Arbeiterbewegung im zaristischen Rußland (dem »Allgemeinen jüdischen Arbeiterbund in Polen, Litauen und Rußland«, der 1897 in Wilna gegründet wurde und sich 1898 der SDAPR anschloß, aber auf dem 2. Parteitag 1903 wieder austrat, weil Lenins Parteikonzept keine föderative Ordnung von Einzelparteien innerhalb der SDAPR zuließ), sondern auch mit der kleinen internationalistischen polnischen Partei Rosa Luxemburgs (Sozialdemokratische Arbeiterpartei des Königreichs Polen und Litauen) gescheitert, die 1906 allerdings der SDAPR beitrat.

Dafür hat Lenin aber um so nachdrücklicher das nationale Selbstbestimmungsrecht, das bis zum Recht auf staatliche Loslösung gehen sollte, betont. Auf dieses Recht konnten sich die Finnen, die Esten, die Letten, Litauer und Polen berufen, als sie aus dem russischen Staatsverband ausschieden. Lenin war sich darüber im klaren, daß auch nichtsozialistische Kräfte diese Möglichkeit ausnützen würden, aber er war überzeugt, daß es unbedingt notwendig sei, die unterdrückten Nationen von der Ehrlichkeit der russischen Arbeiterpartei ihnen gegenüber zu überzeugen. Die Union der sozialistischen Sowjetrepubliken sollte nach Lenins Vorstellungen so gestaltet sein, daß Völker, die künftig ihre proletarische Revolution durchführen würden, sich dieser Union anschließen könnten, ohne fürchten zu müssen, ihre nationale Autonomie und kulturelle Eigenständigkeit zu verlieren. Gerade angesichts der revolutionären Bewegung in Asien schien daher die strikteste Einhaltung der Prinzipien des Selbstbestimmungsrechtes der Nationen durch die neue sowjetische Führung dringend erforderlich.

Aus den erwähnten Gründen war Lenin zutiefst über das Vorgehen Stalins und Ordshonikidses in Georgien beunruhigt. Stalin hatte mit Unterstützung von Ordshonikidse und Dzierzynski die führenden georgischen Kommunisten wegen »Nationalismus« ihrer Ämter enthoben und durch eigene Anhänger ersetzen lassen. Während der »Säuberungen« der Jahre 1936–38 wurden die meisten der von Stalin abgesetzten Georgier erschossen.

Lenin verlangt hier mit Nachdruck, daß zwischen dem Nationalismus der unterdrückten Völker (wie der Georgier) und dem der unterdrückenden (wie der Großrussen) ein Unterschied gemacht werde. Er klagt sich selber mit den Worten an: »Es scheint, ich habe mich vor den Arbeitern Rußlands sehr schuldig gemacht, weil ich mich nicht mit genügender Energie und Schärfe in die ominöse Frage der Autonomisierung eingemischt habe ...« (A.S. S. 1208). Stalin hatte im September 1922 vorgeschlagen, die verschiedenen Sowjetrepubliken (darunter die ukrainische und transkaukasische) in die russische Sowjetrepublik aufgehen zu lassen. Dagegen hatte sich Lenin erfolgreich gewandt, aber die »Maßnahmen«, die Stalin in Georgien ergreifen ließ, hatte er nicht zu verhindern gewußt.

Das »Recht des Austritts aus der Union« sei praktisch »ein wertloser Fetzen Papier ..., der völlig ungeeignet ist, die nichtrussischen Einwohner Rußlands vor der Invasion jedes echten Russen zu schützen, des Großrussen, Chauvinisten, ja im Grunde Schurken und Gewalttäters, wie es der typische russische Bürokrat ist« (a.a.O. S. 1210). Der »Internationalismus seitens der unterdrückenden oder sogenannten ›großen‹ Nation (obzwar groß nur durch ihre Gewalttaten, groß nur in dem Sinne wie ein Dershimorda groß ist) [1] muß darin bestehen, nicht nur die formelle Gleichheit der Nationen zu beachten, sondern auch eine Ungleichheit anzuerkennen, die seitens der unterdrückenden Nation ... jene Ungleichheit wieder aufwiegt, die sich faktisch im Leben ergibt« (a.a.O. S. 1212). Das heißt, den unterdrückten Nationen muß ihr Nationalismus nachgesehen werden, während er für die unterdrückenden ein schändlicher Fehler ist. »Durch ihr Verhalten oder durch Zugeständnisse gegenüber anderen Nationalitäten ... muß das Mißtrauen, der Argwohn beseitigt werden, müssen jene Kränkungen aufgewogen werden, die ihnen in der geschichtlichen Vergangenheit von der Regierung der ›Großmacht‹nation zugefügt worden sind« (a.a.O.). Das sei gerade für das russische Proletariat dringend nötig. Ordshonikidse aber habe als ein zum Russentum Konvertierter sich besonders chauvinistisch verhalten. Die Verteidigung des Kampfes gegen den Imperialismus wird unglaubhaft, wenn »wir«, d. h. die Russen »in imperialistische Beziehungen zu den unterdrückten Völkerschaften hineinschlittern« (a.a.O. S. 1215).

Es genügt, diese Ausführungen Lenins mit dem berühmten Trinkspruch Stalins bei der Siegesfeier im Kreml am 24. Mai 1945 zu vergleichen, um den Abstand zu ermessen, der diese beiden trennt: »Ich trinke ganz besonders auf die Gesundheit des russischen Volkes, weil es *die hervorragendste Nation unter allen Nationen ist, die dem Verband der Sowjetunion angehören,* ... nicht nur, weil es *ein führendes Volk ist,* sondern auch, weil es einen klaren Verstand, einen festen Charakter und Ausdauer hat ... Es hat an die Richtigkeit der Politik seiner Regierung geglaubt und Opfer gebracht, um die Zertrümmerung Deutschlands herbeizuführen ... Dank sei ihm, dem russischen Volk, für dieses Vertrauen ...« (Zit. nach I. Fetscher, ›Von Marx zur Sowjetideologie‹, Frankfurt 1973 [18] S. 196). In seinen Linguistikbriefen (Berlin 1951) hat Stalin dann versucht, der Wertschätzung des Volkes der Russen auch noch eine wissenschaftliche Fundierung zu geben. Die Sprache sei das ureigenste Produkt des Volkes – nicht der Gesellschaftsklassen – und daher habe sich die russische Sprache seit Puschkin kaum verändert, obwohl inzwischen die feudale und die bürgerliche Gesellschaftsordnung durch die sozialistische abgelöst worden und die Arbeiterklasse neue herrschende Klasse geworden sei. Die überlegene Qualität des russischen Volkes aber liest er daran ab, »daß sich mit der *russischen Sprache* im Laufe der historischen Entwicklung die Sprachen einer Reihe anderer Völker kreuzten, wobei sie *stets als Sieger hervorging*« (›Der Marxismus und die Fragen der Sprachwissenschaft‹, Berlin 1951 S. 36).

Die brennende Sorge des todkranken Führers der Oktoberrevolution galt – so können wir rückblickend feststellen – mit Recht den zwei verhängnisvollsten Aspekten der folgenden Entwicklungsjahre: der skrupellosen Brutalität des wütenden Unterdrückers nichtrussischer Nationen Stalin und dem unkontrollierten Bürokratismus. Zu spät suchte Lenin das Bündnis mit Trotzki, und Trotzki hat durch seinen taktisch bedingten Verzicht auf die Bekanntgabe der letzten Briefe Lenins (und vor allem seines Rats, Stalin aus der Position des Generalsekretärs des ZK zu entlassen) sowie seine Kompromißbereitschaft gegenüber der Stalin-Gruppe selbst die Weichen für seine spätere Auschaltung gestellt. Freilich kann man sich fragen, ob er eine prinzipielle andere Entwicklung der Sowjetgesellschaft bewirkt haben würde, wenn dem Lande auch die Verbrechen des späteren Stalin erspart geblieben wären.

4. Lenin und der »Leninismus« – Mythos und Realität

Wie sich Karl Marx gelegentlich von einem durch andere in Anspruch genommenen »Marxismus« distanziert hat, so würde zweifellos Lenin vieles, was dem »Leninismus« zugerechnet wird, verurteilen. Er betrachtete nicht nur, sondern benützte auch den Marxismus als eine Methode der Analyse der sozioökonomischen und politischen Realität. Und er stellte diese Analyse mit der erkenntnisleitenden Intention an, die kapitalistische Gesellschaft durch eine sozialistische Revolution zu überwinden. Den Marxismus verstand er als eine nüchterne, alle romantischen Idealisierungen der »russischen Eigenart« widerlegende Wirtschaftstheorie, als eine Lehre von der Unvermeidlichkeit des Klassenkampfes und der Notwendigkeit der bewußten Organisation der Arbeiterklasse und der anderen werktätigen Schichten der Bevölkerung zum Zwecke des Klassenkampfes. Seine moralische Orientierung hat er in der Rede auf dem III. Kongreß des Komsomol am 2. 10. 1920 mit den berühmten Worten umschrieben: »sittlich ist das, was der Zerstörung der alten Ausbeutergesellschaft und der Sammlung der Werktätigen um das Proletariat dient, das eine neue, die kommunistische Gesellschaft aufbaut« (A. W. Bd. 9 S. 516). In dieser Perspektive schien ihm – wo erforderlich – auch Gewalt und sogar Terror gerechtfertigt. Von dem humanen Ziel her wurden Mittel legitimiert, die »an sich« auch Lenin verabscheut haben würde. Eine solche revolutionäre Haltung enthält historische Größe und Kühnheit, wenn sie durch den Sieg gekrönt wird. Sie kann aber auch in ihrem Wert in Frage gestellt werden, wenn die »Erben« der so geschaffenen Gesellschaft es versäumen, die Hoffnungen, in deren Namen alle Opfer und Gewalttaten gerechtfertigt schienen, zu realisieren. Wenn an Stelle des durch die massenhafte Beteiligung aller konkretisierten sozialistischen Gemeinwesens ein neuer, autoritärer und totalitärer bürokratischer Staat entsteht, dessen privilegierte Führungsschicht den »Leninismus« in ein Instrument der eigenen Legitimationssicherung verwandelt und die Arbeiter von jeder effektiven Ausübung der Kontrolle ausgeschlossen hat.

Die von Stalin sogleich nach Lenins Tod begonnene Dogmatisierung der Leninschen Lehren (genauer gesagt *einiger* seiner Lehren; denn sein Kampf gegen die Bürokratisierung und für das Recht der unterdrückten Nationen auf Selbstbestimmung wurde zu einem wirkungslosen Ritual stilisiert) führte aber auch zu einer »Abschirmung der Theorie« gegenüber der sich verändernden Wirklichkeit. Der Marxismus-Leninismus hörte in seiner sklerotischen sowjetischen Form auf, ein adäquates Orientierungsmittel für revolutionäre Arbeiterparteien zu sein. Wohl aber konnte er von den herrschenden Eliten bürokratisch-staatssozialistischer Länder als geeignetes Legitimationsinstrument übernommen werden.

Es ist daher auch kein Wunder, daß überall dort, wo am Ende des zweiten Weltkrieges selbständige revolutionäre Bewegungen zum Siege gelangten – vor allem in China und Jugoslawien – schließlich die versteinerte sowjetische Form des Leninismus korrigiert werden mußte. Das gleiche gilt für die oppositionellen Bewegungen in den staatssozialistischen Ländern.

Bei einer kritischen Sichtung der Arbeiten Lenins, deren Reichtum bei weitem nicht ausgeschöpft und durch Stalin und seine Erben nur einseitig »benützt« worden ist, zeigen sich Stärken und Schwächen. Vielleicht sind Lenins Stärken oft gerade auch seine Schwächen. Klarer als alle anderen hat er in jeder Situation die *Machtfrage* gestellt, das ermöglichte die richtigen taktischen Entscheidungen. Aber zugleich ließ er sich von utopischen Hoffnungen bewegen, man werde in kürzester Zeit die Bevölkerungsmehrheit zu »Rechnungsführung und Kontrolle« heranziehen und damit einen autonomen beamteten Apparat überflüssig machen können; oder es werde möglich sein, Nationalismus und Antisemitismus, jene Grundübel reaktionärer Weltanschauung, die unterm Zarismus herrschten, binnen kurzem überwinden können. Er hatte einen klaren Blick für die Korrumpierbarkeit ganzer Klassen (der Kleinbürger); aber er schien zugleich an die Unverführbarkeit der neuen kommunistischen Elite (namentlich der jungen Generation) zu glauben, die in der Sowjetunion heranwächst. Er vermochte nicht vorauszusehen, daß es diese »junge Garde« sein würde, deren sich Stalin zum Aufbau seines Gewaltapparates bedienen sollte. Vielleicht ist der verhängnisvollste Irrtum Lenins Annahme gewesen, der Partei- und Staatsapparat werde eine helfende Hand reichen zu seiner eigenen Kontrolle und Entmachtung.

Lenin war sicher subjektiv ein ehrlich überzeugter Anwalt der sozialistischen Demokratie, einer Demokratie, die alles weit hinter sich läßt, was bürgerliche Demokratien verwirklicht haben. Aber er war nicht bereit, bestimmte institutionelle Voraussetzungen für funktionierende Demokratie zu schaffen, bzw. er trug selbst (wenn auch mit augenblicklichen taktischen Begründungen wie im Januar 1918 bei der Auflösung der Konstituante) zur Zerstörung dieser Voraussetzungen bei. Zunächst verbot er nur die bürgerlichen, dann aber auch die proletarisch-bäuerlichen (kleinbürgerlichen) Parteien. Er schränkte die Pressefreiheit erst ein und hob sie dann – nachdem der Bürgerkrieg vorbei war und keine akute Restaurationsgefahr mehr bestand – ganz auf. Schließlich schränkte er sogar die Diskussionsfreiheit innerhalb der Partei durch das Verbot der Plattformen auf dem X. Parteitag ein. Sein Hinweis, daß es sich dabei um eine vorübergehende Notstandsmaßnahme handle, wurde von seinen Erben gerne vergessen und die Forderung nach Publikation aller Kritiken in Diskussionszeitschriften wurde bald nicht mehr befolgt. Stalin hat als echter Administrator aus Lenins Theorie alles das herausgenommen (und er *konnte* es aus ihr herausnehmen), was der Legitimierung und Stabilisierung der Apparatherrschaft diente. Und er hat zugleich all das zu bloß rituellen Formeln herabgesetzt, was diese Tendenz eingeschränkt oder korrigiert hätte. Die »Massen sollten vermehrt zur Rechnungslegung und Kontrolle herangezogen werden«. So lautete die Forderung Lenins. Stalin hörte vor allem heraus, daß die Partei- und Staatsführung legitimiert sei, alle untergeordneten Ränge unter Berufung auf die Massen zu »säubern« und daß es jedenfalls immer die Führung sein müsse, die heranzieht – nicht umgekehrt. Bertolt Brechts bitterer Hohn in ›Me Ti, Buch der Wendungen‹: »nicht die Parteimitglieder wählten die Sekretäre, sondern die Sekretäre wählten die Parteimitglieder« zielt genau auf diesen Tatbestand.

Daß aber Lenins Denken auch andere Elemente enthält, haben in der Sowjetunion u. a. die Arbeiten des demokratischen Leninisten *Roy Medwedew* gezeigt.[1]

So problematisch aber auch die Geschichte der Dogmatisierung von Lehren Lenins zum »Leninismus« sein mag, seine welthistorische Wirkung bleibt unbestritten. Vor allem hat Lenin nachdrücklicher und klarer als alle anderen

Marxisten auf die Bedeutung der »asiatischen Revolution«, des Erwachens der Völker Asiens hingewiesen. Die antiimperialistische, nationale Befreiungsbewegung Chinas, Indiens und anderer Länder hat er als das herausragende politische Ereignis dieses Jahrhunderts vorausgesagt. Er hat aber auch schon 1912 in einem Artikel über »Demokratie und Narodnikitum in China« gegen die törichte Formel vom »Licht aus dem Osten« polemisiert: »Heißt das vielleicht, daß der materialistische Westen verfault ist und das Licht nur aus dem mystischen, religiösen Osten leuchtet? Nein, gerade umgekehrt. Das heißt, daß der Osten endgültig den Weg des Westens betreten hat, daß neue hunderte und aber hunderte Millionen Menschen jetzt am Kampfe für die Ideale teilnehmen, zu denen sich der Westen durchgekämpft hat. Verfault ist die Bourgeoisie des Westens, vor der schon ihr Totengräber steht – das Proletariat...« (A.W. Bd. 4 S. 319). Der welthistorische Fortschritt lag für Lenin – wie für Marx – auf der Verlängerungslinie der europäischen Aufklärung und der Französischen Revolution, deren Erbe allerdings erst unter der Diktatur des Weltproletariats sich voll entfalten würde. Auch hier ist noch immer offen, ob und wie sich seine Prophezeiungen realisieren werden.

WERKE UND TEXTE

I. Abteilung

Marxismus und dialektischer Materialismus

In dieser Abteilung sind 6 der wichtigsten Leninschen Arbeiten zu allgemeinen ideologischen Fragen zusammengestellt. Die erste (›Drei Quellen – drei Bestandteile‹ gibt am deutlichsten Lenins Einstellung zu den von Marx, Engels, Kautsky usw. übermittelten Lehren wieder, ohne daß Lenin hier besonders »originell« zu sein beanspruchen würde. Sie enthalten aber schon eine Anzahl jener oft wiederholten Schlagworte, die für die dogmatisierte Form des sowjetischen Marxismus später so typisch werden sollten: »Die Lehre von Marx ist allmächtig, weil sie wahr ist.« »Sie ist abgeschlossen und wohlgefügt und gibt den Menschen eine *einheitliche Weltanschauung*.« Diese Auffassung hat vor Lenin schon *Karl Kautsky* vor allem aber auch Lenins philosophischer Lehrer *Georgi Plechanow* vertreten, von dem er sich später aus politischen Gründen trennte. (Vor allem in der Frage des Krieges und der Revolution gehörten Lenin und Plechanow gegensätzlichen Fraktionen an, und auch in der Erkenntnistheorie hat Lenin schon 1908 partielle Kritik an Plechanow geübt.) Der Artikel ›Über das Verhältnis der Arbeiterpartei zur Religion‹ macht Lenins Standpunkt zu dieser Frage deutlicher als seine zahlreichen Schriften und die oft sehr aggressiven Briefe zum gleichen Thema: 1. muß der Kampf gegen die Religion dem politischen Klassenkampf untergeordnet werden, 2. darf aber für die proletarische Partei Religion *nicht* Privatsache sein. Die Neutralität gegenüber der Religion (wie gegenüber dem Atheismus) ist zwar vom Staat zu fordern, nicht aber in der organisierten Arbeiterbewegung zu dulden. Dort muß die Religion vielmehr entschieden bekämpft werden. Die Verschärfung dieser Position – im Vergleich zur Marx-Engelschen – erklärt Lenin aus der führenden Rolle, die in Rußland das Proletariat bereits in der *bürgerlichen* Revolution zu spielen habe, das daher auch die in andren Ländern von der Bourgeoisie selbst begonnene Religionskritik fast ganz allein zu leisten (nachzuholen) habe.

Lenins philosophisches »Hauptwerk« ›Materialismus und Empiriokritizismus‹ entwirft eine für jedes Mitglied der Kaderpartei verbindliche Erkenntnistheorie (Widerspiegelungstheorie der Erkenntnis) und begreift den Fortschritt der (natur)wissenschaftliche Erkennntnis als einen unendlichen Progreß, in dem sich die Erkennenden ständig (ohne sie je zu erreichen) der absoluten Wahrheit nähern. Für die »Abwehr« neuerer philosophischer Strömungen, die sich u. a. auf das »Verschwinden der Materie« in der modernen Physik berufen, führt Lenin die Unterscheidung zwischen dem (sich ständig mit jeder neuen physikalischen Erkenntnis ändernden) physikalischen und dem philosophischen Materiebegriff ein.

Die Ausführungen aus dem philosophischen Nachlaß, die erst lange nach Lenins Tod publiziert wurden, machen deutlich, daß Lenin über die vergleichsweise einfache Erkenntnistheorie von 1908 während seiner Schweizer Exiljahre hinausgewachsen war, ohne daß freilich seine neuen Einsichten schon druckreife Formulierungen gefunden hätten.

Die beiden letzten Reden bzw. Artikel unterstreichen die hohe Bedeutung, die Lenin der Philosophie und der Moral für die Entwicklung des Sozialismus beimaß und wie hoch er namentlich das Studium *Hegels* veranschlagte. Die philosophische Schule *N. Deborins* hat – gestützt auf eine Leninsche Forderung – in den zwanziger Jahren zahlreiche Hegel-Editionen und Interpretationen veröffentlicht, wurde aber 1932 von Mitin im Auftrag Stalins verurteilt. Erst seit 1956 haben sowjetische Philosophen ihr Verhältnis zu Hegel abermals korrigiert und die Leninschen Ratschläge wieder aufgegriffen.

Drei Quellen und drei Bestandteile des Marxismus

Die Lehre von Marx fordert gegen sich in der ganzen zivilisierten Welt die erbittertste Feindschaft und den größten Haß der gesamten bürgerlichen (der offiziellen ebenso wie der liberalen) Wissenschaft heraus, die im Marxismus eine Art »schädliche Sekte« erblickt. Eine andere Stellungnahme ist auch gar nicht zu erwarten, denn in einer auf Klassenkampf aufgebauten Gesellschaft kann es keine »unparteiische« Sozialwissenschaft geben. Die *gesamte* offizielle und liberale Wissenschaft *verteidigt*, so oder anders, die Lohnsklaverei, während der Marxismus dieser Sklaverei einen schonungslosen Krieg angesagt hat. In einer Gesellschaft der Lohnsklaverei eine unparteiische Wissenschaft zu erwarten, wäre eine ebenso törichte Naivität, wie etwa von den Fabrikanten Unparteilichkeit zu erwarten in der Frage, ob man nicht den Arbeitern den Lohn erhöhen soll, indem man den Profit des Kapitals herabsetzt.

Doch damit nicht genug. Die Geschichte der Philosophie und die Geschichte der Sozialwissenschaft zeigen mit voller Klarheit, daß der Marxismus nichts enthält, was einem »Sektierertum« im Sinne irgendeiner verschlossenen, verknöcherten Lehre ähnlich wäre, die *abseits* von der Heerstraße der Entwicklung der Weltzivilisation entstanden ist. Im Gegenteil, die ganze Genialität Marx' besteht gerade darin, daß er auf jene Fragen Antwort gegeben hat, die von den fortgeschrittensten Denkern der Menschheit bereits gestellt worden waren. Seine Lehre entstand als direkte und unmittelbare *Fortsetzung* der Lehre der größten Vertreter der Philosophie, der politischen Ökonomie und des Sozialismus.

Die Lehre von Marx ist allmächtig, weil sie wahr ist. Sie ist in sich abgeschlossen und wohlgefügt, sie gibt den Menschen eine einheitliche Weltanschauung, die sich mit keinerlei Aberglauben, keinerlei Reaktion, keinerlei Verteidigung bürgerlicher Knechtung aussöhnen läßt. Sie ist die rechtmäßige Erbin des Besten, was die Menschheit im XIX. Jahrhundert in Gestalt der deutschen Philosophie, der englischen politischen Ökonomie und des französischen Sozialismus geschaffen hat.

Bei diesen drei Quellen und gleichzeitig Bestandteilen des Marxismus wollen wir denn auch kurz verweilen.

Die Philosophie des Marxismus ist der *Materialismus*. Im Laufe der gesamten neuesten Geschichte Europas und insbesondere am Ende des XVIII. Jahrhunderts in Frankreich, wo die entscheidende Schlacht gegen alles mittelalterliche

Gerümpel, gegen die Leibeigenschaft in den Einrichtungen und in den Ideen geschlagen wurde, erwies sich der Materialismus als die einzige folgerichtige Philosophie, die allen Lehren der Naturwissenschaften treu bleibt und dem Aberglauben, der Scheinheiligkeit usw. feind ist. Die Feinde der Demokratie waren daher aus allen Kräften bestrebt, den Materialismus zu »widerlegen«, zu untergraben, zu verleumden, und nahmen die verschiedenen Formen des philosophischen Idealismus in Schutz, der, so oder anders, stets auf eine Verteidigung oder Unterstützung der Religion hinausläuft.

Marx und Engels verfochten in der entschiedensten Weise den philosophischen Materialismus und legten zu wiederholten Malen dar, wie grundfalsch jede Abweichung von dieser Grundlage ist. Am klarsten und ausführlichsten sind ihre Anschauungen niedergelegt in Engels' Werken »Ludwig Feuerbach« und »Anti-Dühring«, die — ähnlich dem »Kommunistischen Manifest« — Handbücher jedes klassenbewußten Arbeiters sind.

Allein Marx blieb nicht beim Materialismus des XVIII. Jahrhunderts stehen, er entwickelte vielmehr die Philosophie weiter. Er bereicherte sie durch die Errungenschaften der deutschen klassischen Philosophie, besonders des Hegelschen Systems, das seinerseits zum Materialismus Feuerbachs geführt hatte. Die wichtigste dieser Errungenschaften ist die *Dialektik*, d. h. die Lehre von der Entwicklung in ihrer vollständigsten, tiefsten und von Einseitigkeit freiesten Art, die Lehre von der Relativität menschlichen Wissens, das uns eine Widerspiegelung der sich ewig entwikkelnden Materie gibt. Die neuesten Entdeckungen der Naturwissenschaft — Radium, Elektrone, Verwandlung der Elemente — haben den dialektischen Materialismus von Marx glänzend bestätigt, trotz der Lehren der bürgerlichen Philosophien mit ihrer ständigen »neuen« Rückkehr zum alten und faulen Idealismus.

Indem Marx den philosophischen Materialismus vertiefte und entwickelte, führte er ihn zu Ende, dehnte er dessen Erkenntnis der Natur auf die Erkenntnis der *menschlichen*

Gesellschaft aus. Der *historische Materialismus* von Marx war eine gewaltige Errungenschaft des wissenschaftlichen Denkens. Das Chaos und die Willkür, die bis dahin in den Anschauungen über Geschichte und Politik geherrscht hatten, wurden durch eine erstaunlich geschlossene und wohlgefügte wissenschaftliche Theorie abgelöst, die zeigt, wie sich aus einer Form des gesellschaftlichen Lebens, als Folge des Wachsens der Produktivkräfte, eine andere, höhere Form entwickelt – aus der Leibeigenschaftsordnung zum Beispiel der Kapitalismus hervorgeht.

Genau so wie die Erkenntnis des Menschen die von ihm unabhängig existierende Natur, d. h. die sich entwickelnde Materie widerspiegelt, so widerspiegelt die *gesellschaftliche Erkenntnis des Menschen* (d. h. die verschiedenen philosophischen, religiösen, politischen usw. Anschauungen und Lehren) die *ökonomische Struktur* der Gesellschaft. Die politischen Einrichtungen sind ein Überbau auf der ökonomischen Grundlage. Wir sehen z. B., wie die verschiedenen politischen Formen der heutigen europäischen Staaten dazu dienen, die Herrschaft der Bourgeoisie über das Proletariat zu festigen.

Marx' Philosophie ist der vollendete philosophische Materialismus, der der Menschheit – insbesondere aber der Arbeiterklasse – mächtige Mittel der Erkenntnis gegeben hat.

Nachdem Marx erkannt hatte, daß die ökonomische Struktur die Grundlage ist, auf der sich der politische Überbau erhebt, wandte er seine Aufmerksamkeit vor allem dem Studium dieser ökonomischen Struktur zu. Das Hauptwerk von Marx – »Das Kapital« – ist der Erforschung der ökonomischen Struktur der gegenwärtigen, d. h. der kapitalistischen Gesellschaft gewidmet.

Die klassische politische Ökonomie bildete sich vor Marx in England heraus – dem entwickeltsten kapitalistischen Land. Adam Smith und David Ricardo, die die ökonomische Struktur untersuchten, schufen die Grundlage der *Arbeitswerttheorie*, Marx setzte ihr Werk fort. Er hat diese Theorie streng begründet und folgerichtig weiterentwickelt. Er zeigte auf, daß der Wert jeder Ware durch die Menge der gesellschaftlich notwendigen Arbeitszeit bestimmt wird, die zur Produktion der Ware gebraucht wird.

Dort, wo die bürgerlichen Ökonomen ein Verhältnis von Dingen zueinander sahen (Austausch von Ware gegen Ware), dort enthüllte Marx ein *Verhältnis von Menschen zueinander.* Der Austausch von Waren drückt die Verbindung zwischen den einzelnen Produzenten vermittels des Marktes aus. Das *Geld* bedeutet, daß diese Verbindung immer enger wird, indem sie das ganze wirtschaftliche Leben der einzelnen Produzenten zu einem einzigen unzerreißbaren Ganzen macht. Das *Kapital* bedeutet eine weitere Entwicklung dieser Verbindung: zur Ware wird die Arbeitskraft des Menschen. Der Lohnarbeiter verkauft seine Arbeitskraft dem Eigentümer des Bodens, der Fabriken, der Arbeitsmittel. Einen Teil des Arbeitstages verwendet der Arbeiter darauf, die zu seinem und seiner Familie Unterhalt notwendigen Ausgaben zu decken (Arbeitslohn), den anderen Teil des Tages müht sich der Arbeiter unentgeltlich ab, er schafft *Mehrwert* für den Kapitalisten, die Quelle des Reichtums der Kapitalistenklasse.

Die Lehre vom Mehrwert ist der Eckpfeiler der ökonomischen Theorie von Marx.

Das durch die Arbeit des Arbeiters geschaffene Kapital drückt den Arbeiter nieder, es ruiniert die Kleinbesitzer und schafft eine Armee von Arbeitslosen. In der Industrie ist der Sieg des Großbetriebs auf den ersten Blick sichtbar, doch auch in der Landwirtschaft sehen wir die gleiche Erscheinung: die Überlegenheit des kapitalistischen Großbetriebs in der Landwirtschaft wächst, die Anwendung von Maschinen nimmt zu, die Bauernwirtschaft gerät in die Schlinge des Geldkapitals, sie verfällt und wird ruiniert unter der Last der rückständigen Technik. In der Landwirtschaft nimmt der Niedergang des Kleinbetriebes andere Formen an, doch der Niedergang selbst ist eine unbestreitbare Tatsache.

Durch die Zerschlagung der Kleinproduktion führt das Kapital zur Steigerung der Produktivität der Arbeit und zur Schaffung einer Monopolstellung für die Verbände der größten Kapitalisten. Die Produktion selbst wird immer mehr zu einer gesellschaftlichen – Hunderttausende und Millionen von Arbeitern werden zu einem planmäßigen Wirtschaftsorganismus zusammengefaßt –, das Produkt der gemeinsamen Arbeit aber eignet sich eine Handvoll Kapitalisten an. Es wachsen die Anarchie der Produktion, die Krisen, die tolle Jagd nach Märkten, die Unsicherheit der Existenz für die Masse der Bevölkerung.

Indem die kapitalistische Ordnung die Abhängigkeit der Arbeiter vom Kapital steigert, schafft sie die gewaltige Macht der vereinigten Arbeit.

Von den ersten Anfängen der Warenwirtschaft, vom einfachen Austausch an, verfolgte Marx die Entwicklung des Kapitalismus bis zu seinen höchsten Formen, bis zur Großproduktion.

Und die Erfahrung sämtlicher kapitalistischer Länder, der alten ebenso wie der neuen, zeigt anschaulich einer von Jahr zu Jahr wachsenden Zahl von Arbeitern die Richtigkeit dieser Lehre von Marx.

Der Kapitalismus hat in der ganzen Welt gesiegt, allein dieser Sieg ist bloß die Vorstufe zum Sieg der Arbeit über das Kapital.

Als die Leibeigenschaft gestürzt war und die »*freie*« kapitalistische Gesellschaft das Licht der Welt erblickte, da zeigte es sich sofort, daß diese Freiheit ein neues System der Unterdrückung und Ausbeutung der Werktätigen bedeutet. Sofort kamen verschiedene sozialistische Lehren auf, als Widerspiegelung dieser Unterdrückung und als Protest gegen sie. Doch der ursprüngliche Sozialismus war ein *utopischer* Sozialismus. Er kritisierte die kapitalistische Gesellschaft, verurteilte und verfluchte sie, träumte von ihrer Vernichtung, phantasierte von einer besseren Ordnung, suchte die Reichen von der Unsittlichkeit der Ausbeutung zu überzeugen.

Der utopische Sozialismus war jedoch nicht imstande, einen wirklichen Ausweg zu zeigen. Er vermochte weder das

Wesen der Lohnsklaverei unter dem Kapitalismus klarzumachen noch die Gesetze seiner Entwicklung zu entdecken noch jene *gesellschaftliche Kraft* zu finden, die fähig wäre, Schöpfer einer neuen Gesellschaft zu werden.

Indessen enthüllten die stürmischen Revolutionen, von denen der Untergang des Feudalismus, der Leibeigenschaft, überall in Europa und insbesondere in Frankreich begleitet war, immer augenfälliger den *Klassenkampf* als die Grundlage der ganzen Entwicklung und ihre treibende Kraft.

Kein einziger Sieg der politischen Freiheit über die Klasse der Fronherren wurde errungen, ohne daß sie verzweifelten Widerstand geleistet hätten. Kein einziges kapitalistisches Land bildete sich auf einer mehr oder weniger freien, demokratischen Grundlage heraus ohne einen Kampf auf Leben und Tod zwischen den verschiedenen Klassen der kapitalistischen Gesellschaft.

Die Genialität Marx' besteht darin, daß er es früher als alle anderen verstand, hieraus jene Schlußfolgerung zu ziehen und konsequent zu entwickeln, die uns die Weltgeschichte lehrt. Diese Schlußfolgerung ist die Lehre vom *Klassenkampf*.

Die Menschen waren immer die einfältigen Opfer von Betrug und Selbstbetrug in der Politik, und sie werden es immer sein, solange sie nicht lernen, hinter beliebigen moralischen, religiösen, politischen, sozialen Phrasen, Erklärungen und Versprechungen die *Interessen* dieser oder jener Klassen zu suchen. Die Anhänger von Reformen und Verbesserungen werden immer von den Verteidigern des Alten übertölpelt werden, solange sie nicht begreifen werden, daß jede alte Einrichtung, wie wüst und faul sie auch erscheinen mag, durch die Kräfte dieser oder jener herrschenden Klassen sich erhält. Und daß es, um den Widerstand dieser Klassen zu brechen, *nur ein Mittel* gibt: innerhalb der uns umgebenden Gesellschaft selbst solche Kräfte zu finden, sie aufzuklären und zum Kampf zu organisieren, die imstande – und infolge ihrer gesellschaftlichen Lage *genötigt* – sind, die Kraft zu bilden, die fähig ist, das Alte hinwegzufegen und das Neue zu schaffen.

Nur der philosophische Materialismus von Marx wies dem Proletariat den Ausweg aus der geistigen Sklaverei, in der alle unterdrückten Klassen bisher vegetierten. Nur die ökonomische Theorie von Marx offenbarte die wirkliche Stellung des Proletariats in der allgemeinen Ordnung des Kapitalismus.

In der ganzen Welt, von Amerika bis Japan und von Schweden bis Südafrika, nimmt die Zahl der selbständigen Organisationen des Proletariats zu. Es arbeitet an seiner Aufklärung und Erziehung, führt seinen Klassenkampf, entledigt sich der Vorurteile der bürgerlichen Gesellschaft, schließt sich immer enger zusammen und lernt an seine Erfolge den richtigen Maßstab anlegen, stählt seine Kräfte und wächst unaufhaltsam.

März 1913

(Aus: A.W. Bd. 11, S. 3—8)

Die historischen Schicksale der Lehre von Karl Marx

Die Hauptsache in der Marxschen Lehre ist die Klärung der weltgeschichtlichen Rolle des Proletariats als des Schöpfers der sozialistischen Gesellschaft. Hat nun der Verlauf der Ereignisse in der ganzen Welt diese Lehre, nachdem sie von Marx dargelegt wurde, bestätigt?

Zum erstenmal stellte Marx sie im Jahre 1844 auf. Das im Jahre 1848 erschienene »Kommunistische Manifest« von Marx und Engels gibt bereits eine geschlossene, systematische, bis heute unübertroffene Darlegung dieser Lehre. Die Weltgeschichte läßt sich von da ab deutlich in drei Hauptperioden einteilen: 1. von der Revolution 1848 bis zur Pariser Kommune (1871); 2. von der Pariser Kommune bis zur russischen Revolution (1905); 3. seit der russischen Revolution.

Werfen wir einen Blick auf die Schicksale der Marxschen Lehre in jeder dieser Perioden.

Zu Beginn der ersten Periode ist die Marxsche Lehre keineswegs vorherrschend. Sie ist lediglich eine unter den äußerst zahlreichen Fraktionen oder Strömungen des Sozialismus. Vorherrschend sind Formen des Sozialismus, die in der Hauptsache unserem Narodnikitum verwandt sind: man begreift nicht die materialistische Grundlage der geschichtlichen Bewegung, man versteht nicht, die Rolle und die Bedeutung jeder Klasse der kapitalistischen Gesellschaft herauszuschälen, man bemäntelt das bürgerliche Wesen der demokratischen Umgestaltungen mit verschiedenen scheinsozialistischen Phrasen über »Volk«, »Gerechtigkeit«, »Recht« und dgl.

Die Revolution von 1848 versetzt allen diesen lärmenden, buntscheckigen, marktschreierischen Formen des Sozialismus *vor* Marx den Todesstoß. Die Revolution zeigt in allen Ländern die verschiedenen Gesellschaftsklassen *in Aktion.* Das Zusammenschießen der Arbeiter durch die republikanische Bourgeoisie in den Junitagen 1848 in Paris bestimmt endgültig, daß *nur* das Proletariat seiner Natur nach sozialistisch ist. Die liberale Bourgeoisie fürchtet die Selbständigkeit dieser Klasse hundertmal mehr als jede beliebige Reaktion. Der feige Liberalismus kriecht vor dieser auf dem Bauch. Die Bauernschaft begnügt sich mit der Abschaffung der Überreste des Feudalismus und schlägt sich auf die Seite der Ordnung, nur zuweilen schwankt sie zwischen der *Arbeiterdemokratie und dem bürgerlichen Liberalismus.* Alle Lehren von einem *über den Klassen stehenden* Sozialismus und einer *über den Klassen stehenden* Politik erweisen sich als purer Unsinn.

Die Pariser Kommune (1871) schließt diese Entwicklung der bürgerlichen Umgestaltungen ab; nur dem Heldenmut des Proletariats verdankt ihre Konsolidierung die Republik, d. h. jene Form der staatlichen Organisation, in der die Klassenverhältnisse am wenigsten verhüllt hervortreten.

In allen anderen europäischen Ländern führt eine verworrenere und weniger abgeschlossene Entwicklung zu derselben ausgebildeten bürgerlichen Gesellschaft. Gegen Ende der ersten Periode (1848–1871), der Periode der Stürme und der Revolutionen, *stirbt* der vormarxsche Sozialismus. Es entstehen selbständige *proletarische* Parteien: die I. Internationale (1864—1872) und die deutsche Sozialdemokratie.

Die zweite Periode (1872—1904) unterscheidet sich von der ersten durch ihren »friedlichen« Charakter, durch das Fehlen von Revolutionen. Der Westen hat seine bürgerlichen Revolutionen abgeschlossen. Der Osten ist noch nicht reif für sie.

Der Westen tritt in die Zone der »friedlichen« Vorbereitung auf die Epoche künftiger Umgestaltungen. Überall entstehen sozialistische Parteien, proletarisch ihrer Grundlage nach, die es lernen, den bürgerlichen Parlamentarismus auszunutzen, eine eigene Tagespresse, eigene Bildungsinstitutionen, eigene Gewerkschaften, eigene Genossenschaften zu schaffen. Die Marxsche Lehre trägt den vollen Sieg davon und — *wächst in die Breite.* Langsam, aber beharrlich geht der Prozeß der Sammlung und Zusammenfassung der Kräfte des Proletariats vor sich, seiner Vorbereitung auf die künftigen Schlachten.

Die Dialektik der Geschichte will es, daß der theoretische Sieg des Marxismus seine Feinde zwingt, sich als Marxisten zu *verkleiden.* Der innerlich verfaulte Liberalismus versucht, sich als sozialistischer *Opportunismus* wieder zu beleben. Die Periode der Vorbereitung der Kräfte auf die großen Schlachten legen sie als einen Verzicht auf diese Schlachten aus. Die Verbesserung der Lage der Sklaven zum Kampfe gegen die Lohnsklaverei legen sie so aus, daß die Sklaven für ein Butterbrot ihre Rechte auf Freiheit verkaufen sollen. Feige predigen sie den »sozialen Frieden« (d. h. Frieden mit der Sklavenhalterei), die Absage an den Klassenkampf und ähnliches. Unter den sozialistischen Parlamentariern, verschiedenen Bürokraten der Arbeiterbewegung und unter der »sympathisierenden« Intelligenz haben sie sehr viele Anhänger.

Die Opportunisten waren noch dabei, damit großzutun, daß unter der »Demokratie« »sozialer Friede« herrsche und Stürme nicht notwendig seien, als sich ein neuer Herd der heftigsten Weltstürme in Asien auftat. Auf die russische Revolution folgten die türkische, die persische, die chinesische. Wir leben heute gerade in der Epoche dieser Stürme und ihrer »Rückspiegelung« in Europa. Welches immer die Schicksale der großen chinesischen Republik sein mögen, gegen die jetzt die verschiedenen »zivilisierten« Hyänen die Zähne fletschen, keine Kraft in der Welt wird die alte Fronherrschaft in Asien wiederherstellen, wird den heldenhaften demokratischen Geist der Volksmassen in den asiatischen und halbasiatischen Ländern vom Erdboden hinwegfegen.

Manche Leute, die keinen Sinn hatten für die Bedingungen der Vorbereitung und der Entwicklung des Massenkampfes, wurden durch den langen Aufschub des entscheidenden Kampfes gegen den Kapitalismus in Europa zur Verzweiflung und zum Anarchismus getrieben. Wir sehen heute, wie kurzsichtig und kleinmütig die anarchistische Verzweiflung ist.

Nicht Verzweiflung, sondern Zuversicht muß man aus der Tatsache schöpfen, daß Asien mit seinen 800 Millionen in den Kampf um dieselben europäischen Ideale einbezogen wird.

Die asiatischen Revolutionen haben uns die gleiche Charakterlosigkeit und Niedertracht des Liberalismus gezeigt, die gleiche außerordentliche Bedeutung der Selbständigkeit der demokratischen Massen, die gleiche deutliche Abgrenzung des Proletariats von jeglicher Bourgeoisie. Wer nach den Erfahrungen Europas wie Asiens von einer *über den Klassen stehenden* Politik und einem *über den Klassen stehenden* Sozialismus spricht, der verdient, daß man ihn einfach in einen Käfig sperrt und neben irgendeinem australischen Känguruh zur Schau stellt.

Nach Asien begann sich auch Europa zu rühren — allerdings nicht auf asiatische Art. Die »friedliche« Periode 1872—1904 gehört unwiderbringlich der Vergangenheit an. Die Teuerung und der Druck der Trusts rufen eine nie dagewesene Verschärfung des ökonomischen Kampfes hervor, die sogar die durch den Liberalismus am stärksten demoralisierten englischen Arbeiter in Bewegung gebracht hat. Vor unseren Augen reift die politische Krise selbst in dem »hartgesottensten« bürgerlich-junkerlichen Lande, in Deutschland, heran. Die wahnsinnigen Rüstungen und die Politik des Imperialismus schaffen im heutigen Europa einen »sozialen Frieden«, der am ehesten einem Pulverfaß ähnelt. Und die Zersetzung *aller* bürgerlichen Parteien und das Reifwerden des Proletariats schreiten unaufhaltsam vorwärts.

Jede der drei großen Epochen der Weltgeschichte seit dem Aufkommen des Marxismus brachte ihm neue Bestätigungen und neue Triumphe. Einen noch größeren Triumph wird aber dem Marxismus als der Lehre des Proletariats die kommende historische Epoche bereiten.

14. (1.) März 1913

(Aus: A.W. Bd. 11, S. 50–53)

Über das Verhältnis der Arbeiterpartei zur Religion

Die Rede des Abgeordneten Surkow in der Staatsduma bei der Verhandlung des Budgets des Synods und die weiter unten veröffentlichten Debatten in unserer Dumafraktion bei der Erörterung des Entwurfs dieser Rede haben eine außerordentlich wichtige und gerade jetzt aktuelle Frage aufgeworfen. Das Interesse für alles, was mit der Religion zusammenhängt, hat heute zweifellos breite Kreise der »Gesellschaft« erfaßt und ist in die Reihen der Intelligenz, die der Arbeiterbewegung nahesteht, aber auch in gewisse Arbeiterkreise eingedrungen. Die Sozialdemokratie ist unbedingt verpflichtet, mit einer Darlegung ihres Verhältnisses zur Religion aufzutreten.

Die Sozialdemokratie baut ihre ganze Weltanschauung auf dem wissenschaftlichen Sozialismus, d. h. auf dem Marxismus auf. Die philosophische Grundlage des Marxismus bildet, wie Marx sowohl wie Engels wiederholt erklärt haben, der dialektische Materialismus, der die historischen Traditionen des Materialismus des XVIII. Jahrhunderts in Frankreich und Feuerbachs (erste Hälfte des XIX. Jahrhunderts) in Deutschland vollkommen übernommen hat, eines Materialismus, der unbedingt atheistisch ist und jeder Religion entschieden feindlich gegenübersteht. Wir erinnern daran, daß der ganze »Anti-Dühring« von Engels, den Marx im Manuskript gelesen hat, den Materialisten und Atheisten Dühring der Inkonsequenz seines Materialismus zeiht, weil er der Religion und der Religionsphilosophie Hintertürchen offenläßt. Wir erinnern daran, daß Engels in seinem Werk über Ludwig Feuerbach diesem zum Vorwurf macht, daß er die Religion bekämpft habe, nicht um sie abzuschaffen, sondern um sie zu erneuern, um eine neue, »erhabene« Religion zu erfinden und dgl. mehr. »Die Religion ist das Opium des Volks«[1] – dieser Ausspruch von Marx ist der Eckpfeiler der ganzen Weltanschauung des Marxismus in der Frage der Religion. Der Marxismus betrachtet alle heutigen Religionen und Kirchen, alle und jedwede religiösen Organisationen stets als Organe der bürgerlichen Reaktion, die dem Schutz der Ausbeutung und der Betäubung der Arbeiterklasse dienen.

Zu gleicher Zeit jedoch verurteilte Engels wiederholt die Versuche jener Leute, die »linker« oder »revolutionärer« als die Sozialdemokratie sein und in das Programm der Arbeiterpartei ein direktes Bekenntnis zum Atheismus im Sinne einer Kriegserklärung an die Religion aufnehmen wollten. 1874, bei der Besprechung des berühmten Manifests der Kommuneflüchtlinge, der Blanquisten, die als Emigranten in London lebten, behandelt Engels ihre lärmende Kriegserklärung an die Religion als eine Dummheit und bemerkt, eine solche Kriegserklärung sei das beste Mittel, um das Innere für die Religion neu zu beleben und das wirkliche Absterben der Religion zu erschweren. Engels wirft

1 Marx-Engels, Gesamtausgabe, Erste Abtlg., Bd. 1/1 S. 607. D. Red.

den Blanquisten vor, sie seien nicht imstande zu begreifen, daß nur der Klassenkampf der Arbeitermassen, dadurch, daß er die breitesten Schichten des Proletariats allseitig in eine klassenbewußte und revolutionäre gesellschaftliche *Praxis* hineinzieht, imstande ist, in der Tat die unterdrückten Massen vom Joch der Religion zu befreien, während die Ausrufung des Krieges gegen die Religion zur politischen Aufgabe der Arbeiterpartei eine anarchistische Phrase ist. Und im Jahre 1877, im »Anti-Dühring«, wo Engels erbarmungslos die geringsten Zugeständnisse des Philosophen Dühring an den Idealismus und die Religion geißelt, verurteilt er nicht minder entschieden die angeblich revolutionäre Idee Dührings, in der sozialistischen Gesellschaft solle die Religion verboten werden.[2] Der Religion einen solchen Krieg ansagen, meint Engels, heißt »Bismarck überbismarcken«, d. h. die Dummheit des Bismarckschen Kampfes gegen die Klerikalen wiederholen (der berüchtigte »Kulturkampf«, d. h. der Kampf, den Bismarck in den siebziger Jahren gegen die deutsche Katholikenpartei, das »Zentrum«, durch polizeiliche Verfolgungen des Katholizismus führte). Durch diesen Kampf *festigte* Bismarck nur den streitbaren Klerikalismus der Katholiken, schädigte er nur die Sache der wirklichen Kultur, denn er rückte statt der politischen Trennungen die religiösen in den Vordergrund und lenkte so die Aufmerksamkeit mancher Schichten der Arbeiterklasse und der Demokratie von den dringenden Aufgaben des Klassen- und Revolutionskampfes in die Richtung eines ganz oberflächlichen und bürgerlich verlogenen Antiklerikalismus ab. Engels, der dem ultrarevolutionär sein wollenden Dühring vorwarf, in anderer Form dieselbe Dummheit Bismarcks wiederholen zu wollen, verlangte von der Arbeiterpartei die Fähigkeit, geduldig an der Organisierung und Aufklärung des Proletariats zu arbeiten, denn das werde zum Absterben der Religion führen, und sich nicht in die Abenteuer eines politischen Krieges gegen die Religion zu stürzen. Dieser Standpunkt ist der deutschen Sozialdemokratie in Fleisch und

2 Fr. Engels, „Herrn Eugen Dührings Umwälzung der Wissenschaft, 1934, S. 311 ff. D. Red.

Blut übergegangen, und so trat sie zum Beispiel für die Freiheit für die Jesuiten, für ihre Zulassung in Deutschland, für die Aufhebung aller Maßnahmen des polizeilichen Kampfes gegen diese oder jene Religion ein. »Erklärung der Religion zur Privatsache«, dieser berühmte Punkt des Erfurter Programms (1891) hat diese politische Taktik der Sozialdemokratie festgelegt.

Inzwischen ist diese Taktik bereits zur Schablone geworden, hat bereits eine neue Einstellung des Marxismus in der entgegengesetzten Richtung, in der Richtung des Opportunismus erzeugt. Man begann den Grundsatz des Erfurter Programms in dem Sinne auszulegen, daß wir Sozialdemokraten, daß unsere Partei die Religion als Privatsache *betrachtet*, daß für uns als Sozialdemokraten, für uns als Partei die Religion Privatsache sei. Ohne sich in eine direkte Polemik gegen diese opportunistische Ansicht einzulassen, hat Engels es in den neunziger Jahren für notwendig gehalten, entschieden gegen sie aufzutreten, nicht in polemischer, sondern in positiver Form. Und zwar tat das Engels in der Form der von ihm absichtlich unterstrichenen Erklärung, daß die Sozialdemokratie die Religion *gegenüber dem Staate*, keineswegs aber gegenüber sich selber, gegenüber dem Marxismus, gegenüber der Arbeiterpartei als Privatsache betrachte.

Das ist die äußere Geschichte der Kundgebungen von Marx und Engels in der Frage der Religion. Für Leute, die den Marxismus nachlässig behandeln, für Leute, die nicht zu denken verstehen oder nicht denken wollen, ist diese Geschichte ein Knäuel sinnloser Widersprüche und Schwankungen des Marxismus: ein Brei aus »konsequentem« Atheismus und »Nachsicht« gegenüber der Religion, ein »prinzipienloses« Schwanken zwischen dem r-r-revolutionären Krieg gegen Gott und dem feigen Wunsch, den gläubigen Arbeitern »nach dem Munde zu reden«, der Angst, sie abzuschrecken usw. In der Literatur der anarchistischen Phraseure kann man gar manchen Ausfall dieser Art gegen den Marxismus finden.

Wer jedoch einigermaßen fähig ist, ein ernsthaftes Verhältnis zum Marxismus zu finden, sich in seine philosophischen Grundlagen und in die Erfahrungen der internationalen Sozialdemokratie hineinzudenken, der wird mit Leichtigkeit einsehen, daß die Taktik des Marxismus der Religion gegenüber vollkommen konsequent und von Marx und Engels gründlich durchdacht ist, daß das, was Dilettanten oder Ignoranten für Schwankungen halten, eine direkte und unvermeidliche Schlußfolgerung aus dem dialektischen Materialismus ist. Es wäre grundfalsch, zu glauben, daß sich die scheinbare »Mäßigung« des Marxismus der Religion gegenüber aus sogenannten »taktischen« Erwägungen im Sinne des Wunsches »nicht abzuschrecken« usw. erklären lasse. Im Gegenteil, die politische Linie des Marxismus ist auch in dieser Frage untrennbar verknüpft mit seinen philosophischen Grundlagen.

Marxismus ist Materialismus. Als solcher steht er der Religion ebenso schonungslos feindlich gegenüber wie der Materialismus der Enzyklopädisten des XVIII. Jahrhunderts oder der Materialismus Feuerbachs. Das steht fest. Aber der dialektische Materialismus von Marx und Engels geht weiter als die Enzyklopädisten und Feuerbach, denn er wendet die materialistische Philosophie auf das Gebiet der Geschichte und der Gesellschaftswissenschaften an. Wir müssen die Religion bekämpfen. Das ist das Abc des *gesamten* Materialismus und folglich auch des Marxismus. Aber der Marxismus ist kein Materialismus, der beim Abc stehengeblieben ist. Der Marxismus geht weiter. Er sagt: man muß es *verstehen*, gegen die Religion zu kämpfen, dazu aber ist es notwendig, den Ursprung des Glaubens und der Religion bei den Massen *materialistisch* zu erklären. Man darf den Kampf gegen die Religion nicht auf eine abstrakt ideologische Predigt beschränken, ihn nicht auf eine solche Predigt hinauslaufen lassen; man muß diesen Kampf mit der konkreten Praxis der Klassenbewegung in Zusammenhang bringen, die auf die Beseitigung der sozialen Wurzeln der Religion gerichtet ist. Warum hält sich die Religion in den rückständigen Schichten des städtischen Proletariats, in den breiten Schichten des Halbproletariats sowie in der

Masse der Bauernschaft? Infolge der Unwissenheit des Volkes, antwortet der bürgerliche Fortschrittler, der Radikale oder der bürgerliche Materialist. Also: nieder mit der Religion, es lebe der Atheismus, die Verbreitung atheistischer Ansichten ist unsere Hauptaufgabe. Der Marxist sagt: das ist falsch. Eine solche Ansicht ist ein oberflächliches, bürgerlich beschränktes Kulturträgertum. Eine solche Ansicht erklärt die Wurzeln der Religion nicht gründlich genug, nicht materialistisch, sondern idealistisch. In den modernen kapitalistischen Ländern sind diese Wurzeln hauptsächlich *sozialer* Natur. Das soziale Niedergedrücktsein der werktätigen Massen, ihre scheinbare vollkommene Ohnmacht gegenüber den blindwaltenden Kräften des Kapitalismus, der den einfachen arbeitenden Menschen täglich und stündlich tausendmal mehr fürchterlichste Leiden und entsetzlichste Qualen zufügt als alle außerordentlichen Ereignisse wie Krieg, Erdbeben usw. – darin ist heute die tiefste Wurzel der Religion zu suchen. »Die Furcht hat die Götter erzeugt.« Die Furcht vor der blindwaltenden Macht des Kapitals, die blind waltet, weil sie von den Volksmassen nicht vorausgesehen werden kann, die auf Schritt und Tritt den Proletarier und den kleinen Eigentümer bedroht und über sie »plötzlich«, »unerwartet«, »zufällig« Ruin, Untergang, Verwandlung in Bettler, Paupers, Prostituierte verhängen, sie dem Hungertod preisgeben kann und all das auch tatsächlich tut – das ist die *Wurzel* der heutigen Religion, die der Materialist vor allem und am meisten im Auge haben muß, will er nicht ein Abc-Schütze des Materialismus bleiben. Keine Aufklärungsbroschüre wird die Religion aus den durch die kapitalistische Zwangsarbeit zermürbten, von den blindwaltenden, zerstörenden Kräften des Kapitalismus abhängenden Massen ausmerzen, solange diese Massen selbst nicht gelernt haben werden, vereint, organisiert, planmäßig, bewußt gegen diese *Wurzel* der Religion, gegen die *Herrschaft des Kapitals* in allen ihren Formen anzukämpfen.

Folgt etwa daraus, daß Aufklärungsbroschüren gegen die Religion schädlich oder überflüssig sind? Keineswegs. Daraus folgt etwas ganz anderes. Daraus folgt, daß die atheistische Propaganda der Sozialdemokratie ihrer Grundaufgabe *untergeordnet* sein muß: der Entfaltung des Klassenkampfes der ausgebeuteten *Massen* gegen die Ausbeuter.

Wer sich nicht in die Grundlagen des dialektischen Materialismus, d. h. der Philosophie von Marx und Engels, vertieft hat, der kann diesen Grundsatz mißverstehen (oder wenigstens nicht sofort verstehen). Wie denn das? Soll etwa die ideologische Propaganda, die Propagierung gewisser Ideen, der Kampf gegen jenen Feind der Kultur und des Fortschritts, der sich seit Jahrtausenden hält (d. h. gegen die Religion), dem Klassenkampf, d. h. dem Kampf für bestimmte praktische Ziele auf wirtschaftlichem und politischem Gebiet, untergeordnet werden?

Das ist einer jener landläufigen Einwände gegen den Marxismus, die davon zeugen, daß man die Marxsche Dialektik absolut nicht verstanden hat. Der Widerspruch, der die so Argumentierenden verwirrt, ist der lebendige Widerspruch des lebendigen Lebens, d. h. es ist ein dialektischer, kein bloß in Worten bestehender, ausgedachter Widerspruch. Die theoretische Propaganda des Atheismus, d. h. die Vernichtung des religiösen Glaubens in gewissen Schichten des Proletariats, von dem Erfolg, dem Verlauf, den Bedingungen des Klassenkampfes dieser Schichten durch eine absolute, unüberbrückbare Schranke trennen, heißt undialektisch denken, heißt eine bewegliche, relative Schranke in eine absolute Schranke verwandeln, heißt gewaltsam das voneinander trennen, was in der lebendigen Wirklichkeit untrennbar verbunden ist. Nehmen wir ein Beispiel. Das Proletariat eines bestimmten Gebietes und eines bestimmten Industriezweiges teilt sich, sagen wir, in eine vorgeschrittene Schicht ziemlich klassenbewußter Sozialdemokraten, die natürlich Atheisten sind, und in ziemlich rückständige, noch mit dem Dorfe und der Bauernschaft verbundene Arbeiter, die an Gott glauben, in die Kirche gehen oder gar unter dem direkten Einfluß des Ortsgeistlichen stehen, der, sagen wir, einen christlichen Arbeiterverein gründet. Angenommen ferner, der ökonomische Kampf hat in diesem Orte zu einem Streik geführt. Für den Marxisten ist es Pflicht, den Erfolg der Streikbewegung in den Vordergrund zu stellen, einer Trennung der Arbeiter in diesem Kampf in Atheisten und Christen entschieden entgegenzuwirken, gegen eine solche Trennung entschieden zu kämpfen. Eine atheistische Propaganda kann unter solchen Umständen überflüssig und schädlich sein – nicht vom Standpunkt der spießbürgerlichen Erwägung aus, man könnte die rückständigen Schichten abschrecken, bei Wahlen ein Mandat einbüßen usw., sondern vom Standpunkt des wirklichen Fortschritts des Klassenkampfes aus, der in den Verhältnissen der modernen kapitalistischen Gesellschaft die christlichen Arbeiter hundertmal besser zur Sozialdemokratie und zum Atheismus führen wird als die nackte atheistische Propaganda. Der Prediger des Atheismus würde in einem solchen Augenblick und unter solchen Umständen nur dem Pfaffen *Vorschub leisten,* den Pfaffen, die nichts sehnlicher wünschen als die Teilung der Arbeiter nach ihrer Beteiligung am Streik durch die Teilung nach ihrem Glauben an Gott zu ersetzen. Der Anarchist, der den Krieg gegen Gott um jeden Preis predigt, würde in Wirklichkeit den Pfaffen und der Bourgeoisie helfen (wie ja die Anarchisten *in Wirklichkeit* stets der Bourgeoisie helfen). Der Marxist muß Materialist, d. h. ein Feind der Religion sein, aber ein dialektischer Materialist, d. h. ein solcher, der den Kampf gegen die Religion nicht abstrakt, nicht auf den Boden einer abstrakten, rein theoretischen, sich stets gleichbleibenden Propaganda, sondern konkret, auf den Boden des Klassenkampfes stellt, der *tatsächlich* vor sich geht und die Massen vor allem und am besten erzieht. Der Marxist muß die ganze konkrete Lage erfassen können, muß stets die Grenze zwischen Anarchismus und Opportunismus zu finden wissen (diese Grenze ist relativ, beweglich, veränderlich, aber sie ist da), er darf weder in den abstrakten, phrasenhaften, in Wirklichkeit hohlen »Revolutionarismus« des Anarchisten verfallen noch in die Spießigkeit und den Opportunismus des Kleinbürgers oder des liberalen Intellektuellen, der sich vor dem Kampf gegen die Religion fürchtet, diese seine Aufgabe vergißt, sich mit dem Gottesglauben abfindet und sich nicht von den

Interessen des Klassenkampfes leiten läßt, sondern von der kleinlichen, miserablen Berechnung: niemand kränken, niemand abstoßen, niemand abschrecken, nach der neunmalweisen Regel: »Leben und leben lassen« usw. und dgl.

Von diesem Standpunkt aus müssen alle Einzelfragen, die das Verhältnis der Sozialdemokratie zur Religion betreffen, entschieden werden. Es wird zum Beispiel oft die Frage aufgeworfen, ob ein Geistlicher Mitglied der sozialdemokratischen Partei sein kann, und diese Frage wird gewöhnlich ohne jeden Vorbehalt im positiven Sinne beantwortet, wobei man sich auf die Erfahrung der europäischen sozialdemokratischen Parteien beruft. Aber diese Erfahrung ist nicht allein das Produkt der Anwendung der Doktrin des Marxismus auf die Arbeiterbewegung, sondern auch die Folge der besonderen geschichtlichen Verhältnisse im Westen, die in Rußland nicht vorhanden sind (weiter unten werden wir von diesen Verhältnissen noch sprechen), so daß eine bedingungslose positive Antwort hier falsch ist. Man kann nicht ein für allemal und für alle Verhältnisse erklären, daß Geistliche nicht Mitglieder der sozialdemokratischen Partei sein können, aber man kann auch nicht ein für allemal die entgegengesetzte Regel aufstellen. Wenn ein Geistlicher zum Zwecke gemeinsamer politischer Arbeit zu uns kommt und gewissenhaft Parteiarbeit leistet, ohne gegen das Parteiprogramm aufzutreten, so können wir ihn in die Reihen der Sozialdemokratie aufnehmen; denn der Widerspruch zwischen dem Geist und den Grundlagen unseres Programms und der religiösen Überzeugung des Geistlichen könnte unter solchen Umständen ein nur ihn allein angehender, persönlicher Widerspruch bleiben, eine politische Organisation kann aber nicht ihre Mitglieder daraufhin prüfen, ob nicht zwischen ihren Ansichten und dem Programm der Partei ein Widerspruch besteht. Doch ein solcher Fall könnte natürlich selbst in Europa nur eine seltene Ausnahme sein, in Rußland aber ist er schon ganz unwahrscheinlich. Und würde z. B. ein Geistlicher in die sozialdemokratische Partei eintreten und in dieser Partei als seine wichtigste und fast ausschließliche Arbeit eine aktive Propaganda religiöser Anschauungen betreiben, so müßte die Partei ihn unbedingt aus ihrer Mitte ausschließen. Wir müssen alle Arbeiter, die den Glauben an Gott bewahren, zur sozialdemokratischen Partei nicht nur zulassen, sondern mit aller Energie heranziehen, wir sind unbedingt dagegen, daß sie in ihren religiösen Überzeugungen auch nur im geringsten gekränkt werden, aber wir ziehen sie heran, um sie im Geiste unseres Programms zu erziehen und nicht, damit sie dieses Programm aktiv bekämpfen. Wir lassen *innerhalb* der Partei Meinungsfreiheit gelten, jedoch in gewissen Grenzen, die durch die Freiheit der Gruppierung bestimmt sind: wir sind nicht verpflichtet, Hand in Hand mit Leuten zu gehen, die Ansichten propagieren, die von der Mehrheit der Partei abgelehnt werden.

Ein anderes Beispiel: kann man unter allen Umständen in gleicher Weise Mitglieder der sozialdemokratischen Partei verurteilen, wenn sie erklären: »Der Sozialismus ist meine Religion«, und wenn sie Ansichten propagieren, die dieser Erklärung entsprechen? Nein. Eine Abweichung vom Marxismus (und folglich auch vom Sozialismus) liegt hier zweifellos vor, aber die Bedeutung dieser Abweichung, ihr sozusagen spezifisches Gewicht kann in verschiedenen Situationen verschieden sein. Es sind zwei verschiedene Dinge, ob ein Agitator oder ein Mensch, der vor der Arbeitermasse auftritt, so spricht, um verständlicher zu sein, um seine Darlegung zu beginnen, um durch Ausdrücke, die der unaufgeklärten Masse am geläufigsten sind, seine Ansichten realer hervortreten zu lassen, oder ob ein Schriftsteller anfängt, die »Gottbildnerei« oder einen gottbildnerischen Sozialismus zu predigen (z. B. im Geiste unserer Lunatscharski und Co.). Wie im ersten Falle eine Verurteilung *Nörgelei* oder sogar eine unangebrachte Beschränkung der Freiheit des Agitators, der Freiheit der »pädagogischen« Einwirkung sein könnte, so ist im zweiten Falle eine Verurteilung durch die Partei notwendig und unbedingt geboten. Der Satz »Sozialismus ist Religion« ist für die einen eine Form des Übergangs *von* der Religion zum Sozialismus, für die anderen *vom* Sozialismus zur Religion.

Gehen wir nun zu den Bedingungen über, die im Westen eine opportunistische Deutung des Grundsatzes »Erklärung der Religion zur Privatsache« erzeugt haben. Gewiß haben wir es hier mit dem Einfluß der allgemeinen Ursachen zu tun, die den Opportunismus überhaupt erzeugen als Preisgabe der Grundinteressen der Arbeiterbewegung zugunsten von Augenblicksvorteilen. Die Partei des Proletariats fordert *vom Staat* die Erklärung der Religion zur Privatsache, betrachtet jedoch keineswegs den Kampf gegen das Opium des Volks, den Kampf gegen religiösen Aberglauben usw. als »Privatsache«. Die Opportunisten verdrehen die Frage so, als *hielte die sozialdemokratische* Partei die Religion für eine Privatsache!

Aber außer der üblichen opportunistischen Entstellung (die in den Debatten unserer Dumafraktion bei der Erörterung der Kundgebung über die Religion vollkommen ungeklärt blieb) gibt es besondere geschichtliche Bedingungen, die die jetzige, wenn man so sagen kann, übermäßige Gleichgültigkeit der europäischen Sozialdemokraten der Frage der Religion gegenüber hervorgerufen haben. Diese Bedingungen sind zweierlei Art. Erstens ist die Bekämpfung der Religion historisch eine Aufgabe der revolutionären Bourgeoisie, und im Westen hat die bürgerliche Demokratie diese Aufgabe in der Epoche *ihrer* Revolutionen oder ihres Ansturms gegen Feudalismus und Mittelalter im hohen Grade erfüllt (oder zu erfüllen gestrebt). Sowohl in Frankreich als auch in Deutschland besteht die Tradition des bürgerlichen Kampfes gegen die Religion, der lange vor dem Sozialismus aufgenommen wurde (die Enzyklopädisten, Feuerbach). In Rußland lastet, den Verhältnissen unserer bürgerlich-demokratischen Revolution entsprechend, auch diese Aufgabe fast ganz auf den Schultern der Arbeiterklasse. Die kleinbürgerliche Demokratie (die Narodniki) hat da bei uns nicht zu viel (wie die neugebackenen Schwarzhunderter-Kadetten oder kadettischen Schwarzhunderter aus den »Wjechi« glauben), sondern im Vergleich mit Europa *zu wenig* getan.

Anderseits hat die Tradition des bürgerlichen Kampfes gegen die Religion in Europa bereits eine spezifisch bürgerliche *Entstellung* dieses Kampfes durch den Anarchismus erzeugt, der, wie die Marxisten schon längst und wiederholt auseinandergesetzt haben, trotz aller »Wut« seiner Angriffe gegen die Bourgeoisie, auf dem Boden der bürgerlichen Weltanschauung steht. Die Anarchisten und Blanquisten in den romanischen Ländern, Most (der übrigens ein Schüler Dührings war) und Konsorten in Deutschland, die Anarchisten der achtziger Jahre in Österreich haben die revolutionäre Phrase im Kampf gegen die Religion bis zum nec plus ultra [3] getrieben. Kein Wunder, daß die europäischen Sozialdemokraten jetzt den von den Anarchisten zu straff gespannten *Bogen* nach der anderen Seite *überspannen.* Das ist begreiflich und in einem gewissen Maße auch berechtigt, aber es steht uns russischen Sozialdemokraten nicht an, die besonderen geschichtlichen Verhältnisse des Westens zu vergessen.

Zweitens war im Westen *nach* Beendigung der nationalen bürgerlichen Revolution, *nach* Einführung einer mehr oder weniger vollständigen Glaubensfreiheit die Frage des demokratischen Kampfes gegen die Religion durch den Kampf der bürgerlichen Demokratie gegen den Sozialismus schon so sehr historisch in den Hintergrund gedrängt, daß die bürgerlichen Regierungen *bewußt* versuchten, durch Inszenierung eines quasi-liberalen »Feldzuges« gegen den Klerikalismus die Aufmerksamkeit der Massen vom Sozialismus abzulenken. Einen solchen Charakter trug sowohl der Kulturkampf in Deutschland als auch der Kampf der bürgerlichen Republikaner Frankreichs gegen den Klerikalismus. Der bürgerliche Antiklerikalismus als Mittel zur Ablenkung der Aufmerksamkeit der Arbeitermassen vom Sozialismus – das war es, was im Westen der Ausbreitung des heutigen »gleichgültigen« Verhaltens der Sozialdemokratie zum Kampf gegen die Religion vorangegangen war. Und das ist wiederum verständlich und berechtigt, denn dem bürgerlichen und dem Bismarckschen Antiklerikalismus mußten die Sozialdemokraten gerade die *Unterordnung* des Kampfes

3 Bis zur äußersten Grenze. D. Red.

gegen die Religion unter den Kampf für den Sozialismus entgegensetzen.

In Rußland liegen die Verhältnisse ganz anders. Das Proletariat ist der Führer unserer bürgerlich-demokratischen Revolution. Seine Partei muß der geistige Führer im Kampf gegen alles Mittelalterliche sein, darunter auch gegen die alte, offizielle Religion und gegen alle Versuche, sie aufzufrischen, sie neu oder in anderer Weise zu begründen usw. Wenn daher Engels verhältnismäßig sanft den Opportunismus der deutschen Sozialdemokraten korrigierte, die an die Stelle der Forderung der Arbeiterpartei, der *Staat* solle die Religion zur Privatsache erklären, die *Erklärung* der Religion zur Privatsache für die Sozialdemokraten selber und die sozialdemokratische Partei setzten, so ist es begreiflich, daß eine Übernahme dieser deutschen Verdrehung durch die russischen Opportunisten eine *hundertmal* schärfere Verurteilung durch Engels verdienen würde.

Als unsere Fraktion von der Dumatribüne herab erklärte, die Religion sei Opium des Volkes, handelte sie vollkommen richtig und schuf auf diese Weise einen Präzedenzfall, der als Grundlage für alle Kundgebungen der russischen Sozialdemokraten in der Frage der Religion dienen muß. Hätte man noch weiter gehen, die atheistischen Schlußfolgerungen noch ausführlicher entwickeln sollen? Wir glauben, nein. Das hätte die Gefahr der Übertreibung des Kampfes der politischen Partei des Proletariats gegen die Religion hervorrufen, hätte zu einer Verwischung der Grenze zwischen der bürgerlichen und der sozialistischen Bekämpfung der Religion führen können. Das erste, was die sozialdemokratische Fraktion in der Schwarzhunderter-Duma zu erfüllen hatte, hat sie mit Ehren erfüllt.

Das zweite – und für die Sozialdemokratie wohl das Wichtigste –, die Klarstellung der Klassenrolle der Kirche und der Geistlichkeit bei der Unterstützung der Schwarzhunderter-Regierung und der Bourgeoisie in ihrem Kampf gegen die Arbeiterklasse, ist ebenfalls mit Ehren erfüllt worden. Natürlich kann man darüber noch sehr viel sagen, und bei den künftigen Kundgebungen werden die Sozialdemokraten wissen, wodurch sie die Rede des Genossen Surkow zu ergänzen haben, aber trotzdem war seine Rede ausgezeichnet, und ihre Verbreitung durch alle Parteiorganisationen ist die direkte Pflicht unserer Partei.

Drittens hätte man ganz ausführlich den *richtigen* Sinn des von den deutschen Opportunisten so oft entstellten Satzes: »Erklärung der Religion zur Privatsache« erläutern sollen. Das hat Genosse Surkow leider nicht getan. Das ist um so mehr zu bedauern, als die Fraktion in ihrer vorhergehenden Tätigkeit in dieser Frage bereits den Fehler des Genossen Beloussow zugelassen hat, den der *»Proletarij«* rechtzeitig vermerkte. Die Debatten in der Fraktion zeigen, daß die Diskussion über den Atheismus die Aufmerksamkeit der Fraktion von der Frage der richtigen Darstellung der berühmten Forderung »Erklärung der Religion zur Privatsache« abgelenkt hat. Wir wollen für diesen Fehler der Gesamtfraktion nicht den Genossen Surkow allein verantwortlich machen. Mehr noch, wir bekennen offen, daß hier eine Schuld der gesamten Partei vorliegt, die diese Frage nicht genügend auseinandergesetzt, im Bewußtsein der Sozialdemokraten nicht genügend das Verständnis vorbereitet hat für die Bedeutung der an die deutschen Opportunisten gerichteten Engelsschen Bemerkung. Die Debatten in der Fraktion beweisen, daß es sich hier eben darum handelte, daß die Frage nicht klar genug verstanden wurde, keineswegs aber darum, daß man etwa nicht gewillt gewesen wäre, die Lehre von Marx zu berücksichtigen, und wir sind überzeugt, daß der Fehler in den künftigen Kundgebungen der Fraktion korrigiert werden wird.

Im großen und ganzen, wir wiederholen es, ist die Rede des Genossen Surkow ausgezeichnet und muß von allen Organisationen verbreitet werden. Durch die Erörterung dieser Rede hat die Fraktion bewiesen, daß sie ihre sozialdemokratische Pflicht durchaus gewissenhaft erfüllt. Es bleibt zu wünschen, daß in der Parteipresse häufiger Korrespondenzen über die Debatten in der Dumafraktion erscheinen, um die Fraktion der Partei näherzubringen, um die Partei mit der schwierigen internen Arbeit, die die Fraktion leistet, bekannt zu machen, um die geistige Einheit in der Tätigkeit der Partei und der Fraktion herzustellen.

Mai 1909

(Aus: A.W. Bd. 11, S. 400–411)

Materialismus und Empiriokritismus

Kritische Bemerkungen über eine reaktionäre Philosophie

Vorwort zur ersten Auflage

Eine ganze Reihe von Schriftstellern, die Marxisten sein wollen, hat bei uns im Laufe dieses Jahres einen wahren Feldzug gegen die Philosophie des Marxismus unternommen. In weniger als einem halben Jahr sind vier Bücher herausgekommen, die hauptsächlich, ja fast ganz aus Angriffen gegen den dialektischen Materialismus bestehen. Hierher gehören vor allem: »Beiträge zur (? es müßte heißen: gegen die) Philosophie des Marxismus«, St. Petersburg 1908, eine Artikelsammlung von Basarow, Bogdanow, Lunatscharski, Berman, Helfond, Juschkewitsch, Suworow; ferner die Bücher: »Materialismus und kritischer Realismus« von Juschkewitsch; »Die Dialektik im Lichte der modernen Erkenntnistheorie« von Berman und »Die philosophischen Konstruktionen des Marxismus« von Walentinow.

Allen diesen Leuten kann nicht unbekannt geblieben sein, daß Marx und Engels dutzendemal ihre philosophischen Anschauungen als dialektischen Materialismus bezeichnet haben. Und alle diese Leute, die – trotz scharfer Differenzen in den politischen Ansichten – in ihrer Feindschaft gegen den dialektischen Materialismus einig sind, erheben gleichzeitig Anspruch darauf, in der Philosophie Marxisten zu sein! Die Engelssche Dialektik sei »Mystik«, erklärt Berman. Die Ansichten von Engels seien »veraltet«, bemerkt Basarow so nebenbei, als etwas Selbstverständliches. Unsere tapferen Streiter glauben, den Materialismus widerlegt zu haben, und sie berufen sich stolz auf die »moderne Erkenntnistheorie«, die »neueste Philosophie« (oder den »neuesten Positivismus«), auf die »Philosophie der modernen Naturwissenschaft« oder gar die Philosophie der Naturwissenschaft des XX. Jahrhunderts«. Gestützt auf alle diese angeblich neuesten Lehren, versteigen sich unsere Vernichter des dialektischen Materialismus furchtlos bis zum direkten Fideismus[4] (das tritt bei Lunatscharski am klarsten hervor, aber durchaus nicht nur bei ihm allein!). Handelt es sich aber darum, unmittelbar ihre Stellung zu Marx und Engels zu bestimmen, so verlieren sie plötzlich allen Mut und alle Achtung vor ihren eigenen Überzeugungen. In der Tat sagen sie sich vom dialektischen Materialismus, also vom Marxismus, völlig los. In ihren Worten machen sie endlose Ausflüchte, versuchen sie das Wesen der Frage zu umgehen, ihre Abtrünnigkeit zu verdecken, an die Stelle des Materialismus überhaupt irgendeinen einzelnen Materialisten zu setzen; sie verzichten entschieden auf die unmittelbare Analyse der zahllosen materialistischen Erklärungen von Marx und Engels. Eine wahre »Meuterei auf den Knien«, wie ein Marxist sich treffend ausdrückte. Es ist der typische philosophische Revisionismus, denn nur die Revisionisten haben eine traurige Berühmtheit dadurch erlangt, daß sie, den Grundanschauungen des Marxismus abtrünnig geworden, zu ängstlich oder unfähig sind, offen, direkt, entschieden und klar »abzurechnen« mit den von ihnen aufgegebenen Anschauungen. So oft hingegen die Orthodoxen gegen veraltete Ansichten von Marx auftraten (wie z. B. Mehring gegen einige geschichtliche Behauptungen), geschah das stets so bestimmt und ausführlich, daß niemand in einem derartigen literarischen Auftreten je etwas Zweideutiges finden konnte.

Übrigens enthalten die »Beiträge ›zur‹ Philosophie des Marxismus« doch einen Ausspruch, der der Wahrheit ähnlich sieht. Und zwar ist dies Lunatscharskis Ausspruch:

»Vielleicht irren wir« (d. h. offenbar alle Mitarbeiter der »Beiträge«), »aber wir suchen« (S. 161).

4 Fideismus ist eine Lehre, die den Glauben an die Stelle des Wissens setzt oder überhaupt dem Glauben eine gewisse Bedeutung beilegt.

Ich werde mich bemühen, dem Leser in dem vorliegenden Buch mit aller Ausführlichkeit zu beweisen, daß die erste Hälfte dieses Satzes eine absolute, die zweite eine relative Wahrheit enthält. Jetzt will ich nur bemerken, daß unsere Philosophen sich selbst und dem Marxismus mehr Achtung bezeigen würden, wenn sie nicht im Namen des Marxismus, sondern im Namen einiger »suchender« Marxisten sprächen.

Was mich betrifft, so bin ich auch ein »Suchender« in der Philosophie. Nämlich: ich habe es mir in den folgenden Bemerkungen zur Aufgabe gemacht, herauszufinden, was die Leute um den Verstand gebracht hat, die uns unter dem Schein des Marxismus ein so unglaublich konfuses, verworrenes und reaktionäres Zeug auftischen.

September 1908 *Der Verfasser*

(Aus: A.W. Bd. 11 S. 86–88)

Absolute Wahrheit und Relativität der Annäherung an sie

Vom Standpunkt des modernen Materialismus, d. h. des Marxismus aus, sind die *Grenzen* der Annäherung unserer Erkenntnisse an die objektive, absolute Wahrheit geschichtlich bedingt, die Existenz dieser Wahrheit selbst aber ist *unbedingt*, unbedingt ist, daß wir uns ihr nähern. Geschichtlich bedingt sind die Konturen des Bildes, aber unbedingt ist, daß dieses Bild ein objektiv existierendes Modell wiedergibt. Geschichtlich bedingt ist, zu welcher Zeit und unter welchen Umständen wir in unserer Erkenntnis des Wesens der Dinge bis zu der Entdeckung des Alizarins im Kohlenteer oder bis zur Entdeckung der Elektronen im Atom gelangt sind, aber unbedingt ist, daß jede solche Entdeckung ein Schritt vorwärts der »unbedingt objektiven Erkenntnis« ist. Kurz gesagt, geschichtlich bedingt ist jede Ideologie, aber unbedingt ist, daß jeder wissenschaftlichen Ideologie (im Unterschied z. B. zur religiösen Ideologie) die objektive Wahrheit, die absolute Natur entspricht. Ihr werdet sagen:

diese Unterscheidung zwischen relativer und absoluter Wahrheit ist unbestimmt. Ich antworte darauf: sie ist gerade »unbestimmt« genug, um die Verwandlung der Wissenschaft in ein Dogma im schlechten Sinn dieses Wortes, d. h. in etwas Totes, Erstarrtes, Verknöchertes zu verhindern, sie ist aber zugleich gerade »bestimmt« genug, um sich auf das Entschiedenste und Unwiderruflichste vom Fideismus und Agnostizismus, vom philosophischen Idealismus und der Sophistik der Anhänger Kants und Humes abzugrenzen. Hier ist eine Grenze, die ihr nicht bemerkt habt, und weil ihr sie nicht bemerkt habt, seid ihr in den Sumpf der reaktionären Philosophie hinabgeglitten. Dies ist die Grenze zwischen dialektischem Materialismus und Relativismus.

Wir sind Relativisten, verkünden Mach, Avenarius, Petzoldt. Wir sind Relativisten – fallen in den Chor Herr Tschernow und einige russische Machisten, die Marxisten sein möchten, ein. Ja, Herr Tschernow und ihr Genossen Machisten, das ist gerade euer Fehler! Denn den Relativismus zur Grundlage der Erkenntnistheorie machen, heißt unvermeidlich sich entweder zum absoluten Skeptizismus, Agnostizismus und zur Sophistik oder zum Subjektivismus verdammen. Der Relativismus als Grundlage der Erkenntnistheorie bedeutet nicht nur die Anerkennung der Relativität, sondern auch die Leugnung irgendeines objektiven, unabhängig von der Menschheit existierenden Maßes oder Modells, dem sich unsere relative Erkenntnis nähert. Vom Standpunkt des nackten Relativismus aus kann man jede Sophistik rechtfertigen, kann man es als »bedingt« hinstellen, ob Napoleon am 5. Mai des Jahres 1821 gestorben oder nicht gestorben ist, kann man zur Bequemlichkeit des Menschen oder der Menschheit neben der wissenschaftlichen Ideologie (die in einer Beziehung »bequem« ist) auch eine religiöse Ideologie (die in anderer Beziehung recht »bequem« ist) gelten lassen.

Die Dialektik *schließt in sich*, wie schon Hegel erklärte, ein Moment des Relativismus, der Negation, des Skeptizismus *ein*, aber *reduziert sich nicht* auf den Relativismus. Die materialistische Dialektik von Marx und Engels schließt unbedingt den Relativismus in sich ein, reduziert sich aber nicht auf ihn, d. h. sie gibt die Relativität aller unserer Kenntnisse zu, aber nicht im Sinne der Verneinung der objektiven Wahrheit, sondern im Sinne der geschichtlichen Bedingtheit der Grenzen der Annäherung unserer Kenntnisse an diese Wahrheit.

Bogdanow schreibt in Sperrdruck: »*Der konsequente Marxismus läßt keine solche Dogmatik und keine solche Statik zu*«, wie die ewigen Wahrheiten es sind. (»Empiriomonismus«, Buch III, S. IX.) Das ist Konfusion. Wenn die Welt eine sich ewig bewegende, sich entwickelnde Materie (wie die Marxisten meinen) ist, die sich in dem sich entwickelnden menschlichen Bewußtsein widerspiegelt, was hat dann hier die »Statik« zu schaffen? Es handelt sich hier durchaus nicht um das unveränderliche Bewußtsein, sondern um die *Übereinstimmung* zwischen dem die Natur widerspiegelnden Bewußtsein und der im Bewußtsein widergespiegelten Natur. In bezug auf diese – und zwar nur auf diese – Frage hat der Terminus Dogmatik einen besonderen charakteristischen philosophischen Beigeschmack: es ist dies das Lieblingswörtchen der Idealisten und Agnostiker *gegen* die Materialisten, wie wir schon an dem Beispiel des ziemlich »alten« Materialisten Feuerbach gesehen haben. Ein uralter Kram – als das erweisen sich alle Einwände gegen den Materialismus, die vom Standpunkte des vielgerühmten »neuesten Positivismus« aus gemacht werden.

(Aus: A.W. Bd. 11 S. 131–133)

Die Praxis als Kriterium der Wahrheit

Die menschliche Praxis beweist die Richtigkeit der materialistischen Erkenntnistheorie, erklärten Marx und Engels, und sie nannten die Versuche, die Grundfrage der Erkenntnistheorie isoliert von der Praxis zu lösen, »Scholastik« und »philosophische Schrullen«. Für Mach sind Praxis und Erkenntnistheorie zwei ganz verschiedene Dinge. Man kann sie nebeneinanderstellen, ohne daß jene diese bedingt. In seinem letzten Werke »Erkenntnis und Irrtum« (2. Aufl., S. 115) sagt Mach:

»Eine Erkenntnis ist stets ein uns ... biologisch förderndes physisches Erlebnis.« »Nur der Erfolg vermag beide (Erkenntnis und Irrtum) zu scheiden« (S. 116). Der Begriff ist eine »physikalische Arbeitshypothese« (S. 143).

Unsere russischen Machisten, die Marxisten sein wollen, nehmen solche Phrasen von Mach mit erstaunlicher Naivität als Beweis dafür hin, daß er sich dem Marxismus *nähere*. Aber Mach nähert sich dem Marxismus ebenso, wie sich Bismarck der Arbeiterbewegung oder der Bischof Eulogius dem Demokratismus genähert hat. Bei Mach stehen solche Sätze *neben* seiner idealistischen Erkenntnistheorie, aber sie bestimmen nicht die Wahl dieser oder jener erkenntnistheoretischen Linie. Die Erkenntnis kann nur dann biologisch fördernd, fördernd für das menschliche Handeln, für die Erhaltung des Lebens, für die Erhaltung der Gattung sein, wenn sie eine objektive, vom Menschen unabhängige Wahrheit widerspiegelt. Für einen Materialisten beweist der »Erfolg« der menschlichen Praxis die Übereinstimmung unserer Vorstellungen mit der objektiven Natur der von uns wahrgenommenen Dinge. Für den Solipsisten ist »Erfolg« alles, wessen *ich in der Praxis,* die man getrennt von der Erkenntnistheorie betrachten kann, bedarf. Schließen wir das Kriterium der Praxis in die Grundlage der Erkenntnistheorie ein, so kommen wir unvermeidlich zum Materialismus, sagt der Marxist. Mag die Praxis materialistisch sein, die Theorie jedoch ist etwas ganz Besonderes, sagt Mach.

»Praktisch – schreibt er in der ›Analyse der Empfindungen‹ – können wir nun *handelnd* die Ichvorstellung so wenig entbehren, als die Körpervorstellung nach einem Dinge *greifend.* Physiologisch bleiben wir Egoisten und Materialisten, so wie wir die Sonne immer wieder aufgehen sehen. Theoretisch muß aber diese Auffassung nicht festgehalten werden« (S. 291).

Der Egoismus hat hier nichts zu schaffen, denn er ist durchaus keine erkenntnistheoretische Kategorie. Ebensowenig die scheinbare Bewegung der Sonne um die Erde, denn die uns als erkenntnistheoretisches Kriterium dienende Praxis muß auch die Praxis der astronomischen Beobachtungen, Entdeckungen usw. umfassen. Es bleibt das wertvolle Eingeständnis von Mach, daß die Menschen sich in ihrer Praxis durchgängig und ausschließlich von der materialistischen Erkenntnistheorie leiten lassen, der Versuch aber, sie »theoretisch« zu umgehen, drückt nur die gelahrt-scholastischen und ausgeklügelt-idealistischen Bestrebungen von Mach aus.

Wie wenig neu diese Bemühungen sind, die Praxis als etwas nicht in Betracht Kommendes aus der Erkenntnistheorie auszuschalten, um dem Agnostizismus und dem Idealismus Platz zu machen, zeigt das folgende Beispiel aus der Geschichte der deutschen klassischen Philosophie. Zwischen Kant und Fichte steht hier G. E. Schulze (der in der Geschichte der Philosophie sogenannte Schulze-Aenesidemus). Er verteidigt offen die skeptische Linie in der Philosophie und bezeichnet sich als Anhänger Humes (und unter den Alten: Pyrrhons und Sextus'). Er leugnet auf das entschiedenste jedes Ding an sich und die Möglichkeit des objektiven Wissens und verlangt entschieden, daß man über »die Erfahrung«, die Empfindungen nicht hinausgehe, wobei er auch die Einwände des anderen Lagers voraussieht:

»Da ... der Skeptiker ..., wenn er ... an den Angelegenheiten des Lebens Anteil nimmt, sowohl die Wirklichkeit objektiver Gegenstände als gewiß voraussetzt, und denselben gemäß sich beträgt, als auch ein Kriterium der Wahrheit zugibt, so ist sein eigenes Betragen die beste und deutlichste Widerlegung der Vernunftmäßigkeit seiner Zweifelsucht.«[5]

»Durch dieselben (Vorwürfe) – antwortet entrüstet Schulze – kann man freilich bei dem ... Pöbel sehr viel ausrichten« (S. 254). Denn »meine Zweifel müssen innerhalb der Grenzen der Philosophie bleiben« und berühren

5 G. E. Schulze, „Aenesidemus oder über die Fundamente der von dem Herrn Professor Reinhold in Jena gelieferten Elementarphilosophie", 1792, S. 253.

nicht »die Befugnisse des gegenwärtigen Lebens« ... (S. 255).

Ebenso hofft der subjektive Idealist Fichte in den Grenzen der idealistischen Philosophie Platz zu finden für jenen »Realismus, der sich uns allen und selbst dem entschiedensten Idealisten aufdringt, wenn es zum Handeln kommt, d. h. die Annahme, daß Gegenstände ganz unabhängig von uns außer uns existieren«. (Werke I, S. 455.)

Der neueste Positivismus von Mach ist über Schulze und Fichte nicht weit hinausgekommen! Als Kuriosum erwähnen wir, daß für Basarow auch in dieser Frage niemand außer Plechanow existiert: es gibt eben kein stärkeres Tier als die Katze. Basarow höhnt über die »saltovitale Philosophie Plechanows« (»Beiträge ...«, S. 69), bei dem sich tatsächlich die abgeschmackte Phrase findet: »Glaube« an die Existenz der Außenwelt sei »der unvermeidliche Salto vitale (Lebenssprung) der Philosophie« (»Anmerkungen zu Ludwig Feuerbach«, S. 111). Der Ausdruck »Glaube«, den er, wenn auch in Anführungszeichen, Hume nachspricht, offenbart bei Plechanow allerdings einen Wirrwarr in der Terminologie, das läßt sich nicht leugnen. Aber wozu da Plechanow!? Warum suchte sich Basarow keinen anderen Materialisten aus, etwa Feuerbach? Nur deswegen, weil er ihn nicht kennt? Unwissenheit ist aber kein Argument. Auch Feuerbach macht, wie Marx und Engels, in den erkenntnistheoretischen Grundfragen einen vom Standpunkt Schulzes, Fichtes und Machs unerlaubten »Sprung« zur Praxis. In seiner Kritik des Idealismus stellt Feuerbach dessen Wesen mit einem prägnanten Zitat aus Fichte dar, das in ausgezeichneter Weise den Machismus erledigt: »Du setzest — sagt der klassische Idealist Fichte — die Dinge als wirklich, als außer dir vorhanden, nur weil du siehst, hörst, fühlst. Aber Sehen, Fühlen, Hören sind nur Empfindungen. Du empfindest also nicht die Gegenstände, sondern nur die Empfindungen« (Feuerbach »Werke« Bd. X S. 185).

Und Feuerbach erwidert, der Mensch sei kein abstraktes *Ich*, sondern entweder ein Mann oder ein Weib, und man sei berechtigt, die Frage: ist die Welt nur eine Empfindung, gleichzustellen mit der Frage: ist der andre Mensch meine

Empfindung oder zeigen unsere Beziehungen in der Praxis das Gegenteil?

»Das eben ist der Grundmangel des Idealismus, daß er die Frage von der Objektivität oder Subjektivität, von der Wirklichkeit oder Unwirklichkeit der Welt nur vom theoretischen Standpunkt aus sich stellt und löst« (S. 189).

Feuerbach legt die Ergebnisse der gesamten menschlichen Praxis der Erkenntnistheorie zugrunde. Freilich, sagt er, auch die Idealisten nehmen in der Praxis die Realität sowohl unseres »Ich« als auch des fremden »Du« an. Für die Idealisten ist das »ein nur für das Leben, aber nicht für die Spekulation gültiger Standpunkt. Allein eine Spekulation, die mit dem Leben in Widerspruch steht, die den Standpunkt des Todes, der vom Leibe geschiedenen Seele zum Standpunkt der Wahrheit macht, ist selbst eine tote und falsche Spekulation« (S. 192). Bevor wir *empfinden*, atmen wir. Wir können nicht ohne Luft, ohne Nahrung und Trinken existieren.

»Also ums Essen und Trinken handelt es sich auch bei der Frage von der Idealität oder Realität der Welt? ruft entrüstet der Idealist aus. Welche Gemeinheit! Welcher Verstoß gegen die gute Sitte, auf dem Katheder der Philosophie ebenso wie auf der Kanzel der Theologie über den Materialismus im wissenschaftlichen Sinne aus allen Leibeskräften zu schimpfen, dafür aber an der Table d'hote von ganzem Herzen und von ganzer Seele dem Materialismus im gemeinsten Sinne zu huldigen« (S. 196).

Und Feuerbach ruft aus, die subjektive Empfindung der objektiven Welt gleichstellen »heißt die Pollution mit der Zeugung identifizieren« (S. 198).

Diese Bemerkung gehört nicht zu den besonders höflichen, sie trifft aber bei jenen Philosophen, die lehren, daß die Sinnesvorstellungen eben die außer uns existierende Wirklichkeit seien, den Nagel auf den Kopf.

Der Gesichtspunkt des Lebens, der Praxis muß der erste und grundlegende Gesichtspunkt der Erkenntnistheorie sein. Und dieser Gesichtspunkt führt unvermeidlich zum Materialismus, da er von vornherein die zahllosen Schrullen der Professorenscholastik verwirft. Freilich darf dabei nicht vergessen werden, daß das Kriterium der Praxis dem Wesen der Sache nach niemals irgendeine menschliche Vorstellung *völlig* bestätigen oder widerlegen kann. Auch dieses Kriterium ist »unbestimmt« genug, um die Verwandlung der menschlichen Erkenntnis in ein »Absolutum« zu verhindern, zugleich aber auch bestimmt genug, um gegen alle Spielarten des Idealismus und Agnostizismus einen unerbittlichen Kampf zu führen. Wenn das, was unsere Praxis bestätigt, die einzige, endgültige, objektive Wahrheit ist, so ergibt sich daraus, daß der einzige Weg zu dieser Wahrheit der Weg der Wissenschaft ist, die auf dem materialistischen Standpunkt steht. Bogdanow z. B. gibt für Marx' Theorie des Geldumlaufes die objektive Wahrheit nur »für unsere Zeit« zu und nennt es »Dogmatismus«, wenn man dieser Theorie eine »übergeschichtlich-objektive« Wahrheit zuerkenne (Buch III des »Empiriomonismus« S. VII). Das ist wieder eine Konfusion. Daß diese Theorie der Praxis entspricht, kann durch keine künftigen Umstände geändert werden, und zwar aus demselben einfachen Grunde, aus welchem die Wahrheit, daß Napoleon am 5. Mai 1821 gestorben ist, *ewig* ist. Da aber das Kriterium der Praxis, d. h. der Verlauf der Entwicklung *aller* kapitalistischen Länder in den letzten Jahrzehnten nur die objektive Wahrheit der *ganzen* sozial-ökonomischen Theorie von Marx überhaupt und nicht die Wahrheit dieses oder jenes Teils, dieser oder jener Formulierung usw. beweist, so ist klar, daß es ein unverzeihliches Zugeständnis an die bürgerliche Ökonomie ist, wenn hier vom »Dogmatismus« der Marxisten gesprochen wird. Die einzige Schlußfolgerung, die man aus der von den Marxisten geteilten Auffassung, daß die Marxsche Theorie objektive Wahrheit sei, ziehen kann, besteht im Folgenden: *auf dem Wege* der marxistischen Theorie werden wir uns der objektiven Wahrheit immer mehr und mehr nähern (ohne sie jemals zu erschöpfen); *auf jedem anderen Wege* aber können wir zu nichts anderem gelangen als zu Konfusion und Lüge.

(Aus: A.W. Bd. 11 S. 135–139)

Der philosophische und der physikalische Begriff der Materie

Der Fehler des Machismus überhaupt wie der neuen machistischen Physik besteht darin, daß diese Grundlage des philosophischen Materialismus und der Unterschied zwischen metaphysischem und dialektischem Materialismus ignoriert wird. Die Annahme irgendwelcher unveränderter Elemente, eines »unveränderlichen Wesens der Dinge« usw. ist nicht Materialismus, sondern *metaphysischer*, d. h. antidialektischer Materialismus. Deswegen betonte J. Dietzgen, daß »das Objekt aller Wissenschaft ein unendliches ist«, daß nicht nur das Unendliche, sondern auch das »kleinste Atömchen« unermeßlich, nicht bis zu Ende erkennbar, *unerschöpflich* ist, denn »die Natur ist sowohl im ganzen wie in allen Teilen ohne Anfang und Ende« (»Kleinere philosophische Schriften«, S. 229–230). Deswegen hat auch Engels sein Beispiel der Entdeckung des Alizarins im Kohlenteer angeführt und den *mechanischen* Materialismus kritisiert. Um die Frage vom einzig richtigen, d. h. dialektisch-materialistischen Standpunkt aus zu stellen, hat man zu fragen: existieren Elektronen, Äther *und so weiter* außerhalb des menschlichen Bewußtseins, als objektive Realität, oder nicht? Auf diese Frage müssen die Naturforscher ohne Schwanken antworten, und sie antworten auch beständig mit *ja*, ebenso wie sie ohne Schwanken die Existenz der Natur vor der des Menschen und der organischen Materie anerkennen. Und damit wird die Frage zugunsten des Materialismus entschieden, denn der Begriff der Materie bedeutet, wie wir bereits sagten, erkenntnistheoretisch *nichts anderes* als: die objektive, unabhängig vom menschlichen Bewußtsein existierende und von ihm abgebildete Realität.

Aber der dialektische Materialismus besteht auf dem annähernden, relativen Charakter jeder wissenschaftlichen These über die Struktur der Materie und ihre Eigenschaften, auf dem Nichtvorhandensein absoluter Grenzen in der Natur, auf der Verwandlung der sich bewegenden Materie aus einem Zustand in einen anderen, der von unserem Standpunkt aus scheinbar mit ihm nicht zu vereinbaren ist usw. Mag vom Standpunkt des »gesunden Menschenverstandes« die Verwandlung des unwägbaren Äthers in wägbare Materie und umgekehrt noch so wunderlich, das Fehlen jeder anderen als elektromagnetischen Masse beim Elektron noch so »seltsam«, die Beschränkung der mechanischen Bewegungsgesetze auf nur ein Gebiet der Naturerscheinungen und ihre Unterordnung unter die tieferen Gesetze der elektromagnetischen Erscheinungen noch so ungewöhnlich sein usw. – das alles ist nur eine weitere *Bestätigung* des dialektischen Materialismus. Die neue Physik ist hauptsächlich gerade deswegen auf den Abweg des Idealismus geraten, weil die Physiker die Dialektik nicht kannten. Sie kämpften gegen den metaphysischen (im Engelsschen, nicht im positivistischen, d. h. Humeschen Sinne des Wortes) Materialismus, gegen seinen einseitigen »mechanischen Charakter« und schütteten dabei das Kind mit dem Bade aus. Indem sie die Unveränderlichkeit der bis dahin bekannten Elemente und Eigenschaften der Materie verneinten, glitten sie hinab bis zur Verneinung der Materie, d. h. der objektiven Realität der physischen Welt. Indem sie den absoluten Charakter der wichtigen und fundamentalsten Gesetze verneinten, gerieten sie dahin, jede objektive Gesetzmäßigkeit in der Natur zu verneinen, die Naturgesetze für bloße Konvention, für »Erwartungsbeschränkung«, für »logische Notwendigkeit« usw. auszugeben. Indem sie auf dem annähernden, relativen Charakter unseres Wissens bestanden, gelangten sie zur Verneinung des von unserer Erkenntnis unabhängigen Objekts, das von dieser Erkenntnis annähernd treu, relativ richtig widerspiegelt wird. Usw. usf. ins Unendliche.

Die Betrachtungen Bogdanows im Jahre 1899 über das »unveränderliche Wesen der Dinge«, die Erwägungen Walentinows und Juschkewitschs über die »Substanz« usw. – das alles sind gleichfalls Produkte der Unkenntnis der Dialektik. Unveränderlich ist vom Engelsschen Standpunkt nur eines: die Widerspiegelung im menschlichen Bewußtsein (wenn menschliches Bewußtsein existiert) der unabhängig von ihm existierenden und sich entwickelnden äußeren

Welt. Irgendeine andere »Unveränderlichkeit«, irgendeine andere »Wesenheit«, irgendeine andere »absolute Substanz« in dem Sinne, in dem die müßige professorale Philosophie diese Begriffe ausmalte, existiert für Marx und Engels nicht. Die »Wesenheit« der Dinge oder die »Substanz« sind *auch* relativ; sie bringen nur die Vertiefung der menschlichen Erkenntnis der Objekte zum Ausdruck, und wenn gestern diese Vertiefung nicht weiter als bis zum Atom reichte, heute nicht weiter als bis zum Elektron und Äther reicht, so beharrt der dialektische Materialismus auf dem zeitlichen, relativen, annähernden Charakter aller dieser *Absteckpfähle* in der Erkenntnis der Natur durch die fortschreitende Wissenschaft des Menschen. Das Elektron ist ebenso *unerschöpflich* wie das Atom, die Natur ist unendlich, aber sie *existiert* unendlich, und eben diese einzig kategorische, einzig bedingungslose Anerkennung ihrer *Existenz* außerhalb des Bewußtseins und außerhalb der Empfindung des Menschen unterscheidet den dialektischen Materialismus vom relativistischen Agnostizismus und vom Idealismus.

(Aus: A.W. Bd. 11 S. 205–207)

Parteilichkeit in der Philosophie

Marx und Engels waren von Anfang bis zu Ende parteilich in der Philosophie, sie verstanden es, die Abweichungen vom Materialismus und die Nachgiebigkeit gegenüber dem Idealismus und Fideismus in allen möglichen »neuesten« Richtungen aufzudecken. Daher bewerteten sie Huxley *ausschließlich* vom Standpunkt der konsequenten Durchführung des Materialismus. Daher machten sie Feuerbach den Vorwurf, daß er den Materialismus nicht bis zu Ende geführt, daß er wegen der Fehler einzelner Materialisten sich vom Materialismus losgesagt hat, daß er gegen die Religion kämpfte, aber zu dem Zweck, sie aufzufrischen oder eine neue Religion zu erfinden, daß er in der Soziologie sich nicht von der idealistischen Phrase freizumachen und Materialist zu werden vermochte.

Und diese größte und wertvollste Tradition seiner Lehrer wußte J. Dietzgen vollauf zu schätzen, und er übernahm sie, welches die einzelnen Fehler bei seiner Darstellung des dialektischen Materialismus auch sein mögen. J. Dietzgen hat viel gesündigt, indem er aus Ungeschicklichkeit vom Materialismus abwich, doch niemals hat er den Versuch gemacht, prinzipiell sich vom Materialismus abzusondern, eine »neue« Fahne zu hissen, stets erklärte er im entscheidenden Augenblick fest und kategorisch: ich bin Materialist, unsere Philosophie ist eine materialistische.

»... Unter allen Parteien – sagte mit Recht unser Josef Dietzgen – ist die Partei der Mitte die abscheulichste... Wie in der Politik die Parteien sich mehr und mehr in zwei Lager gruppieren... so teilt sich auch die Wissenschaft in zwei Generalklassen: in Metaphysiker dort und in Physiker oder Materialisten hier.[6] Die Zwischenglieder und vermittlungssüchtigen Quacksalber mit allerlei Namen, Spiritualisten, Sensualisten, Realisten usw. usw. fallen unterwegs in die Strömung. Wir steuern der Entschiedenheit der Klarheit zu. Idealisten[7] nennen sich die reaktionären Retraitebläser, und Materialisten sollen alle diejenigen heißen, welche sich angelegen sein lassen, den menschlichen Intellekt vom metaphysischen Zauber zu erlösen... Vergleichen wir die beiden Parteien mit dem Festen und Flüssigen, dann liegt Breiartiges in der Mitte.«

Ganz richtig! Die »Realisten« und dergleichen, darunter auch die »Positivisten«, Machisten usw., das alles ist jämmerlicher Brei, die verachtungswürdige *Partei der Mitte* in der Philosophie, die in jeder einzelnen Frage die materialistische und die idealistische Richtung durcheinander wirft. Die Versuche, aus diesen beiden fundamentalen Richtungen der Philosophie herauszuspringen, sind nichts anderes als »vermittlungssüchtige Quacksalberei«.

---

6 Auch hier wieder ein ungeschickter, ungenauer Ausdruck: statt „Metaphysiker" müßte man „Idealisten" sagen. J. Dietzgen selbst setzt an anderen Stellen die Metaphysiker in Gegensatz zu den Dialektikern.

7 Man beachte, daß J. Dietzgen sich schon verbessert und *genauer* erklärt, wer die Partei der Feinde des Materialismus ist.

Daß die »wissenschaftliche Pfafferei« der idealistischen Philosophie die bloße Vorstufe zum direkten Pfaffentum ist, daran zweifelte J. Dietzgen nicht im geringsten.

»... Die wissenschaftliche Pfafferei – schrieb er – versucht ernstlich, der religiösen Pfafferei Vorschub zu leisten« (ebenda S. 51). »Vornehmlich bildet das Gebiet der Erkenntnistheorie, das Mißverständnis des menschlichen Geistes, eine solche Lausgrube« (S. 51), in welche diese und jene Pfaffen »ihre Eier hineinlegen«.

»Diplomierte Lakaien« mit Reden über »ideale Güter«, die mit einem geschraubten Idealismus Volksbetörung treiben (S. 53), – das sind für J. Dietzgen die Professoren der Philosophie.

»Wie der liebe Gott seinen Antipoden im Teufel, so hat der Kathederpfaff seinen Gegenfüßler im Materialisten.«

Die materialistische Erkenntnistheorie ist »eine Universalwaffe wider den religiösen Glauben« (S. 55), und nicht nur wider die »notorische, die förmliche, die gemeine Religion der Pfaffen, sondern auch die reinste, erhabenste Professorenreligion benebelter Idealisten« (S. 58).

Gegenüber der »Halbheit« der freigeistigen Professoren war Dietzgen geneigt, die »alte religiöse Ehrbarkeit« vorzuziehen (S. 69). »Dort herrscht System«, dort gibt es ganze Menschen, die Theorie und Praxis nicht auseinanderreißen.

»Die Philosophie ist keine Wissenschaft, sondern ein Schutzmittel wider die Sozialdemokratie« (S. 107) für die Herren Professoren. »Was sich ›Philosoph‹ schreibt, Professor und Privatdozent, alles steckt trotz der scheinbaren Freigeisterei mehr oder minder im Aberglauben, in der Mystik ... und bildet gegenüber der Sozialdemokratie eine einzige ... reaktionäre Masse« (S. 108). »Um nun dem rechten Weg, unbeirrt von allem religiösen und philosophischen Welsch, folgen zu können, soll man den Holzweg der Holzwege, das ist Philosophie, studieren« (S. 103).

Und nun sehe man sich einmal vom Standpunkt der Parteien in der Philosophie Mach, Avenarius und ihre Schule an. O diese Herren *rühmen sich* ihrer *Parteilosigkeit*, und wenn sie überhaupt einen Antipoden haben, so nur einen einzigen, und zwar *nur* – den *Materialisten.* Wie ein roter Faden zieht sich durch *alle* Schriften *sämtlicher* Machisten die stumpfsinnige Anmaßung, sich über Materialismus und Idealismus »zu erheben«, diesen »veralteten« Gegensatz zu überwinden, während *in Wirklichkeit* diese ganze Gesellschaft *jeden Augenblick* in den Idealismus hineinstolpert und einen unaufhörlichen und unentwegten Kampf gegen den Materialismus führt. Die raffinierten erkenntnistheoretischen Schrullen eines Avenarius bleiben eine professorale Erfindung, ein Versuch zur Gründung einer kleinen »eigenen« Philosophensekte, *tatsächlich* aber ist bei der allgemeinen Konstellation des Kampfes zwischen den Ideen und Richtungen der modernen Gesellschaft die *objektive* Rolle dieser erkenntnistheoretischen Pfiffigkeiten einzig und allein diese: dem Idealismus und Fideismus den Weg frei zu machen, ihnen treue Dienste zu leisten. Es ist doch wirklich kein Zufall, daß sowohl die englischen Spiritualisten vom Schlage eines Ward als auch die französischen Neokritizisten, die Mach wegen seines Kampfes gegen den Materialismus loben, sowie die deutschen Immanenzphilosophen sich alle an das kleine Schülchen der Empiriokritiker klammern! J. Dietzgens Formel: »diplomierte Lakaien des Fideismus« trifft bei Mach, Avenarius und ihrer ganzen Schule ins Schwarze.[8]

(Aus: A.W. Bd. 11 S. 262–264)

---

8 Noch ein Beispiel dafür, wie die weitverbreiteten Strömungen der reaktionären bürgerlichen Philosophie den Machismus tatsächlich ausnützen. Die „letzte Mode" der allerneuesten amerikanischen Philosophie ist wohl der „Pragmatismus" (vom griechischen Worte pragma = Tat, Handlung; Philosophie der Tat). Über Pragmatismus wird in den philosophischen Zeitschriften wohl am meisten gesprochen. Der Pragmatismus verspottet sowohl die Metaphysik des Materialismus wie die des Idealismus, preist die Erfahrung, und zwar nur die Erfahrung, erkennt als einziges Kriterium die Praxis an, beruft sich überhaupt auf die positivistische Strömung und *stützt sich speziell auf Ostwald, Mach, Pearson, Poincaré, Duhem,* darauf, daß die Wissenschaft keine „absolute Kopie der Realität" sei, und . . . leitet glücklich aus alledem einen Gott ab für praktische Zwecke, nur für die Praxis, ohne jede Metaphysik, ohne irgendwie die Grenzen der Erfahrung zu überschreiten (vgl. *William James:* „Pragmatism. A new name of some old ways of thinking", N. Y. 1907, S. 57 u. bes. 106).

Schluß

Von vier Gesichtspunkten aus muß ein Marxist an die Beurteilung des Empiriokritizismus herantreten.

Erstens und vor allem muß man die theoretischen Grundlagen dieser Philosophie mit denen des dialektischen Materialismus vergleichen. Dieser Vergleich, dem die drei ersten Kapitel[9] gewidmet waren, zeigt *auf der ganzen Linie* der erkenntnistheoretischen Fragen den *total reaktionären Charakter* des Empiriokritizismus, der die alten Fehler *des Idealismus und des Agnostizismus* mit neuen Schrullen, Wörtchen und Kniffen verschleiert. Nur bei absoluter Unwissenheit darüber, was philosophischer Marxismus überhaupt und was die dialektische Methode von Marx und Engels ist, kann man von einer »Vereinigung« des Empiriokritizismus mit dem Marxismus reden.

Zweitens muß man den Platz des Empiriokritizismus als eines sehr kleinen Schülchens von Fachphilosophen unter den übrigen philosophischen Schulen der Gegenwart bestimmen. Von Kant ausgehend, schlugen Mach und Avenarius den Weg nicht zum Materialismus, sondern nach der entgegengesetzten Seite, zu Hume und Berkeley, ein. In der Einbildung, daß er überhaupt die »Erfahrung reinige«, reinigte Avenarius tatsächlich nur den Agnostizismus vom Kantianismus. Die ganze Schule von Mach und Avenarius marschiert immer bestimmter zum Idealismus, in trauter Eintracht mit einer der reaktionärsten aller idealistischen Schulen, mit den sogenannten Immanenzphilosophen.

Drittens muß der unzweifelhafte Zusammenhang des Machismus mit einer Schule in einem Zweig der modernen Naturwissenschaft in Betracht gezogen werden. Auf der Seite des Materialismus steht unveränderlich die erdrükkende Mehrheit der Naturforscher sowohl im allgemeinen als auch auf dem betreffenden Spezialgebiet, nämlich in der

9 Die hier weggelassenen Abschnitte 2, 3, 4, 5 und 6 aus Kap. I, 1, 2 und 3 aus Kap. II, 4 aus Kap. III siehe in Bd. XIII der Sämtlichen Werke oder in der Einzelausgabe des „Materialismus und Empiriokritizismus". D. Red.

Physik. Die Minderheit der neuen Physiker ist unter dem Eindruck des durch die großen Entdeckungen der letzten Jahre erfolgten Zusammenbruchs der alten Theorien, unter dem Eindruck der Krise in der neuen Physik, die besonders anschaulich die Relativität unserer Kenntnisse zeigte, infolge der Unkenntnis der Dialektik über den Relativismus zum Idealismus hinabgeglitten. Der modische physikalische Idealismus unserer Tage ist ein ebenso reaktionäres und ebenso kurzlebiges Strohfeuer wie der modische physiologische Idealismus der jüngsten Vergangenheit.

Viertens kann man nicht umhin, hinter der erkenntnistheoretischen Scholastik des Empiriokritizismus den Kampf der Parteien in der Philosophie zu sehen, einen Kampf, der letzten Endes die Tendenzen und die Ideologie der einander feindlich gegenüberstehenden Klassen der modernen Gesellschaft zum Ausdruck bringt. Die neueste Philosophie ist genauso Parteisache wie die vor zweitausend Jahren. Die kämpfenden Parteien sind dem Wesen der Sache nach, das durch gelahrt-quacksalberische neue Namen oder durch schwachsinnige Parteilosigkeit verhüllt wird, der Materialismus und der Idealismus. Dieser ist nur eine verfeinerte, raffinierte Form des Fideismus, der in voller Rüstung gewappnet dasteht, über gewaltige Organisationen verfügt und nach wie vor unausgesetzt auf die Massen einwirkt, wobei er sich das geringste Schwanken des philosophischen Gedankens zunutze macht. Die objektive Klassenrolle des Empiriokritizismus läuft ganz auf Handlangerdienste für die Fideisten hinaus in ihrem Kampf gegen den Materialismus überhaupt und gegen den historischen Materialismus im besonderen.

(Aus: A.W. Bd. 11 S. 269–270)

Spaltung des Einheitlichen und Erkenntnis seiner widerspruchsvollen Bestandteile (siehe Zitat aus Philon über Heraklit am Anfang von Teil III (»Erkenntnis«) des »Heraklit« von Lassalle) ist das *Wesen* (eine der »Wesenheiten«, eines der grundlegenden, wenn nicht das grundlegende Merkmal oder der grundlegende Zug) der Dialektik. Gerade so stellt auch Hegel die Frage (Aristoteles *ringt* damit beständig in seiner »Metaphysik« und *bekämpft* Heraklit resp. die Ideen Heraklits).

Die Richtigkeit dieser Seite des Inhalts der Dialektik muß anhand der Geschichte der Wissenschaft geprüft werden. Dieser Seite der Dialektik wird gewöhnlich (z. B. bei Plechanow) nicht genügend Aufmerksamkeit gewidmet: die Identität der Gegensätze wird als Summe von *Beispielen* genommen (»z. B. das Gerstenkorn«, »z. B. der Urkommunismus«. Das tut auch Engels. Aber »aus Gründen der Gemeinverständlichkeit« ...), nicht aber als *Gesetz der Erkenntnis (und* Gesetz der objektiven Welt).

In der Mathematik + und –. Differential und Integral.

In der Mechanik Wirkung und Gegenwirkung.

In der Physik positive und negative Elektrizität.

In der Chemie Verbindung und Dissoziation der Atome.

In der Gesellschaftswissenschaft Klassenkampf.

Identität der Gegensätze (vielleicht richtiger: deren »Einheit«?, obwohl der Unterschied der Ausdrücke »Identität« und »Einheit« hier nicht besonders wesentlich ist. In gewissem Sinne sind beide richtig) bedeutet Anerkennung (Aufdeckung) widerspruchsvoller, *einander ausschließender*, entgegengesetzter Tendenzen in *allen* Erscheinungen und Vorgängen der Natur (Geist und Gesellschaft *inbegriffen).* Bedingung der Erkenntnis aller Vorgänge in der Welt in ihrer *»Selbstbewegung«*, in ihrer spontanen Entwicklung, in ihrem lebendigen Sein ist die Erkenntnis derselben als Einheit von Gegensätzen. Entwicklung ist »Kampf« der Gegensätze. Die beiden grundlegenden (oder die beiden möglichen? oder die beiden in der Geschichte zu beobachtenden?) Auffassungen der Entwicklung (Evolution) sind: Entwicklung als Verkleinerung und Vergrößerung, als Wiederholung, *und* Entwicklung als Einheit der Gegensätze (Spaltung des Einheitlichen in einander ausschließende Gegensätze und das Wechselverhältnis zwischen diesen).

Bei der ersten Auffassung der Bewegung bleibt die *Selbst*bewegung, ihre *treibende* Kraft, ihre Quelle, ihr Motiv im Schatten (oder diese Quelle wird *nach außen* verlegt – Gott, Subjekt etc.). Bei der zweiten Auffassung richtet sich das Hauptaugenmerk gerade auf die Erkenntnis der *Quelle der »Selbst«*bewegung.

Die erste Auffassung ist tot, arm, trocken. Die zweite lebendig. *Nur* die zweite liefert den Schlüssel zum Verständnis der »Selbstbewegung« alles Seienden; nur sie liefert den Schlüssel zum Verständnis der »Sprünge«, der »Unterbrechung der Kontinuität«, der »Verwandlung in das Gegenteil«, der Vernichtung des Alten und der Entstehung des Neuen.

Die Einheit (Zusammenfallen, Identität, Wirkungsgleichheit) der Gegensätze ist bedingt, temporär, vergehend, relativ. Der Kampf der sich gegenseitig ausschließenden Gegensätze ist absolut, wie die Entwicklung, die Bewegung absolut ist.

N. B. Der Unterschied zwischen Subjektivismus (Skeptizismus und Sophistik etc.) und Dialektik besteht u. a. darin, daß in der (objektiven) Dialektik auch der Unterschied zwischen Relativem und Absolutem relativ ist. Für die objektive Dialektik ist auch *im* Relativen Absolutes enthalten. Für den Subjektivismus und die Sophistik ist das Relative nur relativ und schließt das Absolute aus.

Marx analysiert im »Kapital« zunächst das einfachste, gewöhnlichste, grundlegendste, massenhafteste, alltäglichste, milliardenfach zu beobachtende *Verhältnis* der bürgerlichen (Waren-)Gesellschaft: den Warenaustausch. Die Analyse deckt in dieser einfachsten Erscheinung (in dieser »Zelle« der bürgerlichen Gesellschaft) *alle* Widersprüche (resp. die Keime *aller* Widersprüche) der modernen Gesellschaft auf. Die weitere Darstellung zeigt uns die Entwicklung *(sowohl*

Wachstum *als auch* Bewegung) dieser Widersprüche und dieser Gesellschaft in Σ [10] ihrer einzelnen Teile, von ihrem Anfang bis zu ihrem Ende.

Dies muß auch die Methode der Darstellung (resp. des Studiums) der Dialektik überhaupt sein (denn die Dialektik der bürgerlichen Gesellschaft bei Marx ist nur ein Sonderfall der Dialektik überhaupt). Beginnen mit dem Einfachsten, Gewöhnlichsten, Massenhaftesten etc., mit *beliebiger Aussage:* die Blätter des Baumes sind grün, Johann ist ein Mensch, der Spitz ist ein Hund und dgl. Schon hier (wie Hegel genial bemerkt hat) haben wir Dialektik: *Einzelnes* ist *Allgemeines.* (Vgl. Aristoteles, »Metaphysik«, Übersetzung von Schwegler, Bd. II, S. 40, 3. Buch, 4. Kapitel 8—9, »denn natürlich kann man nicht der Meinung sein, daß es ein Haus« — ein Haus überhaupt — »gebe außer den sichtbaren Häusern«, »οὐ γὰρ ἂν θείημεν εἶναί τινα οἰκίαν παρὰ τὰς τινὰς οἰκίας«.) Somit sind die Gegensätze (das Einzelne ist dem Allgemeinen entgegengesetzt) identisch: das Einzelne existiert nicht anders als in dem Zusammenhang, der zum Allgemeinen führt. Das Allgemeine existiert nur im Einzelnen, durch das Einzelne. Jedes Einzelne ist (auf die eine oder andere Art) Allgemeines. Alles Allgemeine ist (ein Teilchen oder eine Seite oder das Wesen) des Einzelnen. Alles Allgemeine umfaßt alle einzelnen Dinge lediglich annähernd. Alles Einzelne geht in das Allgemeine nur unvollständig ein usw. usw. Alles Einzelne hängt durch Tausende von Übergängen mit einer anderen *Art* Einzelner (Dingen, Erscheinungen, Vorgängen) zusammen usw. *Hier bereits* finden sich Elemente, Keime, Begriffe der *Notwendigkeit,* des objektiven Zusammenhanges in der Natur etc. Zufälliges und Notwendiges, Erscheinung und Wesen sind schon hier vorhanden, denn wenn wir sagen: Johann ist ein Mensch, der Spitz ist ein Hund, *dies* ist ein Baumblatt usw., so lassen wir eine Reihe von Merkmalen als *zufällige beiseite,* sondern wir das Wesentliche vom Erscheinenden und stellen das eine dem anderen entgegen.

---

10 Griechischer Buchstabe „Sigma", wird in der Mathematik als Bezeichnung für Summe gebraucht. D. Red.

Auf diese Weise kann man (und soll man) in *jeder beliebigen* Aussage, wie in einer »Zelle«, die Keime *aller* Elemente der Dialektik aufdecken und so zeigen, daß die Dialektik der gesamten menschlichen Erkenntnis überhaupt eigen ist. Und die Naturwissenschaft zeigt uns (und das muß wiederum an einem *beliebigen* einfachsten Beispiel gezeigt werden) die objektive Natur mit denselben Eigenschaften, Verwandlung des Einzelnen in das Allgemeine, des Zufälligen in das Notwendige, die Übergänge, das Hinüberspielen, den gegenseitigen Zusammenhang der Gegensätze. Die Dialektik *ist eben* die Erkenntnistheorie (Hegels und) des Marxismus: gerade diese »Seite« der Sache (es ist nicht eine »Seite«, sondern das *Wesen* der Sache) ließ Plechanow unbeachtet, von anderen Marxisten ganz zu schweigen.

Die Erkenntnis stellt in Form einer Reihe von Kreisen sowohl Hegel (siehe Logik) als auch der moderne »Erkenntnistheoretiker« der Naturwissenschaft, der Eklektiker und Feind der Hegelei (die er nicht begriffen hat!) Paul Volkmann dar (vgl. seine »Erkenntnistheoretischen Grundzüge der Naturwissenschaft«).

»Kreise« in der Philosophie: (ist Chronologie über *Personen* erforderlich? Nein!)

Antike: von Demokrit bis zu Plato und zur Dialektik Heraklits.

Renaissance: Descartes versus[11] Gassendi (Spinoza?).

Neuere: Holbach – Hegel (über Berkeley, Hume, Kant). Hegel – Feuerbach – Marx.

Die Dialektik als eine *lebendige*, vielseitige (bei ewig zunehmender Zahl von Seiten) Erkenntnis mit einer Unzahl von Schattierungen jedes Herangehens, jeder Annäherung an die Wirklichkeit (mit einem philosophischen System, das sich aus jeder Schattierung zu einem Ganzen auswächst) – das ist der unermeßlich reiche Inhalt, verglichen mit dem

11 Gegen. D. Red.

»metaphysischen« Materialismus, dessen Haupt*übel* in der Unfähigkeit besteht, die Dialektik auf die Bildertheorie, auf den Prozeß und die Entwicklung der Erkenntnis anzuwenden.

Der philosophische Idealismus ist *nur* Unsinn vom Standpunkt des groben, einfachen, metaphysischen Materialismus aus. Umgekehrt ist vom Standpunkt des *dialektischen* Materialismus aus der philosophische Idealismus eine *einseitige*, übertriebene, überschwengliche (Dietzgen) Entwicklung (Aufblähung, Anschwellung) eines der Züge, einer der Seiten, einer der Grenzen der Erkenntnis zu einem Absolutum, *losgelöst* von der Materie, von der Natur, vergöttlicht.

> *NB diesen Aphorismus:*
> Idealismus ist Pfaffentum. Stimmt. Doch ist der philosophische Idealismus *(»richtiger gesagt«* und *»außerdem«)* ein *Weg* zum Pfaffentum *über eine der Schattierungen* der unendlich komplizierten (dialektischen) *Erkenntnis* des Menschen.

Die Erkenntnis des Menschen ist nicht (resp. beschreibt nicht) eine gerade Linie, sondern eine Kurve, die sich einer Reihe von Kreisen, einer Spirale unendlich nähert. Jedes Bruchstück, jeder Splitter, jedes Stückchen dieser Kurve kann verwandelt werden (einseitig verwandelt werden) in eine selbständige, ganze, gerade Linie, die (wenn man vor lauter Bäumen den Wald nicht sieht) dann in den Sumpf, zum Pfaffentum führt (wo sie durch das Klasseninteresse der herrschenden Klassen *verankert* wird). Gradlinigkeit und Einseitigkeit, Hölzernheit und Verknöcherung, Subjektivismus und subjektive Blindheit, violà[12] die erkenntnistheoretischen Wurzeln des Idealismus. Und das Pfaffentum (= philosophischer Idealismus) besitzt natürlich *erkenntnistheoretische* Wurzeln, ist nicht ohne Boden, es ist unstreitig eine *taube* Blüte, aber eine taube Blüte, die wächst am lebendigen Baum der lebendigen, fruchtbaren, wahren,

12 Sieh da. D. Red.

machtvollen, allgewaltigen, objektiven, absoluten menschlichen Erkenntnis.

1914

(Aus: A.W. Bd. 11 S. 81–85)

Rede auf dem III. Allrussischen Kongreß des Kommunistischen Jugendverbandes Rußlands
2. Oktober 1920

Die Aufgabe der vorhergehenden Generation war es, die Bourgeoisie zu stürzen. Damals war die Hauptaufgabe die Kritik an der Bourgeoisie, das Wecken des Hasses in den Massen gegen die Bourgeoisie, die Entwicklung des Klassenbewußtseins, der Fähigkeit, die Kräfte zusammenzufassen. Die neue Generation steht vor einer komplizierteren Aufgabe. Es genügt nicht, daß ihr alle eure Kräfte zusammenfaßt, um die Arbeiter- und Bauernregierung vor einem Überfall der Kapitalisten zu schützen. Das müßt ihr tun. Das habt ihr ausgezeichnet begriffen, das ist Kommunisten ganz klar. Aber das ist nicht genug. Ihr sollt die kommunistische Gesellschaft aufbauen. Die erste Hälfte der Arbeit ist in vieler Hinsicht bereits getan. Das Alte ist zerstört, wie es sich auch gehört, es ist ein Haufen von Trümmern, und es mußte auch in einen Trümmerhaufen verwandelt werden. Der Boden ist gesäubert, und auf diesem Boden muß die junge kommunistische Generation die kommunistische Gesellschaft aufbauen. Ihr steht vor der Aufgabe des Aufbaues, und ihr könnt diese Aufgabe nur lösen, wenn ihr euch das ganze heutige Wissen aneignet, wenn ihr es versteht, den Kommunismus aus fertigen, auswendig gelernten Formeln, Ratschlägen, Rezepten, Vorschriften und Programmen in etwas Lebendiges zu verwandeln, das eure unmittelbare Arbeit zusammenfaßt, wenn ihr es versteht, den Kommunismus zur Richtschnur für eure praktische Arbeit zu machen.

Das ist eure Aufgabe, von der ihr euch bei der Bildung, Erziehung, Hebung der gesamten jungen Generation leiten lassen müßt. Unter den Millionen, die am Aufbau der kommunistischen Gesellschaft teilnehmen und zu denen jeder junge Mann und jedes junge Mädchen gehören muß, müßt ihr die ersten sein. Ohne die Heranziehung der gesamten Masse der Arbeiter- und Bauernjugend zu diesem Aufbau des Kommunismus werdet ihr keine kommunistische Gesellschaft aufbauen.

Hier komme ich naturgemäß zu der Frage: wie müssen wir den Kommunismus lehren und worin muß die Eigenart unserer Methoden bestehen?

Ich will hier vor allem auf die Frage der kommunistischen Moral eingehen.

Ihr müßt euch zu Kommunisten erziehen. Die Aufgabe des Jugendverbandes besteht darin, seine praktische Tätigkeit so zu gestalten, daß diese Jugend lernend, sich organisierend, sich zusammenschließend, kämpfend sich selbst und alle diejenigen erziehe, die in ihr den Führer sehen, daß sie Kommunisten erziehe. Die ganze Erziehung, Bildung und Unterweisung der heutigen Jugend muß eine Erziehung zur kommunistischen Moral sein.

Gibt es denn aber eine kommunistische Moral? Gibt es eine kommunistische Sittlichkeit? Natürlich. Oft stellt man die Sache so dar, als ob wir keine eigene Moral hätten. Und sehr oft erhebt die Bourgeoisie gegen uns die Anklage, daß wir Kommunisten jede Moral verneinen. Das ist eine Methode, Begriffe zu verwirren, eine Methode, den Arbeitern und den Bauern Sand in die Augen zu streuen.

In welchem Sinne verneinen wir die Moral, verneinen wir die Sittlichkeit?

In dem Sinne, in dem sie von der Bourgeoisie gepredigt wurde, die diese Sittlichkeit aus den Geboten Gottes ableitete. Hier sagen wir natürlich, daß wir nicht an Gott glauben, und wir wissen sehr gut, daß die Geistlichkeit, die Gutsbesitzer und die Bourgeoisie im Namen Gottes redeten, um ihre Ausbeuterinteressen zu wahren. Oder anstatt diese Moral aus den sittlichen Geboten, aus den Geboten Gottes abzuleiten, leiteten sie sie aus idealistischen oder halbidealistischen Phrasen ab, die stets gleichfalls auf etwas hinausliefen, was den Geboten Gottes verdammt ähnlich sah.

Jede solche Sittlichkeit, aus einem Begriff abgeleitet, der außerhalb der Menschen, außerhalb der Klassen steht, verneinen wir. Wir erklären das für einen Betrug, für einen Schwindel, für eine Verdummung der Arbeiter und der Bauern im Interesse der Gutsbesitzer und der Kapitalisten.

Wir erklären, daß unsere Sittlichkeit vollkommen den Interessen des proletarischen Klassenkampfes untergeordnet ist. Unsere Sittlichkeit leiten wir aus den Interessen des Klassenkampfes des Proletariats ab.

Die alte Gesellschaft beruhte auf der Unterdrückung aller Arbeiter und Bauern durch die Gutsbesitzer und die Kapitalisten. Das mußten wir zerstören, wir mußten sie stürzen. Dazu bedarf es aber der Schaffung einer Vereinigung. Der liebe Gott ist nicht imstande, eine solche Vereinigung zu schaffen.

Eine solche Vereinigung konnten nur die Fabriken und Werke, konnte nur das geschulte, aus langem Schlaf erweckte Proletariat schaffen. Erst mit der Entstehung dieser Klasse begann die Massenbewegung, die zu dem führte, was wir jetzt sehen: zum Sieg der proletarischen Revolution in einem der schwächsten Länder, das sich seit drei Jahren gegen den Ansturm der Bourgeoisie der ganzen Welt behauptet. Und wir sehen das Anwachsen der proletarischen Revolution in der ganzen Welt. Wir sagen jetzt auf Grund der Erfahrung, daß nur das Proletariat imstande war, eine so festgeschlossene Kraft zu schaffen, der die zersplitterte, zerstreute Bauernschaft folgt und die jedem Ansturm der Ausbeuter standgehalten hat. Nur diese Klasse kann den werktätigen Massen helfen, sich zu vereinigen, sich zusammenzuschließen, die kommunistische Gesellschaft endgültig zu behaupten, endgültig zu sichern, ihren Aufbau zu vollenden.

Deshalb sagen wir: für uns gibt es keine Sittlichkeit, die außerhalb der menschlichen Gesellschaft ihren Ursprung hat; das ist Betrug. Für uns ist die Sittlichkeit den Interessen des proletarischen Klassenkampfes untergeordnet.

Worin aber besteht dieser Klassenkampf? Er bedeutet:

Sturz des Zaren, Sturz der Kapitalisten, Beseitigung der Kapitalistenklasse.

Und was sind die Klassen überhaupt? Es ist das, was einem Teil der Gesellschaft erlaubt, sich die Arbeit eines anderen Teils anzueignen. Wenn ein Teil der Gesellschaft sich den gesamten Boden aneignet, so haben wir die Klasse der Gutsbesitzer und die der Bauern. Wenn ein Teil der Gesellschaft Fabriken und Werke, Aktien und Kapital besitzt, während der andere Teil in diesen Fabriken arbeitet, so haben wir die Klasse der Kapitalisten und die der Proletarier.

Es war nicht schwer, den Zaren davonzujagen; dazu bedurfte es nur einiger Tage. Es war nicht sehr schwer, die Gutsbesitzer davonzujagen; dazu bedurfte es nur einiger Monate. Und es war auch nicht schwer, die Kapitalisten fortzujagen. Aber die Klassen haben wir noch nicht aufgehoben. Es besteht immer noch die Teilung in Arbeiter und Bauern. Wenn der Bauer auf einem abgesonderten Stück Land sitzt und sich überschüssiges Getreide aneignet, d. h. Getreide, das er weder für sich noch für sein Vieh braucht, während alle anderen ohne Brot bleiben, so verwandelt er sich schon in einen Ausbeuter. Je mehr Getreide er für sich zurückbehält, desto vorteilhafter für ihn, mögen die anderen hungern: »Je mehr sie hungern, desto teurer werde ich dieses Getreide verkaufen.« Es ist notwendig, daß alle nach einem gemeinsamen Plan, auf gemeinsamem Boden, in gemeinsamen Fabriken und Werken und nach einer gemeinsamen Ordnung zusammenarbeiten. Läßt sich das leicht erreichen? Ihr seht, daß die Lösung dieser Aufgabe nicht so leicht ist wie die Vertreibung des Zaren, der Gutsbesitzer und der Kapitalisten. Dazu ist nötig, daß das Proletariat einen Teil der Bauern umbilde und ummodle, daß es die werktätigen Bauern für sich gewinne, um den Widerstand jener Bauern zu brechen, die reich sind und sich an der Not der anderen bereichern. Also der Kampf des Proletariats ist noch nicht damit beendet, daß wir den Zaren gestürzt und die Gutsbesitzer und Kapitalisten davongejagt haben. Und eben darin besteht die Aufgabe jener Ordnung, die wir als

Diktatur des Proletariats bezeichnen. Der Klassenkampf geht weiter; er hat nur seine Formen geändert.

Diesen Klassenkampf führt das Proletariat, damit die alten Ausbeuter nicht zurückkehren, damit die zersplitterte Masse der rückständigen Bauernschaft sich zu einem Bund zusammenschließe. Der Klassenkampf geht weiter, und unsere Aufgabe besteht darin, diesem Kampf alle Interessen unterzuordnen. Und auch unsere kommunistische Sittlichkeit ordnen wir dieser Aufgabe unter. Wir sagen: sittlich ist das, was der Zerstörung der alten Ausbeutergesellschaft und der Sammlung aller Werktätigen um das Proletariat dient, das eine neue, die kommunistische Gesellschaft aufbaut.

Die kommunistische Sittlichkeit ist jene Sittlichkeit, die diesem Kampf dient, die die Werktätigen zusammenschließt gegen jede Ausbeutung und jedes Kleineigentum, denn das Kleineigentum gibt in die Hände eines einzelnen, was durch die Arbeit der gesamten Gesellschaft geschaffen worden ist. Der Grund und Boden gilt bei uns als Gemeineigentum.

Und wenn ich mir nun von diesem Gemeineigentum ein gewisses Stück nehme, darauf doppelt soviel Getreide baue als ich brauche und mit dem Getreideüberschuß spekuliere? Wenn ich mir sage, ich werde einen um so höheren Preis erzielen, je mehr Menschen hungern, handle ich da etwa wie ein Kommunist? Nein, wie ein Ausbeuter, wie ein Eigentümer! Dagegen müssen wir kämpfen. Wenn wir das so lassen, dann werden wir zurückgeworfen werden, dann werden die Kapitalisten, wird die Bourgeoisie wieder zur Macht gelangen, wie das in den früheren Revolutionen oft der Fall war. Damit die Macht der Kapitalisten und der Bourgeoisie nicht wiederhergestellt werde, darf man diese Ordnung nicht zulassen, darf man nicht zulassen, daß einzelne Personen sich auf Kosten der übrigen bereichern, müssen sich die Werktätigen mit dem Proletariat zusammenschließen und eine kommunistische Gesellschaft bilden. Darin besteht auch die wesentliche Besonderheit dessen, was die Grundaufgabe des Verbandes und der Organisation der Kommunistischen Jugend ausmacht.

Die alte Gesellschaft beruhte auf dem Prinzip: entweder raubst du den anderen aus, oder er raubt dich aus; entweder arbeitest du für den anderen, oder der andere für dich; entweder bist du Sklavenhalter, oder du bist Sklave. Und es ist begreiflich, daß die in dieser Gesellschaft groß gewordenen Menschen sozusagen mit der Muttermilch die Psychologie, die Gewohnheit, die Vorstellung einsaugen: entweder Sklavenhalter oder Sklave oder Kleineigentümer, kleiner Angestellter, kleiner Beamter, Intellektueller, kurzum ein Mensch, der sich bloß um sich selbst kümmert und den der andere nichts angeht.

Wenn ich ein Stück Land bewirtschafte, geht mich der andere nichts an; wenn der andere hungern wird, um so besser, dann werde ich mein Getreide teuer verkaufen. Wenn ich meine Stelle als Arzt, Ingenieur, Lehrer oder Angestellter habe, kümmere ich mich nicht um den anderen. Vielleicht werde ich durch Kriecherei, durch Liebedienerei vor den Machthabern meinen Posten erhalten oder sogar Karriere machen, zum Bourgeois werden. Eine solche Psychologie und eine solche Gesinnung darf es unter Kommunisten nicht geben. Als die Arbeiter und Bauern den Beweis erbrachten, daß wir durch eigene Kraft imstande sind, uns zu behaupten und eine neue Gesellschaft zu schaffen, da begann damit die neue kommunistische Erziehung, die Erziehung im Kampf gegen die Ausbeuter, die Erziehung im Bunde mit den Proletariern gegen die Egoisten und Kleineigentümer, gegen jene Psychologie und jene Gewohnheiten, die darin bestehen, daß man auf seinen eigenen Gewinn bedacht ist und sich um das andere nicht kümmert.

Das ist die Antwort auf die Frage: wie muß die jung heranwachsende Generation den Kommunismus lernen?

Sie kann den Kommunismus nur lernen, wenn sie jeden Schritt ihres Studiums, ihrer Erziehung und Bildung mit dem unaufhörlichen Kampf der Proletarier und Werktätigen gegen die alte Ausbeutergesellschaft verknüpft. Wenn man uns von Sittlichkeit redet, so sagen wir: für den Kommunisten besteht die ganze Sittlichkeit in dieser festen, solidarischen Disziplin und in dem bewußten Kampf der Massen gegen die Ausbeuter. Wir glauben an keine ewige Sittlichkeit und entlarven den Betrug, der durch alle möglichen Märchen über Sittlichkeit verbreitet wird. Die Sittlichkeit ist dazu da, um die menschliche Gesellschaft emporzuheben und von der Ausbeutung der Arbeit zu befreien.

Damit das zur Wirklichkeit werde, bedarf es jener Generation der Jugend, die angefangen hat, sich unter den Verhältnissen des disziplinierten, erbitterten Kampfes gegen die Bourgeoisie in zielbewußte Menschen zu verwandeln. In diesem Kampf erzieht diese Generation wirkliche Kommunisten, jeden Schritt ihres Studiums, ihrer Bildungs- und Erziehungsarbeit muß sie diesem Kampf unterordnen und mit ihm verknüpfen. Die Erziehung der kommunistischen Jugend darf nicht darin bestehen, daß man ihr allerhand Erbauungsreden und Sittlichkeitsregeln präsentiert. Nicht darin besteht die Erziehung. Die Menschen, die sahen, wie ihre Väter und Mütter unter dem Joch der Gutsbesitzer und Kapitalisten lebten, die selbst die Qualen erlebten, die jene erdulden mußten, die den Kampf gegen die Ausbeuter aufnahmen; die sahen, welche Opfer es kostete, diesen Kampf fortzuführen, um das Errungene festzuhalten; die sahen, was die Gutsbesitzer und Kapitalisten für wütende Feinde waren – diese Menschen werden unter diesen Verhältnissen zu Kommunisten erzogen. Die Grundlage der kommunistischen Sittlichkeit ist der Kampf für die Festigung und Vollendung des Kommunismus. Darin besteht auch die Grundlage der kommunistischen Erziehung, Bildung und Belehrung. Das ist die Antwort auf die Frage, wie man den Kommunismus lernen soll.

Wir würden auf das Studium, die Erziehung und die Bildung nichts geben, wenn sie ausschließlich auf die Schule beschränkt und von den Stürmen des Lebens losgelöst wären. Solange die Arbeiter und die Bauern von den Gutsbesitzern und den Kapitalisten unterdrückt werden, solange die Schulen in den Händen der Gutsbesitzer und der Kapitalisten sind, bleibt die junge Generation blind und unwissend. Unsere Schule aber muß der Jugend die Grundlagen des Wissens übermitteln, muß sie dazu befähigen, selbst kommunistische Auffassungen herauszuarbeiten, muß aus ihr gebildete Menschen machen. Die Schule muß in der Zeit, wo die jungen Menschen dort unterrichtet werden, sie zu Teilnehmern am Kampf für die Befreiung von den Ausbeutern erziehen. Der Kommunistische Jugendverband wird erst dann beweisen, daß er wirklich ein Bund der jungen kommunistischen Generation ist, wenn er seine ganze Erziehungs- und Bildungsarbeit mit der Teilnahme am gemeinsamen Kampf aller Werktätigen gegen die Ausbeuter verknüpft. Denn ihr wißt sehr wohl, daß wir, solange Rußland die einzige Arbeiterrepublik ist und in der ganzen übrigen Welt die alte bürgerliche Ordnung besteht, schwächer sind als die Kapitalisten, daß uns immer wieder neue Überfälle drohen, daß wir im weiteren Kampf nur dann siegen werden, wenn wir lernen, uns zusammenzuschließen und einmütig zu sein, und daß wir dann, wenn wir uns gefestigt haben, wirklich unbesiegbar werden. Kommunist sein heißt also, die ganze heranwachsende Generation organisieren und vereinigen, heißt ein Beispiel der Erziehung und Disziplin in diesem Kampf geben. Dann werdet ihr imstande sein, mit dem Bau der kommunistischen Gesellschaft zu beginnen und ihn zu Ende zu führen.

Um euch das klarer zu machen, will ich ein Beispiel anführen. Wir nennen uns Kommunisten. Was heißt Kommunist? Kommunist ist ein lateinisches Wort. Kommunistische Gesellschaft heißt: alles ist gemeinsam — das Land, die Fabriken, die Arbeit — das ist Kommunismus.

Kann es gemeinsame Arbeit geben, wenn jeder für sich allein wirtschaftet? Gemeinsame Arbeit kann man nicht mit einem Schlage schaffen. Das ist unmöglich. Das fällt nicht vom Himmel. Das will erarbeitet, erlitten, erstritten werden. Das entsteht im Laufe des Kampfes. Das ist keine Bücherweisheit. Dieser würde niemand Glauben schenken. Hier bedarf es der eigenen Lebenserfahrung. Als Koltschak und Denikin aus Sibirien und dem Süden heranrückten, da waren die Bauern auf ihrer Seite. Der Bolschewismus gefiel ihnen nicht, weil die Bolschewiki ihnen Getreide zu festen Preisen nahmen. Als aber die Bauern in Sibirien und der

Ukraine die Herrschaft Koltschaks und Denikins zu spüren bekamen, da erkannten sie, daß dem Bauern keine Wahl bleibt: entweder leistet er den Kapitalisten Gefolgschaft und liefert sich damit der Knechtung durch den Gutsbesitzer aus, oder er folgt den Arbeitern, die ihm zwar kein Land versprechen, in dem Milch und Honig fließen, die von ihm eiserne Disziplin und Festigkeit im schweren Kampf verlangen, aber ihn von der Knechtung durch die Kapitalisten und Gutsbesitzer befreien. Als sogar die unwissenden Bauern das begriffen und auf Grund ihrer eigenen Erfahrung erkannten, da wurden sie zu zielbewußten Anhängern des Kommunismus, die eine schwere Schule hinter sich hatten. Diese Erfahrung muß auch der Kommunistische Jugendverband seiner gesamten Tätigkeit zugrunde legen.

Ich habe die Fragen beantwortet, was wir zu lernen haben und was wir von der alten Schule, der alten Wissenschaft übernehmen müssen. Ich will versuchen, auch die Frage zu beantworten, wie wir das lernen müssen: nur so, daß jeder Schritt unserer Arbeit in der Schule, jeder Schritt auf dem Gebiet der Erziehung, der Bildung und des Unterrichts unlösbar mit dem Kampf aller Werktätigen gegen die Ausbeuter verknüpft wird.

Anhand einiger Beispiele aus der Erfahrung dieser oder jener Jugendorganisation werde ich euch anschaulich zeigen, wie diese Erziehung zum Kommunismus vor sich gehen muß. Alle Welt spricht jetzt von der Liquidierung des Analphabetentums. Ihr wißt, daß man in einem Lande von Analphabeten keine kommunistische Gesellschaft aufbauen kann. Es genügt nicht, daß die Sowjetmacht eine Verfügung erläßt oder daß die Partei cine bestimmte Losung ausgibt oder daß ein bestimmter Teil der besten Funktionäre für diese Sache mobilisiert wird. Die junge Generation muß selbst diese Sache in Angriff nehmen. Wenn die Jugend, jene Jungen und Mädchen, die Mitglieder des Jugendverbandes sind, sich sagen: das ist unsere Sache, wir werden uns zusammentun und aufs Land gehen, um dort das Analphabetentum zu liquidieren, damit es unter der heranwachsenden Generation keine Analphabeten gebe — so ist das Kommunismus. Wir streben danach, daß die Selbsttätigkeit der heranwachsenden Jugend sich dieser Sache zuwende. Ihr wißt, daß man Rußland nicht so schnell aus einem Lande von unwissenden Analphabeten in ein Land von Lese- und Schreibkundigen verwandeln kann. Aber wenn der Jugendverband sich dieser Sache annehmen, wenn die gesamte Jugend zum Nutzen der Allgemeinheit arbeiten wird, dann wird dieser Verband, dem 400 000 Jungen und Mädchen angehören, sich mit Recht als »Kommunistischer Jugendverband« bezeichnen dürfen. Die Aufgabe des Verbandes besteht ferner darin, daß er die verschiedenen erworbenen Kenntnisse dazu benutze, um jener Jugend zu helfen, die selbst außerstande ist, sich aus der Finsternis des Analphabetentums zu befreien. Mitglied des Jugendverbandes sein, heißt seine Arbeit, seine Kraft in den Dienst der Allgemeinheit stellen. Darin besteht eben die kommunistische Erziehung. Nur durch eine solche Arbeit werden der junge Mann und das junge Mädchen wirklich zu Kommunisten. Nur wenn sie es verstehen, bei dieser Arbeit greifbare Erfolge zu erzielen, werden sie zu Kommunisten.

Nehmen wir als Beispiel die Arbeit in den Gemüsegärten in der Nähe der Städte. Ist das etwa keine wichtige Sache? Das ist eine der Aufgaben des Kommunistischen Jugendverbandes. Das Volk hungert, die Arbeiter in den Fabriken und Werken hungern. Um sich vor dem Hunger zu retten, muß man den Gemüsebau fördern. Wir aber führen die Landwirtschaft nach den alten Methoden weiter. Deshalb müssen die zielbewußteren Elemente diese Sache anpacken, und ihr werdet dann sehen, daß sich der Gemüsebau entwickeln, die Anbaufläche erweitern wird und die Ergebnisse sich bessern werden. An dieser Sache muß sich der Kommunistische Jugendverband aktiv beteiligen. Jede Organisation und jede Zelle des Verbandes muß das als ihre eigene Sache ansehen.

Der Kommunistische Jugendverband muß ein Stoßtrupp sein, der bei jeder Arbeit hilft und die Initiative ergreift. Der Jugendverband muß so beschaffen sein, daß jeder beliebige Arbeiter in dessen Mitgliedern Menschen sieht, deren Lehre ihm unverständlich sein mag, deren Lehre er vielleicht nicht sofort Glauben schenkt, an deren praktischer Arbeit er aber erkennt, daß es wirklich die Menschen sind, die ihm den richtigen Weg zeigen.

Wenn der Kommunistische Jugendverband es nicht verstehen wird, auf allen Gebieten seine Arbeit so zu gestalten, so wird er auf den alten bürgerlichen Weg geraten. Wir müssen unsere Erziehungsarbeit mit dem Kampf der Werktätigen gegen die Ausbeuter verknüpfen, um den Werktätigen zu helfen, jene Aufgaben zu lösen, die sich aus der Lehre des Kommunismus ergeben.

Die Mitglieder des Jugendverbandes müssen jede freie Stunde darauf verwenden, den Gemüsebau zu heben oder in irgendeiner Fabrik den Unterricht für die Jugend zu organisieren usw. Wir wollen aus dem armen, verkümmerten Rußland ein reiches Land machen. Und der Kommunistische Jugendverband muß seine ganze Bildungs- und Erziehungsarbeit mit der Arbeit der Bauern und Arbeiter verknüpfen, er darf sich nicht in seinen Schulen abschließen und sich nur auf das Lesen von kommunistischen Büchern und Broschüren beschränken. Nur durch die gemeinsame Arbeit mit den Arbeitern und Bauern kann man wirklicher Kommunist werden. Wir müssen es allen zeigen, daß jedes Mitglied des Jugendverbandes Bildung besitzt und gleichzeitig auch zu arbeiten versteht. Wenn alle sehen werden, wie wir aus der alten Schule den alten Drill hinausgejagt und durch eine bewußte Disziplin ersetzt haben, wie jeder junge Mensch an den Subbotniks teilnimmt, wie sie jeden Gemüsegarten in der Umgebung der Städte dazu benutzen, um der Bevölkerung zu helfen – dann wird das Volk die Arbeit selbst mit ganz anderen Augen ansehen als früher.

Die Aufgabe des Kommunistischen Jugendverbandes besteht darin, auf dem Lande oder in dem eigenen Häuserblock bei der Förderung der Sauberkeit oder der Verteilung der Lebensmittel zu helfen. Wie stand es damit in der alten kapitalistischen Gesellschaft? Jeder arbeitete nur für sich, und niemand kümmerte sich darum, ob Alte oder Kranke vorhanden waren, oder ob die ganze Wirtschaft auf den

Schultern der Frau lastete, die infolgedessen in einem Zustand der Unterdrückung und Versklavung lebte. Wer muß dagegen den Kampf aufnehmen? Die Jugendorganisationen. Sie müssen erklären: wir werden das ändern, wir werden Trupps junger Menschen organisieren, die bei der Einhaltung der Reinlichkeit helfen oder die Verteilung der Lebensmittel in die Hand nehmen, systematisch von Haus zu Haus gehen, in organisierter Weise zum Nutzen der Allgemeinheit arbeiten, die Kräfte richtig verteilen und zeigen werden, daß die Arbeit eine organisierte Arbeit sein muß.

Die Generation, deren Vertreter jetzt ungefähr fünfzig Jahre alt sind, kann nicht mehr darauf rechnen, die kommunistische Gesellschaftsordnung zu erleben. Bis dahin wird diese Generation ausgestorben sein. Aber die Generation, die jetzt fünfzehn Jahre alt ist, wird die kommunistische Gesellschaft erleben und wird selbst an dem Aufbau dieser Gesellschaft arbeiten. Und sie muß wissen, daß ihre ganze Lebensaufgabe im Aufbau dieser Gesellschaft besteht. In der alten Gesellschaft arbeitete jede Familie für sich, und niemand vereinigte diese Arbeit, außer den Gutsbesitzern und den Kapitalisten, die die Massen des Volkes unterjochten. Wir aber müssen jede Arbeit, mag sie auch noch so schmutzig und schwierig sein, so organisieren, daß jeder Arbeiter und Bauer sich sage: ich bin ein Teil der großen Armee der freien Arbeit und werde es verstehen, mein Leben selbst, ohne Gutsbesitzer und Kapitalisten, einzurichten, werde es verstehen, die kommunistische Ordnung aufzurichten. Der Kommunistische Jugendverband muß die Massen von Jugend auf, vom zwölften Lebensjahr an zu bewußter, disziplinierter Arbeit erziehen. Nur so können wir darauf rechnen, daß wir die jetzt vor uns stehenden Aufgaben lösen werden. Wir müssen damit rechnen, daß wir mindestens zehn Jahre zur Elektrifizierung des Landes brauchen, um die neuesten Errungenschaften der Technik in den Dienst unseres verarmten Landes zu stellen. Die Generation, die jetzt fünfzehn Jahre alt ist und in zehn bis zwanzig Jahren in einer kommunistischen Gesellschaft leben wird, muß eben ihre ganze Erziehungsarbeit so gestalten, daß die Jugend tagaus, tagein in jedem Dorf, in jeder Stadt diese oder jene Aufgabe der gemeinsamen Arbeit praktisch löse, mag diese Aufgabe noch so gering, noch so einfach sein. In dem Maße, wie das in jedem Dorf geschehen, wie der kommunistische Wettbewerb sich entfalten, wie die Jugend beweisen wird, daß sie ihre Arbeit zusammenzufassen versteht, wird der Erfolg des kommunistischen Aufbaus gesichert sein. Nur wenn der Kommunistische Jugendverband jeden seiner Schritte vom Gesichtspunkt des Erfolges dieses Aufbaus prüft und sich fragt: haben wir alles getan, um vereinigte, zielbewußte Werktätige zu sein – nur wenn er diese langwierige Arbeit leistet, wird er die halbe Million seiner Mitglieder zu einer einzigen Armee der Arbeit zusammenschließen und allgemeine Achtung erwerben.

(Aus: A.W. Bd. 9 S. 505–523)

Über die Bedeutung des streitbaren Materialismus

Es gibt bei uns in Rußland noch Materialisten aus dem Lager der Nichtkommunisten – und es wird sie zweifellos noch ziemlich lange geben –, und unsere unbedingte Pflicht ist es, alle Anhänger des konsequenten und streitbaren Materialismus zu gemeinsamer Arbeit bei der Bekämpfung der philosophischen Reaktion und der philosophischen Vorurteile der sogenannten »gebildeten Gesellschaft« heranzuziehen. Der ältere Dietzgen, den man nicht mit seinem Sohn, diesem ebenso anmaßenden wie erfolglosen Literaten, verwechseln soll, drückte die Grundauffassung des Marxismus von den in den bürgerlichen Ländern herrschenden, unter ihren Gelehrten und Publizisten angesehenen philosophischen Richtungen richtig, treffend und klar aus, als er sagte, in der modernen Gesellschaft stellten die Professoren der Philosophie in den meisten Fällen tatsächlich nichts anderes dar als »diplomierte Lakaien des Pfaffentums«.

Unsere russischen Intellektuellen, die sich – wie übrigens auch ihre Kollegen in allen übrigen Ländern – gern für fortschrittliche Leute halten, sehen es sehr ungern, wenn die Frage auf die Ebene des Urteils verlegt wird, das in den Worten Dietzgens enthalten ist. Sie sehen das aber deshalb ungern, weil die Wahrheit ihnen ein Dorn im Auge ist. Es genügt, sich nur einigermaßen in die staatliche, dann in die allgemein wirtschaftliche, dann in die in der Lebensweise und in jeder anderen Beziehung vorhandene Abhängigkeit der heutigen Gebildeten von der herrschenden Bourgeoisie hineinzudenken, um die absolute Richtigkeit der scharfen Charakteristik Dietzgens zu erkennen. Es genügt, sich an die überwiegende Mehrheit der in den europäischen Ländern so häufig aufkommenden philosophischen Moderichtungen zu erinnern, angefangen etwa mit jenen, die mit der Entdeckung des Radiums verbunden waren, bis zu denen, die sich heute an Einstein zu klammern versuchen, – um sich vorzustellen, welcher Zusammenhang besteht zwischen den Klasseninteressen, dem Klassenstandpunkt der Bourgeoisie, der Unterstützung, die sie jeder Form von Religion angedeihen läßt, und dem Ideengehalt der philosophischen Moderichtungen.

Aus dem Gesagten ist ersichtlich, daß eine Zeitschrift, die ein Organ des streitbaren Materialismus sein will, erstens ein Kampforgan im Sinne der unentwegten Entlarvung und Verfolgung aller modernen »diplomierten Lakaien des Pfaffentums« sein muß, gleichgültig ob diese nun als Repräsentanten der offiziellen Wissenschaft oder als Freischützen auftreten, die sich »demokratisch-linke oder ideell-sozialistische« Publizisten nennen.

Eine solche Zeitschrift muß zweitens ein Organ des streitbaren Atheismus sein. Wir haben Ressorts oder zum mindesten staatliche Institutionen, die sich mit dieser Arbeit befassen. Doch wird diese Arbeit äußerst lau, äußerst unbefriedigend betrieben, augenscheinlich, weil auf ihr der Druck der allgemeinen Verhältnisse unseres echt russischen (wenn auch Sowjet-)Bürokratismus lastet. Es ist daher außerordentlich wichtig, daß zur Ergänzung, Korrektur und Belebung der von den entsprechenden Staatsinstitutionen geleisteten Arbeit eine Zeitschrift, die sich der Aufgabe widmet, zum Organ des streitbaren Materialismus zu werden, unermüdlich atheistische Propaganda betreibt und einen atheistischen Kampf führt. Die gesamte entsprechende Literatur in allen Sprachen muß aufmerksam verfolgt, und alles, was auf diesem Gebiet von irgendwelchem Wert ist, übersetzt oder mindestens referiert werden.

Engels hat vor langer Zeit den Führern des modernen Proletariats geraten, die kämpferische atheistische Literatur vom Ende des XVIII. Jahrhunderts für die Massenverbreitung unter dem Volk zu übersetzen. Zu unserer Schande müssen wir gestehen, daß wir dies bisher noch nicht getan haben (einer der zahlreichen Beweise dafür, daß es viel leichter ist, in einer revolutionären Epoche die Macht zu erobern, als diese Macht auch richtig zu gebrauchen). Zuweilen rechtfertigt man diese unsere Lauheit, Untätigkeit und Unfähigkeit mit allerlei »erhabenen« Erwägungen; z. B. sagt man, die alte atheistische Literatur des XVIII. Jahrhunderts sei veraltet, unwissenschaftlich, naiv usw. Es gibt nichts Schlimmeres als dergleichen scheinbar gelehrte Sophismen, hinter denen sich entweder Pedanterie oder vollkommenes Mißverstehen des Marxismus verbirgt. Natürlich finden sich in den atheistischen Schriften der Revolutionäre des XVIII. Jahrhunderts nicht wenig unwissenschaftliche und naive Dinge. Aber niemand hindert die Herausgeber dieser Schriften daran, sie zu kürzen und mit kurzen Nachworten zu versehen, die auf den Fortschritt, den die Menschheit seit dem Ende des XVIII. Jahrhunderts in der wissenschaftlichen Kritik der Religionen gemacht hat, sowie auf die entsprechenden neuesten Schriften usw. hinweisen. Es wäre einer der größten und schlimmsten Fehler, den ein Marxist begehen kann, zu meinen, die viele Millionen umfassenden Volksmassen (besonders die Massen der Bauern und Handwerker), die von der ganzen modernen Gesellschaft zu geistiger Finsternis, Unwissenheit und Vorurteilen verdammt sind, könnten aus dieser Finsternis nur auf der geraden Linie einer rein marxistischen Aufklärung herauskommen. Man muß diesen Massen atheistisches Propagandamaterial von der denkbar mannigfaltigsten Art geben, muß sie mit Tatsachen aus den allerverschiedensten Gebieten des Lebens bekannt machen, muß bald auf diese, bald auf jene Weise an sie herantreten, um ihr Interesse wachzurufen, sie aus dem religiösen Schlaf zu erwecken, sie von den verschiedensten Seiten her, mit den verschiedensten Methoden aufrütteln und dgl.

Die streitlustige, lebendige, talentvolle, scharfsinnige und offen das herrschende Pfaffentum attackierende Publizistik der alten Atheisten des XVIII. Jahrhunderts wird sich sehr oft als tausend mal geeigneter erweisen, die Menschen aus ihrem religiösen Schlaf zu erwecken, als die langweiligen, trockenen, fast niemals durch geschickt ausgewählte Tatsachen illustrierten Wiedergaben des Marxismus, die in unserer Literatur vorwiegen und (wir wollen unsere Sünden nicht verheimlichen) den Marxismus häufig genug entstellen. Alle größeren Werke von Marx und Engels liegen bei uns übersetzt vor. Die Befürchtung, der alte Atheismus und der alte Materialismus würden bei uns nicht durch die Korrekturen ergänzt werden, die Marx und Engels hineingebracht haben, entbehrt entschieden jeder Grundlage. Das Wichtigste – und das gerade vergessen unsere vermeintlich marxistischen, in Wirklichkeit aber den Marxismus entstellenden Kommunisten am allerhäufigsten – ist, zu verstehen, bei den noch ganz unentwickelten Massen Interesse für ein bewußtes Verhalten zu den religiösen Fragen und für eine bewußte Kritik der Religionen zu wecken.

Außerordentlich wichtig sind alle Materialien, die sich auf die Vereinigten Staaten von Nordamerika beziehen, wo der offizielle, amtliche, staatliche Zusammenhang zwischen Religion und Kapital weniger in Erscheinung tritt. Dafür aber wird uns um so klarer, daß die sogenannte »moderne Demokratie« (vor der die Menschewiki, die Sozialrevolutionäre und zum Teil auch die Anarchisten und dgl. so unvernünftig auf den Knien rutschen) nichts anderes darstellt als die Freiheit, das zu predigen, was für die Bourgeoisie vorteilhaft ist; vorteilhaft für sie ist es aber, wenn die allerreaktionärsten Ideen, Religion, Obskurantismus, Verteidigung der Ausbeuter und dergleichen mehr gepredigt werden.

Wollen wir hoffen, daß die Zeitschrift, die ein Organ des streitbaren Materialismus sein will, unserem Leserpublikum Übersichten über die atheistische Literatur bieten wird, mit einem Hinweis darauf, für welchen Leserkreis und in welcher Hinsicht diese oder jene Schriften geeignet sein könnten, und mit Angaben darüber, was bei uns schon erschienen ist (als bereits erschienen können nur erträgliche Übersetzungen gelten, und ihrer gibt es nicht allzu viele) und was noch herausgegeben werden muß.

Außer einem Bündnis mit konsequenten Materialisten, die nicht der Partei der Kommunisten angehören, ist für die Arbeit, die der streitbare Materialismus zu bewältigen hat, nicht minder wichtig, wenn nicht gar wichtiger ein Bündnis mit Vertretern der modernen Naturwissenschaft, die zum Materialismus neigen und sich nicht fürchten, ihn zu verteidigen und zu propagieren gegen die in der sogenannten »gebildeten Gesellschaft« herrschenden philosophischen Modeschwankungen zum Idealismus und Skeptizismus hin.

Der in Nr. 1–2 der Zeitschrift »Unter dem Banner des Marxismus« erschienene Artikel A. Timirjasews über die Relativitätstheorie Einsteins läßt uns hoffen, daß es der Zeitschrift gelingen wird, auch dieses zweite Bündnis zu verwirklichen. Man muß ihm größere Aufmerksamkeit schenken. Man muß bedenken, daß gerade infolge des jähen Umbruchs, den die moderne Naturwissenschaft durchmacht, sehr oft reaktionäre philosophische Schulen und Schülchen, größere und kleinere Richtungen entstehen. Die Fragen verfolgen, die die neueste Revolution auf dem Gebiet der Naturwissenschaft aufwirft, und Naturforscher zu dieser Arbeit in einer philosophischen Zeitschrift heranziehen, ist deshalb eine Aufgabe, ohne deren Lösung der streitbare Materialismus auf keinen Fall streitbar noch Materialismus sein kann. Wenn Timirjasew in der ersten Nummer der Zeitschrift feststellen mußte, daß sich an die Theorie Einsteins, der, nach Timirjasew, selber keinerlei aktiven Feldzug gegen die Grundlagen des Materialismus führt, schon eine gewaltige Menge von Vertretern der bürgerlichen Intelligenz in allen Ländern klammert, so gilt das nicht nur für Einstein allein, sondern für eine ganze Reihe, wenn nicht für die Mehrheit der großen Umgestalter der Naturwissenschaft seit Ende des XIX. Jahrhunderts.

Wollen wir uns nun zu einer solchen Erscheinung nicht unbewußt verhalten, so müssen wir begreifen, daß ohne solide philosophische Begründung keine Naturwissenschaften, kein Materialismus den Kampf gegen den Ansturm bürgerlicher Ideen und gegen die Wiederherstellung der bürgerlichen Weltanschauung bestehen können. Um diesen Kampf zu bestehen und ihn mit vollem Erfolg zu Ende zu führen, muß der Naturwissenschaftler moderner Materialist, bewußter Anhänger des Materialismus sein, wie er von Marx repräsentiert wird, d. h. er muß dialektischer Materialist sein. Um dieses Ziel zu erreichen, müssen die Mitarbeiter der Zeitschrift »Unter dem Banner des Marxismus« ein systematisches Studium der Dialektik Hegels vom materialistischen Standpunkt aus organisieren, d. h. jener Dialektik, die Marx in seinem »Kapital« wie in seinen historischen und politischen Schriften praktisch angewandt, und mit soviel Erfolg angewandt hat, daß jetzt jeder Tag im Erwachen neuer Klassen zum Leben und zum Kampf im Osten (Japan, Indien, China) – d. h. jener Hunderte von Millionen der Menschheit, die den größeren Teil der Erdbevölkerung ausmachen und die durch ihre geschichtliche Untätigkeit und ihren geschichtlichen Schlaf bisher die Stagnation und die Fäulnis in vielen fortgeschrittenen Staaten Europas bedingt haben –, daß jeder Tag im Erwachen neuer Völker und neuer Klassen zum Leben immer mehr und mehr den Marxismus bestätigt.

Gewiß ist ein solches Studium, eine solche Erläuterung, eine solche Propaganda der Hegelschen Dialektik eine außerordentlich schwierige Arbeit, und die ersten Versuche in dieser Richtung werden zweifellos mit Fehlern behaftet sein. Doch nur der, der nichts tut, irrt nicht. Gestützt auf die Marxsche Anwendung der materialistisch verstandenen Dialektik Hegels können und müssen wir diese Dialektik nach allen Seiten hin ausarbeiten, in der Zeitschrift Auszüge aus den Hauptwerken Hegels veröffentlichen, sie materialistisch erläutern, indem wir sie durch Musterbeispiele der Anwendung der Dialektik bei Marx, ebenso aber auch durch Musterbeispiele der Dialektik auf dem Gebiet der ökonomischen und politischen Verhältnisse kommentieren, Musterbeispiele, wie sie uns die neueste Geschichte, besonders der jüngste imperialistische Krieg und die Revolution in ungewöhnlich reichem Maße bieten. Die Gruppe der Redakteure und Mitarbeiter der Zeitschrift »Unter dem Banner des Marxismus« soll meiner Ansicht nach eine Art »Gesellschaft materialistischer Freunde der Hegelschen Dialektik« sein. Die modernen Naturforscher werden (wenn sie es verstehen, danach zu suchen, und wir es lernen, ihnen dabei zu helfen) in der materialistisch ausgelegten Dialektik Hegels eine Reihe von Antworten auf die philosophischen Fragen finden, die durch die Revolution in der Naturwissenschaft aufgeworfen werden und bei denen Intellektuelle, die die bürgerliche Mode anbeten, sich in Reaktion »verirren«.

Ohne sich eine solche Aufgabe zu stellen und sie systematisch zu erfüllen, kann der Materialismus kein streitbarer Materialismus sein. Er wird, um einen Ausdruck Schtschedrins[13] zu gebrauchen, weniger ein sich schlagender als ein geschlagener bleiben. Ohne dies werden die großen Naturforscher ebensohäufig wie bisher in ihren philosophischen Schlußfolgerungen und Verallgemeinerungen hilflos sein. Denn die Naturwissenschaft schreitet so schnell voran, macht eine Periode so tiefgehender revolutionärer Umwälzungen auf allen Gebieten durch, daß sie ohne philosophische Schlußfolgerungen auf keinen Fall auskommen kann ...

(Aus: A.W. Bd. 11 S. 72–78)

---

13 Saltykow-Schtschedrin – russischer Satiriker. D. Red.

II. Abteilung

Lenins Auseinandersetzung mit den »Narodniki« (Volkstümlern) und »die Entwicklung des Kapitalismus in Rußland«

Ehe Lenin daran gehen konnte, eine marxistisch orientierte Arbeiterbewegung in Rußland ins Leben zu rufen oder sich einer der bestehenden Gruppierungen anzuschließen, mußte die Frage geklärt werden, ob es für Rußland einen »besonderen Weg« zum Sozialismus gäbe, der am Industriekapitalismus vorbei direkt von der vorkapitalistischen Agrargesellschaft (bzw. deren Resten) zur sozialistischen Zukunft führen würde. Das war nämlich eine noch bis zum Beginn des 20. Jahrhunderts von vielen revolutionären Russen vertretene Auffassung. Die linken Narodniki (organisiert in der Partei Narodnaja Volja – Volkswille oder auch Volksfreiheit, das russische Wort »Volja« bedeutet beides) wiesen auf die *gemeinwirtschaftlichen Reste* auf dem russischen Dorf, den sogenannten Mir (oder Obschtschina) hin und machten aus der ökonomischen Rückständigkeit Rußlands im Vergleich zu Westeuropa eine agrarsozialistische Tugend. Selbst Marx und Engels mochten solche Hoffnungen auf einen Sonderweg Rußlands nicht gern ganz enttäuschen. Die Briefentwürfe von Marx an Vera Sassulitsch machen deutlich, wie er mit dieser Frage gerungen hat. Schließlich meinte er, wenn eine westeuropäische Arbeiterrevolution zu Hilfe käme, könne Rußland vielleicht in der Tat den schmerzlichen Umweg über den entfalteten Industriekapitalismus sich ersparen und die noch bestehenden agrarsozialistischen Ansätze in einer Revolution zum Sozialismus ausbauen*. Engels aber war in späteren Jahren schon weit skeptischer und wies auf den beschleunigten Verfall der gemeinwirtschaftlichen Reste auf dem Dorfe hin.

Eine andere theoretische These einiger marxistischer Narodniki behauptete, der Kapitalismus könne sich in Rußland wegen des Fehlens eines inneren Marktes gar nicht entfalten. Gegen beide Auffassungen zog Lenin in Arbeiten, von denen hier wichtige Abschnitte wiedergegeben sind, zu Felde.

---

* Vgl. Marx-Engels, Studienausgabe Bd. III, S. 194–213.

Der erste Beitrag arbeitet gegen die These der Narodniki von der geschichtsentscheidenden Bedeutung »großer Männer« die Auffassungen des »historischen Materialismus« heraus. Diese theoretische Argumentation hat insofern auch praktische politische Bedeutung als radikale Narodniki eine Zeitlang das Mittel des individuellen Terrors als revolutionäre Waffe propagierten. Wenn es wirklich (nur) auf »große Individuen« ankam, so argumentierten sie, dann konnte man natürlich auch durch Tötung solch entscheidender Persönlichkeiten den Gang der Geschichte wesentlich beeinflussen. Lenin – wie alle russischen Marxisten der Vorkriegszeit – war aber ein entschiedener Gegner des individuellen Terrors, weil er davon überzeugt war, daß er nie geschichtsentscheidend sein könne.

Lenins wissenschaftliches Hauptwerk ›Die Entwicklung des Kapitalismus in Rußland‹, das er im Gefängnis und in der sibirischen Verbannung geschrieben hat, verschaffte ihm mit einem Schlage das Ansehen eines, ja *des* führenden marxistischen Theoretikers im alten Rußland, zumal Plechanow, der führende marxistische Philosoph, auf ökonomischem Gebiet gar nicht hervorgetreten war. Diese Arbeit ist aber auch für den politischen Kampf Lenins entscheidend gewesen. Ihr Zweck ist es nachzuweisen, wie weit und tief kapitalistische Produktionsverhältnisse bereits in Rußland vorgedrungen waren, und daß sich – entgegen der erwähnten Behauptung marxistischer Narodniki – *durchaus* ein wachstumsfähiger *innerer Markt* in Rußland entwickelt hatte. Die Narodniki hatten auf das (sogar wachsende) Elend der ländlichen Bevölkerung verwiesen, um auf die Unmöglichkeit eines wachsenden inneren Marktes zu schließen. Lenin macht klar, daß ein Markt durchaus wachsen kann, ohne daß die Versorgung der Bevölkerung mit Konsumgütern sich gleichzeitig verbessert. Das geschieht nämlich dann, wenn immer mehr ursprüngliche Selbstversorger sich in Lohnarbeiter verwandeln, die ihre Konsumgüter als Waren auf dem Markt kaufen müssen, und wenn zugleich immer mehr Produktionsmittel (Land, Wald, Gewässer, Bergwerke) als Waren verkauft werden.

Fazit: Die Doktrin, die zu zerstören er sich vorgenommen hat, stützt sich 1. auf die materialistische Geschichtsauffassung und 2. auf die dialektische Methode.

Zum erstgenannten erklärte der Kritiker vor allem, daß er nicht wisse, in welchem Werk der Materialismus dargelegt sei. Da er diese Darlegung nirgends fand, ging er daran, selbst auszuhecken, was der Materialismus sei. Damit man sich von den maßlosen Ansprüchen dieses Materialismus einen Begriff machen könne, erdichtete er die Behauptung, die Materialisten erhöben den Anspruch, die ganze Vergangenheit, Gegenwart und Zukunft der Menschheit erklärt zu haben. Als sich aber dann nach einem Vergleich mit der authentischen Erklärung der Marxisten herausstellte, daß sie lediglich *eine* Gesellschaftsformation als erklärt betrachten, entschied der Kritiker, daß die Materialisten den Wirkungsbereich des Materialismus einengen und sich damit angeblich selbst schlügen. Um einen Begriff von den bei der Ausarbeitung dieses Materialismus angewandten Methoden zu geben, erfand er die Legende, die Materialisten hätten angeblich selbst zugegeben, daß ihre Kenntnisse für ein Unternehmen, wie es die Ausarbeitung des wissenschaftlichen Sozialismus ist, zu schwach seien, obwohl Marx und Engels (in den Jahren 1845–1847) von der Unzulänglichkeit ihrer Kenntnisse nur in der ökonomischen Geschichte überhaupt gesprochen und obwohl sie dieses, die Unzulänglichkeit ihrer Kenntnisse beweisende Werk nie veröffentlicht haben. Nach solchen Präludien bescherte man uns auch mit der Kritik: das »Kapital« wurde durch den Hinweis darauf vernichtet, daß es sich lediglich auf eine einzige Periode beziehe, während der Kritiker aller Perioden bedürfe, sowie darauf, daß es den ökonomischen Materialismus nicht begründe, sondern ihn einfach berühre – lauter Argumente offenbar so schwerwiegender und ernster Natur, daß zugegeben werden mußte, der Materialismus sei nie wissenschaftlich begründet worden. Ferner wurde gegen den Materialismus die Tatsache vorgebracht, daß ein dieser

Doktrin völlig fernstehender Mann, der die prähistorische Zeit in einem ganz anderen Lande studierte, ebenfalls zu materialistischen Ergebnissen gelangte. Um weiter zu zeigen, daß die Kindererzeugung ganz unrichtigerweise mit dem Materialismus in Verbindung gebracht worden sei, daß es sich hierbei um eine bloße Wortklauberei handle, begann der Kritiker nachzuweisen, daß die ökonomischen Verhältnisse einen Überbau über den Geschlechts- und Familienbeziehungen darstellen. Die Hinweise, die der ernste Kritiker dabei zur Belehrung der Materialisten erteilte, haben uns um die tiefe Wahrheit bereichert, daß Erbschaft ohne Kindererzeugung unmöglich sei, daß sich an die Produkte dieser Kindererzeugung ein komplizierter Seelenzustand »anschließe« und daß die Kinder im Geiste ihrer Väter erzogen werden. Auch erfuhren wir beiläufig, daß die nationalen Verbände eine Fortsetzung und Verallgemeinerung der Gentilverbände seien.

Im weiteren Verlauf seiner theoretischen Untersuchungen über den Materialismus bemerkte der Kritiker, der Inhalt vieler Argumente der Marxisten bestehe darin, daß Unterdrückung und Ausbeutung der Massen unter dem bürgerlichen Regime »notwendig« seien und dieses Regime sich »unausbleiblich« in ein sozialistisches verwandeln müsse. Und da beeilte er sich zu erklären, die Notwendigkeit stelle eine zu allgemeine Klammer dar (sofern man nicht sage, was die Menschen denn eigentlich für notwendig halten) und die Marxisten seien daher Mystiker und Metaphysiker. Der Kritiker erklärte auch, Marx' Polemik gegen die Idealisten sei »einseitig«, wobei er über das Verhältnis der Anschauungen dieser Idealisten zur subjektiven Methode und über das Verhältnis des dialektischen Materialismus von Marx zu ihnen kein Wort verlor.

Gegenüber dem zweiten Grundpfeiler des Marxismus, der dialektischen Methode, genügte ein einziger Stoß des kühnen Kritikers, um diesen Grundpfeiler umzuwerfen. Und der Stoß wurde sehr geschickt geführt: unter Aufwand ungeheurer Anstrengungen mühte und quälte sich der Kritiker mit der Widerlegung der Behauptung ab, daß man durch Triaden irgend etwas beweisen könne, und verschwieg dabei, daß die dialektische Methode durchaus nicht in den Triaden besteht, daß sie gerade in der Ablehnung der Methoden des Idealismus und des Subjektivismus in der Soziologie besteht. Ein zweiter Stoß richtete sich speziell gegen Marx: mit Hilfe des wackeren Herrn Dühring unterschob der Kritiker Marx den unglaublichen Unsinn, dieser habe die Notwendigkeit des Unterganges des Kapitalismus mit Triaden beweisen wollen, und er führte gegen diesen Unsinn einen siegreichen Krieg.

Das ist die Heldensage von den glänzenden »Siegen« »unseres bekannten Soziologen«! Ist der Anblick dieser Siege nicht »lehrreich« (Burenin)?

Noch ein weiterer Umstand muß hier berührt werden, der zwar nicht unmittelbar mit der Kritik der Marxschen Doktrin zusammenhängt, jedoch für die Ideale des Kritikers und für seine Auffassung der Wirklichkeit äußerst bezeichnend ist. Es handelt sich um sein Verhältnis zur Arbeiterbewegung im Westen.

Weiter oben wurde die Erklärung des Herrn Michailowski angeführt, der Materialismus habe sich in der »Wissenschaft« (etwa in der Wissenschaft der deutschen »Volksfreunde«?) nicht bewährt. Allein dieser Materialismus, führt Herr Michailowski aus, »verbreitet sich in der Tat sehr rasch in der Arbeiterklasse«. Wie erklärt nun Herr Michailowski diese Tatsache?

»Was den Erfolg – sagt er –, dessen sich der ökonomische Materialismus bei seiner Entwicklung sozusagen in die Breite erfreut, seine große Verbreitung in kritisch nicht geprüfter Form betrifft, so liegt der Schwerpunkt dieses Erfolges nicht in der Wissenschaft, sondern in der Alltagspraxis, die durch Zukunftsaussichten bestimmt wird.«

Welchen anderen Sinn kann dieser plumpe Satz von der Praxis, die durch Zukunftsaussichten »bestimmt« werde, haben als den, daß der Materialismus nicht darum Verbreitung findet, weil er die Wirklichkeit richtig erklärt, sondern weil er sich von dieser Wirklichkeit abgewandt und den Aussichten zugewandt hat? Und weiter heißt es:

»Diese Aussichten erfordern von der deutschen Arbeiterklasse, die sich dieselben zu eigen macht, und von denen, die an ihrem Schicksal den wärmsten Anteil nehmen, weder Kenntnisse noch kritische Gedankenarbeit. Sie erfordern lediglich Glauben.«

Mit anderen Worten: die weite Verbreitung des Materialismus und des wissenschaftlichen Sozialismus hängt damit zusammen, daß diese Lehre den Arbeitern eine bessere Zukunft verheißt! Allein, die elementarste Bekanntschaft mit der Geschichte des Sozialismus und der Arbeiterbewegung im Westen genügt, um den ganzen Unsinn und die ganze Verlogenheit dieser Erklärung zu offenbaren. Jedermann weiß, daß der wissenschaftliche Sozialismus eigentliche Zukunftsaussichten nie ausgemalt hat; er hat sich auf die Analyse der modernen, bürgerlichen Gesellschaftsordnung beschränkt, auf das Studium der Entwicklungstendenzen der kapitalistischen Gesellschaftsorganisation – nichts weiter. Marx schrieb bereits im Jahre 1843, und er hat dieses Programm streng eingehalten:

»Wir sagen ihr« (der Welt) »nicht: laß ab von deinen Kämpfen, sie sind dummes Zeug; wir wollen dir die wahre Parole des Kampfes zuschreien. Wir zeigen ihr nur, warum sie eigentlich kämpft, und das Bewußtsein ist eine Sache, die sie sich aneignen muß, wenn sie auch nicht will.«[1]

Jedermann weiß, daß sich z. B. das »Kapital«, dieses grundlegende Hauptwerk, das den wissenschaftlichen Sozialismus darlegt, gegenüber der Zukunft auf ganz allgemeine Andeutungen beschränkt und nur denjenigen bereits vorhandenen Elementen nachspürt, aus denen die künftige Ordnung hervorwächst. Jedermann weiß, daß an Zukunftsaussichten die früheren Sozialisten unvergleichlich mehr boten, die zukünftige Gesellschaft in allen Einzelheiten ausmalten, um die Menschheit für das Bild einer Ordnung zu begeistern, in der die Menschen ohne Kampf auskommen, in der ihre gesellschaftlichen Verhältnisse nicht auf der Ausbeutung, sondern auf den wahren, den Bedingungen der

1 Marx-Engels-Gesamtausgabe, Erste Abtlg., Bd. I/1, S. 575.

menschlichen Natur entsprechenden Grundsätzen des Fortschritts beruhen. Trotz einer ganzen Phalanx höchst talentvoller Männer, die diese Ideen auseinandersetzten, und überzeugtester Sozialisten blieben jedoch ihre Theorien abseits vom Leben, ihre Programme abseits von den politischen Volksbewegungen, solange nicht die maschinelle Großindustrie die Massen des Proletariats in den Trubel des politischen Lebens hineingezogen hatte und nicht die wahre Losung für seinen Kampf gefunden war. Diese Losung fand Marx, der kein »Utopist, sondern ein strenger, mitunter sogar trockener Gelehrter« war (wie sich Herr Michailowski in längst vergangener Zeit – 1872 – ausgedrückt hat). Er fand sie keinesfalls mit Hilfe irgendwelcher Aussichten, sondern durch eine wissenschaftliche Analyse der modernen bürgerlichen Gesellschaftsordnung, durch die Aufdeckung der »Notwendigkeit« der Ausbeutung bei dieser Ordnung und durch Untersuchung der Gesetze ihrer Entwicklung. Herr Michailowski mag natürlich den Lesern des »Russkoje Bogatstwo« versichern, daß die Aneignung dieser Analyse weder Kenntnisse noch Gedankenarbeit erfordere, allein wir sahen bereits bei ihm selbst (und werden es nicht minder bei seinem Mitarbeiter für ökonomische Fragen sehen) ein derartiges Mißverstehen elementarer, durch diese Analyse festgestellter Wahrheiten, daß eine solche Erklärung selbstredend nur ein Lächeln auszulösen vermag. Es bleibt somit als unbestreitbare Tatsache bestehen, daß die Arbeiterbewegung sich gerade da und gerade insoweit verbreitet und entwickelt, wo und inwieweit sich die kapitalistische maschinelle Großindustrie entwickelt, und daß sich ein Erfolg der sozialistischen Lehre gerade dann einstellt, wenn sie alles Raisonieren über die der menschlichen Natur entsprechenden gesellschaftlichen Bedingungen aufgibt und an die materialistische Analyse der gegenwärtigen gesellschaftlichen Verhältnisse, an die Klarlegung der Unvermeidlichkeit des gegenwärtigen Regimes der Ausbeutung geht.

Nach dem Versuch, die wahren Gründe des Erfolges des Materialismus in der Arbeiterschaft mit Hilfe einer der

Wahrheit geradezu zuwiderlaufenden Charakteristik des Verhältnisses dieser Doktrin zu den Aussichten zu umgehen, beginnt nunmehr Herr Michailowski, die Ideen und die Taktik der westeuropäischen Arbeiterbewegung in der trivialsten, spießbürgerlichsten Weise zu verspotten. Wie wir gesehen haben, hat er buchstäblich kein einziges Argument gegen die Marxschen Beweise der Unausbleiblichkeit der Umwandlung der kapitalistischen Ordnung in die sozialistische infolge der Vergesellschaftung der Arbeit vorgebracht. Nichtsdestoweniger ironisiert er in der hemmungslosesten Weise darüber, daß die »Armee der Proletarier« angeblich die Enteignung der Kapitalisten vorbereite, »worauf jeder Klassenkampf schon aufhört und Friede auf Erden und den Menschen ein Wohlgefallen herrschen werden«. Er, Herr Michailowski, weiß viel einfachere und sicherere Wege zur Verwirklichung des Sozialismus als diesen: die »Volksfreunde« brauchen nur die »klaren und unfehlbaren« Bahnen der »ersehnten ökonomischen Evolution« eingehender aufzuzeigen, und dann werden diese Volksfreunde zweifellos »berufen« werden, die »praktischen ökonomischen Probleme zu lösen« (siehe den Artikel des Herrn Jushakow: »Fragen der ökonomischen Entwicklung Rußlands«, Heft 10 des »Russkoje Bogatstwo«). Bis dahin aber ... bis dahin sollen die Arbeiter abwarten und sich auf die Volksfreunde verlassen, nicht aber, gestützt auf ein »unbegründetes Selbstvertrauen«, einen selbständigen Kampf gegen die Ausbeuter beginnen. Von dem Wunsche beseelt, dieses »unbegründete Selbstvertrauen« endgültig zu vernichten, wettert unser Verfasser pathetisch gegen »diese Wissenschaft, die nahezu in einem Taschenwörterbuch Platz findet«. Wie schrecklich, in der Tat: Wissenschaft und sozialdemokratische Broschüren, die nur Groschen kosten und in der Tasche Platz finden!! Ist es da nicht klar, wie unbegründet das Selbstbewußtsein jener Leute ist, die die Wissenschaft eben nur in dem Maße schätzen, als sie die Ausgebeuteten den selbständigen Kampf für ihre Befreiung lehrt, sie lehrt, allen Volksfreunden, die den Klassenantagonismus vertuschen und die ganze Sache in ihre Hände nehmen wollen, aus dem Wege zu gehen, und die daher diese Wissenschaft in Groschenbroschüren darlegen, die den Philistern so auf die Nerven gehen. Wie anders lägen die Dinge, wenn die Arbeiter ihr Schicksal den Volksfreunden anvertrauten; die würden ihnen die wahre, vielbändige Universitäts- und Philisterwissenschaft präsentieren, würden sie eingehend mit der der menschlichen Natur entsprechenden Gesellschaftsorganisation bekannt machen, wenn nur ... die Arbeiter abwarten wollten und nicht mit so unbegründetem Selbstvertrauen selbst den Kampf begännen! ...

Bei der Darlegung der Ideen der »Otjetschestwennyje Sapiski« schrieb Herr Michailowski:
»Zum Bereich der sittlich-politischen Ideale zählten wir, daß der Boden dem Ackerbauern und die Arbeitsmittel dem Produzenten gehören sollen.«

Der Ausgangspunkt ist, wie man sieht, sehr wohlgemeint und zeugt von den allerbesten Wünschen ...

»Die bei uns noch bestehenden mittelalterlichen Arbeitsformen« (»unter mittelalterlichen Arbeitsformen – erläuterte der Verfasser an einer anderen Stelle – sind nicht nur die Bodengemeinschaft, die Hausindustrie und die Artelorganisation zu verstehen. Alles dies sind gewiß mittelalterliche Formen, doch müssen ihnen alle jene Formen zugezählt werden, bei denen der Boden oder die Produktionsmittel den Arbeitenden gehören«) »sind stark erschüttert, allein wir sahen keinen Grund, irgendwelchen liberalen oder nichtliberalen Doktrinen zuliebe mit ihnen ganz Schluß zu machen.«

Eine sonderbare Überlegung! Jedwede »Arbeitsformen« können doch nur erschüttert sein, weil sie durch irgendwelche andere Formen ersetzt werden; indessen sehen wir bei unserem Verfasser nicht einmal den Versuch (und würden ihn auch bei keinem seiner Gesinnungsgenossen sehen), diese neuen Formen zu analysieren und zu erklären oder die Ursachen der Verdrängung der alten Formen durch diese neuen festzustellen. Noch sonderbarer ist der zweite Teil der Tirade:

»Wir sahen keinen Grund, Doktrinen zuliebe mit diesen Formen Schluß zu machen.«

Über welche Mittel verfügen denn wir (d. h. die Sozialisten – siehe den oben gemachten Vorbehalt), um mit Arbeitsformen »Schluß zu machen«, d. h. um die gegebenen Produktionsverhältnisse zwischen den Mitgliedern der Gesellschaft umzubilden? Ist denn nicht der Gedanke einer Umbildung dieser Verhältnisse auf Grund einer Doktrin unsinnig? Hören wir weiter:

»Unsere Aufgabe besteht nicht darin, unbedingt eine ›bodenständige‹ Zivilisation aus eigenem nationalem Schoße hervorzubringen, ebensowenig aber darin, die westliche Zivilisation vollständig, mit allen sie zerfleischenden Widersprüchen, auf unseren Boden zu verpflanzen: man muß das Gute nehmen, wo man es bekommt: ob es eigenes oder fremdes Gut ist, ist bereits eine Frage nicht des Prinzips, sondern der praktischen Zweckdienlichkeit. Das ist doch offenbar so einfach, klar und einleuchtend, daß darüber gar nicht zu reden ist.«

In der Tat, wie ist das einfach! Von überall das Gute »nehmen«, und die Sache ist erledigt! Von den mittelalterlichen Formen »nimmt« man den Umstand, daß die Produktionsmittel dem Arbeitenden gehören, von den neuen (d. h. kapitalistischen) Formen dagegen »nimmt« man Freiheit, Gleichheit, Bildung und Kultur. Was gibt es da noch zu reden! Die subjektive Methode in der Soziologie zeigt sich hier wie auf dem Präsentierteller: die Soziologie beginnt mit einer Utopie – dem Bodenbesitz des Arbeitenden – und zeigt die Bedingungen, unter denen das Erstrebte verwirklicht werden könne: Das Gute von hier und auch von dort zu »nehmen«. Dieser Philosoph betrachtet die gesellschaftlichen Verhältnisse rein metaphysisch, als ein einfaches mechanisches Aggregat dieser oder jener Institutionen, eine einfache mechanische Zusammenkoppelung dieser oder jener Erscheinungen. Er greift eine dieser Erscheinungen heraus – den Bodenbesitz des Ackerbauers in den mittelalterlichen Formen – und glaubt, man könne sie ebenso in beliebige andere Formen versetzen, wie man Ziegelsteine von dem einen Gebäude für ein anderes verwendet. Das bedeutet aber doch nicht, die gesellschaftlichen Verhältnisse zu studieren, sondern das Material, das studiert werden soll, zu verhunzen: denn die Wirklichkeit kennt keinen Bodenbesitz des Ackerbauers, der isoliert und für sich besteht, wie Sie sich ihn denken. Es handelt sich hierbei lediglich um eines der Glieder der damaligen Produktionsverhältnisse, die darin bestanden, daß das Land unter die Großgrundbesitzer, die Gutsherren aufgeteilt war und daß die Gutsherren den Bauern diesen Boden zuteilten, um sie auszubeuten, so daß der Boden eine Art Naturallohn war: er lieferte dem Bauern die notwendigen Produkte, damit dieser für den Gutsherrn das Mehrprodukt erzeugen konnte, er war die Grundlage für die Abgabenleistung der Bauern an die Gutsherren. Warum verfolgte der Verfasser dieses System der Produktionsverhältnisse nicht weiter, warum beschränkte er sich darauf, eine einzige Erscheinung herauszugreifen und sie auf diese Weise in einem gänzlich falschen Licht erscheinen zu lassen? Weil es der Verfasser nicht versteht, gesellschaftliche Fragen zu behandeln: er (ich wiederhole, daß ich die Betrachtungen des Herrn Michailowski nur als Beispiel für die Kritik des »gesamten« russischen Sozialismus benütze) setzt sich gar nicht einmal das Ziel, die damaligen »Arbeitsformen« zu erklären, sie als ein bestimmtes System der Produktionsverhältnisse, als eine bestimmte Gesellschaftsformation darzustellen. Ihm ist fremd, um in der Sprache von Marx zu reden, die dialektische Methode, die verlangt, daß die Gesellschaft als ein lebendiger Organismus in seinem Funktionieren und seiner Entwicklung betrachtet werde.

Da sich der Verfasser um die Gründe der Verdrängung der alten Arbeitsformen durch neue überhaupt nicht kümmert, begeht er in seinen Ausführungen über diese neuen Formen einen genau solchen Fehler. Er begnügt sich damit, festzustellen, daß diese Formen den Bodenbesitz der Ackerbauern »erschüttern«, d. h., allgemeiner gesagt, in der Trennung des Produzenten von den Produktionsmitteln zum Ausdruck kommen, und dies als dem Ideal nicht entsprechend zu verurteilen. Und wiederum ist sein Gedankengang ganz unsinnig: er greift eine Erscheinung heraus (die Landlosmachung), ohne auch nur den Versuch zu machen, sie als Glied bereits eines anderen Systems der Produktionsverhältnisse darzustellen, das auf der »Warenwirtschaft« beruht, die unvermeidlich die Konkurrenz unter den Warenproduzenten, die Ungleichheit, den Ruin der einen und die Bereicherung der anderen erzeugt. Er hat eine Erscheinung, die Verelendung der Masse, festgestellt, die andere dagegen, die Bereicherung der Minderheit, beiseitegeschoben und sich dadurch der Möglichkeit beraubt, auch nur eine von beiden zu verstehen.

Dabei nennt er derartige Methoden noch »Antworten suchen auf Fragen des Lebens in ihrer Form von Fleisch und Blut« (»Russkoje Bogatstwo«, Heft 1, 1894), während er, gerade im Gegenteil – da er weder versteht noch gewillt ist, die Wirklichkeit zu erklären, ihr offen ins Auge zu schauen –, vor diesen Fragen des Lebens mit seinem Kampf des Besitzenden gegen den Besitzlosen schmählicherweise ins Reich der harmlosen Utopien flüchtet; das nennt er »Antworten suchen auf die Fragen des Lebens in idealer Erfassung ihrer akuten und komplizierten realen Wirklichkeit« (»Russkoje Bogatstwo«, Heft 1), während er in Wirklichkeit eine Analyse und Erklärung dieser realen Wirklichkeit nicht einmal versucht hat.

Statt dessen hat er uns eine Utopie geboten, konstruiert durch sinnlosestes Herausreißen einzelner Elemente aus verschiedenen Gesellschaftsformationen –, aus der mittelalterlichen hat er das, aus der »neuen« jenes genommen usw. Es ist begreiflich, daß eine so begründete Theorie abseits von der wirklichen gesellschaftlichen Evolution bleiben mußte, aus dem einfachen Grunde, weil unsere Utopisten nicht in jenen gesellschaftlichen Verhältnissen zu leben und zu handeln hatten, die aus da und dort herausgegriffenen Elementen zusammengesetzt werden, sondern in jenen, die durch die Beziehungen des Bauern zum Kulaken (wirtschaftlich starken Bauern), des Hausgewerbetreibenden zum Aufkäufer, des Arbeiters zum Fabrikbesitzer bestimmt werden und die von ihnen absolut nicht verstanden wurden. Ihre Versuche und Anstrengungen, diese von ihnen nicht verstandenen Verhältnisse nach ihrem eigenen Ideal umzugestalten, mußten zwangsläufig scheitern.

Dies in ganz allgemeinen Zügen der Stand der Frage des Sozialismus in Rußland zu der Zeit, da »die russischen Marxisten aufkamen«.

Diese begannen gerade mit der Kritik der subjektiven Methoden der früheren Sozialisten; sie begnügten sich nicht mit der Feststellung der Ausbeutung und ihrer Verurteilung, sondern wollten sie »erklären«. Da sie sahen, daß die ganze Geschichte Rußlands nach der Reform[2] in der Ruinierung der Masse und der Bereicherung einer Minderheit besteht; da sie die gigantische Enteignung der Kleinproduzenten beobachteten, die zugleich mit dem allgemeinen technischen Fortschritt erfolgte; da sie feststellten, daß diese entgegengesetzten Tendenzen dort entstehen, wo die Warenwirtschaft sich entwickelt, und sich in dem Maße verstärken, wie sich die Warenwirtschaft verstärkt –, so mußten sie daraus schließen, daß sie es mit einer bürgerlichen (kapitalistischen) Organisation der gesellschaftlichen Wirtschaft zu tun haben, die »zwangsläufig« die Enteignung und Unterdrückung der Massen erzeugt. Ihr praktisches Programm wurde bereits unmittelbar durch diese Überzeugung bestimmt: es lief darauf hinaus, sich diesem Kampf des Proletariats gegen die Bourgeoisie, dem Kampf der besitzlosen Klassen gegen die Besitzenden anzuschließen, der den Hauptinhalt der ökonomischen Wirklichkeit Rußlands vom entlegensten Dorf bis zur modernsten, vollendetsten Fabrik bildet. Wie sich anschließen? Auf die Antwort brachte sie wiederum die Wirklichkeit selbst. Der Kapitalismus hob die wichtigsten Industriezweige auf die Stufe der maschinellen Großindustrie; nachdem er auf diese Weise die Produktion vergesellschaftet hatte, schuf er die materiellen Bedingungen einer neuen Ordnung und schuf gleichzeitig eine neue soziale Kraft: die Klasse der Fabrikarbeiter, des städtischen

2 Gemeint ist die Agrarreform mit Aufhebung der Leibeigenschaft im Jahre 1861 (I.F.).

Proletariats. Derselben bürgerlichen Ausbeutung unterworfen, wie es ihrem ökonomischen Wesen nach die Ausbeutung der gesamten werktätigen Bevölkerung Rußlands ist, befindet sich diese Klasse in bezug auf ihre Befreiung doch in einer besonders vorteilhaften Lage: sie ist bereits durch nichts mehr mit der alten, gänzlich auf Ausbeutung begründeten Gesellschaft verbunden; allein schon die Arbeits- und Lebensverhältnisse dieser Klasse organisieren sie, zwingen sie zum Denken, bieten ihr die Möglichkeit, die Arena des politischen Kampfes zu betreten. Es ist natürlich, daß die Sozialdemokraten dieser Klasse ihre ganze Aufmerksamkeit zuwandten und auf sie alle ihre Hoffnungen setzten, daß sie als ihr Programm die Entwicklung des Klassenbewußtseins dieser Klasse bezeichneten und ihre ganze Tätigkeit darauf richteten, dieser Klasse zu helfen, sich zum offenen politischen Kampf gegen das gegenwärtige Regime zu erheben und das gesamte russische Proletariat in diesen Kampf einzubeziehen.

Sehen wir uns nun an, wie Herr Michailowski die Sozialdemokraten befehdet. Was führt er zur Widerlegung ihrer theoretischen Ansichten ins Feld? Was hat er gegen ihre politische sozialistische Tätigkeit einzuwenden?

Die theoretischen Ansichten der Marxisten stellt der Kritiker folgendermaßen dar:

»Die Wahrheit besteht – angeblich nach Behauptung der Marxisten – darin, daß Rußland kraft der immanenten Gesetze der historischen Notwendigkeit seine eigene kapitalistische Produktion samt allen ihren inneren Widersprüchen, samt dem Verschlingen der kleinen Kapitalien durch die großen entwickeln werde, währenddessen der von der Scholle losgerissene Bauer zum Proletarier werde, sich zusammenschließen, ›sich vergesellschaften‹ werde, womit das Ziel erreicht sein und der also beglückten Menschheit nur noch zu präsentieren sein werde.«

Da schaue man: die Marxisten unterscheiden sich also keineswegs von den Volksfreunden in der Auffassung der Wirklichkeit, sondern lediglich in der Vorstellung, die sie sich von der Zukunft machen: sie befassen sich wohl überhaupt nicht mit der Gegenwart, sondern lediglich mit »Aussichten«. Daß das gerade der Gedanke des Herrn Michailowski ist, kann keinem Zweifel unterliegen. Die Marxisten, meint er, »sind vollkommen überzeugt, daß ihr Voraussehen der Zukunft nichts Utopisches enthalte, sondern alles gemäß den Vorschriften strenger Wissenschaft abgewogen und abgemessen sei«; und schließlich noch klarer ausgedrückt: die Marxisten »glauben und bekennen die Unwandelbarkeit eines abstrakten historischen Schemas«.

Mit einem Wort, wir haben es hier mit jener banalsten und plattesten Beschuldigung gegen die Marxisten zu tun, auf der seit jeher alle jene herumreiten, die in der Sache selbst gegen die Ansichten der Marxisten nichts vorzubringen vermögen.

»Die Marxisten bekennen die Unwandelbarkeit eines abstrakten historischen Schemas!!«

Das ist doch nichts als Lüge und Erfindung!

Kein Marxist hat sich irgendwo je des Arguments bedient, daß in Rußland der Kapitalismus »sein muß«, »weil« er im Westen war usw. Kein Marxist hat je in der Marxschen Theorie so etwas wie ein allgemein verbindliches philosophisch-historisches Schema gesehen, irgend etwas mehr als die Erklärung einer bestimmten ökonomischen Gesellschaftsformation. Einzig und allein der subjektive Philosoph Herr Michailowski hat es fertiggebracht, Marx so gründlich mißzuverstehen, daß er bei ihm eine allgemein-philosophische Theorie zu finden glaubt, worauf ihn denn auch Marx in ganz bestimmter Weise darüber aufklärte, daß er sich in der Adresse geirrt habe. Nie hat auch nur ein Marxist seine sozialdemokratischen Ansichten auf etwas anderem begründet als auf der Übereinstimmung der Theorie mit der Wirklichkeit und der Geschichte der gegebenen, d. h. der russischen sozial-ökonomischen Verhältnisse. Es konnte sie auch keiner auf etwas anderem begründen, da diese Anforderung an die Theorie vom Begründer des »Marxismus«, von Marx selbst, vollkommen klar und bestimmt aufgestellt und zum Eckpfeiler seiner ganzen Lehre gemacht worden ist.

Herr Michailowski kann natürlich diese Erklärungen, soviel er will, mit dem Einwand widerlegen, er habe doch »mit eigenen Ohren« das Bekenntnis zum abstrakten historischen Schema gehört. Was geht aber uns Sozialdemokraten oder sonst jemanden der Umstand an, daß Herr Michailowski allerhand absurden Unsinn seiner Gesprächspartner anhören mußte? Beweist das nicht nur das eine, daß er bei der Wahl seiner Gesprächspartner eine glückliche Hand hat, sonst nichts? Gewiß, es ist durchaus möglich, daß sich diese geistreichen Gesprächspartner des geistreichen Philosophen Marxisten, Sozialdemokraten und dergl. nannten, allein wer wüßte denn nicht, daß heutzutage (wie längst bemerkt worden ist) jeder Lump gern in »rotem« Gewand paradiert? (All das ist unter der Voraussetzung geschrieben, daß Herr Michailowski tatsächlich Bekenntnisse zu abstrakten historischen Schemata gehört und daß er nichts verballhornt hat. Immerhin halte ich es für unbedingt notwendig, hier den Vorbehalt zu machen: wofür ich gekauft, dafür verkaufe ich auch.[3]) Und wenn nun Herr Michailowski so scharfsinnig ist, daß er solche »Vermummte« nicht von Marxisten zu unterscheiden vermag, oder wenn er Marx so gründlich verstanden hat, daß er dieses von ihm auf das nachdrücklichste betonte Kriterium seiner ganzen Lehre (die Formulierung »dessen, was vor unseren Augen geschieht«) nicht bemerkt hat, so beweist das wiederum nur, daß Herr Michailowski nicht klug ist, und nichts weiter.

Auf jeden Fall hätte er, wenn er in der Presse eine Polemik gegen »Sozialdemokraten« begann, jene Gruppe von Sozialisten im Auge haben müssen, die diesen Namen seit langem, und zwar allein trägt, so daß keine anderen mit ihr verwechselt werden können, und die ihre literarischen Vertreter hat: Plechanow und seinen Zirkel[4]. Und hätte er das getan — was doch jeder halbwegs anständige Mensch hätte tun müssen — und sich beispielsweise an die erste[5] sozial-

3 Russische Redensart mit dem Sinne: ich gebe es weiter, wie ich es gehört, ohne nachzuprüfen. D. Red.

4 D. h. die Gruppe „Befreiung der Arbeit". D. Red.

5 D. h. die erste russische. D. Red.

demokratische Schrift gehalten, an das Buch Plechanows »Unsere Differenzen«, so hätte er da gleich auf den ersten Seiten die folgende, im Namen aller Mitglieder des Zirkels abgegebene kategorische Erklärung des Verfassers lesen können:

»Wir wollen unser Programm keinesfalls durch die Autorität eines großen Namens« (d. h. die Autorität von Marx) »decken.«

Verstehen Sie russisch, Herr Michailowski? Begreifen Sie den Unterschied zwischen dem Bekenntnis zu abstrakten Schemata und dem Verzicht auf jede Autorität von Marx bei Erörterung russischer Angelegenheiten?

Begreifen Sie, daß Sie unehrlich handelten, als Sie das erstbeste Urteil, mit dem Sie von Ihren Gesprächspartnern beglückt wurden, für marxistisch ausgaben, hingegen die im Namen der ganzen Gruppe abgegebene gedruckte Erklärung eines der hervorragenden Mitglieder der Sozialdemokratie unbeachtet ließen?

Weiter lautet die Erklärung noch bestimmter:

»Ich wiederhole – schreibt Plechanow –: unter den konsequentesten Marxisten ist eine Meinungsverschiedenheit in der Beurteilung der heutigen russischen Wirklichkeit möglich«; unsere Doktrin ist »der erste Versuch, die vorliegende wissenschaftliche Theorie auf die Analyse überaus verwickelter und verworrener gesellschaftlicher Verhältnisse anzuwenden.«

Es scheint, man könnte schwerlich klarer sprechen: die Marxisten entlehnen der Marxschen Theorie bedingungslos nur die wertvollen Methoden, ohne die eine Aufhellung der gesellschaftlichen Verhältnisse unmöglich ist, und sehen folglich das Kriterium ihrer Beurteilung dieser Verhältnisse keineswegs in abstrakten Schemata und ähnlichem Unsinn, sondern darin, ob diese Beurteilung wahrheitsgetreu ist und mit der Wirklichkeit übereinstimmt.

Oder glauben Sie etwa, der Verfasser hätte, während er derlei Erklärungen abgab, in Wirklichkeit sich etwas anderes gedacht? Das stimmt aber nicht. Die Frage, die ihn beschäftigte, lautete: »Muß Rußland die kapitalistische Phase der

Entwicklung durchmachen?« Diese Frage war folglich ganz und gar nicht marxistisch, sondern nach den subjektiven Methoden verschiedener vaterländischer Philosophen formuliert, die das Kriterium dieses Müssens, man wird nicht klug daraus, in der Politik der Obrigkeit, in der Tätigkeit der »Öffentlichkeit«, im Ideal einer Gesellschaft, »die der menschlichen Natur entspricht« und in ähnlichem dummen Zeug erblicken. Es fragt sich jetzt: wie hätte jemand, der sich zu abstrakten Schemata bekennt, auf diese Frage antworten müssen? Offenbar hätte er von der Unanfechtbarkeit des dialektischen Prozesses, von der allgemeinen philosophischen Bedeutung der Marxschen Theorie, von der Notwendigkeit für jedes Land, die Phase des ... durchzumachen usw. usf. gesprochen.

Und wie antwortete Plechanow?

So, wie es von einem Marxisten anders nicht zu erwarten war:

Er ließ die Frage des Müssens, als eine müßige und lediglich Subjektivisten interessierende Frage, beiseite und sprach dauernd nur von den wirklichen gesellschaftlich-ökonomischen Verhältnissen, von ihrer wirklichen Evolution. Darum gab er auch keine direkte Antwort auf die falsch gestellte Frage, sondern entgegnete statt dessen: »Rußland *hat* den kapitalistischen Weg *beschritten.*«

Herr Michailowski orakelt dagegen mit Kennermiene über das Bekenntnis zum abstrakten historischen Schema, über die immanenten Gesetze der Notwendigkeit und ähnlichen unglaublichen Unsinn! Und nennt das »Polemik gegen die Sozialdemokraten«!!

Das verstehe, wer will! Wenn das ein Polemiker sein soll, was ist dann ein bloßer Kläffer?!

Zu den oben angeführten Ausführungen des Herrn Michailowski muß noch vermerkt werden, daß er die Ansichten der Sozialdemokraten in der Weise darlegt, als werde »Rußland seine eigene kapitalistische Produktion ›entwickeln‹«. Nach der Meinung dieses Philosophen besitzt Rußland offenbar keine »eigene« kapitalistische Produktion. Der Verfasser scheint die Auffassung zu teilen, derzufolge sich der russische Kapitalismus auf die 1,5 Millionen Arbeiter beschränkt. Wir werden dieser kindischen Idee unserer »Volksfreunde«, die die gesamte übrige Ausbeutung der freien Arbeit unbekannt wohin verweisen, noch weiter unten begegnen.

»Rußland wird seine eigene kapitalistische Produktion mit allen ihren inneren Widersprüchen entwickeln, währenddessen der von der Scholle losgerissene Bauer zum Proletarier werden wird.«

Je tiefer in den Wald, desto mehr Holz! Rußland kennt somit keine »inneren Widersprüche«, d. h. geradeheraus gesprochen, keine Ausbeutung der Volksmasse durch eine Handvoll Kapitalisten, keine Ruinierung der gewaltigen Mehrheit der Bevölkerung und keine Bereicherung einer Handvoll Personen? Der Bauer soll wohl erst von der Scholle losgerissen werden? Worin besteht denn aber die ganze Geschichte Rußlands nach der Reform sonst als in einer in dieser Intensität nirgends gesehenen Massenenteignung der Bauernschaft? Es gehört reichlich viel Mut dazu, derlei Dinge offen zu verkünden. Und Herr Michailowski verfügt über diesen Mut:

»Marx hatte es mit einem fertigen Proletariat und einem fertigen Kapitalismus zu tun, wir dagegen müssen sie uns erst schaffen.«

Rußland muß sein Proletariat erst noch schaffen?! In Rußland, in dem allein man ein dermaßen trostloses Elend der Massen, eine dermaßen dreiste Ausbeutung des Werktätigen finden kann, daß man es (und mit Recht) in der Lage seiner armen Volksschichten mit England verglichen hat; in Rußland, wo das Hungern von Millionenmassen des Volkes bei z. B. gleichzeitig immer zunehmendem Getreideexport eine ständige Erscheinung ist – in Rußland gibt es kein Proletariat!!

Ich glaube, für diese klassischen Worte sollte man Herrn Michailowski noch bei Lebzeiten ein Denkmal errichten!

(Aus: A.W. Bd. 11 S. 322–336)

Die Entwicklung des Kapitalismus in Rußland

Der Prozeß der Bildung des inneren Marktes für die Großindustrie

Vorwort zur ersten Ausgabe

In der vorliegenden Arbeit hat sich der Verfasser die Aufgabe gestellt, die Frage zu untersuchen: Wie gestaltet sich der innere Markt für den russischen Kapitalismus? Diese Frage haben bekanntlich die Hauptverfechter der Narodniki-Ideen (allen voran die Herren W. W. und N.-on) schon längst aufgeworfen, und es wird unsere Aufgabe sein, diese Anschauungen einer Kritik zu unterziehen. Wir hielten es für unmöglich, diese Kritik auf die Untersuchung der Fehler und Unrichtigkeiten in den Anschauungen unserer Gegner zu beschränken; zur Beantwortung der gestellten Frage schien uns die bloße Anführung der Tatsachen, die für die Bildung und das Wachsen des inneren Marktes sprechen, ungenügend, denn man könnte einwenden, daß diese Tatsachen willkürlich herausgegriffen seien und daß Tatsachen, die ihnen widersprechen, übergangen seien. Uns erschien es erforderlich, den ganzen Prozeß der Entwicklung des russischen Kapitalismus zu überprüfen und seine Darstellung zu versuchen. Es liegt auf der Hand, daß ein einzelner eine so umfassende Aufgabe nicht bewältigen kann, wenn er sich nicht eine ganze Reihe von Beschränkungen auferlegt. Wir werden erstens, wie schon aus dem Untertitel ersichtlich ist, die Entwicklung des Kapitalismus in Rußland lediglich in Hinsicht auf den inneren Markt betrachten und dabei die Frage des äußeren Marktes und die Tatsachen des Außenhandels beiseite lassen. Zweitens werden wir uns auf die Epoche nach der Reform beschränken. Drittens benutzen wir hauptsächlich und fast ausschließlich Tatsachenmaterial aus den inneren, rein russischen Gouvernements. Viertens beschränken wir uns ganz auf die ökonomische Seite des Prozesses. Aber auch nach allen diesen Einschränkungen bleibt der Gegenstand äußerst umfangreich. Der Verfasser verhehlt sich keineswegs die Schwierigkeiten und sogar Gefahren, die die Wahl eines so umfassenden Themas birgt, doch schien es ihm für die Klärung der Frage des inneren Marktes für den russischen Kapitalismus unbedingt notwendig, diesen auf allen volkswirtschaftlichen Gebieten auftretenden Prozeß im Zusammenhang und in der wechselseitigen Abhängigkeit seiner verschiedenen Seiten zu zeigen. Wir können darum nur die Grundzüge des Prozesses untersuchen und müssen weiteren Forschungen eine mehr ins Einzelne gehende Untersuchung überlassen.

Der Plan unserer Arbeit ist folgender. Im ersten Kapitel untersuchen wir, so kurz wie möglich, die hauptsächlichen theoretischen Grundsätze der abstrakten politischen Ökonomie zur Frage des inneren Marktes für den Kapitalismus. Das dient gleichsam als Einführung in den übrigen, die Tatsachen behandelnden Teil des Werkes und befreit uns von der Notwendigkeit, später in zahlreichen Fällen auf die Theorie zurückzugreifen. In den drei folgenden Kapiteln werden wir uns bemühen, die kapitalistische Entwicklung der russischen Landwirtschaft nach der Reform zu schildern, und zwar behandeln wir: im zweiten Kapitel die Erhebungen der Semstwo-Statistik über die Zersetzung der Bauernschaft, im dritten die Angaben über den Prozeß der Umgestaltung der Gutswirtschaft, über die Ablösung der Fronwirtschaft durch die kapitalistische Wirtschaft, und im vierten die Angaben über die Formen, unter denen sich die Bildung der für den Markt produzierenden und kapitalistischen Landwirtschaft vollzieht. Drei weitere Kapitel werden den Formen und Entwicklungsstufen unseres industriellen Kapitalismus gewidmet sein: im fünften Kapitel untersuchen wir die ersten Stadien des Kapitalismus in der Industrie, und zwar in der *bäuerlichen Kleinindustrie (der sogenannten Kustarindustrie)*; im sechsten Kapitel untersuchen wir das Material über die kapitalistische Manufaktur und die kapitalistische Heimarbeit; im siebenten Kapitel das Material über die Entwicklung der maschinellen Großindustrie. Im letzten, achten, Kapitel machen wir den Versuch, den Zusammenhang zwischen den verschiedenen, gesondert behandelten Seiten des Prozesses aufzudecken und ein Gesamtbild des Prozesses zu geben.

Schlußfolgerungen aus dem ersten Kapitel

Fassen wir jetzt die oben untersuchten theoretischen Feststellungen, die mit der Frage des inneren Marktes in unmittelbarer Beziehung stehen, kurz zusammen.

1. Als der grundlegende Prozeß der Bildung des inneren Marktes (d. h. der Entwicklung der Warenproduktion und des Kapitalismus) erscheint die gesellschaftliche Arbeitsteilung. Sie besteht darin, daß die verschiedenen Arten der Rohstoffverarbeitung (und die verschiedenen Operationen bei dieser Verarbeitung) sich nacheinander von der Landwirtschaft loslösen und daß sich selbständige Industriezweige bilden, die ihre Produkte (jetzt bereits *Waren)* gegen Produkte der Landwirtschaft austauschen. Damit wird die Landwirtschaft selbst zu einer Industrie, (d. h. zur Warenproduzentin), und es vollzieht sich in ihr derselbe Spezialisierungsprozeß.

2. Eine unmittelbare Folgerung aus dem vorhergehenden Satze ist das in jeder sich entwickelnden, warenproduzierenden und um so mehr in der kapitalistischen Wirtschaft geltende Gesetz, daß die industrielle (d. h. nichtlandwirtschaftliche) Bevölkerung schneller als die landwirtschaftliche zunimmt und daß immer mehr Menschen von der Landwirtschaft zur verarbeitenden Industrie herübergezogen werden.

3. Die Freisetzung des unmittelbaren Produzenten von den Produktionsmitteln, d. h. seine Enteignung, die den Übergang von der einfachen zur kapitalistischen Warenproduktion kennzeichnet (und die notwendige Voraussetzung dieses Überganges ist), *schafft* den inneren Markt. Der Prozeß dieser *Entstehung* des inneren Marktes vollzieht sich von zwei Seiten: einmal verwandeln sich die *Produktionsmittel,* von denen die Kleinproduzenten »freigesetzt« werden, in den Händen ihres neuen Besitzers in Kapital, dienen zur Produktion von Waren und werden so selbst zur Ware. Auf diese Weise erfordert auch die einfache Reproduktion dieser Produktionsmittel jetzt bereits ihren Kauf (früher wurden diese Produktionsmittel zum größten Teil in ihrer Naturalform reproduziert und teilweise im Hause herge-

stellt), d. h. es bildet sich ein Markt für Produktionsmittel, und damit wird auch das Produkt, das jetzt mit diesen Produktionsmitteln erzeugt wird, zur Ware. Auf der anderen Seite werden die *Subsistenzmittel* dieser Kleinproduzenten zu stofflichen Elementen des variablen Kapitals, d. h. der Geldsumme, die von den Unternehmern (einerlei, ob von Landwirten, Lieferanten, Holzhändlern, Fabrikanten usw.), für die Anwerbung von Arbeitern ausgezahlt wird. So verwandeln sich auch diese Subsistenzmittel jetzt in Ware, schaffen als den inneren Markt für die Konsumtionsmittel.

4. Die Realisierung des Produkts in der kapitalistischen Gesellschaft (und folglich auch die Realisierung des Mehrwerts) läßt sich nicht erklären ohne die Einsicht, daß 1. das gesellschaftliche Produkt, ebenso wie das individuelle, dem Werte nach in drei Teile und nicht in zwei Teile zerfällt (in konstantes Kapital + variables Kapital + Mehrwert, und nicht nur in variables Kapital + Mehrwert, wie Adam Smith und die ganze folgende politische Ökonomie über Marx lehrte) und daß es zweitens nach seiner Naturalform in zwei große Abteilungen eingeteilt werden muß: die Produktionsmittel (die in der Produktion konsumiert werden) und die Konsumtionsmittel (die individuell konsumiert werden). Durch Aufstellung dieser fundamentalen theoretischen Sätze konnte Marx den Prozeß der Realisierung des Produktes im allgemeinen und des Mehrwertes im besonderen bei kapitalistischer Produktion vollständig aufklären und die völlige Unrichtigkeit der Hereinziehung des äußeren Marktes in die Realisierungsfrage aufdecken.

5. Die Marxsche Realisierungstheorie brachte auch Licht in die Frage des nationalen Konsums und Einkommens.

Aus dem oben Gesagten geht von selbst hervor, daß die Frage des inneren Marktes als selbständige, von der Frage der Entwicklungsstufe des Kapitalismus unabhängige Frage überhaupt nicht existiert. Darum stellt auch die Marxsche Theorie nie und nirgends diese Frage gesondert. Der innere Markt tritt in Erscheinung, wenn die Warenwirtschaft in Erscheinung tritt; er wird durch die Entwicklung dieser Warenwirtschaft geschaffen, und die Höhe seiner Entwicklung wird durch den Grad der gesellschaftlichen Arbeitsteilung bestimmt; er erweitert sich mit der Übertragung der Warenwirtschaft von den Produkten auf die Arbeitskraft, und nur in dem Maße, wie die Arbeitskraft zur Ware wird, erfaßt der Kapitalismus die gesamte Produktion des Landes, wobei er sich hauptsächlich auf dem Gebiet der Produktionsmittel entwickelt, die in der kapitalistischen Gesellschaft einen Platz von ständig steigender Bedeutung einnehmen. Der »innere Markt« für den Kapitalismus wird durch den sich entwickelnden Kapitalismus selbst geschaffen, der die gesellschaftliche Arbeitsteilung vertieft und die unmittelbaren Produzenten in Kapitalisten und Arbeiter scheidet. Die Entwicklungsstufe des inneren Marktes bezeichnet die Stufe der kapitalistischen Entwicklung eines Landes. Es ist unrichtig, die Frage der Grenzen des inneren Marktes (wie es die Narodniki-Ökonomen tun) getrennt von der Frage der Entwicklungsstufe des Kapitalismus zu stellen.

Darum läuft auch die Frage, wie sich der innere Markt für den russischen Kapitalismus bildet, auf die Frage hinaus: Wie und in welcher Richtung entwickeln sich die verschiedenen Zweige der russischen Volkswirtschaft? Worin bestehen der Zusammenhang und die gegenseitige Abhängigkeit zwischen diesen verschiedenen Zweigen?

Die folgenden Kapitel werden der Untersuchung des Materials gewidmet sein, das die Antwort auf diese Fragen enthält.

(Aus: A.W. Bd. 1 S. 81–85)

Schlußfolgerung über die Bedeutung des Kapitalismus in der russischen Landwirtschaft

In den Kapiteln II bis IV haben wir die Frage des Kapitalismus in der russischen Landwirtschaft von zwei Seiten betrachtet. Zunächst haben wir die Struktur der sozialökonomischen Verhältnisse untersucht, die sich in der Bauern-

und Gutswirtschaft nach der Reform herausgebildet hat. Es zeigte sich, daß die Bauernschaft mit außerordentlicher Schnelligkeit in die zahlenmäßig unbedeutende, aber ihrer wirtschaftlichen Lage nach starke Dorfbourgeoisie und in Dorfproletariat zerfällt. Untrennbar verbunden ist mit dieser »Entbauerung« der Übergang der Grundbesitzer von der Abarbeit zum kapitalistischen Wirtschaftssystem. Wir bebetrachteten dann denselben Prozeß von der anderen Seite; zum Ausgangspunkt nahmen wir die Form der Umwandlung der Landwirtschaft in eine Warenproduktion und untersuchten dann die sozialökonomischen Verhältnisse, die jede der wichtigeren Formen der für den Markt produzierenden Landwirtschaft charakterisieren. Es zeigte sich, daß sich in der bäuerlichen und in der Wirtschaft der Grundherren der gleiche Prozeß wie ein roter Faden durch alle mannigfaltigsten Verhältnisse hindurchzieht.

Zu welchen Schlußfolgerungen führt uns das bisher untersuchte Material?

1. Grundlegend für die Entwicklung der Landwirtschaft nach der Reform ist die Tatsache, daß sie immer mehr und mehr den Charakter einer Produktion für den Markt und des Unternehmertums annimmt. In der Wirtschaftsführung des privaten Grundbesitzes ist dies so offenkundig, daß keinerlei weitere Erläuterung erforderlich ist. In der bäuerlichen Wirtschaft ist diese Erscheinung schwieriger festzustellen, und zwar erstens deshalb, weil die Anwendung von Lohnarbeit nicht zu den unbedingten Merkmalen der ländlichen Kleinbourgeoisie gehört. Wie schon früher dargelegt, gehört zu dieser Kategorie jeder kleine Warenproduzent, der – innerhalb einer allgemeinen Wirtschaftsordnung, die auf den im II. Kapitel untersuchten Widersprüchen beruht – seine Ausgaben aus dem Ertrag eigener Wirtschaft deckt. Zweitens ist der ländliche Kleinbürger (in Rußland ebenso wie in den anderen kapitalistischen Ländern) durch eine Reihe von Übergangsstufen mit dem »Parzellenbauern« und mit dem Landproletarier, dem ein Stückchen Land zugeteilt ist, verbunden. Daraus ergibt sich eine der Ursachen der Zählebigkeit jener Theorien, die innerhalb der »Bauern-

schaft« keine Landbourgeoisie und kein Landproletariat unterscheiden.

2. Gemäß der besonderen Natur der Landwirtschaft geht ihre Umwandlung in Warenproduktion einen besonderen, von dem der Industrie abweichenden Weg. Die verarbeitende Industrie zerfällt in einzelne, völlig selbständige Zweige, die sich ausschließlich der Herstellung eines Produktes oder auch Teilproduktes widmen. Die gewerblich betriebene Landwirtschaft jedoch zerfällt nicht in völlig getrennte Zweige, sondern spezialisiert sich nur auf die Erzeugung dieses oder jenes Marktproduktes, wobei die übrigen Zweige der Landwirtschaft diesem Hauptprodukt (d.h. dem Marktprodukt) untergeordnet werden. Deswegen zeichnet sich die Markt-Landwirtschaft durch eine gewaltige Mannigfaltigkeit ihrer Formen aus, die nicht nur in verschiedenen Gegenden, sondern auch in verschiedenen Wirtschaften variieren. Daher darf man sich bei der Untersuchung der Frage der landwirtschaftlichen Marktproduktion keineswegs mit allgemeinen Angaben über die gesamte landwirtschaftliche Produktion begnügen.

3. Das Wachstum der für den Markt produzierenden Landwirtschaft schafft den inneren Markt für den Kapitalismus. Erstens veranlaßt die Spezialisierung der Landwirtschaft einen Tauschverkehr zwischen den verschiedenartigen Gebieten, Wirtschaftsbetrieben und Produktenarten der Landwirtschaft. Zweitens wächst mit der zunehmenden Einbeziehung der Landwirtschaft in den Warenverkehr die Nachfrage der Landbevölkerung nach Erzeugnissen der verarbeitenden Industrie, die dem persönlichen Konsum dienen; und drittens wächst gleichzeitig die Nachfrage nach Produktionsmitteln, da mit den veralteten »bäuerlichen« Gerätschaften, Baulichkeiten usw. weder im Kleinbetrieb noch im Großbetrieb die neue, für den Markt betriebene Landwirtschaft betrieben werden kann. Viertens endlich entsteht eine Nachfrage nach Arbeitskräften, da die Bildung einer ländlichen Kleinbourgeoisie sowie die Einführung des kapitalistischen Systems in der Gutswirtschaft auch die Entstehung eines Stammes von Landarbeitern und Tagelöhnern

voraussetzt. Nur durch die wachsende Produktion der Landwirtschaft für den Markt läßt sich die charakteristische Erweiterung des inneren Marktes für den Kapitalismus seit der Reform erklären (Entwicklung der kapitalistischen Landwirtschaft, Entwicklung der Fabrikindustrie überhaupt und des landwirtschaftlichen Maschinenbaus im besonderen, Entwicklung der sogenannten »landwirtschaftlichen Gewerbe«, d. h. der Lohnarbeit usw.).

4. Die Widersprüche, ohne die die kapitalistische Produktionsweise überhaupt nicht bestehen kann, erfahren unter der landwirtschaftlichen Bevölkerung durch den Kapitalismus eine außerordentliche Vertiefung und Verschärfung. Trotzdem ist der landwirtschaftliche Kapitalismus in Rußland, seiner geschichtlichen Bedeutung nach, eine große fortschrittliche Kraft. Erstens hat der Kapitalismus die Ackerbautreibenden aus »Lehnsherren« einerseits und aus patriarchalischen, abhängigen Bauern andererseits in ebensolche *Gewerbetreibende* verwandelt, wie es alle übrigen Unternehmer in der heutigen Gesellschaft sind. Die vorkapitalistische Landwirtschaft Rußlands war eine Herrensache, ein herrschaftlicher Zeitvertreib für die einen, ein Zwang, eine Fron für die andern und mußte darum in jahrhundertelanger Erstarrung, in völliger Abgeschlossenheit von allem dem verharren, was jenseits der Dorfgrenzen in der Welt vorging. Eine lebendige Illustration hierzu ist das System der Abarbeit, dieses Überbleibsel der Vergangenheit in der heutigen Wirtschaft. Der Kapitalismus hat als erster die ständische Grundlage des Landbesitzes zerstört, indem er Grund und Boden in Ware verwandelte. Das Produkt des Landwirts gelangte zum Verkauf, wurde der gesellschaftlichen Preisbestimmung unterworfen, zuerst auf dem lokalen Markt, dann auf dem nationalen Markt und schließlich auf dem Weltmarkt, womit die frühere Abgeschlossenheit des primitiven Ackerbauern von der ganzen übrigen Welt endgültig überwunden wurde. Ob er wollte oder nicht, der Landwirt mußte bei Strafe des Untergangs der Gesamtheit der sozialen Verhältnisse seines eigenen Landes und der übrigen Weltmarkthändler Rechnung tragen. Selbst das Sy-

stem der Abarbeit – das ehedem den Oblomows ein gesichertes risikoloses Einkommen ohne Kapitalinvestierung, ohne jede Veränderung der alten Produktionsschablone gewährleistete – vermag sie jetzt nicht mehr vor der Konkurrenz des amerikanischen Farmers zu schützen. Das ist der Grund, warum von dem Rußland nach der Reform das gleiche gilt, was ein halbes Jahrhundert früher über Westeuropa gesagt worden ist, nämlich, daß der landwirtschaftliche Kapitalismus »die bewegende Kraft gewesen ist, die das Idyll in die Bewegung der Geschichte hineingeworfen hat«.

Zweitens hat erst der landwirtschaftliche Kapitalismus dem jahrhundertelangen Stillstand unserer Landwirtschaft ein Ende bereitet, der Umgestaltung ihrer Technik, den Produktivkräften der gesellschaftlichen Arbeit einen gewaltigen Anstoß gegeben. Einige Jahrzehnte kapitalistischer »Zerstörung« haben in dieser Hinsicht mehr geleistet als ganze Jahrhunderte der vorausgegangenen Geschichte. An die Stelle der einförmigen, gewohnheitsmäßigen Naturalwirtschaft trat die Vielgestaltigkeit der Formen der für den Markt produzierenden Landwirtschaft, primitive landwirtschaftliche Gerätschaften machten vervollkommneten Geräten und Maschinen Platz; die starren, veralteten Feldbausysteme wurden durch neue Kultivierungsmethoden ersetzt. Der Prozeß aller dieser Veränderungen ist mit der oben aufgezeigten landwirtschaftlichen Spezialisierung untrennbar verbunden. Der Kapitalismus kann sich seiner Natur nach in der Landwirtschaft (ebenso wie in der Industrie) nicht gleichmäßig entwickeln: an einem Orte (in einem Lande, in einem Gebiet, in einem Wirtschaftszweige) fördert er die eine Seite der Landwirtschaft, anderswo eine andere usw. Unter gleichzeitiger Umbildung der Technik entreißt er bald diese, bald jene landwirtschaftliche Operation der Abarbeit und der patriarchalischen Bauernwirtschaft. Da dieser ganze Prozeß von der launenhaften, auch dem Produzenten häufig unbekannten Marktnachfrage abhängig ist, wird die kapitalistische Landwirtschaft in jedem einzelnen Fall (nicht selten in jedem einzelnen Gebiet, manchmal sogar in jedem einzelnen Lande) im Vergleich mit früher einseitiger, die Landwirtschaft als Ganzes aber unvergleichlich vielseitiger und rationeller, als die alte patriarchalische Wirtschaft war. Die Bildung besonderer Zweige der für den Markt produzierenden Landwirtschaft schafft die Möglichkeit und die Unvermeidbarkeit kapitalistischer Krisen und kapitalistischer Überproduktion in der Landwirtschaft; aber diese Krisen geben (ebenso wie alle allgemeinen kapitalistischen Krisen) der Weltproduktion und der Vergesellschaftung der Arbeit nur einen noch stärkeren Antrieb.

Drittens hat erst der Kapitalismus in Rußland den landwirtschaftlichen Großbetrieb auf Grund der Verwendung von Maschinen und der breitangelegten Kooperation der Arbeiter eingeführt. In der ganzen vorkapitalistischen Epoche war die landwirtschaftliche Produktion von einem unveränderlichen, jämmerlich geringfügigen Umfang, ganz gleich, ob nun der Bauer für sich selbst oder für den Gutsherrn arbeitete, und keinerlei »gemeinschaftliches« Eigentum an Grund und Boden besaß die Kraft, diese ungeheure Zersplitterung der Produktion zu beseitigen. In untrennbarem Zusammenhange mit dieser Zersplitterung der Produktion stand auch die Zersplitterung der ackerbautreibenden Bevölkerung selbst. Gefesselt an ihren Landanteil, an ihre winzige »Dorfgemeinschaft«, waren sie sogar von den Bauern der Nachbargemeinden scharf getrennt durch die Zugehörigkeit zu verschiedenen ständischen Kategorien (ehemalige Gutsbauern, ehemalige Staatsbauern usw.), durch die Verschiedenartigkeit und die verschiedene Größe ihres Landbesitzes, durch die Verschiedenheit der Bedingungen, unter denen ihre Freilassung erfolgte (und diese Bedingungen waren häufig durch die bloßen persönlichen Eigenschaften und Launen der einzelnen Gutsherren diktiert). Erst der Kapitalismus hat diese rein mittelalterlichen Schranken niedergerissen, und er tat gut daran. Schon heute haben alle diese Unterschiede zwischen den Bauerngruppen oder den durch die Größe des Anteillandes bestimmten Kategorien ihre Bedeutung gegenüber den ökonomischen Unterschieden verloren, die sich innerhalb jeder Gruppe, jeder Kategorie und jeder Dorfgemeinschaft entwickelt haben. Der Kapitalismus zerstört die lokale Abgeschlossenheit und Begrenztheit, beseitigt die mittelalterliche Zersplitterung der Ackerbauern und ersetzt sie durch eine allgemeine, die ganze Nation erfassende Teilung in Klassen, die im gesamten kapitalistischen Wirtschaftssystem verschiedene Plätze einnehmen.[6] Wenn ehedem die Produktionsverhältnisse selbst die Bindung der großen Bauernmasse an den Wohnort bedingten, so mußte die Entstehung verschiedener Formen und verschiedener Bezirke der warenproduzierenden und kapitalistischen Landwirtschaft Wanderbewegungen hervorrufen, die riesige Bevölkerungsmassen durch das ganze Land treiben; und wir haben schon darauf hingewiesen, daß die Bevölkerung erst durch diese Beweglichkeit zu Selbstbewußtsein und Selbstbetätigung gelangt.

Viertens endlich hat erst der landwirtschaftliche Kapitalismus in Rußland das System der Abarbeit und die persönliche Abhängigkeit des Bauern gründlich untergraben. Die Abarbeit als Wirtschaftssystem beherrschte unsere Landwirtschaft ohne jede Einschränkung seit den Zeiten der Russkaja Prawda[7] bis zur Gegenwart, wo die Bauern mit eigenem Inventar den Acker der privaten Grundeigentümer bestellen; eine notwendige Begleiterscheinung dieses Systems waren die Dumpfheit und Verwilderung des Bauern, der wenn nicht durch die Hörigkeit, so doch durch den »halbfreien« Charakter seiner Arbeit niedergedrückt wurde; das System der Abarbeit ist undenkbar ohne eine gewisse Beschränkung der bürgerlichen Rechte der Bauern (z. B. Zu-

---

6 „Das Bedürfnis nach Zusammenschluß, nach Vereinigung ist in der kapitalistischen Gesellschaft nicht schwächer, sondern im Gegenteil unvergleichlich stärker geworden. Doch wäre es unsinnig, zur Befriedigung dieses Bedürfnisses der neuen Gesellschaft alte Formen anwenden zu wollen. Diese neue Gesellschaft fordert erstens schon, daß der Zusammenschluß weder lokal noch ständisch, noch nach sonstigen Untergruppen begrenzt sei, und zweitens, daß als Basis des Zusammenschlusses die Verschiedenheit der Stellung und der Interessen diene, die durch den Kapitalismus und die Zersetzung der Bauernschaft geschaffen wurde" (W. Iljin, a.a.O., 91, Fußnote [s. „Sämtl. Werke", Bd. II: „Zur Charakteristik des ökonomischen Romantismus", Kap. II, § 5: „Der reaktionäre Charakter des Romantismus". D. Red.]).

7 „Russkaja Prawda", „Russische Wahrheit", ein alter russischer Rechtskodex, der die Eigentumsverhältnisse des 11.–13. Jahrhunderts widerspiegelt. D. Red.

gehörigkeit zum unteren Stande, Körperstrafe, Strafversetzung zu öffentlichen Arbeiten, Fesselung an die Scholle usw.). Die Ersetzung der Abarbeit durch die freie Lohnarbeit ist darum ein großes geschichtliches Verdienst des russischen landwirtschaftlichen Kapitalismus.[8] Der russische landwirtschaftliche Kapitalismus vergesellschaftet die Agrarproduktion; darin können wir zusammenfassen, was wir bisher über seine fortschrittliche historische Bedeutung ausgeführt haben. In der Tat: wenn sich die Landwirtschaft aus einem Privilegium des obersten und einer Fron des untersten Standes in einen gewöhnlichen Gewerbebetrieb verwandelt; wenn das Arbeitsprodukt des Landwirts auf dem Markt gesellschaftlich erfaßt wird; wenn an die Stelle der veralteten, einförmigen Landwirtschaft die technisch umgestalteten, mannigfaltigen Formen landwirtschaftlicher Marktproduktion treten; wenn die örtliche Abgeschlossenheit und die Zersplitterung der kleinen Landwirtschaft aufgehoben werden; wenn die mannigfachen Formen der Knechtung und der persönlichen Abhängigkeit durch unpersönliche Verträge über Kauf und Verkauf der Arbeitskraft verdrängt werden – so sind das alles Kettenglieder des einen Prozesses, der die landwirtschaftliche Arbeit vergesellschaftet und den Widerspruch zwischen den anarchischen Marktschwankungen, zwischen dem individuellen Charakter der einzelnen landwirtschaftlichen Unternehmungen und dem kollektiven Charakter der kapitalistischen Großlandwirtschaft immer weiter verschärft.

Wenn wir so (das sei hier nochmals wiederholt) die fortschrittliche historische Rolle des Kapitalismus in der russischen Landwirtschaft unterstreichen, so vergessen wir dar-

8 Unter N.-ons zahllosen Klagen über die fortschreitende kapitalistische Zerstörung verdient die folgende besondere Beachtung: „... Weder das feudale Chaos noch die Tatarenherrschaft haben an den Formen unseres Wirtschaftslebens gerüttelt" („Skizzen", S. 284); erst der Kapitalismus hat die „Geringschätzung der eigenen historischen Vergangenheit" gebracht (S. 283). Wahrlich goldene Worte! Gerade deshalb ist ja der Kapitalismus ein fortschrittliches Element in der russischen Landwirtschaft, weil er die „Geringschätzung" der „uralten", „durch Jahrhunderte geheiligten" Formen der Abarbeit und der Schuldknechtschaft gebracht, die kein politischer Sturm, weder das „feudale Chaos" noch die „Tatarenherrschaft", brechen konnte.

über keineswegs sowohl den historischen Übergangscharakter dieser Wirtschaftsordnung als auch die ihr anhaftenden tiefen gesellschaftlichen Widersprüche. Im Gegenteil, wir haben schon gezeigt, daß gerade die Narodniki, die die kapitalistische »Zerstörung« nur zu beklagen wissen, diese Widersprüche in einer höchst oberflächlichen Weise beurteilen, wenn sie die Zersetzung der Bauernschaft vertuschen, den kapitalistischen Charakter der Verwendung von Maschinen in unserer Landwirtschaft ignorieren und hinter Ausdrücken wie »landwirtschaftliche Gewerbe« oder »Verdienst« die Bildung einer Klasse landwirtschaftlicher Lohnarbeiter verbergen.

(Aus: A.W. Bd. 1 S. 152–161)

Die »Mission« des Kapitalismus

Zum Schluß haben wir noch die Frage zu erledigen, die in der Literatur als die Frage der »Mission« des Kapitalismus, d. h. der geschichtlichen Rolle des Kapitalismus in der wirtschaftlichen Entwicklung Rußlands bekannt ist. Die Anerkennung des fortschrittlichen Charakters dieser Rolle ist (wie wir auf jeder Stufe unserer sachlichen Darlegungen eingehend zu zeigen versucht haben) mit der völligen Erkenntnis der negativen und Schattenseiten des Kapitalismus, mit der völligen Erkenntnis der dem Kapitalismus unvermeidlich anhaftenden tiefen und allseitigen gesellschaftlichen Widersprüche, die den geschichtlichen Übergangscharakter dieses Wirtschaftssystems aufdecken, völlig vereinbar. Gerade die Narodniki, die sich nach Kräften bemühten, die Sache so darzustellen, als ob die Anerkennung der geschichtlichen Fortschrittlichkeit des Kapitalismus einer Apologetik, einer Verteidigung des Kapitalismus gleichkäme – gerade diese Narodniki lassen sich eine Unterschätzung (mitunter auch ein Verschweigen) der tiefsten Widersprüche des russischen Kapitalismus dadurch zuschulden kommen, daß sie die Zersetzung der Bauernschaft, den kapitalistischen

Charakter unserer landwirtschaftlichen Entwicklung, die Bildung einer ländlichen und industriellen Lohnarbeiterklasse mit Landanteil verschleiern und die volle Herrschaft der primitivsten und übelsten Formen des Kapitalismus in der hochgerühmten »Hausindustrie« bemänteln.

Die fortschrittliche historische Rolle des Kapitalismus kann man in zwei kurzen Sätzen zusammenfassen: Steigerung der Produktivkräfte der gesellschaftlichen Arbeit und ihre Vergesellschaftung. Aber diese beiden Dinge treten auf den verschiedenen Gebieten in den verschiedensten Formen in Erscheinung.

Die Entwicklung der Produktivkräfte der gesellschaftlichen Arbeit ist in voller Ausgeprägtheit erst in der Epoche der maschinellen Großindustrie zu beobachten. Bis zu diesem höchsten Stadium des Kapitalismus haben sich noch Handbetrieb und primitive Technik erhalten, die ohne jeden Plan und außerordentlich langsam fortschritt. Die Zeit nach der Reform unterscheidet sich in dieser Beziehung scharf von den früheren Abschnitten der russischen Geschichte. Das Rußland des Holzpfluges und des Dreschflegels, der Wassermühle und des Handwebstuhls verwandelte sich rasch in das Rußland des Eisenpfluges und der Dreschmaschine, der Dampfmühle und des mechanischen Webstuhls. Es gibt nicht einen Zweig der der kapitalistischen Produktion unterworfenen Volkswirtschaft, in dem nicht eine ebenso vollständige Umbildung der Technik zu beobachten wäre. Der Prozeß dieser Umgestaltung kann sich bei der ganzen Natur des Kapitalismus nur unter einer Reihe von Ungleichmäßigkeiten und Unproportionalitäten vollziehen: Perioden der Blüte wechseln mit Krisenperioden ab, die Entwicklung des einen Industriezweiges führt zum Verfall eines anderen Industriezweiges, der Fortschritt der Landwirtschaft ergreift in diesem Bezirk die eine, in jenem Bezirk die andere Seite der Landwirtschaft, das Wachstum von Handel und Industrie überholt das Wachstum der Landwirtschaft usw. Eine ganze Reihe von Fehlern der Narodniki-Schriftsteller ergibt sich aus ihren Versuchen, den Beweis zu erbringen, daß eine solche unproportionale, sprunghafte, risikovolle Entwicklung überhaupt keine Entwicklung sei.

Eine andere Eigentümlichkeit der Entwicklung der gesellschaftlichen Produktivkräfte durch den Kapitalismus ist die, daß die Zunahme der Produktionsmittel (der produktiven Konsumtion) die Zunahme der individuellen Konsumtion weit überholt: wir haben mehr als einmal gezeigt, wie dieser Vorgang sowohl in der Landwirtschaft als auch in der Industrie zum Ausdruck kommt. Diese Eigentümlichkeit ergibt sich aus den allgemeinen Gesetzen der Realisierung des Produkts in der kapitalistischen Gesellschaft und befindet sich in völliger Übereinstimmung mit der antagonistischen Natur dieser Gesellschaft.

Die Vergesellschaftung der Arbeit durch den Kapitalismus tritt in den folgenden Prozessen in Erscheinung. Erstens beseitigt schon das Anwachsen der Warenproduktion die der Naturalwirtschaft eigentümliche Zersplitterung der kleinen wirtschaftlichen Einheiten und vereinigt die kleinen örtlichen Märkte zum gewaltigen nationalen Markt (und späterhin zum Weltmarkt). Produktion für den eigenen Bedarf verwandelt sich in Produktion für die ganze Gesellschaft, und je höher der Kapitalismus entwickelt ist, desto stärker wird der Widerspruch zwischen diesem gesellschaftlichen Charakter der Produktion und dem individuellen Charakter der Aneignung. Zweitens setzt der Kapitalismus an die Stelle der zersplitterten Produktion eine bis dahin unerhörte Konzentration der Produktion sowohl in der Landwirtschaft als auch in der Industrie. Es ist dies die am grellsten und deutlichsten hervortretende, aber keineswegs einzige Auswirkung der hier betrachteten Eigentümlichkeit des Kapitalismus. Drittens verdrängt der Kapitalismus jene Formen der persönlichen Abhängigkeit, die ein untrennbarer Bestandteil der vorangegangenen Wirtschaftssysteme waren. In Rußland zeigt sich die Fortschrittlichkeit des Kapitalismus in dieser Beziehung besonders scharf, da die persönliche Abhängigkeit des Produzenten bei uns nicht nur in der Landwirtschaft, sondern auch in der verarbeitenden Industrie (»Fabriken« mit Leibeigenen), in der Bergbauindustrie, im Fischereiwesen usw. bestand (und teilweise auch jetzt noch besteht). Im Vergleich mit der Arbeit des abhängigen oder in Schuldknechtschaft steckenden Bauern stellt die Arbeit des freien Lohnarbeiters an und für sich auf allen Gebieten der Volkswirtschaft eine fortschrittliche Erscheinung dar. Viertens schafft der Kapitalismus mit Notwendigkeit eine Beweglichkeit der Bevölkerung, die die früheren gesellschaftlichen Wirtschaftssysteme nicht erheischten und unter ihrer Herrschaft in nennenswertem Umfang auch unmöglich gewesen wäre. Fünftens vermindert der Kapitalismus ständig die in der Landwirtschaft beschäftigte Bevölkerung (in der Landwirtschaft herrschen immer die rückständigsten Formen der sozialökonomischen Verhältnisse), vermehrt er die Zahl der großen Industriezentren. Sechstens vergrößert die kapitalistische Gesellschaft das Bedürfnis der Bevölkerung nach Verbindung und Vereinigung und verleiht diesen Vereinigungen im Vergleich zu den Vereinigungen der früheren Zeiten einen besonderen Charakter. Die engen, örtlichen, ständischen Verbände der mittelalterlichen Gesellschaft sprengend, eine erbitterte Konkurrenz schaffend, spaltet der Kapitalismus gleichzeitig die ganze Gesellschaft in große Gruppen von Personen, die eine verschiedene Stellung in der Produktion einnehmen, und gibt einen gewaltigen Anstoß zur Vereinigung innerhalb jeder dieser Gruppen. Siebtens führen alle erwähnten Veränderungen der alten Wirtschaftsordnung durch den Kapitalismus unvermeidlich auch zu einer Veränderung des geistigen Antlitzes der Bevölkerung. Der sprunghafte Charakter der wirtschaftlichen Entwicklung, die schnelle Umbildung der Produktionsweisen und die gewaltige Konzentration der Produktion, die Zerstörung der verschiedensten Formen der persönlichen Abhängigkeit und der patriarchalischen Beziehungen, die Beweglichkeit der Bevölkerung, der Einfluß der großen Industriezentren usw. — alles das muß zu einer tiefgreifenden Veränderung auch des Charakters des Produzenten führen, und wir hatten bereits Gelegenheit, die entsprechenden Beobachtungen russischer Forscher mitzuteilen.

Wenden wir uns wieder der Narodniki-Ökonomie zu, mit deren Vertretern wir ständig zu polemisieren hatten, so können wir die Ursachen der zwischen ihnen und uns bestehenden Meinungsverschiedenheiten folgendermaßen zusammenfassen. Erstens: schon die Auffassung der Narodniki vom Entwicklungsgang gerade des russischen Kapitalismus und ebenso ihre Vorstellung von der Wirtschaftsordnung, die in Rußland dem Kapitalismus vorangegangen ist, können wir nicht anders denn als unbedingt falsch bezeichnen; besondere Wichtigkeit messen wir da von unserem Standpunkte der Tatsache bei, daß die Narodniki die kapitalistischen Widersprüche in der Struktur der bäuerlichen Wirtschaft (sowohl der landwirtschaftlichen als auch der gewerblichen) nicht beachten. Was nun weiter die Frage betrifft, ob das Entwicklungstempo des russischen Kapitalismus als langsam oder schnell zu bezeichnen ist, so hängt die Antwort davon ab, womit man diese Entwicklung vergleicht. Wenn man die vorkapitalistische Epoche in Rußland mit der kapitalistischen Epoche vergleicht (und gerade ein solcher Vergleich ist für eine richtige Beantwortung der Frage notwendig), so muß man die Entwicklung der Volkswirtschaft unter dem Kapitalismus als außerordentlich rasch bezeichnen. Wenn wir jedoch diese Schnelligkeit der Entwicklung mit der Schnelligkeit vergleichen, die bei dem modernen Stande der Technik und Kultur überhaupt möglich wäre, so müssen wir die Entwicklung des russischen Kapitalismus tatsächlich als langsam ansehen. Und sie kann nicht anders denn langsam sein, denn in keinem einzigen kapitalistischen Lande haben sich in solchem Überflusse veraltete Einrichtungen erhalten, die mit dem Kapitalismus unvereinbar sind, seine Entwicklung aufhalten und die Lage der Produzenten maßlos verschlechtern, die »zu gleicher Zeit unter dem Kapitalismus wie auch unter der ungenügenden Entwicklung des Kapitalismus leiden«. Endlich liegt die vielleicht tiefste Ursache unserer Meinungsverschiedenheiten mit den Narodniki in der Verschiedenheit der Grundauffassungen über die sozialökonomischen Vorgänge. Bei der Untersuchung dieser Vorgänge zieht der Narodnik gewöhnlich diese oder jene moralisierenden Schlüsse; er sieht in den verschiedenen an der Produktion beteiligten Personengruppen nicht die Schöpfer der einen oder der anderen Lebensformen; er stellt sich nicht die Aufgabe, die Gesamtheit der sozialökonomischen Beziehungen als Resultat der Wechselbeziehungen zwischen diesen Gruppen mit ihren verschiedenen Interessen und ihrer verschiedenen historischen Rolle darzustellen... Wenn es dem Schreiber dieser Zeilen geglückt sein sollte, einiges Material zur Klärung dieser Fragen beigetragen zu haben, so darf er seine Mühe nicht als vergeblich betrachten.

(Aus: A.W. Bd. 1 S. 241–247)

III. Abteilung

Lenins Theorie der »Partei neuen Typs« und seine Auseinandersetzung mit den Reformisten-Revisionisten in der internationalen Arbeiterbewegung

Lenins Parteitheorie ist das Kernstück seiner politischen Konzeption. Er hat sie zwar unter Anleihe bei Formulierungen Karl Kautskys formuliert, der nach dem Tode Engels' im Jahre 1895 als unumstrittener ideologischer Führer der internationalen marxistischen Arbeiterbewegung galt, aber seine Auffassung ist doch im wesentlichen ihm eigentümlich. Sie besteht in der These, daß nur eine straff organisierte Kaderpartei von Berufsrevolutionären imstande sei, die Arbeiterbewegung zu politischem Klassenbewußtsein und zu erfolgreicher revolutionärer Aktion zu bringen. Der Spontaneität der Arbeiterklasse traute Lenin nur ein »tradeunionistisches« (d. h. gewerkschaftliches) Bewußtsein zu. Aufgrund dieser Konzeption kam es 1903 auch zur Spaltung der SDAPR (Sozialistische Arbeiterpartei Rußlands) in einen »bolschewistischen« und einen »menschewistischen« Flügel. Lenin mit der Mehrheit (Bolschinstwo = Mehrheit) optierte für eine straff organisierte und zentralisierte Partei von (vorwiegend) Berufsrevolutionären; Martow und die Minderheit (Menschinstwo = Minderheit) trat für eine »offene« Partei ein, der sich Streikende, Studenten usw. anschließen konnten, wenn sie nur ihre Prinzipien anerkannten. Es muß aber betont werden, daß Lenin in der *Praxis*, als 1905/06 und 1917 russische Arbeiter spontan revolutionäres Bewußtsein und revolutionäre Organisationen (Räte, Sowjets) entwickelten, seine Theorie teilweise revidierte, während »dogmatische Leninisten« ihm Widerstand leisteten[1].

Die Leninsche Parteitheorie wurde seinerzeit aber nicht nur von Menschewiki kritisiert, sondern auch von der revolutionären Sozialistin Rosa Luxemburg[2].

Lenin behauptete, daß es einen notwendigen Zusammenhang zwischen »Opportunismus« und Reformismus in der Theorie und der Ablehnung seines zentralistischen Parteimodells gebe, ja er nannte diesen ablehnenden, demokratischen Standpunkt geradezu »Opportunismus in Organisationsfragen«. Diese Gleichung wies

Rosa Luxemburg u. a. durch Hinweis auf die straff zentralistisch organisierte deutsche Sozialdemokratie und den Gewerkschaftsbund zurück, die dennoch durchaus reformistisch geworden seien. Umgekehrt machte sie nach 1905 auf den revolutionären Elan gerade auch der *nichtorganisierten* Arbeiter in Polen und Rußland aufmerksam.

Man könnte im übrigen Lenin den Vorwurf des Opportunismus ohne weiteres zurückgeben. Die wirkliche Ursache für sein Konzept der elitären Kaderpartei war ja die *Schwäche* des Proletariats im zaristischen Rußland und die Notwendigkeit, eine ganze Anzahl höchst heterogener Gruppen von Gegnern des zaristischen Regimes für den revolutionären Kampf taktisch zusammenzufassen. Wenn man nun ein Konzept, das aufgrund derart *spezifischer* Bedingungen entstanden war, als allgemeingültig deklarierte, handelte man sicher »opportunistisch«. Unter Opportunismus verstehen Marxisten gewöhnlich die Verwechslung einer taktisch begründeten, momentanen Orientierung mit einer dauernden Strategie (z. B. aus im Augenblick notwendigen Reformen ein Endziel machen – bedeutet Reformismus-Opportunismus).

Die Probleme der Leninschen Parteitheorie sind aber vor allem deshalb so bedeutsam, weil nach dem Sieg der Oktoberrevolution das Aufbauprinzip der Leninschen »Partei neuen Typs«, der sogenannte »Demokratische Zentralismus« zum Strukturprinzip des Sowjetstaates gemacht wurde, während die fundamentaldemokratischen Räte faktisch immer bedeutungsloser wurden und ihr inneres demokratisches Leben abstarb. Es kann kaum geleugnet werden, daß Lenin in seinen letzten Lebensjahren diese Entwicklung selbst mit Unruhe beobachtete, aber er hat nicht mehr vermocht, sie aufzuhalten.

Womit beginnen?

Die Frage: »Was tun?« drängt sich in den letzten Jahren den russischen Sozialdemokraten mit besonderer Stärke auf. Es handelt sich dabei nicht um die Wahl des Weges (wie das zu Ende der achtziger und Anfang der neunziger Jahre der Fall war), sondern darum, welche praktischen Schritte zu unternehmen sind und wie wir sie auf dem uns bekannten Wege tun sollen. Es handelt sich um das System und den Plan der praktischen Tätigkeit. Und man muß anerkennen, daß diese für eine praktisch arbeitende Partei grundlegende Frage des Charakters und der Methoden des Kampfes bei uns immer noch ungelöst ist, noch immer ernste Meinungsverschiedenheiten hervorruft, die eine bedauerliche Unsicherheit und ein Schwanken im Denken offenbaren. Einerseits ist die »ökonomische« Richtung, die die Arbeit der politischen Organisation und Agitation beschneiden und einengen will, noch lange nicht tot. Anderseits erhebt nach wie vor stolz ihr Haupt die Richtung eines prinzipienlosen Eklektizismus, die sich jeder neuen »Strömung« anpaßt, die es nicht versteht, die Erfordernisse des Augenblicks von den Grundaufgaben und den ständigen Bedürfnissen der Bewegung in ihrer Gesamtheit zu unterscheiden. Bekanntlich hat sich diese Richtung in der Zeitung »Rabotscheje Djelo« ihr Nest gebaut. Ihre letzte »programmatische« Erklärung – ein hochtrabender Artikel unter dem hochtrabenden Titel »Ein historischer Wendepunkt« (Nummer 6 der »Blätter des ›Rabotscheje Djelo‹«) – bestätigt besonders anschaulich die eben gegebene Charakteristik. Gestern noch liebäugelte man mit dem »Ökonomismus«, empörte man sich über die entschiedene Verurteilung der »Rabotschaja Myssl«, »milderte« man die Plechanowsche Stellung der Frage des Kampfes gegen den Absolutismus – heute zitiert man bereits die Worte Liebknechts: »Wenn die Umstände sich in 24 Stunden ändern, so muß sich auch die Taktik in 24 Stunden ändern«, heute spricht man bereits von einer »starken Kampforganisation« zur direkten Attacke, zum Sturm auf den Absolutismus, von einer »umfassenden revolutionären politischen (wie energisch: sowohl revolutionären als auch politischen!) Agitation in der Masse«, von »unermüdlichen Aufrufen zu Straßenprotesten«, von der »Veranstaltung von Straßenkundgebungen« streng (sic!) politischen Charakters usw. usw.

Wir könnten freilich unsere Zufriedenheit darüber zum Ausdruck bringen, daß das »Rabotscheje Djelo« das von uns schon in der ersten Nummer der »Iskra« aufgestellte Programm zur Schaffung einer straff organisierten Partei, die auf die Eroberung nicht nur einzelner Zugeständnisse, sondern der Zwingburg des Absolutismus selbst gerichtet ist, sich so rasch angeeignet hat, aber das Fehlen eines jeden festen Standpunktes bei diesen Leuten ist imstande, einem das ganze Vergnügen zu verderben.

Auf Liebknecht beruft sich das »Rabotscheje Djelo« natürlich vergebens. Man kann in 24 Stunden die Taktik der Agitation in irgendeiner besonderen Frage ändern, z. B. die Taktik der Durchführung irgend eines Details der Parteiorganisation; aber in 24 Stunden, ja meinetwegen sogar in 24 Monaten seine Anschauung darüber zu ändern, ob eine Kampforganisation und eine politische Agitation in den Massen überhaupt, ob sie immer und unbedingt notwendig ist – das können nur Leute ohne jedes feste Prinzip. Es ist lächerlich, sich auf die Verschiedenheit der Verhältnisse, auf einen Wechsel der Zeiten zu berufen: an der Schaffung einer Kampforganisation zu arbeiten, politische Agitation zu treiben, ist eine Notwendigkeit in jeder beliebigen, auch der »eintönigsten, friedlichsten« Lage, auch in der Periode eines wie immer großen »Niedergangs des revolutionären Geistes«; mehr als das: gerade in einer solchen Lage und in solchen Perioden ist die genannte Arbeit besonders notwendig, denn in den Momenten der Ausbrüche und der Entladungen ist es schon zu spät, eine Organisation zu schaffen; sie muß bereitstehen, um auf einen Schlag ihre Tätigkeit entfalten zu können. »In 24 Stunden die Taktik ändern!« Um die Taktik zu ändern, muß man vor allem eine Taktik haben, wenn aber keine straffe, im politischen Kampf unter allen Verhältnissen und in allen Perioden erprobte Organisation vorhanden ist, dann kann auch keine Rede sein von jenem systematischen, durch feste Prinzipien erhellten und unbeirrt durchgeführten Tätigkeitsplan, der einzig und allein die Bezeichnung Taktik verdient. In der Tat, man überlege: jetzt sagt man bereits, daß der »historische Moment« unsere Partei vor eine »völlig neue« Frage stelle – die Frage des Terrors. Gestern war die Frage der politischen Organisation und Agitation »völlig neu« –

heute ist es die Frage des Terrors. Ist es nicht seltsam, zu hören, wie Leute, die in solchem Maße ihre Vergangenheit vergessen haben, über grundlegende Änderungen der Taktik diskutieren?

Glücklicherweise ist »Rabotscheje Djelo« im Unrecht. Die Frage des Terrors ist durchaus keine neue Frage, und wir brauchen nur an die feststehenden Ansichten der russischen Sozialdemokraten in dieser Frage zu erinnern.

Grundsätzlich haben wir den Terror nie abgelehnt und können wir ihn nicht ablehnen. Er ist eine der Kriegshandlungen, die in einem bestimmten Augenblick des Gefechts, bei einem bestimmten Zustand des Heeres und unter bestimmten Verhältnissen durchaus tauglich und sogar notwendig sein kann. Das Wesen der Sache aber besteht darin, daß der Terror gegenwärtig keineswegs als eine der Operationen einer kämpfenden Armee, die mit dem gesamten Kampfsystem eng verbunden und koordiniert ist, sondern als ein selbständiges und von jeder Armee unabhängiges Mittel des Einzelüberfalls in den Vordergrund geschoben wird. Ja, bei dem Fehlen einer zentralen Organisation und der Schwäche der örtlichen revolutionären Organisationen kann der Terror auch nichts anderes sein. Eben deshalb erklären wir entschieden, daß ein solches Kampfmittel unter den gegebenen Umständen unzeitgemäß und unzweckmäßig ist, daß es die aktivsten Kämpfer von ihrer wirklichen, für das Interesse der Gesamtbewegung wichtigsten Aufgabe ablenkt und nicht die Kräfte der Regierung, sondern die der Revolution desorganisiert. Man rufe sich die letzten Ereignisse ins Gedächtnis: wir sehen, wie die breiten Massen der städtischen Arbeiter und des »niederen Volkes« der Städte vor Kampflust brennen, es zeigt sich aber, daß die Revolutionäre nicht über einen Stab von Leitern und Organisatoren verfügen. Birgt unter solchen Bedingungen die Abwanderung der energischsten Revolutionäre zum Terror nicht die Gefahr einer Schwächung jener Streitkräfte in sich, auf die einzig und allein man ernstliche Hoffnungen setzen kann. Droht dies nicht, die Verbindung zu zerreißen zwischen den revolutionären Organisationen und jenen zersplitterten Massen der Unzufriedenen, Protestierenden und Kampfwilligen, deren Schwäche gerade in ihrer Zersplitterung besteht? In dieser Verbindung liegt aber die einzige Gewähr für unseren Erfolg. Wir sind weit entfernt von dem Gedanken, einzelnen heldenmütigen Taten jede Bedeutung abzusprechen, aber es ist unsere Pflicht, mit aller Energie davor zu warnen, sich am Terror zu berauschen, ihn als wichtigstes und hauptsächlichstes Kampfmittel anzuerkennen, wozu heute sehr viele Revolutionäre so stark neigen. Der Terror kann nie eine alltägliche Kriegshandlung werden: im besten Fall eignet er sich nur als eine der Methoden des entscheidenden Sturmangriffs. Es fragt sich, ob wir im gegebenen Moment zu solchem Sturmangriff *aufrufen* können? »Rabotscheje Djelo« bejaht augenscheinlich diese Frage. Wenigstens ruft es aus: »Bildet Sturmkolonnen!« Aber wiederum ist hier der Eifer größer als der Verstand. Die Hauptmasse unserer militärischen Kräfte sind Freiwillige und Aufständische. An stehendem Heer besitzen wir nur einige wenige kleine Trupps, und auch diese sind nicht mobilisiert, nicht miteinander verbunden, nicht dazu ausgebildet, militärische Kolonnen überhaupt, geschweige denn Sturmkolonnen zu bilden. Für jeden, der fähig ist, die allgemeinen Bedingungen unseres Kampfes zu überblicken, ohne sie bei jeder »Wendung« der historischen Ereignisse zu vergessen, muß es unter solchen Bedingungen klar sein, daß unsere Parole im gegebenen Moment nicht lauten kann: »Auf zum Sturm«, sondern: »Regelrechte Belagerung der feindlichen Festung«. Mit anderen Worten: es kann nicht die unmittelbare Aufgabe unserer Partei sein, alle vorhandenen Kräfte jetzt schon zu einem Angriff aufzurufen; sie muß vielmehr bestehen in der Aufforderung, eine revolutionäre Organisation zu schaffen, die fähig wäre, alle Kräfte zu vereinigen und die Bewegung nicht nur dem Namen nach, sondern tatsächlich zu leiten, d. h. stets bereit zu sein zur Unterstützung eines jeden Protestes und revolutionären Ausbruches, die zur Vermehrung und Stärkung der für den entscheidenden Kampf tauglichen Streitkräfte ausgenützt werden müssen.

Die Lehre der Februar- und Märzereignisse ist so eindringlich, daß man jetzt schwerlich auf prinzipielle Einwände gegen eine solche Schlußfolgerung stoßen kann. Aber von uns wird gegenwärtig nicht eine prinzipielle, sondern eine praktische Entscheidung der Frage verlangt. Erforderlich ist nicht allein, sich klar darüber zu werden, welche Organisation und für welche Arbeit sie notwendig ist – erforderlich ist auch, einen bestimmten *Plan* der Organisation auszuarbeiten, damit von allen Seiten an ihren Aufbau herangegangen werden kann. In Anbetracht der unaufschiebbaren Dringlichkeit der Frage entschließen wir uns, von uns aus den Genossen den Entwurf eines Planes zu unterbreiten, den wir in einer Broschüre, die für den Druck vorbereitet wird, ausführlicher entwickeln wollen.

Der Ausgangspunkt unserer Tätigkeit, der erste praktische Schritt zur Schaffung der erwünschten Organisation, der Leitfaden schließlich, an Hand dessen wir die Organisation unbeirrt entwickeln, vertiefen und erweitern können, muß nach unserer Meinung die Schaffung einer für ganz Rußland bestimmten politischen Zeitung sein. Wir brauchen vor allem eine Zeitung – ohne sie ist die systematische Durchführung einer in den Prinzipien konsequenten und allseitigen Propaganda und Agitation unmöglich, die eine ständige und Hauptaufgabe der Sozialdemokratie überhaupt und eine besonders dringliche Aufgabe des gegenwärtigen Moments darstellt, wo das Interesse für Politik, für Fragen des Sozialismus in den breitesten Bevölkerungsschichten wach geworden ist! Niemals noch machte sich mit solcher Kraft wie heute das Bedürfnis geltend, die zersplitterte Agitation mittels persönlicher Einwirkung, örtlicher Flugblätter, Broschüren usw. durch die verallgemeinerte und regelmäßige Agitation zu ergänzen, die nur mit Hilfe einer periodischen Presse möglich ist. Man darf wohl ohne Übertreibung sagen, daß das mehr oder weniger häufige und regelmäßige Erscheinen einer Zeitung (und ihre Verbreitung) als genauestes Maß dafür dienen kann, wie solide wir diesen ursprünglichsten und wichtigsten Zweig unserer Kampftätigkeit ausgebaut haben. Ferner brauchen wir eben eine gesamtrussische Zeitung. Wenn wir es nicht verstehen und solange wir es nicht verstehen, unsere Einwirkung auf das Volk und die Regierung mit Hilfe des gedruckten Wortes zusammenzufassen, wird der Gedanke an die Vereinheitlichung anderer, komplizierterer, schwierigerer, dafür aber entscheidenderer Mittel der Beeinflussung eine Utopie sein. Unsere Bewegung leidet sowohl in ideeller als auch in praktischer, organisatorischer Hinsicht vor allem unter ihrer Zersplitterung, unter dem Umstand, daß die übergroße Mehrheit der Sozialdemokraten fast gänzlich absorbiert wird von der rein örtlichen Arbeit, durch die sowohl ihr Gesichtskreis als auch der Umfang ihrer Tätigkeit, ihre konspirative Geschicklichkeit und Schulung beschränkt werden. Eben in dieser Zersplitterung müssen die tiefsten Wurzeln jener Unsicherheit und jenes Schwankens gesucht werden, die wir oben erwähnt haben. Und der *erste* Schritt auf dem Wege zur Beseitigung dieses Fehlers, auf dem Wege zur Verwandlung mehrerer örtlicher Bewegungen in eine einheitliche gesamtrussische Bewegung muß die Gründung einer gesamtrussischen Zeitung sein. Schließlich brauchen wir unbedingt eine *politische* Zeitung. Ohne ein politisches Organ ist im heutigen Europa eine Bewegung, die den Namen einer politischen Bewegung verdient, undenkbar. Ohne sie ist unsere Aufgabe – alle Elemente der politischen Unzufriedenheit und des Protestes zu konzentrieren und mit ihnen die revolutionäre Bewegung des Proletariats zu befruchten – absolut undurchführbar. Wir haben den ersten Schritt getan, wir haben in der Arbeiterklasse die Leidenschaft für »ökonomische« Enthüllungen der Übelstände in den Fabriken geweckt. Wir müssen den nächsten Schritt tun und in allen einigermaßen denkenden Volksschichten die Leidenschaft für *politische* Enthüllungen wecken. Man darf sich nicht dadurch abschrecken lassen, daß die politisch anklagenden Stimmen heute so schwach, selten und zaghaft sind. Der Grund hierfür liegt durchaus nicht darin, daß sich die Massen mit der Polizeiwillkür abgefunden hätten. Der Grund ist der, daß die Leute, die fähig und bereit sind zu enthüllen und anzuklagen, keine Tribüne haben, von der herab sie sprechen könnten, daß kein Auditorium vorhanden ist, das den Rednern leidenschaftlich zuhört und sie ermuntert, daß sie nirgends im Volke die Kraft sehen, an die sich mit einer Anklage gegen die »allmächtige« russische Regierung zu wenden der Mühe wert wäre. Jetzt aber ändert sich all das mit ungeheurer Geschwindigkeit. Eine solche Kraft ist vorhanden: das revolutionäre Proletariat, das bereits seine Bereitwilligkeit gezeigt hat, nicht nur die Aufforderung zum politischen Kampf zu hören und zu unterstützen, sondern sich auch mutig in den Kampf zu stürzen. Wir sind jetzt imstande und wir sind verpflichtet, eine Tribüne zu schaffen, die die Aufgabe hat, die Zarenregierung vor dem ganzen Volke zu entlarven; – eine solche Tribüne muß die sozialdemokratische Zeitung sein. Die russische Arbeiterklasse bekundet – zum Unterschied von den übrigen Klassen und Schichten der russischen Gesellschaft – ein ständiges Interesse für politisches Wissen; in ihr ist ständig (und nicht nur zu Zeiten besonderer Erregung) eine ungeheuer starke Nachfrage nach illegaler Literatur lebendig. In Anbetracht einer solchen Massennachfrage, in Anbetracht der bereits begonnenen Heranbildung erfahrener revolutionärer Führer, in Anbetracht der Konzentration der Arbeiterklasse in den Arbeitervierteln der Großstadt, in der Arbeitersiedlung, in der kleinen Fabrikstadt, die sie dort tatsächlich zum Herrn der Lage macht, ist die Herausgabe einer politischen Zeitung eine Sache, der das Proletariat durchaus gewachsen ist. Durch Vermittlung des Proletariats wird die Zeitung in die Reihen des städtischen Kleinbürgertums, der Heimgewerbetreibenden und Bauern eindringen und so zu einer wirklichen politischen Volkszeitung werden.

Die Rolle der Zeitung beschränkt sich jedoch nicht allein auf die Verbreitung von Ideen, nicht allein auf die politische Erziehung und die Gewinnung politischer Bundesgenossen. Die Zeitung ist nicht nur ein kollektiver Propagandist und kollektiver Agitator, sondern auch ein kollektiver Organisator. In dieser Beziehung kann sie mit einem Gerüst verglichen werden, das um ein im Bau befindliches Gebäude errichtet wird; es zeigt die Umrisse des Gebäudes an, erleichtert die Verbindung zwischen den einzelnen Bauarbeitern, hilft ihnen, die Arbeit zu verteilen und die allgemeinen Resultate zu überblicken, die durch organisierte Arbeit erreicht worden sind. Mit Hilfe der Zeitung und im Zusammenhang mit ihr wird sich ganz von selbst eine beständige Organisation herausbilden, die sich nicht nur mit örtlicher, sondern auch mit regelmäßiger allgemeiner Arbeit befaßt, die ihre Mitglieder lehrt, die politischen Ereignisse aufmerksam zu verfolgen, deren Bedeutung und Einfluß auf die verschiedenen Bevölkerungsschichten richtig zu bewerten, zweckmäßige Methoden herauszuarbeiten, durch die die revolutionäre Partei auf diese Ereignisse einwirken kann. Schon allein die technische Aufgabe – die richtige Versorgung der Zeitung mit Material und ihre gute Verbreitung – zwingt dazu, ein Netz von örtlichen Vertrauensleuten der einheitlichen Partei zu schaffen, von Vertrauensleuten, die lebendige Beziehungen zueinander unterhalten, die mit der allgemeinen Lage der Dinge vertraut sind, die sich daran gewöhnen, die Teilfunktionen der gesamtrussischen Arbeit regelmäßig auszuführen, die ihre Kräfte an der Organisierung dieser oder jener revolutionären Aktionen erproben. Dieses Netz von Vertrauensleuten[1] wird das Gerippe einer Organisation bilden, wie wir sie brauchen: genügend groß, um das ganze Land zu erfassen; genügend weit verzweigt und vielseitig, um eine strenge und bis ins einzelne gehende Arbeitsteilung durchzuführen; genügend konsequent, um unter allen Umständen, bei jedem »Wendepunkt« und bei allen Überraschungen die *eigene* Arbeit unbeirrt fortzusetzen, genügend elastisch, um es zu verstehen, einerseits einer offenen Schlacht gegen einen an Kraft überlegenen Gegner, wenn er alle seine Kräfte an einem Punkt

1 Selbstverständlich könnten solche Vertrauensleute nur unter der Bedingung engster Fühlung mit den Ortskomitees (Gruppen, Zirkeln) unserer Partei erfolgreich arbeiten. Und überhaupt kann der ganze von uns entworfene Plan nur bei aktivster Unterstützung durch die Komitees verwirklicht werden, die schon mehrfach Schritte zur Einigung der Partei getan haben und die – davon sind wir überzeugt – diese Einigung wenn nicht heute, dann morgen, wenn nicht in dieser, dann in einer anderen Form erreichen werden.

gesammelt hat, auszuweichen und anderseits die Schwerfälligkeit dieses Gegners auszunützen und ihn dann und dort anzugreifen, wo der Überfall am wenigsten erwartet wird. Heute erwächst uns die verhältnismäßig leichte Aufgabe, die Studenten zu unterstützen, die in den Straßen der Großstädte demonstrieren. Morgen wird vielleicht eine schwierigere Aufgabe vor uns stehen, z. B. eine Arbeitslosenbewegung in irgendeinem bestimmten Bezirk zu unterstützen. Übermorgen müssen wir auf dem Posten sein, um an einem Aufruhr der Bauern revolutionären Anteil zu nehmen. Heute müssen wir die Verschärfung der politischen Lage ausnutzen, die die Regierung durch ihren Feldzug gegen das Semstwo geschaffen hat. Morgen müssen wir die Empörung der Bevölkerung gegen diesen oder jenen tollgewordenen zaristischen Schergen unterstützen und durch Boykott, Aufstachelung, Kundgebungen usw. dazu mithelfen, ihm eine solche Lektion zu verabfolgen, daß er zu einem offenen Rückzug gezwungen wird. Ein solcher Grad von Gefechtsbereitschaft läßt sich nur durch die regelmäßige Tätigkeit eines regulären Heeres erzielen. Und wenn wir unsere Kräfte für die Herausgabe einer allgemeinen Zeitung vereinigen, so wird eine solche Arbeit nicht nur die tüchtigsten Propagandisten schulen und an die Oberfläche tragen, sondern auch die geschicktesten Organisatoren, die talentvollsten politischen Führer der Partei, die imstande sind, im notwendigen Moment die Parole zum entscheidenden Kampf auszugeben und den Kampf zu leiten.

Zum Schluß noch ein paar Worte zur Vermeidung eines möglichen Mißverständnisses. Wir haben die ganze Zeit nur von einer systematischen, planmäßigen Vorbereitung gesprochen, doch wollten wir damit keineswegs sagen, daß der Absolutismus einzig und allein durch eine regelrechte Belagerung oder einen organisierten Sturmangriff gestürzt werden kann. Eine solche Auffassung wäre sinnloser Doktrinarismus. Im Gegenteil: es ist vollkommen möglich und historisch weitaus wahrscheinlicher, daß der Absolutismus unter dem Druck eines jener elementaren Ausbrüche oder unvorhergesehener politischer Komplikationen fallen wird, die ständig von allen Seiten her drohen. Aber keine einzige politische Partei kann, ohne in Abenteurertum zu verfallen, ihre Tätigkeit auf der Erwartung solcher Ausbrüche und Komplikationen aufbauen. Wir müssen unseren Weg gehen, unsere systematische Arbeit unbeirrt verrichten, und je weniger wir uns auf Überraschungen verlassen, um so größer ist die Wahrscheinlichkeit, daß keinerlei »historische Wendepunkte« uns überrumpeln werden.

Mai 1901

(Aus: A.W. Bd. 2 S. 16–24)

Was tun?
Brennende Fragen unserer Bewegung

„Daß die Parteikämpfe gerade einer Partei Kraft und Leben geben, daß der größte Beweis der Schwäche einer Partei das Verschwimmen derselben und die Abstumpfung der markierten Differenzen ist, daß sich eine Partei stärkt, indem sie sich purifiziert, davon weiß und befürchtet die Behördenlogik wenig."

(F. Lasalle in einem Brief an Marx vom 24. Juni 1852.)

Vorwort

Die vorliegende Broschüre sollte – nach dem ursprünglichen Plan des Verfassers – der eingehenden Entwicklung jener Gedanken gewidmet sein, die im Artikel »Womit beginnen?« (»Iskra« Nr. 4, Mai 1901) enthalten sind. Wir müssen vor allem den Leser um Entschuldigung bitten wegen der späten Erfüllung des dort gegebenen (und in Beantwortung vieler privater Anfragen und Briefe wiederholten) Versprechens. Eine der Ursachen dieser Verspätung war der im Juni des verflossenen Jahres (1901) unternommene Versuch der Vereinigung aller ausländischen sozialdemokratischen Organisationen. Natürlich war es notwendig, das Ergebnis dieses Versuchs abzuwarten, denn wäre er gelungen, so hätte man vielleicht die organisatorischen Ansichten der »Iskra« von einem etwas andern Gesichtspunkt aus darstellen müssen, und der Erfolg eines solchen Versuchs würde auf jeden Fall versprochen haben, dem Bestehen zweier Richtungen in der russischen Sozialdemokratie ein rasches Ende zu bereiten. Wie der Leser weiß, endete der Versuch mit einem Mißerfolg und mußte, wie wir weiter unten nachweisen wollen, nach der neuen Schwenkung des »Rabotscheje Djelo« in Nr. 10 zum Ökonomismus so enden. Es erwies sich als unbedingt notwendig, gegen diese verschwommene und wenig klare, dafür aber um so beharrlichere Richtung, die in verschiedenartigen Formen wiederauferstehen konnte, einen entschiedenen Kampf aufzunehmen. Dementsprechend ist der ursprüngliche Plan der Broschüre abgeändert und sehr bedeutend erweitert worden.

Ihr Hauptthema sollten drei Fragen sein, die im Artikel »Womit beginnen?« gestellt waren. Und zwar: die Fragen des Charakters und des Hauptinhalts unserer politischen Agitation, unserer organisatorischen Aufgaben, des Plans eines gleichzeitig und von den verschiedensten Seiten her zu beginnenden Aufbaus einer kampffähigen Organisation für ganz Rußland. Diese Fragen interessieren bereits seit langem den Verfasser, der sie schon in der »Rabotschaja Gaseta« bei einem der mißlungenen Versuche, die Zeitung wieder herauszugeben, zu stellen versucht hatte (s. Kap. V). Aber die ursprüngliche Absicht, sich in der Broschüre auf die Analyse nur dieser drei Fragen zu beschränken und seine Anschauungen nach Möglichkeit in positiver Form auseinanderzusetzen, ohne oder fast ohne polemisch zu werden, erwies sich aus zweierlei Gründen als gänzlich undurchführbar. Einerseits stellte es sich heraus, daß der Ökonomismus viel lebenszäher war, als wir angenommen hatten (wir gebrauchen das Wort Ökonomismus im weiten Sinne, wie es in Nr. 12 der »Iskra« [Dezember 1901] im Artikel »Unterhaltung mit den Verteidigern des Ökonomismus«, erläutert worden ist, wo sozusagen ein Konzept der hier dem Leser vorliegenden Broschüre entworfen wurde). Zweifellos erklären sich die verschiedenen Ansichten über die Lösung dieser drei Fragen in sehr viel höherem Maße aus dem grundlegenden Gegensatz zwischen den beiden Richtungen in der russischen Sozialdemokratie als aus den Meinungsverschiedenheiten in Einzelfragen. Anderseits hat das Staunen der Ökonomisten über die faktische Darstellung unserer Anschauungen in der »Iskra« mit aller Klarheit gezeigt, daß wir oft buchstäblich verschiedene Sprachen sprechen, daß wir uns darum *nicht* verständigen *können*, wenn wir nicht ab ovo beginnen, und daß der Versuch einer möglichst populären, durch zahlreiche konkrete Beispiele erläuterten, *systematischen Auseinandersetzung* mit *allen* Ökonomisten über *alle* prinzipiellen Punkte unserer Meinungsverschiedenheiten notwendig ist. Und ich habe beschlossen, den Versuch einer solchen »Auseinandersetzung« zu machen, wobei ich mir vollkommen bewußt bin, daß dies den Umfang der Broschüre stark erweitern und ihr Erscheinen verzögern wird; doch sehe ich keine *andere* Möglichkeit, mein im Artikel »Womit beginnen?« gegebenes Versprechen einzulösen. Der Entschuldigung wegen des verspäteten Erscheinens muß ich auf diese Weise noch die Entschuldigung wegen der ungeheuren Mängel in der literarischen Durcharbeitung der Broschüre hinzufügen: ich mußte *in größter Eile* arbeiten und wurde überdies durch allerhand andere Arbeiten gestört.

Die Analyse der obengenannten drei Fragen stellt nach wie vor das Hauptthema der Broschüre dar, doch mußte ich mit zwei allgemeineren Fragen beginnen: warum ist eine so »unschuldige« und »natürliche« Losung wie »Freiheit der Kritik« für uns ein wahres Kampfsignal? Warum können wir uns nicht einmal über die Grundfrage der Rolle der Sozialdemokratie gegenüber der spontanen Massenbewegung verständigen? Weiter ist die Darlegung der Ansichten über den Charakter und den Inhalt der politischen Agitation zur Erklärung des Unterschiedes zwischen trade-unionistischer und sozialdemokratischer Politik, die Darlegung der Ansichten über die organisatorischen Aufgaben jedoch zur Erklärung des Unterschiedes zwischen der die Ökonomisten befriedigenden Handwerklerei und der, unseres Erachtens, notwendigen Organisation der Revolutionäre geworden. Ferner bestehe ich um so mehr auf dem »Plan« einer politischen Zeitung für ganz Rußland, je unhaltbarer die gegen ihn erhobenen Einwände waren und je weniger sachlich man mir auf die im Artikel »Womit beginnen?« gestellte Frage geantwortet hat, wie wir gleichzeitig von allen Seiten an den Aufbau der für uns so notwendigen Organisation herangehen könnten. Schließlich hoffe ich im letzten Teil der Broschüre zu zeigen, daß wir alles, was von uns abhing, getan haben, um den entschiedenen Bruch mit den Ökonomisten zu vermeiden, der sich jedoch als unvermeidlich erwiesen hat; daß das »Rabotscheje Djelo« eine besondere, wenn man will: »historische« Bedeutung dadurch erworben hat, daß es am vollkommensten, am plastischesten nicht den konsequenten Ökonomismus, sondern jene Zerfahrenheit und jene Schwankungen zum Ausdruck gebracht hat, die das besondere Merkmal einer *ganzen Periode* der Geschichte der russischen Sozialdemokratie gewesen sind; daß darum auch die auf den ersten Blick zu eingehende Polemik gegen das »Rabotscheje Djelo« Bedeutung gewinnt, weil wir nicht vorwärtsschreiten können, wenn wir diese Periode nicht endgültig liquidieren.

Februar 1902

(Aus: A.W. Bd. 2 S. 25–28)

Spontaneität der Massen und Zielbewußtheit der Sozialdemokratie

Wir sagten, daß unsere Bewegung, die viel breiter und tiefer ist als die der siebziger Jahre, von ebenso bedingungsloser Entschlossenheit und Tatkraft wie jene beseelt sein muß. In Wirklichkeit hat wohl bisher niemand daran gezweifelt, daß die Kraft der gegenwärtigen Bewegung im Erwachen der Massen (und vor allem des Industrieproletariats), ihre Schwäche aber im Mangel an Zielbewußtheit und an Initiativgeist bei den revolutionären Führern liegt.

In der allerletzten Zeit jedoch wurde eine niederschmetternde Entdeckung gemacht, die alle bisher herrschenden

Ansichten in dieser Frage auf den Kopf zu stellen drohte. Diese Entdeckung ist vom »Rabotscheje Djelo« gemacht worden, das sich in seiner Polemik gegen die »Iskra« und die »Sarja« nicht auf einzelne Einwände beschränkte, sondern den Versuch machte, die »allgemeine Meinungsverschiedenheit« auf eine tieferliegende Wurzel zurückzuführen, und zwar auf die »verschiedene Bewertung der *relativen* Bedeutung des spontanen und des bewußt ›planmäßigen‹ Elementes«. Die Anklagethese des »Rabotscheje Djelo« lautet: »*Unterschätzung der Bedeutung des objektiven oder spontanen Elementes der Entwicklung*« [2]. Darauf wollen wir erwidern: wenn die Polemik der »Iskra« und der »Sarja« absolut keine anderen Resultate gezeitigt hätte als das eine, daß sie das »Rabotscheje Djelo« zu der These über diese »allgemeine Meinungsverschiedenheit« angeregt hat, so würde schon dieses Resultat allein uns eine große Befriedigung geben: so vielbedeutend ist diese These, ein so grelles Licht wirft sie auf das ganze Wesen der gegenwärtigen theoretischen und politischen Meinungsverschiedenheiten zwischen den russischen Sozialdemokraten.

Aus diesem Grunde bietet die Frage des Verhältnisses zwischen Zielbewußtheit und Spontaneität ein gewaltiges allgemeines Interesse, und es ist notwendig, diese Frage sehr eingehend zu behandeln.

A. Der Beginn des spontanen Aufschwungs

Wir haben bereits im vorhergehenden Kapitel die Begeisterung für die Theorie des Marxismus, die die *gesamte* gebildete russische Jugend um die Mitte der neunziger Jahre erfaßt hatte, hervorgehoben. Einen ebenso allgemeinen Charakter hatten um dieselbe Zeit, nach dem berühmten Petersburger Industriekrieg von 1896, die Arbeiterstreiks angenommen. Ihre Ausdehnung über ganz Rußland zeugte offensichtlich von der Tiefe der neueinsetzenden Volksbewe-

2 „Rabotscheje Djelo" Nr. 10, September 1901. Kursiv vom „Rabotscheje Djelo".

gung, und wenn man schon vom »Element der Spontaneität« reden will, so wird man natürlich eben diese Streikbewegung vor allem als eine spontane anerkennen müssen. Aber es gibt verschiedene Arten von Spontaneität. Streiks hat es in Rußland auch in den siebziger und in den sechziger Jahren (und sogar schon in der ersten Hälfte des XIX. Jahrhunderts) gegeben, die von »spontaner« Maschinenstürmerei usw. begleitet waren. Verglichen mit diesen »Revolten« kann man die Streiks der neunziger Jahre sogar als »zielbewußte« bezeichnen – so bedeutsam ist der Schritt vorwärts, den die Arbeiterbewegung in dieser Zeit getan hat. Das zeigt uns, daß das »Element der Spontaneität« eigentlich nichts anderes als die *Keimform* der Zielbewußtheit darstellt. Auch die primitiven Revolten brachten ein gewisses Erwachen des Bewußtseins zum Ausdruck: die Arbeiter verloren den althergebrachten Glauben an die Unerschütterlichkeit des sie unterdrückenden Regimes, sie begannen die Notwendigkeit einer kollektiven Abwehr, wenn nicht zu verstehen, so doch zu fühlen, und brachen entschieden mit der sklavischen Unterwürfigkeit gegenüber der Obrigkeit. Aber das war viel eher ein Ausbruch der Verzweiflung und der Rache als ein *Kampf*. Die Streiks der neunziger Jahre zeigen schon viel mehr Anzeichen vom Erwachen des Zielbewußtseins: es werden bestimmte Forderungen aufgestellt, es wird vorher überlegt, welcher Moment der günstigere ist, die bekanntgewordenen Fälle und Beispiele an anderen Orten werden besprochen usw. Wenn die Revolten nur eine Auflehnung unterdrückter Menschen waren, so brachten die systematischen Streiks bereits die Keime des Klassenkampfes zum Ausdruck, aber eben erst die Keime. An und für sich waren diese Streiks ein trade-unionistischer und noch kein sozialdemokratischer Kampf; sie kennzeichneten das Erwachen des Antagonismus zwischen Arbeitern und Unternehmern, aber den Arbeitern fehlte noch – und mußte noch fehlen – die Erkenntnis der unversöhnlichen Gegensätzlichkeit ihrer Interessen zu dem gesamten gegenwärtigen politischen und sozialen Regime, d. h. es fehlte ihnen das sozialdemokratische Bewußtsein. In diesem Sinne blieben die Streiks der neunziger Jahre, trotz des gewaltigen Fortschrittes im Vergleich zu den »Revolten«, eine rein spontane Bewegung.

Wir haben gesagt, daß die Arbeiter ein sozialdemokratisches Bewußtsein noch *nicht haben konnten.* Dieses konnte ihnen nur von außen gebracht werden. Die Geschichte aller Länder zeigt, daß die Arbeiterklasse aus ihren eigenen Kräften einzig und allein ein trade-unionistisches Bewußtsein herauszuarbeiten vermag, d. h. die Überzeugung von der Notwendigkeit, sich zu Verbänden zusammenzuschließen, einen Kampf gegen die Unternehmer zu führen, von der Regierung diese oder jene für die Arbeiter notwendigen Gesetze zu fordern usw.[3]. Die Lehre des Sozialismus ist jedoch aus jenen philosophischen, historischen und ökonomischen Theorien herausgewachsen, die von den gebildeten Vertretern der besitzenden Klassen, der Intelligenz, geschaffen wurden. Auch die Begründer des modernen wissenschaftlichen Sozialismus, Marx und Engels, gehörten nach ihrer sozialen Lage der bürgerlichen Intelligenz an. Ebenso ist auch in Rußland die theoretische Lehre der Sozialdemokratie ganz unabhängig von dem spontanen Anwachsen der Arbeiterbewegung entstanden; sie ist als natürliche und unvermeidliche Folge der Ideenentwicklung in der revolutionär-sozialistischen Intelligenz entstanden. Zu der Zeit, von der wir sprechen, d. h. um die Mitte der neunziger Jahre, war diese Lehre nicht nur zum vollkommen abgeschlossenen Programm der Gruppe »Befreiung der Arbeit« geworden, sondern sie hatte bereits die Mehrheit der revolutionären Jugend in Rußland für sich gewonnen.

Auf diese Weise hatte man es sowohl mit der Tatsache des spontanen Erwachens der Arbeitermassen, des Erwachens zum bewußten Leben und bewußten Kampfe, als auch mit der Tatsache des Vorhandenseins einer mit einer

3 Der Trade-Unionismus schließt keineswegs jedwede „Politik" aus, wie manche glauben. Die Trade-Unions haben stets eine gewisse (aber nicht sozialdemokratische) politische Agitation und einen gewissen politischen Kampf geführt. Auf den Unterschied zwischen trade-unionistischer und sozialdemokratischer Politik werden wir im nächsten Kapitel eingehen.

sozialdemokratischen Theorie ausgerüsteten revolutionären Jugend zu tun, die es zu den Arbeitern hinzog. Dabei ist es besonders wichtig, jenen oft vernachlässigten (und verhältnismäßig wenig bekannten) Umstand festzustellen, daß die *ersten* Sozialdemokraten dieser Periode, die sich *eifrig mit ökonomischer Agitation befaßten* (und in dieser Hinsicht den wahrhaft nützlichen Winken der damals als Manuskript vorhandenen Broschüre »Über Agitation« durchaus Rechnung trugen), diese Agitation nicht nur für ihre einzige Aufgabe hielten, sondern im Gegenteil *von Anfang an* die weitestgehenden geschichtlichen Aufgaben der russischen Sozialdemokratie im allgemeinen und die Aufgabe des Sturzes des Absolutismus im besonderen in den Vordergrund stellten. So wurde z. B. von der Gruppe der Petersburger Sozialdemokraten, die den »Kampfbund zur Befreiung der Arbeiterklasse« gegründet hatte, schon Ende 1895 die erste Nummer einer Zeitung hergestellt, die den Titel »Rabotscheje Djelo« trug. Die bereits druckreife Nummer wurde in der Nacht vom 8. zum 9. Dezember 1895 während einer Haussuchung bei einem der Mitglieder der Gruppe, A. A. Wanjejew[4], von Gendarmen beschlagnahmt, und das »Rabotscheje Djelo« erster Fassung sollte nie das Licht der Welt erblicken. Der Leitartikel dieses Blattes (das in dreißig Jahren vielleicht irgendein Organ von der Art der »Russkaja Starina« aus den Archiven des Polizeidepartements ausgraben wird) schilderte die historischen Aufgaben der Arbeiterklasse in Rußland und stellte die Eroberung der politischen Freiheit an die Spitze dieser Aufgaben. Ferner standen in dieser Nummer ein Artikel: »Woran unsere Minister denken«[5], der die polizeiliche Zerschlagung der »Komitees für Elementarwissen« behandelte, sowie eine Reihe von Korrespondenzen nicht nur aus Petersburg, son-

---

4 A. A. Wanjejew starb im Jahre 1899 in Ost-Sibirien an der Schwindsucht, die er sich in der Einzelhaft im Untersuchungsgefängnis geholt hatte. Darum hielten wir es für möglich, die hier angeführten Tatsachen zu veröffentlichen, für deren Richtigkeit wir garantieren, weil sie von Personen ausgehen, die A. A. Wanjejew direkt und sehr nah gekannt haben.

5 Dieser von Lenin geschriebene Artikel ist in Band I der „Sämtlichen Werke" abgedruckt. D. Red.

dern auch aus anderen Orten Rußlands (z. B. über das Arbeitergemetzel im Gouvernement Jaroslawl). Auf diese Weise stellte dieser, wenn wir nicht irren, »erste Versuch« der russischen Sozialdemokraten der neunziger Jahre ein Blatt dar, das keinen eng-lokalen und noch weniger einen »ökonomistischen« Charakter trug, sondern das bestrebt war, die Streikkämpfe mit der revolutionären Bewegung gegen den Absolutismus zu vereinigen und alle durch die Politik der reaktionären Dunkelmänner Unterdrückten für die Unterstützung der Sozialdemokratie zu gewinnen. Niemand, der den Zustand der Bewegung in jener Zeit einigermaßen kennt, wird daran zweifeln, daß ein solches Blatt die absolute Sympathie sowohl der Arbeiter der Hauptstadt als auch der revolutionären Intelligenz und weiteste Verbreitung gefunden hätte. Der Mißerfolg des Unternehmens bewies nur, daß die damaligen Sozialdemokraten sich außerstande zeigten, den dringenden Erfordernissen des Momentes zu entsprechen, weil ihnen revolutionäre Erfahrung und praktische Vorbereitung fehlten. Das gleiche ist von dem Sankt Petersburger »Rabotschij Listok« und insbesondere von der »Rabotschaja Gaseta« und dem »Manifest« der im Frühjahr 1898 gegründeten Sozialdemokratischen Arbeiterpartei Rußlands zu sagen. Selbstverständlich fällt es uns nicht ein, diese mangelnde Vorbereitung den damaligen Führern zum Vorwurf zu machen. Um aber die Erfahrung der Bewegung auszunützen und aus dieser Erfahrung praktische Lehren zu ziehen, muß man sich über die Ursachen und die Bedeutung dieses oder jenes Mangels vollkommen im klaren sein. Darum ist es außerordentlich wichtig, festzustellen, daß ein Teil (vielleicht sogar die Mehrheit) der in den Jahren 1895 bis 1898 wirkenden Sozialdemokraten durchaus mit Recht es schon damals, ganz zu Beginn der »spontanen« Bewegung, für möglich hielt, mit dem weitestgehenden Programm und einer Kampftaktik hervorzutreten[6]. Die man-

6 „Die ‚Iskra', die der Tätigkeit der Sozialdemokraten am Ausgang der neunziger Jahre ablehnend gegenübersteht, ignoriert die Tatsache, daß damals die Bedingungen für jede andere Tätigkeit als den Kampf für kleine Forderungen fehlten" – erklären die Ökonomisten in ihrem „Brief an die russi-

gelnde Vorbereitung der meisten Revolutionäre konnte, da sie eine durchaus natürliche Erscheinung war, keine besonderen Befürchtungen erregen. Wenn die Aufgaben richtig gestellt wurden, wenn die Energie vorhanden war, die Versuche der Verwirklichung dieser Aufgaben zu wiederholen, so konnten vorübergehende Mißerfolge nur ein halbes Übel sein. Revolutionäre Erfahrung und organisatorische Geschicklichkeit sind Dinge, die man erwerben kann. Wenn nur der Wille vorhanden ist, sich die erforderlichen Eigenschaften anzueignen! Wenn man nur zur Erkenntnis seiner Fehler gelangt, die in revolutionären Dingen schon mehr bedeutet als halbe Besserung!

Aber das halbe Übel wurde zu einem ganzen, als dieses Bewußtsein zu erlöschen begann (und es war bei den Männern der oben genannten Gruppen sehr lebendig), als Leute auftauchten – und sogar sozialdemokratische Organe –, die bereit waren, aus der Not eine Tugend zu machen, die versuchten, ihre *blinde Vergötterung und Anbetung der Spontaneität* sogar *theoretisch* zu begründen. Es ist jetzt an der Zeit, absolute Klarheit zu schaffen über diese Richtung, deren Inhalt sehr ungenau mit dem für sie zu engen Begriff des »Ökonomismus« gekennzeichnet wird.

Das bedeutete die vollständige Unterdrückung der Zielbewußtheit durch die Spontaneität – durch die Spontaneität jener »Sozialdemokraten«, die die »Ideen« des Herrn W. W. wiederholten, durch die Spontaneität jener Arbeiter, die dem Argument zugänglich waren, daß die Kopeke, die zum Rubel wird, näherliegend und wertvoller sei als aller

schen sozialdemokratischen Organe" („Iskra" Nr. 12). Die im Text angeführten Tatsachen beweisen, daß diese Behauptung von den „fehlenden Bedingungen" *im diametralen Gegensatz zur Wahrheit* steht. Nicht nur am Ende, sondern auch um die Mitte der neunziger Jahre waren alle Bedingungen für eine *andere* Tätigkeit als den Kampf für kleine Forderungen vorhanden, waren alle Bedingungen vorhanden mit Ausnahme der ausreichenden Vorbereitung der Führer. Aber anstatt nun diesen Mangel an Vorbereitung bei uns, den Ideologen, den Führern, offen einzugestehen, suchen die „Ökonomisten" alles auf die „fehlenden Bedingungen" abzuwälzen, auf den Einfluß der materiellen Verhältnisse, die den Weg bestimmen, von dem kein Ideologe die Bewegung ablenken könne. Was ist das anderes als ein Kriechen vor der Spontaneität, als Verliebtheit der „Ideologen" in ihre Mängel?

Sozialismus und alle Politik und daß sie »den Kampf in dem Bewußtsein führen müssen, daß sie nicht für irgendeine zukünftige Generation, sondern für sich und ihre Kinder kämpfen« (Leitartikel in Nr. 1 der »Rabotschaja Myssl«). Solche Phrasen waren stets eine beliebte Waffe der westeuropäischen Bourgeois, die, da sie den Sozialismus haßten, selbst damit beschäftigt waren (wie z. B. der deutsche »Sozial-Politiker« Hirsch), den englischen Trade-Unionismus auf den heimatlichen Boden zu verpflanzen, wobei sie die Arbeiter zu überzeugen suchten, daß der nur-gewerkschaftliche Kampf eben der Kampf für ihre eigenen Interessen und die Interessen ihrer Kinder sei und nicht ein Kampf für irgendwelche zukünftigen Generationen oder irgendeinen zukünftigen Sozialismus. Und jetzt haben »die W. W. der russischen Sozialdemokratie« begonnen, diese bürgerlichen Phrasen zu wiederholen. Es ist wichtig, hier auf drei Umstände hinzuweisen, die uns bei der weiteren Analyse der *gegenwärtigen* Meinungsverschiedenheiten von Nutzen sein werden.

Erstens ist die Unterdrückung der Zielbewußtheit durch die Spontaneität, auf die wir hingewiesen haben, ebenfalls auf *spontanem Wege* vor sich gegangen. Das scheint ein Wortspiel zu sein, ist aber leider bittere Wahrheit. Sie geschah nicht auf dem Wege des offenen Kampfes zweier vollkommen entgegengesetzter Anschauungen und des Sieges der einen über die andere, sondern auf dem Wege des »Herausreißens« einer immer größeren Zahl »alter« Revolutionäre durch die Gendarmen und des immer stärkeren Hervortretens der »jungen« »W. W.s der russischen Sozialdemokratie«. Jeder, der an der *gegenwärtigen* russischen Bewegung – ich will nicht einmal sagen: teilgenommen, sondern der auch nur ihre Luft geatmet hat, weiß sehr gut, daß es sich so und nicht anders verhält. Und wenn wir trotzdem besonders darauf bestehen, daß der Leser sich über diese allgemein bekannte Tatsache vollkommen klar werde, wenn wir uns der Anschaulichkeit halber auf Material aus dem »Rabotscheje Djelo« erster Fassung und auf die Meinungsverschiedenheiten zwischen den »Alten« und den »Jungen« zu Beginn des Jahres 1897 berufen, so tun wir es, weil Leute, die mit ihrem »Demokratismus« prahlen, darauf spekulieren, daß das breite Publikum (oder die ganz junge Generation) diese Tatsache nicht kennt. Wir werden noch weiter unten darauf zurückkommen.

Zweitens können wir schon bei der ersten literarischen Äußerung des Ökonomismus die im höchsten Grade eigenartige und für das Verständnis aller Meinungsverschiedenheiten innerhalb der modernen Sozialdemokratie äußerst charakteristische Erscheinung beobachten, daß die Anhänger der »reinen Arbeiterbewegung« die Verfechter der engsten und »organischesten« (Ausdruck des »Rabotscheje Djelo«) Verbindung mit dem proletarischen Kampf, die Gegner jeder nicht-proletarischen Intelligenz (selbst wenn es sich um die sozialistische Intelligenz handelt) gezwungen sind, zur Verteidigung ihrer Position zu den Argumenten der *bürgerlichen* »Nur-Gewerkschaftler« Zuflucht zu nehmen. Das zeigt uns, daß die »Rabotschaja Myssl« seit Beginn ihres Bestehens – ohne sich selber dessen bewußt zu sein – das Programm des »Credo« verwirklicht. Das beweist (was das »Rabotscheje Djelo« absolut nicht begreifen kann), daß *jede* Anbetung der Spontaneität der Arbeiterbewegung, jede Herabsetzung der Rolle des »bewußten Elementes«, der Rolle der Sozialdemokratie, gleichzeitig – *ganz unabhängig davon, ob, wer diese Rolle herabsetzt, es wünscht oder nicht – die Stärkung des Einflusses der bürgerlichen Ideologie auf die Arbeiter bedeutet.* Jeder, der von der »Überschätzung der Ideologie[7], von der Übertreibung der Rolle des bewußten Elementes[8]« usw. spricht, glaubt, die reine Arbeiterbewegung könne und werde aus eigenen Kräften eine selbständige Ideologie herausarbeiten, sobald es den Arbeitern gelingt, »ihr Schicksal den Händen ihrer Führer zu entreißen«. Aber das ist ein großer Irrtum. In Ergänzung des oben Gesagten wollen wir noch die folgenden, sehr treffenden und bedeutungsvollen Worte K. Kautskys über den

7 Brief der „Ökonomisten" in Nr. 12 der „Iskra".
8 „Rabotscheje Djelo" Nr. 10.

Entwurf zu einem neuen Programm der österreichischen sozialdemokratischen Partei anführen [9].

»Manche unserer revisionistischen Kritiker nehmen an, Marx hätte behauptet, die ökonomische Entwicklung und der Klassenkampf schüfen nicht bloß die Vorbereitungen sozialistischer Produktion, sondern auch direkt die *Erkenntnis* (von K. K. kursiv) ihrer Notwendigkeit, und da sind die Kritiker gleich fertig mit dem Einwand, daß das Land der höchsten kapitalistischen Entwicklung, England, von allen modernen Ländern am freiesten von dieser Erkenntnis sei.

Nach der neuen Fassung könnte man annehmen, daß auch die österreichische Programm-Kommission den auf diese Weise widerlegten angeblich ›orthodox-marxistischen‹ Standpunkt teile. Denn es heißt da: ›Je mehr die Entwicklung des Kapitalismus das Proletariat anschwellen macht, desto mehr wird es gezwungen und befähigt, den Kampf gegen ihn aufzunehmen. Es kommt zum Bewußtsein der Möglichkeit und Notwendigkeit des Sozialismus‹ usw.

In diesem Zusammenhang erscheint das sozialistische Bewußtsein als das notwendige direkte Ergebnis des proletarischen Klassenkampfes. Das ist aber falsch. Der Sozialismus als Lehre wurzelt allerdings ebenso in den heutigen ökonomischen Verhältnissen, wie der Klassenkampf des Proletariats, entspringt ebenso wie dieser aus dem Kampfe gegen die Massenarmut und das Massenelend, das der Kapitalismus erzeugt; aber beide entstehen nebeneinander, nicht auseinander, und unter verschiedenen Voraussetzungen. Das moderne sozialistische Bewußtsein kann nur erstehen auf Grund tiefer wissenschaftlicher Einsicht. In der Tat bildet die heutige ökonomische Wissenschaft ebenso eine Vorbedingung sozialistischer Produktion, wie etwa die heutige Technik, nur kann das Proletariat beim besten Willen die eine ebensowenig schaffen wie die andere; sie entstehen beide aus dem heutigen gesellschaftlichen Prozeß. Der Trä-

9 „Neue Zeit", 1901/02, XX, 1; Nr. 3, S. 79. Der Entwurf der Kommission, von dem K. Kautsky spricht, ist vom Wiener Parteitag (Ende vorigen Jahres) in etwas abgeänderter Form angenommen worden.

ger der Wissenschaft ist aber nicht das Proletariat, sondern die *bürgerliche Intelligenz* (von K. K. kursiv); in einzelnen Mitgliedern dieser Schicht ist denn auch der moderne Sozialismus entstanden und durch sie erst geistig hervorragenden Proletariern mitgeteilt worden, die ihn dann in den Klassenkampf des Proletariats hineintragen, wo die Verhältnisse es gestatten. Das sozialistische Bewußtsein ist also etwas in den Klassenkampf des Proletariats Hineingetragenes, nicht etwa aus ihm urwüchsig Entstandenes.

Dementsprechend sagt auch das alte Hainfelder Programm ganz richtig, daß es zu den Aufgaben der Sozialdemokratie gehöre, das Proletariat mit dem *Bewußtsein* (von K. K. kursiv) seiner Lage und seiner Aufgabe zu erfüllen. Das wäre nicht notwendig, wenn dies Bewußtsein von selbst aus dem Klassenkampf entspränge. Die neue Fassung hat diesen Satz von dem alten Programm übernommen und dem eben besprochenen angehängt. Dadurch ist aber der Gedankengang völlig zerrissen worden...«

Wenn von einer selbständigen, durch die Arbeitermassen selbst im Verlaufe der Bewegung ausgearbeiteten Ideologie keine Rede sei kann[10], so kann die Frage *nur so* stehen: bürgerliche oder sozialistische Ideologie. Ein Mittelding gibt es hier nicht (denn eine »dritte« Ideologie hat die Menschheit nicht ausgearbeitet, wie es überhaupt in einer Gesellschaft, die von Klassengegensätzen zerrissen wird, keine außerhalb oder über den Klassen stehende Ideologie

10 Das bedeutet natürlich nicht, daß die Arbeiter an dieser Ausarbeitung nicht teilnehmen. Aber sie nehmen nicht als Arbeiter teil, sondern als Theoretiker des Sozialismus, als die Proudhon und Weitling, mit anderen Worten, sie nehmen nur dann und soweit teil, als es ihnen in höherem oder geringerem Maße gelingt, sich das Wissen ihres Jahrhunderts anzueignen und dieses Wissen voranzutreiben. Damit dieses aber den Arbeitern *öfter gelingt*, muß alles getan werden, um das Niveau des Bewußtseins der Arbeiter im allgemeinen zu heben; es ist notwendig, daß die Arbeiter sich nicht in den künstlich eingeengten Rahmen der *„Literatur für Arbeiter"* einschließen, sondern daß sie in immer höherem Maße lernen, die *allgemeine Literatur* zu beherrschen. Es wäre richtiger, anstatt „sich nicht einschließen" zu sagen: nicht eingeschlossen werden, da die Arbeiter selbst alles lesen und lesen wollen, was auch für die Intelligenz geschrieben wird, und nur einige (schlechte) Intellektuelle denken, „für die Arbeiter" genüge es, wenn man ihnen von der Fabrikordnung erzählt und „längst Bekanntes" wiederkäut.

geben kann). Darum bedeutet *jede* Herabsetzung der sozialistischen Ideologie, *jedes Sichentfernen* von ihr gleichzeitig eine Stärkung der bürgerlichen Ideologie. Man spricht von Spontaneität. Aber die *spontane* Entwicklung der Arbeiterbewegung führt eben zu ihrer Unterordnung unter die bürgerliche Ideologie, sie *verläuft eben nach dem Programm* des »Credo«, denn die spontane Arbeiterbewegung ist Trade-Unionismus, ist Nur-Gewerkschafterei, der Trade-Unionismus aber bedeutet eben gerade die ideologische Versklavung der Arbeiter durch die Bourgeoisie. Darum besteht unsere Aufgabe, die Aufgabe der Sozialdemokratie, in dem *Kampfe gegen die Spontaneität,* sie besteht darin, die Arbeiterbewegung von dem spontanen Streben des Trade-Unionismus, sich unter die Fittiche der Bourgeoisie zu begeben, *abzubringen* und sie für die revolutionäre Sozialdemokratie zu gewinnen. Die Behauptung der Verfasser des »ökonomistischen« Briefes in Nummer 12 der »Iskra«, daß keine noch so große Anstrengung der begeisterten Ideologen die Arbeiterbewegung von dem Weg abbringen könne, der durch die Wechselwirkung der materiellen Elemente und der materiellen Umgebung bestimmt werde, ist daher *vollkommen gleichbedeutend mit dem Verzicht auf den Sozialismus,* und wenn diese Verfasser fähig wären, das, was sie sagen, unerschrocken und konsequent bis zu Ende zu durchdenken, wie jeder seine Gedanken durchdenken muß, der die Arena der literarischen und öffentlichen Tätigkeit betritt, so würde ihnen nichts anderes übrig bleiben, als »auf der leeren Brust die untätigen Hände zu falten« und ... und den Herren Struve und Prokopowitsch das Feld zu überlassen, die die Arbeiterbewegung den Weg des geringsten Widerstandes, d. h. den Weg des bürgerlichen Trade-Unionismus führen, oder den Herren Subatow, die sie auf den Weg der Popen- und Gendarmen-»Ideologie« ziehen.

Man denke an das Beispiel Deutschlands. Worin bestand das historische Verdienst Lassalles vor der deutschen Arbeiterbewegung? Darin, daß er diese Bewegung vom Weg des fortschrittlerischen Trade-Unionismus und Kooperativismus *ablenkte,* den sie spontan *(unter gütiger Mitwirkung der*

Schulze-Delitzsch und ihnen Ähnlicher) eingeschlagen hatte. Um diese Aufgabe zu erfüllen, war etwas ganz anderes notwendig als das Gerede von der Unterschätzung des spontanen Elementes, von der Taktik als Prozeß, von der Wechselwirkung der Elemente und der Umgebung usw. Dazu war ein *verzweifelter Kampf gegen die Spontaneität* notwendig, und erst als Ergebnis dieses lange, lange Jahre geführten Kampfes ist z. B. erreicht worden, daß die Arbeiterbevölkerung Berlins aus einer Stütze der Fortschrittspartei zu einer der stärksten Stützen der Sozialdemokratie geworden ist. Und dieser Kampf ist auch heute noch nicht zu Ende (wie es Leuten erscheinen könnte, die die Geschichte der deutschen Bewegung nach Prokopowitsch und ihre Philosophie nach Struve studieren). Auch jetzt noch ist die deutsche Arbeiterklasse, wenn man so sagen kann, in mehrere Ideologien zersplittert: ein Teil der Arbeiter ist in den katholischen und den monarchistischen Arbeiterverbänden vereinigt, ein anderer Teil – in den Hirsch-Dunckerschen, die von den bürgerlichen Anhängern des englischen Trade-Unionismus gegründet worden sind, der dritte Teil – in sozialdemokratischen Verbänden. Dieser letzte Teil ist unermeßlich größer als alle übrigen, eine solche Vorherrschaft aber konnte die sozialdemokratische Ideologie nur erreichen und wird sie nur aufrechterhalten können durch den unbeirrbaren Kampf gegen alle anderen Ideologien.

Warum aber – wird der Leser fragen – führt die spontane Bewegung, die Bewegung in der Richtung des geringsten Widerstandes, zur Herrschaft der bürgerlichen Ideologie? Aus dem einfachen Grunde, weil die bürgerliche Ideologie in ihrer Herkunft viel älter ist als die sozialistische, weil sie vielseitiger ausgebaut ist, weil sie über *unvergleichlich* mehr Mittel der Verbreitung verfügt[11]. Und je jünger die sozia-

---

11 Man sagt oft: die Arbeiterklasse fühlt sich *spontan* zum Sozialismus hingezogen. Das ist insofern richtig, als die sozialistische Theorie tiefer und richtiger als irgendeine andere die Ursachen des Elends der Arbeiterklasse erforscht; darum wird sie von den Arbeitern so leicht erfaßt, *wenn* nur diese Theorie selber nicht vor der Spontaneität kapituliert, *wenn* sie es versteht, sich die Spontaneität unterzuordnen. Gewöhnlich versteht sich das von selbst, aber das *„Rabotscheje Djelo"* vergißt und entstellt diese selbstverständliche

listische Bewegung in einem Lande ist, um so energischer muß darum der Kampf gegen alle Versuche, die nicht-sozialistische Ideologie zu festigen, geführt werden, um so entschlossener müssen die Arbeiter vor den schlechten Beratern gewarnt werden, die gegen die »Überschätzung des bewußten Elementes« usw. zetern. Die Verfasser des ökonomistischen Briefes wettern im Chor mit dem »Rabotscheje Djelo« gegen die der Kindheitsperiode der Bewegung eigene Unduldsamkeit. Wir antworten darauf: ja, unsere Bewegung befindet sich tatsächlich im Kindesalter, und um rasch zu wachsen, muß sie gegenüber Leuten, die ihr Wachstum durch die Anbetung der Spontaneität aufzuhalten suchen, absolut unduldsam sein. Es gibt nichts Lächerlicheres und Schädlicheres, als die Rolle von alten Leuten zu spielen, die bereits alle entscheidenden Episoden des Kampfes längst hinter sich haben!

Drittens zeigt die erste Nummer der »Rabotschaja Myssl«, daß die Bezeichnung »Ökonomismus« (auf die wir natürlich nicht verzichten wollen, da dieses Wort sich bereits eingebürgert hat) das Wesen der neuen Richtung nicht genügend genau bezeichnet. Die »Rabotschaja Myssl« lehnt den politischen Kampf nicht ganz ab: in dem Kassenstatut, das in Nr. 1 der »Rabotschaja Myssl« veröffentlicht ist, ist vom Kampf gegen die Regierung die Rede. Die »Rabotschaja Myssl« ist nur der Ansicht, daß »die Politik immer gehorsam der Wirtschaft folge« (das »Rabotscheje Djelo« aber variiert diese These, indem es in seinem Programm versichert, »in Rußland sei der ökonomische Kampf mehr als in irgendeinem anderen Lande mit dem politischen *untrennbar* verbunden«). Diese Behauptungen der »Rabotschaja Myssl« und des »Rabotscheje Djelo« sind vollkommen falsch, *wenn man unter Politik die sozialdemokratische Politik versteht*. Sehr oft ist der wirtschaftliche Kampf der Arbeiter mit der bürgerlichen, klerikalen usw. Politik (wenn

Tatsache. Die Arbeiterklasse fühlt sich spontan zum Sozialismus hingezogen, aber die meist verbreitete (und in den mannigfaltigsten Formen immer wieder neuerstehende) bürgerliche Ideologie wird trotzdem meist ebenso spontan dem Arbeiter aufgezwungen.

auch nicht untrennbar) verbunden, wie wir bereits gesehen haben. Die Behauptungen des »Rabotscheje Djelo« sind richtig, wenn man unter Politik die trade-unionistische Politik versteht, d. h. das allgemeine Bestreben aller Arbeiter, diese oder jene Maßnahmen vom Staat zu erreichen, die den ihrer Lage eigentümlichen Nöten abhelfen sollen, aber diese Lage noch nicht beseitigen, d. h. die Unterordnung der Arbeit unter das Kapital nicht aufheben. Dieses Bestreben ist tatsächlich sowohl den englischen Trade-Unionisten, die dem Sozialismus feindlich gegenüberstehen, als auch den katholischen Arbeitern, den »Subatow«-Arbeitern usw., gemein. Es gibt Politik und Politik. So sehen wir, daß die »Rabotschaja Myssl« auch in der Frage des politischen Kampfes nicht so sehr die Ablehnung dieses Kampfes als vielmehr die Anbetung seiner *Spontaneität*, seiner Unbewußtheit zum Ausdruck bringt. Die »Rabotschaja Myssl« erkennt den aus der Arbeiterbewegung selbst elementar entstehenden politischen Kampf (richtiger: die politischen Wünsche und Forderungen der Arbeiter) vollkommen an, verzichtet aber auf das *selbständige Herausarbeiten* einer spezifischen *sozialdemokratischen Politik*, die den allgemeinen Aufgaben des Sozialismus und den gegenwärtigen russischen Verhältnissen entspricht. Weiter unten werden wir zeigen, daß das »Rabotscheje Djelo« den gleichen Fehler begeht.

Wir haben uns also davon überzeugt, daß der grundlegende Fehler der »neuen Richtung« in der russischen Sozialdemokratie in der Anbetung der Spontaneität besteht, im Nichtbegreifen der Tatsache, daß die Spontaneität der Masse von uns Sozialdemokraten ein großes Maß an Zielbewußtheit erfordert. Je stärker die spontane Erhebung der Massen ist, um so breiter wird die Bewegung sein und um so mehr Zielbewußtheit erfordert sowohl die theoretische als auch die politische und die organisatorische Arbeit der Sozialdemokratie.

Die spontane Erhebung der Massen in Rußland ist mit einer solchen Geschwindigkeit vor sich gegangen (und geht auch jetzt noch so rasch vor sich), daß die sozialdemokratische Jugend sich als für die Erfüllung ihrer gewaltigen Aufgaben unvorbereitet erwiesen hat. Diese mangelnde Vorbereitung ist unser allgemeines Übel, das Übel *aller* russischen Sozialdemokraten. Der Aufschwung der Massen ist unaufhörlich und stetig vorwärts und in die Breite gegangen, er hat nicht nur nicht dort aufgehört, wo er begonnen hat, sondern immer neue Ortschaften und neue Bevölkerungsschichten erfaßt (unter dem Einfluß der Arbeiterbewegung ist die Gärung in der studierenden Jugend, in der Intelligenz im allgemeinen, und sogar in der Bauernschaft sehr lebhaft geworden). Die Revolutionäre aber sind hinter diesem Aufschwung *zurückgeblieben,* und weder in ihren »Theorien« noch in ihrer Tätigkeit ist es ihnen gelungen, eine stetige und kontinuierliche Organisation zu schaffen, die fähig wäre, die ganze Bewegung zu *leiten.*

Im ersten Kapitel haben wir die Degradierung unserer theoretischen Aufgaben und die »spontane« Wiederholung der zur Mode gewordenen Parole der »Freiheit der Kritik« durch das »Rabotscheje Djelo« festgestellt: der Zeitung fehlte es an »Zielbewußtsein«, um das diametral Entgegengesetzte in der Stellungnahme der opportunistischen »Kritiker« und in der der Revolutionäre in Deutschland und Rußland zu begreifen.

In den weiteren Kapiteln werden wir sehen, wie diese Anbetung der Spontaneität auf dem Gebiet der politischen Aufgaben und in der Organisationsarbeit der Sozialdemokratie zum Ausdruck gekommen ist.

(Aus: A.W. Bd. 2 S. 50–75)

Schlußwort

Die Geschichte der russischen Sozialdemokratie zerfällt offensichtlich in drei Perioden.

Die erste Periode umfaßt etwa zehn Jahre, ungefähr von 1884 bis 1894. Das war die Periode der Entstehung und Festigung der Theorie und des Programms der Sozialdemokratie. Die Zahl der Anhänger der neuen Richtung in Rußland konnte an den Fingern abgezählt werden. Die Sozialdemokratie existierte ohne Arbeiterbewegung und machte als politische Partei den Prozeß ihrer embryonalen Entwicklung durch.

Die zweite Periode umfaßt drei bis vier Jahre, 1894 bis 1898. Die Sozialdemokratie erscheint auf der Bildfläche als soziale Bewegung, als Erhebung der Volksmassen, als politische Partei. Das ist die Periode der Kindheit und des Knabenalters. Mit der Geschwindigkeit einer Epidemie verbreitet sich eine allgemeine Begeisterung der Intelligenz für den Kampf gegen das Narodnikitum, für die Arbeit unter den Arbeitern, sowie eine allgemeine Begeisterung der Arbeiter für Streiks. Die Bewegung macht gewaltige Fortschritte. Die Mehrheit der Führer waren ganz junge Menschen, die das »fünfunddreißigste Lebensjahr« noch bei weitem nicht erreicht hatten, das Herrn N. Michailowski als ein natürliches Grenzalter schien. Infolge ihrer Jugend sind sie für die praktische Arbeit nicht genügend vorbereitet und verlassen darum sehr bald wieder die Bühne. Aber die Schwungkraft ihrer Arbeit war meist sehr groß. Viele von ihnen begannen revolutionär zu denken als Anhänger der Partei »Volkswille«. Fast alle hegten in ihrer Jugend eine begeisterte Verehrung für die Helden des Terrors. Der Verzicht auf den Zauber dieser heroischen Tradition kostete viel Kampf, er war von Zerwürfnissen mit Leuten begleitet, die um jeden Preis der Partei »Volkswille« treu bleiben wollten und die von den jungen Sozialdemokraten sehr geschätzt wurden. Der Kampf zwang zum Studium, zum Lesen illegaler Werke aller Richtungen, zur eifrigen Beschäftigung mit den Fragen des legalen Narodnikitums. Die in diesem Kampfe zur Reife gelangten Sozialdemokraten gingen in die Arbeiterbewegung, ohne »auch nur für einen Augenblick« die Theorie des Marxismus, die ihr helles Licht auf sie ausstrahlte, oder die Aufgabe des Sturzes des Absolutismus zu vergessen. Die Gründung der Partei im Frühjahr 1898[12] war die hervorragendste und gleichzeitig die *letzte* Tat der Sozialdemokratie dieser Periode.

Die dritte Periode wird, wie wir gesehen haben, im Jahre 1897 vorbereitet und löst im Jahre 1898 (1898–?) die

12 Erster Parteitag der Sozialdem. Arbeiterpartei Rußlands im März 1898.

zweite Periode endgültig ab. Das ist die Periode der Zerfahrenheit, des Zerfalls, der Schwankungen. Im Knabenalter erfolgt beim Menschen der Stimmbruch. Auch die Stimme der russischen Sozialdemokratie dieser Periode begann zu brechen, falsch zu tönen – einerseits in den Werken der Herren Struve und Prokopowitsch, Bulgakow und Berdjajew, anderseits bei W. I-n. und R. M., bei B. Kritschewski und Martynow. Aber nur die Führer waren zersplittert und gingen rückwärts: die Bewegung selber war in ständigem Anschwellen begriffen und machte große Fortschritte. Der proletarische Kampf erfaßte neue Schichten der Arbeiter und verbreitete sich über ganz Rußland, während er gleichzeitig indirekt auch auf die Belebung des demokratischen Geistes in der Studentenschaft und in anderen Bevölkerungsschichten Einfluß ausübte. Die Zielbewußtheit der Führer kapitulierte vor der Macht der spontanen Erhebung; unter den Sozialdemokraten war bereits eine zweite Schicht vorherrschend – die Schicht der Führer, die nur aus der »legalen« marxistischen Literatur geschöpft hatten. Das genügte aber um so weniger, je mehr Zielbewußtheit die Spontaneität der Massen von ihnen erforderte. Die Führer erwiesen sich nicht nur theoretisch (»Freiheit der Kritik«) und praktisch (»Handwerklerei«) als hinter den Massen zurückgeblieben, sondern sie machten auch den Versuch, ihre Rückständigkeit mit allerhand hochtrabenden Argumenten zu verteidigen. Die Sozialdemokratie wurde sowohl von den Brentano-Anhängern der legalen wie von den Chwostisten der illegalen Literatur zum Trade-Unionismus degradiert. Das Programm des »Credo« begann verwirklicht zu werden, besonders als die »Handwerklerei« der Sozialdemokraten die Belebung der revolutionären, nicht-sozialdemokratischen Richtungen zur Folge hatte.

Und wenn der Leser nun den Vorwurf gegen mich erhebt, daß ich mich zu eingehend mit irgendeinem »Rabotscheje Djelo« befaßt habe, so antworte ich darauf: Das »Rabotscheje Djelo« hat eine »historische« Bedeutung gewonnen, weil es den »Geist« dieser dritten Periode ganz besonders plastisch zum Ausdruck gebracht hat[13]. Nicht der konsequente R. M., sondern gerade die wetterwendischen Kritschewski und Martynow konnten die Zerfahrenheit und die Schwankungen, die Bereitschaft zu Zugeständnissen sowohl an die »Kritik« wie an den »Ökonomismus« und den Terrorismus so recht zum Ausdruck bringen. Nicht die erhabene Geringschätzung der Praxis durch irgend einen Verehrer des »Absoluten«, sondern gerade die Vereinigung des kleinlichen Praktizismus mit völliger theoretischer Sorglosigkeit ist für diese Periode charakteristisch. Die Helden dieser Periode beschäftigen sich nicht so sehr mit der direkten Ablehnung »großer Worte«, wie mit ihrer Verflachung: der wissenschaftliche Sozialismus hörte auf, eine einheitliche revolutionäre Theorie zu sein und wurde zu einem Mischmasch, dem nach »freiem Ermessen« Verdünnungen aus jedem neuen deutschen Lehrbuch beigemengt wurden; die Losung des »Klassenkampfes« gab nicht den Anstoß zu immer breiterer und immer energischerer Tätigkeit, sondern diente als Beruhigungsmittel, da ja »der ökonomische Kampf mit dem politischen untrennbar verbunden ist«; die Idee der Partei diente nicht als Aufforderung zur Gründung einer Kampforganisation der Revolutionäre, sondern sie rechtfertigte einen »revolutionären Kanzleibürokratismus« und ein kindliches Spiel mit »demokratischen« Formen.

Wann die dritte Periode zu Ende sein und die vierte beginnen wird (die auf jeden Fall schon viele Anzeichen verkünden), wissen wir nicht. Aus dem Gebiete der Geschichte gelangen wir hier in das Gebiet der Gegenwart, zum Teil der Zukunft. Aber wir haben die feste Überzeugung, daß die vierte Periode zur Festigung des streitbaren Marxismus führen, daß die russische Sozialdemokratie aus der Krise gestärkt und gereift hervorgehen und daß die Nachhut der Opportunisten durch den wahren Vortrupp der revolutionärsten Klasse abgelöst werden wird.

---

13 Ich könnte auch mit dem deutschen Sprichwort antworten: Den Sack schlägt man, den Esel meint man. Nicht nur das „Rabotscheje Djelo", sondern auch die *breite Masse* der Praktiker und der *Theoretiker* begeisterte sich für die zur Mode gewordene „Kritik", mischte sich in die Frage der Spontaneität ein, geriet von der sozialdemokratischen in die trade-unionistische Auffassung unserer politischen und organisatorischen Aufgaben.

Im Sinne der Aufforderung zu einer solchen »Ablösung« können wir, alles oben Gesagte zusammenfassend, auf die Frage: Was tun? die kurze Antwort geben:

Die dritte Periode liquidieren.

1901–1902

(Aus: A.W. Bd. 2 S. 183–193)

Marxismus und Revisionismus

Ein bekannter Ausspruch lautet: Würden geometrische Axiome an menschliche Interessen rühren, so würde man sie sicherlich widerlegen wollen. Naturgeschichtliche Theorien, die an alte theologische Vorurteile rührten, wurden und werden bis zum heutigen Tage aufs erbittertste bekämpft. Kein Wunder, daß die Lehre von Marx, die unmittelbar der Aufklärung und Organisierung der fortgeschrittensten Klasse der modernen Gesellschaft dient, auf die Aufgaben dieser Klasse hinweist und die – kraft der ökonomischen Entwicklung – unausbleibliche Ersetzung der heutigen Ordnung durch eine neue aufzeigt, kein Wunder, daß diese Lehre sich jeden Schritt auf ihrem Lebensweg erst erkämpfen mußte.

Von der bürgerlichen Wissenschaft und Philosophie, die von amtlichen Professoren in amtlichem Geiste gelehrt werden, um die heranwachsende Jugend der besitzenden Klasse zu verdummen und sie auf den inneren und äußeren Feind zu dressieren, braucht man gar nicht erst zu reden. Diese Wissenschaft will vom Marxismus nichts wissen, erklärt ihn für widerlegt und vernichtet; sowohl junge Gelehrte, die durch Widerlegung des Sozialismus Karriere machen, als auch Mummelgreise, treue Hüter der verschiedensten veralteten »Systeme«, – sie alle fallen mit gleichem Eifer über Marx her. Das Wachstum des Marxismus, die Verbreitung und das Erstarken seiner Ideen in der Arbeiterklasse führen unausbleiblich zu immer häufigerer Wiederkehr und zur Verschärfung dieser bürgerlichen Ausfälle gegen den Marxismus, der aus jeder »Vernichtung« durch die offizielle Wissenschaft immer stärker, gestählter und lebensfähiger hervorgeht.

Doch selbst unter den Lehren, die mit dem Kampf der Arbeiterklasse verbunden und vorwiegend unter dem Proletariat verbreitet sind, hat sich der Marxismus bei weitem nicht mit einem Schlage durchgesetzt. In den ersten fünfzig Jahren seiner Existenz (von den vierziger Jahren des XIX. Jahrhunderts an gerechnet) kämpfte er gegen Theorien, die ihm von Grund aus feindlich waren. In der ersten Hälfte der vierziger Jahre rechneten Marx und Engels mit den radikalen Junghegelianern ab, die auf dem Standpunkt des philosophischen Idealismus standen. Ende der vierziger Jahre tritt der Kampf auf dem Gebiet der ökonomischen Lehren in den Vordergrund – der Kampf gegen den Proudhonismus. Die fünfziger Jahre bilden den Abschluß dieses Kampfes: Kritik an den Parteien und Lehren, die im Sturmjahr 1848 in Erscheinung getreten waren. In den sechziger Jahren verschiebt sich der Kampf vom Gebiet der allgemeinen Theorie auf ein der unmittelbaren Arbeiterbewegung näher liegendes Gebiet: Vertreibung des Bakunismus aus der Internationale. Zu Anfang der siebziger Jahre tritt in Deutschland auf kurze Zeit der Proudhonist Mühlberger hervor. Ende der siebziger Jahre der Positivist Dühring. Doch der Einfluß des einen wie des anderen auf das Proletariat ist bereits verschwindend gering. Der Marxismus siegt bereits fraglos über alle anderen Ideologien der Arbeiterbewegung.

An der Schwelle der neunziger Jahre des vorigen Jahrhunderts war dieser Sieg in den Hauptzügen abgeschlossen. Selbst in den romanischen Ländern, wo die proudhonistischen Traditionen sich am längsten behaupteten, hatten die Arbeiterparteien ihr Programm und ihre Taktik faktisch auf marxistischer Grundlage aufgebaut. Die wiedererstandene internationale Organisation der Arbeiterbewegung – in Form periodischer internationaler Kongresse – stellte sich in allen wesentlichen Punkten von Anfang an und fast ohne Kampf auf den Boden des Marxismus. Doch als der Marxismus alle einigermaßen geschlossenen ihm feindlichen Lehren verdrängt hatte, begannen die Tendenzen, die in diesen Lehren zum Ausdruck gekommen waren, nach anderen Wegen zu suchen. Formen und Anlässe des Kampfes änderten sich, doch der Kampf selbst ging weiter. Und das zweite Halbjahrhundert der Existenz des Marxismus (die neunziger Jahre des vorigen Jahrhunderts) begann mit dem Kampf einer dem Marxismus feindlichen Strömung innerhalb des Marxismus.

Der ehemalige orthodoxe Marxist Bernstein, der am allerlautesten hervortrat und den Korrekturen an Marx, der Überprüfung Marx', dem Revisionismus, den geschlossenen Ausdruck verlieh, gab dieser Richtung den Namen. Selbst in Rußland, wo der nichtmarxistische Sozialismus naturgemäß – infolge der ökonomischen Rückständigkeit des Landes, infolge des Vorherrschens der von Überresten der Leibeigenschaft niedergedrückten bäuerlichen Bevölkerung – sich am längsten behauptete, selbst in Rußland wächst er vor unseren Augen deutlich in den Revisionismus hinüber. Sowohl in der Agrarfrage (Programm der Munizipalisierung des ganzen Grund und Bodens) als auch in allgemeinen programmatischen und taktischen Fragen ersetzen unsere Sozial-Narodniki die absterbenden, hinfällig werdenden Überreste des alten, in seiner Art geschlossenen und dem Marxismus von Grund aus feindlichen Systems in immer steigendem Maße durch »Korrekturen« an Marx.

Der vormarxistische Sozialismus ist zerschlagen. Er kämpft weiter, doch schon nicht mehr auf seinem eigenen Boden, sondern auf dem allgemeinen Boden des Marxismus, er kämpft als Revisionismus. Sehen wir uns nun an, welches der Ideengehalt des Revisionismus ist.

Auf dem Gebiet der Philosophie zog der Revisionismus im Fahrwasser der bürgerlichen Professoren»wissenschaft« einher. Die Professoren gingen »zurück zu Kant« – und der Revisionismus trottete hinter den Neokantianern her; die Professoren wiederholten bereits tausendmal gesagte Pfaffenbanalitäten gegen den philosophischen Materialismus – und die Revisionisten murmelten mit nachsichtigem Lächeln

(Wort für Wort nach dem letzten Handbuch), der Materialismus sei längst »widerlegt«; die Professoren behandelten Hegel als »toten Hund«, zuckten über die Dialektik verächtlich die Achseln, trotzdem sie selber einen Idealismus, aber einen tausendmal seichteren und vulgäreren als den Hegelschen predigten – und die Revisionisten folgten ihnen in den Sumpf der philosophischen Verflachung der Wissenschaft, indem sie die »raffinierte« (und revolutionäre) Dialektik durch »schlichte« (und ruhige) »Evolution« ersetzten; die Professoren arbeiteten ihr Staatsgehalt ab, indem sie ihre idealistischen wie ihre »kritischen« Systeme der herrschenden mittelalterlichen »Philosophie« (d. h. Theologie) anpaßten – und die Revisionisten rückten ihnen an die Seite, bemüht, die Religion nicht dem modernen Staat, sondern der Partei der fortgeschrittenen Klasse gegenüber zur »Privatsache« zu machen.

Auf die wahre Klassenbedeutung dieser an Marx vorgenommenen »Korrekturen« braucht nicht erst hingewiesen zu werden – sie liegt auf der Hand. Wir wollen nur hervorheben, daß Plechanow in der internationalen Sozialdemokratie der einzige Marxist war, der an den unglaublichen Plattheiten, die hier die Revisionisten zusammenredeten, vom Standpunkt des konsequenten dialektischen Materialismus aus Kritik übte. Dies muß um so mehr nachdrücklich betont werden, als gegenwärtig ganz und gar verkehrte Versuche gemacht werden, unter der Flagge einer Kritik am taktischen Opportunismus Plechanows alten und reaktionären philosophischen Plunder einzuschmuggeln.[14]

Zur politischen Ökonomie ist vor allem zu bemerken, daß auf diesem Gebiet die »Korrekturen« der Revisionisten weit vielseitiger und umständlicher waren; man war bestrebt, durch »neues Material über die Wirtschaftsentwicklung«

14 Siehe das Buch „Beiträge zur Philosophie des Marxismus" von Rogdanow, Basarow u. a. Hier ist nicht der geeignete Ort, auf dieses Buch des näheren einzugehen, und ich muß mich daher vorläufig auf die Erklärung beschränken, daß ich in nächster Zukunft in einer Reihe von Aufsätzen oder in einer besonderen Broschüre nachweisen werde, daß *alles*, was im Text über die neokantianischen Revisionisten gesagt ist, im Grunde auch für diese „neuen", neohumeistischen und neoberkeleyanischen Revisionisten gilt.

auf das Publikum Eindruck zu machen. Man erklärte, in der Landwirtschaft vollziehe sich überhaupt keine, auf dem Gebiet des Handels und der Industrie nur eine äußerst langsame Konzentration und Verdrängung des Kleinbetriebes durch den Großbetrieb. Man sagte, die Krisen seien jetzt seltener und schwächer geworden, die Truste und Kartelle würden wahrscheinlich dem Kapital die Möglichkeit geben, die Krisen gänzlich zu beseitigen. Man sagte, die »Theorie des Zusammenbruchs«, dem der Kapitalismus entgegengehe, sei unhaltbar, denn es trete eine Tendenz zur Abstumpfung und Milderung der Klassengegensätze zutage. Man sagte endlich, es würde nicht schaden, auch die Marxsche Werttheorie nach Böhm-Bawerk zu korrigieren.

Der Kampf gegen die Revisionisten in diesen Fragen führte zu einer ebenso fruchtbaren Belebung des theoretischen Denkens des internationalen Sozialismus, wie zwanzig Jahre vorher die Polemik von Engels gegen Dühring. Die Beweisgründe der Revisionisten wurden an Hand von Zahlen und Tatsachen geprüft. Es wurde nachgewiesen, daß die Revisionisten in bezug auf den heutigen Kleinbetrieb systematische Schönfärberei treiben. Die Tatsache der technischen und kaufmännischen Überlegenheit der großen *Produktion* über die Kleinproduktion nicht nur in der Industrie, sondern auch in der Landwirtschaft wird durch unwiderlegliche Tatsachen bewiesen. Doch ist in der Landwirtschaft die Warenproduktion ungleich schwächer entwikkelt, und die heutigen Statistiker und Ökonomen verstehen es gewöhnlich schlecht, jene einzelnen Zweige (manchmal selbst einzelne Verfahren) der Landwirtschaft herauszugreifen, in denen die fortschreitende Einbeziehung der Landwirtschaft in den *Austauschverkehr* der Weltwirtschaft zum Ausdruck kommt. Der Kleinbetrieb behauptet sich auf den Ruinen der Naturalwirtschaft durch unendliche Verschlechterung der Ernährung, durch chronisches Hungern, durch Verlängerung der Arbeitszeit, durch Verschlechterung der Qualität und der Wartung des Viehs, kurz, durch dieselben Mittel, mit deren Hilfe sich auch das Handwerk gegen die kapitalistische Manufaktur behauptete. Jeder Schritt vorwärts, den Wissenschaft und Technik machen, untergräbt unvermeidlich und unerbittlich die Grundlagen des Kleinbetriebs in der kapitalistischen Gesellschaft, und Aufgabe der sozialistischen Ökonomie ist es, diesen Prozeß in allen seinen oft komplizierten und verwickelten Formen zu untersuchen, dem Kleinproduzenten die Unmöglichkeit, sich unter dem Kapitalismus zu behaupten, die Aussichtslosigkeit der Bauernwirtschaft unter dem Kapitalismus, die Notwendigkeit des Übergangs des Bauern auf den Standpunkt des Proletariats darzulegen. In wissenschaftlicher Beziehung versündigten sich die Revisionisten in dieser Frage durch oberflächliche Verallgemeinerung einseitig herausgegriffener, aus ihrer Verbindung mit der ganzen kapitalistischen Ordnung gelöster Tatsachen; in politischer Beziehung jedoch war ihre Sünde, daß sie, bewußt oder unbewußt, den Bauern zum Eigentümerstand (d. h. zum Standpunkt der Bourgeoisie) riefen oder drängten, statt ihn zum Standpunkt des revolutionären Proletariers zu drängen.

Mit der Krisen- und Zusammenbruchstheorie war es beim Revisionismus noch schlechter bestellt. Nur ganz kurzsichtige Leute konnten, und nur ganz kurze Zeit, unter dem Einfluß einiger Jahre industriellen Aufschwungs, industrieller Blüte, an eine Änderung der Grundlagen der Marxschen Lehre denken. Daß die Krisen sich noch lange nicht überlebt haben, das zeigte den Revisionisten die Wirklichkeit sehr rasch: der Blüte folgte die Krise. Die Formen, die Aufeinanderfolge, das Bild der einzelnen Krisen änderten sich, doch die Krisen blieben ein unvermeidlicher Bestandteil der kapitalistischen Ordnung. Die Kartelle und Truste, die die Produktion zusammenschlossen, steigerten zugleich vor aller Augen die Anarchie der Produktion, die Unsicherheit der Existenz des Proletariats und den Druck des Kapitals und verschärften so in noch nie dagewesenem Maße die Klassengegensätze. Daß der Kapitalismus dem Zusammenbruch entgegengeht – sowohl im Sinne einzelner politischer und ökonomischer Krisen als auch im Sinne des völligen Zusammenbruchs der ganzen kapitalistischen Ordnung –, das erwiesen gerade die neuesten Riesentruste mit besonderer Anschaulichkeit und in besonders großem Ausmaß. Die jüngste Finanzkrise in Amerika, die schreckliche Steigerung der Arbeitslosigkeit in ganz Europa, ganz abgesehen von der nahen Industriekrise, auf die viele Anzeichen hindeuten, — dies alles hatte zur Folge, daß die unlängst erst aufgestellten »Theorien« der Revisionisten von aller Welt, wie es scheint sogar von vielen Revisionisten selbst, vergessen sind. Nur darf man die Lehren nicht vergessen, die die Arbeiterklasse aus dieser Intelligenzler-Haltlosigkeit zu ziehen hat.

Über die Werttheorie ist nur zu sagen, daß die Revisionisten hier, außer höchst unklaren Andeutungen und Seufzern nach Böhm-Bawerk, rein gar nichts geleistet und daher in der Entwicklung des wissenschaftlichen Denkens keine Spur hinterlassen haben.

Auf dem Gebiet der Politik hat der Revisionismus tatsächlich versucht, die Grundlage des Marxismus, d. h. die Lehre vom Klassenkampf, zu revidieren. Politische Freiheit, Demokratie, allgemeines Wahlrecht entzögen dem Klassenkampf den Boden, sagte man uns, und dadurch werde der alte Satz des »Kommunistischen Manifests«, »die Arbeiter haben kein Vaterland«, unrichtig. In der Demokratie dürfe man, da ja der »Wille der Mehrheit« herrscht, weder den Staat als Organ der Klassenherrschaft betrachten noch Bündnisse mit der fortschrittlichen, sozialreformerischen Bourgeoisie gegen die Reaktionäre ablehnen.

Unbestreitbar bilden diese Einwände der Revisionisten in ihrer Gesamtheit ein ziemlich geschlossenes System von Anschauungen — nämlich der längst bekannten liberal-bürgerlichen Anschauungen. Die Liberalen sagten immer, Klassen und Klassenteilung würden durch den bürgerlichen Parlamentarismus aufgehoben, da unterschiedslos alle Bürger das Stimmrecht, das Recht der Beteiligung an den Staatsgeschäften besitzen. Die ganze Geschichte Europas in der zweiten Hälfte des XIX. Jahrhunderts, die ganze Geschichte der russischen Revolution zu Anfang des XX. Jahrhunderts zeigt mit aller Deutlichkeit, wie widersinnig solche Ansichten sind. Unter der Freiheit des »demokratischen« Kapitalismus werden die ökonomischen Unterschiede nicht abgeschwächt, sondern gesteigert und verschärft. Der Parlamentarismus beseitigt nicht, sondern enthüllt das Wesen der allerdemokratischsten bürgerlichen Republiken als Organe der Klassenunterdrückung. Dadurch, daß der Parlamentarismus die Aufklärung und Organisierung ungleich breiter Bevölkerungsmassen fördert als diejenigen, die sich früher an den politischen Ereignissen aktiv beteiligten, bereitet er nicht die Beseitigung der Krisen und der politischen Revolutionen vor, sondern die höchste Verschärfung des Bürgerkrieges während dieser Revolutionen. Die Pariser Ereignisse im Frühjahr 1871 und die russischen im Winter 1905 zeigten mit aller nur wünschenswerten Deutlichkeit, wie unausbleiblich eine solche Verschärfung eintritt. Um die proletarische Bewegung niederzuwerfen, traf die französische Bourgeoisie, ohne auch nur einen Augenblick zu schwanken, eine Abmachung mit dem Feind der gesamten Nation, mit den fremden Truppen, die ihr Vaterland verheert hatten. Wer die zwangsläufige innere Dialektik des Parlamentarismus und der bürgerlichen Demokratie nicht begreift, die eine noch schärfere Entscheidung der Streitfragen durch Massengewalt mit sich bringt, als in früheren Zeiten, — der wird es niemals verstehen, auf dem Boden dieses Parlamentarismus eine prinzipielle, konsequente Propaganda und Agitation zu treiben, die die Arbeitermassen tatsächlich auf die siegreiche Beteiligung an der Austragung solcher »Streitfragen« vorbereitet. Die Erfahrungen der Bündnisse, Abkommen, Blocks mit dem sozial-reformerischen Liberalismus im Westen und mit dem Liberal-Reformismus (Kadetten) in der russischen Revolution haben überzeugend gezeigt, daß diese Abkommen dadurch, daß sie die Kämpfenden an die kampfunfähigsten, am stärksten schwankenden und verräterischsten Elemente binden, das Bewußtsein der Massen nur abstumpfen und die wirkliche Bedeutung ihres Kampfes nicht verstärken, sondern schwächen. Der französische Millerandismus — der großzügigste Versuch der Anwendung der revisionistischen politischen Taktik in breitem, wirklich nationalem Maßstab — hat eine solche praktische Bewertung des Revisionismus ergeben, die das Weltproletariat nie vergessen wird.

Die natürliche Ergänzung der wirtschaftlichen und politischen Tendenzen des Revisionismus war seine Stellungnahme zum Endziel der sozialistischen Bewegung. »Das Endziel ist nichts, die Bewegung alles«, — dieses geflügelte Wort Bernsteins bringt das Wesen des Revisionismus besser zum Ausdruck als viele langatmige Ausführungen. Stellungnahme von Fall zu Fall, Anpassung an Tagesereignisse, an Wandlungen von politischem Kleinkram, Hinwegsehen über die Grundinteressen des Proletariats, über die Grundzüge der ganzen kapitalistischen Ordnung, über die gesamte kapitalistische Evolution, Opferung dieser Grundinteressen um wirklicher oder mutmaßlicher Augenblicksvorteile willen, — das ist die revisionistische Politik. Und aus dem eigentlichen Wesen dieser Politik folgt augenfällig, daß sie unendlich mannigfaltige Formen annehmen kann und daß jede einigermaßen »neue« Frage, jede einigermaßen unerwartete und unvermutete Wendung der Ereignisse, die auch nur im allergeringsten Maße und für allerkürzeste Zeit die Hauptentwicklungslinie ändert, stets und unvermeidlich diese oder jene Abarten des Revisionismus ins Leben rufen wird.

Die Unvermeidlichkeit des Revisionismus ist durch seine Klassenwurzeln in der modernen Gesellschaft bedingt. Der Revisionismus ist eine internationale Erscheinung. Für jeden einigermaßen gutunterrichteten und denkenden Sozialisten kann nicht der geringste Zweifel darüber bestehen, daß das Verhältnis zwischen Orthodoxen und Bernsteinianern in Deutschland, Guesdisten und Jauresisten (jetzt besonders Broussisten) in Frankreich, zwischen der Sozialdemokratischen Föderation und der Unabhängigen Arbeiterpartei in England, zwischen Brouckere und Vandervelde in Belgien, Integralisten und Reformisten in Italien, Bolschewiki und Menschewiki in Rußland im Grunde genommen überall gleicher Art ist, trotz gewaltigster Mannigfaltigkeit der nationalen Bedingungen und der geschichtlichen Momente in dem gegenwärtigen Zustand aller dieser Länder. Die

»Scheidung« innerhalb des heutigen internationalen Sozialismus verläuft eigentlich in verschiedenen Ländern der Welt heute schon auf *einer* Linie und dokumentiert damit einen gewaltigen Fortschritt im Vergleich mit der Lage vor 30 bis 40 Jahren, wo in den einzelnen Ländern innerhalb des einheitlichen internationalen Sozialismus in ihrem Wesen nicht gleichartige Tendenzen kämpften. Jener »Revisionismus von links«, der heute in romanischen Ländern als »revolutionärer Syndikalismus« zutage tritt, paßt sich ebenfalls dem Marxismus an, indem er ihn »korrigieren« will: Labriola in Italien, Lagardelle in Frankreich appellieren auf Schritt und Tritt vom mißverstandenen an den richtig verstandenen Marx.

Wir können nicht an dieser Stelle den ideologischen Inhalt *dieses* Revisionismus erörtern, der noch lange nicht zu solcher Entfaltung gelangt ist wie der opportunistische, noch nicht internationalisiert ist und noch keine große praktische Schlacht mit einer sozialistischen Partei auch nur eines Landes bestanden hat. Wir beschränken uns daher auf den eben umrissenen »Revisionismus von rechts«.

Worin besteht seine Unvermeidlichkeit in der kapitalistischen Gesellschaft? Warum ist er tiefer als die Unterschiede zwischen den nationalen Eigentümlichkeiten und Entwicklungsgraden des Kapitalismus? Weil jedes kapitalistische Land neben dem Proletariat stets auch breite Schichten von Kleinbürgern, von Kleinbesitzern hat. Der Kapitalismus ist entstanden und entsteht immer wieder aus dem Kleinbetrieb. Eine ganze Reihe von »Mittelschichten« werden vom Kapitalismus unausbleiblich immer wieder neu geschaffen (Anhängsel der Fabrik, Heimarbeit, kleine Werkstätten, die infolge der Anforderungen der Großindustrie, z. B. der Fahrrad- und Automobilindustrie, über das ganze Land verstreut sind, usw.). Ebenso unausbleiblich werden diese neuen Kleinproduzenten wieder in die Reihen des Proletariats geschleudert. Es ist ganz natürlich, daß die kleinbürgerliche Weltanschauung immer und immer wieder in den breiten Arbeiterparteien zum Durchbruch kommt. Es ist ganz natürlich, daß es bis zu den Peripetien der proletarischen Revolution so sein muß und sein wird, denn es wäre ein großer Fehler zu glauben, die »volle« Proletarisierung der Mehrheit der Bevölkerung sei notwendig für die Durchführbarkeit einer solchen Revolution. Was wir heute oft nur auf ideologischem Gebiet erleben – die Polemik gegen theoretische Korrekturen an Marx; was heute in der Praxis nur in bezug auf einzelne Teilfragen der Arbeiterbewegung zum Durchbruch kommt, als taktische Meinungsverschiedenheiten mit den Revisionisten und Spaltungen auf dieser Grundlage – dies alles wird die Arbeiterklasse unzweifelhaft noch in ungleich größerem Maßstab durchzumachen haben, wenn die proletarische Revolution alle Streitfragen verschärfen, alle Meinungsverschiedenheiten auf Punkte von unmittelbarster Bedeutung für die Bestimmung des Verhaltens der Massen konzentrieren, wenn sie das Proletariat zwingen wird, mitten im Feuer des Kampfes den Feind vom Freund zu scheiden, die schlechten Bundesgenossen von sich zu weisen, um entscheidende Schläge gegen den Feind führen zu können.

Der ideelle Kampf des revolutionären Marxismus gegen den Revisionismus zu Ende des XIX. Jahrhunderts ist nur eine Vorstufe zu großen revolutionären Kämpfen des Proletariats, das trotz aller Schwankungen und Schwächen des Spießbürgertums dem vollen Sieg seiner Sache entgegenschreitet.

1908

(Aus A.W. Bd. 11 S. 439–447)

IV. Abteilung

Die Theorie des Imperialismus und die Spaltung der internationalen Arbeiterbewegung – gedeutet als Folge des Imperialismus

Gestützt auf die Arbeiten von *J. A. Hobson* (Imperialism, 1902) und *Rudolf Hilferding* (›Das Finanzkapital‹, Wien 1910) sowie auf intensive Materialsammlungen zur Tätigkeit der internationalen Kartelle, der deutschen, französischen, englischen usw. Monopole* hat Lenin 1917 in einem kleinen Band seine Auffassung vom Imperialismus als dem höchsten (und voraussichtlich letzten) Stadium des Kapitalismus zusammengefaßt. Wichtig sind für ihn dabei vor allem die Folgen, die dieses Stadium für die Zukunft der Arbeiterbewegung und die proletarische Revolution hat. Lenins Originalität liegt in den Schlußfolgerungen, die er aus seiner Diagnose gezogen hat. Die wichtigste Schlußfolgerung wird in dem Artikel ›Der Imperialismus und die Spaltung des Sozialismus‹ beschrieben: Die »Extraprofite« der imperialistischen Bourgeoisie erlauben es ihr, einen Teil der Arbeiterklasse durch höhere Reallöhne zumindest zeitweilig für die Sache der Bourgeoisie zu gewinnen. Diese »Arbeiteraristokratie« (namentlich in England, aber auch ansatzweise in Deutschland, Frankreich usw.) stellt nach Lenin die soziale Basis für den Reformismus (»Sozialdemokratismus«) in der Arbeiterbewegung dar. Da aber zu dieser Arbeiteraristokratie oft gerade die aktivsten und tüchtigsten Angehörigen der Arbeiterklasse gehören, wird die revolutionäre Bewegung weit mehr als nur um eine relativ kleine Schicht geschwächt. Zugleich erwächst jedoch der revolutionären Arbeiterbewegung in den Kolonien und halbkolonialen Ländern ein *neuer Bundesgenosse.* Die nationalen Bourgeoisien und die bäuerlichen Massen dieser Gebiete werden durch ihren unvermeidlichen Kampf mit den imperialistischen (Kolonial-)Mächten objektiv zu Bundesgenossen der proletarischen revolutionären Bewegungen in den Metropolen. Auf diesen Zusammenhang macht Lenin na-

* Vgl. W. I. Lenin, Hefte zum Imperialismus, Vorarbeiten zu dem Werk ›Der Imperialismus als höchstes Stadium des Kapitalismus‹, Berlin 1957.

mentlich in seinen Reden vor den Kongressen der (III.) Internationale aufmerksam. In ihm erblickt er das Unterpfand für den weltweiten Sieg des marxistischen Sozialismus. Indien und China gilt dabei sein Hauptinteresse. Dort, so heißt es (siehe VI, 2) werde das Schicksal der Weltrevolution entschieden. Der russischen Revolution kommt nach Lenin die wichtige Funktion zu, eine »Brücke« zwischen der westeuropäischen (proletarischen) und der asiatischen (anti-imperialistisch-national-bürgerlichen) Revolution zu schlagen.

Der Imperialismus als höchstes Stadium des Kapitalismus
Der Imperialismus als besonderes Stadium des Kapitalismus

Wir müssen nun versuchen, gewisse Schlußfolgerungen zu ziehen und das über den Imperialismus bisher Gesagte zusammenzufassen. Der Imperialismus erwuchs als Weiterentwicklung und direkte Fortsetzung der Grundeigenschaften des Kapitalismus überhaupt. Zum kapitalistischen Imperialismus aber wurde der Kapitalismus erst dann, als auf einer bestimmten, sehr hohen Entwicklungsstufe einige seiner Grundzüge sich in ihr Gegenteil umzuwandeln begannen und durchweg Formen einer Übergangsperiode vom Kapitalismus zu einer höheren gesellschaftlich-wirtschaftlichen Ordnung sich herausbildeten und sichtbar wurden. Ökonomisch ist das Grundlegende in diesem Prozeß die Ablösung der freien kapitalistischen Konkurrenz durch die kapitalistischen Monopole. Die freie Konkurrenz ist das Wesensmerkmal des Kapitalismus und der Warenproduktion überhaupt; das Monopol ist der direkte Gegensatz zur freien Konkurrenz, aber diese selbst begann sich vor unseren Augen zum Monopol zu wandeln, indem sie die Großproduktion schuf, den Kleinbetrieb verdrängte, die großen Betriebe durch noch größere ersetzte, mit einem Wort, die Konzentration der Produktion und des Kapitals so weit brachte, daß daraus das Monopol entstand und noch weiter entsteht, nämlich Kartelle, Syndikate, Trusts und das sich mit ihnen verschmelzende Kapital einiger Dutzend über Milliarden verfügender Banken. Und zugleich sehen wir, daß die Monopole die freie Konkurrenz, aus der sie erwachsen, nicht beseitigen, sondern über und neben ihr fortbestehen und somit eine Reihe besonders krasser und schroffer Widersprüche, Reibungen und Konflikte erzeugen. Das Monopol ist der Übergang vom Kapitalismus zu einer höheren Ordnung.

Wäre eine möglichst kurze Definition des Imperialismus erforderlich, so müßte man sagen, daß der Imperialismus das monopolistische Stadium des Kapitalismus ist. Diese Definition würde die Hauptsache enthalten, denn auf der einen Seite ist das Finanzkapital das in wenigen monopolistischen Großbanken konzentrierte und mit dem Kapital monopolistischer Unternehmerverbände verschmolzene Bankkapital, und auf der anderen Seite ist die Aufteilung der Welt der Übergang von einer Kolonialpolitik, die sich ungehindert auf Kosten der noch von keiner kapitalistischen Macht besetzten Gebiete ausdehnen konnte, zur Kolonialpolitik der monopolistischen Beherrschung der Erde, die restlos aufgeteilt ist.

Doch sind allzu kurze Definitionen zwar bequem, denn sie fassen das Wichtigste zusammen, aber dennoch unzulänglich, sobald aus ihnen höchst wesentliche Züge der zu definierenden Erscheinung speziell abgeleitet werden sollen. Deshalb müssen wir – ohne zu vergessen, daß alle Definitionen überhaupt nur bedingte und relative Bedeutung haben, da nie eine Definition die allseitigen Zusammenhänge einer vollentwickelten Erscheinung umfassen kann – eine Definition des Imperialismus finden, die folgende fünf seiner wichtigsten Merkmale enthält: 1. Konzentration der Produktion und des Kapitals, die eine so hohe Entwicklungsstufe erreicht hat, daß sie Monopole schafft, die im Wirtschaftsleben eine entscheidende Rolle spielen; 2. Verschmelzung des Bankkapitals mit dem Industriekapital und Entstehung einer Finanzoligarchie auf der Basis dieses »Finanzkapitals«; 3. der Kapitalexport, im Unterschied zum Warenexport, gewinnt besondere Bedeutung; 4. es bilden sich internationale monopolistische Kapitalistenverbände, die die Welt unter sich teilen, und 5. die territoriale Aufteilung der Erde unter die kapitalistischen Großmächte ist beendet. Der Imperialismus ist der Kapitalismus auf einer Entwicklungsstufe, auf der die Herrschaft der Monopole und des Finanzkapitals sich herausgebildet, der Kapitalexport eine hervorragende Bedeutung gewonnen, die Verteilung der Welt durch die internationalen Trusts begonnen hat und die Aufteilung des gesamten Territoriums der Erde zwischen den größten kapitalistischen Ländern abgeschlossen ist.

Wir werden später sehen, wie der Imperialismus anders definiert werden kann und muß, wenn man nicht nur die grundlegenden rein ökonomischen Begriffe (auf die sich die angeführte Definition beschränkt) im Auge behält, sondern auch den historischen Platz berücksichtigt, den dieses Stadium des Kapitalismus gegenüber dem Kapitalismus überhaupt einnimmt, oder das Verhältnis zwischen dem Imperialismus und den zwei Grundrichtungen innerhalb der Arbeiterbewegung. Es sei gleich bemerkt, daß der Imperialismus, in diesem Sinne aufgefaßt, zweifellos ein besonderes Entwicklungsstadium des Kapitalismus darstellt. Um dem Leser eine möglichst begründete Vorstellung vom Imperialismus zu geben, waren wir absichtlich bestrebt, möglichst viel Äußerungen *bürgerlicher* Ökonomen zu zitieren, die sich gezwungen sehen, besonders unbestreitbar feststehende Tatsachen aus der neuesten Ökonomik des Kapitalismus anzuerkennen. Zu demselben Zweck haben wir ausführliche statistische Daten angeführt, die zeigen, bis zu welchem Grade das Bankkapital angewachsen ist usw. und worin eben das Umschlagen von Quantität in Qualität, der Übergang des entwickelten Kapitalismus in den Imperialismus seinen Ausdruck gefunden hat. Es versteht sich von selbst, daß alle Grenzen der Natur und Gesellschaft bedingt und beweglich sind, so daß es sinnlos wäre, z. B. sich über die Frage herumzustreiten, seit welchem Jahr oder Jahrzehnt der Imperialismus als »endgültig« konsolidiert gelten kann.

Und dennoch muß man über die Definition des Imperialismus streiten und vor allem muß man dies mit dem führenden marxistischen Theoretiker aus der Epoche der sog. II. Internationale, d. h. des Vierteljahrhunderts von 1889–1914, mit Karl Kautsky.

Gegen die grundlegenden Ideen unserer Definition des Imperialismus wandte sich Kautsky ganz entschieden im Jahre

1915 und sogar schon im November 1914 mit der Erklärung, daß unter Imperialismus nicht eine »Phase« oder Stufe der Wirtschaft, sondern eine Politik, nämlich eine bestimmte, vom Finanzkapital »bevorzugte« Politik zu verstehen sei, daß der Imperialismus nicht mit dem »modernen Kapitalismus« »identifiziert« werden könne, daß, wenn man unter Imperialismus »alle Erscheinungen des modernen Kapitalismus« – Kartelle, Schutzzollsystem, Herrschaft der Finanzoligarchie, Kolonialpolitik – versteht, dann die Frage, ob der Imperialismus eine notwendige Folgeerscheinung des Kapitalismus sei, auf die »platteste Tautologie« hinauslaufe, denn unter dieser Voraussetzung sei der Imperialismus »natürlich eine Lebensnotwendigkeit für den Kapitalismus« usw. Kautskys Gedankengang läßt sich am besten darstellen, wenn wir seine Definition des Imperialismus zitieren, eine Definition, die sich direkt gegen das Wesen der von uns entwickelten Ideen wendet (denn die Einwände aus dem Lager der deutschen Marxisten, die jahrelang ähnliche Ideen propagierten, sind Kautsky längst als Einwände einer bestimmten Strömung innerhalb des Marxismus bekannt).

Kautskys Definition lautet:

»Der Imperialismus ist ein Produkt des hochentwickelten industriellen Kapitalismus. Er besteht in dem Drange jeder industriellen kapitalistischen Nation, sich ein immer größeres *agrarisches* (von Kautsky kursiv) Gebiet zu unterwerfen und anzugliedern, ohne Rücksicht darauf, von welchen Nationen es bewohnt wird.«

Diese Definition taugt zu rein gar nichts, denn sie ist einseitig, d. h. sie greift willkürlich einzig und allein die nationale Frage heraus (die an sich wie auch in ihrem Verhältnis zum Imperialismus zwar von höchster Wichtigkeit ist), verknüpft diese willkürlich und *unrichtig nur* mit dem Industriekapital in den Ländern, die andere Nationen annektieren, und schiebt ebenso willkürlich und unrichtig die Annexion von Agrargebieten in den Vordergrund.

Imperialismus ist Drang nach Annexionen – darauf läuft der *politische* Teil der Kautskyschen Definition hinaus. Er ist richtig, aber höchst unvollständig, denn politisch ist der Imperialismus überhaupt Drang nach Gewalt und Reaktion. Uns beschäftigt jedoch hier die *ökonomische* Seite der Frage, die Kautsky *selbst* in *seine* Definition hineinbrachte. Die Unrichtigkeiten in Kautskys Definition springen in die Augen. Für den Imperialismus ist ja gerade *nicht* das Industrie-, *sondern* das Finanzkapitel charakteristisch. Es ist kein Zufall, daß in Frankreich gerade die besonders rasche Entwicklung des *Finanz-* und gleichzeitige Schwächung des Industriekapitals seit den achtziger Jahren des vorigen Jahrhunderts eine äußerste Verschärfung der annexionistischen (Kolonial-) Politik hervorgerufen hat. Für den Imperialismus ist gerade das Bestreben charakteristisch, *nicht nur* Agrarländer zu annektieren, sondern auch höchst entwickelte Industriegebiete (Deutschlands Gelüste auf Belgien, Frankreichs auf Lothringen), denn erstens zwingt die vollzogene Verteilung der Erde, bei einer *Neuverteilung* nach *jedem* beliebigen Land zu greifen, und zweitens ist für den Imperialismus kennzeichnend, daß einige Großmächte um die Hegemonie wetteifern, d. h. bestrebt sind, Länder zu erbeuten nicht so sehr direkt für sich, als vielmehr zur Schwächung des Gegners und Untergrabung *seiner* Hegemonie (für Deutschland ist Belgien von besonderer Wichtigkeit als Stützpunkt gegen England; für England wiederum Bagdad als Stützpunkt gegen Deutschland usw.).

Kautsky beruft sich besonders – und mehrmals – auf die Engländer, die angeblich die rein politische Bedeutung des Begriffs Imperialismus in seinem, Kautskys, Sinne festgelegt hätten. Nehmen wir den Engländer Hobson; wir lesen in seinem 1902 erschienenen Werk »Imperialismus« folgendes:

»Der neue Imperialismus unterscheidet sich vom alten erstens dadurch, daß er an Stelle der Bestrebungen eines einzigen wachsenden Imperiums die Theorie und Praxis wetteifernder Imperien setzte, von denen jedes von den gleichen Wünschen nach politischer Expansion und Handelsvorteilen geleitet wird; und zweitens durch das Überwiegen der Finanzinteressen oder der Interessen der Kapitalanlage über die Handelsinteressen.«

Wir sehen also, daß Kautsky absolut im Unrecht ist, wenn er sich auf die Engländer im allgemeinen beruft (er könnte sich höchstens auf die vulgären englischen Imperialisten oder direkten Apologeten des Imperialismus berufen). Wir sehen auch, daß Kautsky, der darauf Anspruch erhebt, nach wie vor den Marxismus zu verteidigen, in der Tat einen Schritt rückwärts macht im Vergleich zum *Sozialliberalen* Hobson, der die zwei »historisch-konkreten« (Kautsky verhöhnt geradezu mit seiner Definition die historische Konkretheit!) Merkmale des modernen Imperialismus *richtiger* feststellt: 1. die Konkurrenz *einiger* Imperialismen und 2. die dominierende Rolle des Finanzmanns gegenüber dem Handelsmann. Wenn aber hauptsächlich davon die Rede ist, ein Industriestaat annektiere ein Agrarland, so wird damit die herrschende Rolle des Händlers hervorgehoben.

Kautskys Definition ist nicht nur unrichtig und unmarxistisch, sie dient als Begründung für ein ganzes System von Auffassungen, die sowohl mit der marxistischen Theorie als auch mit der marxistischen Praxis glatt brechen (darüber später). Ganz und gar unernst ist der von Kautsky entfachte Wortstreit, ob die neueste Stufe des Kapitalismus als Imperialismus oder als die Stufe des Finanzkapitals anzusprechen sei. Man nenne es, wie man will – darauf kommt es nicht an. Wesentlich ist, daß Kautsky die Politik des Imperialismus von seiner Ökonomie trennt, indem er von den Annexionen als der vom Finanzkapital »bevorzugten« Politik spricht und ihr eine andere, angeblich durchaus mögliche bürgerliche Politik auf derselben Basis des Finanzkapitals entgegenstellt. Es sieht so aus, als wären die Monopole in der Wirtschaft vereinbar mit einem nicht-monopolistischen, nicht-gewalttätigen, nicht-annexionistischen Verhalten in der Politik. Als wäre die territoriale Aufteilung der Welt, die gerade im Zeitalter des Finanzkapitals beendet wurde und die Grundlage für die Eigenart der jetzigen Formen des Wettkampfes zwischen den kapitalistischen Großstaaten bildet, mit einer nicht-imperialistischen Politik vereinbar. Das Resultat ist eine Vertuschung, eine Abstumpfung der fundamentalen Widersprüche innerhalb der jüngsten Stufe des Kapitalismus statt einer Enthüllung ihrer Tiefe, das Resultat ist bürgerlicher Reformismus statt Marxismus.

Kautsky polemisiert gegen Cunow, den deutschen Apologeten des Imperialismus und der Annexionen, dessen Gedankengang ebenso plump wie zynisch ist: der Imperialismus ist der moderne Kapitalismus; die Entwicklung des Kapitalismus ist unvermeidlich und fortschrittlich, folglich ist auch der Imperialismus fortschrittlich, und wir haben den Imperialismus anzubeten und zu lobpreisen. Dieser Gedankengang erinnert an das Zerrbild, das die Narodniki von den russischen Marxisten 1894/95 entwarfen: wenn die Marxisten den Kapitalismus in Rußland für unvermeidlich und fortschrittlich halten, so müßten sie halt Kneipen auftun und den Kapitalismus züchten. Kautsky »erwidert« Cunow: nein, der Imperialismus ist nicht der moderne Kapitalismus, sondern bloß eine Form der Politik des modernen Kapitalismus, und wir können und müssen diese Politik bekämpfen, können und müssen gegen den Imperialismus, gegen die Annexionen kämpfen usw.

Auf den ersten Blick erscheint dieser Einwand recht passabel, aber in Wirklichkeit bedeutet er eine feinere, verhülltere (und darum gefährlichere) Propaganda einer Versöhnung mit dem Imperialismus, denn ein »Kampf« gegen die Politik der Trusts und der Banken, der die wirtschaftlichen Grundlagen der Trusts und Banken unberührt läßt, läuft auf bürgerlichen Reformismus und Pazifismus hinaus, auf harmlose und fromme Wünsche. Sich über die bestehenden Widersprüche hinwegsetzen, die wichtigsten von ihnen vergessen, anstatt sie in ihrer ganzen Tiefe aufzudecken – das ist Kautskys Theorie, die mit dem Marxismus nichts gemein hat. Und so eine »Theorie« dient natürlich nur der Verfechtung der Idee der Einheit mit den Cunow!

Vom rein ökonomischen Standpunkt, meint Kautsky, sei es nicht ausgeschlossen, daß der Kapitalismus noch eine neue Phase durchmachen werde: Die Übertragung der Politik der Kartelle auf die Außenpolitik, die Phase des Ultra-Imperialismus, d. h. es sei die Möglichkeit »zu erwägen, ob die jetzige imperialistische Politik durch eine neue ultraimperialistische verdrängt werde, die an Stelle des Kampfes der nationalen Finanzkapitale untereinander die gemeinsame Ausbeutung der Welt durch das international verbündete Finanzkapital setzte«.

Auf diese »Theorie des Ultra-Imperialismus« müssen wir noch zurückkommen, um genau zu zeigen, bis zu welchem Grade sie entschieden und unwiderruflich mit dem Marxismus bricht. Entsprechend der ganzen Anlage dieser Studie müssen wir uns hier zunächst die genauen ökonomischen Daten über diese Frage ansehen. Ist ein »Ultra-Imperialismus« vom »rein ökonomischen Standpunkt« möglich, oder ist das Ultraunsinn?

Versteht man unter dem rein ökonomischen Standpunkt eine »reine« Abstraktion, so läuft alles, was sich da sagen läßt, auf die These hinaus: die Entwicklung bewegt sich in der Richtung der Monopole, also eines Weltmonopols, eines Welttrusts. Das ist unzweifelhaft richtig, aber ebenso nichtssagend wie der Hinweis, daß »die Entwicklung« sich in der Richtung zur Herstellung der Nahrungsmittel im Laboratorium »bewegt«. In diesem Sinne ist die »Theorie« des Ultra-Imperialismus ebensolcher Unsinn, wie es eine »Theorie der Ultra-Landwirtschaft« wäre.

Spricht man aber von den »rein ökonomischen« Bedingungen der Epoche des Finanzkapitals als von einer historisch-konkreten Epoche, die in den Anfang des 20. Jahrhunderts fällt, so erhalten wir die beste Antwort auf die toten Abstraktionen des »Ultra-Imperialismus« (die nur dem einen, höchst reaktionären Zwecke dienen, die Aufmerksamkeit von der Tiefe der *vorhandenen* Widersprüche abzulenken), wenn wir ihnen die konkrete ökonomische Wirklichkeit der modernen Weltwirtschaft gegenüberstellen. Kautskys leeres Geschwätz über Ultra-Imperialismus nährt u. a. den grundfalschen Gedanken, der Wasser auf die Mühle der Apologeten des Imperialismus ist, daß die Herrschaft des Finanzkapitals die Ungleichmäßigkeiten und die Widersprüche innerhalb der Weltwirtschaft *abschwäche*, während sie in Wirklichkeit diese *verstärkt*.

(Aus: A.W. Bd. 5, S. 74–81)

Die Kritik des Imperialismus fassen wir im weiten Sinne des Wortes auf, als die Stellung, die die verschiedenen Gesellschaftsklassen in Verbindung mit ihrer allgemeinen Ideologie der Politik des Imperialismus gegenüber einnehmen.

Auf der einen Seite die gigantischen Dimensionen des in wenigen Händen konzentrierten Finanzkapitals, das sich ein außergewöhnlich weit verzweigtes und dichtes Netz von Beziehungen und Verbindungen schafft, durch das es sich nicht nur die mittleren und die kleinen, sondern selbst die kleinsten Kapitalisten und Besitzer unterwirft; auf der anderen Seite der verschärfte Kampf mit den anderen nationalstaatlichen Finanzgruppen um die Verteilung der Welt und um die Herrschaft über andere Länder – all das bewirkt einen epidemieartigen Übergang aller besitzenden Klassen auf die Seite des Imperialismus. »Allgemeine« Begeisterung für seine Perspektiven, wütende Verteidigung des Imperialismus, seine Beschönigung in jeder nur möglichen Weise – das ist das Zeichen unserer Zeit. Die imperialistische Ideologie dringt auch in die Arbeiterklasse ein. Diese ist nicht durch eine chinesische Mauer von den anderen Klassen getrennt. Wenn die Führer der heutigen sogenannten »sozialdemokratischen« Partei Deutschlands mit Recht »Sozialimperialisten« genannt werden, d. h. Sozialisten des Wortes und Imperialisten der Tat, so hat Hobson in England bereits 1902 das Vorhandensein von »Fabian-Imperialisten« vermerkt, die der opportunistischen »Fabian Society« angehören.

Bürgerliche Gelehrte und Publizisten treten als Verfechter des Imperialismus gewöhnlich in etwas verhüllter Form auf, indem sie das völlige Dominieren des Imperialismus und seine tiefen Wurzeln vertuschen, dafür aber Einzelheiten und nebensächliche Details in den Vordergrund rücken, um die Aufmerksamkeit vom Wesentlichen abzulenken durch nicht ernst zu nehmende »Reformprojekte«, wie etwa Polizeiaufsicht über die Trusts oder Banken u. a. m. Seltener treten zynisch offene Imperialisten auf, die den Mut haben auszusprechen, wie unsinnig es ist, die Grundeigenschaften des Imperialismus reformieren zu wollen.

Wir wollen ein Beispiel anführen. Im »Weltwirtschaftlichen Archiv« befleißigen sich die deutschen Imperialisten, die nationalen Freiheitsbewegungen in den Kolonien, besonders natürlich in den nicht-deutschen, zu verfolgen. Sie registrieren die Gärung und Proteste in Indien, die Bewegung in Natal (Südafrika), in Holländisch-Indien usw. In einer Notiz über den englischen Bericht, der sich mit der am 28. bis 30. Juni 1910 in London abgehaltenen Konferenz unterdrückter Nationen und Rassen beschäftigt, an der Vertreter verschiedener von Fremden beherrschter Völker Asiens, Afrikas und Europas teilnahmen, schreibt einer dieser Imperialisten bei der Beurteilung der auf der Konferenz gehaltenen Reden:

»Der Imperialismus, so heißt es, soll bekämpft werden; die herrschenden Staaten sollen das Recht der unterworfenen Völker auf Selbstregierung anerkennen, und ein internationaler Gerichtshof soll die Handhabung der zwischen den Großmächten und den schwächeren Völkern geschlossenen Verträge überwachen. Über diese frommen Wünsche kommt man nicht hinaus. Von der Einsicht, daß der Imperialismus mit dem Kapitalismus in seiner heutigen Gestalt unzertrennlich verbunden ist, bemerken wir keine Spur und darum (!!) ebensowenig von der Einsicht, daß eine direkte Bekämpfung des Imperialismus aussichtslos ist, es sei denn, daß man sich darauf beschränkt, gegen einige besonders häßliche Exzesse aufzutreten.«

Weil ein Reformieren der Grundlagen des Imperialismus Betrug, »frommer Wunsch« ist, weil die bürgerlichen Vertreter der unterdrückten Nationen »darüber nicht hinaus« kommen, darum geht der bürgerliche Vertreter der unterdrückenden Nation zwar »darüber hinaus«, aber *rückwärts*, zur Liebdienerei vor dem Imperialismus, die mit »wissenschaftlichen« Prätensionen verbrämt wird. Auch eine »Logik«!

Die Fragen, ob eine Änderung der Grundlagen des Imperialismus durch Reformen möglich sei, ob man vorwärts zur weiteren Zuspitzung und Vertiefung der durch ihn erzeugten Widersprüche, oder zurück zu deren Abstumpfung, gehen solle, das sind Kernfragen der Kritik des Imperialismus. Da zu den politischen Besonderheiten des Imperialismus im Zusammenhang mit dem Druck der Finanzoligarchie und mit der Beseitigung der freien Konkurrenz Reaktion auf der ganzen Linie sowie Verstärkung der nationalen Unterdrückung gehören, so tritt mit dem Beginn des 20. Jahrhunderts in fast allen imperialistischen Ländern eine kleinbürgerlich-demokratische Opposition gegen den Imperialismus auf. Und der Bruch Kautskys und des weitverbreiteten internationalen Kautskyanertums mit dem Marxismus besteht gerade darin, daß Kautsky es nicht nur unterlassen und nicht verstanden hat, dieser kleinbürgerlichen, reformistischen, ökonomisch von Grund aus reaktionären Opposition entgegenzutreten, sondern, im Gegenteil, sich praktisch mit ihr vereinigt hat.

In den Vereinigten Staaten hat der imperialistische Krieg gegen Spanien im Jahre 1898 die Opposition der »Anti-Imperialisten« hervorgerufen; diese letzten Mohikaner der bürgerlichen Demokratie nannten diesen Krieg »verbrecherisch«, hielten die Annexion fremder Länder für einen Verfassungsbruch, erklärten die Behandlung des Eingeborenenführers auf den Philippinen, Aguinaldo, für einen »chauvinistischen Betrug« (man hatte ihm erst die Freiheit seines Landes versprochen, dann aber amerikanische Truppen landen lassen und die Philippinen annektiert), zitierten Lincolns Ausspruch:

»Wenn der Weiße sich selbst regiert, so ist das Selbstverwaltung; wenn er aber sich selbst und zugleich noch andere regiert, so ist das nicht mehr Selbstverwaltung, es ist Despotie.«

Aber solange diese ganze Kritik davor zurückscheute, die unlösliche Verbindung des Imperialismus mit den Trusts und folglich auch mit den Grundlagen des Kapitalismus zuzugeben, solange sie Angst hatte, sich den Kräften, die durch den Großkapitalismus und seine Entwicklung erzeugt werden, anzuschließen, solange blieb diese Kritik ein »frommer Wunsch«.

Von derselben Art ist die Grundeinstellung Hobsons in seiner Kritik des Imperialismus. Hobson nahm Kautsky vorweg, indem er sich gegen die »Unvermeidlichkeit des Imperialismus« wandte und sich auf die Notwendigkeit berief, »die Konsumtionsfähigkeit der Bevölkerung zu heben« (im Kapitalismus!). Den kleinbürgerlichen Standpunkt in der Kritik des Imperialismus, der Allmacht der Banken, der Finanzoligarchie usw. vertreten auch die von uns mehrfach zitierten Agahd, A. Lansburgh, L. Eschwege und unter den französischen Autoren Victor Berard, der Verfasser eines oberflächlichen Buches: »England und der Imperialismus«, das 1900 erschienen ist. Sie alle, die keine Marxisten sein wollen, stellen dem Imperialismus die freie Konkurrenz und die Demokratie entgegen, verurteilen das Abenteuer der Bagdadbahn, das zu Konflikten und zum Krieg führe, äußern »fromme Wünsche« nach Frieden usw. – bis hinauf zu dem Statistiker der internationalen Emissionen, A. Neymarck, der 1912, die Hunderte von Millionen Frank »internationaler« Werte aufzählend, ausrief:

»Ist es denkbar, daß der Friede gebrochen werden könnte? ... daß man bei diesen ungeheuren Zahlen riskieren würde, einen Krieg zu beginnen?...«

Bei bürgerlichen Ökonomen ist eine derartige Naivität nicht verwunderlich; für sie ist es obendrein auch *vorteilhaft*, so naiv zu tun und mit ernster Miene vom Frieden unter dem Imperialismus zu reden. Was ist aber bei Kautsky von Marxismus übriggeblieben, wenn er sich in den Jahren 1914, 1915, 1916 auf denselben bürgerlich-reformistischen Standpunkt stellt und behauptet, »alle« (Imperialisten, angebliche Sozialisten und Sozialpazifisten) seien in der Frage des Friedens »einig«? Statt einer Analyse und Aufdeckung der tiefen Widersprüche des Imperialismus sehen wir nichts als den reformistischen »frommen Wunsch«, sich mit Worten darüber hinwegzusetzen.

Hier ein Muster von Kautskys ökonomischer Kritik des Imperialismus. Er nimmt die Zahlen über Englands Ein- und Ausfuhrhandel mit Ägypten für die Jahre 1872 und 1912; es stellt sich heraus, daß diese Ein- und Ausfuhr langsamer wuchs als die gesamte Ein- und Ausfuhr Englands. Und Kautsky folgert daraus:

»Wir haben keine Ursache, anzunehmen, daß er (der Handel Englands mit Ägypten) ohne die militärische Besetzung Ägyptens durch das bloße Gewicht der ökonomischen Faktoren weniger gewachsen wäre.

... die Ausdehnungsbestrebungen der heutigen Staaten ... werden am besten nicht durch die gewalttätigen Methoden des Imperialismus, sondern durch die friedliche Demokratie gefördert...«

Diese Betrachtung Kautskys, die ihm sein russischer Schildknappe (und russischer Schützer der Sozialchauvinisten), Herr Spektator, in hundertfältigen Variationen nachplappert, bildet die Grundlage seiner Kritik des Imperialismus, und so müssen wir länger dabei verweilen. Wir beginnen mit einem Zitat aus Hilferding, dessen Schlußfolgerungen Kautsky mehrfach, auch im April 1915, als »allgemein von allen sozialistischen Theoretikern anerkannt« erklärte.

»... es ist nicht Sache des Proletariats — schreibt Hilferding —, der fortgeschrittenen kapitalistischen Politik gegenüber die überwundene der Freihandelsära und der Staatsfeindschaft entgegenzusetzen. Die Antwort des Proletariats auf die Wirtschaftspolitik des Finanzkapitals, den Imperialismus, kann nicht der Freihandel, kann nur der Sozialismus sein. Nicht das reaktionär gewordene Ideal der Wiederherstellung der freien Konkurrenz, sondern die völlige Aufhebung der Konkurrenz durch die Überwindung des Kapitalismus kann jetzt allein das Ziel proletarischer Politik sein.«

Kautsky hat mit dem Marxismus gebrochen, indem er für das Zeitalter des Finanzkapitals ein »reaktionär gewordenes Ideal«, die »friedliche Demokratie«, das »bloße Gewicht der ökonomischen Faktoren« predigt — denn *objektiv* drängt uns dieses Ideal zurück, vom monopolistischen zum nichtmonopolistischen Kapitalismus, es ist ein reformistischer Schwindel.

Der Handel mit Ägypten (oder mit einer anderen Kolonie oder Halbkolonie) »wäre« stärker »gewachsen« *ohne* militärische Besetzung, ohne Imperialismus, ohne Finanzkapital. Was bedeutet das? Doch, daß der Kapitalismus sich rascher entwickelt hätte, wenn die freie Konkurrenz nicht eingeschränkt gewesen wäre, weder durch Monopole überhaupt noch durch »Konnexionen« oder den Druck (d. h. wiederum das Monopol) des Finanzkapitals, noch durch den monopolistischen Kolonialbesitz einzelner Länder?

Einen anderen Sinn können Kautskys Betrachtungen nicht haben, und *dieser* »Sinn« ist ein Unsinn. Angenommen, Kautskys Behauptung *stimmte*, daß bei freier Konkurrenz, ohne irgendwelche Monopole, sich Kapitalismus und Handel schneller entwickeln *würden*. Aber je schneller die Entwicklung des Handels und des Kapitalismus vor sich geht, um so stärker ist die Konzentration der Produktion und des Kapitals, die das Monopol *erzeugt*. Und die Monopole sind ja *bereits* da, gerade *aus* der freien Konkurrenz entstanden! Selbst wenn die Monopole jetzt die Entwicklung zu hemmen begonnen haben, so ist das dennoch kein Beweis zugunsten der freien Konkurrenz, die unmöglich geworden ist, nachdem sie die Monopole erzeugt hat.

Wie immer man Kautskys Betrachtungen dreht und wendet, es kommt doch nichts anderes heraus als eine reaktionäre Einstellung und bürgerlicher Reformismus.

Wollte man diese Argumentation verbessern und sagen, wie es Spektator tut: der Handel der englischen Kolonien mit England entwickele sich jetzt langsamer als der Handel mit anderen Ländern — so würde dies ebenfalls Kautsky nicht retten. Denn England unterliegt *ebenfalls* dem Monopol, *ebenfalls* dem Imperialismus, nur dem eines anderen Landes (Amerikas, Deutschlands). Bekanntlich haben die Kartelle zu Schutzzöllen neuer, origineller Art geführt: es werden gerade diejenigen Produkte geschützt (das hat bereits Engels im III. Bd. des »Kapital« vermerkt), die exportfähig sind. Bekannt ist ferner das den Kartellen und dem Finanzkapital eigene System der Ausfuhr zu Schleuderpreisen, des »Dumping«, wie die Engländer sagen: im Inland verkauft das Kartell seine Erzeugnisse zu monopolistischen Höchstpreisen, im Ausland aber setzt es sie zu Schleuderpreisen ab, um die Konkurrenz zu untergraben und die eigene Produktion aufs höchste zu steigern usw. Wenn Deutschlands Handel mit den englischen Kolonien sich schneller entwickelt als der Englands, so beweist das lediglich, daß der deutsche Imperialismus frischer, kräftiger, organisierter und höher entwickelt ist als der englische, es beweist aber keineswegs die »Überlegenheit« des freien Handels, denn hier kämpft nicht Freihandel gegen Schutzzollsystem und Kolonialabhängigkeit, sondern Imperialismus gegen Imperialismus, Monopol gegen Monopol, Finanzkapital gegen Finanzkapital. Die Überlegenheit des deutschen Imperialismus gegenüber dem englischen ist stärker als die Mauer der Kolonialgrenzen oder der Schutzzölle; daraus einen einen »Beweis« *für* Freihandel und »friedliche Demokratie« zu konstruieren, ist abgeschmackt, heißt die fundamentalen Merkmale und Eigenschaften des Imperialismus vergessen, heißt an Stelle des Marxismus kleinbürgerlichen Reformismus setzen.

(Aus: A. W. Bd. 5, S. 93–99)

Die historische Stellung des Imperialismus

Wir haben gesehen, daß der Imperialismus seinem ökonomischen Wesen nach monopolistischer Kapitalismus ist. Dadurch allein schon ist die historische Stellung des Imperialismus bestimmt, denn das Monopol, das auf dem Boden der freien Konkurrenz und eben aus der freien Konkurrenz heraus entsteht, bedeutet den Übergang von der kapitalistischen zu einer höheren sozialen und ökonomischen Ordnung. Es sind insbesondere vier Hauptarten der Monopole oder Haupterscheinungen des monopolistischen Kapitalismus hervorzuheben, die für die in Betracht kommende Epoche charakteristisch sind.

Erstens: Das Monopol ist aus der Konzentration der Produktion auf einer sehr hohen Entwicklungsstufe entstanden. Das sind die monopolistischen Verbände der Kapitalisten: die Kartelle, Syndikate und Trusts. Wir sahen, welch gewaltige Rolle sie im heutigen Wirtschaftsleben spielen. Zu Beginn des 20. Jahrhunderts gewannen sie in den vorgeschrittenen Ländern das völlige Übergewicht, und wenn die ersten

Schritte auf dem Wege der Kartellierung zuerst von Ländern mit hohen Schutzzöllen (Deutschland, Amerika) getan wurden, so hat England mit seinem Freihandelssystem nur um ein weniges später dieselbe grundlegende Tatsache aufzuweisen: die Entstehung der Monopole aus der Konzentration der Produktion.

Zweitens: Die Monopole haben in verstärktem Maße zu einer Aneignung der wichtigsten Rohstoffquellen geführt, besonders in der ausschlaggebenden – und am meisten kartellierten – Industrie der kapitalistischen Gesellschaft: der Kohlen- und Eisenindustrie. Die monopolistische Beherrschung der wichtigsten Rohstoffquellen hat die Macht des Großkapitals ungeheuer gesteigert und den Gegensatz zwischen der kartellierten und nichtkartellierten Industrie verschärft.

Drittens: Das Monopol ist aus den Banken emporgewachsen. Diese haben sich aus bescheidenen Vermittlungsunternehmungen zu Monopolisten des Finanzkapitals gewandelt. Drei oder fünf Großbanken der erstbesten kapitalistisch am meisten entwickelten Nation haben zwischen Industrie- und Bankkapital eine »Personalunion« hergestellt und in ihrer Hand die Verfügungsgewalt über Millarden und aber Milliarden, die den größten Teil der Kapitalien und der Geldeinkünfte eines ganzen Landes ausmachen, konzentriert. Die Finanzoligarchie, die ein dichtes Netz von Abhängigkeitsbeziehungen über alle ökonomischen und politischen Institutionen der modernen bürgerlichen Gesellschaft ohne Ausnahme spannt, ist die krasseste Erscheinungsform dieses Monopols.

Viertens: Das Monopol ist aus der Kolonialpolitik entstanden. Zu den zahlreichen »alten« Motiven der Kolonialpolitik fügte das Finanzkapital noch hinzu den Kampf um Rohstoffquellen, um Kapitalausfuhr, um »Einflußsphären« – d. h. um Sphären für gewinnbringende Geschäfte, Konzessionen, Monopolprofite usw. – und schließlich um das Wirtschaftsgebiet überhaupt. Als z. B. erst der zehnte Teil von Afrika Kolonialbesitz der europäischen Mächte war, wie es noch 1876 der Fall war, da konnte sich die Kolonialpolitik auf nichtmonopolistische Weise entfalten, in Form einer sozusagen »freibeuterischen« Inbesitznahme des Landes. Als aber neun Zehntel

Afrikas bereits besetzt waren (gegen 1900), als die ganze Welt verteilt war, da begann unvermeidlich die Ära des monopolistischen Kolonialbesitzes und folglich auch eines besonders verschärften Kampfes um die Teilung und Umteilung der Welt.

Wie sehr der monopolistische Kapitalismus alle Widersprüche des Kapitalismus verschärft hat, ist allgemein bekannt. Es genügt, auf die Teuerung und auf den Druck der Kartelle hinzuweisen. Diese Zuspitzung der Gegensätze ist die mächtigste Triebkraft der geschichtlichen Übergangsperiode, die mit dem endgültigen Sieg des internationalen Finanzkapitals ihren Anfang genommen hat.

Monopol, Oligarchie, die Bestrebungen nach Herrschaft statt nach Freiheit, die Ausbeutung einer immer größeren Anzahl kleiner oder schwacher Nationen durch ganz wenige sehr reiche oder mächtige Nationen — all das erzeugte jene Merkmale des Imperialismus, die uns veranlassen, ihn als parasitären oder in Zersetzung befindlichen Kapitalismus zu kennzeichnen. Immer plastischer tritt als eine Tendenz des Imperialismus die Bildung des »Rentnerstaates«, des Wucherstaates hervor, dessen Bourgeoisie in steigendem Maße von Kapitalexport und »Kuponschneiden« lebt. Es wäre irrig zu glauben, daß diese Zersetzungstendenz ein rasches Wachstum des Kapitalismus ausschließe; durchaus nicht, einzelne Industriezweige, einzelne Schichten der Bourgeoisie und einzelne Länder offenbaren im Zeitalter des Imperialismus mehr oder minder stark bald die eine, bald die andere dieser Tendenzen. Im großen und ganzen wächst der Kapitalismus bedeutend schneller als früher, aber dieses Wachstum wird nicht nur im allgemeinen immer ungleichmäßiger, sondern die Ungleichmäßigkeit äußert sich auch im besonderen in der Zersetzung der kapitalkräftigsten Länder (England).

Über die Schnelligkeit der ökonomischen Entwicklung Deutschlands sagt Rießer, der Verfasser eines Werkes über die deutschen Großbanken:

»Der nicht gerade langsame Fortschritt der vorigen Epoche (1848—1870) verhält sich zu der Schnelligkeit, mit der Deutschlands Gesamtwirtschaft und mit ihr das deutsche

Bankwesen in dieser Periode (1870–1905) vorwärts kam, etwa so, wie das Tempo der Postkutsche des heiligen römischen Reiches deutscher Nation zu dem Fluge des heutigen Automobils, dessen ... Dahinsausen allerdings auch manchmal sowohl den harmlos dahinziehenden Fußgänger wie die Insassen selbst gefährdet.«

Aber gerade, weil dieses Finanzkapital so ungewöhnlich schnell gewachsen ist, hätte es seinerseits nichts dagegen, zu einem ›ruhigeren‹ Besitz der Kolonien überzugehen, die sich – nicht immer mit friedlichen Mitteln – den reicheren Nationen abnehmen ließen. In den Vereinigten Staaten ging die ökonomische Entwicklung in den letzten Jahrzehnten noch rascher vor sich als in Deutschland, und gerade *dank* diesem Umstand kamen die parasitären Züge des modernen amerikanischen Kapitalismus besonders kraß zum Vorschein. Anderseits zeigt ein Vergleich, sagen wir, der republikanischen amerikanischen Bourgeoisie mit der monarchistischen japanischen oder deutschen, daß auch der stärkste politische Unterschied im Zeitalter des Imperialismus im höchsten Grade abgeschwächt wird – nicht etwa, weil er an sich unwichtig wäre, sondern weil es sich in allen diesen Fällen um eine Bourgeoisie mit ausgesprochen parasitären Zügen handelt.

Dadurch, daß die Kapitalisten eines Industriezweiges unter vielen oder eines Landes unter vielen usw. hohe Monopolprofite herausschlagen, bekommen sie wirtschaftlich die Möglichkeit, einzelne Schichten der Arbeiter, vorübergehend sogar eine ziemlich bedeutende Minorität, zu bestechen und sie auf die Seite der Bourgeoisie des betreffenden Industriezweiges oder der betreffenden Nation gegen alle übrigen hinüberzuziehen. Diese Tendenz wird durch den verschärften Gegensatz zwischen den imperialistischen Nationen wegen der Aufteilung der Welt noch verstärkt. So entsteht der Zusammenhang zwischen Imperialismus und Opportunismus, eine Erscheinung, die sich am frühesten und krassesten in England auswirkte, weil dort gewisse imperialistische Züge der Entwicklung bedeutend früher als in anderen Ländern zum Vorschein kamen. Manche Schriftsteller, z. B. L. Martow, lieben es, über die Tatsache des Zusammenhangs zwischen dem Imperialismus und dem Opportunismus in der Arbeiterbewegung hinwegzugehen, obwohl diese Tatsache jetzt besonders augenfällig ist – und zwar mit »offiziell-optimistischen« (im Sinne Kautskys und Huysmans' liegenden) Argumenten folgender Art: die Sache der Gegner des Kapitalismus wäre hoffnungslos, wenn gerade der fortgeschrittene Kapitalismus zur Verstärkung des Opportunismus führte oder wenn gerade die bestbezahlten Arbeiter zum Opportunismus neigten usw. Man darf sich nicht über die Bedeutung eines solchen »Optimismus« täuschen: dieses ist ein Optimismus hinsichtlich des Opportunismus, ein Optimismus, der der Verhüllung des Opportunismus dient. In Wirklichkeit ist die besonders schnelle und besonders widerwärtige Entwicklung des Opportunismus keineswegs eine Garantie seines dauernden Sieges, wie auch die schnelle Entwicklung eines bösartigen Geschwürs an einem gesunden Organismus nur das Aufbrechen des Geschwürs, die Befreiung des Organismus von diesem beschleunigen kann. Am gefährlichsten sind in dieser Hinsicht Leute, die nicht verstehen wollen, daß der Kampf gegen den Imperialismus eine leere, verlogene Phrase ist, wenn er nicht unlöslich verknüpft ist mit dem Kampfe gegen den Opportunismus.

Aus allem, was über das ökonomische Wesen des Imperialismus gesagt wurde, folgt, daß er charakterisiert werden muß als Übergangskapitalismus, oder richtiger, als sterbender Kapitalismus. Höchst lehrreich ist in dieser Hinsicht, daß die Schlagworte der bürgerlichen Ökonomen, die den neuesten Kapitalismus beschreiben, »Verflechtung«, »Fehlen der Isoliertheit« usw. heißen; die Banken seien »Unternehmungen, die nach ihren Aufgaben und nach ihrer Entwicklung nicht einen rein privatwirtschaftlichen Charakter haben und die immer mehr aus der Sphäre der rein privatwirtschaftlichen Regelung herauswachsen«. Und derselbe Rießer, von dem diese Worte stammen, erklärt mit überaus ernster Miene, daß die »Voraussage« der Marxisten über die »Vergesellschaftung« sich »nicht verwirklicht« habe.

Was bedeutet dieses Wörtchen »Verflechtung«? Es erfaßt bloß den auffallendsten Zug des vor unseren Augen sich abspielenden Prozesses. Es zeigt, daß der Beobachter den Wald vor lauter Bäumen nicht sieht. Es kopiert sklavisch das Äußere, Zufällige, Chaotische, es verrät uns in dem Beobachter einen Menschen, der von seinem unverarbeiteten Material erdrückt wird und sich in dessen Sinn und Bedetung absolut nicht zurechtfindet. »Zufällig verflechten sich« der Aktienbesitz, die Beziehungen der Privatbesitzer. Aber das, was dieser Verflechtung zugrunde liegt, was ihre Grundlage bildet, sind die sich verändernden gesellschaftlichen Produktionsverhältnisse. Wenn aus einem Großbetrieb ein Riesenbetrieb wird, der planmäßig, aufgrund genau errechneter Massendaten, die Lieferung des ursprünglichen Rohmaterials im Umfange von zwei Dritteln oder drei Vierteln des ganzen Bedarfs für Dutzende von Millionen der Bevölkerung organisiert; wenn die Beförderung dieses Rohstoffs nach den bequemsten Produktionsstätten, die mitunter Hunderte und Tausende Kilometer voneinander entfernt sind, organisiert wird; wenn von einer Zentralstelle aus alle aufeinanderfolgenden Stufen der Verarbeitung des Materials bis zur Herstellung der verschiedenartigsten Fertigfabrikate geregelt werden; wenn die Verteilung dieser Produkte auf Dutzende und Hunderte von Millionen Konsumenten nach einem einzigen Plan geschieht (Petroleumabsatz in Amerika und in Deutschland durch den amerikanischen Petroleumtrust) – dann wird es einleuchtend, daß wir es mit einer Vergesellschaftung der Produktion zu tun haben und durchaus nicht mit einer einfachen »Verflechtung«; daß privatwirtschaftliche und Privateigentumsverhältnisse eine Hülle darstellen, die ihrem Inhalt bereits nicht mehr entspricht und daher unvermeidlich in Zersetzung geraten muß, wenn ihre Beseitigung künstlich verzögert wird; daß sie sich zwar verhältnismäßig lange in diesem Fäulniszustand halten kann (falls unglücklicherweise die Gesundung vom opportunistischen Geschwür auf sich warten lassen sollte), aber dennoch unvermeidlich beseitigt werden wird.

Schulze-Gaevernitz, ein begeisterter Anbeter des deutschen Imperialismus, ruft aus:

»Ist die letzte Leitung der deutschen Bankwelt einem Dutzend von Männern anvertraut, so ist deren Tätigkeit schon heute für das Volkswohl bedeutsamer als die der meisten Staatsminister« (die »Verflechtung« der Bankmänner, Minister, Großindustriellen und Rentner vergißt man hier lieber ...). »Denken wir uns die aufgewiesenen Entwicklungstendenzen bis zum letzten erreicht: das Geldkapital der Nation in den Banken vereinigt, dieses selbst kartellmäßig verbunden, das Anlagekapital der Nation in Effektenform gegossen. Dann verwirklicht sich das geniale Wort St. Simons: ›Die heutige Anarchie in der Produktion, die der Tatsache entspringt, daß sich die ökonomischen Beziehungen ohne einheitliche Regelung abwickeln, muß einer Organisation der Produktion weichen. Es werden nicht mehr isolierte Unternehmer sein, die unabhängig voneinander, ohne Kenntnis der ökonomischen Bedürfnisse des Menschen, die Produktionsgestaltung bewirken, sondern diese wird einer sozialen Institution zufallen. Eine zentrale Verwaltungsbehörde, die von erhöhtem Standpunkt aus das weite Gebiet der sozialen Ökonomie zu überblicken vermag, wird diese in einer der Gesamtheit dienlichen Weise regulieren und die Produktionsmittel den geeigneten Händen überweisen, namentlich wird sie für eine ständige Harmonie zwischen Produktion und Konsumtion sorgen. Es gibt Institutionen, die eine gewisse Organisation der wirtschaftlichen Arbeit in ihren Aufgabenkreis einbezogen haben: die *Banken*!‹ Noch sind wir von der Verwirklichung dieses Wortes entfernt, aber wir befinden uns auf dem Wege zu seiner Verwirklichung — Marxismus anders, und doch nur in der Form anders, als Marx sich ihn dachte!«

Man muß schon sagen: eine schöne »Widerlegung« von Marx, die einen Schritt rückwärts macht — von der exakten wissenschaftlichen Analyse Marxens zur Vorahnung St. Simons, die zwar genial, aber doch nur eine Vorahnung war.

Januar–Juli 1916

(A. W. Bd. 5, S. 106–112)

Der Imperialismus und die Spaltung des Sozialismus

Gibt es einen Zusammenhang zwischen dem Imperialismus und jenem ungeheuerlichen und widerwärtigen Sieg, den der Opportunismus (in Gestalt des Sozialchauvinismus) über die Arbeiterbewegung in Europa davongetragen hat?

Das ist die Grundfrage des modernen Sozialismus. Und nachdem wir in unserer Parteiliteratur erstens den imperialistischen Charakter unserer Epoche und dieses Krieges und zweitens den unlösbaren historischen Zusammenhang des Sozialchauvinismus mit dem Opportunismus wie auch ihren gleichen politischen Ideengehalt vollkommen festgestellt haben, können und müssen wir zur Analyse dieser Grundfrage übergehen.

Wir müssen mit einer möglichst genauen und vollständigen Bestimmung des Imperialismus beginnen. Der Imperialismus ist ein besonderes historisches Stadium des Kapitalismus. Diese Besonderkeit ist eine dreifache: Der Imperialismus ist: (1) monopolistischer Kapitalismus; (2) parasitärer oder in Fäulnis übergehender Kapitalismus; (3) sterbender Kapitalismus. Die Ablösung der freien Konkurrenz durch das Monopol ist der grundlegende ökonomische Zug, das *Wesen* des Imperialismus. Die Monopolherrschaft offenbart sich in fünf Hauptformen: 1. Kartelle, Syndikate und Truste; die Konzentration der Produktion hat eine Stufe erreicht, auf der sie diese monopolistischen Kapitalistenverbände hervorgebracht hat; 2. die Monopolstellung der Großbanken: drei bis fünf Riesenbanken beherrschen das ganze Wirtschaftsleben Amerikas, Frankreichs, Deutschlands; 3. Aneignung der *Rohstoff*quellen durch die Truste und die Finanzoligarchie (das Finanzkapital ist das monopolistische Industriekapital, das sich mit dem Bankkapital verschmolzen hat); 4. die (ökonomische) Aufteilung der Welt durch die internationalen Kartelle hat *begonnen.* Solche internationalen Kartelle, die den *gesamten* Weltmarkt beherrschen und ihn »gütlich« aufteilen – solange der Krieg ihn nicht *neu* verteilt –, gibt es bereits über *hundert!* Der Kapitalexport als besonders charakteristische Erscheinung zum Unterschied vom Warenexport des nichtmonopolistischen Kapitalismus steht in engem Zusammenhang mit der wirtschaftlichen und politisch-territorialen Aufteilung der Welt; 5. die territoriale Aufteilung der Welt (Kolonien) ist *abgeschlossen.*

Der Imperialismus als höchstes Stadium des Kapitalismus in Amerika und Europa und später auch in Asien hat in den Jahren 1898—1914 feste Gestalt angenommen. Der spanisch-amerikanische Krieg (1898), der Burenkrieg (1900—1902), der russisch-japanische Krieg (1904—1905) und die Wirtschaftskrise in Europa im Jahre 1900 — das sind die wichtigsten historischen Marksteine der neuen Epoche der Weltgeschichte.

Daß der Imperialismus ein parasitärer oder in Fäulnis übergehender Kapitalismus ist, zeigt sich vor allem in der Tendenz zur Fäulnis, die *jedes* Monopol unter der Herrschaft des Privateigentums an Produktionsmitteln kennzeichnet. Der Unterschied zwischen der republikanisch-demokratischen und der monarchistisch-reaktionären imperialistischen Bourgeoisie wird eben darum verwischt, weil die eine sowohl wie die andere bei lebendigem Leibe verfault (was die erstaunlich rasche Entwicklung des Kapitalismus in einzelnen Industriezweigen, in einzelnen Ländern, in einzelnen Perioden keineswegs ausschließt). Zweitens äußert sich die Fäulnis des Kapitalismus in der Bildung einer gewaltigen Schicht von *Rentnern,* von Kapitalisten, die vom »Kuponschneiden« leben. In den vier fortgeschrittensten imperialistischen Ländern, in England, Nordamerika, Frankreich und Deutschland beträgt das Kapital in Wertpapieren je 100 bis 150 *Milliarden* Frank, was ein Jahreseinkommen von mindestens 5 bis 8 Milliarden pro Land ausmacht. Drittens ist Kapitalexport ins Quadrat erhobener Parasitismus. Viertens »strebt das Finanzkapital nach Herrschaft, nicht nach Freiheit«. Politische Reaktion auf der *ganzen* Linie ist eine Eigenschaft des Imperialismus. Käuflichkeit, Bestechung in ungeheuren Ausmaßen, Panamas jeder Art. Fünftens verwandelt die Ausbeutung der unterdrückten Nationen, die mit Annexionen untrennbar verknüpft ist, und insbesondere die Ausbeutung der Kolonien durch ein Häuflein von »Großmächten« die »zivilisierte« Welt immer mehr in einen Schmarotzer an dem Körper von Hunderten von Millionen Angehöriger unzivilisierter Völker. Der römische Proletarier lebte auf Kosten der Gesellschaft. Die jetzige Gesellschaft lebt auf Kosten des modernen Proletariers. Diese tiefgehende Bemerkung Sismondis pflegte Marx besonders zu unterstreichen. Der Imperialismus verändert die Sachlage einigermaßen. Die privilegierte Schicht des Proletariats der imperialistischen Mächte lebt zum Teil auf Kosten von Hunderten von Millionen Angehöriger unzivilisierter Völker.

Es ist begreiflich, warum der Imperialismus *sterbender* Kapitalismus ist, der den *Übergang* zum Sozialismus darstellt: das *aus* dem Kapitalismus hervorwachsende Monopol ist *bereits* das Sterben des Kapitalismus, der Beginn seines Überganges in den Sozialismus. Die gewaltige *Vergesellschaftung* der Arbeit durch den Imperialismus (das, was seine Apologeten, die bürgerlichen Ökonomen, »Verflechtung« nennen) bedeutet dasselbe.

Wenn wir den Imperialismus so bestimmen, gelangen wir in vollen Gegensatz zu K. Kautsky, der es ablehnt, im Imperialismus eine »Phase des Kapitalismus« zu sehen, und den Imperialismus definiert als die vom Finanzkapital »bevorzugte« *Politik*, als das Bestreben der »industriellen« Länder, »agrarische« Länder zu annektieren[1]. Diese Definition Kautskys ist theoretisch durch und durch falsch. Die Besonderheit des Imperialismus ist gerade die Herrschaft *nicht* des Industrie-, sondern des Finanzkapitals, das Bestreben, *nicht* nur Agrarländer, sondern *jedwede* Länder zu annektieren. Kautsky *trennt* die Politik des Imperialismus von seiner Ökonomie, trennt den Monopolismus in der Politik von dem Monopolismus in der Ökonomie, um seinem banalen bürgerlichen Reformismus, wie der »Entwaffnung«, dem »Ultra-Imperialismus« und ähnlichem Unsinn, den Weg zu ebnen. Sinn und Zweck dieser theoretischen Verfälschung läuft ganz darauf hinaus, die *tiefsten* Gegensätze im Imperialismus zu

1 „Der Imperialismus ist ein Produkt des hochentwickelten industriellen Kapitalismus. Er besteht in dem Drange jeder industriellen kapitalistischen Nation, sich ein immer größeres *agrarisches* Gebiet zu unterwerfen und anzugliedern, ohne Rücksicht darauf, von welchen Nationen es bewohnt wird." (Kautsky in „Neue Zeit", 11. September 1914.)

vertuschen und auf diese Weise die Theorie der »Einheit« mit den Apologeten des Imperialismus, den offenen Sozialchauvinisten und Opportunisten, zu rechtfertigen.

Mit diesem Bruch Kautskys mit dem Marxismus haben wir uns bereits im »Sozialdemokrat« wie auch im »Kommunist« hinreichend befaßt. Unsere russischen Kautskyaner, die OK-Leute mit Axelrod und Spektator an der Spitze, Martow und in bedeutendem Maße auch Trotzki nicht ausgenommen, haben es vorgezogen, die Frage des Kautskyanertums als einer Richtung mit Schweigen zu umgehen. Sie wagten nicht, zu verteidigen, was Kautsky während des Krieges geschrieben hat, und beschränkten sich entweder auf eine einfache Lobpreisung Kautskys (Axelrod in seiner deutschen Broschüre, die das OK russisch zu veröffentlichen *versprach*) oder auf Hinweise auf Privatbriefe Kautskys (Spektator), in denen er versichert, daß er zur Opposition gehöre, und jesuitisch seine chauvinistischen Erklärungen als bedeutungslos darzustellen sucht.

Wir stellen fest, daß die »Auffassung« Kautskys vom Imperialismus — die einer Beschönigung gleichkommt — ein Rückschritt ist nicht nur gegenüber Hilferdings »Finanzkapital« (wie eifrig Hilferding selbst Kautsky und die »Einheit« mit den Sozialchauvinisten auch verteidigen mag!), sondern auch gegenüber dem *Sozialliberalen* J. A. Hobson. Dieser englische Ökonom, der nicht im geringsten auf die Bezeichnung Marxist Anspruch erhebt, definiert in seinem Werk aus dem Jahre 1902 [2] den Imperialismus viel tiefer und enthüllt dessen Widersprüche viel gründlicher. Sehen wir, was dieser Schriftsteller (bei dem man fast alle pazifistischen und auf »Versöhnung« gerichteten Banalitäten Kautskys finden kann) zu der besonders wichtigen Frage des parasitären Charakters des Imperialismus schreibt:

Zweierlei Umstände haben nach Hobsons Meinung die Macht der alten Weltreiche geschwächt: 1. der »ökonomische Parasitismus« und 2. die Zusammensetzung des Heeres aus abhängigen Völkern.

2 J. A. Hobson, „Imperialism", London 1902.

»Der erste Umstand ist die Gewohnheit des ökonomischen Parasitismus, kraft dessen der herrschende Staat seine Provinzen, Kolonien und abhängigen Länder ausnutzt zur Bereicherung seiner herrschenden Klasse und zur Bestechung seiner niederen Klassen, um diese in Ruhe zu halten.«

Über den zweiten Umstand schreibt Hobson:

»Zu den seltsamsten Symptomen der Blindheit des Imperialismus« (im Munde des Sozialliberalen Hobson sind diese Weisen von der »Blindheit« der Imperialisten mehr am Platze als bei dem »Marxisten« Kautsky) »gehört jene Sorglosigkeit, mit der Großbritannien, Frankreich und andere imperialistische Nationen diesen Weg beschreiten. Großbritannien ist weiter als alle gegangen. Den größten Teil der Schlachten, durch die wir unser indisches Reich erobert haben, haben unsere Eingeborenenarmeen geschlagen; in Indien – und in der letzten Zeit auch in Ägypten – befinden sich große stehende Heere unter britischem Kommando; fast alle Kriege, die mit der Eroberung Afrikas, mit Ausnahme seines südlichen Teils, verbunden sind, haben Eingeborene für uns geführt.«

Die Perspektive der Aufteilung Chinas veranlaßte Hobson zu der folgenden ökonomischen Einschätzung:

»Der größte Teil Westeuropas würde dann die Gestalt und den Charakter annehmen, die jetzt Teile dieser Länder – Süd-England, die Riviera, die am meisten von Touristen frequentierten und von reichen Leuten bewohnten Plätze Italiens und der Schweiz – haben, nämlich: ein Häuflein reicher Aristokraten, die Dividenden und Renten aus dem Fernen Orient beziehen, daneben eine etwas größere Gruppe von Angestellten und Händlern und eine noch größere Anzahl von Domestiken und Arbeitern, die im Transportgewerbe und in der Fertigwarenindustrie beschäftigt sind. Die wichtigsten Industriezweige jedoch würden verschwinden und die Massenprodukte der Ernährung, die Massenhalbfabrikate würden als Tribut aus Asien und Afrika fließen ... Solcher Art sind die Möglichkeiten, die eine weitergehende Vereinigung der Weststaaten, eine europäische Föderation der Großmächte vor uns eröffnet; sie würde die Sache der Weltzivilisation nicht nur nicht vorwärtsbringen, sondern die ungeheure Gefahr eines westlichen Parasitismus heraufbeschwören: die Aussonderung einer Gruppe vorgeschrittener Industrienationen, deren höhere Klasse aus Asien und Afrika gewaltige Tribute beziehen und mit Hilfe dieser Tribute große gezähmte Massen von Angestellten und Untergebenen unterhalten, die aber nicht mehr mit der Produktion von landwirtschaftlichen und industriellen Massenartikeln, sondern mit persönlichen Diensten oder mit untergeordneter Industriearbeit unter der Kontrolle einer neuen Finanzaristokratie beschäftigt werden. Mögen diejenigen, die geneigt sind, eine solche Theorie« (es müßte heißen Perspektive) »als nicht erwähnenswert mit einer Handbewegung abzutun, sich in die wirtschaftlichen und sozialen Verhältnisse jener Bezirke des heutigen Süd-Englands hineindenken, die bereits jetzt in eine solche Lage geraten sind. Mögen sie bedenken, welche gewaltige Ausdehnung dieses Systems ermöglicht wird, wenn China der wirtschaftlichen Kontrolle ähnlicher Gruppen von Finanziers, von ›Kapitalinvestoren‹, ihren politischen und kommerziell-industriellen Angestellten unterworfen würde, die aus dem potentiell stärksten Reservoir, das die Welt je gekannt hat, Profite herauspressen, um diese Profite in Europa zu verzehren. Freilich, die Situation ist viel zu kompliziert, das Spiel der Weltkräfte läßt sich viel zu schwer überschauen, als daß diese oder jene Deutung der Zukunft nach einer einzigen Richtung sehr wahrscheinlich wäre. Aber die Einflüsse, die gegenwärtig den Imperialismus Westeuropas beherrschen, bewegen sich in dieser Richtung, und wenn sie auf keinen Widerstand stoßen, wenn sie nicht nach einer anderen Seite abgelenkt werden, dann arbeiten sie eben in der Richtung eines solchen Ausganges.«

Der Sozialliberale Hobson sieht nicht, daß diesen »Widerstand« *nur* das revolutionäre Proletariat leisten kann, und zwar *nur* in der Form der sozialen Revolution. Dafür ist er ja auch ein Sozialliberaler! Doch beurteilte er schon im Jahre 1902 in ausgezeichneter Weise sowohl die Bedeutung der »Vereinigten Staaten von Europa« (dem Kautskyaner Trotzki zur Kenntnis!) als auch all das, was die *heuchlerischen Kautskyaner* der verschiedenen Länder zu vertuschen suchen: daß die *Opportunisten* (Sozialchauvinisten) zusammen mit der imperialistischen Bourgeoisie *gerade* auf die Schaffung eines imperialistischen Europas auf den Schultern Asiens und Afrikas hinarbeiten, daß die *Opportunisten* objektiv den Teil der Kleinbourgeoisie und bestimmter Schichten der Arbeiterklasse darstellen, der auf Kosten der imperialistischen Extraprofite *bestochen* und zum *Kettenhund* des Kapitalismus und zum *Verderber* der Arbeiterklasse gemacht worden ist.

Auf diesen wirtschaftlichen, am tiefsten gehenden Zusammenhang eben zwischen der imperialistischen Bourgeoisie und dem Opportunismus, der jetzt (ob für lange?) über die Arbeiterbewegung den Sieg davongetragen hat, haben wir nicht nur in Artikeln, sondern auch in Resolutionen unserer Partei wiederholt hingewiesen. Daraus folgerten wir unter anderem die Unvermeidlichkeit des Bruches mit dem Sozialchauvinismus. Unsere Kautskyaner zogen es vor, die Frage zu umgehen! Martow z. B. operierte schon in seinen Vorträgen mit dem Sophismus, der in den »Iswestija« des Auslandssekretariats des OK (Nr. 4 vom 10. April 1916) folgendermaßen ausgedrückt ist:

»... Es wäre um die Sache der revolutionären Sozialdemokratie sehr schlecht, ja trostlos bestellt, wenn die ihrer geistigen Entwicklung nach der ›Intelligenz‹ am nächsten stehenden und qualifiziertesten Gruppen der Arbeiter zwangsläufig von ihr zum Opportunismus übergingen.«

Mit Hilfe des naiven Wörtchens »zwangsläufig« und einer gewissen kleinen Unterschiebung wird die *Tatsache umgangen*, daß *bestimmte* Schichten der Arbeiter zum Opportunismus und zur imperialistischen Bourgeoisie *übergegangen sind!* Die Sophisten des OK wollen ja aber nur diese Tatsache *umgehen!* Sie gehen über sie mit jenem »amtlichen Optimismus« hinweg, mit dem jetzt auch die Kautskyaner Hilferding und viele andere paradieren: die objektiven Verhältnisse leisten ja Gewähr für die Einheit des Proletariats und den Sieg der revolutionären Strömung! Wir sind ja, was das Proletariat angeht, »Optimisten«!

In Wirklichkeit aber sind sie, alle diese Kautskyaner, Hilferding, die OK-Leute, Martow und Konsorten, »*Optimisten*

. . ., was den *Opportunismus* angeht. Das ist der Kern der Sache!

Das Proletariat ist ein Kind des Kapitalismus, des Weltkapitalismus und nicht nur des europäischen oder nur des imperialistischen Kapitalismus. Im Weltmaßstabe – ob 50 Jahre früher oder 50 Jahre später, das ist, von *diesem* Standpunkte aus gesehen, eine Nebenfrage – »wird« das »Proletariat« natürlich einig sein, und innerhalb des Proletariats wird die revolutionäre Sozialdemokratie »unausbleiblich« siegen. Nicht das ist die Frage, ihr Herren Kautskyaner, sondern es handelt sich darum, daß *ihr* jetzt in den imperialistischen Ländern Europas *Lakaiendienste* den Opportunisten leistet, die dem Proletariat als Klasse *fremd* gegenüberstehen, die Diener, Agenten, Schrittmacher des Einflusses der Bourgeoisie sind, von denen sich die Arbeiterbewegung *befreien muß*, wenn sie nicht eine *bürgerliche Arbeiterbewegung* bleiben soll. Eure Propagierung der »Einheit« mit den Opportunisten, mit den Legien und David, den Plechanow oder Tschchenkeli und Potressow usw. ist objektiv eine Verteidigung der *Versklavung* der Arbeiter durch die imperialistische Bourgeoisie mit Hilfe ihrer besten Agenten in der Arbeiterbewegung. Der Sieg der revolutionären Sozialdemokratie im Weltmaßstabe ist absolut unausbleiblich, aber er kommt und wird kommen, er vollzieht sich und wird sich vollziehen nur *gegen* euch, er wird ein Sieg *über* euch sein.

Jene zwei Tendenzen, ja *zwei* Parteien in der modernen Arbeiterbewegung, die sich 1914–1916 in der ganzen Welt so offensichtlich voneinander getrennt haben, sind von *Engels und Marx in England* im Verlaufe einer Reihe von *Jahrzehnten*, ungefähr von 1858–1892, *genau verfolgt* worden.

Weder Marx noch Engels haben die imperialistische Ära des Weltkapitalismus erlebt, die erst in den Jahren 1898 bis 1900 beginnt. Aber eine Eigentümlichkeit Englands war schon seit der Mitte des XIX. Jahrhunderts der Umstand, daß mindestens *zwei* der wichtigsten Merkmale des Imperialismus dort vorhanden waren: (1) unermeßliche Kolonien und (2) Monopolprofite (infolge der Monopolstellung auf dem Weltmarkt). In beiden Beziehungen war England damals ein Ausnahmefall unter den kapitalistischen Ländern, und Engels und Marx, die diesen Ausnahmefall analysierten, wiesen vollkommen klar und bestimmt auf seinen *Zusammenhang* mit dem (vorübergehenden) Sieg des Opportunismus in der englischen Arbeiterbewegung hin.

In einem Brief an Marx vom 7. Oktober 1858 schrieb Engels, daß

»das englische Proletariat faktisch mehr und mehr verbürgert, so daß diese bürgerlichste aller Nationen es schließlich dahin bringen zu wollen scheint, eine bürgerliche Aristokratie und ein bürgerliches Proletariat *neben* der Bourgeoisie zu besitzen. Bei einer Nation, die die ganze Welt exploitiert, ist das allerdings gewissermaßen gerechtfertigt.« [3]

In einem Brief an Sorge vom 21. September 1872 teilt Engels mit, Hales habe im Föderalrat der Internationale großen Skandal geschlagen und Marx ein Tadelsvotum angehängt, weil er sagte, »die englischen Arbeiterführer wären verkauft«.

Marx schreibt an Sorge am 4. April 1874:

»Was die städtischen Arbeiter (in England) betrifft, so ist zu bedauern, daß das ganze Führerpack nicht ins Parlament kam. Es ist der sicherste Weg, sich des Gesindels zu entledigen.« [4]

Engels spricht in einem Brief an Marx vom 11. August 1881 von »jenen schlimmsten englischen Gewerkschaften, die sich von Leuten führen lassen, die von der Bourgeoisie gekauft sind oder zum mindesten von ihr bezahlt werden«. In einem Brief an Kautsky vom 12. September 1882 schrieb Engels:

»Sie fragen mich, was die englischen Arbeiter von der Kolonialpolitik denken? Nun, genau dasselbe, was sie von der Politik überhaupt denken; es gibt hier ja keine Arbeiterpartei, es gibt hier nur Konservative und liberale Radikale, und die Arbeiter zehren flott mit von dem Weltmarkts- und Kolonialmonopol Englands.« [5]

---

3 Marx-Engels, Werke; Berlin 1956 ff., Bd. 29, S. 358.
4 A.a.O Bd. 33, S. 635. Der Brief ist aber 4. August 1874 datiert.
5 A.a.O. Bd. 35, S. 20 (englisch im Original) und S. 357.

Am 7. Dezember 1889 schreibt Engels an Sorge:

»Das Widerwärtigste hier ist die den Arbeitern tief ins Fleisch gewachsene bürgerliche ›respectability‹ (Ehrbarkeit) ... Selbst Tom Mann, den ich für den bravsten halte, spricht gern davon, daß er mit dem Lord Mayor lunchen wird. Wenn man dagegen die Franzosen hält, merkt man doch, wozu eine Revolution gut ist.«

In einem Brief vom 19. April 1890:

»Die Bewegung (der Arbeiterklasse in England) geht *unter* der Oberfläche fort, ergreift immer weitere Schichten und gerade meist unter der bisher stagnierenden *untersten* (gesperrt von Engels) Masse, und der Tag ist nicht mehr fern, wo diese Masse plötzlich *sich selbst findet*, wo es ihr aufleuchtet, daß sie diese kolossale sich bewegende Masse ist.«

Am 4. März 1891:

»Mißerfolg des gesprengten Docker-Verbandes, die ›alten‹ konservativen Trade Unions, die *reichen* und eben deswegen feigen, bleiben allein auf dem Plan ...«

Am 14. September 1891:

»Auf dem New-Castler Kongreß der Trade Unions sind die alten Unionisten, die Gegner des Achtstundentages, gescheitert »und die Bourgeoisieblätter erkennen die Niederlage der *bürgerlichen Arbeiterpartei* vollständig ... an« (Kursiv überall von Engels).[6]

Daß Engels diese Gedanken, die er im Verlaufe von Jahrzehnten oft wiederholte, auch öffentlich, in der Presse, zum Ausdruck gebracht hat, beweist sein Vorwort zur zweiten Auflage der »Lage der arbeitenden Klasse in England« aus dem Jahre 1892. Hier spricht er von einer »Aristokratie in der Arbeiterklasse«, von einer »bevorrechteten Minderheit« im Gegensatz zur »großen Masse« der Arbeiter. Eine »kleine privilegierte, geschützte Minorität« der Arbeiterklasse hatte allein »dauernde Vorteile« von der privilegierten Lage Englands in den Jahren 1848–1868, während die »große Masse im besten Fall nur eine vorübergehende Verbesserung ihrer Lage erfuhr« ... »Mit dem Zusammenbruch des industriellen Mono-

6 A.a.O. Bd. 37, S. 321, S. 394. Bd. 38, S. 46, S. 158.

pols wird die englische Arbeiterklasse diese bevorrechtete Stellung verlieren ...« Die Mitglieder der »neuen« Unionen, der Organisationen ungelernter Arbeiter, »haben einen unermeßlichen Vorteil: ihre Gemüter sind noch jungfräulicher Boden, gänzlich frei von den ererbten, ›respektablen‹ Bourgeoisvorurteilen, die die Köpfe der bessergestellten ›alten Unionisten‹ verwirren« ... Die »sogenannten Arbeitervertreter« sind in England Leute, »denen man ihre Arbeiterqualität verzeiht, weil sie selbst sie gern im Ozean ihres Liberalismus ertränken möchten ...«

Wir haben die einschlägigen Äußerungen von Marx und Engels mit Absicht ziemlich ausführlich zitiert, damit die Leser sie in ihrer *Gesamtheit* studieren können. Und man muß sie studieren, es lohnt, sich aufmerksam in sie hineinzudenken. Denn darin liegt der *Kern* jener Taktik in der Arbeiterbewegung, die von den objektiven Verhältnissen der imperialistischen Epoche vorgeschrieben wird.

Kautsky hat auch hier schon versucht, »das Wasser zu trüben« und den Marxismus durch ein süßliches Paktieren mit den Opportunisten zu ersetzen. In der Polemik gegen die offenen und naiven Sozialimperialisten (vom Schlage Lenschs), die den Krieg von seiten Deutschlands als Zerstörung des Monopols Englands rechtfertigen, »*korrigiert*« Kautsky diese offensichtliche Lüge mit Hilfe einer anderen, ebenso offensichtlichen Lüge. An Stelle einer zynischen Lüge setzt er seine süßliche! Das *Industrie*monopol Englands sei längst gebrochen, sagt er, längst zerstört, man brauche und man könne es nicht mehr zerstören.

Was ist verlogen an diesem Argument?

Erstens, daß das *Kolonial*monopol Englands mit Schweigen umgangen wird. Engels hat aber, wie wir gesehen haben, bereits im Jahre 1882, also vor 34 Jahren, mit aller Deutlichkeit darauf hingewiesen! Wenn das Industriemonopol Englands zerstört ist, so ist das Kolonialmonopol nicht nur geblieben, sondern es hat sich noch außerordentlich verschärft, denn die ganze Erde ist bereits aufgeteilt! Mit Hilfe seiner süßlichen Lüge schmuggelt Kautsky den bürgerlich-pazifistischen und opportunistisch-kleinbürgerlichen Gedanken ein, daß »kein Anlaß zu einem Krieg« vorhanden sei. Im Gegenteil, die *Kapitalisten* haben jetzt nicht nur Anlaß zum Krieg, sondern sie *müssen* sogar Krieg führen, wenn sie den Kapitalismus behaupten wollen, denn ohne eine gewaltsame Neuverteilung der Kolonien können die *neuen* imperialistischen Länder nicht jene Privilegien erhalten, die die älteren *(und weniger starken)* imperialistischen Mächte genießen.

Zweitens: warum erklärt das Monopol Englands den (vorübergehenden) Sieg des Opportunismus in England? Weil das Monopol *Extraprofit*, d. h. einen überschüssigen Profit, einen Profit über den normalen, in der ganzen Welt üblichen kapitalistischen Profit hinaus liefert. Von diesem Extraprofit *können* die Kapitalisten einen Teil (und sogar einen beträchtlichen!) auswerfen, um *ihre* Arbeiter zu bestechen, um etwas in der Art eines Bündnisses (man erinnere sich an die von den beiden Webb beschriebenen berühmten »Allianzen« der englischen Trade-Unions mit ihren Unternehmern) der Arbeiter der betreffenden Nation mit ihren Kapitalisten *gegen* die übrigen Länder zu schaffen. Das Industriemonopol Englands ist bereits gegen Ende des XIX. Jahrhunderts zerstört worden. Das ist unbestritten. Aber *wie* ist diese Zerstörung vor sich gegangen? Etwa so, daß *jedes* Monopol verschwunden ist?

Wenn dem so wäre, dann würde Kautskys (dem Opportunismus gegenüber) versöhnlichere »Theorie« eine gewisse Berechtigung gewinnen. Aber die Sache ist eben die, daß dem *nicht* so ist. Imperialismus *ist* monopolistischer Kapitalismus. Jedes Kartell, jeder Trust, jedes Syndikat, jede riesenhaft große Bank *ist* Monopol. Der Extraprofit ist nicht verschwunden, sondern geblieben. Die Ausbeutung *aller* Länder durch ein einziges, privilegiertes, finanziell reiches Land ist geblieben und stärker geworden. Ein Häuflein reicher Länder – es gibt ihrer nur vier, wenn man vom selbständigen und tatsächlich gigantisch großen, »modernen« Reichtum sprechen will: England, Frankreich, die Vereinigten Staaten und Deutschland –, diese paar Länder haben Monopole in unermeßlichen Dimensionen entwickelt, beziehen einen *Extraprofit* von Hunderten von Millionen, wenn nicht gar von Milliarden, »reiten auf dem Rücken« von Millionen und aber

Millionen der Bevölkerung anderer Länder, kämpfen miteinander um die Verteilung besonders üppiger, besonders fetter, besonders bequemer Beute.

Darin besteht eben das wirtschaftliche und politische Wesen des Imperialismus, dessen tiefste Widersprüche Kautsky vertuscht und nicht aufdeckt.

Die Bourgeoisie einer imperialistischen »Groß«macht *ist ökonomisch in der Lage,* die oberen Schichten »ihrer Arbeiter in der Weise zu bestechen, daß sie ein paar Hundert Millionen Frank im Jahre springen läßt, denn ihr *Extra*profit dürfte sich auf etwa eine Milliarde belaufen. Und die Frage, wie dieses kleine Almosen verteilt wird unter die Arbeiterminister, die »Arbeiterabgeordneten« (man erinnere sich an die ausgezeichnete Analyse dieses Begriffs bei Engels), die an den Kriegsindustriekomitees beteiligten Arbeiter, die Arbeiterbürokraten, die in eng zünftlerischen Gewerkschaften organisierten Arbeiter, die Angestellten usw. usw. — das ist schon eine Frage zweiter Ordnung.

In den Jahren 1848—1868 und zum Teil später besaß nur England ein Monopol; *darum* konnte dort der Opportunismus auf Jahrzehnte hinaus Oberhand gewinnen; andere Länder mit so reichen Kolonien oder mit einem Industriemonopol *gab es nicht.*

Das letzte Drittel des XIX. Jahrhunderts war der Übergang zur neuen, imperialistischen Epoche. Nutznießer des Monopols ist das Finanzkapital *nicht* eines Landes, sondern einiger, sehr weniger Großmächte. (In Japan und Rußland wird das Monopol des heutigen, modernen Finanzkapitals zum Teil ergänzt, zum Teil ersetzt durch das Monopol der militärischen Macht, eines unermeßlichen Gebietes oder besonders günstiger Umstände für die Ausplünderung der innerhalb des Staates lebenden fremden Völker, für die Ausplünderung Chinas usw.) Aus diesem Unterschied geht hervor, daß das Monopol Englands jahrzehntelang *unumstritten* sein *konnte.* Das Monopol des modernen Finanzkapitals ist heiß umstritten; das Zeitalter der imperialistischen Kriege hat begonnen. Seinerzeit konnte man die Arbeiterklasse *eines* Landes bestechen, auf Jahrzehnte korrumpieren. Jetzt ist das unwahrscheinlich, vielleicht sogar unmöglich, dafür aber kann *jede* imperialistische »Groß«macht *kleinere* (als in England in den Jahren 1848–1868) Schichten der »Arbeiteraristokratie« bestechen und tut es auch. Damals konnte eine *»bürgerliche Arbeiterpartei«*, um den außerordentlich tiefgründigen Ausdruck von Engels zu gebrauchen, nur in *einem* Lande entstehen, denn dieses allein hatte ein Monopol, dafür aber für lange Zeit. Jetzt ist die *»bürgerliche Arbeiterpartei« unvermeidlich* und typisch für *alle* imperialistischen Länder, doch ist es in Anbetracht des verzweifelten Kampfes dieser Länder um die Teilung der Beute unwahrscheinlich, daß eine solche Partei in einer Reihe von Ländern auf lange Zeit hinaus siegreich sein könnte. Denn die Trusts, die Finanzoligarchie, die Teuerung usw., die die Bestechung einer dünnen Oberschicht *ermöglichen*, unterdrücken, unterjochen, ruinieren, quälen die *Masse* des Proletariats und des Halbproletariats immer mehr und mehr.

Einerseits verfolgen Bourgeoisie und Opportunismus die Tendenz, das Häuflein reichster und privilegierter Nationen in »ewige« Schmarotzer am Körper der übrigen Menschheit zu verwandeln, »auf den Lorbeeren« der Ausbeutung der Neger, Inder usw. auszuruhen und diese mit Hilfe des mit einer großartigen Vernichtungstechnik ausgestatteten modernen Militarismus in Botmäßigkeit zu halten. Andererseits besteht die Tendenz der *Massen*, die stärker denn je unterdrückt werden und alle Leiden der imperialistischen Kriege erdulden, dieses Joch abzuschütteln, die Bourgeoisie zu stürzen. Im Kampf zwischen diesen beiden Tendenzen wird sich jetzt unvermeidlich die Geschichte der Arbeiterbewegung entwickeln. Denn die erste Tendenz ist keine zufällige, sondern eine ökonomisch »fundierte«. Die Bourgeoisie hat bereits »bürgerliche Arbeiterparteien« der Sozialchauvinisten in *allen* Ländern hervorgebracht, großgezogen und für sich gesichert. Die Unterschiede zwischen der festgeformten Partei z. B. eines Bissolati in Italien, einer vollkommen sozialimperialistischen Partei, und, sagen wir, der nur halbgeformten Quasi-Partei der Potressow, Gwosdew, Bulkin, Tschcheïdse, Skobelew und Konsorten — diese Unterschiede sind unwesentlich. Wichtig ist, daß die ökonomische Abspaltung der Schicht der Arbeiteraristokratie zur Bourgeoisie herangereift ist und sich bereits vollzogen hat, eine politische Form, dieser oder jener Art wird diese ökonomische Tatsache, diese Verschiebung in den Beziehungen der Klassen zueinander ohne besondere »Mühe« finden.

Auf der hier gezeigten ökonomischen Grundlage haben die politischen Institutionen des neuesten Kapitalismus – Presse Parlament, Verbände, Kongresse und dgl. – entsprechend den wirtschaftlichen Privilegien und Almosen für die ehrerbietigen, braven, reformistischen und patriotischen Angestellten und Arbeiter *politische* Privilegien und Almosen geschaffen. Einträgliche und ruhige Pöstchen im Ministerium oder im Kriegsindustriekomitee, im Parlament und in verschiedenen Kommissionen, in den Redaktionen der »soliden« legalen Zeitungen oder den Vorständen der nicht weniger soliden und »bürgerlich gehorsamen« Arbeiterverbände – damit lockt und belohnt die imperialistische Bourgeoisie die Vertreter und Anhänger der »bürgerlichen Arbeiterparteien«.

Die Mechanik der politischen Demokratie wirkt in der gleichen Richtung. Ohne Wahlen geht es heutzutage nicht; ohne Massen kann man nicht auskommen, die Massen aber *können* im Zeitalter der Buchdruckerkunst und des Parlamentarismus *nicht* geführt werden ohne ein weitverzweigtes, systematisch durchgeführtes, solid ausgebautes System von Schmeichelei, Lüge, Gaunereien, ohne ein Jonglieren mit modischen populären Schlagworten, ohne nach rechts und links abgegebene Versprechungen beliebiger Reformen und beliebiger Vorteile für die Arbeiter – wenn diese nur auf den revolutionären Kampf für den Sturz der Bourgeoisie verzichten. Ich möchte dieses System Lloyd Georgeismus nennen, nach einem der fortgeschrittensten und geschicktesten Vertreter dieses Systems im klassischen Lande der »bürgerlichen Arbeiterpartei«, dem englischen Minister Lloyd George. Ein erstklassiger bürgerlicher Geschäftemacher und politischer Schlaufuchs, ein populärer Redner, der es versteht, beliebige, sogar revolutionäre Reden vor einem Arbeiterauditorium zu halten, der imstande ist, für fügsame

Arbeiter beträchtliche Almosen in Form von sozialen Reformen (Versicherung usw.) durchzusetzen, dient Lloyd George der Bourgeoisie ausgezeichnet[7] und dient ihr gerade *unter* den Arbeitern, stärkt den bürgerlichen Einfluß *gerade* im Proletariat, dort, wo es am notwendigsten und am schwersten ist, sich die Massen moralisch zu unterwerfen.

Besteht aber ein großer Unterschied zwischen Lloyd George und den Scheidemann, Legien, Henderson und Hyndman, Plechanow, Renaudel und Konsorten? Von diesen, wird man uns erwidern, werden manche zum revolutionären Sozialismus von Marx zurückfinden. Wohl möglich, aber das ist nur ein geringer gradueller Unterschied, wenn man die Frage mit politischem, d. h. Massenmaßstab mißt. Einzelne von den jetzigen sozialchauvinistischen Führern mögen zum Proletariat zurückfinden. Aber die sozialchauvinistische oder (was dasselbe ist) opportunistische *Strömung* kann weder verschwinden noch zum revolutionären Proletariat »zurückfinden«. Wo unter den Arbeitern der Marxismus populär ist, dort wird diese politische Strömung, diese »bürgerliche Arbeiterpartei« auf den Namen von Marx schwören. Man kann ihnen das nicht verbieten, wie man einer Handelsfirma nicht verbieten kann, eine beliebige Etikette, ein beliebiges Schild, eine beliebige Reklame zu benützen. Es ist in der Geschichte stets so gewesen, daß nach dem Tode der bei den unterdrückten Klassen populären revolutionären Führer ihre Feinde versuchten, sich ihre Namen anzueignen, um die unterdrückten Klassen zu betrügen.

Tatsache ist, daß »bürgerliche Arbeiterparteien« als politische Erscheinung bereits in *allen* kapitalistischen fortgeschrittenen Ländern entstanden sind, daß ohne einen entschlossenen, schonungslosen Kampf auf der ganzen Linie gegen diese Parteien – oder, ganz gleich, Gruppen, Strömungen usw. – keine Rede sein kann von einem Kampf gegen den Imperialismus sowie auch nicht von Marxismus und von so-

7 Ich las vor kurzem in einer englischen Zeitschrift den Artikel eines Tory, eines politischen Gegners Lloyd Georges: „Lloyd George wie ein Tory ihn sieht". Der Krieg hat diesem Gegner die Augen darüber geöffnet, welch ausgezeichneter Sachwalter der Bourgeoisie dieser Lloyd George ist! Die Tories haben sich mit ihm ausgesöhnt!

zialistischer Arbeiterbewegung. Die Fraktion Tschcheïdse, »Nasche Djelo«[8], »Golos Truda«[9] in Rußland und die OK-Leute im Ausland sind nichts anderes als eine Abart einer *solchen* Partei. Wir haben nicht den geringsten Grund anzunehmen, daß diese Parteien *vor* der sozialen Revolution verschwinden können. Im Gegenteil, je näher diese Revolution rücken wird, je machtvoller sie entbrennen wird, je jäher und stärker die Übergänge und Sprünge in ihrem Verlauf werden, eine um so größere Rolle wird in der Arbeiterbewegung der Kampf des revolutionären, des Massenstromes gegen den opportunistischen, den kleinbürgerlichen Strom spielen. Das Kautskyanertum ist keine selbständige Strömung, denn es wurzelt weder in den Massen noch in der zur Bourgeoisie übergegangenen privilegierten Schicht. Aber die Gefahr des Kautskyanertums besteht darin, daß es, die Ideologie der Vergangenheit benützend, bemüht ist, das Proletariat mit der »bürgerlichen Arbeiterpartei« auszusöhnen, die Einheit mit ihr zu verteidigen und dadurch ihre Autorität zu heben. Mit den offenen Sozialchauvinisten gehen die Massen nicht mehr: Lloyd George ist in England in Arbeitermeetings ausgepfiffen worden, Hyndman ist aus der Partei ausgetreten, die Renaudel und Scheidemann, Potressow und Gwosdew werden von der Polizei geschützt. Die verkappte Verteidigung der Sozialchauvinisten durch die Kautskyaner ist die allergefährlichste.

Zu den meistverbreiteten Sophismen des Kautskyanertums gehört die Berufung auf die »Massen«: wir wollen uns nicht von den Massen und den Massenorganisationen trennen! Man denke aber darüber nach, wie Engels diese Frage stellte. Die »Massenorganisationen« der englischen Trade-Unions standen im XIX. Jahrhundert auf der Seite der bürgerlichen Arbeiterpartei. Marx und Engels söhnten sich deswegen mit ihr keineswegs aus, sondern entlarvten sie. Sie vergaßen nicht, erstens, daß die Organisationen der Trade-Unions unmittelbar nur eine *Minderheit des Proletariats* erfaßten. In England war damals, wie jetzt in Deutschland,

8 „Unsere Sache". D. Red.

9 „Stimme der Arbeit". D. Red.

nicht mehr als ein Fünftel des Proletariats organisiert. Ernsthaft daran zu denken, daß man unter dem Kapitalismus die Mehrheit der Proletarier in der Organisation zusammenfassen könne, ist müßig. Zweitens – und das ist die Hauptsache – handelt es sich nicht so sehr um die Mitgliederzahl der Organisation wie um die reale, objektive Bedeutung ihrer Politik: ob diese Politik die Massen vertritt, ob sie den Massen, d. h. der Befreiung der Massen vom Kapitalismus dient, oder ob sie die Interessen der Minderheit, ihre Aussöhnung mit dem Kapitalismus vertritt. Gerade das zuletzt Angeführte war für England im XIX. Jahrhundert und ist für Deutschland usw. zutreffend. Von der »bürgerlichen Arbeiterpartei« der *alten* Trade-Unions, von der privilegierten Minderheit unterscheidet Engels die »*unterste Masse*«, die tatsächliche Mehrheit, und an sie, die von der »bürgerlichen Ehrbarkeit« *nicht* angesteckt ist, wendet er sich. Das ist das Wesen der marxistischen Taktik!

Wir können nicht – und niemand kann es – genau ausrechnen, welcher Teil des Proletariats den Sozialchauvinisten und Opportunisten folgt und folgen wird. Das wird allein der Kampf zeigen, darüber wird endgültig nur die sozialistische Revolution entscheiden. Aber wir wissen mit Bestimmtheit, daß die »Vaterlandsverteidiger« im imperialistischen Krieg nur eine Minderheit *vertreten*. Und es ist daher unsere Pflicht, wenn wir Sozialisten bleiben wollen, *niedriger* und *tiefer* hinabzusteigen, zu den wirklichen Massen: darin liegt die ganze Bedeutung des Kampfes gegen den Opportunismus und der ganze Inhalt dieses Kampfes. Wenn wir enthüllen, daß die Opportunisten und Sozialchauvinisten in Wirklichkeit die Interessen der Massen verraten und verkaufen, daß sie vorübergehende Privilegien einer Minderheit der Arbeiter verteidigen, daß sie bürgerliche Ideen und Einflüsse verkörpern, daß sie in Wirklichkeit Verbündete und Agenten der Bourgeoisie sind – dann lehren wir gleichzeitig die Massen, ihre wirklichen politischen Interessen zu erkennen und durch all die langen und leidensvollen Peripetien der imperialistischen Kriege und der imperialistischen Waffenstillstände hindurch für den Sozialismus und die Revolution zu kämpfen.

Den Massen die Unvermeidbarkeit und Notwendigkeit des Bruches mit dem Opportunismus klarmachen, sie durch schonungslosen Kampf gegen den Opportunismus zur Revolution erziehen, die Erfahrungen des Krieges auswerten zur Aufdeckung aller Widerwärtigkeiten der national-liberalen Arbeiterpolitik und nicht zu deren Bemäntelung – das ist die einzig marxistische Linie in der Arbeiterbewegung der Welt.

Im nächsten Artikel wollen wir den Versuch machen, die Hauptmerkmale dieser Linie im Gegensatz zum Kautskyanertum zusammenzufassen.

(Aus: A. W. Bd. 11, S. 484–499)

V. Abteilung

Theorie und Praxis der Oktoberrevolution

A. Revolution und Interventions- und Bürgerkrieg (1917–1920)

In diesen 9 Artikeln, Reden, Entwürfen, Denkschriften sind die wichtigsten Äußerungen von Lenin zur Strategie und zur Interpretation der Revolution in Rußland zusammengestellt.

Die ersten beiden Artikel (V, 1 und V, 2) zeigen Lenins Analyse des Stands der revolutionären Entwicklung – zwischen Februar- und Oktoberrevolution. Dabei vertritt Lenin im Gegensatz zu den meisten Mitgliedern des ZK seiner Partei die These, daß die Bolschewiki sich nicht an der provisorischen Regierung beteiligen sollten und daß die Revolution bald über ihre bloß bürgerlichen Ansätze hinausgetrieben sein werde. Die Losungen, für die er sich einsetzt, sind aber keineswegs schon sozialistisch. Sie sind dazu bestimmt, den Massen die engen Grenzen sichtbar zu machen, innerhalb deren sich die provisorische Koalitionsregierung bewegt. Die drei wichtigsten Forderungen, für die allein die Bolschewiki (und später die linken Sozialrevolutionäre und linken Menschewiki) sich einsetzen, sind: 1. sofortiger Friedensschluß, 2. Landverteilung an die Bauern, 3. Alle Macht den Räten. Die dritte Forderung wird näher im 4. Artikel begründet, der die sogenannte »Doppelherrschaft« von provisorischer Regierung einerseits und Sowjets andererseits beschreibt und als einen vorübergehenden Zustand deutet. Die Eigentümlichkeit der russischen Revolution besteht nach Lenin darin, daß das Proletariat (bzw. die revolutionäre Partei des Proletariats) eigentlich Ziele der *bürgerlichen* Revolution anstrebt (auch die Agrarreform war noch ein bürgerliches Ziel im 18. und 19. Jh.), weil es eine ausreichend starke und auf breiten Konsens sich stützende Bourgeoisie in Rußland einfach nicht gibt. In der Revolution sollte sich aber zeigen, daß Trotzkis These von der »permanenten Revolution« wirklichkeitsnäher war als die von russischen Marxisten fast generell akzeptierte Annahme, das Proletariat werde sich zunächst (auf einige Zeit) mit der Erringung der bürgerlichen Republik begnügen. Einmal am Zuge drängten die Arbeiter auch über die von Lenin vorgesehenen Ziele hinaus: An die Stelle der von Arbeitern lediglich kontrollierten traten die von ihnen selbst verwalteten Betriebe, aus Staatskapitalismus wurde Kriegskommunismus.

Zu Beginn des Jahres 1917 veröffentlichte Lenin seine staatstheoretische Schrift ›Staat und Revolution‹, in der er für eine radikaldemokratische sozialistische Gesellschaft eintritt, in der alle Beamten und das stehende Heer, sowie die Berufspolizei verschwunden sind und in gewählte und jederzeit abwählbare Organe der Gesellschaft (der herrschenden Arbeiterklasse) sich verwandelt haben. Niemand soll ein höheres Gehalt als die Facharbeiter beziehen. Die Kommuneverfassung von 1871 dient als Vorbild. Dieses Buch bestimmt auch noch Lenins erste praktische Anweisungen. Erst im Laufe der Entwicklung – nach 1921 – wird eine immer weiter gehende Differenzierung der Einkommen auch der bürokratischen Organe (und später die Einführung zusätzlicher materieller Privilegien) akzeptiert. Die offizielle Rechtfertigung hierfür war zunächst die Notwendigkeit der Heranziehung von »Spezialisten« aus dem Bürgertum, die man anders nicht zur Arbeit für den proletarischen Staat gewinnen könne. Bald aber hat offenbar die Staats- und Parteiführung das gleiche Argument auch auf sich selbst anzuwenden begonnen. Immerhin blieben zu Lenins Zeiten für die Partei die alten egalitären Ideale noch mehr oder minder gültig.

Ein anderer Aspekt von ›Staat und Revolution‹ ist die undifferenzierte Auslegung des Diktaturbegriffs, die auch hier (wie in den Parteischriften) beibehalten wird, sie hat auch zur Auseinandersetzung mit Kautsky geführt und liegt den meisten Polemiken der Arbeit über den »(linken) Radikalismus – die Kinderkrankheit im Kommunismus« (V, 9) zugrunde. An diesem Punkte hat die studentische Linke des Jahres 1968 am heftigsten gegen Lenin Front gemacht*.

Die Briefe an das ZK (V, 5 und V, 6), in denen Lenin die Parteiführung beschwört, den Aufstand vorzubereiten und anzuset-

---

* Vgl. G. und D. Cohn-Bendit, Linksradikalismus – Gewaltkur gegen die Alterskrankheit des Kommunismus, Reinbeck 1968, und jetzt auch Rudi Dutschke, Versuch, Lenin auf die Füße zu stellen, Berlin 1974.

zen, zeigen, wie wenig selbst Lenin damals (schon) befehlen konnte, wie sehr er auf die Überzeugungskraft seiner Argumente und seiner Person (Drohung mit Rücktritt!) angewiesen war. Mit dem sicheren Instinkt des großen Politikers sah er, daß die »Zeit reif« war und drängte zum Handeln. Die beiden Entwürfe von Gesetzen (V, 7 und V, 8) stehen für viele andere als Beispiel für den Stil und das Pathos des revolutionären Aufbruchs dieses Abschnitts der Revolution. Von ähnlichem Sendungsbewußtsein ist der weltweite Aufruf zur Solidarität und zum Frieden getragen, mit dem Lenin seine Tätigkeit als Vorsitzender des »Rats der Volkskommissare« begann.

Briefe aus der Ferne

Erster Brief

Die erste Etappe der ersten Revolution

Die erste Revolution, vom imperialistischen Weltkrieg erzeugt, ist ausgebrochen. Diese erste Revolution wird sicher nicht die letzte sein.

Die erste Etappe dieser ersten Revolution, der *russischen* Revolution vom 1. März 1917, ist, soweit die dürftigen Nachrichten, die dem Schreiber dieser Zeilen in der Schweiz vorliegen, ein Urteil zulassen, abgeschlossen. Diese erste Etappe wird sicher nicht die letzte Etappe unserer Revolution sein.

Wie konnte das »Wunder« geschehen, daß in kaum acht Tagen – diese Frist wird in dem prahlerischen Telegramm des Herrn Miljukow an alle Vertreter Rußlands im Auslande genannt – eine Monarchie zerfiel, die Jahrhunderte überdauerte und die in den Jahren 1905–1907, drei Jahre der gewaltigsten Klassenkämpfe des gesamten Volkes, allen Anstürmen standgehalten hat?

In der Natur und in der Geschichte gibt es keine Wunder, aber jede Revolution ist, wie jede jähe Wendung der Geschichte, so inhaltsreich, bringt so unerwartet eigenartige Kombinationen der Kampfformen und der Wechselbeziehungen der kämpfenden Kräfte, daß vieles dem Spießerhirn als Wunder erscheinen muß.

Damit die Zarenmonarchie im Laufe von wenigen Tagen zerfallen konnte, war die Verknüpfung einer ganzen Reihe vom Umständen von weltgeschichtlicher Bedeutung erforderlich. Führen wir die wichtigsten an:

Die zweite Revolution hätte sich unmöglich so schnell entwickeln und ihre *Anfangs*etappe im Laufe von wenigen Tagen abschließen können, wenn das russische Proletariat in den drei Jahren von 1905–1907 nicht die gewaltigsten Klassenschlachten durchgemacht und die größte revolutionäre Energie an den Tag gelegt hätte. Die erste Revolution (1905) hat den Boden tief aufgewühlt, hat jahrhundertealte Vorurteile mit der Wurzel ausgerissen und Millionen von Arbeitern und dutzende Millionen von Bauern zum politischen Leben und zum politischen Kampfe erweckt, sie hat *alle* Klassen (und alle wichtigen Parteien) der russischen Gesellschaft einander – und der ganzen Welt – gezeigt in ihrer wirklichen Natur, in dem wirklichen Wechselverhältnis ihrer Interessen, ihrer Kräfte, ihrer Aktionsmethoden, ihrer nächsten und ferneren Ziele. Die erste Revolution und die darauffolgende Epoche der Konterrevolution (1907–1914) hat das Wesen der Zarenmonarchie bloßgelegt, ihre Züge bis zum letzten ausgeprägt und ihre ganze Fäulnis, die Niedertracht, den ganzen Zynismus und die Verworfenheit der zaristischen Bande, deren Anführer das Ungeheuer Rasputin war, alle Bestialitäten der Familie Romanow enthüllt, dieser Pogromhelden, die den Boden Rußlands mit dem Blute der Juden, der Arbeiter und Revolutionäre getränkt hatten, der Romanows, die als *Großgrundbesitzer* die »Ersten unter Gleichen« waren, die *Millionen* von Deßjatinen Land *besaßen*, die zu jeder Bestialität, jedem Verbrechen bereit waren, die bereit waren, jede beliebige Anzahl von Staatsbürgern zugrunde zu richten und zu erdrosseln, um ihr eigenes »geheiligtes Eigentum« und das *ihrer Klasse* zu schützen.

Ohne die Revolution von 1905–1907, ohne die Konterrevolution von 1907–1914 wäre eine so genaue »Selbstbestimmung« aller Klassen des russischen Volkes und der übrigen Rußland bewohnenden Völker unmöglich gewesen; sie hätten nicht ihr Verhältnis zueinander und zum Zarismus so festsetzen können, wie das in den acht Tagen der Februar- und Märzrevolution des Jahres 1917 zum Ausdruck gekommen ist. Diese achttägige Revolution wurde — wenn der Vergleich erlaubt ist — so »gespielt«, als ob vorher ein Dutzend Proben und Generalproben stattgefunden hätten; die »Akteure« kannten einander, sie kannten ihre Rollen, ihre Plätze, sie kannten ihre Umgebung bis in die kleinsten Einzelheiten, bis in die kleinsten Schattierungen der politischen Richtungen und Aktionsmethoden.

Damit aber die erste, die große Revolution des Jahres 1905, die von den Herren Gutschkow und Miljukow und ihren Liebedienern als eine »große Meuterei« verworfen wurde, nach 12 Jahren zu der »glänzenden«, »glorreichen Revolution« des Jahres 1917 führen konnte, die die Gutschkow und Miljukow als »glorreich« bezeichnen, weil sie sie *(einstweilen)* an die Macht gebracht hat, war ein großer, starker und mächtiger »Regisseur« erforderlich, der imstande war, einerseits die Entwicklung der Weltgeschichte in gewaltigem Maße zu beschleunigen und anderseits wirtschaftliche, politische, nationale und internationale Krisen von unerhörter Wucht hervorzurufen. Außer der ungewöhnlichen Beschleunigung der weltgeschichtlichen Entwicklung waren besonders jähe Wendungen dieser Entwicklung erforderlich, damit bei einer dieser Wendungen der blut- und schmutzbesudelte Karren der Monarchie der Romanows mit *einem Schlage* umstürzen konnte.

Dieser gewaltige, die Entwicklung machtvoll beschleunigende »Regisseur« war der imperialistische Weltkrieg.

Es unterliegt heute schon keinem Zweifel mehr, daß es ein Weltkrieg ist, denn die Vereinigten Staaten und China sind heute schon halb in den Krieg hineingezogen und werden morgen ganz in ihn hineingezogen werden.

Es unterliegt heute schon keinem Zweifel mehr, daß *beide* Seiten einen imperialistischen Krieg führen. Nur die Kapitalisten und ihre Gefolgschaft, die Sozialpatrioten und Sozialchauvinisten, können diese Tatsache leugnen oder vertuschen. Der Krieg wird *sowohl* von der deutschen *als auch* von der englisch-französischen Bourgeoisie geführt um den Raub fremder Länder, mit dem Ziel der Erdrosselung der kleinen Völker, um die finanzielle Weltherrschaft, um die Teilung und Neuaufteilung der Kolonien, um die Rettung der untergehenden kapitalistischen Ordnung durch die Verdummung und Entzweiung der Arbeiter der verschiedenen Länder.

Der imperialistische Krieg mußte mit objektiver Unvermeidbarkeit den Klassenkampf des Proletariats gegen die Bourgeoisie außerordentlich beschleunigen und unerhört zuspitzen, mußte in den Bürgerkrieg zwischen den feindlichen Klassen umschlagen.

Dieses *Umschlagen begann* mit der Februar-März-Revolution des Jahres 1917, in deren erster Etappe zwei Mächte vereint den Zarismus schlugen: einerseits das gesamte bürgerliche und gutsherrliche Rußland mit allen seinen unbewußten Nachläufern und allen seinen bewußten Lenkern, den englisch-französischen Botschaftern und Kapitalisten – und anderseits der *Rat der Arbeiter- und Soldatendeputierten.*

Diese drei politischen Lager, die drei politischen Hauptkräfte: 1. die zaristische Monarchie, das Haupt der fronherrlichen Gutsbesitzer, das Haupt der alten Bureaukratie und der hohen Militärs, 2. das bürgerliche und gutsherrliche Rußland der Oktobristen und Kadetten, hinter dem das Kleinbürgertum einhertrottete, 3. der Rat der Arbeiter- und Soldatendeputierten, der seine Verbündeten im gesamten Proletariat und in der gesamten Masse der ärmsten Bevölkerung sucht – diese drei *grundlegenden* politischen Kräfte traten bereits in den acht Tagen der »ersten Etappe« mit so völliger Klarheit in Erscheinung, daß sie sogar einem vom Schauplatz der Ereignisse so entfernten Beobachter, wie dem Schreiber dieser Zeilen, der sich mit den dürftigen Telegrammen der ausländischen Zeitungen begnügen mußte, erkennbar waren.

Bevor ich jedoch hierauf ausführlicher eingehe, muß ich zu dem Teil meines Briefes zurückkehren, der dem ausschlaggebenden Faktor gewidmet ist – dem imperialistischen Weltkrieg.

Der Krieg hat die kriegführenden Mächte, die kriegführenden Gruppen der Kapitalisten, die »Herren« der kapitalistischen Ordnung, die kapitalistischen Sklavenhalter mit *eisernen* Ketten aneinandergefesselt. *Ein einziger blutiger Knäuel,* das ist das Bild des gesellschaftlichen und politischen Lebens im gegenwärtigen geschichtlichen Augenblick.

Die Sozialisten, die mit dem Beginn des Krieges auf die Seite der Bourgeoisie übergingen, alle diese David und Scheidemänner in Deutschland, die Plechanow, Potressow, Gwosdew und Co. in Rußland haben lange und aus voller Kehle gegen die »Illusionen« der Revolutionäre gezetert, gegen die »Illusionen« des Baseler Manifestes, gegen die »Phantasterei« der Umwandlung des imperialistischen Krieges in den Bürgerkrieg. Sie haben in allen Tonarten die angeblich vom Kapitalismus offenbarte Macht, Lebenskraft und Anpassungsfähigkeit besungen – *sie,* die den Kapitalisten geholfen haben, die Arbeiterklasse der verschiedenen Länder »anzupassen«, zu zähmen, zu verdummen und zu entzweien!

Aber »wer zuletzt lacht, lacht am besten«. Nicht lange hat die Bourgeoisie die revolutionäre Krise, das Ergebnis des Krieges, hinausschieben können. Die Krise reift mit unwiderstehlicher Kraft in allen Ländern heran, von Deutschland angefangen, wo gegenwärtig, nach dem Ausdruck eines Beobachters, der vor kurzem in Deutschland war, der »genial organisierte Hunger« herrscht, bis zu England und Frankreich, wo *ebenfalls der Hunger* naht, wo aber die Organisation bedeutend weniger »genial« ist.

Es ist natürlich, daß die revolutionäre Krise im zaristischen Rußland, wo die Desorganisation am ungeheuerlichsten war und wo das Proletariat am revolutionärsten ist (nicht dank seinen besonderen Eigenschaften, sondern dank der lebendigen Traditionen von 1905), *früher als anderswo* ausgebrochen ist. Der Ausbruch dieser Krise wurde durch eine Reihe schwerster Niederlagen beschleunigt, die Rußland und seine Verbündeten erlitten hatten. Die Niederlagen haben die ganze alte Regierungsmaschine und die ganze alte Ordnung erschüttert, sie haben *alle* Klassen der Bevölkerung gegen sie aufgebracht und die Armee erbittert, sie haben das alte höhere Offizierskorps, das aus verknöcherten Adligen und im höchsten Maße bureaukratisch-korrupten Elementen bestand, zu einem großen Teil vernichtet, es durch jüngere, frischere Elemente ersetzt, die vorwiegend der Bourgeoisie, den Ständelosen und dem Kleinbürgertum entstammen.

Wenn aber die militärischen Niederlagen die Rolle eines negativen Faktors spielten, der die Explosion beschleunigte, so war die *Verbindung* des englisch-französischen Finanzkapitals, des englisch-französischen Imperialismus mit dem oktobristisch-kadettischen Kapital Rußlands ein Faktor, der die Entwicklung der Krise beschleunigte.

Diese außerordentlich wichtige Seite der Sachlage wird von der englisch-französischen Presse aus leicht verständlichen Gründen verschwiegen, während sie von der deutschen Presse schadenfroh unterstrichen wird. Wir Marxisten müssen der Wahrheit nüchtern ins Auge sehen, wir dürfen uns weder durch die offiziellen Lügen der aalglatten Diplomaten und Minister der einen kriegführenden Gruppe von Imperialisten noch durch das hämische Grinsen und die Schadenfreude ihrer finanziellen und militärischen Konkurrenten der anderen kriegführenden Gruppe beeinflussen lassen. Der ganze Verlauf der Februar-März-Revolution zeigt deutlich, daß die englische und die französische Botschaft, die durch ihre Agenten und »Verbindungen« seit langem die verzweifeltsten Anstrengungen gemacht haben, ein »separates« Übereinkommen und einen Separatfrieden zwischen Nikolaus II. (wir wollen hoffen und uns bemühen, daß er der letzte bleibt) und Wilhelm II. zu verhindern, daß sie unmittelbar bestrebt waren, Nikolaus Romanow *abzusetzen*[3].

Machen wir uns keine Illusionen.

Die Revolution konnte nur deshalb so rasch und — äußerlich, auf den ersten, oberflächlichen Blick hin — so »radikal« siegen, weil sich *völlig verschiedene* Strömungen, *völlig heterogene* Klasseninteressen, *völlig entgegengesetzte* politische und soziale Bestrebungen dank einer außerordentlich originellen historischen Situation *vereinigten* und merkwürdig »geschlossen« auftraten. Einerseits die Verschwörung der englisch-französischen Imperialisten, die Miljukow, Gutschkow und Co. dazu drängten, die Macht zu ergreifen —

damit der imperialistische Krieg fortgesetzt, damit er noch erbitterter und hartnäckiger geführt werden kann, damit *neue Millionen* von russischen Arbeitern und Bauern *hingeschlachtet* werden, damit die Gutschkow Konstantinopel, die französischen Kapitalisten Syrien, die englischen Kapitalisten Mesopotamien usw. erhalten können. Auf der anderen Seite eine tiefgehende revolutionäre Bewegung des Proletariats und der Volksmassen (der gesamten armen Bevölkerung in Stadt und Land) *für Brot, für Frieden, für wirkliche Freiheit.*

Die revolutionären Arbeiter und Soldaten haben die schändliche Zaren*monarchie* bis in ihre Grundfesten zerstört, ohne sich davon hinreißen oder stören zu lassen, daß der Kampf der Buchanan, Gutschkow, Miljukow und Co., die nur den einen Zaren durch einen *anderen* ersetzen wollten, ihnen in einem bestimmten kurzen, ganz eigenartigen geschichtlichen Augenblick *zu Hilfe* kam.

So und nicht anders haben sich die Dinge abgespielt. So und nicht anders muß der Politiker urteilen, der die Wahrheit nicht fürchtet, der das Verhältnis der gesellschaftlichen Kräfte in der Revolution nüchtern abwägt, der jede politische Situation nicht nur vom Standpunkt ihrer ganzen gegebenen, momentanen Eigenart abschätzt, sondern auch vom Standpunkt ihrer tieferen Triebkräfte, des tieferen Wechselverhältnisses der Interessen des Proletariats und der Interessen der Bourgeoisie in Rußland und auch in der ganzen Welt.

Die Petersburger Arbeiter und Soldaten haben ebenso wie die Arbeiter und Soldaten ganz Rußlands mit der größten Hingebung gekämpft gegen die Zarenmonarchie, für die Freiheit, für die Übergabe des Landes an die Bauern, für den *Frieden,* gegen den imperialistischen Massenmord. Das englisch-französische imperialistische Kapital hat, um diesen Massenmord fortsetzen und steigern zu können, Palastintrigen gesponnen, eine Verschwörung angezettelt, die Gutschkow und Miljukow angestiftet und ermutigt, und *eine fertige neue Regierung* zusammengestellt, die denn auch sofort nach den ersten Schlägen des Proletariats gegen den Zarismus die *Macht an sich gerissen* hat.

Die Zusammensetzung dieser Regierung ist nicht zufällig. Es sind Vertreter einer neuen Klasse, die in Rußland zur politischen Macht aufsteigt, der Klasse der kapitalistischen Grundbesitzer und der Bourgeoisie, die unser Land seit langem wirtschaftlich *beherrscht* und die sich sowohl in den Jahren der Revolution von 1905—1907 als auch in den Jahren der Konterrevolution von 1907—1914 und schließlich — und zwar mit besonderer Schnelligkeit — während der Kriegsjahre 1914—1917 außerordentlich rasch politisch organisierte, indem sie die örtlichen Selbstverwaltungsorgane und das Gebiet der Volksbildung, Kongresse verschiedener Art, die Reichsduma, die Kriegsindustriekomitees usw. eroberte. Diese neue Klasse war schon im Jahre 1917 »beinahe ganz« *an* der Macht; deshalb bedurfte es nur weniger Stöße, um den Zarismus zu stürzen und die Bahn für die Bourgeoisie freizumachen. Der imperialistische Krieg erforderte eine ungeheure Anspannung der Kräfte und hat dadurch die Entwicklung des zurückgebliebenen Rußland so beschleunigt, daß wir Italien und England und fast auch Frankreich »mit einem Sprung« (in Wirklichkeit nur *scheinbar* mit einem Sprung) *eingeholt* und eine »parlamentarische«, »nationale« (d. h. für das Geschäft der imperialistischen Metzelei und des Volksbetruges geeignete) »Koalitionsregierung« erhalten haben.

Neben dieser Regierung — vom Standpunkt des *gegenwärtigen* Krieges im Grunde genommen einem bloßen Kommis der Milliarden»firmen« England und Frankreich — ist eine neue, inoffizielle, noch unentwickelte, verhältnismäßig noch schwache *Arbeiterregierung* entstanden, die die Interessen des Proletariats und des gesamten ärmeren Teiles der Bevölkerung in Stadt und Land zum Ausdruck bringt. Das ist der *Rat der Arbeiter- und Soldatendeputierten* in Petersburg.

Das ist die *wirkliche* politische Lage, die wir vor allem mit der größtmöglichen objektiven Genauigkeit festzustellen trachten müssen, um unsere marxistische Taktik auf der einzigen soliden Grundlage aufzubauen, auf der sie aufgebaut werden muß — auf der Grundlage von *Tatsachen*.

Die Zarenmonarchie ist gestürzt, aber noch nicht vernichtet.

Die bürgerliche Regierung der Kadetten und Oktobristen, die den imperialistischen Krieg »bis zu Ende« führen will, ist in Wirklichkeit ein Kommis der Finanzfirma »England und Frankreich«, sie ist *gezwungen*, dem Volke ein *Höchstmaß* von Freiheiten und Almosen zu *versprechen*, soweit sie damit vereinbar sind, daß diese Regierung ihre Macht über das Volk und die Möglichkeit, den imperialistischen Massenmord fortzusetzen, behält.

Der Rat der Arbeiter- und Soldatendeputierten ist die Keimzelle einer Arbeiterregierung, ist der Vertreter der Interessen aller *ärmsten* Schichten der Bevölkerung, d. h. von neun Zehnteln der Bevölkerung, die *Frieden*, *Brot* und *Freiheit* verlangen.

Der Kampf dieser drei Faktoren kennzeichnet die Situation, die jetzt eingetreten ist und die den *Übergang* von der ersten Etappe der Revolution zur zweiten bildet.

Wenn ein wirklicher Kampf gegen die Zarenmonarchie geführt werden soll, wenn man sich nicht mit den Worten und Versprechungen der Schönredner des Liberalismus begnügen, sondern die Freiheit wirklich sichern will, dann müssen *nicht* die Arbeiter die neue Regierung unterstützen, dann muß diese Regierung die Arbeiter »unterstützen«! Denn die einzige *Garantie* der Freiheit und der endgültigen Vernichtung des Zarismus ist *die Bewaffnung des Proletariats* und die Festigung, die Steigerung der Rolle, der Bedeutung und der Macht des Rates der Arbeiter- und Soldatendeputierten.

Alles andere ist Phrase und Lüge, ist Selbstbetrug der Politikanten aus dem liberalen und radikalen Lager.

Helft die Arbeiter bewaffnen oder stört sie wenigstens nicht dabei – dann wird die Freiheit in Rußland unbesiegbar sein, die Monarchie wird nicht wieder hergestellt werden können, und die Republik wird gesichert sein.

Alles andere ist Volksbetrug. Versprechungen sind billig. Versprechungen kosten nichts. In *allen* bürgerlichen Revolutionen haben alle politischen Schieber der Bourgeoisie das Volk mit Versprechungen »gefüttert« und die Arbeiter zum Narren gehalten.

Unsere Revolution ist eine bürgerliche Revolution, *deshalb* müssen die Arbeiter die Bourgeoisie unterstützen – so sagen die völlig unfähigen Politiker aus dem Lager der Liquidatoren.

Unsere Revolution ist eine bürgerliche – so sagen wir Marxisten –, *deshalb* müssen die Arbeiter das Volk über den Betrug der politischen Schieber der Bourgeoisie aufklären und es lehren, nicht an Worte zu glauben und sich nur auf die *eigenen* Kräfte, auf die *eigene* Organisation, auf die *eigene* Einigkeit, auf die *eigene* Bewaffnung zu verlassen.

Die Regierung der Oktobristen und Kadetten, der Gutschkow und Miljukow, kann *weder Frieden noch Brot noch Freiheit* geben, selbst wenn sie das aufrichtig wollte.

Diese Regierung kann dem Volke keinen Frieden geben, weil sie eine Regierung des Krieges ist, eine Regierung der Fortsetzung des imperialistischen Mordens, eine Regierung der *Ländereroberung*, die die zaristische Politik der Annexion Armeniens, Galiziens, der Türkei, der Wegnahme Konstantinopels, der Wiedereroberung Polens, Kurlands, Litauens usw. bis jetzt noch mit keinem Wort abgelehnt hat. Diese Regierung ist durch das englisch-französische imperialistische Kapital an Händen und Füßen gefesselt. Das russische Kapital ist nur eine Filiale der Welt»firma«, die mit *Hunderten von Milliarden* Rubel wirtschaftet und den Namen führt: »England und Frankreich«.

Diese Regierung kann dem Volke kein Brot geben, weil sie eine bürgerliche Regierung ist. Im *besten* Falle wird sie dem Volk nach dem Beispiel Deutschlands einen »genial organisierten Hunger« bringen. Aber das Volks will keinen Hunger leiden. Das Volk wird erfahren und sicher bald, daß Brot vorhanden ist und beschafft werden kann, aber nur mit Hilfe von Maßnahmen, *die nicht Halt machen vor der Heiligkeit des Kapitals und des Grundbesitzes.*

Diese Regierung kann dem Volke keine Freiheit geben, weil sie eine Regierung der Grundbesitzer und Kapitalisten ist, die das Volk *fürchten.*

Über die taktischen Aufgaben unseres nächsten Verhaltens dieser Regierung gegenüber werden wir in einem anderen Artikel sprechen. Wir werden dort zeigen, worin die Eigenart der gegenwärtigen Situation — des *Überganges* von der ersten zur zweiten Etappe der Revolution — besteht und warum in diesem Augenblick die Losung, die »Tagesparole« gilt: *Arbeiter, ihr habt im Bürgerkrieg gegen den Zarismus Wunder an proletarischem Heldenmut vollbracht, ihr müßt Wunder vollbringen bei der Organisierung des Proletariats und des gesamten Volkes, um euern Sieg in der zweiten Etappe der Revolution vorzubereiten.*

Wir beschränken uns *hier* auf die Analyse des Klassenkampfes und des Verhältnisses der Klassenkräfte während der gegenwärtigen Etappe der Revolution, wir müssen aber noch die Frage beantworten: welches sind die *Bundesgenossen* des Proletariats in der *gegenwärtigen* Revolution?

Das Proletariat hat *zwei* Bundesgenossen: erstens die breite, viele Dutzende von Millionen zählende Masse der halbproletarischen und zum Teil kleinbäuerlichen Elemente, die in Rußland die ungeheure Mehrheit der Bevölkerung ausmachen. Diese Masse *braucht* Frieden, Brot, Freiheit, Land. Diese Masse wird von der Bourgeoisie und besonders vom Kleinbürgertum unvermeidlich in einem gewissen Maße beeinflußt werden, da sie infolge ihrer Lebensbedingungen dem Kleinbürgertum am nächsten steht und zwischen Bourgeoisie und Proletariat hin und her schwankt. Die grausamen Lehren des Krieges, die *um so grausamer* sein werden, je energischer die Gutschkow, Lwow, Miljukow und Co. den Krieg führen werden, werden diese Masse unweigerlich zum Proletariat stoßen und sie zwingen, der Führung des Proletariats zu folgen. Wir müssen jetzt die Freiheit der neuen Ordnung und die Räte der Arbeiter- und Soldatendeputierten ausnützen und uns vor allem und hauptsächlich bemühen, diese Masse *aufzuklären* und zu *organisieren.* Es müssen Räte der Bauerndeputierten, Räte der Landarbeiter geschaffen werden — das ist eine der wichtigsten Aufgaben. Hierbei werden unsere Bestrebungen nicht nur darauf gerichtet sein, daß die Landarbeiter ihre eigenen, besonderen Räte schaffen, sondern auch darauf, daß die besitzlosen und armen Bauern sich *getrennt* von den wohlhabenden Bauern organisieren. Über die besonderen Aufgaben und besonderen Formen der jetzt besonders dringenden Organisationsarbeit werde ich im nächsten Brief schreiben.

Der zweite Bundesgenosse des russischen Proletariats ist das Proletariat *aller* kriegführenden und überhaupt aller Länder. Gegenwärtig herrscht im internationalen Proletariat infolge des Krieges eine starke Depression, und allzuhäufig sprechen in seinem Namen Sozialchauvinisten, die in Europa, ebenso wie die Plechanow, Gwosdew, Potressow in Rußland, zur Bourgeoisie übergelaufen sind. Aber das Proletariat hat sich mit jedem Monat, den der imperialistische Krieg währte, immer mehr von dem Einfluß der Sozialchauvinisten freigemacht, und die russische Revolution wird diesen Prozeß *unvermeidlich* in gewaltigem Maße beschleunigen.

Das Proletariat Rußlands kann und wird die *besonderen Eigenarten* des gegenwärtigen Übergangsstadiums *ausnützen* und, gestützt, auf diese beiden Bundesgenossen, zuerst die demokratische Republik erkämpfen und den vollen Sieg der Bauern über die Grundherren herbeiführen, um dann zum *Sozialismus* vorwärts zu schreiten, der allein den vom Krieg gemarterten Völkern *Frieden, Brot* und *Freiheit* geben wird.

20. (7.) März 1917

(Aus: A. W. Bd. 6, S. 3—13)

Über die Aufgaben des Proletariats in der gegenwärtigen Revolution

Erst am 3. (16.) April nachts in Petrograd eingetroffen, konnte ich in der Versammlung vom 4. (17.) April mein Referat über die Aufgaben des revolutionären Proletariats natürlich nur in meinem eigenen Namen und unter Hinweis auf meine ungenügende Vorbereitung halten.

Das einzige, was ich tun konnte, um mir und *gewissenhaften* Opponenten die Sache zu erleichtern, war die Ausarbeitung *schriftlich* formulierter Thesen. Ich habe sie vorgelesen und den Text dem Genossen Zereteli überreicht. Ich habe sie sehr langsam und *zweimal* vorgelesen, zuerst in der Versammlung der Bolschewiki, sodann in der gemeinsamen Versammlung der Bolschewiki und Menschewiki.

Ich veröffentliche nun diese meine persönlichen Thesen, die bloß mit ganz kurzen erläuternden Anmerkungen versehen sind, deren Gegenstand ich in meinem Referate viel eingehender behandelt habe.

Thesen

1. In unserer Stellung zum Krieg, der von seiten Rußlands auch unter der neuen Regierung Lwow und Co., infolge des kapitalistischen Charakters dieser Regierung, unbedingt ein imperialistischer Raubkrieg bleibt, ist auch das kleinste Zugeständnis an die »revolutionäre Vaterlandsverteidigung« unzulässig.

Einem revolutionären Kriege, der die revolutionäre Vaterlandsverteidigung wirklich rechtfertigen würde, kann das klassenbewußte Proletariat zustimmen nur unter der Bedingung: a) des Übergangs der Macht in die Hände des Proletariats und der sich ihn anschließenden ärmsten Teile der Bauernschaft; b) des Verzichts in Taten und nicht nur in Worten auf alle Annexionen; c) des tatsächlichen und völligen Bruchs mit allen Interessen des Kapitals.

Die breiten Schichten der Anhänger der revolutionären Vaterlandsverteidigung in der Masse, die es zweifellos ehrlich meinen und den Krieg nur als notwendiges Übel gelten lassen, nicht aber weil sie Eroberungen wollen, die jedoch von der Bourgeoisie betrogen werden, muß man besonders gründlich, beharrlich und geduldig über ihren Fehler aufklären. Man muß ihnen den untrennbaren Zusammenhang zwischen Kapital und imperialistischem Krieg klarmachen, man muß ihnen beweisen, daß die Beendigung des Krieges durch einen Gewaltfrieden, ohne den Sturz des Kapitals *unmöglich* ist.

Organisierung der breitesten Propaganda dieser Auffassung unter den Fronttruppen.

Verbrüderung.

2. Die Eigenart der gegenwärtigen Lage in Rußland be-

steht in dem *Übergang* von der ersten Etappe der Revolution, die infolge des ungenügend entwickelten Klassenbewußtseins und der mangelhaften Organisiertheit des Proletariats die Bourgeoisie an die Macht brachte, zur *zweiten* Etappe, die die Macht in die Hände des Proletariats und der ärmsten Schichten der Bauernschaft legen muß.

Dieser Übergang wird charakterisiert einerseits durch ein Höchstmaß von Legalität (Rußland ist *zur Zeit* das freieste von allen kriegführenden Ländern), andererseits durch das Fehlen einer Gewaltherrschaft über die Massen und endlich durch die blinde Vertrauensseligkeit der Massen gegenüber der Regierung der Kapitalisten, der ärgsten Feinde des Friedens und des Sozialismus.

Diese Eigenart verlangt von uns die Fähigkeit, uns den *besonderen* Bedingungen der Parteiarbeit unter den ungeheuren, eben erst zum politischen Leben erwachten Massen des Proletariats anzupassen.

3. Keinerlei Unterstützung der Provisorischen Regierung. Aufdeckung der ganzen Verlogenheit aller ihrer Versprechungen, besonders der des Verzichts auf Annexionen. Entlarvung anstelle der unzulässigen, Illusionen erweckenden »Forderung«, *diese* Regierung, die Regierung der Kapitalisten, solle *aufhören* imperialistisch zu sein.

4. Anerkennung der Tatsache, daß in den meisten Arbeiterdeputiertenräten unsere Partei in der Minderheit ist, vorläufig sogar in einer schwachen Minderheit gegenüber dem *Block aller* kleinbürgerlichen opportunistischen, dem Einflusse der Bourgeoisie unterlegenen und diesen Einfluß im Proletariat zur Geltung bringenden Elemente, von den Volkssozialisten und Sozialrevolutionären bis zum Organisationskomitee (Tschcheïdse, Zereteli usw.), Steklow usw. usf.

Aufklärung der Massen darüber, daß die Arbeiterdeputiertenräte die *einzig mögliche* Form der Revolutionsregierung sind, und daß daher, solange *diese* Regierung dem Einfluß der Bourgeoisie unterliegt, unsere Aufgabe einzig und allein sein kann, das geduldige, systematische, beharrliche, besonders den praktischen Bedürfnissen der Massen sich anpassende *Klarmachen* der Fehler und der Taktik.

Solange wir in der Minderheit sind, ist unsere Arbeit die Kritik und Aufdeckung der Fehler, wobei wir gleichzeitig den unerläßlichen Übergang der gesamten Staatsgewalt auf die Arbeiterdeputiertenräte propagieren, damit die Massen ihre Fehler durch Erfahrung überwinden.

5. Nicht parlamentarische Republik – eine Rückkehr von den Arbeiterdeputiertenräten zu dieser wäre ein Schritt rückwärts –, sondern eine Republik von Arbeiter-, Landarbeiter- und Bauerndeputiertenräten im ganzen Lande, von unten bis oben.

Abschaffung der Polizei, der Armee, des Beamtentums [1].

Entlohnung aller Beamten, die durchweg wählbar und jederzeit absetzbar sein müssen, nicht über den Durchschnittslohn eines qualifizierten Arbeiters.

6. Im Agrarprogramm Verlegung des Schwergewichts auf die Landarbeiterdeputiertenräte.

Enteignung des gesamten gutsherrlichen Bodens.

Nationalisierung des *gesamten* Bodens im Lande; über ihn verfügen die örtlichen Landarbeiter- und Bauerndeputiertenräte. Schaffung von besonderen Deputiertenräten der armen Bauern. Errichtung von Musterwirtschaften aus allen großen Gütern (im Umfang von etwa 100 bis 300 Deßjatinen, unter Berücksichtigung der örtlichen und sonstigen Verhältnisse und nach dem Ermessen der örtlichen Behörden) unter Kontrolle des Landarbeiterdeputiertenrates und auf öffentliche Kosten.

7. Sofortige Verschmelzung aller Banken des Landes zu einer Nationalbank, die der Kontrolle des Arbeiterdeputiertenrates untersteht.

8. Nicht »Einführung« des Sozialismus als unsere *unmittelbare* Aufgabe, sondern einstweilen nur sofortige Übernahme der *Kontrolle* der gesellschaftlichen Produktion und Verteilung der Erzeugnisse durch den Arbeiterdeputiertenrat.

9. Aufgaben der Partei:

a) Sofortiger Parteitag;

---

1 D. h. Ersetzung des stehenden Heeres durch die allgemeine Bewaffnung des Volkes.

b) Änderung des Parteiprogramms, vor allem:

1. über den Imperialismus und den imperialistischen Krieg,
2. über die Stellung zum Staat und *unsere* Forderung eines »Kommunestaates«[2],
3. Änderung des veralteten Minimalprogramms;

c) Änderung des Namens der Partei[3].

19. Erneuerung der Internationale.

Initiative zur Schaffung einer revolutionären Internationale, einer Internationale gegen die *Sozialchauvinisten* und gegen das »Zentrum«[4].

Damit der Leser verstehe, wieso ich den »Fall« gewissenhafter Opponenten als seltene Ausnahme besonders hervorhebe, bitte ich ihn, den obigen Thesen den folgenden Einwand des Herrn Goldenberg gegenüberzustellen: Lenin »hat die Fahne des Bürgerkriegs inmitten der revolutionären Demokratie aufgepflanzt« (zitiert im »Jedinstwo« des Herrn Plechanow, Nr. 5).

Nicht wahr, eine Perle?

Ich schreibe, lese, kaue durch: »Die *breiten* Schichten der Anhänger der revolutionären Vaterlandsverteidigung in der Masse, die es zweifellos ehrlich meinen ... die jedoch von der Bourgeoisie betrogen werden, muß man *besonders* gründlich, beharrlich und *geduldig* über ihre Fehler aufklären ...« Die Herrschaften von der Bourgeoisie aber, die sich Sozialdemokraten nennen, die *weder* zu den *breiten* Schichten noch zu den Vertretern der *Masse* der Anhänger der Vaterlandsverteidigung gehören, wiederholen und interpretieren meine Ansichten mit vollem Bewußtsein folgendermaßen: »Die Fahne (!) des Bürgerkrieges« (vom Bürgerkrieg ist weder in den

---

2 D. h. eines Staates nach dem Vorbild der Pariser Kommune.

3 Statt „Sozialdemokratie", deren offizielle Führer in der *ganzen* Welt den Sozialismus verraten haben, indem sie zur Bourgeoisie übergegangen sind (die „Vaterlandsverteidiger" und die schwankenden „Kautskyaner"), müssen wir uns *Kommunistische Partei* nennen.

4 Als Zentrum bezeichnet man in der internationalen Sozialdemokratie die Richtung, die zwischen den Chauvinisten (= Vaterlandsverteidiger) und den Internationalisten schwankt: Kautsky und Co. in Deutschland, Longuet und Co. in Frankreich. Tschcheïdse und Co. in Rußland, Turati und Co. in Italien, MacDonald und Co. in England usw.

Thesen noch im Referat auch nur ein Wort enthalten!) »inmitten (!!) der revolutionären Demokratie aufgepflanzt (!).«

Was ist das? Wodurch unterscheidet sich das von einer Pogromhetze? Von der »Russkaja Wolja«?

Ich schreibe, lese, kaue durch: ». . . daß die Arbeiterdeputiertenräte die *einzig mögliche* Form der Revolutionsregierung sind, und daß daher . . . unsere Aufgabe einzig und allein sein kann das geduldige, systematische, beharrliche, besonders den praktischen Bedürfnissen der Massen sich anpassende *Klarmachen* der Fehler und der Taktik« . . .

Die Opponenten einer gewissen Sorte aber stellen meine Ansichten als einen Aufruf zum »Bürgerkrieg inmitten der revolutionären Demokratie« dar!!

Ich habe die Provisorische Regierung deswegen angegriffen, weil sie weder einen baldigen noch überhaupt einen Termin zur Einberufung der Konstituierenden Versammlung festsetzte und sich auf bloße Versprechungen beschränkte. Ich führte den Nachweis, daß *ohne* die Arbeiter- und Soldatendeputiertenräte die Einberufung der Konstituante nicht gesichert, deren Gelingen unmöglich ist.

Man unterstellt mir, ich sei gegen die unverzügliche Einberufung der Konstituierenden Versammlung!!!

Ich wäre geneigt, dies als »Phantasien eines Fieberkranken« zu bezeichnen, hätten mich nicht Jahrzehnte politischen Kampfes gelehrt, Gewissenhaftigkeit der Opponenten als eine seltene Ausnahme zu betrachten.

Herr Plechanow bezeichnete in seiner Zeitung meine Ausführungen als »Fieberphantasien«. Sehr gut, Herr Plechanow! Doch wie täppisch, wie plump und begriffsstutzig sind Sie in Ihrer Polemik! Wenn ich zwei volle Stunden im Fieber phantasierte, warum duldeten denn Hunderte von Zuhörern diese »Phantasien«? Ferner: warum widmet Ihre Zeitung der Wiedergabe von »Fieberphantasien« eine ganze Spalte? Fürwahr, mit Ihrer Logik ist es nicht weit her!

Es ist natürlich viel leichter zu schreien, zu schimpfen, zu zetern, als den Versuch zu machen darzulegen, zu erklären, sich zu erinnern, *wie* Marx und Engels in den Jahren 1871, 1872 und 1875 über die Erfahrung der Pariser Kommune urteilen, und darüber, *was für einen Staat* das Proletariat braucht.

Der ehemalige Marxist Herr Plechanow erinnert sich anscheinend nicht gern des Marxismus.

Ich habe die Worte Rosa Luxemburg zitiert, die am 4. August 1914 die *deutsche* Sozialdemokratie einen »stinkenden Leichnam« genannt hat. Die Herren Plechanow, Goldenberg und Co. aber fühlen sich »beleidigt« ... Um wessentwillen? – Um der *deutschen* Chauvinisten willen, die man Chauvinisten genannt hat!

Die armen russischen Sozialchauvinisten, Sozialisten in Worten, Chauvinisten in der Tat, wissen nicht mehr ein noch aus.

20. (7.) April 1917)

(Aus: A. W. Bd. 6, S. 22–27)

Staat und Revolution
Klassengesellschaft und Staat

1. Der Staat – ein Produkt der Unversöhnlichkeit der Klassengegensätze

Mit der Lehre von Marx geschieht jetzt dasselbe, was wiederholt in der Geschichte mit den Lehren revolutionärer Denker und Führer geknechteter Klassen in ihrem Befreiungskampf geschah. Die unterdrückenden Klassen hatten für die großen Revolutionäre, solange sie am Leben waren, nur ständige Verfolgungen übrig, sie begegneten ihrer Lehre mit dem wildesten Ingrimm, dem wütendsten Haß, dem zügellosesten Lügen- und Verleumdungsfeldzug. Nach ihrem Tode versucht man, sie zu harmlosen Heiligenbildern zu machen, sie sozusagen zu kanonisieren, ihrem *Namen* einen gewissen Ruhm einzuräumen zum »Trost« und zur Nasführung der unterdrückten Klassen, indem man den *Inhalt* der revolutionären Lehre aushöhlt, ihr die revolutionäre Spitze abbricht, sie verflacht. Bei einer solchen »Bearbeitung« des Marxismus finden sich jetzt die Bourgeoisie und die Opportunisten innerhalb der Arbeiterbewegung zusammen. Man vergißt, verdrängt, entstellt die revolutionäre Seite der Lehre, ihre revolutionäre Seele. Man schiebt in den Vordergrund, man rühmt das, was für die Bourgeoisie annehmbar ist oder für sie annehmbar erscheint. Alle Sozialchauvinisten sind heutzutage »Marxisten« – Spaß beiseite! Und immer häufiger sprechen deutsche bürgerliche Gelehrte, deren Spezialität gestern noch die Ausrottung des Marxismus war, von dem »nationaldeutschen« Marx, der die zur Führung des Raubkrieges so glänzend organisierten Arbeiterverbände erzogen haben soll!

Bei einer solchen Sachlage, angesichts der unerhörten Verbreitung, die die Entstellungen des Marxismus gefunden haben, besteht unsere Aufgabe in erster Linie in der *Wiederherstellung* der wahren Marxschen Lehre vom Staat. Dazu ist es nötig, eine ganze Reihe langer Zitate aus den eigenen Werken von Marx und Engels anzuführen. Natürlich werden die langen Zitate die Darstellung schwerfällig machen und ihrer Gemeinverständlichkeit keineswegs förderlich sein. Es ist aber ganz unmöglich, ohne sie auszukommen. Alle oder zum mindesten alle entscheidenden Stellen aus den Werken von Marx und Engels über die Frage des Staates müssen unbedingt möglichst vollständig angeführt werden, damit sich der Leser ein selbständiges Urteil bilden kann über die Gesamtheit der Ansichten der Begründer des wissenschaftlichen Sozialismus und über die Entwicklung dieser Ansichten, dann aber auch, um deren Entstellung durch das heute herrschende »Kautskyanertum« dokumentarisch nachzuweisen und anschaulich zu demonstrieren.

Wir beginnen mit dem verbreitesten Werk von Fr. Engels: »Der Ursprung der Familie, des Privateigentums und des Staats«, das 1894 in Stuttgart bereits in sechster Auflage erschienen ist.

»Der Staat – sagt Engels bei der Zusammenfassung seiner geschichtlichen Analyse – ist also keineswegs eine der Gesellschaft von außen aufgezwungene Macht; ebenso wenig ist er ›die Wirklichkeit der sittlichen Idee‹, ›das Bild und die Wirklichkeit der Vernunft‹, wie Hegel behauptet. Er ist vielmehr ein Produkt der Gesellschaft auf bestimmter Entwicklungsstufe; er ist das Eingeständnis, daß diese Gesellschaft sich in einen unlösbaren Widerspruch mit sich selbst verwickelt, sich in unversöhnliche Gegensätze gespalten hat, die zu bannen sie ohnmächtig ist. Damit aber diese Gegensätze, Klassen mit widerstreitenden ökonomischen Interessen, nicht sich und die Gesellschaft in fruchtlosem Kampf verzehren, ist eine scheinbar über der Gesellschaft stehende Macht nötig geworden, die den Konflikt dämpfen, innerhalb der Schranken der ›Ordnung‹ halten soll; und diese, aus der Gesellschaft hervorgegangene, aber sich über sie stellende, sich ihr mehr und mehr entfremdende Macht ist der Staat.«[1]

Hier ist mit voller Klarheit der Grundgedanke des Marxismus über die historische Rolle und die Bedeutung des Staates zum Ausdruck gebracht. Der Staat ist das Produkt und die Äußerung der *Unversöhnlichkeit* der Klassengegensätze. Der Staat entsteht dort, dann und insofern, wo, wann und inwiefern die Klassengegensätze objektiv *nicht* versöhnt werden *können*. Und umgekehrt: das Bestehen des Staates beweist, daß die Klassengegensätze unversöhnlich sind.

Gerade in diesem wichtigsten und grundlegenden Punkt beginnt die Entstellung des Marxismus, die in zwei Hauptrichtungen erfolgt.

Auf der einen Seite »verbessern« die bürgerlichen und besonders die kleinbürgerlichen Ideologen, die unter dem Druck unbestreitbarer historischer Tatsachen zugeben müssen, daß der Staat nur dort vorhanden ist, wo es Klassengegensätze und Klassenkampf gibt, Marx in der Weise, daß der Staat als Organ der Klassen*versöhnung* erscheint. Nach Marx hätte der Staat weder entstehen noch sich halten können, wenn eine Versöhnung der Klassen möglich wäre. Bei den kleinbürgerlichen und philiströsen Professoren und Publizisten dient – oft unter wohlwollenden Hinweisen auf Marx! – der Staat gerade zur Versöhnung der Klassen. Nach Marx ist der Staat ein Organ der Klassen*herrschaft*, ein Organ der *Unterdrückung* der einen Klasse durch die andere, er ist die Schaffung einer »Ordnung«, die diese Unterdrük-

1 Siehe Friedrich Engels, „Der Ursprung der Familie, des Privateigentums und des Staats", Marx-Engels Werke Berlin 1956 ff., Bd. 21, S. 165.

kung zum Gesetz erhebt und festigt, indem sie den Konflikt der Klassen dämpft. Nach Ansicht der kleinbürgerlichen Politiker ist die Ordnung gerade die Versöhnung der Klassen und nicht die Unterdrückung der einen Klasse durch die andere; den Konflikt dämpfen, heiße versöhnen und nicht den geknechteten Klassen bestimmte Kampfmittel und -methoden zum Sturz der Unterdrücker entziehen.

Alle Sozialrevolutionäre (S.-R.) und Menschewiki zum Beispiel sind während der Revolution von 1917, als sich gerade die Frage nach der Bedeutung und der Rolle des Staates in ihrer vollen Größe als Frage der sofortigen Aktion, und zwar der Massenaktion praktisch erhob – sie alle sind mit einem Schlag und gänzlich zur kleinbürgerlichen Theorie der »Versöhnung« der Klassen durch den »Staat« hinabgerutscht. Die zahllosen Resolutionen und Artikel der Politiker dieser beiden Parteien sind durch und durch von dieser kleinbürgerlichen und philiströsen »Versöhnungs«theorie durchdrungen. Daß der Staat das Herrschaftsorgan einer bestimmten Klasse ist, die mit ihrem Antipoden (der ihr entgegengesetzten Klasse) *nicht* versöhnt werden *kann*, das vermag die kleinbürgerliche Demokratie nie zu begreifen. Im Verhältnis zum Staat tritt am anschaulichsten zutage, daß unsere Sozialrevolutionäre und Menschewiki gar keine Sozialisten sind (was wir Bolschewiki immer schon nachgewiesen haben), sondern kleinbürgerliche Demokraten mit einer fastsozialistischen Phraseologie.

Auf der anderen Seite ist die »kautskyanische« Entstellung des Marxismus viel feiner. »Theoretisch« wird weder in Abrede gestellt, daß der Staat ein Organ der Klassenherrschaft ist, noch, daß die Klassengegensätze unversöhnlich sind. Folgendes wird aber außer acht gelassen oder vertuscht: wenn der Staat das Produkt der Unversöhnlichkeit der Klassengegensätze ist, wenn er eine *über* der Gesellschaft stehende und »sich ihr *mehr und mehr entfremdende*« Macht ist, so ist es offensichtlich, daß die Befreiung der geknechteten Klasse nicht nur ohne gewaltsame Revolution, *sondern auch ohne Vernichtung* jenes Apparates der Staatsgewalt, den die herrschende Klasse geschaffen hat und in dem sich diese »Entfremdung« verkörpert, nicht möglich ist. Diese theoretisch von selbst einleuchtende Folgerung hat Marx, wie wir weiter unten sehen werden, mit der größten Bestimmtheit auf Grund einer konkreten historischen Analyse der Aufgaben der Revolution gezogen. Und gerade diese Folgerung hat Kautsky, wir werden das ausführlich in unseren weiteren Darlegungen nachweisen, ... »vergessen« und entstellt.

2. Besondere Formationen bewaffneter Menschen, Gefängnisse usw.

»Gegenüber der alten Gentilorganisation – fährt Engels fort – kennzeichnet sich der Staat erstens durch die Einteilung der Staatsangehörigen nach dem Gebiet ...«

Uns kommt diese Einteilung »natürlich« vor, sie hat aber einen langwierigen Kampf gegen die alte Organisation nach Stämmen oder Geschlechtern erfordert.

»... Das zweite ist die Einrichtung einer öffentlichen Gewalt, welche nicht mehr unmittelbar zusammenfällt mit der, sich selbst als bewaffnete Macht organisierenden Bevölkerung. Diese besondere, öffentliche Gewalt ist nötig, weil eine selbsttätige bewaffnete Organisation der Bevölkerung unmöglich geworden seit der Spaltung in Klassen ... Diese öffentliche Gewalt existiert in jedem Staat; sie besteht nicht bloß aus bewaffneten Menschen, sondern auch aus sachlichen Anhängseln, Gefängnissen und Zwangsanstalten aller Art, von denen die Gentilgesellschaft nichts wußte ...«

Engels entwickelt den Begriff jener »Macht«, die man als Staat bezeichnet, der Macht, die aus der Gesellschaft hervorgegangen ist, sich aber über sie stellt und sich ihr mehr und mehr entfremdet. Worin besteht hauptsächlich diese Macht? In besonderen Formationen bewaffneter Menschen, die Gefängnisse usw. zu ihrer Verfügung haben.

Wir sind berechtigt, von besonderen Formationen bewaffneter Menschen zu sprechen, weil die jedem Staat eigentümliche öffentliche Gewalt »nicht mehr unmittelbar zusammenfällt« mit der bewaffneten Bevölkerung, mit ihrer »selbsttätigen bewaffneten Organisation«.

Wie alle großen revolutionären Denker, sucht Engels die

Aufmerksamkeit der klassenbewußten Arbeiter gerade auf das zu lenken, was dem tonangebenden Spießertum am wenigsten beachtenswert erscheint, am gewohntesten und nicht nur durch fest eingewurzelte, sondern, man kann sagen, durch versteinerte Vorurteile geheiligt ist. Das stehende Heer und die Polizei sind die Hauptwaffen der Staatsgewalt, aber – kann denn das anders sein?

Vom Standpunkt der ungeheuren Mehrheit der Europäer am Ausgang des 19. Jahrhunderts, an die sich Engels wandte und die keine einzige große Revolution selbst miterlebt oder aus der Nähe beobachtet hatten, kann das nicht anders sein. Für sie ist es völlig unverständlich, was eine »selbsttätige bewaffnete Organisation der Bevölkerung« ist. Auf die Frage, warum besondere, über die Gesellschaft gestellte und sich ihr entfremdende Formationen bewaffneter Menschen (Polizei, stehendes Heer) nötig geworden seien, ist der westeuropäische und russische Philister geneigt, mit ein paar bei Spencer oder Michailowski entlehnten Phrasen, mit dem Hinweis auf die Komplizierung des öffentlichen Lebens, die Differenzierung der Funktionen u. dergl. zu antworten.

Ein solcher Hinweis erscheint »wissenschaftlich« und schläfert den Spießer sehr gut ein, indem er das Wichtigste und Grundlegende vertuscht: die Spaltung der Gesellschaft in einander unversöhnlich feindliche Klassen. Wäre diese Spaltung nicht vorhanden, so würde die »selbsttätige bewaffnete Organisation der Bevölkerung« sich durch ihre Kompliziertheit, die Höhe ihrer Technik usw. von der primitiven Organisation einer Herde Affen, die zu Stöcken greifen, oder der Urmenschen oder der Gentilgesellschaft unterscheiden, aber eine solche Organisation wäre unmöglich.

Sie ist deshalb unmöglich, weil die zivilisierte Gesellschaft in feindliche und noch dazu in unversöhnlich feindliche Klassen gespalten ist, deren »selbsttätige« Bewaffnung zu einem bewaffneten Kampf unter ihnen führen würde. Es bildet sich der Staat, es wird eine besondere Macht geschaffen, besondere Formationen bewaffneter Menschen entstehen, und jede Revolution, die den Staatsapparat zerstört, zeigt uns deutlich, wie die herrschende Klasse bestrebt ist, die *ihr* dienenden besonderen Formationen bewaffneter Menschen zu erneuern, und wie die unterdrückte Klasse danach trachtet, eine neue Organisation dieser Art zu schaffen, die fähig ist, nicht den Ausbeutern, sondern den Ausgebeuteten zu dienen.

Engels stellt in der angeführten Betrachtung theoretisch die gleiche Frage, die uns jede große Revolution praktisch, anschaulich und dabei im Maßstab einer Massenaktion stellt, nämlich die Frage nach dem Wechselverhältnis zwischen den »besonderen« Formationen bewaffneter Menschen und der »selbsttätigen bewaffneten Organisation der Bevölkerung«. Wir werden sehen, welche konkrete Illustration zu dieser Frage die Erfahrungen der europäischen und der russischen Revolutionen geliefert haben.

Doch kehren wir zur Darstellung von Engels zurück.

Er weist darauf hin, daß mitunter, beispielsweise hie und da in Nordamerika, diese öffentliche Gewalt schwach ist (es handelt sich um eine für die kapitalistische Gesellschaft seltene Ausnahme und um jene Teile Nordamerikas in seiner vorimperialistischen Periode, wo der freie Kolonist vorherrschte), daß sie aber, allgemein gesprochen, sich verstärkt:

»Sie (die öffentliche Gewalt) verstärkt sich aber in dem Maß, wie die Klassengegensätze innerhalb des Staats sich verschärfen, und wie die einander begrenzenden Staaten größer und volkreicher werden – man sehe nur unser heutiges Europa an, wo Klassenkampf und Eroberungskonkurrenz die öffentliche Macht auf eine Höhe emporgeschraubt haben, auf der sie die ganze Gesellschaft und selbst den Staat zu verschlingen droht.«

Dies wurde nicht später als Anfang der neunziger Jahre des vorigen Jahrhunderts geschrieben. Das letzte Vorwort von Engels ist vom 16. Juni 1891 datiert. Damals hatte die Wendung zum Imperialismus – sowohl im Sinne der völligen Herrschaft der Trusts als auch im Sinne der Allmacht der Riesenbanken wie im Sinne einer grandiosen Kolonialpolitik usw. – in Frankreich gerade erst begonnen, noch schwächer war sie in Nordamerika und Deutschland. Seitdem hat die »Eroberungskonkurrenz« gigantische Fortschritte gemacht, um so mehr, als zu Beginn des zweiten Jahrzehnts des 20. Jahrhunderts der Erdball endgültig unter diese »konkurrierenden Eroberer«, d. h. die großen Räuberstaaten, aufgeteilt war. Die Rüstungen zu Wasser und zu Lande sind seitdem unglaublich gewachsen, und der Raubkrieg 1914–1917 um die Beherrschung der Welt durch England oder Deutschland, um die Aufteilung der Beute hat das »Verschlingen« aller Gesellschaftskräfte durch die räuberische Staatsmacht einer völligen Katastrophe nahegebracht.

Engels wußte bereits 1891 auf die »Eroberungskonkurrenz« als auf eines der wichtigsten Unterscheidungsmerkmale der Außenpolitik der Großmächte hinzuweisen, während die Lumpen des Sozialchauvinismus in den Jahren 1914 bis 1917, als gerade diese um ein Vielfaches verschärfte Konkurrenz den imperialistischen Krieg hervorrief, die Verteidigung der Raubinteressen »ihrer« Bourgeoisie mit Phrasen über »Verteidigung des Vaterlandes«, über »Schutz der Republik und der Revolution« usw. verschleiern!

3. Der Staat – ein Werkzeug zur Ausbeutung der unterdrückten Klasse

Zur Aufrechterhaltung einer besonderen, über der Gesellschaft stehenden öffentlichen Gewalt sind Steuern und Staatsschulden nötig.

»Im Besitz der öffentlichen Gewalt und des Rechts der Steuereintreibung – schreibt Engels –, stehn die Beamten nun da als Organe der Gesellschaft *über* der Gesellschaft. Die freie, willige Achtung, die den Organen der Gentilverfassung gezollt wurde, genügt ihnen nicht, selbst wenn sie sie haben könnten ...«

Es werden besondere Gesetze über die Heiligkeit und Unverletzlichkeit der Beamten geschaffen.

»Der lumpigste Polizeidiener ... hat mehr ›Autorität‹ als alle Organe der Gentilgesellschaft zusammengenommen; aber der mächtigste Fürst und der größte Staatsmann oder Feldherr der Zivilisation kann den geringsten Gentilvorsteher beneiden um die unerzwungene und unbestrittene Achtung, die ihm gezollt wird.«

Die Frage nach der privilegierten Stellung der Beamten als Organe der Staatsgewalt ist hier gestellt. Als das Grundlegende wird hervorgehoben: was stellt sie *über* die Gesellschaft? Wir werden sehen, wie diese theoretische Frage 1871 von der Pariser Kommune praktisch gelöst und 1912 von Kautsky reaktionär vertuscht wurde.

»Da der Staat entstanden ist aus dem Bedürfnis, Klassengegensätze im Zaum zu halten; da er aber gleichzeitig mitten im Konflikt dieser Klassen entstanden ist, so ist er in der Regel Staat der mächtigsten, ökonomisch herrschenden Klasse, die vermittelst seiner auch politisch herrschende Klasse wird, und so neue Mittel erwirbt zur Niederhaltung und Ausbeutung der unterdrückten Klasse . . .«

Nicht nur der antike und der Feudalstaat waren Organe der Ausbeutung der Sklaven und Leibeigenen, sondern auch »der moderne Repräsentativstaat ist Werkzeug der Ausbeutung der Lohnarbeit durch das Kapital. Ausnahmsweise indes kommen Perioden vor, wo die kämpfenden Klassen einander so nahe das Gleichgewicht halten, daß die Staatsgewalt als scheinbare Vermittlerin momentan eine gewisse Selbständigkeit gegenüber beiden erhält . . .«

So die absolute Monarchie des 17. und 18. Jahrhunderts, so der Bonapartismus des ersten und des zweiten Kaiserreichs in Frankreich, so Bismarck in Deutschland. Und so – fügen wir von uns hinzu – die Regierung Kerenskis im republikanischen Rußland nach dem Übergang zur Verfolgung des revolutionären Proletariats in einem Moment, wo die Räte dank der Führung durch die kleinbürgerlichen Demokraten *schon* machtlos sind und die Bourgeoisie *noch* nicht genügend stark ist, sie direkt auseinanderzujagen.

In der demokratischen Republik, fährt Engels fort, »übt der Reichtum seine Macht indirekt, aber um so sicherer aus«, und zwar erstens durch »direkte Beamtenkorruption« (Amerika) und zweitens durch die »Allianz von Regierung und Börse« (Frankreich und Amerika).

Heute haben der Imperialismus und die Herrschaft der Banken diese beiden Methoden, die Allmacht des Reichtums in jeder beliebigen demokratischen Republik zu verteidigen und zu verwirklichen, zu einer außergewöhnlichen Kunst »entwickelt«. Wenn beispielsweise schon in den ersten Monaten der demokratischen Republik in Rußland, sozusagen im Honigmond der jungen Ehe der »Sozialisten«, der Sozialrevolutionäre und der Menschewiki, mit der Bourgeoisie, Herr Paltschinski in der Koalitionsregierung alle Maßnahmen zur Zügelung der Kapitalisten und ihrer Raubgier, der Ausplünderung des Staatssäckels bei ihren Heereslieferungen sabotierte, wenn dann der vom Ministerium zurückgetretene Herr Paltschinski (der natürlich durch einen anderen, genau ebensolchen Paltschinski ersetzt wurde) von den Kapitalisten durch ein Pöstchen mit einem Gehalt von 120 000 Rubel jährlich »entlohnt« wurde – wie nennt man das? Direkte Bestechung oder indirekte? Allianz der Regierung mit den Syndikaten oder »nur« freundschaftliche Beziehungen? Welche Rolle spielen die Tschernow und Zereteli, Awksentjew und Skobelew? Sind sie »direkte« Verbündete der Millionäre, die den Staat bestehlen, oder bloß indirekte?

Die Allmacht des »Reichtums« ist in der demokratischen Republik deshalb *sicherer*, weil diese Allmacht nicht von einer schlechten politischen Hülle des Kapitalismus abhängig ist. Die demokratische Republik ist die denkbar beste politische Hülle des Kapitalismus, und daher begründet das Kapital, nachdem es (durch die Paltschinski, Tschernow, Zereteli und Co.) von dieser besten Hülle Besitz ergriffen hat, seine Macht derart zuverlässig, derart sicher, das *kein* Wechsel, weder der Personen noch der Institutionen noch der Parteien der bürgerlichen demokratischen Republik, diese Macht erschüttert.

Es sei noch hervorgehoben, daß Engels mit der größten Bestimmtheit das allgemeine Stimmrecht als Werkzeug der Herrschaft der Bourgeoisie bezeichnet. Das allgemeine Stimmrecht, sagt er, unter offensichtlicher Berücksichtigung der langjährigen Erfahrungen der deutschen Sozialdemokratie, ist »der Gradmesser der Reife der Arbeiterklasse. Mehr kann und wird es nie sein im heutigen Staat«.

Die kleinbürgerlichen Demokraten vom Schlage unserer Sozialrevolutionäre und Menschewiki sowie ihre leiblichen

Brüder, alle Sozialchauvinisten und Opportunisten Westeuropas, erwarten vom allgemeinen Wahlrecht gerade »mehr«. Sie teilen selbst die falsche Auffassung und suggerieren sie dem Volke, das allgemeine Wahlrecht sei »im *heutigen* Staat« imstande, den Willen der Mehrheit der Werktätigen wirklich zum Ausdruck zu bringen und seine Durchführung zu sichern.

Wir können hier diese falsche Auffassung nur feststellen, nur darauf hinweisen, daß die vollkommen klare, genaue, konkrete Engelssche Erklärung in der Propaganda und Agitation der »offiziellen« (d. h. opportunistischen) sozialistischen Parteien auf Schritt und Tritt entstellt wird. Eine ausführliche Klarlegung der ganzen Verlogenheit jener Auffassung, die Engels hier verwirft, erfolgt in unseren weiteren Darlegungen der Ansichten von Marx und Engels über den »*heutigen*« Staat.

Engels faßt seine Ansichten in seinem populärsten Werk in folgenden Worten zusammen:

»Der Staat ist also nicht von Ewigkeit her. Es hat Gesellschaften gegeben, die ohne ihn fertig wurden, die von Staat und Staatsgewalt keine Ahnung hatten. Auf einer bestimmten Stufe der ökonomischen Entwicklung, die mit Spaltung der Gesellschaft in Klassen notwendig verbunden war, wurde durch diese Spaltung der Staat eine Notwendigkeit. Wir nähern uns jetzt mit raschen Schritten einer Entwicklungsstufe der Produktion, auf der das Dasein dieser Klassen nicht nur aufgehört hat, eine Notwendigkeit zu sein, sondern ein positives Hindernis der Produktion wird. Sie werden fallen, ebenso unvermeidlich, wie sie früher entstanden sind. Mit ihnen fällt unvermeidlich der Staat. Die Gesellschaft, die die Produktion auf Grundlage freier und gleicher Assoziation der Produzenten neu organisiert, versetzt die ganze Staatsmaschine dahin, wohin sie dann gehören wird: ins Museum der Altertümer, neben das Spinnrad und die bronzene Axt.«

Nicht oft trifft man dieses Zitat in der Propaganda- und Agitationsliteratur der heutigen Sozialdemokratie. Aber selbst dann, wenn man diesem Zitat begegnet, bedeutet es in der Regel nur eine Art Verbeugung, wie vor einem Heiligenbild, d. h. es ist eine offizielle Bekundung der Ehrerbietung vor Engels, ohne jeden Versuch, zu erfassen, einen wie weittragenden und tiefgreifenden Schwung der Revolution diese »Versetzung der ganzen Staatsmaschine ins Museum der Altertümer« voraussetzt. Man findet meistenteils nicht einmal Verständnis für das, was Engels als Staatsmaschine bezeichnet.

4. Das „Absterben" des Staates und die gewaltsame Revolution

Die Engelsschen Worte über das »Absterben« des Staates sind so bekannt, sie werden so oft zitiert, zeigen so ausgeprägt, worin der Witz der landläufigen Verfälschung des Marxismus zum Opportunismus besteht, daß es notwendig ist, sich eingehend mit ihnen zu befassen. Wir zitieren den ganzen Passus, dem sie entnommen sind:

»Das Proletariat ergreift die Staatsgewalt und verwandelt die Produktionsmittel zunächst in Staatseigentum. Aber damit hebt es sich selbst als Proletariat, damit hebt es alle Klassenunterschiede und Klassengegensätze auf, und damit auch den Staat als Staat. Die bisherige, sich in Klassengegensätzen bewegende Gesellschaft hatte den Staat nötig, das heißt eine Organisation der jedesmaligen ausbeutenden Klasse zur Aufrechterhaltung ihrer äußern Produktionsbedingungen, also namentlich zur gewaltsamen Niederhaltung der ausgebeuteten Klasse in den durch die bestehende Produktionsweise gegebenen Bedingungen der Unterdrükkung (Sklaverei, Leibeigenschaft oder Hörigkeit, Lohnarbeit). Der Staat war der offizielle Repräsentant der ganzen Gesellschaft, ihre Zusammenfassung in einer sichtbaren Körperschaft, aber er war dies nur, insofern er der Staat derjenigen Klasse war, welche der sklavenhaltenden Staatsbürger, im Mittelalter des Feudaladels, in unserer Zeit der Bourgeoisie. Indem er endlich tatsächlich Repräsentant der ganzen Gesellschaft wird, macht er sich selbst überflüssig. Sobald es keine Gesellschaftsklasse mehr in der Unterdrückung zu halten gibt, sobald mit der Klassenherrschaft und dem in der bisherigen Anarchie der Produktion begründeten Kampf ums

Einzeldasein auch die daraus entspringenden Kollisionen und Exzesse beseitigt sind, gibt es nichts mehr zu reprimieren, das eine besondere Repressionsgewalt, einen Staat, nötig machte. Der erste Akt, worin der Staat wirklich als Repräsentant der ganzen Gesellschaft auftritt – die Besitzergreifung der Produktionsmittel im Namen der Gesellschaft – ist zugleich sein letzter selbständiger Akt als Staat. Das Eingreifen einer Staatsgewalt in gesellschaftliche Verhältnisse wird auf einem Gebiete nach dem andern überflüssig und schläft dann von selbst ein. An die Stelle der Regierung über Personen tritt die Verwaltung von Sachen und die Leitung von Produktionsprozessen. Der Staat wird nicht ›abgeschafft‹, er *stirbt ab.* Hieran ist die Phrase vom ›freien Volksstaat‹ zu messen, also sowohl nach ihrer zeitweiligen agitatorischen Berechtigung, wie nach ihrer endgültigen wissenschaftlichen Unzulänglichkeit; hieran ebenfalls die Forderung der sogenannten Anarchisten, der Staat solle von heute auf morgen abgeschafft werden.« [2]

Man kann, ohne Gefahr, einen Irrtum zu begehen, sagen, daß von dieser überaus gedankenreichen Engelsschen Betrachtung nur das wirkliches Gemeingut des sozialistischen Denkens in den heutigen sozialistischen Parteien geworden ist, daß der Staat nach Marx »abstirbt« im Gegensatz zur anarchistischen Lehre von der »Abschaffung« des Staates. Den Marxismus so zurechtstutzen, heißt ihn auf Opportunismus reduzieren, denn bei einer solchen »Auslegung« bleibt nur noch die dunkle Vorstellung von einer langsamen, gleichmäßigen, allmählichen Veränderung übrig, ohne Sprünge und Stürme, ohne Revolution. Das »Absterben« des Staates im landläufigen, allgemein verbreiteten Sinne, im Massensinne, wenn man so sagen darf, bedeutet zweifellos eine Vertuschung, wenn nicht gar eine Verneinung der Revolution.

Indessen ist eine solche »Auslegung« die gröbste, nur für die Bourgeoisie vorteilhafte Entstellung des Marxismus, die theoretisch auf der Außerachtlassung der wichtigsten Um-

---

2 Friedrich Engels, „Herrn Eugen Dührings Umwälzung der Wissenschaft", Berlin 1953, S. 347 f.

stände und Erwägungen beruht, auf die etwa auch schon in der nämlichen, von uns vollständig zitierten, zusammenfassenden Betrachtung von Engels hingewiesen wird.

Erstens. Ganz zu Anfang dieser Betrachtung sagt Engels, daß das Proletariat, das die Staatsgewalt ergreift, »damit den Staat als Staat aufhebt«. Was das bedeutet, darüber nachzudenken, ist »nicht üblich«. Gewöhnlich wird dies entweder völlig ignoriert oder als eine Art »hegelianische« »Schwäche« von Engels angesehen. In Wirklichkeit ist in diesen Worten die Erfahrung einer der größten proletarischen Revolutionen, die Erfahrung der Pariser Kommune von 1871, kurz ausgedrückt, worüber an anderer Stelle ausführlicher gesprochen werden soll. In der Tat spricht Engels hier von einer »Aufhebung« des Staates der *Bourgeoisie* durch die proletarische Revolution, die Worte vom Absterben aber beziehen sich auf die Überreste des *proletarischen* Staatswesens *nach* der sozialistischen Revolution. Der bürgerliche Staat »stirbt« nach Engels nicht »ab«, sondern er wird vom Proletariat in der Revolution *»aufgehoben«*. Es stirbt nach dieser Revolution der proletarische Staat oder Halbstaat ab.

Zweitens. Der Staat ist »eine besondere Repressionsgewalt«. Engels gibt diese glänzende und in höchstem Maße tiefe Definition hier in vollkommener Klarheit. Aus ihr folgt aber, daß die »besondere Repressionsgewalt« der Bourgeoisie zur Unterdrückung des Proletariats, der Millionen Werktätiger durch eine Handvoll reicher Leute, ersetzt werden muß durch eine »besondere Repressionsgewalt« des Proletariats zur Unterdrückung der Bourgeoisie (Diktatur des Proletariats). Hierin besteht eben die »Aufhebung des Staates als Staat«. Hierin besteht eben der »Akt« der Besitzergreifung der Produktionsmittel im Namen der Gesellschaft. Und es ist ohne weiteres klar, daß eine *solche* Ablösung der einen (bürgerlichen) »besonderen Repressionsgewalt« durch eine andere (proletarische) »besondere Repressionsgewalt« unter keinen Umständen auf dem Wege des »Absterbens« erfolgen kann.

Drittens. Vom »Absterben« und – sogar noch plastischer

und farbiger — vom »Einschlafen« spricht Engels ganz klar und bestimmt in bezug auf die Epoche *nach* der »Besitzergreifung der Produktionsmittel (durch den Staat) im Namen der Gesellschaft«, d. h. *nach* der sozialistischen Revolution. Wir alle wissen, daß die politische Form des »Staates« in dieser Zeit die vollkommenste Demokratie ist. Aber keinem der Opportunisten, die den Marxismus schamlos entstellen, kommt es in den Sinn, daß es sich hier also bei Engels um das »Einschlafen« und »Absterben« der *Demokratie* handelt. Das erscheint auf den ersten Blick sehr sonderbar. Aber »unverständlich« bleibt das nur dem, der nicht überlegt hat, daß die Demokratie *auch* ein Staat ist und daß somit auch die Demokratie verschwinden wird, sobald der Staat verschwunden sein wird. Den bürgerlichen Staat kann nur die Revolution »aufheben«. Der Staat überhaupt, d. h. die vollkommenste Demokratie, kann nur »absterben«.

Viertens. Nachdem Engels seine berühmte These: »Der Staat stirbt ab« aufgestellt hat, erläutert er sofort konkret, daß diese These sich sowohl gegen die Opportunisten als auch gegen die Anarchisten richtet. Dabei steht bei Engels an erster Stelle diejenige Folgerung aus der These vom »Absterben des Staates«, die gegen die Opportunisten gerichtet ist.

Man kann wetten, daß von 10000 Menschen, die vom »Absterben« des Staates gelesen oder gehört haben, 9990 überhaupt nicht wissen oder sich nicht entsinnen, daß Engels seine Schlußfolgerungen aus dieser These *nicht nur* gegen die Anarchisten gerichtet hat. Und von den übrigen zehn Menschen wissen neun sicherlich nicht, was ein »freier Volksstaat« ist und warum in dem Angriff auf diese Losung ein Angriff auf die Opportunisten enthalten ist. So wird Geschichte geschrieben! So wird die große revolutionäre Lehre unmerklich dem herrschenden Pfahlbürgertum angepaßt. Die Folgerung gegen die Anarchisten wurde Tausende Male wiederholt, verflacht, möglichst versimpelt in die Köpfe eingehämmert und gewann die Festigkeit eines Vorurteils. Die Schlußfolgerung gegen die Opportunisten wurde aber vertuscht und »vergessen«!

Der »freie Volksstaat« war eine programmatische Forderung und landläufige Losung der deutschen Sozialdemokraten der siebziger Jahre. Irgendeinen politischen Inhalt, außer einer kleinbürgerlich schwülstigen Umschreibung des Begriffs Demokratie, hat diese Losung nicht. Soweit in ihr legal die demokratische Republik angedeutet wurde, war Engels bereit, »zeitweilig« die »Berechtigung« dieser Losung aus agitatorischen Gründen gelten zu lassen. Diese Losung war aber opportunistisch, denn sie brachte nicht nur eine Beschönigung der bürgerlichen Demokratie, sondern auch die Verkennung der sozialistischen Kritik jedweden Staates überhaupt zum Ausdruck. Wir sind für die demokratische Republik als die für das Proletariat unter dem Kapitalismus beste Staatsform, aber wir dürfen nicht vergessen, daß auch in der allerdemokratischsten bürgerlichen Republik Lohnsklaverei das Los des Volkes ist. Ferner. Jeder Staat ist »eine besondere Repressionsgewalt« gegen die unterdrückte Klasse. Daher ist *jeder* Staat *un*frei und *kein* Volksstaat. Marx und Engels haben das in den siebziger Jahren wiederholt ihren Parteigenossen auseinandergesetzt.

Fünftens. In dem gleichen Werk von Engels, in dem die Betrachtung über das Absterben des Staats enthalten ist, auf die sich alle besinnen, finden sich Ausführungen über die Bedeutung der gewaltsamen Revolution. Die geschichtliche Bewertung ihrer Rolle verwandelt sich bei Engels in einen wahren Lobgesang auf die gewaltsame Revolution. Darauf »besinnt sich niemand«; über die Bedeutung dieses Gedankens zu sprechen, ja sogar bloß nachzudenken, ist in den heutigen sozialistischen Parteien nicht üblich, in der täglichen Propaganda und Agitation unter den Massen spielen diese Gedanken keine Rolle. Indes sind sie mit dem »Absterben« des Staates zu einem harmonischen Ganzen untrennbar verbunden.

Hier diese Ausführungen von Engels:

»... Daß die Gewalt aber noch eine andre Rolle« (als die einer »Teufelsmacht«) »in der Geschichte spielt, eine revolutionäre Rolle, daß sie, in Marx' Worten, die Geburtshelferin jeder alten Gesellschaft ist, die mit einer neuen schwanger geht, daß sie das Werkzeug ist, womit sich die gesellschaftliche Bewegung durchsetzt und erstarrte, abgestorbne politische Formen zerbricht – davon kein Wort bei Herrn Dühring. Nur unter Seufzen und Stöhnen gibt er die Möglichkeit zu, daß zum Sturz der Ausbeutungswirtschaft vielleicht Gewalt nötig sein werde – leider! denn jede Gewaltanwendung demoralisiere den, der sie anwendet. Und das angesichts des hohen moralischen und geistigen Aufschwungs, der die Folge jeder siegreichen Revolution war! Und das in Deutschland, wo ein gewaltsamer Zusammenstoß, der dem Volk ja aufgenötigt werden kann, wenigstens den Vorteil hätte, die aus der Erniedrigung des Dreißigjährigen Kriegs in das nationale Bewußtsein gedrungene Bedientenhaftigkeit auszutilgen. Und diese matte, saft- und kraftlose Predigerdenkweise macht den Anspruch, sich der revolutionärsten Partei aufzudrängen, die die Geschichte kennt.«[3]

Wie kann man diesen Lobgesang auf die gewaltsame Revolution, den Engels hartnäckig von 1878 bis 1894, d. h. bis zu seinem Tode, den deutschen Sozialdemokraten präsentiert, mit der Theorie vom »Absterben« des Staates in einer Lehre vereinen?

Gewöhnlich vereint man beides mit Hilfe des Eklektizismus, indem man gedankenlos oder sophistisch willkürlich (oder den Machthabern zu Gefallen) bald die eine, bald die andere Betrachtung herausgreift, wobei in 99 von 100 Fällen, wenn nicht noch öfter, gerade das »Absterben« in den Vordergrund geschoben wird. Die Dialektik wird durch den Eklektizismus ersetzt: es ist dies die gewöhnlichste, verbreitetste Erscheinung in der offiziellen sozialdemokratischen Literatur unserer Tage in bezug auf den Marxismus. Ein solcher Ersatz ist natürlich nicht neu, er war sogar in der Geschichte der klassischen griechischen Philosophie zu beobachten. Bei der Verfälschung des Marxismus zum Opportunismus täuscht die Ersetzung der Dialektik durch den Eklektizismus die Massen am leichtesten, sie gewährt eine

3 Friedrich Engels, „Herrn Eugen Dührings Umwälzung der Wissenschaft", Berlin 1953, S. 225.

scheinbare Befriedigung, berücksichtigt scheinbar alle Seiten des Prozesses, alle Entwicklungstendenzen, alle widerspruchsvollen Einflüsse usw., während sie in Wirklichkeit keine einheitliche und revolutionäre Auffassung des gesellschaftlichen Entwicklungsprozesses gibt.

Wir haben bereits oben davon gesprochen und werden es in der weiteren Darstellung ausführlicher zeigen, daß die Lehre von Marx und Engels von der Unvermeidlichkeit der gewaltsamen Revolution sich auf den bürgerlichen Staat bezieht. Dieser *kann* durch den proletarischen Staat (die Diktatur des Proletariats) *nicht* auf dem Wege des »Absterbens« abgelöst werden, sondern, als allgemeine Regel, nur durch eine gewaltsame Revolution. Der Lobgesang, den Engels auf die gewaltsame Revolution singt und der den vielfachen Erklärungen von Marx durchaus entspricht (erinnern wir uns an den Schluß des »Elends der Philosophie« und des »Kommunistischen Manifests« mit der stolzen und offenen Erklärung über die Unausbleiblichkeit der gewaltsamen Revolution; erinnern wir uns an die Kritik des Gothaer Programms vom Jahre 1875, fast dreißig Jahre später, wo Marx den Opportunismus dieses Programms schonungslos geißelt) – dieser Lobgesang ist durchaus keine »Schwärmerei«, durchaus keine Deklamation, kein polemischer Ausfall. Die Notwendigkeit, die Massen systematisch in *solchen* und gerade in solchen Ansichten über die gewaltsame Revolution zu erziehen, liegt der *ganzen* Lehre von Marx und Engels zugrunde. Der Verrat an ihrer Lehre durch die sozialchauvinistische und die kautskyanische Strömung, die heute herrschen, kommt besonders plastisch darin zum Ausdruck, daß die einen wie die anderen eine *solche* Propaganda, eine solche Agitation vergessen haben.

Die Ablösung des bürgerlichen Staates durch den proletarischen ist ohne gewaltsame Revolution nicht möglich. Die Aufhebung des proletarischen Staates, d. h. die Aufhebung jedes Staates, ist nicht anders möglich als auf dem Wege des »Absterbens«.

Eine ausführliche und konkrete Entwicklung dieser Ansichten lieferten Marx und Engels, indem sie jede einzelne revolutionäre Situation studierten, die Lehren aus den Erfahrungen jeder einzelnen Revolution analysierten. Wir gehen nunmehr zu diesem fraglos wichtigsten Teil ihrer Lehre über.

Die ökonomischen Grundlagen für das Absterben des Staates

Am ausführlichsten erörtert Marx diese Frage in seiner »Kritik des Gothaer Programms«[4] (Brief an Bracke vom 5. Mai 1875, veröffentlicht erst 1891 in der »Neuen Zeit«, Jahrgang 9, Band I, in russischer Sprache in einer besonderen Ausgabe erschienen). Der polemische Teil dieses bedeutsamen Werkes, der eine Kritik des Lasalleanertums gibt, hat seinen positiven Teil sozusagen in den Schatten gestellt, nämlich: die Analyse des Zusammenhangs zwischen der Entwicklung des Kommunismus und dem Absterben des Staates.

1. Die Fragestellung bei Marx

Bei einem oberflächlichen Vergleich des Briefes von Marx an Bracke vom 5. Mai 1875 mit dem früher erwähnten Brief von Engels an Bebel vom 28. März 1875 könnte es scheinen, als wäre Marx viel mehr »Staatsmensch« als Engels und als bestünde zwischen den Ansichten der beiden Verfasser über den Staat ein sehr erheblicher Unterschied.

Engels empfiehlt Bebel, das ganze Gerede vom Staat überhaupt fallen zu lassen, das Wort »Staat« ganz aus dem Programm zu entfernen und es durch das Wort »Gemeinwesen« zu ersetzen; Engels erklärt sogar, daß die Kommune kein Staat im eigentlichen Sinne mehr gewesen sei. Marx dagegen spricht sogar vom »zukünftigen Staatswesen der kommunistischen Gesellschaft«, d. h. er erkennt scheinbar die Notwendigkeit des Staates selbst unter dem Kommunismus an.

Eine solche Auffassung wäre jedoch grundfalsch. Eine

4 Siehe Karl Marx, „Kritik des Gothaer Programms", Zürich 1933, oder Marx-Engels, Studienausgabe Frankfurt 1966, Bd. III, S. 174 ff.

nähere Betrachtung ergibt, daß die Ansichten von Marx und Engels über den Staat und dessen Absterben sich durchaus decken und daß der vorerwähnte Ausdruck von Marx sich gerade auf dieses *absterbende* Staatswesen bezieht.

Es ist klar, daß von einer Bestimmung des Zeitpunktes des *künftigen* »Absterbens« keine Rede sein kann, um so mehr, als es sich selbstverständlich um einen langen Prozeß handelt. Der scheinbare Unterschied zwischen Marx und Engels erklärt sich aus der Verschiedenheit der Gegenstände, die sie behandelten, der Aufgaben, die sie sich gestellt hatten. Engels stellte sich die Aufgabe, Bebel anschaulich, scharf, in großen Zügen den ganzen Unsinn der landläufigen (und von Lassalle stark geteilten) Vorurteile in bezug auf den Staat nachzuweisen. Marx streift *diese* Frage nur nebenbei; ihn interessiert ein anderes Thema: die *Entwicklung* der kommunistischen Gesellschaft.

Die ganze Theorie von Marx ist eine Anwendung der Entwicklungstheorie – in ihrer konsequentesten, vollkommensten, durchdachtesten und inhaltsreichsten Form – auf den modernen Kapitalismus. Naturgemäß entstand für Marx die Frage der Anwendung dieser Theorie auch auf den *bevorstehenden* Zusammenbruch des Kapitalismus und die *künftige* Entwicklung des *künftigen* Kommunismus.

Auf Grund welcher *Unterlagen* kann aber die Frage nach der künftigen Entwicklung des künftigen Kommunismus gestellt werden?

Auf Grund der Tatsache, daß er aus dem Kapitalismus *hervorgeht,* sich historisch aus dem Kapitalismus entwickelt, das Resultat der Wirkungen einer gesellschaftlichen Kraft ist, die der Kapitalismus *erzeugt* hat. Bei Marx findet sich auch nicht die Spur eines Versuches, Utopien zu konstruieren, ins Blaue herumzuraten über Dinge, die man nicht wissen kann. Marx stellt die Frage des Kommunismus so, wie der Naturforscher die Frage, sagen wir, einer neuen biologischen Abart stellen würde, wenn ihm bekannt wäre, daß sie so und so entstanden ist und sich in der und der bestimmten Richtung modifiziert.

Marx beseitigt vor allem die Konfusion, die durch das

Gothaer Programm in die Frage nach dem Verhältnis von Staat und Gesellschaft hineingetragen wird.

»Die ›heutige Gesellschaft‹ ist die kapitalistische Gesellschaft — schreibt er —, die in allen Kulturländern existiert, mehr oder weniger frei von mittelalterlichem Beisatz, mehr oder weniger durch die besondere geschichtliche Entwicklung jedes Landes modifiziert, mehr oder weniger entwickelt. Dagegen der ›heutige Staat‹ wechselt mit der Landesgrenze. Er ist ein anderer im preußisch-deutschen Reich als in der Schweiz, ein anderer in England als in den Vereinigten Staaten. ›Der heutige Staat‹ ist also eine Fiktion.

Jedoch haben die verschiedenen Staaten der verschiedenen Kulturländer trotz ihrer bunten Formverschiedenheit alle das gemein, daß sie auf dem Boden der modernen bürgerlichen Gesellschaft stehen, nur einer mehr oder minder kapitalistisch entwickelten. Sie haben daher auch gewisse wesentliche Charaktere gemein. In diesem Sinne kann man von ›heutigem Staatswesen‹ sprechen, im Gegensatz zur Zukunft, worin seine jetzige Wurzel, die bürgerliche Gesellschaft, abgestorben ist.

Es fragt sich dann: welche Umwandlung wird das Staatswesen in einer kommunistischen Gesellschaft erleiden! In anderen Worten, welche gesellschaftlichen Funktionen bleiben dort übrig, die jetzigen Staatsfunktionen analog sind? Diese Frage ist nur wissenschaftlich zu beantworten, und man kommt dem Problem durch tausendfache Zusammensetzung des Wortes Volk mit dem Wort Staat auch nicht um einen Flohsprung näher ...«

Nachdem Marx so alles Gerede vom »Volksstaat« verspottet hat, gibt er die Fragestellung und warnt gewissermaßen davor, bei wissenschaftlicher Beantwortung der Frage anders als mit feststehenden wissenschaftlichen Angaben zu operieren.

Das erste, was die ganze Entwicklungstheorie, was die gesamte Wissenschaft überhaupt ganz genau festgestellt haben — was die Utopisten vergessen haben und die jetzigen Opportunisten, die sich vor der sozialistischen Revolution fürchten, vergessen —, ist der Umstand, daß es geschichtlich zweifellos ein besonderes Stadium oder eine besondere Etappe des *Übergangs* vom Kapitalismus zum Kommunismus geben muß.

2. Der Übergang vom Kapitalismus zum Kommunismus

»Zwischen der kapitalistischen und der kommunistischen Gesellschaft – fährt Marx fort – liegt die Periode der revolutionären Umwandlung der einen in die andere. Der entspricht auch eine politische Übergangsperiode, deren Staat nichts anderes sein kann, als die *revolutionäre Diktatur des Proletariats.*«

Diese Folgerung beruht bei Marx auf der Analyse der Rolle, die das Proletariat in der modernen kapitalistischen Gesellschaft spielt, auf den Tatsachen der Entwicklung dieser Gesellschaft und der Unversöhnlichkeit der einander entgegengesetzten Interessen des Proletariats und der Bourgeoisie.

Früher wurde die Frage so gestellt: das Proletariat muß, um seine Befreiung durchzusetzen, die Bourgeoisie stürzen, die politische Macht erobern und seine revolutionäre Diktatur errichten.

Jetzt wird die Frage etwas anders gestellt: der Übergang von der kapitalistischen Gesellschaft, die sich in der Richtung zum Kommunismus entwickelt, zur kommunistischen Gesellschaft ist unmöglich ohne eine »politische Übergangsperiode«, und der Staat dieser Periode kann nur die revolutionäre Diktatur des Proletariats sein.

Wie verhält sich nun diese Diktatur zur Demokratie?

Wir haben gesehen, daß das »Kommunistische Manifest« einfach zwei Begriffe: »Erhebung des Proletariats zur herrschenden Klasse« und »Erkämpfung der Demokratie« nebeneinander stellt. Auf Grund alles oben Gesagten läßt sich genauer bestimmen, wie sich die Demokratie beim Übergang vom Kapitalismus zum Kommunismus verändert.

In der kapitalistischen Gesellschaft, ihre günstigste Entwicklung vorausgesetzt, haben wir eine mehr oder weniger vollständige Demokratie in der demokratischen Republik. Diese Demokratie ist jedoch stets in den engen Rahmen der kapitalistischen Ausbeutung gepreßt und bleibt daher im Grunde genommen stets eine Demokratie für die Minderheit, nur für die besitzenden Klassen, nur für die Reichen. Die Freiheit der kapitalistischen Gesellschaft bleibt immer ungefähr dieselbe, wie sie in den antiken griechischen Republiken war: Freiheit für die Sklavenhalter. Die modernen Lohnsklaven bleiben vermöge der Bedingungen der kapitalistischen Ausbeutung so von Not und Elend bedrückt, daß sie »andere Sorgen haben« als Demokratie und Politik, daß bei dem gewöhnlichen, friedlichen Gang der Ereignisse die Mehrheit der Bevölkerung von der Teilnahme am öffentlichen und politischen Leben ausgeschlossen bleibt.

Die Richtigkeit dieser Behauptung wird am anschaulichsten vielleicht durch Deutschland bestätigt, da gerade in diesem Staat die verfassungsmäßige Legalität sich erstaunlich lange und stabil, nahezu ein halbes Jahrhundert (1871 bis 1914), erhalten und die Sozialdemokratie es verstanden hat, in dieser Zeit viel mehr als in anderen Ländern die »Legalität auszunutzen« und einen so großen Teil der Arbeiterschaft in einer politischen Partei zu organisieren wie sonst nirgends in der Welt.

Wie groß ist nun dieser höchste in der kapitalistischen Gesellschaft je beobachtete Anteil der politisch bewußten und aktiven Lohnsklaven? Eine Million Mitglieder der Sozialdemokratischen Partei – von fünfzehn Millionen Lohnarbeitern! Drei Millionen gewerkschaftlich Organisierter – von fünfzehn Millionen!

Demokratie für eine verschwindende Minderheit, Demokratie für die Reichen – das ist der Demokratismus der kapitalistischen Gesellschaft. Betrachtet man den Mechanismus der kapitalistischen Demokratie genauer, so erblickt man überall, in den »geringfügigen«, angeblich »geringfügigen«, Einzelheiten des Wahlrechts (Ansässigkeitszensus, Ausschließung der Frauen usw.) wie in der Technik der Vertretungskörperschaften, in den tatsächlichen Behinderungen des Versammlungsrechts (die öffentlichen Gebäude sind nicht für »Bettler« da!) wie in der rein kapitalistischen Organisation der Tagespresse usw. usw. – überall, wo man hinblickt,

Beschränkungen auf Beschränkungen der Demokratie. Diese Beschränkungen, Ausnahmen, Behinderungen für die Armen erscheinen gering, besonders demjenigen, der selbst nie Not gekannt hat und mit den unterdrückten Klassen in ihrem Massenleben nicht in Berührung gekommen ist (und das trifft für neun von zehn, wenn nicht gar für neunundneunzig von hundert bürgerlichen Publizisten und Politikern zu) – aber zusammengenommen bewirken diese Beschränkungen die Ausschließung, die Verdrängung der Habenichtse von der Politik, von der aktiven Beteiligung an der Demokratie.

Marx hat dieses *Wesen* der kapitalistischen Demokratie glänzend erfaßt, als er in seiner Analyse der Erfahrungen der Kommune sagte: den Unterdrückten wird in mehreren Jahren einmal gestattet, darüber zu entscheiden, welcher Vertreter der unterdrückenden Klasse sie im Parlament ver- und zertreten soll!

Aber von dieser kapitalistischen, unvermeidlich engen, die Armen im stillen zurückstoßenden und daher durch und durch heuchlerischen und lügenhaften Demokratie führt die weitere Entwicklung nicht einfach, gerade und glatt, »zu einer immer größeren Demokratie«, wie die liberalen Professoren und kleinbürgerlichen Opportunisten es darzustellen belieben. Nein. Die weitere Entwicklung, d. h. die Entwicklung zum Kommunismus, geht über die Diktatur des Proletariats und kann auch gar nicht anders gehen, denn niemand außer dem Proletariat ist imstande, den *Widerstand* der kapitalistischen Ausbeuter zu *brechen*, und einen anderen Weg gibt es nicht.

Die Diktatur des Proletariats aber, d. h. die Organisation der Vorhut der Unterdrückten zur herrschenden Klasse zwecks Niederhaltung der Ausbeuter, kann nicht einfach nur eine Erweiterung der Demokratie bringen. *Zugleich* mit der ungeheuren Erweiterung der Demokratie, die *zum erstenmal* eine Demokratie für die Armen, für das Volk wird und nicht eine Demokratie für die Reichen, bringt die Diktatur des Proletariats eine Reihe Ausnahmen von der Freiheit gegenüber den Unterdrückern, den Ausbeutern, den Kapitalisten. Diese müssen wir niederhalten, um die Menschheit von der

Lohnsklaverei zu befreien, ihr Widerstand muß mit Gewalt gebrochen werden, und es ist klar, daß dort, wo es Unterdrückung, wo es Gewalt gibt, keine Freiheit, keine Demokratie ist.

Engels hat das ausgezeichnet in seinem Brief an Bebel zum Ausdruck gebracht, wo er, wie der Leser sich entsinnen wird, sagte: »Solange das Proletariat den Staat noch gebraucht, gebraucht es ihn nicht im Interesse der Freiheit, sondern der Niederhaltung seiner Gegner, und sobald von der Freiheit die Rede sein kann, hört der Staat als solcher auf zu bestehen.«

Demokratie für die riesige Mehrheit des Volkes und gewaltsame Niederhaltung der Ausbeuter, der Unterdrücker des Volkes, d. h. ihre Ausschließung von der Demokratie – das ist die Modifizierung der Demokratie beim Übergang vom Kapitalismus zum Kommunismus.

Erst in der kommunistischen Gesellschaft, wo der Widerstand der Kapitalisten bereits endgültig gebrochen ist, wo die Kapitalisten verschwunden sind, wo es keine Klassen mehr gibt (d. h. wo es keinen Unterschied mehr gibt zwischen den Mitgliedern der Gesellschaft in ihrem Verhältnis zu den gesellschaftlichen Produktionsmitteln) – *erst da* »hört der Staat auf zu bestehen« und *»kann von Freiheit die Rede sein«*. Erst da ist eine wirklich vollständige Demokratie, eine Demokratie wirklich ohne irgendwelche Ausnahmen möglich, erst da wird sie verwirklicht werden. Und erst da beginnt die Demokratie *abzusterben*, aus dem einfachen Grunde, weil die von der kapitalistischen Sklaverei, von den ungezählten Greueln, Brutalitäten, Widersinnigkeiten, Gemeinheiten der kapitalistischen Ausbeutung befreiten Menschen sich allmählich *gewöhnen* werden, die elementarsten, von alters her bekannten und seit Jahrtausenden in allen Vorschriften wiederholten Regeln des Zusammenlebens einzuhalten, einzuhalten ohne Gewalt, ohne Zwang, ohne Unterordnung, *ohne den besonderen* Zwangs*apparat*, der Staat heißt.

Der Ausdruck »der Staat *stirbt ab*« ist sehr treffend gewählt, denn er verweist sowohl auf das Allmähliche wie auf das Elementare des Prozesses. Nur die Gewöhnung kann und wird zweifellos eine solche Wirkung ausüben, denn wir beobachten rings um uns millionenmal, wie leicht sich Menschen an die Einhaltung der für sie notwendigen Regeln des gesellschaftlichen Zusammenlebens gewöhnen, wenn es keine Ausbeutung gibt, wenn nichts vorhanden ist, was sie empört, zu Protest und Aufstand herausfordert, die Notwendigkeit einer *Niederhaltung* schafft.

Also: in der kapitalistischen Gesellschaft haben wir eine beschnittene, dürftige, falsche Demokratie, eine Demokratie nur für die Reichen, für eine Minderheit. Die Diktatur des Proletariats, die Periode des Übergangs zum Kommunismus, wird zum erstenmal eine Demokratie für das Volk, für die Mehrheit schaffen, neben der notwendigen Niederhaltung der Minderheit, der Ausbeuter. Einzig und allein der Kommunismus ist imstande, eine wahrhaft vollständige Demokratie zu bieten, und je vollständiger diese sein wird, um so schneller wird sie unnötig werden, von selbst absterben.

Mit anderen Worten: im Kapitalismus haben wir den Staat im eigentlichen Sinne des Wortes, eine besondere Maschine zur Unterdrückung einer Klasse durch eine andere, und zwar der Mehrheit durch eine Minderheit. Natürlich erfordert der Erfolg eines solchen Geschäfts, wie die systematische Unterdrückung der Mehrheit der Ausgebeuteten durch die Minderheit der Ausbeuter, die größte Grausamkeit, eine bestialische Unterdrückung, Meere von Blut, die die Menschheit im Zustand der Sklaverei, der Leibeigenschaft, der Lohnarbeit durchwatet.

Weiter. Beim Übergang von Kapitalismus zum Kommunismus ist die Unterdrückung *noch* notwendig, aber bereits die Unterdrückung der Minderheit der Ausbeuter durch die Mehrheit der Ausgebeuteten. Ein besonderer Apparat, eine besondere Unterdrückungsmaschine, ein »Staat« ist *noch* notwendig, aber es ist bereits ein Übergangsstaat, kein Staat im eigentlichen Sinne mehr, denn die Niederhaltung der Minderheit der Ausbeuter durch die Mehrheit der Lohnsklaven *von gestern* ist eine verhältnismäßig so leichte, einfache und natürliche Sache, daß sie viel weniger Blut kosten wird als die Unterdrückung von Aufständen der Sklaven, Leibeigenen, Lohnarbeiter, daß sie der Menschheit viel billiger zu stehen kommen wird. Und sie ist auch vereinbar mit der Ausdehnung der Demokratie auf eine so überwältigende Mehrheit der Bevölkerung, daß das Bedürfnis nach einer *besonderen Maschine* zur Unterdrückung zu verschwinden beginnt. Die Ausbeuter sind natürlich nicht imstande, das Volk niederzuhalten ohne eine sehr komplizierte Maschine zur Erfüllung dieser Aufgabe, das *Volk* dagegen vermag die Ausbeuter mit einer sehr einfachen »Maschine«, nahezu ohne »Maschine«, ohne einen besonderen Apparat niederzuhalten, durch die einfache *Organisation der bewaffneten Massen* (von der Art der Arbeiter- und Soldatenräte, wie vorauseilend bemerkt sei).

Schließlich schafft nur der Kommunismus den Zustand, unter dem der Staat völlig unnötig wird, denn es ist *niemand* da, der niedergehalten werden müßte, »niemand« im Sinne einer *Klasse,* im Sinne des systematischen Kampfes gegen einen bestimmten Teil der Bevölkerung. Wir sind keine Utopisten und leugnen durchaus nicht die Möglichkeit und Unvermeidlichkeit von Ausschreitungen *einzelner Personen* sowie die Notwendigkeit gegen *solche* Ausschreitungen vorzugehen. Aber erstens bedarf es hierfür keiner besonderen Maschine, keines besonderen Unterdrückungsapparates. Das wird das bewaffnete Volk selbst ebenso einfach und leicht bewerkstelligen, wie eine beliebige Ansammlung zivilisierter Menschen sogar in der heutigen Gesellschaft raufende Menschen auseinanderbringt oder die Vergewaltigung einer Frau verhindert. Zweitens wissen wir, daß die soziale Grundursache der Ausschreitungen, die eine Verletzung der Regeln des gesellschaftlichen Zusammenlebens bedeuten, die Ausbeutung der Massen, ihre Not und ihr Elend sind. Mit der Beseitigung dieser Hauptursache werden die Ausschreitungen unvermeidlich *»abzusterben«* beginnen. Wir wissen nicht, wie rasch und in welcher Aufeinanderfolge es geschehen wird, aber wir wissen, daß sie absterben werden. Mit dem Absterben der Ausschreitungen wird auch der Staat *absterben.*

Marx bestimmte, ohne sich auf Utopien einzulassen, näher das, was sich *jetzt* über diese Zukunft bestimmen läßt, nämlich den Unterschied zwischen der niederen und der höheren Phase (Stufe, Etappe) der kommunistischen Gesellschaft.

3. Die erste Phase der kommunistischen Gesellschaft

In der »Kritik des Gothaer Programms« widerlegt Marx eingehend die Lassallesche Idee, der Arbeiter werde unter dem Sozialismus »unverkürzten« oder »vollen Arbeitsertrag« erhalten. Marx zeigt, daß von dem gesellschaftlichen Gesamtprodukt abzuziehen ist ein Reservefonds, ein Fonds für Ausdehnung der Produktion, ferner für Ersatz der »verbrauchten« Maschinen usw., sodann aus den Konsumtionsmitteln ein Fonds für Verwaltungskosten, für Schulen, Krankenhäuser, Altersheime und dergleichen.

An Stelle der nebelhaften, unklaren, allgemeinen Phrase Lassalles (»dem Arbeiter den vollen Arbeitsertrag«) liefert Marx eine nüchterne Kalkulation, wie die sozialistische Gesellschaft zu wirtschaften gezwungen sein wird. Marx geht an die *konkrete* Analyse der Lebensbedingungen einer solchen Gesellschaft, in der es keinen Kapitalismus mehr geben wird, und sagt:

»Womit wir es hier zu tun haben« (bei der Erörterung des Programms der Arbeiterpartei), »ist eine kommunistische Gesellschaft, nicht wie sie sich auf ihrer eigenen Grundlage *entwickelt* hat, sondern umgekehrt, wie sie eben aus der kapitalistischen Gesellschaft *hervorgeht;* die also in jeder Beziehung, ökonomisch, sittlich, geistig, noch behaftet ist mit den Muttermalen der alten Gesellschaft, aus deren Schoß sie herkommt.«

Diese kommunistische Gesellschaft, die eben erst aus dem Schoße des Kapitalismus ans Tageslicht tritt, die in jeder Beziehung den Stempel der alten Gesellschaft trägt, bezeichnet Marx eben als die »erste« oder niedere Phase der kommunistischen Gesellschaft.

Die Produktionsmittel sind bereits nicht mehr Privateigentum einzelner Personen. Die Produktionsmittel gehören der ganzen Gesellschaft. Jedes Mitglied der Gesellschaft leistet einen gewissen Teil der gesellschaftlich notwendigen Arbeit und erhält von der Gesellschaft einen Schein, daß es so und so viel Arbeit geleistet habe. Auf diesen Schein erhält es ein entsprechendes Quantum Produkte aus dem gesellschaftlichen Vorrat von Konsumtionsmitteln. Nach Abzug des Arbeitsquantums, das für die gemeinschaftlichen Fonds bestimmt ist, erhält jeder Arbeiter also von der Gesellschaft soviel zurück, wie er ihr gegeben hat.

Es herrscht gewissermaßen »Gleichheit«.

Wenn aber Lassalle, der eine solche Gesellschaftsordnung im Auge hat (die gewöhnlich als Sozialismus bezeichnet wird, während Marx sie als erste Phase des Kommunismus bezeichnet), sagt, das wäre eine »gerechte Verteilung«, gleiches Recht auf den gleichen Arbeitsertrag«, so irrt er, und Marx deckt seinen Irrtum auf.

»Gleiches Recht«, sagt Marx, haben wir hier allerdings, es ist aber *noch* das »bürgerliche Recht«, das, wie alles Recht, *Ungleichheit voraussetzt.* Jedes Recht bedeutet die Anwendung eines *gleichen* Maßstabes auf *verschiedene* Individuen, die in Wirklichkeit nicht gleich, die ungleich sind; das »gleiche Recht« ist daher eine Verletzung der Gleichheit und eine Ungerechtigkeit.

In der Tat erhält jeder, der einen gleichen Teil der gesellschaftlichen Arbeit geleistet, den gleichen Anteil am gesellschaftlichen Produkt (nach den erwähnten Abzügen).

Die einzelnen Menschen sind aber nicht gleich: der eine ist stärker, der andere schwächer; der eine ist verheiratet, der andere nicht, der eine hat mehr, der andere weniger Kinder usw.

»... Bei gleicher Arbeitsleistung – folgert Marx – und daher gleichem Anteil an dem gesellschaftlichen Konsumtionsfond erhält also der eine faktisch mehr als der andere, ist der eine reicher als der andere usw. Um alle diese Mißstände zu vermeiden, müßte das Recht, statt gleich, ungleich sein.«

Gerechtigkeit und Gleichheit kann also die erste Phase des Kommunismus noch nicht geben: Unterschiede im Reichtum, und zwar ungerechte Unterschiede werden bestehen bleiben, unmöglich aber wird die *Ausbeutung* eines Menschen durch den anderen sein, denn es wird nicht mehr möglich sein, die *Produktionsmittel,* die Fabriken, Maschinen, den Grund und Boden usw., als Privateigentum an sich zu reißen. Indem Marx die kleinbürgerliche, unklare Phrase Lassalles von der »Gleichheit« und »Gerechtigkeit« *überhaupt* zerschlägt, zeigt er den *Entwicklungsgang* der kommunistischen Gesellschaft, die *gezwungen* ist, zunächst *nur* jene »Ungerechtigkeit« zu beseitigen, daß die Produktionsmittel von einzelnen Personen angeeignet sind, und vorerst *nicht imstande* ist, mit einem Schlage auch die weitere Ungerechtigkeit zu beseitigen, daß die Verteilung der Konsumtionsmittel »nach der Arbeitsleistung« (und nicht nach den Bedürfnissen) erfolgt.

Die Vulgärökonomen, darunter die bürgerlichen Professoren, darunter auch »unser« Tugan, werfen den Sozialisten ständig vor, sie vergäßen die Ungleichheit der Menschen und »träumten« von einer Beseitigung dieser Ungleichheit. Ein solcher Vorwurf beweist nur, wie wir sehen, die große Unwissenheit der Herren bürgerlichen Ideologen.

Marx berücksichtigt nicht nur auf das genaueste die unvermeidliche Ungleichheit der Menschen, er berücksichtigt auch doch, daß der bloße Übergang der Produktionsmittel in das Gemeineigentum der ganzen Gesellschaft (»Sozialismus« im landläufigen Gebrauch des Wortes) die Mängel der Verteilung und die Ungleichheit des »bürgerlichen Rechtes« *nicht beseitigt,* das *weiter herrscht,* soweit die Produkte »nach der Arbeitsleistung« verteilt werden.

»... Aber diese Mißstände – fährt Marx fort – sind unvermeidbar in der ersten Phase der kommunistischen Gesellschaft, wie sie eben aus der kapitalistischen Gesellschaft nach langen Geburtswehen hervorgegangen ist. Das Recht kann nie höher sein als die ökonomische Gestaltung und dadurch bedingte Kulturentwicklung der Gesellschaft.«

Somit wird in der ersten Phase der kommunistischen Gesellschaft (die gewöhnlich Sozialismus genannt wird) das »bürgerliche Recht« *nicht* vollständig abgeschafft, sondern nur zum Teil, nur entsprechend der bereits erreichten ökononischen Umwälzung, d. h. nur in bezug auf die Produktionsmittel. Das »bürgerliche Recht« erkennt sie als Privateigentum einzelner Individuen an. Der Sozialismus macht sie zum *gesellschaftlichen* Eigentum. *Insofern* – und nur insofern – fällt das »bürgerliche Recht« fort.

Dieses bleibt jedoch in seinem anderen Teil bestehen, es bleibt als Regulator (Ordner) bei der Verteilung der Produkte und der Arbeit unter die Mitglieder der Gesellschaft. »Wer nicht arbeitet, soll auch nicht essen«, dieses sozialistische Prinzip ist *schon* verwirklicht; »für das gleiche Quantum Arbeit das gleiche Quantum Produkte« – auch dieses sozialistische Prinzip ist *schon* verwirklicht. Das ist jedoch noch kein Kommunismus, und das beseitigt noch nicht das »bürgerliche Recht«, das ungleichen Menschen für ungleiche (faktisch ungleiche) Arbeitsleistung die gleiche Menge Produkte zuweist.

Das ist ein »Mißstand«, sagt Marx, aber er ist in der ersten Phase des Kommunismus unvermeidlich, denn ohne in Utopien zu verfallen, darf man nicht glauben, daß die Menschen mit dem Sturz des Kapitalismus plötzlich lernen werden, *ohne irgendwelche Rechtsnormen* für die Allgemeinheit zu arbeiten, und überdies sind die ökonomischen Voraussetzungen für eine *solche* Änderung durch die Abschaffung des Kapitalismus *nicht sofort gegeben.*

Andere Normen aber als die des »bürgerlichen Rechts« sind nicht da. Insofern bleibt noch die Notwendigkeit des Staates, der unter Wahrung des gesellschaftlichen Eigentums an den Produktionsmitteln die Gleichheit der Arbeitsleistung und die Gleichheit bei der Verteilung der Produkte zu schützen hat.

Der Staat stirbt ab, soweit es keine Kapitalisten, keine Klassen mehr gibt und man daher auch keine *Klasse* mehr *unterdrücken* kann.

Der Staat ist jedoch noch nicht ganz abgestorben, denn es bleibt noch der Schutz des »bürgerlichen Rechts«, das die faktische Ungleichheit sanktioniert. Zum vollständigen Absterben des Staates ist der vollständige Kommunismus erforderlich.

Marx fährt fort:

»... In einer höheren Phase der kommunistischen Gesellschaft, nachdem die knechtende Unterordnung der Individuen unter die Teilung der Arbeit, damit auch der Gegensatz geistiger und körperlicher Arbeit verschwunden ist; nachdem die Arbeit nicht nur Mittel zum Leben, sondern selbst das erste Lebensbedürfnis geworden; nachdem mit der allseitigen Entwicklung der Individuen auch die Produktionskräfte gewachsen sind und alle Springquellen des genossenschaftlichen Reichtums voller fließen – erst dann kann der enge bürgerliche Rechtshorizont ganz überschritten werden und die Gesellschaft auf ihre Fahnen schreiben: Jeder nach seinen Fähigkeiten, jedem nach seinen Bedürfnissen!« Erst jetzt können wir die ganze Richtigkeit der Bemerkungen von Engels einschätzen, in denen er schonungslos die Unsinnigkeit einer Verbindung der Worte ›Freiheit‹ und ›Staat‹ verhöhnt. Solange es einen Staat gibt, gibt es keine Freiheit. Wenn es Freiheit geben wird, wird es keinen Staat geben.

Die ökonomische Grundlage für das vollständige Absterben des Staates ist eine so hohe Entwicklung des Kommunismus, daß der Gegensatz zwischen geistiger und körperlicher Arbeit verschwindet, damit also eine der wichtigsten Quellen der heutigen *gesellschaftlichen* Ungleichheit beseitigt wird, und zwar eine Quelle, die durch den bloßen Übergang der Produktionsmittel in gesellschaftliches Eigentum, durch die bloße Expropriation der Kapitalisten keinesfalls mit einem Mal aus der Welt geschafft werden kann.

Diese Expropriation wird eine gigantische Entwicklung der Produktivkräfte *ermöglichen*. Und wenn wir sehen, wie schon jetzt der Kapitalismus in unglaublicher Weise diese Entwicklung *hemmt*, wie vieles auf der Grundlage der heutigen, bereits erreichten Technik gefördert werden könnte, so sind wir berechtigt, mit voller Überzeugung zu sagen, daß die Expropriation der Kapitalisten unausbleiblich eine ungeheure Entwicklung der Produktivkräfte der menschlichen Gesellschaft zur Folge haben wird. Wie rasch aber diese Entwicklung weitergehen wird, wie schnell sie zur Aufhebung der Arbeitsteilung, zur Beseitigung des Gegensatzes von geistiger und körperlicher Arbeit, zur Verwandlung der Arbeit in »das erste Lebensbedürfnis« führen wird, das wissen wir nicht und *können es nicht* wissen.

Wir sind daher auch nur berechtigt, von dem unvermeidlichen Absterben des Staates zu sprechen unter Betonung der langen Dauer dieses Prozesses, seiner Abhängigkeit vom Entwicklungstempo der *höheren Phase* des Kommunismus, wobei die Frage des Zeitpunktes oder der konkreten Formen des Absterbens vollkommen offen bleibt, denn Unterlagen zur Entscheidung dieser Fragen *sind nicht vorhanden.*

Der Staat wird dann völlig absterben können, wenn die Gesellschaft den Grundsatz: »Jeder nach seinen Fähigkeiten, jedem nach seinen Bedürfnissen« verwirklicht haben wird, d. h. wenn die Menschen sich so an die Befolgung der Grundregeln des gesellschaftlichen Zusammenlebens gewöhnt haben werden und ihre Arbeit so produktiv sein wird, daß sie freiwillig *nach ihren Fähigkeiten* tätig sein werden. Der »enge bürgerliche Rechtshorizont«, der veranlaßt, mit der Engherzigkeit eines Shylock darauf bedacht zu sein, daß man nur ja nicht eine halbe Stunde länger als der andere arbeitet, keine geringere Bezahlung erhält als der andere – dieser enge Horizont wird dann überschritten sein. Die Verteilung der Produkte wird dann keine Normierung der jedem einzelnen zukommenden Menge durch die Gesellschaft erfordern; jeder wird frei nehmen »nach seinen Bedürfnissen«.

Vom bürgerlichen Standpunkt aus ist es leicht, eine solche Gesellschaftsstruktur als »reine Utopie« zu bezeichnen und darüber zu grinsen, daß die Sozialisten jedem das Recht zusichern, von der Gesellschaft ohne jegliche Kontrolle über die Arbeitsleistung des einzelnen Bürgers eine beliebige Menge Trüffeln, Automobile, Klaviere u. a. m. zu erhalten. Die Mehrzahl der bürgerlichen »Gelehrten« beschränkt sich bis auf den heutigen Tag auf dieses Grinsen und verrät dadurch nur ihre Unwissenheit und ihre eigennützige Verteidigung des Kapitalismus.

Unwissenheit, denn es ist keinem Sozialisten eingefallen, zu »versprechen«, daß die höhere Phase der Entwicklung des

Kommunismus eintreten wird, die *Voraussicht* der großen Sozialisten aber, daß sie eintreten wird, hat nicht die heutige Arbeitsproduktivität und *nicht den heutigen* Spießer zur Voraussetzung, der es fertigbringt, »aus Spaß«, etwa wie die Seminaristen bei Pomjalowski, mit dem gesellschaftlichen Reichtum zu wüsten und Unmögliches zu verlangen.

Bis zum Eintritt der »höheren« Phase des Kommunismus fordern die Sozialisten die *strengste* Kontrolle seitens der Gesellschaft *und seitens des Staates* über das Maß der Arbeit und das Maß der Konsumtion, aber diese Kontrolle muß *beginnen* mit der Expropriation der Kapitalisten, mit der Kontrolle der Arbeiter über die Kapitalisten, und durchgeführt soll sie werden nicht durch den bureaukratischen Staat, sondern durch den Staat der *bewaffneten Arbeiter.*

Die eigennützige Verteidigung des Kapitalismus durch die bürgerlichen Ideologen (und ihre Schleppenträger vom Schlage der Herren Zereteli, Tschernow und Konsorten) besteht gerade darin, daß sie durch Diskussionen und Gerede über die ferne Zukunft die dringende und aktuelle Frage der *heutigen* Politik *verfälschen:* die Expropriation der Kapitalisten, die Umwandlung *aller* Bürger in Arbeiter und Angestellte *eines* großen »Syndikats«, nämlich des ganzen Staates, und die völlige Unterordnung der gesamten Arbeit dieses ganzen Syndikats unter den wahrhaft demokratischen Staat, *den Staat der Arbeiter- und Soldatendeputiertenräte.*

Wenn der gelehrte Professor und mit ihm der Spießer und mit diesem die Herren Zereteli und Tschernow von sinnlosen Utopien, von demagogischen Versprechungen der Bolschewiki, von der Unmöglichkeit der »Einführung« des Sozialismus sprechen, so meinen sie gerade das höhere Stadium, die höhere Phase des Kommunismus, deren »Einführung« nicht nur niemand versprochen, sondern an die auch niemand gedacht hat, da sie sich überhaupt nicht »einführen« läßt.

Und hier sind wir bei der Frage der wissenschaftlichen Unterscheidung zwischen Sozialismus und Kommunismus angelangt, die Engels in seiner vorerwähnten Betrachtung über die Unrichtigkeit der Bezeichnung »Sozialdemokrat« berührt. Politisch wird der Unterschied zwischen der ersten oder niederen und der höheren Phase des Kommunismus mit der Zeit wahrscheinlich ungeheuer groß sein, doch wäre es lächerlich, jetzt, unter dem Kapitalismus, diesen Unterschied hervorzuheben, und in den Vordergrund rücken könnten ihn höchstens vereinzelte Anarchisten (sofern unter den Anarchisten noch welche übriggeblieben sein sollten, die nach der Verwandlung der Kropotkin, Grave, Cornelissen und anderer »Leuchten« des Anarchismus in Sozialchauvinisten von »Plechanowschem« Typus oder in Schützengraben-Anarchisten — wie Ge, einer der wenigen Anarchisten, die noch Ehre und Gewissen bewahrt haben, sich ausgedrückt hat — nichts gelernt haben).

Der wissenschaftliche Unterschied zwischen Sozialismus und Kommunismus ist aber klar. Was gewöhnlich als Sozialismus bezeichnet wird, nannte Marx die »erste« oder niedere Phase der kommunistischen Gesellschaft. Insofern die Produktionsmittel *Gemein*eigentum werden, ist das Wort »Kommunismus« auch hier angebracht, wenn man nicht vergißt, daß es *kein* vollständiger Kommunismus ist. Die große Bedeutung der Marxschen Erklärungen besteht darin, daß er auch hier konsequent die materialistische Dialektik, die Entwicklungslehre, anwendet, indem er den Kommunismus betrachtet als etwas, das sich *aus* dem Kapitalismus entwickelt. An Stelle scholastisch ausgeklügelter, »erdachter« Definitionen und unfruchtbarer Wortklaubereien (was Sozialismus, was Kommunismus sei) liefert Marx eine Analyse dessen, was man als Stufen der ökonomischen Reife des Kommunismus bezeichnen könnte.

In seiner ersten Phase, auf seiner ersten Stufe kann der Kommunismus ökonomisch noch *nicht* völlig reif, völlig frei von den Traditionen oder Spuren des Kapitalismus sein. Hieraus erklärt sich eine so interessante Erscheinung wie die Beibehaltung des »engen *bürgerlichen* Rechtshorizonts« während der ersten Phase des Kommunismus. Das bürgerliche Recht auf dem Gebiet der Verteilung der *Konsumtions*mittel setzt natürlich auch den *bürgerlichen Staat* voraus, denn das Recht ist nichts ohne einen Apparat, der imstande ist, die Einhaltung der Rechtsnormen zu *erzwingen*.

Es ergibt sich also, daß unter dem Kommunismus nicht nur das bürgerliche Recht eine gewisse Zeit bestehen bleibt, sondern sogar der bürgerliche Staat ohne Bourgeoisie!

Das mag paradox oder als bloße dialektische Spiegelfechterei erscheinen, wie das vielfach dem Marxismus von Leuten zum Vorwurf gemacht wird, die sich nicht im geringsten die Mühe genommen haben, seinen überaus tiefen Gehalt zu studieren.

In Wirklichkeit zeigt uns das Leben auf Schritt und Tritt, in der Natur wie in der Gesellschaft, im Neuen Reste des Alten. Und Marx hat nicht willkürlich ein Stückchen »bürgerlichen« Rechts in den Kommunismus gesteckt, sondern hat das genommen, was wirtschaftlich und politisch in einer *aus dem Schoß* des Kapitalismus hervorgehenden Gesellschaft unvermeidlich ist.

Die Demokratie ist von ungeheurer Bedeutung im Befreiungskampf der Arbeiterklasse gegen die Kapitalisten. Die Demokratie ist aber durchaus nicht die Grenze, die nicht überschritten werden kann, sondern lediglich eine der Etappen auf dem Wege vom Feudalismus zum Kapitalismus und vom Kapitalismus zum Kommunismus.

Demokratie bedeutet Gleichheit. Es ist begreiflich, welch große Bedeutung der Kampf des Proletariats um Gleichheit und die Losung der Gleichheit besitzen, wenn man diese richtig im Sinne der Aufhebung der *Klassen* auffaßt. Aber Demokratie bedeutet nur *formale* Gleichheit. Und sofort nach der Verwirklichung der Gleichheit aller Mitglieder der Gesellschaft *in Hinsicht* auf den Besitz der Produktionsmittel, d. h. der Gleichheit der Arbeit, Gleichheit des Lohnes, wird sich vor der Menschheit unvermeidlich die Frage erheben, wie sie von der formalen zur tatsächlichen Gleichheit, d. h. zur Verwirklichung des Satzes: »Jeder nach seinen Fähigkeiten, jedem nach seinen Bedürfnissen«, weiterschreiten soll. Welche Etappen die Menschheit auf dem Wege zu diesem höheren Ziel wird durchschreiten müssen, welche praktischen Maßnahmen sie hierzu wird ergreifen müssen — wir wissen es nicht und können es nicht wissen. Es ist aber wichtig, daß wir uns darüber klar werden, wie unendlich verlogen die übliche bürgerliche Vorstellung ist, der Sozialismus sei etwas Totes, Erstarrtes, ein für allemal Gegebenes, während in Wirklichkeit *erst* mit dem Sozialismus ein rascher, wirklicher, ein wahrhafter Massenfortschritt auf allen Gebieten des öffentlichen und persönlichen Lebens, zunächst unter Teilnahme der *Mehrheit* der Bevölkerung und später der gesamten Bevölkerung, einsetzen wird.

Die Demokratie ist eine Staatsform, eine der Abarten des Staates. Sie ist daher, wie jeder Staat, eine organisierte, systematische Gewaltanwendung gegenüber Menschen. Das ist die eine Seite. Anderseits bedeutet Demokratie aber die formale Anerkennung der Gleichheit zwischen den Bürgern, des gleichen Rechtes aller, die Staatseinrichtung zu bestimmen und den Staat zu verwalten. Das wiederum hat zur Folge, daß auf einer bestimmten Stufe ihrer Entwicklung die Demokratie erstens die dem Kapitalismus gegenüber revolutionäre Klasse, das Proletariat, zusammenschließt und ihr die Möglichkeit gibt, die bürgerliche, auch die bürgerlich-republikanische, Staatsmaschine – stehendes Heer, Polizei, Beamtentum – zu zerbrechen, in Scherben zu schlagen, sie aus der Welt zu schaffen und durch eine *demokratischere* Staatsmaschine, aber immerhin noch eine Staatsmaschine zu ersetzen, bestehend aus bewaffneten Arbeitermassen, die zur Beteiligung des gesamten Volkes an der Miliz übergehen.

Hier »schlägt die Quantität in Qualität um«: eine *solche* Stufe der Demokratie ist verknüpft mit der Sprengung des Rahmens der bürgerlichen Gesellschaft, mit dem Beginn ihrer sozialistischen Umgestaltung. Wenn tatsächlich *alle* an der Leitung des Staates teilnehmen, dann kann sich der Kapitalismus nicht mehr halten. Ihrerseits schafft die Entwicklung des Kapitalismus die *Voraussetzungen* dafür, daß wirklich »alle« an der Leitung des Staates teilnehmen *können.* Zu diesen Voraussetzungen gehört die allgemeine Schulbildung, die bereits in den fortgeschrittenen kapitalistischen Ländern durchgeführt ist, ferner die »Schulung und Disziplinierung« der Millionen von Arbeitern durch den großen, komplizierten, vergesellschafteten Apparat der Post, der Eisenbahnen, der Großbetriebe, des Großhandels, des Bankwesens usw. usf.

Unter solchen *ökonomischen* Voraussetzungen ist es durchaus möglich, sofort, von heute auf morgen, dazu überzugehen, die Kapitalisten und Beamten nach ihrem Sturz bei der *Kontrolle* über die Produktion und Verteilung, bei der *Registrierung* der Arbeit und der Produkte durch bewaffnete Arbeiter, durch das gesamte bewaffnete Volk zu ersetzen. (Man darf die Frage der Kontrolle und Registrierung nicht mit der Frage des wissenschaftlich ausgebildeten Personals, der Ingenieure, Agronomen usw. verwechseln: diese Herrschaften arbeiten heute, indem sie sich den Kapitalisten fügen, sie werden morgen noch besser arbeiten und sich den bewaffneten Arbeitern fügen.)

Rechnungslegung und Kontrolle — das ist das *Wichtigste,* was zum »Ingangsetzen«, zum richtigen Funktionieren der *ersten Phase* der kommunistischen Gesellschaft erforderlich ist. *Alle* Bürger verwandeln sich hier in entlohnte Angestellte des Staates, den die bewaffneten Arbeiter bilden. *Alle* Bürger werden Angestellte und Arbeiter *eines* das gesamte Volk umfassenden Staats»syndikats«. Es handelt sich nur darum, daß sie alle in gleicher Weise arbeiten müssen, das Maß ihrer Arbeit richtig einhalten und gleichmäßigen Lohn bekommen. Die Registrierung dessen, die Kontrolle darüber ist durch den Kapitalismus auf das äußerste *vereinfacht,* in ganz außergewöhnlich einfache, jedem des Lesens und Schreibens Kundigen zugängliche Operationen der Beaufsichtigung und Notierung verwandelt, zu deren Verrichtung die Kenntnis der vier Rechnungsarten und die Ausstellung entsprechender Quittungen genügt[5].

Wenn die *Mehrheit* des Volkes beginnen wird, selbständig und überall eine solche Registrierung, eine solche Kontrolle der Kapitalisten (die nunmehr Angestellte geworden sind) und der Herren Intellektuellen, die kapitalistische Allüren beibehalten haben, auszuüben, so wird diese Kontrolle eine wirklich universelle, allgemeine, nationale werden, dann

5 Wenn der Staat im wesentlichen Teil seiner Funktionen auf eine solche Registrierung und Kontrolle durch die Arbeiter selbst reduziert wird, hört er auf, ein „politischer Staat" zu sein, dann „verwandeln sich die öffentlichen Funktionen aus politischen in einfache, administrative Funktionen" (vgl. oben, Kapitel IV, Abschnitt 2, über Engels' Polemik mit den Anarchisten).

wird man ihr nicht mehr entgehen können, weil ein Ausweichen nicht möglich sein wird.

Die ganze Gesellschaft wird ein Bureau und eine Fabrik mit gleicher Arbeit und gleichem Lohn sein.

Aber diese »Fabrik«disziplin, die das siegreiche Proletariat nach dem Sturz der Kapitalisten, nach Beseitigung der Ausbeuter auf die gesamte Gesellschaft ausdehnen wird, ist nichts weniger als unser Ideal oder unser Endziel, sie ist nur eine *Stufe*, notwendig zur radikalen Reinigung der Gesellschaft von der Niedertracht und den Gemeinheiten der kapitalistischen Ausbeutung *und für das weitere* Fortschreiten.

Von dem Augenblick an, wo alle Mitglieder der Gesellschaft oder wenigstens ihre übergroße Mehrzahl *selbst* gelernt haben, den Staat zu regieren, selbst diese Angelegenheit in ihre Hände genommen haben, die Kontrolle »in Gang gebracht« haben über die verschwindende Minderheit der Kapitalisten, über die Herrchen, die die kapitalistischen Allüren gern bewahren möchten, über die Arbeiter, die durch den Kapitalismus tief demoralisiert worden sind, von diesem Augenblick an beginnt die Notwendigkeit irgendeines Regierens überhaupt zu schwinden. Je vollständiger die Demokratie, um so näher der Augenblick, in dem sie überflüssig wird. Je demokratischer der »Staat«, der aus bewaffneten Arbeitern besteht und der »schon kein Staat im eigentlichen Sinne mehr« ist, um so rascher beginnt *jeder* Staat abzusterben.

Denn wenn *alle* gelernt haben werden, selbständig die gesellschaftliche Produktion zu leiten und sie in der Tat leiten werden, selbständig die Rechnungslegung und die Kontrolle der Müßiggänger, der Herrensöhnchen, der Gauner und ähnlicher »Hüter der Traditionen des Kapitalismus« verwirklichen werden, so wird die Umgebung dieser vom ganzen Volk durchgeführten Registrierung und Kontrolle unvermeidlich so ungeheuer schwierig werden, eine so höchst seltene Ausnahme bilden und wahrscheinlich eine so rasche und ernsthafte Bestrafung nach sich ziehen (denn die bewaffneten Arbeiter sind Menschen des praktischen Lebens und keine sentimentalen Intelligenzler und werden kaum mit sich spaßen lassen), daß die *Notwendigkeit* der Einhaltung der unkomplizierten Grundregeln für jedes Zusammenleben von Menschen sehr bald zur Gewohnheit werden wird.

Und dann wird das Tor zum Übergang von der ersten Phase der kommunistischen Gesellschaft zu der höheren Phase und damit auch zum völligen Absterben des Staates sperrangelweit geöffnet stehen.

(aus: A.W. Bd. 7, S. 75–94)

Über die Doppelherrschaft

Die Grundfrage jeder Revolution ist die Frage der Macht im Staate. Ohne Klarheit darüber kann von einer bewußten Teilnahme an der Revolution oder gar von ihrer Führung nicht die Rede sein.

Eine im höchsten Grade bemerkenswerte Eigenart unserer Revolution ist, daß sie eine *Doppelherrschaft* erzeugt hat. Über diese Tatsache muß man sich vor allem klar werden; ohne sie begriffen zur haben, kann es kein Vorwärtsschreiten geben. Die alten »Formeln« des Bolschewismus z. B. muß man zu ergänzen und zu korrigieren verstehen, denn sie waren zwar, wie sich herausgestellt hat, im allgemeinen richtig, ihre konkrete Verwirklichung aber *erwies sich* anders. An Doppelherrschaft hat früher *niemand* gedacht und konnte niemand denken.

Worin besteht die Doppelherrschaft? Darin, daß neben der Provisorischen Regierung, der Regierung der *Bourgeoisie*, sich eine zwar noch schwache, erst in der Keimform vorhandene, aber dennoch unzweifelhaft wirklich existierende und erstarkende *zweite Regierung* herausgebildet hat: die Räte der Arbeiter- und Bauerndeputierten.

Welches ist die Klassenbasis dieser zweiten Regierung? Das Proletariat und die (in den Soldatenrock gesteckte) Bauernschaft. Was ist der politische Charakter dieser Regierung? Sie ist die revolutionäre Diktatur, d. h. eine Macht, die sich unmittelbar stützt auf die revolutionäre Eroberung, auf die direkte Initiative der Volksmassen von unten, und *nicht auf das Gesetz*, das von einer zentralisierten Staatsmacht erlassen wurde. Das ist der Typus einer Macht, der grundverschieden ist von dem in der parlamentarischen, bürgerlich-demokratischen Republik herrschenden Typus, wie wir ihn in den fortgeschrittensten Ländern Europas und Amerikas bisher kannten.

Diesen Umstand läßt man oft außer acht, geht darüber hinweg, während hier gerade die Kernfrage liegt. *Diese* Macht ist eine Macht *desselben Typus* wie die Pariser Kommune von 1871. Die Grundmerkmale dieses Typus sind: 1. Ursprung der Macht ist nicht das vom Parlament beratene und beschlossene Gesetz, sondern die direkte, von unten kommende Initiative der Volksmassen im Lande, die direkte Macht»ergreifung«, um sich des landläufigen Ausdrucks zu bedienen; 2. Ersetzung von Polizei und Armee, als vom Volke getrennter und dem Volk gegenübergestellter Institutionen, durch die direkte Bewaffnung des gesamten Volkes; die Staatsordnung wird bei einer solchen Macht geschützt von den bewaffneten Arbeitern und Bauern *selbst*, vom bewaffneten Volke *selbst;* 3. entweder Ersetzung der Beamten der Bureaukratie, wiederum durch die unmittelbare Herrschaft des Volkes selbst, oder zumindest ihre Stellung unter eine besondere Kontrolle, ihre Verwandlung in nicht nur wählbare, sondern auf die erste Forderung des Volkes hin *absetzbare* einfache Beauftragte; ihre Verwandlung aus einer privilegierten Schicht mit der hohen bourgeoisen Bezahlung ihrer »Pöstchen« in Arbeiter einer besonderen »Waffengattung«, deren Entlohnung *nicht höher* ist als der übliche Lohn eines qualifizierten Arbeiters.

Darin und *nur* darin besteht das *Wesen* der Pariser Kommune als eines besonderen Staatstypus. Dieses *Wesen* haben die Herren Plechanow (die offenen Chauvinisten, die den Marxismus verraten haben), Kautsky (die »Zentrums«leute, d. h. die zwischen Chauvinismus und Marxismus Schwankenden) und überhaupt alle gegenwärtig herrschenden Sozialdemokraten, Sozialrevolutionäre usw. vergessen und entstellt.

Man redet um die Sache herum, man schweigt sich aus, man macht Ausflüchte, man beglückwünscht einander tausendmal zu der Revolution, man sträubt sich, darüber *nachzudenken, was denn* die Arbeiter- und Soldatendeputiertenräte sind. Man will die offensichtliche Wahrheit nicht sehen, daß, insoweit diese Räte bestehen, *insoweit* sie eine Macht sind, in Rußland ein Staat vom *Typus* der Pariser Kommune besteht.

Ich betone: »insoweit«. Denn es ist nur erst eine Regierungsmacht in Keimform. Sowohl durch direktes Übereinkommen mit der bürgerlichen Provisorischen Regierung als auch durch eine Reihe faktischer Zugeständnisse *gab und gibt* sie selber ihre Positionen der Bourgeoisie *preis*.

Warum? Etwa weil die Tschcheïdse, Zereteli, Steklow und Co. einen »Fehler« begehen? Unsinn. So kann nur ein Spießer denken, nicht aber ein Marxist. Der Grund ist das *ungenügende Bewußtsein* und die ungenügende Organisiertheit der Proletarier und Bauern. Der »Fehler« der genannten Führer ist ihr kleinbürgerlicher Standpunkt, ist, daß sie das Bewußtsein der Arbeiter *verdunkeln* und nicht aufhellen, daß sie kleinbürgerliche Illusionen *einflößen* und nicht zerstören, daß sie den Einfluß der Bourgeoisie auf die Massen *stärken*, anstatt die Massen von diesem Einfluß zu befreien.

Daraus sollte schon klar sein, warum auch von unseren Genossen so viele Fehler begangen werden, indem sie »einfach« die Frage stellen: soll man die Provisorische Regierung sofort stürzen?

Ich antworte: 1. man muß sie stürzen, denn sie ist eine oligarchische, eine bürgerliche Regierung, keine Volksregierung; sie kann *weder* Frieden *noch* Brot *noch* volle Freiheit bringen; 2. man kann sie nicht sofort stürzen, denn sie hält sich durch das direkte und indirekte, formale und faktische *Übereinkommen* mit den Arbeiterdeputiertenräten und vor allem mit dem wichtigsten, dem Petersburger Rate; 3. man kann sie überhaupt nicht auf dem gewöhnlichen Wege »stürzen«, denn sie beruht auf der *»Unterstützung«* der Bourgeoisie durch die *zweite* Regierung, den Arbeiterdeputiertenrat, diese aber ist die einzig mögliche Revolutionsregierung, die das Bewußtsein und den Willen der Mehrheit der Arbeiter und Bauern unmittelbar zum Ausdruck bringt. Einen höheren, besseren Regierungstypus als die Räte der Arbeiter-, Landarbeiter-, Bauern- und Soldatendeputierten hat die Menschheit bis jetzt nicht hervorgebracht und kennen wir nicht.

Um eine Macht zu werden, müssen die klassenbewußten Arbeiter die Mehrheit für sich gewinnen: *solange* eine Gewaltherrschaft über die Massen nicht besteht, kommt ein anderer Weg zur Macht nicht in Frage. Wir sind keine Blanquisten, keine Anhänger der Machtergreifung durch eine Minderheit. Wir sind Marxisten, Anhänger des proletarischen Klassenkampfes gegen den kleinbürgerlichen Rausch, gegen die chauvinistische Vaterlandsverteidigung, gegen die Phrase, gegen die Abhängigkeit von der Bourgeoisie.

Schaffen wir eine proletarische kommunistische Partei; Elemente einer solchen haben die besten Anhänger des Bolschewismus bereits geschaffen, schließen wir uns zur proletarischen Klassenarbeit zusammen, und von den Proletariern, den *ärmsten* Bauern werden immer und immer größere Massen zu uns stoßen. Denn das *Leben* wird mit jedem neuen Tag die kleinbürgerlichen Illusionen der »Sozialdemokraten«, der Tschcheïdse, Zereteli, Steklow usw., der »Sozialrevolutionäre«, der Kleinbürger noch »reineren« Wassers usw. usw. mehr zerschlagen.

Die Bourgeoisie ist für die Alleinherrschaft der Bourgeoisie.

Die klassenbewußten Arbeiter sind für die Alleinherrschaft der Räte der Arbeiter-, Landarbeiter-, Bauern- und Soldatendeputierten — für die Alleinherrschaft, die vorbereitet wird durch die *Klärung* des proletarischen Bewußtseins, durch die *Loslösung* vom Einfluß der Bourgeoisie und nicht durch Abenteuer.

Das Kleinbürgertum — die »Sozialdemokraten«, die Sozialrevolutionäre usw. usw. — schwankt und *hindert* so diese Klärung, diese Loslösung.

Das ist das tatsächliche, *klassenmäßige* Verhältnis der Kräfte, durch das unsere Aufgaben bestimmt werden.

22. (9.) April 1917 (aus: A.W. Bd. 6, S. 28–31)

Marxismus und Aufstand

Brief an das ZK der SDAPR

Zu den böswilligsten und wohl am meisten verbreiteten Entstellungen des Marxismus durch die herrschenden »sozialistischen« Parteien gehört die opportunistische Lüge, daß die Vorbereitung des Aufstandes, überhaupt die Behandlung des Aufstandes als Kunst, »Blanquismus« sei.

Schon der Führer des Opportunismus, Bernstein, hat sich den traurigen Ruhm erworben, gegen den Marxismus den Vorwurf des Blanquismus erhoben zu haben, und die heutigen Opportunisten erneuern und »bereichern« im Grunde mit ihrem Geschrei über Blanquismus um kein Jota die mageren »Ideen« Bernsteins.

Die Marxisten des Blanquismus bezichtigen, weil sie den Aufstand als Kunst behandeln! Kann es eine empörendere Verfälschung der Wahrheit geben, angesichts der von keinem Marxisten geleugneten Tatsache, daß gerade Marx sich in der bestimmtesten, klarsten und unzweideutigsten Weise über diese Frage geäußert hat, wobei er den Aufstand gerade eine *Kunst* nannte und sagte, daß man sich zu ihm als zu einer Kunst verhalten müsse, daß man einen ersten Erfolg *erringen* und von Erfolg zu Erfolg weiterschreiten müsse, ohne die *Offensive* gegen den Feind zu unterbrechen, daß man seine Verwirrung ausnützen müsse usw. usw.

Damit er erfolgreich sei, darf der Aufstand sich nicht auf eine Verschwörung stützen, nicht auf eine Partei, sondern er muß sich auf die vorgeschrittenste Klasse stützen. Dies erstens. Der Aufstand muß sich auf den revolutionären Aufschwung des Volkes stützen. Dies zweitens. Der Aufstand muß sich stützen auf einen solchen *Wendepunkt* in der Geschichte der heranwachsenden Revolution, wo die Aktivität der Avantgarde des Volkes am größten ist, wo die *Schwankungen* in den Reihen der Feinde und *in den Reihen der schwachen, halben, unentschlossenen Freunde der Revolution* am größten sind. Dies drittens. Durch diese drei Bedingungen für die Stellung der Frage des Aufstandes unterscheidet sich der *Marxismus vom Blanquismus*.

Sind aber diese Bedingungen einmal gegeben, so ist die Weigerung, sich zum Aufstand als *zu einer Kunst* zu verhalten, ein Verrat am Marxismus, an der Revolution.

Um zu beweisen, daß gerade der gegenwärtige Moment ein solcher ist, der die Partei *verpflichtet*, den *Aufstand* als von dem objektiven Gang der Ereignisse auf die Tagesordnung gesetzt zu betrachten, sich zu ihm als zu einer Kunst zu verhalten – um dies zu beweisen, dürfte es das Beste sein, sich der vergleichenden Methode zu bedienen und den 3. und 4. Juli den Septembertagen gegenüberzustellen.

Am 3. und 4. Juli konnte man, ohne gegen die Wahrheit zu sündigen, die Frage so stellen: es wäre richtiger, die Macht zu ergreifen, denn die Feinde werden uns ohnedies des Aufstandes bezichtigen und als Aufständische behandeln. Doch ist daraus nicht der Schluß zu ziehen, daß es damals gut gewesen wäre, die Macht zu ergreifen; denn die objektiven Bedingungen für einen siegreichen Aufstand waren damals nicht gegeben.

1. Wir hatten noch nicht die Klasse auf unserer Seite, die die Avantgarde der Revolution ist.

Wir hatten noch nicht die Mehrheit der Arbeiter und Soldaten der Hauptstädte. Wir haben sie jetzt in beiden Räten. Sie ist das *ausschließliche* Ergebnis der Geschichte des Juli und August, der Lehren der »Abrechnung« gegen die Bolschewiki und der Lehren der Kornilowiade.

2. Es fehlte damals der revolutionäre Aufschwung des ganzen Volkes. Jetzt, nach der Kornilowiade, ist er da. Die Provinz und die Ergreifung der Macht durch die Räte in vielen Orten beweisen es.

3. Es fehlten damals die *Schwankungen* im großen, allgemeinpolitischen Maßstabe sowohl in den Reihen der Feinde wie in den Reihen der unentschiedenen Kleinbourgeoisie. Jetzt sind die Schwankungen gewaltig: unser Hauptfeind, der Imperialismus (der alliierte und der Weltimperialismus, denn die »Alliierten« stehen an der Spitze des Weltimperialismus), *schwankte* zwischen dem Krieg bis zum Siege und einem Separatfrieden auf Kosten Rußlands. Unsere kleinbürgerlichen Demokraten, die augenfällig ihre Mehrheit im

Volke verloren haben, schwankten gewaltig, sie haben auf den Block, d. h. auf die Koalition mit den Kadetten verzichtet.

4. Der Aufstand wäre am 3. und 4. Juli darum ein Fehler gewesen: wir hätten die Macht weder physisch noch politisch halten können. Physisch nicht, denn obwohl Petrograd vorübergehend in unseren Händen war, waren unsere Arbeiter und Soldaten damals nicht gewillt, *sich zu schlagen, zu sterben* für die Beherrschung Petrograds: es fehlte noch die »äußerste Wut«, der kochende Haß *sowohl* gegen Kerenski *wie* gegen Zereteli-Tschernow, unsere Leute waren noch nicht gestählt durch die Verfolgung der Bolschewiki unter Teilnahme der Sozialrevolutionäre und Menschewiki.

Politisch hätten wir die Macht nicht halten können, denn *vor der Kornilowiade* konnten die Armee und die Provinz gegen Petrograd marschieren – und wären marschiert.

Jetzt ist das Bild ein ganz anderes.

Mit uns ist die Mehrheit der *Klasse*, der Avantgarde der Revolution, der Avantgarde des Volkes, die fähig ist, die Massen mit sich zu reißen.

Mit uns ist die *Mehrheit* des Volkes, denn der Rücktritt Tschernows ist bei weitem nicht das einzige, sondern nur das deutlichste, anschaulichste Anzeichen, daß die Bauernschaft von dem Block der Sozialrevolutionäre (und den Sozialrevolutionären selber) *den Boden nicht bekommen* wird. Diese Kardinalfrage aber gibt der Revolution den Charakter einer Volksrevolution.

Wir sind in der vorteilhaften Lage einer Partei, die inmitten unerhörter Schwankungen sowohl des *ganzen Imperialismus* als auch des ganzen Blocks der Menschewiki und der Sozialrevolutionäre festen Schrittes ihren Weg geht.

Der Sieg ist uns sicher, denn das Volk ist der Verzweiflung schon ganz nahe, und wir weisen dem ganzen Volk den wirklichen Ausweg, nachdem wir dem ganzen Volk den Wert unserer Führung »in den Tagen Kornilows« gezeigt, nachdem wir den Blockisten ein Kompromiß *vorgeschlagen* haben, das *diese ablehnten*, ohne daß die Schwankungen ihrerseits ein Ende nahmen.

Es wäre der größte Fehler zu glauben, daß unser Kompromißvorschlag *noch* nicht abgelehnt sei, daß die »Demokratische Beratung« ihn *noch* akzeptieren könne. Den Kompromißvorschlag machte die *Partei* den *Parteien.* Anders konnte er nicht gemacht werden. Die *Parteien* haben ihn abgelehnt. Die Demokratische Beratung ist nur eine *Beratung,* nichts mehr. Man darf das eine nicht vergessen: die *Mehrheit* des revolutionären Volkes, die ärmste und erbitterte Bauernschaft, ist in ihr nicht vertreten. Es ist eine Beratung der *Minderheit des Volkes* – man darf diese offensichtliche Wahrheit nicht vergessen. Es wäre der größte Fehler, der schlimmste parlamentarische Kretinismus unserseits, in der Demokratischen Beratung ein Parlament sehen zu wollen, denn selbst *wenn* sie sich als Parlament und als souveränes Parlament der Revolution proklamiert hätte, sie hätte *nichts zu entscheiden:* die Entscheidung liegt *wo anders als bei ihr,* in den Arbeitervierteln Petrograds und Moskaus.

Wir haben vor uns alle objektiven Voraussetzungen eines erfolgreichen Aufstandes. Wir haben vor uns die Vorzüge einer Lage, wo *nur* unser Sieg im Aufstand Schluß macht mit den für das Volk qualvollen Schwankungen, die die unerträglichste Sache in der Welt sind; wo *nur unser* Sieg im Aufstand das ganze Spiel mit dem Separatfrieden gegen die Revolution *zum Scheitern bringen* wird, zum Scheitern bringen wird durch das offene Anerbieten des vollständigsten, gerechtesten, sofortigen Friedens *zum Nutzen* der Revolution.

Nur unsere Partei wird schließlich, wenn sie im Aufstand gesiegt haben wird, Petrograd retten können, denn wenn unser Vorschlag eines Friedens abgelehnt wird und wir nicht einmal einen Waffenstillstand erhalten, so werden *wir* zu »Vaterlandsverteidigern« werden, so werden wir *an die Spitze der Kriegsparteien* treten, wir werden die »kriegerischste« aller Parteien werden, wir werden den Krieg wirklich revolutionär führen. Wir werden den Kapitalisten alles Brot und alle Stiefel wegnehmen. Wir werden ihnen nur Krusten lassen, wir werden ihnen Bastschuhe geben. Wir werden alles Brot und alle Stiefel an die Front schicken.

Und dann werden wir Petrograd behaupten.

Die materiellen sowohl wie die moralischen Hilfsquellen für einen wirklich revolutionären Krieg sind in Rußland noch unermeßlich groß: 99 von 100 Chancen sprechen dafür, daß die Deutschen uns zum mindesten einen Waffenstillstand zugestehen werden. Jetzt aber einen Waffenstillstand erhalten, heißt schon die *ganze Welt* besiegen.

Nachdem wir die absolute Notwendigkeit des Aufstandes der Arbeiter Petrograds und Moskaus für die Rettung der Revolution und für die Rettung vor der »separaten« Aufteilung Rußlands durch die Imperialisten beider Koalitionen erkannt haben, müssen wir erstens unsere politische Taktik in der Beratung einstellen auf den heranreifenden Aufstand; zweitens müssen wir beweisen, daß unsere Zustimmung zu dem Marxschen Gedanken über die Notwendigkeit, den Aufstand als Kunst zu betrachten, nicht bloß ein Lippenbekenntnis ist.

Wir müssen sofort in der Beratung die Fraktion der Bolschewiki fest zusammenfassen, ohne auf die Zahl zu sehen, ohne uns davor zu fürchten, die Schwankenden im Lager der Schwankenden zu lassen; sie sind *dort* für die Sache der Revolution nützlicher als im Lager der entschlossenen und vorbehaltlos ergebenen Kämpfer.

Wir müssen eine kurze Deklaration der Bolschewiki abfassen, in der wir den entscheidenden Nachdruck legen auf die Unangebrachtheit langer Reden, auf die Unangebrachtheit von »Reden« überhaupt, auf die Notwendigkeit einer sofortigen Aktion zur Rettung der Revolution auf die absolute Notwendigkeit des vollständigen Bruches mit der Bourgeoisie, der vollständigen Absetzung der ganzen gegenwärtigen Regierung des vollständigen Bruches mit den Wegbereitern der »separaten« Aufteilung Rußlands durch die englisch-französischen Imperialisten, der Notwendigkeit des sofortigen Übergangs der ganzen Macht in die Hände der *von dem revolutionären Proletariat geführten revolutionären Demokratie.*

Unsere Deklaration muß diese Schlußfolgerung, im Zusammenhang mit den Programmentwürfen, in der denkbar kürzesten und schärfsten Weise formulieren: Friede den Völkern, den Boden den Bauern, Beschlagnahme der skandalösen Profite, Einhalt gebieten der skandalösen Schädigung der Produktion durch die Kapitalisten.

Je kürzer, je schärfer die Deklaration sein wird, um so besser. In ihr muß man nur noch zwei äußerst wichtige Punkte klar hervorheben: das Volk ist der Schwankungen müde, die Unentschlossenheit der Sozialrevolutionäre und Menschewiki hat die Geduld des Volkes erschöpft: wir brechen endgültig mit diesen *Parteien*, denn sie haben die Revolution verraten.

Und der andere: das sofortige Angebot eines Friedens ohne Annexionen, der sofortige Bruch mit den alliierten Imperialisten, mit allen Imperialisten bringt uns entweder den sofortigen Waffenstillstand, oder das ganze revolutionäre Proletariat stellt sich auf den Standpunkt der Vaterlandsverteidigung, und die ganze revolutionäre Demokratie wird unter seiner Leitung den wirklich gerechten, wirklich revolutionären Krieg führen.

Nachdem wir die Deklaration verlesen, nachdem wir aufgerufen haben werden, sich zu *entscheiden* und nicht zu reden, *zu handeln* und nicht Resolutionen zu schreiben, müssen wir unsere ganze Fraktion *in die Betriebe und Kasernen werfen:* dort ist ihr Platz, dort ist der Nerv des Lebens, von dort kommt die Rettung der Revolution, dort ist der Motor der demokratischen Beratung.

Dort müssen wir in glühenden, leidenschaftlichen Reden unser Programm auseinandersetzen und die Frage so stellen: entweder *restlose* Annahme durch die Beratung – oder den Aufstand. Einen Mittelweg gibt es nicht. Man kann nicht warten. Die Revolution geht zugrunde.

Wenn wir die Frage so stellen und unsere ganze Fraktion in den Betrieben und Kasernen konzentrieren, werden wir in der Lage sein, *den Moment für den Beginn des Aufstandes richtig zu wählen.*

Um aber den Aufstand marxistisch, d. h. als Kunst zu betrachten, müssen wir gleichzeitig, ohne eine Minute zu verlieren, einen *Stab* der aufständischen Truppen organisieren, die Kräfte verteilen, die ergebenen Regimenter, die zuverlässigsten Truppen an die wichtigsten Punkte werfen, das Alexander-Theater einschließen, die Peter-Pauls-Festung besetzen, den Generalstab und die Regierung verhaften, gegen die Junker und gegen die wilde Division solche Truppen schicken, die eher bereit sind zu sterben als den Feind ins Zentrum der Stadt durchzulassen; wir müssen die bewaffneten Arbeiter mobilisieren, sie zum letzten, verzweifelten Endkampf aufrufen; wir müssen sofort den Telegraf und das Telefon besetzen, *unseren* Stab des Aufstandes im zentralen Telefonamt unterbringen, mit ihm alle Fabriken, alle Regimenter, alle wichtigen Punkte des bewaffneten Kampfes telefonisch verbinden usw.

Das alles natürlich nur annähernd, als *Illustration* dafür, daß man im jetzigen Augenblick den Marxismus, der Revolution nicht treu bleiben kann, *wenn man den Aufstand nicht als Kunst behandelt.*

26.–27. (13.–14.) September 1917

(aus A. W. Bd. 6, S. 217–223)

Die Aufgaben der Revolution

Rußland ist ein kleinbürgerliches Land. Die gewaltige Mehrheit der Bevölkerung gehört dieser Klasse an. Ihr Schwanken zwischen Bourgeoisie und Proletariat ist unvermeidlich. Nur wenn sie sich dem Proletariat anschließt, ist ein leichter, friedlicher, rascher, ruhiger Sieg der Revolution, des Friedens, der Freiheit, der Übergabe des Bodens an die Werktätigen gesichert.

Der Verlauf unserer Revolution zeigt uns dieses Schwanken in der Praxis. Machen wir uns darum keine Illusionen über die Parteien der Sozialrevolutionäre und der Menschewiki, bleiben wir fest auf unserem proletarischen Klassenwege. Das Elend der ärmsten Bauern, die Schrecken des Krieges, die Schrecken des Hungers – all das zeigt den Massen immer anschaulicher die Richtigkeit des proletarischen Weges, die Notwendigkeit der Unterstützung der proletarischen Revolution.

Die »friedlichen« kleinbürgerlichen Hoffnungen auf eine »Koalition« mit der Bourgeoisie, auf das Paktieren mit ihr, auf die Möglichkeit, »ruhig« den »baldigen« Zusammentritt der Konstituierenden Versammlung abzuwarten usw. – all das zerschlägt der Verlauf der Revolution rücksichtslos, grausam, erbarmungslos. Die Kornilowiade war die letzte grausame Lehre, und zwar eine Lehre von großem Umfang, die Tausende und aber Tausende kleinerer, im Betrug der Arbeiter und Bauern durch die Kapitalisten und Grundbesitzer, der Soldaten durch die Offiziere usw. bestehender Lehren ergänzt.

Die Unzufriedenheit, Empörung und Erbitterung in der Armee, in der Bauernschaft, unter den Arbeitern wächst an. Die alles versprechende und nichts erfüllende »Koalition« der Sozialrevolutionäre und Menschewiki mit der Bourgeoisie macht die Massen nervös, öffnet ihnen die Augen, stößt sie zum Aufstand.

Die Opposition der Linken in den Reihen der Sozialrevolutionäre (Spiridonowa u. a.) und der Menschewiki (Martow u. a.) wächst, sie hat bereits im »Rat« und auf dem »Kongreß« dieser Parteien 40 Prozent erreicht. In den *unteren* Schichten aber, im Proletariat und in der Bauernschaft, besonders in der ärmsten, besteht die *Mehrheit* der Sozialrevolutionäre und der Menschewiki aus »*Linken*«.

Die Kornilowiade lehrt. Die Kornilowiade hat bereits vieles gelehrt.

Man kann nicht wissen, ob die Räte jetzt imstande sein werden, weiter zu gehen als die Führer der Sozialrevolutionäre und der Menschewiki und so eine friedliche Entwicklung der Revolution zu sichern, oder ob sie wieder auf der Stelle treten und damit den proletarischen Aufstand unvermeidlich machen werden.

Das kann man nicht wissen.

Es ist unsere Sache, zu helfen, damit alles getan werde, um die »letzte« Chance auf eine friedliche Entwicklung der Revolution zu sichern, zu helfen durch die Darlegung unseres Programms, durch die Erläuterung seines allgemeinnationalen Charakters, seiner unbedingten Übereinstimmung mit den Interessen und Forderungen der übergroßen Mehrheit der Bevölkerung.

Die hier folgenden Zeilen sind ein solcher Versuch, dieses Programm auseinanderzusetzen.

Gehen wir mit ihm mehr zu den »unteren« Schichten, zu den Massen, den Angestellten, den Arbeitern, den Bauern, nicht nur zu denen, die zu uns gehören, sondern besonders zu den sozialrevolutionären, den parteilosen, den unaufgeklärten Massen. Bemühen wir uns, sie zum selbständigen Denken, zum Fassen eigener Beschlüsse, zur Entsendung *ihrer* Delegationen zur Beratung, in die Räte, zur Regierung zu bringen — dann wird unsere Arbeit, *wie der Ausgang der Beratung auch sein mag,* nicht verloren sein. Dann wird sie sowohl der Beratung und den Wahlen zur Konstituierenden Versammlung als auch für jede politische Tätigkeit im allgemeinen nützlich sein.

Das Leben zeigt die Richtigkeit des bolschewistischen Programms und der bolschewistischen Taktik. Vom 20. April bis zur Kornilowiade ist »so wenig Zeit verstrichen und so viel geschehen«.

Die Erfahrung der *Massen,* die Erfahrung der *unterdrückten* Klassen hat ihnen in dieser Zeit ungeheuer viel gegeben, während die Führer der Sozialrevolutionäre und der Menschewiki sich von den Massen völlig getrennt haben. Das wird am richtigsten gerade anhand des konkreten Programms aufgezeigt werden können, soweit es gelingt, die Erörterung dieses Programms in die Massen zu tragen.

Das Verderbliche der Kompromisse mit den Kapitalisten

1. Läßt man die Vertreter der Bourgeoisie, wenn auch nur in geringer Zahl, in der Regierung sitzen, läßt man so eingefleischte Kornilowisten wie die Generale Alexejew, Klem-

bowski, Bagration, Gagarin usw., oder solche, die ihre vollständige Ohnmacht der Bourgeoisie gegenüber und Fähigkeit zu bonapartistischen Handlungen, wie z. B. Kerenski, schon bewiesen haben, am Ruder, so heißt das einerseits dem Hunger und einer unvermeidlichen Wirtschaftskatastrophe, die von den Kapitalisten absichtlich beschleunigt und verschärft wird, und andererseits einer militärischen Katastrophe Tür und Tor öffnen, denn die Armee haßt das Hauptquartier und kann nicht mit Begeisterung am imperialistischen Kriege teilnehmen. Außerdem werden die kornilowistischen Generale und Offiziere, wenn sie an der Macht bleiben, zweifellos *absichtlich den Deutschen die Front öffnen,* wie sie es mit Galizien und Riga getan haben. Abwenden kann das nur die Bildung einer neuen Regierung auf neuen Grundlagen, die weiter unten dargelegt sind. Wollten die Sozialrevolutionäre und die Menschewiki nach all dem, was man seit dem 20. April erlebt hat, irgendwelche Kompromisse mit der Bourgeoisie fortsetzen, so wäre das nicht nur ein Fehler, sondern direkter Verrat am Volk und an der Revolution.

Die Macht den Räten

2. Die ganze Macht im Staate muß ausschließlich in die Hände der Vertreter der Arbeiter-, Soldaten- und Bauerndeputiertenräte übergehen, und zwar auf Grund eines bestimmten Programms und der vollen Verantwortlichkeit der Regierung gegenüber den Räten. Es müssen sofort Neuwahlen zu den Räten stattfinden, damit der ganzen Erfahrung des Volkes in den letzten, besonders inhaltsreichen Wochen der Revolution Rechnung getragen werden kann und damit die schreienden Ungerechtigkeiten (falsches Verhältnis, Ungleichheit der Wahlen usw.), die an verschiedenen Orten nicht korrigiert worden sind, beseitigt werden können.

An den Orten, wo noch keine demokratisch gewählten Körperschaften vorhanden sind, und in der Armee muß die ganze Macht ausschließlich in die Hände der örtlichen Räte und der von diesen gewählten Kommissare oder anderer, jedoch nur gewählter Körperschaften übergehen.

Überall muß unbedingt und mit voller Unterstützung des Staates die Bewaffnung der Arbeiter und revolutionären Truppen, d. h. der Truppen, die durch die Tat gezeigt haben, daß sie die Kornilow-Leute zurückzuschlagen imstande sind, durchgeführt werden.

Der Friede den Völkern

3. Die Räteregierung muß *sofort alle* kriegführenden Völker (d. h. gleichzeitig ihre Regierungen sowie die Arbeiter- und Bauernmassen) auffordern, sofort einen allgemeinen Frieden auf demokratischer Grundlage abzuschließen, außerdem sofort einen Waffenstillstand (wenn auch nur für drei Monate).

Die Hauptbedingungen für einen demokratischen Frieden ist der Verzicht auf Annexionen (gewaltsame Aneignungen) – nicht in dem falschen Sinne, daß allen Mächten das Verlorene zurückerstattet wird, sondern in dem einzig richtigen Sinne, daß *jedes* Volk, ohne jede Ausnahme, sowohl in Europa wie in den Kolonien, die Freiheit und Möglichkeit erhält, selber zu entscheiden, ob es einen *besonderen* Staat bilden oder einem beliebigen andern Staat angehören will.

Wenn aber die Räteregierung diese Friedensbedingungen anbietet, muß sie selber sofort daran gehen, sie zu erfüllen, d. h. die Geheimverträge, durch die wir auch heute noch gebunden sind, die der Zar abgeschlossen hat und die den russischen Kapitalisten die Plünderung der Türkei, Österreichs usw. versprechen, zu veröffentlichen und zu lösen. Ferner sind wir verpflichtet, sofort die Bedingungen der Ukrainer und der Finnländer zu erfüllen, ihnen wie allen fremden Stämmen in Rußland die volle Freiheit zu sichern, die Freiheit der Loslösung mit inbegriffen, dasselbe Prinzip auf *ganz* Armenien anzuwenden, uns zu verpflichten, Armenien und die von uns besetzten türkischen Gebiete freizugeben usw.

Diese Friedensbedingungen werden von den Kapitalisten nicht wohlwollend aufgenommen werden, aber bei allen Völkern werden sie eine so ungeheure Sympathie finden und einen so gewaltigen, welthistorischen Ausbruch der Begeisterung und der allgemeinen Empörung über die Verlängerung des räuberischen Krieges hervorrufen, daß wir wahrscheinlich sofort einen Waffenstillstand und die Zustimmung zur Eröffnung von Friedensverhandlungen erzielen werden. Denn die Arbeiterrevolution gegen den Krieg entwickelt sich unaufhaltsam überall, und nicht Phrasen über den Frieden (mit denen *alle* imperialistischen Regierungen, darunter auch unsere Kerenski-Regierung die Arbeiter und Bauern seit langem betrügen), sondern nur der Bruch mit den Kapitalisten und das Friedensangebot sind imstande, diese Revolution vorwärtszutreiben.

Wenn sich verwirklichen sollte, was am wenigstens wahrscheinlich ist, d. h. wenn kein kriegführender Staat auch nur auf den Waffenstillstand eingeht, dann wird der Krieg auf unserer Seite tatsächlich ein aufgezwungener, tatsächlich ein gerechter Verteidigungskrieg sein. Schon allein der Umstand, daß das Proletariat und die ärmste Bauernschaft das erkannt haben werden, wie Rußland auch in militärischer Hinsicht viel stärker machen, besonders nach dem Bruch mit den das Volk plündernden Kapitalisten, ganz abgesehen davon, daß dann der Krieg auf unserer Seite nicht nur in Worten, sondern in der Tat ein Krieg im Bündnis mit den unterdrückten Klassen aller Länder, ein Krieg im Bündnis mit den unterdrückten Völkern der ganzen Welt sein wird.

Insbesondere muß das Volk von jener Behauptung der Kapitalisten gewarnt werden, der manchmal besonders eingeschüchterte Leute und Spießbürger zugänglich sind und die dahin geht, daß die englischen u. a. Kapitalisten der russischen Revolution einen schweren Schaden zufügen können, wenn unser jetziges räuberisches Bündnis mit ihnen gebrochen wird. Diese Behauptung ist durch und durch verlogen, denn die »finanzielle Unterstützung der Verbündeten«, an der sich die Bankiers bereichern, »unterstützt« die russischen Arbeiter und Bauern nur so wie der Strick den Gehängten. In Rußland ist genügend Getreide, Kohle, Naphtha, Eisen vorhanden, und es ist nur die Befreiung von den das Volk plündernden Gutsbesitzern und Kapitalisten notwendig, um diese Produkte richtig verteilen zu können. Was aber die

Möglichkeit einer militärischen Bedrohung des russischen Volkes durch seine jetzigen Verbündeten anbelangt, so ist die Annahme, die Franzosen und die Italiener könnten ihre Truppen mit den deutschen vereinigen und sie gegen Rußland, das einen gerechten Frieden vorgeschlagen hat, schicken, eine offenkundig sinnlose Annahme; England, Amerika und Japan aber könnten, selbst wenn sie Rußland den Krieg erklärten (was für sie im höchsten Maße schwierig sein würde, sowohl weil ein solcher Krieg in den Massen sehr unpopulär wäre als auch weil die materiellen Interessen der Kapitalisten dieser Länder wegen der Aufteilung Asiens und insbesondere wegen der Plünderung Chinas auseinandergehen), Rußland nicht den hundertsten Teil des Schadens und des Elends zufügen, den der Krieg gegen Deutschland, Österreich und die Türkei dem Lande zufügt.

Den Boden den Werktätigen

4. Die Räteregierung muß sofort das Privateigentum am Großgrundbesitz ohne Ablösung für aufgehoben erklären und diesen Boden den Bauernkomitees zur Verwaltung übergeben, bis die Konstituierende Versammlung über die Frage entschieden hat. Auch das Inventar der Grundbesitzer muß diesen Bauernkomitees zur Verwaltung übergeben werden, und zwar unter der Bedingung, daß es unbedingt in erster Linie zur Nutzung den ärmsten Bauern kostenlos übergeben wird.

Diese Maßnahmen, die die gewaltige Mehrheit der Bauernschaft seit langem sowohl in den Resolutionen ihrer Kongresse wie in Hunderten von Instruktionen aus der Provinz (wie unter anderen aus der Zusammenfassung der 242 Instruktionen in den »Iswestija« des Rates der Bauerndeputierten hervorgeht) fordert, sind unbedingt und unaufschiebbar notwendig. Eine Verzögerung, unter der die Bauernschaft zur Zeit der »Koalitions«regierung so sehr gelitten hat, ist nicht mehr zulässig.

Jede Regierung, die zögern würde, diese Maßnahme durchzuführen, muß als eine *volksfeindliche* Regierung anerkannt werden, die wert ist, durch den Aufstand der Arbeiter und Bauern gestürzt und zertreten zu werden. Und umgekehrt, nur eine Regierung, die diese Maßnahmen durchführt, wird eine Volksregierung sein.

Der Kampf gegen Hunger und Zerrüttung

5. Die Räteregierung muß sofort im allgemeinstaatlichen Maßstab die Arbeiterkontrolle über die Produktion und den Verbrauch einführen. Tut sie das nicht, so sind, wie die Erfahrung des 6. Mai bereits gezeigt hat, alle Versprechungen von Reformen und alle Versuche ihrer Durchführung machtlos, und das Land wird von Woche zu Woche immer mehr vom Hunger und von einer unerhörten Katastrophe bedroht.

Die sofortige Nationalisierung der Banken und des Versicherungswesens, ferner der wichtigsten Industriezweige (der Naphtha-, Steinkohlen-, Hütten-, Zucker, usw. Industrie) ist notwendig, daneben die unbedingte Aufhebung des Geschäftsgeheimnisses und die Einführung einer unerbittlichen Beaufsichtigung der verschwindenden Minderheit von Kapitalisten, die sich an den Lieferungen für den Staat bereichern, sich der Rechenschaftslegung und der gerechten Besteuerung ihrer Profite und Vermögen zu entziehen suchen, durch die Arbeiter und Bauern.

Diese Maßnahmen, die weder den mittleren Bauern noch den Kosaken oder den kleinen Handwerkern auch nur eine Kopeke von ihrem Eigentum fortnehmen, sind unbedingt gerecht im Interesse der gleichmäßigen Verteilung der Lasten des Krieges und unaufschiebbar im Interesse des Kampfes gegen den Hunger. Erst wenn man die kapitalistischen Marodeure gezähmt und der absichtlichen Stillegung der Produktion ein Ende gesetzt hat, werden eine Erhöhung der Produktivität der Arbeit, die Einführung der allgemeinen Arbeitspflicht, der richtige Austausch von Getreide gegen Industrieprodukte, die Rückkehr vieler Milliarden von den Reichen versteckten Papiergeldes in die Staatskasse erreicht werden können.

Ohne diese Maßnahmen ist auch die Aufhebung des Privateigentums am Großgrundbesitz ohne Ablösung nicht möglich, denn der Großgrundbesitz ist zum größten Teil in den Banken verpfändet, und die Interessen der Grundbesitzer und der Kapitalisten sind untrennbar miteinander verflochten.

Die letzte Resolution der Wirtschaftsabteilung des Allrussischen ZEK der Räte der Arbeiter- und Soldatendeputierten (»Rabotschaja Gaseta«, Nr. 152) erkennt nicht nur das »*Verderbliche*« der Regierungsmaßnahmen (wie z. B. der Erhöhung der Getreidepreise zur Bereicherung der Grundbesitzer und der Kulaken), nicht nur »die Tatsache der *völligen Untätigkeit* der bei der Regierung gebildeten Zentralorgane zur Regelung des Wirtschaftslebens« an, sondern auch die »*Verletzung der Gesetze*« durch diese Regierung. Dieses Bekenntnis der regierenden Parteien der Sozialrevolutionäre und der Menschewiki zeigt ein übriges Mal das Verbrecherische der Politik des Paktierens mit der Bourgeoisie.

Der Kampf gegen die Konterrevolution der Gutsbesitzer und Kapitalisten

6. Der Kornilowsche und Kaledinsche Aufstand wurde unterstützt von der gesamten Klasse der Grundbesitzer und Kapitalisten, mit der Kadettenpartei (»Volksfreiheit«) an der Spitze. Das ist durch die in den »Iswestija« des ZEK veröffentlichten Tatsachen vollkommen erwiesen.

Doch ist weder zur vollständigen Unterdrückung dieser Konterrevolution noch zu ihrer Untersuchung auch nur das geringste getan worden, und es kann auch nichts Ernstes da zu getan werden ohne den Übergang der Macht an die Räte. Keine Kommission, die nicht über die Staatsgewalt verfügt, ist imstande, eine vollständige Untersuchung durchzuführen, die Schuldigen zu verhaften usw. Nur die Räteregierung kann und muß das tun. Nur die Räteregierung, die die kornilowistischen Generale und die Häuptlinge der bürgerlichen Konterrevolution (Gutschkow. Miljukow, Rjabuschinski, Maklakow und Konsorten) verhaftet, die konterrevolutionären Vereinigungen (die Reichsduma, die Offiziersverbände usw.) auflöst, deren Mitglieder unter die Aufsicht der örtlichen Räte stellt, konterrevolutionäre Truppenteile auflöst, kann Rußland vor der unvermeidlichen Wiederholung »Kornilowscher« Versuche schützen.

Nur die Räteregierung kann eine Kommission für die vollständige und öffentliche Untersuchung des Kornilow-Abenteuers ebenso wie aller übrigen wenn auch von der Bourgeoisie angeregten Angelegenheiten einsetzen, und die Partei der Bolschewiki würde ihrerseits die Arbeiter auffordern, nur einer solchen Kommission zu gehorchen und nur sie zu unterstützen.

Nur die Räteregierung könnte erfolgreich gegen eine so schreiende Ungerechtigkeit ankämpfen, wie z. B. die gewaltsame Aneignung der größten Druckereien und der Mehrheit der Zeitungen durch die Kapitalisten mit Hilfe der dem Volke geraubten Millionen. Die bürgerlichen konterrevolutionären Zeitungen (»Rjetsch«, »Russkoje Slowo« usw.) müssen verboten, ihre Druckereien beschlagnahmt werden, Privatanzeigen in den Zeitungen müssen zum Staatsmonopol erklärt und in die Zeitung der Regierung überführt werden, die die Räte herausgeben und die den Bauern die Wahrheit sagt. Nur so kann und muß das machtvolle Werkzeug der ungestraften Lüge und Verleumdung, des Volksbetrugs, der Irreführung der Bauern, der Vorbereitung der Konterrevolution der Bourgeoisie aus der Hand geschlagen werden.

Die friedliche Entwicklung der Revolution

7. Der Demokratie Rußlands, den Räten, den Parteien der Sozialrevolutionäre und der Menschewiki ist jetzt die in der Geschichte der Revolution außerordentlich selten vorkommende Möglichkeit gegeben, die Einberufung der Konstituierenden Versammlung zur angesetzten Zeit ohne neue Verzögerung zu sichern, die Möglichkeit, das Land vor der Gefahr einer militärischen und wirtschaftlichen Katastrophe zu retten, die Möglichkeit, eine friedliche Entwicklung der Revolution zu gewährleisten.

Wenn die Räte jetzt die Staatsgewalt ganz und ausschließlich in ihre Hände nehmen, um das oben dargelegte Programm durchzuführen, so ist den Räten nicht nur die Unterstützung von neun Zehnteln der Bevölkerung Rußlands, der Arbeiterklasse und der ungeheuren Mehrheit der Bauernschaft gesichert. Den Räten ist auch die gewaltigste revolutionäre Begeisterung der Armee und der Mehrheit des Volkes sicher, jene Begeisterung, ohne die der Sieg über den Hunger und über den Krieg unmöglich ist.

Von irgendeinem Widerstand gegen die Räte könnte jetzt nicht im geringsten die Rede sein, wenn die Räte nicht schwankten. Keine einzige Klasse wird es wagen, einen Aufstand gegen die Räte anzuzetteln, und die durch die Erfahrung der Kornilowiade belehrten Grundbesitzer und Kapitalisten werde angesichts einer ultimativen Forderung der Räte die Macht friedlich abtreten. Um den Widerstand der Kapitalisten gegen das Programm der Räte zu überwinden, wird es genügen, die Ausbeuter durch die Arbeiter und Bauern beaufsichtigen zu lassen und gegen die Ungehorsamen solche Maßnahmen, wie z. B. die Beschlagnahme des gesamten Vermögens, verbunden mit einer kurzen Haft, zu treffen.

Wenn die Räte die ganze Macht übernehmen, könnten sie noch jetzt – und wahrscheinlich ist das ihre letzte Chance – eine friedliche Entwicklung der Revolution, eine friedliche Wahl der Delegierten durch das Volk, einen friedlichen Kampf der Parteien innerhalb der Räte, das Erproben der Programme der verschiedenen Parteien in der Praxis, den friedlichen Übergang der Macht aus der Hand einer Partei in die einer andern sicherstellen.

Wird diese Möglichkeit verpaßt, so weist der ganze Verlauf der Entwicklung der Revolution, von der Bewegung des 20. April bis zur Kornilowiade, auf die Unvermeidlichkeit des schärfsten Bürgerkieges zwischen Bourgeoisie und Proletariat hin. Die nicht zu umgehende Katastrophe wird diesen Krieg näher bringen. Er wird, wie alle dem menschlichen Verstande zugänglichen Tatsachen und Erwägungen zeigen, mit dem vollständigen Sieg der Arbeiterklasse enden, die von der ärmsten Bauernschaft unterstützt werden wird, um das dargelegte Programm durchzuführen; aber dieser Krieg kann sehr schwer und sehr blutig verlaufen, er kann Zehntausenden von Grundbesitzern, Kapitalisten und mit ihnen sympathisierenden Offizieren das Leben kosten. Das Proletariat wird vor keinen Opfern haltmachen, um die Revolution zu retten, außerhalb des dargelegten Programms aber kann die Revolution nicht gerettet werden. Das Proletariat würde aber die Räte mit allen Mitteln unterstützen, wenn diese ihre letzte Chance auf eine friedliche Entwicklung der Revolution verwirklichen wollten.

9.–10.Oktober (26.–27. September) 1917

(aus: A. W. Bd. 6, S. 241–250)

Brief an die Mitglieder des Zentralkomitees

Genossen! Ich schreibe diese Zeilen am Abend des 24. Oktober. Die Lage ist äußerst kritisch. Es ist sonnenklar, daß jetzt jede Verzögerung des Aufstandes schon tatsächlich den Tod bedeuten würde.

Mit der Aufbietung meiner ganzen Kraft bemühe ich mich, die Genossen zu überzeugen, daß jetzt alles an einem Faden hängt, daß auf der Tagesordnung Fragen stehen, die nicht durch Konferenzen, durch Kongresse (selbst nicht durch Rätekongresse) entschieden werden, sondern durch die Völker, durch die Masse, durch den Kampf der bewaffneten Massen.

Der bürgerliche Vorstoß der Kornilow-Leute, die Entfernung Werchowskis zeigt, daß man nicht warten darf. Man muß unter allen Umständen heute abend, heute nacht die Regierung verhaften, nachdem man die Junker entwaffnet hat (nachdem man sie besiegt hat, wenn sie Widerstand leisten) usw.

Man darf nicht warten!! Man kann alles verlieren!!

Der Preis der sofortigen Machtübernahme ist: Schutz des *Volkes* (nicht des Kongresses, sondern des Volkes, in erster Linie der Armee und der Bauern) vor der Kornilow-Regierung, die Werchowski verjagt und eine zweite Kornilow-Verschwörung eingefädelt hat.

Wer soll die Macht übernehmen?

Das ist jetzt nicht wichtig: mag sie das revolutionäre Kriegskomitee übernehmen »oder eine andere Körperschaft«, die erklären wird, daß sie die Macht nur den wahren Vertretern der Interessen des Volkes, der Interessen der Armee (sofortiges Friedensangebot), der Interessen der Bauern (sofortige Besitznahme des Bodens, Abschaffung des Privateigentums), der Interessen der Hungernden übergeben wird.

Es ist notwendig, daß alle Bezirke, alle Regimenter, alle Kräfte sofort mobilisiert werden und unverzüglich Delegationen an das revolutionäre Kriegskomitee, an das ZK der Bolschewiki schicken mit der dringenden Forderung: Auf keinen Fall die Macht in den Händen der Kerenski und Co. bis zum 25. Oktober lassen; unter keinen Umständen; die Sache muß unbedingt heute abend oder nicht entschieden werden.

Die Geschichte wird eine Verzögerung den Revolutionären nicht verzeihen, die heute siegen können (und bestimmt siegen werden), während sie morgen Gefahr laufen, vieles zu verlieren, ja Gefahr laufen, alles zu verlieren.

Wenn wir heute die Macht ergreifen, so ergreifen wir sie nicht gegen die Räte, sondern für sie.

Die Machtergreifung ist Sache des Aufstandes; ihr politisches Ziel wird nach der Machtübernahme klar werden.

Es wäre Verderb oder Formalismus, auf die unsichere Abstimmung am 25. Oktober zu warten, das Volk hat das Recht und die Pflicht, solche Fragen nicht durch Abstimmungen, sondern durch die Gewalt zu lösen; das Volk hat das Recht und die Pflicht, in kritischen Augenblicken der Revolution selbst ihren Vertretern, sogar ihren besten Vertretern die Richtung zu zeigen und nicht auf sie zu warten.

Das hat die Geschichte aller Revolutionen bewiesen, und ungeheuerlich wäre das Verbrechen der Revolutionäre, wenn sie den Augenblick verpaßten, obwohl sie wissen, daß die *Rettung der Revolution*, das Friedensangebot, die Rettung Petrograds, die Rettung vor dem Hunger, die Übergabe des Bodens an die Bauern von ihnen abhängt.

Die Regierung schwankt. Man muß ihr *den Rest geben*, koste es, was es wolle!

Eine Verzögerung der Aktion wäre der Tod.

6. November (24. Oktober) 1917

(aus: A. W. Bd. 6, S. 338–339)

Entwurf des Dekrets über die Sozialisierung der Volkswirtschaft

Die kritische Lage der Lebensmittelversorgung, die Gefahr einer Hungersnot, die durch die Spekulation, die Sabotage der Kapitalisten und Beamten sowie durch die allgemeine Zerrüttung heraufbeschworen wurde, machen es notwendig, außerordentliche revolutionäre Maßnahmen zur Bekämpfung dieses Übels zu ergreifen.

Damit alle Staatsbürger, in erster Linie aber alle werktätigen Klassen, unter Führung ihrer Sowjets der Arbeiter-, Soldaten- und Bauerndeputierten sofort, allseitig, ohne vor etwas haltzumachen und auf dem revolutionärsten Wege diesen Kampf beginnen und die Organisierung eines geregelten Wirtschaftslebens im Lande in Angriff nehmen können, werden folgende Bestimmungen erlassen:

Entwurf des Dekrets über die Durchführung der Nationalisierung der Banken und über die im Zusammenhang damit erforderlichen Maßnahmen

1. Alle Betriebe der Aktiengesellschaften werden zum Eigentum des Staates erklärt.

2. Die Mitglieder des Verwaltungsrates und die Direktoren der Aktiengesellschaften sowie alle Aktionäre, die den reichen Klassen angehören (d. h. deren Eigentum insgesamt 5000 Rubel oder deren Einkommen 500 Rubel monatlich übersteigt), sind verpflichtet, die Geschäfte der Betriebe in voller Ordnung weiterzuführen, dabei das Gesetz über die Arbeiterkontrolle zu befolgen, der Staatsbank alle Aktien

vorzuweisen und den lokalen Sowjets der Arbeiter-, Soldaten- und Bauerndeputierten allwöchentlich Berichte über ihre Tätigkeit vorzulegen.

3. Die Staatsanleihen, die inländischen wie die ausländischen, werden annulliert (für ungültig erklärt).

4. Die Interessen der kleinen Inhaber von Obligationen sowie von Aktien jeglicher Art, d. h. der Inhaber, die zu den werktätigen Klassen der Bevölkerung gehören, werden restlos gewahrt.

5. Es wird die allgemeine Arbeitsdienstpflicht eingeführt; alle Bürger beiderlei Geschlechts von 16 bis 55 Jahren sind verpflichtet, die Arbeiten auszuführen, die von den örtlichen Sowjets der Arbeiter-, Soldaten- und Bauerndeputierten oder von anderen Organen der Sowjetmacht angeordnet werden.

6. Als erster Schritt zur Einführung der allgemeinen Arbeitsdienstpflicht wird verfügt, daß Angehörige der reichen Klassen (siehe Paragraph 2) verpflichtet sind, ein Konsum- und Arbeitsbuch oder ein Budget- und Arbeitsbuch zu besitzen und regelmäßig zu führen, das den entsprechenden Arbeiterorganisationen oder den örtlichen Sowjets und ihren Organen allwöchentlich zur Eintragung eines Vermerks über die Ausführung der übernommenen Arbeit vorgelegt werden muß.

7. Zwecks ordnungsgemäßer Bestandsaufnahme und Verteilung sowohl der Lebensmittel als auch anderer notwendiger Erzeugnisse sind alle Staatsbürger verpflichtet, sich irgendeiner Konsumgenossenschaft anzuschließen. Die Lebensmittelverwaltungen, die Versorgungsausschüsse und ähnliche Organisationen ebenso wie die Eisenbahner- und Transportarbeiterverbände führen unter der Leitung der Sowjets der Arbeiter-, Soldaten- und Bauerndeputierten eine Kontrolle über die Durchführung dieses Gesetzes ein. Die Angehörigen der reichen Klassen sind insbesondere verpflichtet, jene Arbeiten zur Organisierung und Verwaltung der Konsumgenossenschaften auszuführen, die die Sowjets ihnen übertragen werden.

8. Die Verbände der Eisenbahnarbeiter und -angestellten

sind verpflichtet, schnellstens *außerordentliche* Maßnahmen für ein geregelteres Funktionieren des Verkehrswesens, insbesondere für die Zufuhr von Nahrungsmitteln, Brennstoffen und anderen dringend notwendigen Gebrauchsgegenständen auszuarbeiten und unverzüglich mit ihrer Durchführung zu beginnen. Dabei müssen insbesondere die Bestellungen und Aufträge der Sowjets der Arbeiter-, Soldaten- und Bauerndeputierten und dann der Institutionen berücksichtigt werden, die von den Sowjets und vom Obersten Volkswirtschaftsrat Vollmachten besitzen. Ebenso wird den Eisenbahnerverbänden zur Pflicht gemacht, Hand in Hand mit den örtlichen Sowjets in energischster Weise und ohne vor revolutionären Maßnahmen haltzumachen, den Kampf gegen die Hamsterei zu führen und gegen alle Spekulanten schonungslos vorzugehen.

9. Die Arbeiterorganisationen, die Angestelltenverbände und die örtlichen Sowjets müssen unverzüglich darangehen, die Betriebe, die stillgelegt oder demobilisiert werden, sowie die Arbeitslosen zu nützlicher Arbeit und zur Herstellung von notwendigen Produkten überzuführen und Aufträge, Rohstoffe und Brennmaterialien zu beschaffen. Die örtlichen Gewerkschaftsverbände und Sowjets, die diese Arbeit auf keinen Fall hinausschieben dürfen und die auch an die Organisierung des Austausches der ländlichen Erzeugnisse gegen städtische zu schreiten haben, ohne besondere Anweisungen von oben abzuwarten, sind verpflichtet, sich streng an die Direktiven und Anordnungen des Obersten Volkswirtschaftsrates zu halten.

10. Die Angehörigen der reichen Klassen sind verpflichtet, alle ihre Geldbeträge in der Staatsbank und deren Zweigstellen oder in den Sparkassen zu deponieren, und dürfen nicht mehr als 100 bis 125 Rubel wöchentlich (je nach der Verfügung der örtlichen Sowjets) für Konsumzwecke beheben. Für Produktions- und Handelszwecke dürfen sie Gelder nur auf Grund von schriftlichen Bescheinigungen der Organe der Arbeiterkontrolle erhalten.

Zur Überwachung der wirklichen Durchführung dieses Gesetzes werden Bestimmungen über den Umtausch des jetzt gültigen Papiergelds gegen anderes erlassen werden; Personen, die sich des Betrugs am Staate und am Volke schuldig machen, werden mit Konfiskation ihres gesamten Vermögens bestraft.

11. Zur gleichen Strafe sowie zu Gefängnishaft, zum Abtransport an die Front oder zu Zwangsarbeiten werden alle Personen verurteilt, die diesem Gesetz zuwiderhandeln, ferner Saboteure, streikende Beamte sowie Spekulanten. Die örtlichen Sowjets und die ihnen angeschlossenen Institutionen sind verpflichtet, unverzüglich die revolutionärsten Maßnahmen zum Kampf gegen diese wahren Volksfeinde auszuarbeiten.

12. Die Gewerkschaften und andere Organisationen der Werktätigen organisieren unter Mitwirkung der örtlichen Sowjets und unter Beteiligung der zuverlässigsten, von den Partei- und anderen Organisationen empfohlenen Personen fliegende Gruppen von Kontrolleuren zur Überwachung der Durchführung dieses Gesetzes, zur Prüfung der Quantität und Qualität der Arbeit und zur Übergabe derjenigen, die sich der Verletzung oder Umgehung des Gesetzes schuldig machen, an die revolutionären Gerichte.

Dezember 1917

(aus: A. W. Bd. II, S. 284–286)

Entwurf der Deklaration der Rechte des werktätigen und ausgebeuteten Volkes

Die Konstituante beschließt:

I. 1. Rußland wird zu einer Republik der Räte der Arbeiter-, Soldaten- und Bauerndeputierten erklärt. Die gesamte zentrale und lokale Staatsmacht gehört diesen Räten.

2. Die Räterepublik Rußland wird auf Grund eines freien Bundes freier Nationen als Föderation nationaler Räterepubliken gegründet.

II. Die Konstituante stellt sich als Hauptaufgabe die Beseitigung jeder Ausbeutung des Menschen durch den Menschen, die völlige Beseitigung der Teilung der Gesellschaft in Klassen, die rücksichtslose Unterdrückung des Widerstandes der Ausbeuter, die Schaffung einer sozialistischen Organisation der Gesellschaft und den Sieg des Sozialismus in allen Ländern und beschließt daher:

1. Das Privateigentum an Grund und Boden wird abgeschafft. Der gesamte Boden mit allen Baulichkeiten, allem Inventar und allem sonstigen Zubehör der landwirtschaftlichen Produktion wird als Eigentum des gesamten werktätigen Volkes erklärt.

2. Zur Sicherung der Macht des Volkes über die Ausbeuter und als erster Schritt zum völligen Übergang der Fabriken, Werke, Gruben, Eisenbahnen und sonstigen Produktions- und Transportmitteln in den Besitz des Arbeiter- und Bauernstaates wird das von den Räten erlassene Gesetz über die Arbeiterkontrolle und über den Obersten Volkswirtschaftsrat bestätigt.

3. Der Übergang aller Banken in den Besitz des Arbeiter- und Bauernstaates, als eine der Vorbedingungen für die Befreiung der werktätigen Massen vom Joch des Kapitals, wird bestätigt.

4. Um die parasitären Schichten der Gesellschaft zu beseitigen, wird die allgemeine Arbeitspflicht eingeführt.

5. Um die gesamte Macht den werktätigen Massen zu sichern und jede Möglichkeit einer Wiederherstellung der Macht der Ausbeuter zu beseitigen, wird die Bewaffnung der Werktätigen, die Bildung einer sozialistischen Roten Armee der Arbeiter und Bauern und die völlige Entwaffnung der besitzenden Klassen dekretiert.

III. 1. In Bekundung ihrer unerschütterlichen Entschlossenheit, die Menschheit den Klauen des Finanzkapitals und des Imperialismus zu entreißen, die in diesem verbrecherischsten aller Kriege die Erde mit Blut getränkt haben, billigt die Konstituante vollkommen die von der Rätemacht betriebene Politik des Zerreißens der Geheimverträge, der Organisation der breitesten Verbrüderung mit den Arbeitern und Bauern der kriegführenden Armeen sowie der Herbeiführung eines demokratischen Friedens zwischen den Völkern um jeden Preis und mittels revolutionärer Maßnahmen, eines Friedens ohne Annexionen und ohne Kontributionen, auf der Grundlage der freien Selbstbestimmung der Nationen.

2. Zu demselben Zwecke fordert die Konstituante den völligen Bruch mit der barbarischen Politik der bürgerlichen Zivilisation, die den Wohlstand der Ausbeuter einiger weniger auserwählter Nationen auf der Versklavung von Hunderten Millionen Werktätiger in Asien, in den Kolonien überhaupt und in den kleinen Ländern aufbaut.

Die Konstituante begrüßt die Politik des Rates der Volkskommissare, der die völlige Unabhängigkeit Finnlands proklamiert, mit dem Abtransport der Truppen aus Persien begonnen und die Freiheit der Selbstbestimmung Armeniens erklärt hat.

3. Als ersten Schlag gegen das internationale Bank- und Finanzkapital betrachtet die Konstituante das Gesetz der Rätemacht über die Annullierung (Nichtigkeitserklärung) der Anleihen, die von der Regierung des Zaren, der Gutsbesitzer und der Bourgeoisie abgeschlossen wurden, und bringt die Überzeugung zum Ausdruck, daß die Sowjetmacht auf diesem Wege unbeirrt fortschreiten wird bis zum völligen Sieg des internationalen Arbeiteraufstandes gegen die kapitalistische Unterjochung.

IV. In Anbetracht dessen, daß sie auf Grund von Kandidatenlisten gewählt worden ist, die vor der Oktoberrevolution aufgestellt wurden, als das Volk nicht imstande war, sich in seiner ganzen Masse gegen die Ausbeuter zu erheben, als es die ganze Stärke des Widerstandes der Ausbeuter bei der Verteidigung ihrer Klassenprivilegien nicht kannte und den Aufbau einer sozialistischen Gesellschaft praktisch noch nicht in Angriff genommen hatte — in Anbetracht dieses Umstandes würde es die Konstituante sogar vom formalen Standpunkt für grundfalsch halten, sich der Sowjetmacht entgegenzustellen.

Dem Wesen der Sache nach ist die Konstituante der Auffassung, daß jetzt, im Augenblick des letzten Kampfes des Volkes gegen seine Ausbeuter, für die Ausbeuter in keinem einzigen Organ der Staatsmacht Platz sein kann. Die Macht muß gänzlich und ausschließlich den werktätigen Massen und ihrer bevollmächtigten Vertretung – den Räten der Arbeiter-, Bauern- und Soldatendeputierten gehören.

Die Konstituante unterstützt die Rätemacht und die Dekrete des Rates des Volkskommissare und ist der Auffassung, daß ihre Aufgaben mit der Festlegung der wesentlichen Grundlagen der sozialistischen Umgestaltung der Gesellschaft erschöpft sind.

In dem Bestreben, ein wirklich freies und freiwilliges und gerade deshalb um so engeres und festeres Bündnis der werktätigen Klassen aller Nationen Rußlands herzustellen, beschränkt die Konstituante zugleich ihre Aufgabe auf die Festlegung der Hauptgrundsätze der Föderation der Räterepubliken Rußlands und räumt den Arbeitern und Bauern jeder Nation das Recht ein, selbständig auf ihrem eigenen bevollmächtigten Rätekongreß zu beschließen, ob und auf welcher Grundlage sie sich an der föderativen Regierung und an den übrigen föderativen Räteinstitutionen beteiligen wollen.

Erste Hälfte Januar 1918

(aus: A. W. Bd. 6, S. 462–464)

Der »Radikalismus«, die Kinderkrankheit im Kommunismus

Versuch einer gemeinverständlichen Darstellung der marxistischen Strategie und Taktik

In welchem Sinne kann man von der internationalen Bedeutung der russischen Revolution sprechen?

In den ersten Monaten nach der Eroberung der politischen Macht durch das Proletariat in Rußland (7. November [25. Oktober] 1917) konnte es scheinen, daß infolge des ungeheuren Unterschiedes zwischen dem rückständigen Rußland und den vorgeschrittenen westeuropäischen Ländern die Revolution des Proletariats in diesen Ländern der unseren sehr wenig ähnlich sein werde. Jetzt haben wir bereits eine recht beträchtliche internationale Erfahrung vor uns, die mit vollster Bestimmtheit davon zeugt, daß einige Grundzüge unserer Revolution keine örtliche, keine spezifisch nationale, lediglich russische, sondern internationale Bedeutung haben. Und ich spreche hier von internationaler Bedeutung nicht im weiten Sinne des Wortes: im Sinne der Einwirkung unserer Revolution auf alle Länder sind nicht einige, sondern alle ihre Grundzüge und viele ihrer sekundären Züge von internationaler Bedeutung. Nein, ich spreche davon im engsten Sinne des Wortes, d. h.: versteht man unter internationaler Bedeutung die internationale Geltung oder die historische Unvermeidlichkeit der internationalen Wiederholung dessen, was bei uns vor sich gegangen ist, so muß man einigen Grundzügen unserer Revolution eine solche Bedeutung zuerkennen.

Natürlich wäre es der größte Fehler, diese Wahrheit zu übertreiben und sie auf mehr als einige Grundzüge unserer Revolution auszudehnen. Ebenso wäre es verfehlt, außer acht zu lassen, daß nach dem Sieg der proletarischen Revolution, sei es auch nur in einem einzigen vorgeschrittenen Lande, aller Wahrscheinlichkeit nach ein jäher Umschwung eintreten wird, nämlich daß Rußland bald danach nicht mehr ein vorbildliches, sondern wieder ein rückständiges Land (im »sowjetischen« und im sozialistischen Sinne) wird.

Aber im gegebenen historischen Augenblick liegen nun einmal die Dinge so, daß das russische Vorbild *allen* Ländern etwas, und zwar etwas überaus Wesentliches aus ihrer unvermeidlichen und nicht fernen Zukunft zeigt. Die vorgeschrittenen Arbeiter in allen Ländern haben das längst begriffen – und noch öfter nicht so sehr begriffen, als vielmehr mit dem Instinkt der revolutionären Klasse erfaßt, empfunden. Daher die internationale »Bedeutung« (im engen Sinne des Wortes) der Sowjetmacht sowie der Grundlagen der bolschewistischen Theorie und Taktik. Das haben die »revolutionären« Führer der II. Internationale, wie Kautsky in Deutschland, Otto Bauer und Friedrich Adler in Österreich, nicht begriffen und sich denn auch deshalb als Reaktionäre, als Verteidiger des schlimmsten Opportunismus und Sozialverrats erwiesen. Unter anderem zeigt die im Jahre 1919 in Wien erschienene anonyme Broschüre »Weltrevolution« (»Sozialistische Bücherei«, Heft 11, Verlag Ignaz Brand) besonders anschaulich den ganzen Gedankengang und den ganzen Gedankenkreis, richtiger, den ganzen Abgrund von Gedankenlosigkeit, Pedanterie, Gemeinheit und Verrat an den Interessen der Arbeiterklasse, – und das alles unter der Marke »Verteidigung« der Idee der »Weltrevolution«.

Aber auf diese Broschüre werden wir ein andermal ausführlicher zurückkommen. Hier wollen wir nur noch eines hervorheben: in längst vergangenen Zeiten, als Kautsky noch Marxist war und kein Renegat und als Historiker an die Frage herantrat, sah er die Möglichkeit einer Situation voraus, in der der revolutionäre Geist des russischen Proletariats für Westeuropa zum Vorbild werden würde. Das war im Jahre 1902, als Kautsky in der revolutionären »Iskra« den Aufsatz »Die Slawen und die Revolution« veröffentlichte. In diesem Aufsatz schrieb Kautsky:

»Gegenwärtig« (im Gegensatz zum Jahre 1848) »kann man annehmen, daß die Slawen nicht nur in die Reihen der revolutionären Völker getreten sind, sondern daß auch der Schwerpunkt des revolutionären Gedankens und der revolutionären Tat sich immer mehr und mehr zu den Slawen verschiebt. Das revolutionäre Zentrum verschiebt sich von Westen nach Osten. In der ersten Hälfte des 19. Jahrhunderts lag es in Frankreich, zeitweise in England. Im Jahre 1848 trat Deutschland in die Reihe der revolutionären Nationen ... Das neue Jahrhundert beginnt mit Ereignissen, die uns auf den Gedanken bringen, daß wir einer weiteren Verschiebung des revolutionären Zentrums entgegengehen, nämlich: seiner Verschiebung nach Rußland ... Rußland, das so viel revolutionäre Initiative aus dem Westen geschöpft hat, ist jetzt vielleicht selbst imstande, für diesen zu einem Quell der revolutionären Energie zu werden. Die auflodernde russische revolutionäre Bewegung wird vielleicht das gewaltigste Mittel werden, um jenen Geist des feigen Philistertums und der nüchternen Politikasterei auszutreiben, der sich in unseren Reihen breitzumachen beginnt; sie wird von neuem die Kampfeslust und die leidenschaftliche Hingabe an unsere großen Ideale zur hellen Flamme auflodern lassen. Rußland hat längst aufgehört, für Westeuropa einfach das Bollwerk der Reaktion und des Absolutismus zu sein. Jetzt ist wohl gerade das Umgekehrte der Fall. Westeuropa wird zum Bollwerk der Reaktion und des Absolutismus in Rußland ... Mit dem Zaren wären die russischen Revolutionäre vielleicht schon längst fertig geworden, wenn sie nicht gleichzeitig auch gegen seinen Verbündeten — das europäische Kapital — kämpfen müßten. Hoffen wir, daß es ihnen diesmal gelingen werde, mit beiden Feinden fertig zu werden, und daß die neue ›Heilige Allianz‹ schneller zusammenbrechen werde als ihre Vorläufer. Wie aber auch der gegenwärtige Kampf in Rußland ausgehen mag, Blut und Leid der Märtyrer, deren er leider mehr als genug erzeugen wird, werden nicht vergeblich sein. Sie werden die Triebe der sozialen Umwälzung in der ganzen zivilisierten Welt befruchten und sie zu üppigerem und schnellerem Wachstum bringen. Im Jahre 1848 waren die Slawen der strenge Frost, der die Blüten des Völkerfrühlings knickte. Vielleicht ist es ihnen jetzt bestimmt, zu dem Sturm zu werden, der das Eis der Reaktion brechen und den Völkern einen neuen, glücklichen Frühling bringen wird.« (Karl Kautsky, »Die Slawen und die Revolution«, »Iskra«, russische sozialdemokratische revolutionäre Zeitung, Nr. 18, vom 10. März 1902.)

Wie ausgezeichnet schrieb doch Karl Kautsky vor 18 Jahren!

Eine der Hauptbedingungen des Erfolges der Bolschewiki

Sicherlich erkennt jetzt schon fast jeder, daß die Bolschewiki keine zweieinhalb Monate, geschweige denn zweieinhalb Jahre sich an der Macht hätten halten können ohne die strengste, wahrhaft eiserne Disziplin in unserer Partei, ohne die vollste und rückhaltlose Unterstützung der Partei durch die gesamte Masse der Arbeiterklasse, d. h. durch alles, was in dieser Klasse denkt, was ehrlich, selbstlos, einflußreich und fähig ist, die rückständigen Schichten zu führen oder mit sich fortzureißen.

Die Diktatur des Proletariats ist der rückhaltloseste und schonungsloseste Krieg der neuen Klasse gegen den *mächtigeren* Feind, gegen die Bourgeoisie, deren Widerstand durch ihren Sturz (sei es auch nur ein *einem* Lande) sich *verzehnfacht* und deren Macht nicht nur in der Stärke des internationalen Kapitals, in der Stärke und Festigkeit der internationalen Verbindungen der Bourgeoisie besteht, sondern auch in der *Macht der Gewohnheit*, in der Stärke des *Kleinbetriebes*. Denn Kleinbetrieb gibt es auf der Welt leider noch sehr, sehr viel; der Kleinbetrieb aber *erzeugt* Kapitalismus und Bourgeoisie unausgesetzt, täglich, stündlich, spontan und im Massenumfang. Aus allen diesen Gründen ist die Diktatur des Proletariats notwendig, und der Sieg über die Bourgeoisie ist unmöglich ohne einen langen, hartnäckigen, verzweifelten Krieg auf Leben und Tod, einen Krieg, der Ausdauer, Disziplin, Festigkeit, Unbeugsamkeit und Einheitlichkeit des Willens erfordert.

Ich wiederhole, die Erfahrung der siegreichen Diktatur des Proletariats in Rußland hat denen, die nicht zu denken verstehen oder nicht in die Lage kamen, über diese Frage nachzudenken, anschaulich gezeigt, daß unbedingte Zentralisation und strengste Disziplin des Proletariats eine der Hauptbedingungen für den Sieg über die Bourgeoisie sind.

Darüber wird des öfteren gesprochen. Was das aber bedeutet, unter welchen Bedingungen das möglich ist? — darüber wird lange nicht genug nachgedacht. Müßte man nicht der Sowjetmacht und den Bolschewiki gezollte Anerkennung *häufiger mit der ernstesten Analyse* der Ursachen verknüpfen, *die dazu führten*, daß die Bolschewiki die dem revolutionären Proletariat notwendige Disziplin schaffen konnten?

Der Bolschewismus besteht als Strömung des politischen Denkens und als politische Partei seit 1903. Nur die Geschichte des Bolschewismus in der *ganzen* Zeit seines Bestehens kann befriedigend erklären, warum er imstande war, die für den Sieg des Proletariats notwendige eiserne Disziplin zu schaffen und unter den schwierigsten Verhältnissen aufrechtzuerhalten.

Und vor allem taucht die Frage auf: wodurch wird die

Disziplin der revolutionären Partei des Proletariats aufrechterhalten? Wodurch kontrolliert? Wodurch gestärkt? Erstens durch das Klassenbewußtsein der proletarischen Avantgarde und ihre Hingabe an die Revolution, ihre Ausdauer, ihre Selbstaufopferung, ihren Heroismus. Zweitens dadurch, daß sie es versteht, sich mit den breitesten Massen der Werktätigen, in erster Linie mit den proletarischen, *aber auch mit den nichtproletarischen* werktätigen Massen zu verbinden, an sie heranzukommen und, wenn man will, bis zu einem gewissen Grade sich mit ihnen zu verschmelzen. Drittens durch die Richtigkeit der politischen Führung, die von dieser Avantgarde verwirklicht wird; durch die Richtigkeit ihrer politischen Strategie und Taktik, unter der Bedingung, daß die breitesten Massen sich von deren Richtigkeit *durch eigene Erfahrung* überzeugen. Ohne diese Bedingungen ist es in einer revolutionären Partei, die wirklich fähig ist, die Partei der vorgeschrittenen Klasse zu sein, welche die Bourgeoisie zu stürzen und die ganze Gesellschaft umzugestalten hat, unmöglich, Disziplin zu schaffen. Ohne diese Bedingungen werden die Versuche, Disziplin zu schaffen, unvermeidlich zu einer Fiktion, einer Phrase, einer Groteske. Diese Bedingungen aber können wiederum nicht auf einmal entstehen. Sie werden nur durch langwierige Arbeit, durch harte Erfahrung herausgearbeitet; ihre Herausarbeitung wird durch die richtige revolutionäre Theorie erleichtert, die ihrerseits kein Dogma ist, sondern sich in engem Zusammenhang mit der Praxis einer wirklich die Massen erfassenden und wirklich revolutionären Bewegung endgültig gestaltet.

Wenn der Bolschewismus in den Jahren 1917–1920 unter unerhört schweren Verhältnissen die strengste Zentralisation und eine eiserne Disziplin schaffen und erfolgreich durchführen konnte, so liegt die Ursache dafür ganz einfach in einer Reihe historischer Besonderheiten Rußlands.

Einerseits ist der Bolschewismus im Jahre 1903 auf der festesten Grundlage der marxistischen Theorie entstanden. Daß aber diese – und nur diese – revolutionäre Theorie richtig ist, hat nicht nur die internationale Erfahrung des ganzen 19. Jahrhunderts, sondern haben besonders auch die Erfahrungen der Irrungen und Schwankungen, der Fehler und Enttäuschungen des revolutionären Gedankens in Rußland bewiesen. Im Laufe ungefähr eines halben Jahrhunderts, etwa seit den vierziger und bis zu den neunziger Jahren des vorigen Jahrhunderts, suchte der fortschrittliche Gedanke in Rußland unter dem Druck des unglaublich barbarischen und reaktionären Zarismus gierig nach der richtigen revolutionären Theorie und verfolgte mit erstaunlichem Eifer und Sorgfalt jedes »letzte Wort« Europas und Amerikas auf diesem Gebiet. Den Marxismus als die einzig richtige revolutionäre Theorie hat sich Rußland wahrhaft *durch Leiden errungen,* durch ein halbes Jahrhundert unerhörter Qualen und Opfer, beispiellosen revolutionären Heldentums, unglaublicher Energie und hingebungsvollen Suchens, Lernens, praktischen Erprobens, der Enttäuschungen, des Prüfens, des Vergleichens mit der Erfahrung Europas. Dank der vom Zarismus erzwungenen Emigration verfügte das revolutionäre Rußland in der zweiten Hälfte des 19. Jahrhunderts über einen solchen Reichtum an internationalen Verbindungen, über eine solche vortreffliche Kenntnis aller Formen und Theorien der revolutionären Bewegung wie kein anderes Land der Welt.

Andererseits hatte der Bolschewismus, der auf dieser granitnen theoretischen Grundlage entstand, eine fünfzehnjährige (1901–1917) praktische Geschichte durchgemacht, die in ihrem Reichtum an Erfahrung nicht ihresgleichen in der Welt hat. Denn kein einziges Land hat in diesen 15 Jahren auch nur annähernd soviel durchgemacht an revolutionärer Erfahrung, Schnelligkeit und Mannigfaltigkeit im Wechsel der verschiedenen Formen der Bewegung: der legalen und illegalen, der friedlichen und stürmischen, der unterirdischen und offenen, der Zirkel- und der Massenbewegung, der parlamentarischen und der terroristischen. In keinem anderen Land war in einem so kurzen Zeitraum ein solcher Reichtum an Formen, Schattierungen und Methoden des Kampfes *aller* Klassen der modernen Gesellschaft konzentriert, und zwar eines Kampfes, der infolge der Rückständigkeit des Landes und des schweren Jochs des Zarismus besonders schnell heranreifte und sich besonders gierig und erfolgreich das entsprechende »letzte Wort« der amerikanischen und europäischen politischen Erfahrung zu eigen machte.

Die Hauptetappen in der Geschichte des Bolschewismus

Die Jahre der Vorbereitung der Revolution (1903–1905). Überall ist das Nahen des großen Sturmes zu spüren. In allen Klassen Gärung und Vorbereitung. Die Emigrantenpresse im Ausland wirft theoretisch *alle* Grundfragen der Revolution auf. Die Vertreter der drei Hauptklassen, der drei wichtigsten politischen Strömungen – der bürgerlich-liberalen, der kleinbürgerlich-demokratischen (die sich hinter dem Aushängeschild der »sozial-demokratischen« und der »sozialrevolutionären« Richtung versteckt) und der proletarisch-revolutionären – nehmen in erbittertstem Kampf programmatischer und taktischer Anschauungen den kommenden offenen Kampf der Klassen vorweg und bereiten ihn vor. Alle Fragen, um derentwillen der bewaffnete Kampf der Massen in den Jahren 1905–1907 und 1917–1920 geführt wurde, kann (und muß) man, in ihrer Keimform, in der damaligen Presse verfolgen. Und zwischen den drei Hauptrichtungen gibt es natürlich eine Unmenge Zwischen-, Übergangs- und Halbgebilde. Richtiger: im Kampf der Presseorgane, Parteien, Fraktionen und Gruppen kristallisieren sich jene geistigen und politischen Richtungen heraus, die in Wirklichkeit Klassenrichtungen sind; die Klassen schmieden sich die nötigen geistigen und politischen Waffen für dic kommenden Schlachten.

Die Jahre der Revolution (1905–1907). Alle Klassen treten offen auf. Alle programmatischen und taktischen Anschauungen werden durch die Aktion der Massen erprobt. Streikkämpfe von in der Welt nie dagewesenem Umfang, nie dagewesener Heftigkeit. Hinüberwachsen des wirtschaftlichen Streiks in den politischen und des politischen in den Aufstand. Praktische Erprobung der Wechselbeziehungen zwischen dem führenden Proletariat und der geführten, schwankenden, unsicheren Bauernschaft. In der spontanen Entwicklung des Kampfes Entstehung der Sowjets als Organisationsform. Die damaligen Diskussionen über die Bedeutung der Sowjets nehmen den großen Kampf von 1917–1920 vorweg. Der Wechsel der parlamentarischen und außerparlamentarischen Kampfformen, der Taktik des Boykotts des Parlaments und der Taktik der Beteiligung am Parlament, der legalen Kampfformen und der illegalen, sowie ihre gegenseitigen Beziehungen und Zusammenhänge – alles das ist von einem erstaunlichen Reichtum des Inhalts. Jeder Monat dieser Periode brachte den Massen und den Führern, den Klassen und den Parteien nicht weniger Kenntnisse der Grundelemente der politischen Wissenschaft bei als ein Jahr »friedlicher«, »konstitutioneller« Entwicklung. Ohne die »Generalprobe« von 1905 wäre der Sieg der Oktoberrevolution von 1917 nicht möglich gewesen.

Die Jahre der Reaktion (1907–1910). Der Zarismus hat gesiegt. Alle revolutionären und oppositionellen Parteien sind zerschlagen. Mutlosigkeit, Demoralisation, Spaltungen, Zerfahrenheit, Renegatentum. Pornographie an Stelle von Politik. Verstärkter Drang zum philosophischen Idealismus; Mystizismus als Hülle konterrevolutionärer Stimmungen. Gleichzeitig aber erteilt gerade die große Niederlage von revolutionären Parteien und der revolutionären Klasse eine wirkliche und überaus nützliche Lehre, eine Lehre über geschichtliche Dialektik, eine Lehre über das Verständnis, die Fähigkeit und die Kunst, den politischen Kampf zu führen. Freunde erkennt man im Unglück. Geschlagene Armeen lernen gut.

Der siegreiche Zarismus ist gezwungen, die Reste der vorbürgerlichen, patriarchalischen Lebensweise in Rußland in raschem Tempo zu zerstören. Die bürgerliche Entwicklung Rußlands macht außerordentlich rasche Fortschritte. Die Illusionen der Klassenlosigkeit, die Illusionen von einem Stehen über den Klassen, die Illusionen von einer Möglichkeit, den Kapitalismus zu vermeiden, fliegen auseinander wie Spreu im Winde. Der Klassenkampf nimmt eine völlig neue und um so deutlichere Form an.

Revolutionäre Parteien müssen ganz zu Ende lernen. Sie haben gelernt, anzugreifen. Nun müssen sie begreifen, daß man diese Wissenschaft durch die Wissenschaft von der richtigen Durchführung des Rückzugs ergänzen muß. Sie müssen begreifen – und die revolutionäre Klasse lernt das aus eigener bitterer Erfahrung verstehen –, daß man nicht siegen kann, wenn man nicht gelernt hat, einen Angriff und einen Rückzug richtig durchzuführen. Von allen geschlagenen oppositionellen und revolutionären Parteien haben die Bolschewiki den Rückzug in der größten Ordnung vollzogen, mit geringsten Verlusten für ihre »Armee«, größter Erhaltung ihres Kerns, geringsten Spaltungen (ihrer Tiefe und Unheilbarkeit nach), geringster Demoralisation, größter Fähigkeit, die Arbeit in möglichst umfassender, richtiger und energischer Weise wieder aufzunehmen. Und erreicht haben das die Bolschewiki nur deshalb, weil sie erbarmungslos die Revolutionäre der Phrase entlarvten und fortjagten, die nicht begreifen wollten, daß man den Rückzug antreten, daß man verstehen muß, den Rückzug durchzuführen, daß man es unbedingt lernen muß, in den reaktionärsten Parlamenten, den reaktionärsten Gewerkschafts-, Genossenschafts-, Versicherungs- und ähnlichen Organisationen legal zu arbeiten.

Die Jahre des Aufschwungs (1910–1914). Anfänglich vollzog sich der Aufschwung unglaublich langsam, später, nach den Ereignissen an der Lena im Jahre 1912, etwas schneller. Unter Überwindung ungeheurer Schwierigkeiten drängten die Bolschewiki die Menschewiki zurück, deren Rolle als bürgerliche Agenten in der Arbeiterbewegung von der gesamten Bourgeoisie nach 1905 ausgezeichnet verstanden wurde und die deshalb von der gesamten Bourgeoisie auf tausenderlei Weise gegen die Bolschewiki unterstützt wurden. Aber den Bolschewiki wäre es niemals gelungen, das zu erreichen, wenn sie nicht die richtige Taktik der Verknüpfung der illegalen Arbeit mit der unbedingten Ausnutzung der »legalen Möglichkeiten« durchgeführt hätten. In der erzreaktionären Duma eroberten die Bolschewiki die ganze Arbeiterkurie.

Der erste imperialistische Weltkrieg (1914–1917). Der legale Parlamentarismus erweist, bei äußerst reaktionärem Charakter des »Parlaments«, der Partei des revolutionären Proletariats, den Bolschewiki, überaus nützliche Dienste. Die bolschewistischen Abgeordneten gehen nach Sibirien. In der Emigrantenpresse kommen bei uns alle Schattierungen der Anschauungen des Sozialimperialismus, des Sozialchauvinismus, des Sozialpatriotismus, des inkonsequenten und des konsequenten Internationalismus, des Pazifismus und der revolutionären Verneinung der pazifistischen Illusionen zum vollen Ausdruck. Die gelehrten Dummköpfe und die alten Weiber der II. Internationale, die über die Unmenge von »Fraktionen« im russischen Sozialismus und über deren erbitterten Kampf untereinander verächtlich und hochmütig die Nase gerümpft hatten, waren, als der Krieg in *allen* vorgeschrittenen Ländern ihnen die gepriesene »Legalität« nahm, unfähig, einen auch nur annähernd so freien (illegalen) Meinungsaustausch und ein so freies (illegales) Ausarbeiten der richtigen Auffassungen zu organisieren, wie die russischen Revolutionäre in der Schweiz und in einer Reihe anderer Länder dies organisiert haben. Gerade dadurch haben sich die offenen Sozialpatrioten wie auch die »Kautskyaner« aller Länder als die schlimmsten Verräter des Proletariats erwiesen. Und wenn der Bolschewismus in den Jahren 1917–1920 zu siegen vermochte, so war eine der Hauptursachen dieses Sieges die, daß der Bolschewismus bereits seit Ende 1914 die Abscheulichkeit, die Schändlichkeit und die Niedertracht des Sozialchauvinismus und des »Kautskyanertums« (dem die Richtung Longuets in Frankreich, die Ansichten der Führer der Unabhängigen Arbeiterpartei und der Fabier in England und Turatis in Italien usw. entsprechen) schonungslos entlarvte, die Massen aber sich nachher aus eigener Erfahrung immer mehr und mehr von der Richtigkeit der Ansichten der Bolschewiki überzeugten.

Die zweite Revolution in Rußland (März [Februar] bis November [Oktober] 1917). Der unglaublich veraltete und überlebte Zarismus hatte (mit Hilfe der Schläge und Lasten des überaus qualvollen Krieges) eine ungeheure zerstörende

Kraft erzeugt, die sich gegen ihn richtete. In einigen Tagen verwandelte sich Rußland in eine demokratische bürgerliche Republik, die – unter den Kriegsverhältnissen – freier war als irgendein anderes Land in der Welt. Die Regierung wurde – wie in den am meisten »streng parlamentarischen« Republiken – von den Führern der oppositionellen und revolutionären Parteien gebildet, wobei die Eigenschaft eines Führers einer Oppositionspartei im Parlament, obwohl es das allerreaktionärste war, die spätere Rolle eines solchen Führers in der Revolution *erleichterte.*

Die Menschewiki und die »Sozialrevolutionäre« eigneten sich in wenigen Wochen ausgezeichnet alle Methoden und Manieren, alle Beweisgründe und Sophismen der europäischen Helden der II. Internationale, der Ministerialisten und des sonstigen opportunistischen Gesindels an. Alles, was wir jetzt über die Scheidemänner und Noske, Kautsky und Hilferding, über Renner und Austerlitz, Otto Bauer und Fritz Adler, über Turati und Longuet, über die Fabier und die Führer der »Unabhängigen Arbeiterpartei« in England lesen, alles das scheint uns eine langweilige Wiederholung, das Nachleiern einer bekannten und alten Melodie zu sein (und ist es in der Tat). All das haben wir schon bei den Menschewiki gesehen. Die Geschichte erlaubte sich einen Scherz und ließ die Opportunisten eines rückständigen Landes die Opportunisten einer Reihe von vorgeschrittenen Ländern vorwegnehmen.

Wenn alle Helden der II. Internationale Bankrott erlitten und sich in der Frage der Bedeutung und der Rolle der Sowjets und der Sowjetmacht blamiert haben, wenn sich in dieser Frage die Führer der drei, jetzt aus der II. Internationale ausgetretenen, sehr wichtigen Parteien (der deutschen Unabhängigen Sozialdemokratischen Partei, der französischen Longuetisten und der englischen Unabhängigen Arbeiterpartei) besonders »auffallend« blamiert und verheddert haben, wenn sie alle sich als Sklaven der Vorurteile der kleinbürgerlichen Demokratie (ganz im Geiste der Kleinbürger von 1848, die sich »Sozial-Demokraten« nannten) erwiesen haben, so haben wir *das alles bereits* am Beispiel der Menschewiki gesehen. Die Geschichte hat sich den Scherz erlaubt, daß in Rußland im Jahre 1905 Sowjets entstanden sind, daß sie vom März (Februar) bis November (Oktober) 1917 von den Menschewiki verfälscht wurden, die Bankrott machten, weil sie die Rolle und die Bedeutung der Sowjets nicht zu begreifen vermochten, und daß jetzt die Idee der Sowjetmacht *in der ganzen Welt* geboren worden ist und sich mit unerhörter Schnelligkeit unter dem Proletariat aller Länder ausbreitet, wobei die alten Helden der II. Internationale infolge ihres Unvermögens, die Rolle und die Bedeutung der Sowjets zu begreifen, *überall* den gleichen Bankrott erleiden wie unsere Menschewiki. Die Erfahrung hat bewiesen, daß in einigen überaus wesentlichen Fragen der proletarischen Revolution *alle* Länder unvermeidlich dasselbe werden durchmachen müssen, was Rußland durchgemacht hat.

Ihren siegreichen Kampf gegen die parlamentarische (faktisch) bürgerliche Republik und gegen die Menschewiki haben die Bolschewiki sehr vorsichtig begonnen und keineswegs einfach vorbereitet – entgegen den Auffassungen, die man jetzt in Europa und Amerika nicht selten antrifft. Zu Beginn der erwähnten Periode haben wir *nicht* zum Sturz der Regierung aufgefordert, sondern Aufklärung darüber verbreitet, daß ihr Sturz *ohne* vorherige Veränderungen in der Zusammensetzung und in der Stimmung der Sowjets unmöglich sei. Wir haben nicht den Boykott des bürgerlichen Parlaments, der Konstituante, proklamiert, sondern gesagt – seit der Aprilkonferenz (1917) unserer Partei offiziell im Namen der Partei gesagt –, daß eine bürgerliche Republik mit einer Konstituante besser ist als eine solche Republik ohne Konstituante, daß aber eine »Arbeiter- und Bauernrepublik«, eine Sowjetrepublik, besser ist als jede bürgerlich-demokratische, parlamentarische Republik. Ohne eine solche vorsichtige, gründliche, umsichtige und langwährende Vorbereitung hätten wir weder den Sieg im November (Oktober) 1917 erringen noch diesen Sieg behaupten können.

(aus: A. W. Bd. 10, S. 54–64)

*B. Wiederaufbau der Volkswirtschaft durch die »Neue ökonomische Politik« * und Lenins Versuch einer Zurückdrängung des Bürokratismus, der Ausbau des sowjetischen Zentralismus*

Der Bürgerkrieg, in dem die besten Kräfte der Arbeiterklasse zu Rotarmisten geworden waren, die Desorganisation der Industrie durch das Fehlen von Arbeitskräften und Rohstoffen sowie die Zerstörung der Verkehrsmittel – all das hatte bis 1921 zu einer drohenden Dezimierung der Arbeiterklasse beigetragen. Vor dem drohenden Hunger flohen viele Arbeiter zurück aufs Land, das sie erst wenige Jahre oder ein Jahrzehnt zuvor verlassen hatten und mit dem fast alle noch fest verbunden waren. Der militärische Sieg fiel mit einer schweren politisch-wirtschaftlichen Krise des Landes zusammen, die ihren Höhepunkt im *Aufstand von Kronstadt* (28. 2.–18. 3. 1921) fand. Die Schwierigkeiten und Konflikte im Lande spiegelten sich in Fraktionskämpfen der Partei (nachdem alle konkurrierenden Parteien verboten worden waren). Vor dem Hintergrund dieser Lage sind die Leninschen Arbeiten dieser Abteilung zu deuten:

(V, 11) bringt das berüchtigte Verbot der Plattformen innerhalb der Partei, das allerdings bei Lenin durch die Forderung nach Veröffentlichung von Diskussionsbeiträgen in einem eigens hierfür zu schaffenden Organ »gemildert« wurde, während es Stalin später zum Instrument der Unterdrückung jeder abweichenden Meinung zu machen wußte (nach einem jahrelangen Kampf mit »abweichenden« Richtungen). In den ›Thesen zum Referat auf dem III. Kongreß der Komintern‹ (V, 12) begründet Lenin durch eine höchst nüchterne Schilderung der verzweifelten Lage Sowjetrußlands die Notwendigkeit des Übergangs zur NEP (des »Rückzugs auf den Staatskapitalismus«). Der Beschluß des ZK über die Rolle der Gewerkschaften zeigt jedoch, daß Lenin mit dieser neuen Wirtschaftspolitik auch die Absicht verband, die Arbeiterklasse neu zu formieren, und daß er ihren ökonomischen Kampf (um bessere Arbeits- und Lebensbedingungen) nicht mehr so radikal vom politischen Kampf trennte. Auch in der Auseinandersetzung mit den Managern der staatskapitalistischen Be-

* NÖP, russisch NEP = novaja ekonomitscheskaja politika.

triebe – so war seine Überzeugung – müssen die Gewerkschaften Organe der Artikulation der unmittelbaren Interessen der Arbeiter sein. Die Tatsache des »Staatseigentums« durch den »Staat der Arbeiter und Bauern« hebt die Lohnabhängigkeit als solche noch nicht auf!

In der Gewerkschaftsfrage bezog Lenin einen »mittleren« Standpunkt und lehnte sowohl die von Trotzki vorgeschlagene »Verstaatlichung« der Gewerkschaften ab, als auch die von der »Arbeiteropposition« geforderte »Syndikalisierung« des Staates, d. h. die Übergabe der Betriebsleitungen an die Gewerkschaften. Erst unlängst hat ein oppositioneller Kommunist in Ungarn (A. Hegedüs, der frühere Ministerpräsident) auf diese Leninsche Arbeit hingewiesen und dazu aufgerufen, die Rolle der Gewerkschaften in den bürokratisch-sozialistischen Ländern in ihrem Lichte neu zu überdenken. Faktisch sind nämlich meist die Gewerkschaften inzwischen doch zu bloßen Hilfsorganen des Staates und der Partei geworden. Von einer *selbständigen* Funktion im Interesse der Verteidigung unmittelbarer Arbeiterinteressen kann jedenfalls kaum irgendwo noch die Rede sein. Nur wenn die Gewerkschaften aber als Organe unmittelbarer Arbeiterinteressen fungieren, können sie auch effektiv zur Entwicklung politischen Bewußtseins beitragen.

Die ›Notizen eines Publizisten‹ gehören auch stilistisch zu den witzigsten und brillantesten Arbeiten Lenins. Bertolt Brecht hat die erste Notiz ›Eine Art Beispiel‹ oft und gern zitiert und benützt. In ihr macht sich Lenin über die »uneigennützigen Freunde der Revolution« lustig, die aus der sicheren Distanz – wie die Beobachter dem fernen Bergsteiger – völlig wertlose Ratschläge erteilen und Besorgnis heucheln. Mit ihnen vergleicht er die rechten Menschewiki und die sozialdemokratischen Kritiker der Oktoberrevolution.

Der Artikel ›Über das Genossenschaftswesen‹ gibt Lenins letztes Wort über die Zukunft der Organisation der Landwirtschaft wider, auf das sich in den späteren Jahren Stalin wie seine Opponenten immer wieder berufen sollten. Selbstkritisch merkt Lenin an, beim Übergang zur NEP habe man die Bedeutung der Genossenschaften unterschätzt, sie gelten ihm aber als die einzig geeignete Organisationsform für die künftige, sozialistische

Agrarproduktion. In diesem Artikel macht Lenin im übrigen deutlich, daß er den Übergang zum Sozialismus »in einem Lande« wie der Sowjetunion für möglich hält. Ganz ähnlich wie in den ›Bemerkungen zu den Aufzeichnungen Suchanows‹ (V, 16) betont er, daß die Partei und durch sie das Proletariat zuerst die Macht ergriffen habe, um dann – auf dieser Grundlage – »das Kulturniveau zu schaffen«, das für den Sozialismus notwendig ist. In diesem Zusammenhang gebraucht Lenin auch den Terminus »Kulturrevolution«: »Für uns genügt jetzt diese Kulturrevolution, um ein vollständig sozialistisches Land zu sein«. Aber Lenin fügt vorsichtig hinzu: »aber *für uns* bietet diese Kulturrevolution (gemeint ist: im Gegensatz zu den entwikkelten westlichen Industriegesellschaften) ungeheure Schwierigkeiten sowohl rein kultureller (denn wir sind Analphabeten) als auch materieller Natur (denn um kultiviert zu sein, braucht man eine gewisse Entwicklung der materiellen Produktionsmittel, braucht man eine gewisse materielle Basis)«. Kein Zweifel, daß heutige Sowjetmarxisten diese skeptische Anmerkung Lenins gern auf die chinesische Kulturrevolution anwenden werden. *Karl Korsch* hat aber schon 1932 in seinem Artikel ›Zur Geschichte der marxistischen Ideologie in Rußland‹ (Der Gegner 6. Jg. Nr. 3) erklärt: »Lenin hat den erbitterten Kampf, den er sowohl in der vorrevolutionären Periode gegen das Nikolai-onsche Narodnikitum ... als auch nach dem Oktober gegen die von den Theoretikern des sogenannten ›Kriegskommunismus‹ unternommene ›sozialistische‹ Idealisierung einer in Wirklichkeit noch keineswegs sozialistischen Tendenz geführt hat, am Ende damit beschlossen, daß er in einem entscheidenden Augenblick *gegen die Wirklichkeit, für den Mythos* und damit zugleich *für die endgültige Ideologisierung der marxistischen Theorie in Rußland optiert hat.*« Korsch war nämlich mit guten (Marxschen) Gründen zu dem Resultat gekommen, daß »der russische Marxismus in all seinen Entwicklungsphasen und in allen seinen Richtungen von Anfang an weiter nichts gewesen ist, als die ideologische Form für den materiellen Kampf um die Durchsetzung der kapitalistischen Entwicklung im zaristisch-feudalistischen Rußland« (a.a.O.). Der Unterschied zwischen »bürgerlichen Marxisten« wie Struve und Lenin bestand für ihn nur darin, daß Struve zu Unrecht auf eine sich bildende bürgerliche Klasse setzte, während sie Lenin de facto durch die Kaderpartei der Bolschewiki, die aus sich eine bürokratische Schicht von Verwaltern des Staatskapitalismus entließ, ersetzte. »Die vom Westen übernommene marxistische Ideologie konnte der bürgerlichen Umwälzung in Rußland diesen Dienst erweisen, weil sie – aus ihren eigenen geschichtlichen Entstehungsbedingungen heraus – die kapitalistische Zivilisation als die unter allen Umständen notwendige historische Durchgangsstufe für die Verwirklichung der sozialistischen Gesellschaft voraussetzte« (a.a.O.).

Karl Korsch erblickt also Lenins entscheidende Abkehr vom Marxismus als Theorie in seiner Propagierung der Möglichkeit eines baldigen sozialistischen Aufbaus in der Sowjetunion.

Das sogenannte politische Testament Lenins, das aus einer Anzahl von Briefen an das ZK und an Trotzki besteht, spiegelt deutlich seine Besorgnis über die tatsächliche Entwicklung der kommunistischen Partei und des Staates wider. Seine Hauptsorgen gelten 1. der möglichen Parteispaltung, 2. der wachsenden Macht und der Brutalität Stalins, 3. der chauvinistischen Nationalitätenpolitik Stalins, Ordschonikdses und Dzershinskis in Georgien, für dessen nationale Belange sich Lenin einsetzt. Der wichtigste Punkt ist aber vielleicht sein Versuch, durch Erhöhung der Mitgliederzahl des ZK und durch Stärkung der »Arbeiter- und Bauerninspektion« ein Gegengewicht gegen die wachsende Bürokratisierung zu schaffen. Alle diese Dokumente sind seinerzeit nur einem sehr kleinen Kreis zugänglich gemacht worden. Seit 1956 sind sie als »echt« anerkannt und veröffentlicht, während sie in der Publikation durch Trotzki jahrelang als Fälschungen hingestellt oder totgeschwiegen wurden. Alle Befürchtungen Lenins sollten sich als nur zu berechtigt erweisen. Der zentralistische Bürokratismus war schließlich nicht mehr zu kontrollieren, die unumschränkte Macht Stalins nahm immer weiter zu, bis sie sich zerstörerisch gegen die Elite der eignen Partei richtete; auch der großrussische Chauvinismus erreichte in den Jahren bis 1953 immer neue Höhepunkte und ist noch heute nicht wieder ganz verschwunden. Kein Zweifel, daß er – wie Lenin anmerkt – die Beziehungen zu den »sich befreienden Völkern des Ostens« belastet.

Ursprünglicher Entwurf der Resolution des X. Parteitages der KPR über die Einheit der Partei

1. Der Parteitag lenkt die Aufmerksamkeit aller Mitglieder der Partei darauf, daß die Einheit und Geschlossenheit ihrer Reihen, die Sicherung des vollen Vertrauens unter den Parteimitgliedern und einer wirklich einmütigen Arbeit, die die Einheit des Willens der Avantgarde des Proletariats wirklich verkörpert, im gegenwärtigen Augenblick, wo eine Reihe von Umständen die Schwankungen unter der kleinbürgerlichen Bevölkerung des Landes verstärkt, besonders notwendig ist.

2. Indessen sind bereits vor der allgemeinen Parteidiskussion über die Gewerkschaften in der Partei einige Anzeichen der Fraktionsmacherei in Erscheinung getreten, d. h. der Entstehung von Gruppen mit einer besonderen Plattform und mit dem Bestreben, sich in gewissem Grade abzukapseln und eine eigene Gruppendisziplin zu schaffen. Solche Anzeichen von Fraktionsmacherei zeigten sich z. B. auf einer der Parteikonferenzen von Moskau (im November 1920) und in Charkow sowohl bei der Gruppe der sogenannten »Arbeiteropposition« als auch teilweise bei der Gruppe des sogenannten »Demokratischen Zentralismus«.

Es ist notwendig, daß alle klassenbewußten Arbeiter sich der Schädlichkeit und Unzulässigkeit jeglicher Fraktionsmacherei klar bewußt werden, die selbst dann, wenn die Vertreter der einzelnen Gruppen den besten Willen haben, die Parteieinheit zu wahren, in Wirklichkeit unvermeidlich zur Schwächung der einmütigen Arbeit führt und zu verstärkten wiederholten Versuchen der sich in die Regierungspartei einschleichenden Feinde, die Trennung zu vertiefen und sie zu konterrevolutionären Zwecken auszunützen.

Die Ausnützung jeder Abweichung von der streng konsequenten kommunistischen Linie durch die Feinde des Proletariats hat sich wohl mit größter Anschaulichkeit an dem Beispiel des Kronstädter Aufstandes gezeigt, als die bürgerliche Konterrevolution und die Weißgardisten in allen Ländern der Welt sofort ihre Bereitschaft bekundeten, sogar die

Losung des Sowjetsystems zu akzeptieren, um nur die Diktatur des Proletariats in Rußland zu stürzen, als die Sozialrevolutionäre und überhaupt die bürgerliche Konterrevolution in Kronstadt die Losungen des Aufstandes angeblich im Namen der Sowjetmacht gegen die Sowjetregierung Rußlands ausnützten. Diese Tatsachen beweisen vollauf, daß die Weißgardisten bestrebt sind und es verstehen, sich in Kommunisten, ja sogar in radikalste Kommunisten umzufärben, um nur das Bollwerk der proletarischen Revolution in Rußland zu schwächen und zu stürzen. Die menschewistischen Flugblätter in Petrograd am Vorabend des Kronstädter Aufstandes zeigen ebenso, wie die Menschewiki die Meinungsverschiedenheiten und einige Ansätze der Fraktionsmacherei innerhalb der KPR ausnützten, um faktisch die Kronstädter Meuterer, die Sozialrevolutionäre und Weißgardisten, anzuspornen und zu unterstützen, wobei sie sich selber in Worten als Gegner von Meutereien und Anhänger der Sowjetmacht, nur mit angeblich geringen Korrekturen, hinzustellen suchten.

3. Die Propaganda in der vorliegenden Frage muß bestehen einerseits in einer ausführlichen Erläuterung der Schädlichkeit und Gefährlichkeit der Fraktionsmacherei vom Standpunkt der Einheit der Partei und der Verwirklichung der Einheit des Willens der Avantgarde des Proletariats, als der Grundbedingung für den Erfolg der Diktatur des Proletariats, anderseits in der Erläuterung der Eigenart der neuesten taktischen Kniffe der Feinde der Sowjetmacht. Diese Feinde, die sich von der Aussichtslosigkeit der Konterrevolution unter offen weißgardistischer Flagge überzeugt haben, spannen jetzt alle Kräfte an, um sich an die Meinungsverschiedenheiten innerhalb der KPR zu klammern und der Konterrevolution auf diese oder jene Weise dadurch Vorschub zu leisten, daß sie die Macht derjenigen politischen Schattierung zuzuschanzen suchen, die äußerlich der Anerkennung der Sowjetmacht am nächsten steht.

Die Propaganda hat ferner Aufklärung über die Erfahrung früherer Revolutionen zu schaffen, wo die Konterrevolution die der extremen revolutionären Partei am nächsten stehende Opposition unterstützte, um die revolutionäre Diktatur ins Wanken zu bringen und zu stürzen und auf diese Weise dem weiteren vollen Sieg der Konterrevolution, der Kapitalisten und Grundherren, den Weg zu bahnen.

4. Im praktischen Kampf gegen die Fraktionsmacherei ist es notwendig, daß jede Parteiorganisation aufs strengste darauf achtet, daß keinerlei fraktionelle Vorstöße geduldet werden. Die unbedingt notwendige Kritik der Mängel der Partei muß so gehandhabt werden, daß jeder praktische Vorschlag in möglichst präziser Form unverzüglich, ohne jegliche Verschleppung den leitenden Organen der Partei, den örtlichen und den zentralen, zur Erörterung und Entscheidung vorgelegt wird. Jeder Kritikübende hat außerdem in der Form der Kritik Rücksicht zu nehmen auf die Lage der Partei, die von Feinden umgeben ist, und hinsichtlich des Inhalts der Kritik durch seine eigene unmittelbare Teilnahme an der Sowjet- und Parteiarbeit die Korrektur der Fehler der Partei oder einzelner ihrer Mitglieder in der Praxis zu erproben. Jede Analyse der allgemeinen Linie der Partei oder die Auswertung ihrer praktischen Erfahrung, die Kontrolle der Durchführung ihrer Beschlüsse, das Studium der Methoden der Berichtigung von Fehlern usw. darf auf keinen Fall vorher in Gruppen erörtert werden, die sich auf Grund irgendeiner »Plattform« usw. bilden, sondern ist ausschließlich und unmittelbar allen Parteimitgliedern zur Beurteilung vorzulegen. Zu diesem Zweck schreibt der Parteitag vor, regelmäßiger das »Diskussionsblatt« und besondere Sammelbände herauszugeben, wobei unermüdlich darauf hinzuwirken ist, daß die Kritik sachlich geführt werde und keineswegs Formen annehme, die den Klassenfeinden des Proletariats förderlich sein können.

5. Indem der Parteitag die Abweichung in der Richtung zum Syndikalismus und Anarchismus, die in einer besonderen Resolution analysiert wird, prinzipiell ablehnt und das ZK beauftragt, jegliche Fraktionsmacherei völlig auszumerzen, erklärt er gleichzeitig, daß in den Fragen, die die besondere Aufmerksamkeit z. B. der Gruppe der sogenannten »Arbeiteropposition« auf sich lenkten – Säuberung der Par-

tei von nichtproletarischen und unzuverlässigen Elementen, Bekämpfung der Bürokratismus, Entwicklung des Demokratismus und der Selbsttätigkeit der Arbeiter usw. – jedwelche sachlichen Vorschläge mit der allergrößten Aufmerksamkeit geprüft und in der praktischen Arbeit erprobt werden müssen. Die Partei muß wissen, daß wir in dieser Frage nicht alle notwendigen Maßnahmen durchführen, weil wir auf eine ganze Reihe verschiedenartiger Hindernisse stoßen, und daß die Partei, die eine unsachliche und fraktionelle Pseudokritik rücksichtslos zurückweist, unermüdlich unter Erprobung neuer Methoden, mit allen Mitteln den Kampf gegen den Bürokratismus, für die Erweiterung des Demokratismus, der Selbsttätigkeit, für die Aufdeckung, Entlarvung und Vertreibung der in die Partei Eingeschlichenen usw. fortsetzen wird.

6. Der Parteitag erklärt daher alle Gruppen ohne Ausnahme, die sich auf der einen oder anderen Plattform gebildet haben (wie z. B. die Gruppe der »Arbeiteropposition«, des »Demokratischen Zentralismus« usw.), für aufgelöst bzw. ordnet ihre sofortige Auflösung an. Die Nichterfüllung dieses Parteitagsbeschlusses muß den unbedingten und sofortigen Ausschluß aus der Partei nach sich ziehen.

7. Um eine strenge Disziplin innerhalb der Partei und in der gesamten Sowjetarbeit herbeizuführen und die größte Einheit bei der Ausmerzung jeglicher Fraktionsmacherei zu erzielen, ermächtigt der Parteitag das ZK, in Fällen von Disziplinbruch oder bei Wiederaufleben oder Duldung von Fraktionsmacherei alle parteimäßigen Strafmaßnahmen bis zum Ausschluß aus der Partei und gegenüber Mitgliedern des ZK ihre Überführung in den Kandidatenstand und als äußerste Maßnahme sogar den Ausschluß aus der Partei zur Anwendung zu bringen. Die Bedingung für die Anwendung einer solchen äußersten Maßnahme gegenüber Mitgliedern des ZK, Kandidaten des ZK und Mitgliedern der Kontrollkommission muß die Einberufung eines ZK-Plenums unter Hinzuziehung aller Kandidaten des ZK sowie aller Mitglieder der Kontrollkommission sein. Erachtet eine solche gemeinsame Versammlung der verantwortlichsten führenden Funktionäre der Partei mit Zweidrittelmehrheit der

Stimmen die Überführung eines ZK-Mitglieds in den Kandidatenstand oder seinen Ausschluß aus der Partei für notwendig, so ist diese Maßregel unverzüglich durchzuführen.

März 1921

(aus: A. W. Bd. 9, S. 141–144)

Thesen zum Referat über die Taktik der KPR auf dem III. Kongreß der Kommunistischen Internationale

(ursprünglicher Entwurf)

1. Die internationale Lage der RSFSR

Für die außenpolitische Lage der RSFSR ist im gegenwärtigen Augenblick ein gewisses Gleichgewicht kennzeichnend, das zwar außerordentlich labil ist, aber dennoch eine eigenartige Konjunktur der Weltpolitik geschaffen hat.

Diese Eigenart besteht in folgendem: einerseits ist die internationale Bourgeoisie von tollem Haß und toller Feindschaft gegen Sowjetrußland erfüllt und jeden Augenblick bereit, sich auf Sowjetrußland zu stürzen, um es zu erdrosseln. Andererseits haben alle Versuche der militärischen Einmischung, die dieser Bourgeoisie hunderte Millionen Franken gekostet haben, mit einem vollen Mißerfolg geendet, trotzdem die Sowjetmacht damals schwächer war, als sie jetzt ist, und die russischen Gutsbesitzer und Kapitalisten ganze Armeen auf dem Territorium der RSFSR hatten. Die Opposition gegen den Krieg mit Sowjetrußland hat sich in allen kapitalistischen Ländern außerordentlich verstärkt, sie bildet einen Nährboden für die revolutionäre Bewegung des Proletariats und erfaßt sehr breite Massen der kleinbürgerlichen Demokratie. Der Interessengegensatz zwischen den verschiedenen imperialistischen Ländern hat sich verschärft und vertieft sich mit jedem Tag. Die revolutionäre Bewegung unter den Millionen und aber Millionen der unterdrückten Völker des Ostens wächst mit bemerkenswerter Kraft. Es zeigte sich, daß infolge aller dieser Umstände der internationale Imperialismus außerstande war, Sowjetrußland zu erdrosseln, trotzdem er viel stärker ist als Sowjetrußland, und daß er sich gezwungen sah, Sowjetrußland zeitweilig anzuerkennen bzw. halb anzuerkennen und Handelsverträge mit ihm zu schließen.

Es entstand ein zwar außerordentlich unsicheres, außerordentlich labiles Gleichgewicht, aber immerhin ein Gleichgewicht, das der Sozialistischen Republik, natürlich nicht für lange Zeit, die Möglichkeit gibt, in der kapitalistischen Umkreisung fortzubestehen.

2. *Das Wechselverhältnis der Klassenkräfte im internationalen Maßstab*

Auf Grund dieser Sachlage hat sich das Wechselverhältnis der Klassenkräfte im internationalen Maßstab folgendermaßen gestaltet:

Die internationale Bourgeoisie, die nicht die Möglichkeit hat, einen offenen Krieg gegen Sowjetrußland zu führen, verhält sich abwartend, sie lauert auf den Augenblick, wo die Umstände ihr erlauben werden, den Krieg wiederaufzunehmen.

Das Proletariat der fortgeschrittenen kapitalistischen Länder hat bereits überall seine Vorhut herausgebildet, die kommunistischen Parteien, die im Wachsen begriffen sind, die unbeirrt der Eroberung der Mehrheit des Proletariats in jedem Lande entgegengehen und den Einfluß der alten tradeunionistischen Bürokraten und der durch die imperialistischen Privilegien korrumpierten Oberschicht der Arbeiterklasse in Amerika und Europa zerstören.

Die kleinbürgerliche Demokratie der kapitalistischen Länder, deren fortgeschrittenster Teil in der II. Internationale und der Internationale Zweieinhalb vertreten ist, bildet im gegenwärtigen Augenblick die Hauptstütze des Kapitalismus, insofern unter ihrem Einfluß die Mehrheit bzw. ein bedeutender Teil der in Industrie und Handel beschäftigten Arbeiter und Angestellten steht, die Angst haben, im Falle einer Revolution ihren durch die imperialistischen Privilegien geschaffenen relativen kleinbürgerlichen Wohlstand einzubüßen. Aber die wachsende Wirtschaftskrise verschlechtert überall die Lage der breiten Massen, und dieser Umstand sowie die bei einem Weiterbestehen des Kapitalismus immer augenscheinlicher werdende Unvermeidlichkeit neuer imperialistischer Kriege erschüttern diese Stütze immer mehr.

Die werktätigen Massen der kolonialen und halbkolonialen Länder, die die gewaltige Mehrheit der Bevölkerung der Erde ausmachen, sind bereits seit Beginn des 20. Jahrhunderts zum politischen Leben erwacht, besonders durch die Revolutionen in Rußland, der Türkei, Persien und China. Der imperialistische Krieg 1914–1918 und die Sowjetmacht in Rußland verwandeln diese Massen endgültig in einen aktiven Faktor der Weltpolitik und der revolutionären Zerstörung des Imperialismus, obwohl das gebildete Kleinbürgertum Europas und Amerikas, darunter auch die Führer der II. Internationale und der Internationale Zweieinhalb, das durchaus nicht sehen will. Britisch-Indien steht an der Spitze dieser Länder; dort wächst die Revolution um so schneller heran, je bedeutender dort einerseits das Industrie- und Eisenbahnproletariat wird, je brutaler andererseits der Terror der Engländer wird, die immer öfter zu Massenmorden (Amritsar), zu öffentlichen Auspeitschungen usw. greifen.

3. Das Wechselverhältnis der Klassenkräfte in Rußland

Die innerpolitische Lage Sowjetrußlands wird dadurch bestimmt, daß hier zum erstenmal in der Weltgeschichte während einer ganzen Reihe von Jahren nur zwei Klassen bestehen: das Proletariat, erzogen in Jahrzehnten einer sehr jungen, aber immerhin modernen maschinellen Großindustrie, und die Kleinbauernschaft, die die gewaltige Mehrheit der Bevölkerung bildet.

Die Großgrundbesitzer und die Kapitalisten sind in Rußland nicht verschwunden, sie sind aber einer vollständigen Expropriation unterworfen worden, sind als Klasse politisch vollständig geschlagen worden, ihre Überreste haben sich unter den Staatsangestellten der Sowjetmacht verkrochen. Ihre Klassenorganisation haben sie im Ausland als Emigration bewahrt, die wahrscheinlich anderthalb bis zwei Millionen Menschen zählt und über ein halbes Hundert Tageszeitungen aller bürgerlichen und »sozialistischen« (d. h. kleinbürgerlichen) Parteien, über Bruchstücke einer Armee und zahlreiche Verbindungen mit der internationalen Bourgeoisie verfügt. Diese Emigration arbeitet mit allen Kräften und Mitteln daran, die Sowjetmacht zu vernichten und den Kapitalismus in Rußland wiederherzustellen.

4. Das Proletariat und die Bauernschaft Rußlands

Bei einer solchen inneren Lage Rußlands ist für sein Proletariat als die herrschende Klasse die Hauptaufgabe des Moments, die Maßnahmen richtig zu bestimmen und durchzuführen, die für die Führung der Bauernschaft, für ein festes Bündnis mit ihr, für eine lange Reihe von allmählichen Übergängen zum vergesellschafteten maschinellen landwirtschaftlichen *Groß*betrieb notwendig sind. Diese Aufgabe ist in Rußland besonders schwierig, sowohl infolge der Rückständigkeit unseres Landes als auch infolge seiner furchtbaren Verheerung durch sieben Jahre imperialistischen Krieg und Bürgerkrieg. Aber auch abgesehen von dieser Besonderheit gehört diese Aufgabe zu den schwierigsten Aufgaben des sozialistischen Aufbaus, die sich vor allen kapitalistischen Ländern – mit alleiniger Ausnahme vielleicht von England – erheben werden. Aber auch in bezug auf England darf man nicht vergessen: wenn dort auch die Klasse der kleinen Pächter in der Landwirtschaft zahlenmäßig besonders gering ist, so ist dafür der Prozentsatz der Arbeiter und Angestellten, die eine kleinbürgerliche Lebenshaltung führen, besonders groß infolge der faktischen Versklavung von hunderten Millionen Menschen in den Kolonien, die England »gehören«.

Deshalb besteht vom Standpunkt der Entwicklung der proletarischen Weltrevolution als eines einheitlichen Prozesses die Bedeutung der Epoche, die von Rußland durchgemacht wird, darin, die Politik des Proletariats, das die Staatsmacht in seinen Händen hält, gegenüber der kleinbürgerlichen Masse praktisch zu prüfen und zu erproben.

5. Das Kriegsbündnis des Proletariats und der Bauernschaft in der RSFSR

Die Grundlage für richtige Wechselbeziehungen zwischen dem Proletariat und der Bauernschaft ist in Sowjetrußland in den Jahren 1917–1921 geschaffen worden, als die Invasion der Kapitalisten und Gutsbesitzer, die von der gesamten internationalen Bourgeoisie und allen Parteien der kleinbürgerlichen Demokratie (den Sozialrevolutionären und den Menschewiki) unterstützt wurden, das Kriegsbündnis des Proletariats und der Bauernschaft zum Schutz der Sowjetmacht geschaffen, gestärkt und endgültig formiert hatte. Der Bürgerkrieg ist die schärfste Form des Klassenkampfes, und je schärfer dieser Kampf ist, desto schneller verbrennen in seinem Feuer alle kleinbürgerlichen Illusionen und Vorurteile, desto offenkundiger zeigt die Praxis selbst sogar den rückständigsten Schichten der Bauernschaft, daß nur die Diktatur des Proletariats die Bauernschaft retten kann, daß die Sozialrevolutionäre und die Menschewiki faktisch nur Lakaien der Gutsbesitzer und Kapitalisten sind.

Aber wenn das Kriegsbündnis zwischen dem Proletariat und der Bauernschaft die erste Form ihres festen Bündnisses bildete – und bilden mußte –, so hätte es sich ohne ein gewisses wirtschaftliches Bündnis dieser Klassen nicht einmal einige Wochen halten können. Der Bauer hat vom Arbeiterstaat den ganzen Boden und den Schutz vor dem Gutsbesitzer, vor dem Kulaken erhalten; die Arbeiter erhielten von den Bauern Lebensmittel auf Kredit bis zur Wiederherstellung der Großindustrie.

6. Der Übergang zu richtigen wirtschaftlichen Wechselbeziehungen zwischen dem Proletariat und der Bauernschaft

Vom sozialistischen Standpunkt aus kann das Bündnis zwischen den Kleinbauern und dem Proletariat erst dann vollkommen richtig und stabil sein, wenn es dem Proletariat nach der völligen Wiederherstellung des Verkehrswesens und der Großindustrie möglich sein wird, den Bauern im Austausch gegen Lebensmittel alle für sie und für die Verbesserung ihrer Wirtschaft notwendigen Produkte zu geben. Bei der ungeheuren Verwüstung des Landes ließ sich das auf keinen Fall mit einem Schlage erreichen. Die Ablieferungspflicht war für den nicht genügend organisierten Staat die am ehesten erreichbare Maßnahme, um sich in dem unerhört schweren Krieg gegen die Gutsbesitzer zu behaupten. Die Mißernte und der Mangel an Futtermitteln im Jahre 1920 verschärften die ohnehin schwere Notlage der Bauern ganz besonders und machten den sofortigen Übergang zur Naturalsteuer zu einer unbedingten Notwendigkeit.

Die mäßige Naturalsteuer ergibt sofort eine große Verbesserung der Lage der Bauernschaft und interessiert sie gleichzeitig an der Erweiterung der Anbaufläche und der Verbesserung des Ackerbaus.

Die Naturalsteuer ist der Übergang von der Requirierung aller Getreideüberschüsse des Bauern zu einem richtigen sozialistischen Produktenaustausch zwischen der Industrie und der Landwirtschaft.

7. Die Bedeutung und die Bedingungen der Zulassung des Kapitalismus und der Konzessionen durch die Sowjetmacht

Die Naturalsteuer bedeutet natürlich, daß der Bauer über die Überschüsse, die ihm nach der Entrichtung der Steuer übrigbleiben, frei verfügen kann. Inwiefern der Staat nicht imstande ist, dem Bauern Erzeugnisse der sozialistischen Fabrik im Austausch gegen alle diese Überschüsse zu liefern, insofern bedeutet die Freiheit des Handels mit den Überschüssen unvermeidlich die Freiheit der Entwicklung des Kapitalismus.

Innerhalb dieses Rahmens ist das jedoch für den Sozialismus keineswegs gefährlich, solange das Verkehrswesen und die Großindustrie in den Händen des Proletariats bleiben. Im Gegenteil, die Entwicklung des Kapitalismus bei Kontrolle und Regulierung durch den proletarischen Staat (d. h. in *diesem* Sinne des Wortes »Staats«kapitalismus) ist in einem außerordentlich verwüsteten und rückständigen kleinbäuerlichen Land (natürlich nur in einem gewissen Grade) vorteilhaft und notwendig, insofern sie geeignet ist, den *sofortigen* Aufschwung der bäuerlichen Wirtschaft zu beschleunigen. Noch mehr gilt das für die Erteilung von Konzessionen: ohne auch nur im geringsten die Nationalisierung aufzuheben, gibt der Arbeiterstaat bestimmte Bergwerke, Waldgebiete, Erdölfelder und anderes ausländischen Kapitalisten in Pacht, um von ihnen zusätzliche Ausrüstungen und Maschinen zu bekommen, die uns ermöglichen, die Wiederherstellung der sowjetischen Großindustrie zu beschleunigen.

Was wir an die Konzessionäre in Gestalt eines Teils von hochwertigen Produkten zahlen, ist zweifellos ein Tribut des Arbeiterstaates an die Weltbourgeoisie; ohne das auch nur im geringsten zu vertuschen, müssen wir klar erkennen, daß es für uns vorteilhaft ist, diesen Tribut zu zahlen, um nur die Wiederherstellung unserer Großindustrie zu beschleunigen und rasch eine ernste Verbesserung der Lage der Arbeiter und Bauern herbeizuführen.

8. Die Erfolge unserer Politik der Lebensmittelbeschaffung

Die Lebensmittelbeschaffungspolitik Sowjetrußlands war in den Jahren 1917–1921 zweifellos sehr grobschlächtig, unvollkommen und führte zu vielen Übergriffen. Bei ihrer Durchführung beging man eine Reihe von Fehlern. Sie war aber unter jenen Verhältnissen im großen und ganzen die einzig mögliche Politik. Und sie hat ihre historische Aufgabe erfüllt: sie hat die proletarische Diktatur in dem zerrütteten und rückständigen Lande gerettet. Es ist eine unbestreitbare

Tatsache, daß sie sich nach und nach vervollkommnet hat. Im ersten Jahr unserer vollen Machtausübung (in der Zeit vom 1. August 1918 bis zum 1. August 1919) brachte der Staat 110 Millionen Pud Getreide auf; im zweiten 220; im dritten über 285.

Jetzt, wo wir bereits praktische Erfahrungen haben, stellen wir uns die Aufgabe und rechnen damit, 400 Millionen Pud (Ertrag der Naturalsteuer = 240 Millionen Pud) aufzubringen. Nur wenn der Arbeiterstaat wirklich einen genügenden Lebensmittelfonds besitzt, ist er imstande, in wirtschaftlicher Hinsicht fest auf eigenen Füßen zu stehen, eine wenn auch langsame, so doch unentwegte Wiederherstellung der Großindustrie zu sichern und ein richtiges Finanzsystem zu schaffen.

9. Die materielle Grundlage des Sozialismus und der Plan der Elektrifizierung Rußlands

Die einzige materielle Grundlage für den Sozialismus kann nur die maschinelle Großindustrie sein, die imstande ist, auch die Landwirtschaft zu reorganisieren. Aber auf diese allgemeine These darf man sich nicht beschränken. Man muß sie konkretisieren. Eine dem Niveau der modernen Technik entsprechende und zur Reorganisierung der Landwirtschaft fähige Großindustrie bietet die Elektrifizierung des ganzen Landes. Wir mußten die wissenschaftliche Arbeit zur Aufstellung des Plans einer solchen Elektrifizierung der RSFSR ausführen, und wir haben das auch getan. Unter Teilnahme von über 200 der besten Wissenschaftler, Ingenieure und Agronomen Rußlands ist diese Arbeit beendet worden, liegt gedruckt in Gestalt eines umfangreichen Bandes vor und ist im allgemeinen vom VIII. Allrussischen Sowjetkongreß im Dezember 1920 bestätigt worden. Jetzt ist bereits die Einberufung eines Allrussischen Kongresses der Elektrotechniker organisiert worden, der im August 1921 zusammentreten und diese Arbeit einer eingehenden Prüfung unterziehen wird. Dann wird sie endgültig vom Staat bestätigt werden. Die Elektrifizierungsarbeiten, die in erster Linie in Angriff genommen werden sollen, sind auf zehn Jahre berechnet; sie werden ungefähr 370 Millionen Arbeitstage erfordern.

Während wir im Jahre 1918 8 neu errichtete Kraftwerke besaßen (mit 4757 kW), haben wir im Laufe des Jahres 1919 diese Ziffer um 36 erhöht (mit 1648 kW), im Jahre 1920 aber um 100 (mit 8699 kW).

Wie bescheiden dieser Anfang für unser riesiges Land auch sein mag, so ist doch der Anfang gemacht worden, die Arbeit hat begonnen und geht immer besser und besser vor sich. Der russische Bauer ist nach dem imperialistischen Krieg, nachdem eine Million von Kriegsgefangenen in Deutschland die moderne fortgeschrittene Technik kennengelernt hat, nach der schweren, aber stählenden Erfahrung des dreijährigen Bürgerkrieges nicht mehr derselbe, der er in alter Zeit war. Mit jedem Monat sieht er immer klarer und deutlicher, daß nur die Führung durch das Proletariat imstande ist, die Masse der kleinen Landwirte aus der Kapitalsknechtschaft zu befreien und sie zum Sozialismus zu führen.

10. Die Rolle der »reinen Demokratie«, der II. Internationale und der Internationale Zweieinhalb, der Sozialrevolutionäre und Menschewiki als Verbündete des Kapitals

Die Diktatur des Proletariats bedeutet nicht die Einstellung des Klassenkampfes, sondern seine Fortsetzung in neuer Form und mit neuen Mitteln. Solange Klassen bestehen, solange die in einem einzigen Lande gestürzte Bourgeoisie ihre Attacken gegen den Sozialismus im internationalen Maßstabe verzehnfacht, solange ist diese Diktatur notwendig. Die Klasse der kleinen Landwirte macht in der Übergangsepoche unvermeidlich eine Reihe von Schwankungen durch. Die Schwierigkeiten der Übergangszeit und der Einfluß der Bourgeoisie rufen unvermeidlich von Zeit zu Zeit Schwankungen in der Stimmung dieser Masse hervor. Das Proletariat, das durch die Zerstörung seiner Existenzgrundlage, der maschinellen Großindustrie, geschwächt und bis zu einem gewissen Grade deklassiert worden ist, steht vor der äußerst schweren, der gewaltigsten historischen Aufgabe, sich trotz dieser Schwankungen zu behaupten und das Werk der Befreiung der Arbeit vom Joch des Kapitals zu Ende zu führen.

Der politische Ausdruck der Schwankungen des Kleinbürgertums ist die Politik der kleinbürgerlichen demokratischen Parteien, d. h. der Parteien der II. Internationale und der Internationale Zweieinhalb, zu denen in Rußland die Parteien der Sozialrevolutionäre (»Sozialisten-Revolutionäre«) und der Menschewiki gehören. Diese Parteien, die jetzt ihre Generalstäbe und Zeitungen im Ausland haben, befinden sich faktisch in einem Block mit der gesamten bürgerlichen Konterrevolution und dienen ihr gewissenhaft.

Die klugen Führer der russischen Großbourgeoisie und an ihrer Spitze Miljukow, der Führer der Partei der »Kadetten« (»Konstitutionellen Demokraten«), haben ganz klar, präzis und offen diese Rolle der kleinbürgerlichen Demokratie, d. h. der Sozialrevolutionäre und der Menschewiki, eingeschätzt. Anläßlich des Aufstandes in Kronstadt, bei dem die Menschewiki, die Sozialrevolutionäre und die Weißgardisten ihre Kräfte vereinigt hatten, sprach sich Miljukow für die Losung aus: »Sowjets ohne Bolschewiki.« Indem er diesen Gedanken entwickelte, schrieb er: »Amt und Ehre« den Sozialrevolutionären und Menschewiki (»Prawda« Nr. 64, Jahrgang 1921, Zitat aus den Pariser »Poslednije Nowosti«), denn ihnen falle die Aufgabe der *ersten Verschiebung* der Macht von den Bolschewiki zu. Miljukow, der Führer der Großbourgeoisie, schätzt richtig die Lehre aller Revolutionen ein, die gezeigt haben, daß die kleinbürgerliche Demokratie nicht fähig ist, die Macht zu behaupten, und immer nur als Deckmantel für die Diktatur der Bourgeoisie, nur als Stufe zur Alleinherrschaft der Bourgeoisie dient.

Die proletarische Revolution in Rußland bestätigt von neuem diese Erfahrung von 1789—1794 und 1848—1849, sie bestätigt die Worte F. Engels', der in seinem Brief an Bebel vom 11. XII. 1884 schrieb: »... Aber das verhindert nicht, daß sie« (die reine Demokratie) »im Moment der Revolution ... als *letzter Rettungsanker der ganzen bürgerlichen und selbst feudaler Wirtschaft* momentan Bedeutung bekommen kann ... So verstärkte die gesamte feudal-bürokratische Masse 1848 März bis September die Liberalen, *um die revolutionären Massen niederzuhalten* ... Jedenfalls ist *unser einziger Gegner* am Tag der Krise und am Tag nachher – *die um die reine Demokratie sich gruppierende Gesamtreaktion* und das, glaube ich, darf nicht aus den Augen verloren werden.« (Veröffentlicht russisch in der Zeitung »Kommunistitscheski Trud« Nr. 360 vom 9. VI. 1921, im Artikel des Genossen V. Adoratskij, »Marx und Engels über Demokratie«. Deutsch in dem Buch: Friedrich Engels, »Politisches Vermächtnis«, Nr. 12 der »Internationalen Jugend-Bibliothek«, Berlin 1920, S. 19.)

Moskau, Kreml, 13. VI. 1921.

(aus: A. W. Bd. II, S. 862–870)

Über die Rolle und die Aufgaben der Gewerkschaften unter den Verhältnissen der neuen ökonomischen Politik

Beschluß des Zentralkomitees der KPR (B) vom 12. Januar 1922

1. *Die Neue Ökonomische Politik und die Gewerkschaften*

Die Neue Ökonomische Politik führt zu einer Reihe wesentlicher Veränderungen in der Lage des Proletariats und folglich auch der Gewerkschaften. Die überwiegende Masse der Produktionsmittel auf dem Gebiete der Industrie und des Verkehrswesens bleibt in Händen des proletarischen Staates. Zusammen mit der Nationalisierung des Grund und Bodens zeigt dieser Umstand, daß die Neue Ökonomische Politik das Wesen des Arbeiterstaates nicht verändert, die Methoden und Formen des sozialistischen Aufbaus jedoch wesentlich ändert, weil sie den ökonomischen Wettstreit zuläßt zwischen dem im Aufbau befindlichen Sozialismus und dem zur Wiederherstellung strebenden Kapitalismus auf der Basis einer Befriedigung der vielmillionenköpfigen Bauernschaft durch Vermittlung des Marktes.

Die Änderungen der Form des sozialistischen Aufbaus werden durch den Umstand hervorgerufen, daß in der gesamten Politik des Überganges vom Kapitalismus zum Sozialismus die Kommunistische Partei und die Sowjetmacht jetzt besondere Methoden dieses Übergangs verwirklichen, in vieler Beziehung auf eine andere Art vorgehen als früher, eine Reihe von Positionen durch eine sozusagen »neue Umgehung« erobern, einen Rückzug durchführen, um besser vorbereitet wieder zur Offensive gegen den Kapitalismus überzugehen. Insbesondere sind gegenwärtig freier Handel und Kapitalismus, die der staatlichen Regulierung unterstehen, zugelassen, und sie entwickeln sich, während andererseits die sozialisierten staatlichen Betriebe auf das sogenannte Prinzip der Rentabilität, d. h. auf kommerzielle Grundlage übergeführt werden, was bei der allgemeinen kulturellen Rückständigkeit und Erschöpfung des Landes unvermeidlich in größerem oder geringerem Maße dahin führen wird, daß im Bewußtsein der Massen die Verwaltung der gegebenen Betriebe und die in ihnen beschäftigten Arbeiter einander entgegengestellt werden.

2. Der Staatskapitalismus im proletarischen Staat und die Gewerkschaften

Ohne sein Wesen zu ändern, kann der proletarische Staat die Freiheit des Handels und die Entwicklung des Kapitalismus nur bis zu einem bestimmten Grade zulassen und nur unter der Bedingung der staatlichen Regulierung (Aufsicht, Kontrolle, Festsetzung der Formen, der Ordnung usw.) des Privathandels und des privatwirtschaftlichen Kapitalismus. Der Erfolg einer solchen Regulierung hängt nicht nur von der Staatsmacht ab, sondern noch mehr vom Grad der Reife des Proletariats und der werktätigen Massen im allgemeinen, sodann vom Kulturniveau usw. Aber selbst bei vollem Erfolg einer solchen Regulierung bleibt der Gegensatz zwischen den Klasseninteressen der Arbeit und des Kapitals unbedingt bestehen. Darum besteht von nun an eine der hauptsächlichsten Aufgaben der Gewerkschaften darin, allseitig und auf jede Weise die Klasseninteressen des Proletariats in seinem Kampf gegen das Kapital zu verteidigen. Diese Aufgabe muß offen auf eine der ersten Stellen gerückt werden, der Gewerkschaftsapparat muß entsprechend umgebaut, modifiziert oder ergänzt werden (Konfliktkommissionen, Streikfonds, Fonds für gegenseitige Hilfe usw. müssen gebildet werden oder, richtiger, von Zeit zu Zeit gebildet werden).

3. Die staatlichen Betriebe, die auf das sogenannte Rentabilitätsprinzip überführt werden, und die Gewerkschaften

Die Überführung der Staatsbetriebe auf das sogenannte Rentabilitätsprinzip ist unvermeidlich und untrennbar verbunden mit der Neuen Ökonomischen Politik, und in nächster Zukunft wird dieser Typ unausbleiblich zum vorherrschenden, wenn nicht zum ausschließlichen werden. Faktisch bedeutet das unter den Verhältnissen des zugelassenen und sich entwickelnden freien Handels, daß die Staatsbetriebe in erheblichem Maße auf kommerzielle Grundlage übergeführt werden. Dieser Umstand, in Verbindung mit der gebieterischen Notwendigkeit, die Produktivität der Arbeit zu heben, die Defizitlosigkeit und Rentabilität eines jeden Staatsbetriebs durchzusetzen, in Verbindung mit dem unvermeidlichen Ressortinteresse und der Übertreibung des Ressorteifers, erzeugt unausbleiblich einen gewissen Interessengegensatz in den Fragen der Arbeitsbedingungen im Betrieb zwischen den Arbeitermassen und den leitenden Direktoren der Staatsbetriebe oder den Ressorts, zu denen sie gehören. Darum obliegt den Gewerkschaften in bezug auf die sozialisierten Betriebe unbedingt die Pflicht, die Interessen der Werktätigen zu verteidigen, zur Hebung ihres Lebensstandards im Rahmen des möglichen beizutragen, indem sie ständig die Fehler und Übertreibungen der Wirtschaftsorgane korrigieren, soweit sie bürokratischen Auswüchsen des Staatsapparates entspringen.

4. Der wesentliche Unterschied zwischen dem Klassenkampf des Proletariats in einem Staate, der das Privateigentum an Grund und Boden, den Fabriken usw. anerkennt und wo sich die politische Macht in Händen der Kapitalistenklasse befindet, und dem ökonomischen Kampf des Proletariats in einem Staate, der das Privateigentum an Grund und Boden und den meisten Großbetrieben nicht anerkennt, in einem Staate, wo sich die politische Macht in Händen des Proletariats befindet

Solange Klassen existieren, ist der Klassenkampf unvermeidlich. In der Übergangszeit vom Kapitalismus zum Sozialismus ist das Bestehen von Klassen unvermeidlich, und das Programm der KPR besagt mit völliger Bestimmtheit, daß wir erst die ersten Schritte beim Übergang vom Kapitalismus zum Sozialismus machen. Darum müssen sowohl die kommunistische Partei und die Sowjetmacht als auch die Gewerkschaften offen anerkennen, daß der ökonomische Kampf besteht und so lange unvermeidlich ist, bis die Elektrifizierung der Industrie und der Landwirtschaft wenigstens im wesentlichen beendet ist und damit alle Wurzeln der Kleinwirtschaft und der Herrschaft des Marktes abgeschnitten sind.

Andererseits ist es augenscheinlich, daß das Endziel des Streikkampfes unter dem Kapitalismus die Zerstörung des Staatsapparats, der Sturz der gegebenen Klassen-Staatsmacht ist. Aber beim proletarischen Staate vom Übergangstypus, wie es der unsere ist, kann das Endziel jeder Aktion der Arbeiterklasse nur die Festigung des proletarischen Staates und der proletarischen Klassen-Staatsmacht sein, auf dem Wege des Kampfes gegen bürokratische Auswüchse dieses Staates, gegen seine Fehler und Schwächen, gegen die sich seiner Kontrolle entziehenden Klassenappetite der Kapitalisten usw. Darum können sowohl die kommunistische Partei und die Sowjetmacht als auch die Gewerkschaften auf keinen Fall vergessen und dürfen niemals den Arbeitern und werktätigen Massen verhehlen, daß die Anwendung des Streikkampfes in einem Staate mit proletarischer Staatsmacht seine Erklärung und Rechtfertigung ausschließlich finden kann einerseits in bürokratischen Auswüchsen des proletarischen

Staates und den verschiedenen Überbleibseln aus der kapitalistischen Vergangenheit in seinen Institutionen, und andererseits in der politischen Unentwickeltheit und kulturellen Rückständigkeit der werktätigen Massen.

Deshalb ist es bei Reibungen und Konflikten zwischen einzelnen Gruppen der Arbeiterklasse und einzelnen Institutionen und Organen des Arbeiterstaates die Aufgabe der Gewerkschaft, mitzuwirken an der schnellsten und schmerzlosesten Beilegung der Konflikte mit maximalen Vorteilen für die von ihnen vertretenen Arbeitergruppen, soweit diese Vorteile erreicht werden können ohne Benachteiligung anderer Gruppen und ohne Schaden für die Entwicklung des Arbeiterstaates und seiner Wirtschaft als Ganzes, denn nur diese Entwicklung kann die Grundlage für das materielle und geistige Wohl der Arbeiterklasse schaffen. Die einzig richtige, gesunde und zweckmäßige Methode für die Beilegung von Reibungen und Konflikten zwischen einzelnen Teilen der Arbeiterklasse und Organen des Arbeiterstaats ist eine vermittelnde Beteiligung der Gewerkschaften, die durch ihre, diesem Zweck entsprechenden Organe entweder mit den interessierten Wirtschaftsorganen auf Grundlage genau formulierter Forderungen und Vorschläge beider Seiten Verhandlungen aufnehmen oder an die höheren staatlichen Instanzen appellieren.

In Fällen, wo unrechtes Handeln von Wirtschaftsorganen, Rückständigkeit gewisser Arbeitergruppen, provokatorische Tätigkeit konterrevolutionärer Elemente oder schließlich mangelnde Umsicht der Gewerkschaftsorgane selbst zu offenen Konflikten führen in der Form von Streiks in Staatsbetrieben usw., ist es die Aufgabe der Gewerkschaften, zur schnellsten Liquidierung der Konflikte beizutragen durch Maßnahmen, die dem Charakter der Gewerkschaftsarbeit entspringen: durch Ergreifung von Maßnahmen zur Beseitigung wirklicher Unregelmäßigkeiten und Mißstände und zur Befriedigung berechtigter und erfüllbarer Forderungen der Massen, durch politische Einwirkung auf die Massen usw.

Einer der wichtigsten und unfehlbarsten Gradmesser für die Richtigkeit und den Erfolg der Arbeit einer Gewerkschaft ist die Feststellung, in welchem Maße sie Massenkonflikte in Staatsbetrieben erfolgreich verhütet durch eine umsichtige Politik, die auf den wirklichen und allseitigen Schutz der Interessen der Arbeitermassen sowie auf die rechtzeitige Beseitigung der Anlässe für Konflikte gerichtet ist.

5. Die Rückkehr zur freiwilligen Mitgliedschaft in den Gewerkschaften

Die formale Einstellung der Gewerkschaften, wonach ausnahmslos alle in Lohnarbeit stehenden Personen als Gewerkschaftsmitglieder zählen, hat in gewissem Grade zu bürokratischen Auswüchsen in den Gewerkschaften und zu ihrer Losgerissenheit von den breiten Massen ihrer Mitglieder geführt; darum ist es notwendig, mit aller Entschiedenheit die freiwillige Mitgliedschaft sowohl in bezug auf den individuellen wie auch den kollektiven Eintritt in die Gewerkschaften zu verwirklichen. Von den Gewerkschaftsmitgliedern darf man auf keinen Fall fordern, daß sie bestimmte politische Ansichten vertreten; in diesem Sinne sowie in der Frage nach dem Verhältnis zur Religion müssen die Gewerkschaften parteilos sein. Von den Gewerkschaftsmitgliedern ist im proletarischen Staate nur zu fordern, daß die Verständnis haben für kameradschaftliche Disziplin und für die Notwendigkeit der Einigung der Kräfte der Arbeiter, um die Interessen der Werktätigen zu verteidigen und der Macht der Werktätigen, d. h. der Sowjetmacht zu helfen. Der proletarische Staat muß den gewerkschaftlichen Zusammenschluß der Arbeiter sowohl in rechtlicher wie auch in materieller Hinsicht fördern. Aber die Gewerkschaften dürfen keinerlei Rechte ohne Pflichten haben.

6. Gewerkschaften und Betriebsleitung

Nach der Eroberung der Staatsmacht besteht das wichtigste und grundlegendste Interesse des Proletariats in der Vergrößerung der Produktionsmenge, der Hebung der Produktionskräfte der Gesellschaft in gewaltigem Umfang. Diese im Programm der KPR klar gestellte Aufgabe ist bei uns gegenwärtig durch den Ruin, die Hungersnot und die Zerrüttung der Nachkriegszeit besonders akut geworden. Darum ist der schnellste und möglichst nachhaltige Erfolg bei der Wiederherstellung der Großindustrie eine Bedingung, ohne die ein Erfolg des gesamten Werkes der Befreiung der Arbeit vom Joch des Kapitals undenkbar, der Sieg des Sozialismus undenkbar ist, ein solcher Erfolg aber erfordert seinerseits, bei der gegenwärtigen Lage Rußlands, unbedingt die Konzentrierung der gesamten Machtfülle in den Händen der Betriebsleitungen. Diese Leitungen, die in der Regel auf dem Prinzip der individuellen Leitung beruhen, müssen selbständig sowohl die Festsetzung der Lohnsätze wie auch die Verteilung der Geldscheine, Rationen, Arbeitskleidung und aller sonstigen Versorgungsmittel regeln auf der Grundlage und in den Grenzen der mit den Gewerkschaften geschlossenen Kollektivverträge, bei größtmöglicher Manövrierfähigkeit, bei strengster Kontrolle der faktischen Erfolge hinsichtlich der Steigerung der Produktion und ihrer Defizitlosigkeit und Rentabilität, bei ernstester Auslese der hervorragendsten und tüchtigsten Administratoren usw.

Jede unmittelbare Einmischung der Gewerkschaften in die Verwaltung der Betriebe muß unter diesen Bedingungen als unbedingt schädlich und unzulässig betrachtet werden.

Aber es wäre vollkommen falsch, diese unbestreitbare Wahrheit in dem Sinne auszulegen, daß die Beteiligung der Gewerkschaften an der sozialistischen Organisierung der Industrie und an der Verwaltung der Staatsindustrie zu negieren sei. Diese Beteiligung ist notwendig in genau bestimmten, und zwar in den folgenden Formen.

7. Rolle und Beteiligung der Gewerkschaften an den Wirtschafts- und Staatsorganen des proletarischen Staates

Das Proletariat ist die Klassenbasis des Staates, der den Übergang vom Kapitalismus zum Sozialismus vollzieht. Das Proletariat kann diese Aufgabe in einem Lande mit gewaltigem Überwiegen der Kleinbauernschaft nur dann erfolgreich erfüllen, wenn es außerordentlich geschickt, vorsichtig und allmählich das Bündnis mit der überwiegenden Mehrheit der Bauernschaft verwirklicht. Die Gewerkschaften müssen die schnellsten und unbedingten Mitarbeiter der Staatsmacht sein, die in ihrer gesamten politischen und wirtschaftlichen Arbeit von der bewußten Vorhut der Arbeiterklasse – der kommunistischen Partei – geleitet wird. Die Gewerkschaften, die eine Schule des Kommunismus im allgemeinen sind, müssen im besonderen für die gesamte Masse der Arbeiter und dann auch für alle Werktätigen eine Schule der Verwaltung der sozialistischen Industrie (und dann allmählich auch der Landwirtschaft) sein.

Ausgehend von diesen prinzipiellen Leitsätzen, müssen für die nächste Periode folgende Grundformen für die Beteiligung der Gewerkschaften an den Wirtschafts- und Staatsorganen des proletarischen Staates festgelegt werden:

1. Die Gewerkschaften nehmen an der Zusammensetzung aller Wirtschafts- und Staatsorgane, die mit der Wirtschaft verbunden sind, teil, indem sie ihre Kandidaten aufstellen unter Angaben über deren Beschäftigungsdauer, Erfahrung usw. Die Entscheidung der Frage steht ausschließlich den Wirtschaftsorganen zu, die auch die ganze Verantwortung für die Arbeit der entsprechenden Organe tragen. Dabei ziehen die Wirtschaftsorgane die Einschätzung aller Kandidaten in Betracht, die von den entsprechenden Gewerkschaften gegeben wird.

2. Eine der wichtigsten Aufgaben der Gewerkschaften besteht darin, aus der Masse der Arbeiter und der Werktätigen überhaupt Administratoren heranzuziehen und auszubilden. Wenn es heute bei uns Dutzende von Administratoren der Industrie gibt, die allen Anforderungen völlig entsprechen, und Hunderte, die den Anforderungen mehr oder weniger entsprechen, so brauchen wir in der nächsten Zeit Hunderte von den ersteren und Tausende von den letzteren. Die systematische Erfassung aller für eine solche Arbeit geeigneten Arbeiter und Bauern und eine eingehende, allseitige, praktische Prüfung des Erfolgs in ihrer Ausbildung für die Verwaltungstätigkeit müssen von den Gewerkschaften viel sorgfältiger und energischer durchgeführt werden als bisher.

3. Die Beteiligung der Gewerkschaften an allen Planungsorganen des proletarischen Staates, an der Ausarbeitung der Wirtschaftspläne, der Produktionsprogramme und der Pläne für die Verwendung der Fonds für die materielle Versorgung der Arbeiter, an der Auswahl der Betriebe, die weiterhin vom Staat versorgt werden oder die in Pacht bzw. Konzession gegeben werden, muß verstärkt werden. Die Gewerkschaften, die keinerlei Kontrollfunktionen über die Produktion der privaten und verpachteten Betriebe übernehmen, verwirklichen ihre Beteiligung an der Regulierung der privatkapitalistischen Produktion ausschließlich durch die Beteiligung an den entsprechenden staatlichen Organen. Neben der Beteiligung der Gewerkschaften an der gesamten Kultur- und Bildungsarbeit und der Produktionspropaganda muß eine derartige Betätigung der Gewerkschaften die Arbeiterklasse und die werktätigen Massen immer weiter und tiefer hineinziehen in den gesamten staatswirtschaftlichen Aufbau, wobei sie diese bekannt macht mit dem ganzen Kreislauf des wirtschaftlichen Lebens, mit dem ganzen Kreislauf der industriellen Arbeit von der Rohstoffbeschaffung an bis zur Realisierung der Erzeugnisse, und ihnen eine immer konkretere Vorstellung gibt sowohl von dem einheitlichen Staatsplan der sozialistischen Wirtschaft wie auch von der praktischen Interessiertheit des Arbeiters und Bauern an der Verwirklichung dieses Plans.

4. Die Ausarbeitung der Tarife und Verpflegungsnormen usw. bildet einen der notwendigen Bestandteile der Arbeit der Gewerkschaften an der Sache des Aufbaus des Sozialismus und ihrer Teilnahme an der Verwaltung der Industrie. Im besonderen müssen die Disziplinargerichte unbeirrt auf die Hebung der Arbeitsdisziplin und der kulturellen Formen des Kampfes um sie und um die Erhöhung der Produktivität hinarbeiten, ohne sich jedoch im allgemeinen in die Funktionen der Volksgerichte und in die Funktionen der Verwaltung einzumischen.

Diese Aufzählung der Hauptfunktionen der Gewerkschaften beim Aufbau der sozialistischen Wirtschaft muß selbstverständlich von den entsprechenden Organen der Gewerkschaften und der Sowjetmacht ausführlich in allen Einzelheiten ausgearbeitet werden. Das Wesentlichste für die Hebung der Volkswirtschaft und die Festigung der Sowjetmacht besteht darin, unter Berücksichtigung der Erfahrungen aus der gewaltigen, von den Gewerkschaften geleisteten Arbeit bei der Organisierung der Wirtschaft und ihrer Verwaltung sowie der Fehler, die durch die unmittelbare, unvorbereitete, nicht kompetente, unverantwortliche Einmischung in die Verwaltung nicht wenig Schaden verursacht haben, bewußt und entschieden überzugehen zur beharrlichen, sachlichen, auf eine lange Reihe von Jahren berechneten Arbeit an der praktischen Schulung der Arbeiter und aller Werktätigen, damit sie die Volkswirtschaft des ganzen Landes verwalten lernen.

8. Die Verbindung mit den Massen als Grundbedingung jedweder Arbeit der Gewerkschaften

Die Verbindung mit den Massen, d. h. mit der gewaltigen Mehrheit der Arbeiter (und dann mit allen Werktätigen) ist die wichtigste, grundlegendste Bedingung für den Erfolg jedweder Tätigkeit der Gewerkschaften. Von unten bis zur höchsten Spitze der Gewerkschaftsorganisationen und ihres Apparates muß ein ganzes System verantwortlicher Genossen, und zwar unbedingt nicht nur aus den Reihen der Kommunisten, geschaffen und praktisch auf Grund der Erfahrung vieler Jahre erprobt werden, die tief im Arbeiterleben verwurzelt bleiben, das Leben der Arbeiter in- und auswendig kennen müssen, die verstehen müssen, in jeder Frage, in jedem Moment die Stimmung der Massen, ihre wirklichen Bestrebungen, Bedürfnisse, Gedanken, unfehlbar zu erfassen, die verstehen müssen, ohne die Spur einer falschen Idealisierung den Grad des Bewußtseins der Massen und die Stärke des Einflusses dieser oder jener Vorurteile und Überbleibsel der Vergangenheit festzustellen, die verstehen müssen, das grenzenlose Vertrauen der Masse zu gewinnen durch kameradschaftliches Verhalten zu ihr, durch sorgsame Befriedigung ihrer Bedürfnisse. Eine der größten und bedrohlichsten Gefahren für die zahlenmäßig bescheidene kommunistische

Partei, die als Vorhut der Arbeiterklasse ein riesiges Land leitet, das (vorläufig noch ohne direkte Unterstützung der fortgeschritteneren Länder) den Übergang zum Sozialismus vollzieht, ist die Gefahr der Loslösung von den Massen, die Gefahr, daß die Vorhut zu weit vorauseilt, ohne »die Front auszurichten«, ohne die feste Verbindung mit der gesamten Arbeitsarmee, d. h. mit der gewaltigen Mehrheit der Arbeiter- und Bauernmassen zu wahren. Wie die beste Fabrik mit einem ausgezeichneten Triebwerk und erstklassigen Maschinen stillstehen wird, wenn der Transmissionsmechanismus zwischen Triebwerk und den Maschinen verdorben ist, so ist die Katastrophe unseres sozialistischen Aufbaus unvermeidlich, wenn der Transmissionsmechanismus zwischen der kommunistischen Partei und den Massen – die Gewerkschaften – falsch aufgebaut ist oder nicht richtig funktioniert. Es genügt nicht, diese Wahrheit zu erläutern, an sie zu erinnern, sie zu bestätigen, sie muß in der gesamten Struktur der Gewerkschaften und in ihrer tagtäglichen Arbeit organisatorisch verankert sein.

9. Die Widersprüche in der Lage der Gewerkschaften unter der Diktatur des Proletariats

Aus all dem oben Dargelegten entspringen eine Reihe von Widersprüchen zwischen den verschiedenen Aufgaben der Gewerkschaften. Einerseits ist die Hauptmethode ihrer Tätigkeit die Überzeugung, die Erziehung; andrerseits können sie sich als Teilhaber der Staatsmacht nicht der Beteiligung an Zwangsmaßnahmen entziehen. Einerseits ist ihre Hauptaufgabe die Verteidigung der Interessen der werktätigen Massen im unmittelbarsten und nächstliegenden Sinne des Wortes; andrerseits können sie als Teilhaber der Staatsmacht und Erbauer der gesamten Volkswirtschaft als Ganzes nicht auf Druckmittel verzichten. Einerseits müssen sie auf militärische Art arbeiten, denn die Diktatur des Proletariats ist der erbittertste, hartnäckigste, verzweifeltste Klassenkrieg; andrerseits sind gerade auf die Gewerkschaften am allerwenigsten spezifisch militärische Arbeitsmethoden anwendbar. Einerseits müssen sie verstehen, sich an die Masse, an ihr gegebenes Niveau anzupassen; andrerseits dürfen sie auf keinen Fall den Vorurteilen und der Rückständigkeit der Masse gegenüber nachsichtig sein, sondern müssen die Masse unentwegt auf ein immer höheres Niveau heben usw. usf. Diese Widersprüche sind nicht zufällig und werden einige Jahrzehnte lang nicht zu beseitigen sein. Denn solange es Überreste des Kapitalismus und der Kleinproduktion gibt, sind innerhalb der gesamten gesellschaftlichen Struktur Widersprüche zwischen diesen Überresten und den Keimen des Sozialismus unvermeidlich.

Die praktischen Schlüsse daraus sind doppelter Art. Erstens: für die erfolgreiche Arbeit der Gewerkschaften genügt nicht das richtige Verstehen ihrer Aufgaben, genügt nicht, sie richtig aufzubauen; es ist noch ein besonderer Takt vonnöten, die Fähigkeit, in jedem konkreten Einzelfall auf eine besondere Art an die Massen heranzugehen, zu verstehen, mit einem Minimum von Reibungen diese Massen in kultureller, wirtschaftlicher und politischer Beziehung auf eine höhere Stufe zu heben.

Der zweite Schluß: die genannten Widersprüche werden unvermeidlich Konflikte, Mißhelligkeiten, Reibungen usw. erzeugen. Es bedarf einer höheren Instanz, die genügend Autorität besitzt, um sie unverzüglich beizulegen. Eine solche Instanz ist die kommunistische Partei und die internationale Vereinigung der kommunistischen Parteien aller Länder – die Kommunistische Internationale.

10. Die Gewerkschaften und die Spezialisten

Die Grundsätze zu dieser Frage sind im Programm der KPR dargelegt. Doch werden sie auf dem Papier bleiben, wenn man nicht wiederholt die Aufmerksamkeit auf Tatsachen lenkt, die anzeigen, in welchem Grade sie in die Tat umgesetzt werden. Solche Tatsachen der letzten Zeit sind: erstens Fälle der Ermordung von Ingenieuren durch Arbeiter auf sozialistischen Schächten, nicht nur im Ural, sondern auch im Donezbecken; zweitens der Selbstmord des Oberingenieurs der Moskauer Wasserwerke, W. W. Oldenborger, im Zusammenhang mit den unmöglichen Arbeitsbedingungen, die geschaffen wurden durch das unbefugte und unzulässige Verhalten sowohl der Mitglieder der kommunistischen Parteizelle als auch der Organe der Sowjetmacht, was das Allrussische Zentralexekutivkomitee veranlaßt hat, diese ganze Angelegenheit dem Gericht zu übergeben.

Die Schuld für diese Erscheinungen tragen die kommunistische Partei und die Sowjetmacht als Ganzes in unvergleichlich größerem Maße als die Gewerkschaften. Aber jetzt handelt es sich nicht darum, das Maß der politischen Schuld festzustellen, sondern darum, bestimmte politische Schlüsse zu ziehen. Wenn alle unsere leitenden Körperschaften, d. h. sowohl die kommunistische Partei als auch die Sowjetmacht, als auch die Gewerkschaften es nicht erreichen werden, daß wir jeden Spezialisten, der gewissenhaft, mit Sachkenntnis und Liebe zur Sache arbeitet, auch wenn er dem Kommunismus ideologisch völlig fremd ist, wie unseren Augapfel hüten, so kann von keinerlei ernsten Erfolgen in der Sache des sozialistischen Aufbaus die Rede sein. Wir werden es zwar nicht bald erreichen können, aber wir müssen es auf jeden Fall erreichen, daß die Spezialisten als besondere soziale Schicht, die bis zur Erreichung der höchsten Entwicklungsstufe der kommunistischen Gesellschaft eine besondere Schicht bleiben wird, unter dem Sozialismus besser leben als unter dem Kapitalismus sowohl in materieller als auch in rechtlicher Hinsicht, sowohl auf dem Gebiet der kameradschaftlichen Zusammenarbeit mit den Arbeitern und Bauern, wie auch in geistiger Hinsicht, d. h. in Hinsicht auf die Befriedigung durch ihre Arbeit und das Bewußtsein von ihrem gesellschaftlichen Nutzen bei Unabhängigkeit von den eigennützigen Interessen der Kapitalistenklasse. Niemand wird einverstanden sein, ein Amt als halbwegs erträglich eingerichtet anzuerkennen, in welchem keine praktischen Ergebnisse zeitigende planmäßige Arbeit geleistet wird zur allseitigen Versorgung der Spezialisten, zur Anspornung der Besten unter ihnen, zur Verteidigung und Wahrung ihrer Interessen usw.

Die Gewerkschaften müssen alle Arbeiten dieser Art durchführen (oder systematisch an der entsprechenden Arbeit aller Ämter teilnehmen), nicht vom Standpunkt der Interessen des gegebenen Amts, sondern vom Standpunkt der Interessen der Arbeit und der Volkswirtschaft als Ganzes. In bezug auf die Spezialisten obliegt den Gewerkschaften die schwerste und mühevollste Arbeit der tagtäglichen Einwirkung auf die breitesten Massen der Werktätigen, um richtige gegenseitige Beziehungen zwischen ihnen und den Spezialisten herzustellen, und nur eine solche Arbeit kann wirklich ernste praktische Ergebnisse zeitigen.

11. Die Gewerkschaften und der kleinbürgerliche Einfluß auf die Arbeiterklasse

Die Gewerkschaften entsprechen nur dann den realen Anforderungen, wenn sie sehr breite Schichten parteiloser Arbeiter vereinigen. Daraus ergibt sich unvermeidlich, besonders in einem Lande mit gewaltigem Überwiegen der Bauernschaft, gerade in den Gewerkschaften eine relative Zählebigkeit all der politischen Einflüsse, die den Überbau auf den Resten des Kapitalismus und auf der Basis der Kleinproduktion bilden. Das ist der kleinbürgerliche Einfluß, d. h. einerseits der sozialrevolutionär-menschewistische (die russische Abart der Parteien der II. Internationale und der Internationale Zweieinhalb), andererseits der anarchische; nur innerhalb dieser Strömungen ist eine halbwegs beträchtliche Anzahl von Personen geblieben, die den Kapitalismus nicht aus eigennützigen Klassenmotiven, sondern ideologisch verteidigen, da sie nach wie vor an eine nicht klassenmäßig bedingte Bedeutung der von ihnen gepredigten »Demokratie«, »Gleichheit«, »Freiheit« schlechthin glauben.

Gerade durch die erwähnte spezielle ökonomische Ursache und nicht durch die Rolle einzelner Gruppen, noch weniger einzelner Personen, sind die bei uns zu beobachtenden Überbleibsel (zuweilen das Wiederaufleben) derartiger kleinbürgerlicher Ideen in den Gewerkschaften zu erklären. Sowohl die kommunistische Partei als auch die Sowjetinstitutionen, die die Kultur- und Bildungsarbeit leisten, sowie alle Kommunisten in den Gewerkschaften müssen deshalb dem ideologischen Kampf gegen kleinbürgerliche Einflüsse, Strömungen und Abweichungen innerhalb der Gewerkschaft viel mehr Aufmerksamkeit widmen – um so mehr, als die Neue Ökonomische Politik unbedingt zu einer gewissen Stärkung des Kapitalismus führen muß. Ein Gegengewicht dazu in Form einer Verstärkung des Kampfes gegen die kleinbürgerlichen Einflüsse auf die Arbeiterklasse ist unbedingt notwendig.

(aus A. W. Bd. II, S. 900–911)

Notizen eines Publizisten

Über das Besteigen hoher Berge, über die Schädlichkeit der Verzagtheit, über den Nutzen des Handels, über das Verhältnis zu den Menschewiki

Eine Art Beispiel

Stellen wir uns einen Menschen vor, der einen sehr hohen, steilen und noch unerforschten Berg besteigt. Nehmen wir an, es sei ihm gelungen, mit Überwindung unerhörter Schwierigkeiten und Gefahren, viel höher zu kommen als sein Vorgänger, doch habe er den Gipfel dennoch nicht erreicht. Er stand nun in einer Lage, in der ein Weiterkommen in der gewählten Richtung und auf dem eingeschlagenen Wege schon nicht nur schwierig und gefährlich, sondern geradezu unmöglich geworden ist. Er mußte umkehren, abwärts steigen, andere Wege suchen, die zwar langwieriger sein mögen, dafür aber die Möglichkeit in Aussicht stellen, den Gipfel zu erreichen. Der Abstieg in dieser in der Welt noch nie erlebten Höhe, auf der sich unser vorgestellter Bergsteiger befindet, bietet vielleicht gar noch größere Gefahren und Schwierigkeiten als der Aufstieg: man tut leichter einen Fehltritt; es ist nicht so bequem, sich die Stelle, auf die man den Fuß setzt, anzusehen; es fehlt jene besonders gehobene

Stimmung, die infolge des unmittelbaren Höherkommens, direkt dem Ziel zu, entstanden war, usw. Man muß sich anseilen, ganze Stunden dazu verwenden, um mit dem Pickel Stufen oder Stellen zur sicheren Befestigung des Seils auszuhauen, man muß sich mit der Langsamkeit einer Schildkröte, und zwar rückwärts, abwärts, weiter ab vom Ziel bewegen, und immer noch ist nicht zu sehen, ob dieser verzweifelt gefährliche, qualvolle Abstieg zu Ende geht, ob sich ein einigermaßen aussichtsreicher Umweg finden läßt, auf dem man wieder, kühner, rascher, geraderen Wegs vorwärts, aufwärts, dem Gipfel zu gehen könnte.

Es wird kaum unnatürlich sein, anzunehmen, daß sich bei einem Menschen, der in solch eine Lage geraten ist, Minuten der Verzagtheit einstellen, trotz der unerhörten Höhe, die er erreicht hat. Und wahrscheinlich wären diese Minuten zahlreicher, häufiger, schwerer, wenn er manche Stimmen von unten hören könnte, von Leuten, die aus gefahrloser Ferne, durchs Fernrohr, diesen höchst gefahrvollen Abstieg beobachten, den man nicht einmal (nach dem Muster der »Smjena-Wjech-Leute«[7]) einen »Abstieg auf Bremsen« nennen kann, weil eine Bremse einen gut berechneten, schon ausprobierten Reisewagen, eine im voraus gebahnte Straße und schon früher erprobte Mechanismen voraussetzt. Hier aber gibt es weder Wagen noch Straße, und überhaupt nichts, schlechthin gar nichts, was vorher erprobt gewesen wäre!

Die Stimmen von unten aber klingen schadenfroh. Die einen zeigen ihre Schadenfreude offen, johlen und schreien: jetzt wird er stürzen, geschieht ihm ganz recht, was machst du auch diesen Wahnsinn! Die andern trachten ihre Schadenfreude zu verbergen, sie machen es hauptsächlich wie Juduschka Golowlew[8]; sie bedauern, ihre Blicke himmelwärts richtend: Zu unserem größten Leidwesen bestätigen sich unsere Befürchtungen! Haben wir, die wir unser ganzes

---

7 „Smjena-Wjech-Leute" – eine Gruppe emigrierter bürgerlicher Politiker, die nach Einführung der neuen Wirtschaftspolitik, in der trügerischen Hoffnung auf eine Entartung des Wesens der Sowjetmacht, für die Zusammenarbeit mit dieser eintrat. [Red. der 12bändigen Auswahlausgabe.]

8 Figur eines Heuchlers aus der Erzählung „Die Herren Golowlew" des russischen Satirikers Saltykow-Schtschedrin. [a.a.O.]

Leben auf die Vorbereitung eines vernünftigen Planes zur Besteigung dieses Berges verwandt haben — haben wir nicht den Aufschub der Besteigung verlangt, solange unser Plan nicht fix und fertig ausgearbeitet vorliegt? Und wenn wir den Weg so leidenschaftlich bekämpft haben, den jetzt dieser Verrückte selbst aufgibt (seht an, schaut, er ist zurückgegangen, er steigt abwärts, er verwendet ganze Stunden darauf, um sich die Möglichkeit zu verschaffen, um irgendeine armselige Elle vorwärtszukommen! Uns aber hat er mit den gemeinsten Worten beschimpft, als wir systematisch auf Mäßigung und Exaktheit drangen!) — wenn wir den Verrückten so heiß verurteilt und alle vor Nachahmung und Unterstützung seines Tuns gewarnt haben, so haben wir das ausschließlich aus Liebe zu dem erhabenen Plan der Besteigung dieses nämlichen Berges getan, um diesen erhabenen Plan überhaupt nicht zu komprimittieren.

Zum Glück kann unser vorgestellter Bergsteiger unter den in unserem Beispiel angenommenen Verhältnissen die Stimmen dieser »wahren Freunde« der Idee des Bergsteigens nicht hören, es könnte ihm sonst vielleicht übel werden. Übelkeit aber, sagt man, ist der Frische des Kopfes und der Festigkeit der Beine nicht zuträglich, zumal in sehr großen Höhen.

Ohne Metaphern

Ein Beispiel ist kein Beweis. Jeder Vergleich hinkt. Das sind unzweifelhafte und allgemein bekannte Wahrheiten, doch schadet es nicht, an sie zu erinnern, um die Grenzen der Gültigkeit jedes Vergleichs überhaupt anschaulicher darzustellen.

Das Proletariat Rußlands hat in seiner Revolution eine gigantische Höhe erklommen, nicht nur im Vergleich zu den Jahren 1789 und 1793, sondern auch im Vergleich zum Jahre 1871. Man muß sich möglichst nüchtern, klar, anschaulich Rechenschaft darüber ablegen, was wir eigentlich »zu Ende gebracht« und was wir nicht zu Ende gebracht haben: der Kopf wird dann frisch bleiben, es wird weder Übelkeit, noch Illusionen, noch Verzagtheit geben.

Wir haben die bürgerlich-demokratische Revolution so »sauber« wie noch nie in der Welt »zu Ende geführt«. Das ist eine gewaltige Errungenschaft, die keine Macht uns mehr entreißen wird.

Wir haben den Ausweg aus dem reaktionärsten imperialistischen Krieg auf revolutionäre Weise zu Ende gebracht. Das ist ebenfalls solch eine Errungenschaft, die keine Macht der Welt mehr rückgängig machen wird, und eine um so wertvollere Errungenschaft, als reaktionäre imperialistische Gemetzel in nicht ferner Zukunft unvermeidlich sind, wenn der Kapitalismus bestehen bleibt; aber die Menschen des 20. Jahrhunderts werden sich ein zweites Mal nicht wieder gar so leicht mit »Baseler Manifesten« abspeisen lassen, womit die Renegaten, die Helden der II. und 2½. Internationale, 1912 und 1914–1918 sich selbst und die Arbeiterschaft zum Narren gehalten haben.

Wir haben den Sowjettypus des Staates geschaffen und haben damit eine neue weltgeschichtliche Epoche eingeleitet, die Epoche der politischen Herrschaft des Proletariats, die die Epoche der Herrschaft der Bourgeoisie abzulösen gekommen ist. Auch das kann nicht mehr rückgängig gemacht werden, obwohl man den Sowjettypus des Staates nur durch die praktische Erfahrung der Arbeiterklasse mehrerer Länder wird »zu Ende führen« können.

Wir haben jedoch noch nicht einmal das Fundament der sozialistischen Ökonomik zu Ende geführt. Das können die uns feindlichen Kräfte des sterbenden Kapitalismus noch nehmen. Man muß sich dessen klar bewußt sein und es offen zugeben, weil es nichts Gefährlicheres gibt als Illusionen (und Schwindelanfälle, zumal in großen Höhen). Und an dem Eingeständnis dieser bitteren Wahrheit ist entschieden nichts »Schreckliches«, nichts, das auch nur zur geringsten Verzagtheit einen berechtigten Anlaß gäbe, denn wir haben stets die Abc-Wahrheit des Marxismus verkündet und wiederholt, daß zum Sieg des Sozialismus die gemeinsamen Anstrengungen der Arbeiter mehrerer vorgeschrittener Länder notwendig sind. Wir aber stehen einstweilen immer noch allein, und wir haben in einem rückständigen Lande, in einem Lande, das mehr als die übrigen verwüstet ist, unglaublich viel geleistet. Damit nicht genug: wir haben die »Armee« der revolutionären proletarischen Kräfte bewahrt, wir haben ihre »Manövrierfähigkeit« bewahrt, wir haben den klaren Kopf behalten, der uns nüchtern zu berechnen gestattet, wo, wann und wie weit man zurückweichen muß (um dann einen kräftigeren Sprung zu tun); wo, wann und wie das nicht zu Ende geführte Werk erneut in Angriff genommen werden muß. Diejenigen Kommunisten müßte man als sicher verlorene Leute bezeichnen, die sich einbilden wollten, daß man ohne Fehler, ohne Rückzüge, ohne ein vielmaliges Neubeginnen des nicht zu Ende Geführten und des unrichtig Gemachten solch ein weltgeschichtliches »Unternehmen« wie die Vollendung des Fundaments der sozialistischen Ökonomie (zumal in einem Lande der Kleinbauernschaft) zu Ende führen könnte. Jene Kommunisten aber, die weder in Illusionen noch in Verzagtheit verfallen, die sich die Kraft und Geschmeidigkeit des Organismus für das abermalige »Beginnen von Anfang an« beim Herantreten an diese so schwierige Aufgabe bewahren, sind nicht verloren (und werden es mit größter Wahrscheinlichkeit auch nie sein).

Und wir dürfen uns um so weniger gestatten, auch nur der geringsten Verzagtheit zu verfallen, es liegen für uns um so weniger Gründe dazu vor, als wir bei aller unserer Verwüstung, Armut, Rückständigkeit, Hungersnot *angefangen* haben, auf dem Gebiet der den Sozialismus vorbereitenden *Ökonomie* in diesem und jenem *vorwärtszukommen,* während neben uns, in der ganzen Welt, weiter vorgeschrittene Länder, die tausendmal reicher und militärisch stärker sind als wir, *fortfahren,* auf dem Gebiet *»ihrer«* von ihnen so gepriesenen, ihnen vertrauten, seit Hunderten von Jahren erprobten kapitalistischen Ökonomie *rückwärtszugehen.*

(aus: A. W. Bd. 10, S. 300–304)

Über das Genossenschaftswesen

Dem Genossenschaftswesen wird bei uns, wie mir scheint, nicht genügend Aufmerksamkeit geschenkt. Schwerlich begreifen alle, daß das Genossenschaftswesen jetzt, seit der Oktoberrevolution und unabhängig von der neuen ökonomischen Politik (im Gegenteil, man muß in dieser Beziehung sagen: gerade dank der neuen ökonomischen Politik), bei uns eine ganz außerordentliche Bedeutung gewinnt. An den Träumereien der alten Genossenschafter ist viel Phantastisches. Sie sind durch ihre Phantasterei oft lächerlich. Aber worin besteht ihre Phantasterei? Darin, daß diese Leute die wesentliche, grundlegende Bedeutung des politischen Kampfes der Arbeiterklasse zum Sturz der Ausbeuterherrschaft nicht verstehen. Dieser Sturz ist bei uns jetzt Tatsache geworden, und jetzt wird vieles von dem, was an den Träumereien der alten Genossenschafter phantastisch, sogar romantisch, sogar abgeschmackt war, zur ungeschminktesten Wirklichkeit.

Bei uns ist wirklich, da die Staatsmacht in den Händen der Arbeiterklasse liegt, da alle Produktionsmittel dieser Staatsmacht gehören, nur die Aufgabe übriggeblieben, die Bevölkerung zu vergenossenschaften. Unter der Bedingung der weitestgehenden Vergenossenschaftung der Bevölkerung erreicht jener Sozialismus, der früher den berechtigten Hohn, das Lächeln, das geringschätzige Verhalten derjenigen hervorrief, die mit Recht von der Notwendigkeit des Klassenkampfes, des Kampfes um die politische Macht usw. überzeugt waren, von selbst das Ziel. Nun geben sich aber nicht alle Genossen Rechenschaft darüber, welche gigantische, unermeßliche Bedeutung die Vergenossenschaftung Rußlands jetzt für uns gewinnt. Mit der neuen ökonomischen Politik haben wir dem Bauern als Händler, dem Prinzip des Privathandels ein Zugeständnis gemacht; gerade daraus folgt (umgekehrt als man denkt) die gigantische Bedeutung der Genossenschaften. Im Grunde genommen ist die Vergenossenschaftung der russischen Bevölkerung in genügend breitem und tiefem Maße unter der Herrschaft der neuen ökonomischen Politik alles, was wir brauchen, weil wir jetzt jenen Grad der Vereinigung des Privatinteresses, des privaten Handelsinteresses, seiner Überprüfung und Kontrollierung durch den Staat, jenen Grad der Unterordnung dieses Interesses unter die allgemeinen Interessen gefunden haben, der früher für viele, viele Sozialisten den Stein des Anstoßes bildete. In der Tat, alle großen Produktionsmittel im Besitze des Staates, die Staatsmacht in den Händen des Proletariats, Bündnis dieses Proletariats mit den vielen Millionen der Klein- und Zwergbauern, Sicherung der Führerstellung dieses Proletariats gegenüber der Bauernschaft usw. — ist das denn nicht alles, was man braucht, um aus den Genossenschaften, allein aus den Genossenschaften, die wir früher geringschätzig als krämerisch behandelt haben und die wir in gewisser Hinsicht jetzt unter der neuen ökonomischen Politik genau so zu behandeln berechtigt sind — ist das nicht alles, was notwendig ist, um eine vollständige sozialistische Gesellschaft aufzubauen? Das ist noch nicht der Aufbau der sozialistischen Gesellschaft, aber das ist alles, was zu diesem Aufbau notwendig und hinreichend ist.

Eben dieser Umstand wird von vielen unserer praktisch tätigen Funktionäre unterschätzt. Die Genossenschaften werden bei uns geringschätzig angesehen, man begreift nicht, welche außerordentliche Bedeutung diese Genossenschaften haben, erstens von der prinzipiellen Seite aus betrachtet (das Eigentum an den Produktionsmitteln in den Händen des Staates), zweitens unter dem Gesichtswinkel des Überganges zu neuen Zuständen auf einem möglichst *einfachen, leichten und dem Bauern zugänglichen Wege.*

Und das ist ja wiederum doch die Hauptsache. Es sind zwei verschiedene Dinge, über alle möglichen Arbeitervereinigungen zum Aufbau des Sozialismus zu phantasieren, oder zu lernen, diesen Sozialismus praktisch so zu bauen, daß *jeder* Kleinbauer an diesem Aufbau teilnehmen kann. Diese Stufe eben haben wir jetzt erreicht. Und es ist außer Zweifel, daß wir, nachdem wir diese Stufe erreicht haben, sie ungeheuer wenig uns zunutze machen.

Wir haben beim Übergang zur neuen ökonomischen Politik den Bogen nicht in der Hinsicht überspannt, daß wir etwa dem Prinzip der Handels- und Gewerbefreiheit zuviel Platz eingeräumt hätten, sondern wir haben ihn beim Übergang zur neuen ökonomischen Politik dadurch überspannt, daß wir vergessen haben, an die Genossenschaften zu denken, daß wir jetzt die Genossenschaften unterschätzen, daß wir bereits begonnen haben, die gigantische Bedeutung der Genossenschaften nach den oben angedeuteten zwei Seiten dieser Bedeutung hin zu vergessen.

Ich will mich nun mit dem Leser darüber unterhalten, was man sofort, ausgehend von diesem »genossenschaftlichen« Prinzip, praktisch tun kann und muß. Mit welchen Mitteln kann und soll man sofort beginnen, dieses »genossenschaftliche« Prinzip so zu entwickeln, daß seine sozialistische Bedeutung jedermann klar wird?

Man muß die Genossenschaften politisch so stellen, daß die Genossenschaften nicht nur überhaupt und immer eine gewisse Vergünstigung haben, sondern daß diese Vergünstigung rein materieller Natur sei (Höhe der Bankzinsen usw.). Man muß den Genossenschaften aus staatlichen Mitteln Darlehen geben, die wenn auch nur um ein Geringes, aber doch die Mittel übersteigen, die wir den Privatunternehmungen, selbst der Schwerindustie, als Darlehen gewähren usw.

Jede Gesellschaftsordnung entsteht nur durch die finanzielle Unterstützung einer bestimmten Klasse. Es ist überflüssig, an jene Hunderte und aber Hunderte von Millionen Rubel zu erinnern, die die Geburt des »freien« Kapitalismus kostete. Jetzt müssen wir uns dessen bewußt werden, daß gegenwärtig jene Gesellschaftsordnung, die wir mehr als üblich unterstützen müssen, die genossenschaftliche Ordnung ist, und müssen diese Erkenntnis in die Tat umsetzen. Aber unterstützen müssen wir sie im wahren Sinne dieses Wortes, d. h. es genügt nicht, darunter die Unterstützung eines beliebigen genossenschaftlichen Umsatzes zu verstehen — unter dieser Unterstützung müssen wir die Unterstützung eines solchen genossenschaftlichen Umsatzes verstehen, an dem *wirkliche Bevölkerungsmassen wirklich teil-*

nehmen. Gewährung einer Prämie an denjenigen Bauer, der am Genossenschaftsumsatz teilnimmt, ist eine unbedingt richtige Formel, doch gilt es hierbei, diese Teilnahme zu prüfen, ihren bewußten Charakter und ihre gute Qualität zu prüfen – das ist der Kernpunkt der Frage. Wenn der Genossenschafter in ein Dorf kommt und dort einen Genossenschaftsladen einrichtet, so nimmt die Bevölkerung daran, streng genommen, gar keinen Anteil, aber gleichzeitig wird sie, vom eigenen Vorteil geleitet, sich beeilen, es mit der Beteiligung daran zu versuchen.

Diese Sache hat auch noch eine andere Seite. Vom Standpunkt des »zivilisierten« (vor allem des lese- und schreibkundigen) Europäers, müssen wir nur noch sehr wenig tun, um alle ohne Ausnahme zu veranlassen, sich an den Genossenschaftsoperationen zu beteiligen, und zwar sich nicht passiv, sondern aktiv zu beteiligen. Eigentlich bleibt uns »*nur*« noch eines zu tun: unsere Bevölkerung so »zivilisiert« zu machen, daß sie alle aus der allgemeinen Beteiligung an den Genossenschaften entspringenden Vorteile versteht und diese Beteiligung organisiert. »*Nur*« das. Keine anderen Weisheiten benötigen wir jetzt, um zum Sozialismus überzugehen. Um aber dieses »*Nur*« zu vollbringen, bedarf es einer ganzen Umwälzung, einer ganzen Periode kultureller Entwicklung der gesamten Volksmasse. Deshalb muß unsere Richtschnur sein: möglichst wenig Klügeleien und möglichst wenig Floskeln. Die neue ökonomische Politik bedeutet in dieser Hinsicht insofern einen Fortschritt, als sie sich dem Niveau des allergewöhnlichsten Bauern anpaßt, als sie von ihm nichts Höheres verlangt. Um aber durch die neue ökonomische Politik die Beteiligung der gesamten Bevölkerung ohne Ausnahme an den Genossenschaften herbeizuführen, dazu bedarf es einer ganzen geschichtlichen Epoche. Wir können im günstigen Fall diese Epoche in ein, zwei Jahrzehnten zurücklegen. Aber dennoch wird das eine besondere geschichtliche Epoche sein, und ohne diese geschichtliche Epoche, ohne allgemeine Elementarschulbildung der gesamten Bevölkerung, ohne einen genügenden Grad von Aufgewecktheit, ohne die Bevölkerung in genügendem Grade daran gewöhnt zu haben, Bücher zu gebrauchen, und ohne die materielle Grundlage dafür, ohne eine gewisse Sicherung, sagen wir, gegen Mißernte, gegen Hungersnot usw. – ohne das können wir unser Ziel nicht erreichen. Alles kommt jetzt darauf an, es zu verstehen, jenen revolutionären Schwung, jenen revolutionären Enthusiasmus, den wir schon an den Tag gelegt, und zwar in genügendem Maße an den Tag gelegt und mit vollem Erfolg gekrönt haben, zu vereinigen mit (hier möchte ich fast sagen) der Befähigung, ein aufgeweckter und kundiger Händler zu sein, die für einen guten Genossenschafter vollständig ausreicht. Unter der Befähigung, ein Händler zu sein, verstehe ich die Befähigung, ein kultureller Händler zu sein. Das mögen sich die Russen oder einfach die Bauern hinter die Ohren schreiben, die da meinen: wenn einer Handel treibt, kann er also Händler sein. Das ist ganz falsch. Wohl handelt er, aber von da bis zur Fähigkeit, ein kultureller Händler zu sein, ist es noch sehr weit. Er handelt heute asiatisch, um aber ein Händler sein zu können, muß man europäisch handeln. Davon trennt ihn eine ganze Epoche.

Ich komme zum Schluß. Eine Reihe von ökonomischen, finanziellen und bankmäßigen Privilegien für die Genossenschaften – darin muß die Unterstützung des neuen Prinzips der Organisierung der Bevölkerung durch unseren sozialistischen Staat bestehen. Aber damit ist die Aufgabe nur erst in allgemeinen Zügen gestellt, weil da praktisch der ganze Inhalt der Aufgabe noch unbestimmt gelassen, noch nicht bis ins einzelne beschrieben ist, d. h. man muß verstehen, jene Form der »Prämien« (und die Bedingungen für ihre Gewährung) ausfindig zu machen, die wir für die Vergenossenschaftung gewähren, jene Form der Prämien, durch die wir den Genossenschaften genügend helfen, jene Form der Prämien, durch die wir einen zivilisierten Genossenschafter erzielen. Aber ein Regime zivilisierter Genossenschafter bei gesellschaftlichem Eigentum an den Produktionsmitteln, bei dem Klassensieg des Proletariats über die Bourgeoisie – das ist das Regime des Sozialismus.

Immer, wenn ich über die Neue Ökonomische Politik schrieb, zitierte ich meinen Artikel aus dem Jahre 1918 über den Staatskapitalismus. Das hat bei einigen jungen Genossen öfters Zweifel erregt. Aber ihre Zweifel richteten sich vorwiegend aufs abstrakt Politische.

Es schien ihnen, daß man ein Regime, unter welchem die Produktionsmittel der Arbeiterklasse gehören und der Arbeiterklasse die Staatsmacht gehört, nicht als Staatskapitalismus bezeichnen könne. Sie bemerkten jedoch nicht, daß die Bezeichnung »Staatskapitalismus« bei mir gebraucht wurde: *erstens* zur historischen Verbindung unserer gegenwärtigen Stellung mit der Stellung in meiner Polemik gegen die sogenannten linken Kommunisten, und auch schon damals suchte ich zu beweisen, daß der Staatskapitalismus höher wäre als unsere heutige Wirtschaft; mir lag daran, den kontinuierlichen Zusammenhang des gewöhnlichen Staatskapitalismus mit jenem ungewöhnlichen, sogar ganz und gar ungewöhnlichen Staatskapitalismus festzustellen, von dem ich sprach, als ich den Leser in die neue ökonomische Politik einführte. *Zweitens* war für mich stets der praktische Zweck wichtig. Und der praktische Zweck unserer neuen ökonomischen Politik bestand in der Erlangung von Konzessionen: Konzessionen wären unter unseren Verhältnissen schon unzweifelhaft ein reiner Typus des Staatskapitalismus. Unter diesem Gesichtswinkel stellte ich meine Betrachtungen über den Staatskapitalismus an.

Die Sache hat aber noch eine andere Seite, bei der uns der Staatskapitalismus oder wenigstens ein Vergleich mit ihm nötig sein kann. Das ist die Frage der Genossenschaften.

Es ist unzweifelhaft, daß die Genossenschaften in einem kapitalistischen Staat eine kollektive kapitalistische Institution darstellen. Ebenso unzweifelhaft ist es, daß in unserer jetzigen ökonomischen Wirklichkeit, wo wir privatkapitalistische Unternehmungen – jedoch nur auf gesellschaftlichem Grund und Boden und nur unter der Kontrolle der Staatsmacht, die in den Händen der Arbeiterklasse liegt – mit Unternehmungen von konsequent sozialistischem Typus (sowohl die Produktionsmittel als auch der Grund und Boden, auf dem das Unternehmen steht, wie das Unternehmen im ganzen gehören dem Staat) vereinigen, die Frage noch nach einer dritten Art von Unternehmungen auftaucht, denen früher vom Standpunkt der prinzipiellen Bedeutung aus keine Selbständigkeit zukam, nämlich: nach genossenschaftlichen Unternehmungen. Unter dem Privatkapitalismus unterscheiden sich die genossenschaftlichen Unternehmungen von den kapitalistischen, wie kollektive Unternehmungen sich von Privatunternehmungen unterscheiden. Unter dem Staatskapitalismus unterscheiden sich die genossenschaftlichen Unternehmungen von den staatskapitalistischen dadurch, daß sie erstens private, zweitens kollektive Unternehmungen sind. Bei unserem heutigen Regime unterscheiden sich die genossenschaftlichen Unternehmungen von den privatkapitalistischen als kollektive Unternehmungen, aber sie unterscheiden sich nicht von den sozialistischen Unternehmungen, wenn sie auf dem Grund und Boden und mit den Produktionsmitteln gegründet sind, die dem Staat, d. h. der Arbeiterklasse, gehören.

Eben dieser Umstand wird bei uns nicht genügend berücksichtigt, wenn man von den Genossenschaften spricht. Man vergißt, daß die Genossenschaften bei uns dank der Besonderheit unserer Staatsordnung eine ganz außerordentliche Bedeutung gewinnen. Wenn man die Konzessionen aussondert, die bei uns, nebenbei bemerkt, keine irgendwie beträchtliche Entwicklung erfahren haben, so decken sich die Genossenschaften unter unseren Verhältnissen sehr oft vollkommen mit dem Sozialismus.

Ich will meinen Gedanken erläutern. Worin besteht das Phantastische an den Plänen der alten Genossenschafter, angefangen von Robert Owen? Darin, daß sie von einer friedlichen Umgestaltung der modernen Gesellschaft durch den Sozialismus träumten, ohne eine so grundlegende Frage wie die des Klassenkampfes, der Eroberung der politischen Macht durch die Arbeiterklasse, des Sturzes der Herrschaft der Ausbeuterklasse zu berücksichtigen. Und deshalb sind wir im Recht, wenn wir in diesem »Genossenschafts«sozialismus nichts als Phantasterei sehen, wenn wir etwas Romantisches, sogar Abgeschmacktes erblicken in den Träumereien davon, wie man durch bloße Vergenossenschaftung der Bevölkerung die Klassenfeinde in Klassenmitarbeiter und den Klassenkrieg in den Klassenfrieden (den sogenannten Burgfrieden) verwandeln könne.

Es besteht kein Zweifel, daß wir vom Standpunkt der Grundaufgabe der Gegenwart aus recht gehabt haben, denn ohne den Klassenkampf um die politische Macht im Staat kann der Sozialismus nicht verwirklicht werden.

Aber betrachten wir, wie sich die Sache jetzt geändert hat, nachdem die Staatsmacht bereits in den Händen der Arbeiterklasse, nachdem die politische Macht der Ausbeuter gestürzt ist und alle Produktionsmittel (mit Ausnahme derer, die der Arbeiterstaat freiwillig vorübergehend und bedingt den Ausbeutern als Konzession überläßt) sich in den Händen der Arbeiterklasse befinden.

Jetzt haben wir das Recht zu sagen, daß das einfache Wachstum der Genossenschaften für uns (mit der oben erwähnten »kleinen« Ausnahme) identisch ist mit dem Wachstum des Sozialismus, und zugleich damit müssen wir eine grundlegende Änderung unserer ganzen Auffassung vom Sozialismus zugeben. Diese grundlegende Änderung besteht darin, daß wir früher das Schwergewicht auf den politischen Kampf, die Revolution, die Eroberung der Macht usw. legten und legen mußten. Heute dagegen ändert sich das Schwergewicht so weit, daß es auf die friedliche organisatorische »Kultur«arbeit verlegt wird. Ich würde sagen, daß sich das Schwergewicht für uns auf das Kulturträgertum verschiebt, gäbe es nicht die internationalen Beziehungen, gäbe es nicht die Pflicht, um unsere Position in internationalem Maßstabe zu kämpfen. Wenn man aber davon absieht und sich auf die inneren ökonomischen Verhältnisse beschränkt, so reduziert sich bei uns jetzt der Schwerpunkt der Arbeit tatsächlich auf das Kulturträgertum.

Vor uns erscheinen zwei Hauptaufgaben, die eine Epoche ausmachen. Das ist einmal die Aufgabe der Umgestaltung unseres Apparates, der gar nichts taugt und den wir ganz von der früheren Epoche übernommen haben; etwas ernstlich umzugestalten, das brachten wir in den fünf Kampfjahren nicht fertig und konnten es auch nicht fertigbringen. Unsere zweite Aufgabe besteht in der Kulturarbeit für die Bauernschaft. Und diese Kulturarbeit unter der Bauernschaft verfolgt als ökonomischen Zweck eben die Vergenossenschaftung. Unter der Bedingung einer vollständigen Vergenossenschaftung würden wir bereits mit beiden Füßen auf sozialistischem Boden stehen. Aber diese Bedingung der vollständigen Vergenossenschaftung schließt in sich ein solches Kulturniveau der Bauernschaft ein (eben der Bauernschaft als der übergroßen Masse), daß diese vollständige Vergenossenschaftung ohne eine ganze Kulturrevolution unmöglich ist.

Unsere Gegner hielten uns oft entgegen, es sei von uns ein sinnloses Beginnen, in einem nicht genügend kulturellen Lande den Sozialismus großziehen zu wollen. Sie irrten sich aber in dem Sinne, daß wir nicht von dem Ende angefangen haben, an dem es nach der Theorie – von allerlei Pedanten – hätte geschehen sollen, und daß bei uns die politische und soziale Umwälzung jener kulturellen Umwälzung, jener Kulturrevolution vorausgegangen ist, der wir jetzt dennoch gegenüberstehen.

Für uns genügt jetzt diese Kulturrevolution, um ein vollständig sozialistisches Land zu sein, aber für uns bietet diese Kulturrevolution ungeheure Schwierigkeiten sowohl rein kultureller (denn wir sind Analphabeten) als auch materieller Natur (denn um kultiviert zu sein, braucht man eine gewisse Entwicklung der materiellen Produktionsmittel, braucht man eine gewisse materielle Basis).

(aus: A. W. Bd. 9, S. 436–444)

Über unsere Revolution

Anläßlich der Aufzeichnungen N. Suchanows

Ich habe dieser Tage Suchanows Aufzeichnungen über die Revolution durchgeblättert. Was besonders in die Augen springt, ist die Pedanterie aller unserer kleinbürgerlichen

Demokraten, ebenso wie all der Helden der II. Internationale. Ganz zu schweigen davon, daß sie außergewöhnliche Feiglinge sind, daß sogar die Besten von ihnen nur von kleinlichen Vorbehalten leben, wenn es sich um das geringfügigste Abgehen vom deutschen Muster handelt; gar nicht zu reden von dieser Eigentümlichkeit aller kleinbürgerlichen Demokraten, die sie während der ganzen Revolution zur Genüge offenbart haben, sticht bei ihnen vor allem das sklavische Nachahmen der Vergangenheit in die Augen.

Sie alle nennen sich Marxisten, doch fassen sie den Marxismus bis zur Unmöglichkeit pedantisch auf. Das Entscheidende am Marxismus, nämlich seine revolutionäre Dialektik, haben sie ganz und gar nicht begriffen. Sogar Marx' direkte Hinweise darauf, daß in den Augenblicken der Revolution maximale Elastizität erforderlich sei, haben sie absolut nicht verstanden, ja nicht einmal bemerkt, so zum Beispiel Marx' Hinweise in seinem Briefwechsel aus dem Jahre 1856, soviel ich mich entsinne, wo er die Hoffnung auf die Vereinigung eines Bauernkrieges in Deutschland, der eine revolutionäre Situation schaffen könnte, mit der Arbeiterbewegung aussprach — sogar diesen direkten Hinweis lassen sie liegen und gehen um ihn wie die Katze um den heißen Brei herum.

In ihrem ganzen Verhalten offenbaren sie sich als feige Reformisten, die sich davor scheuen, von der Bourgeoisie abzurücken, geschweige denn mit ihr zu brechen, und gleichzeitig wollen sie ihre Feigheit hinter leichtfertigstem Phrasendreschen und Prahlen verstecken. Was aber sogar rein theoretisch an ihnen allen besonders auffällt, ist die vollständige Unfähigkeit, den folgenden Gedankengang des Marxismus zu begreifen: Sie haben bis jetzt einen bestimmten Entwicklungsgang des Kapitalismus und der bürgerlichen Demokratie in Westeuropa vor Augen gehabt. Und nun können sie sich nicht vorstellen, daß dieser Weg mutatis mutandis[9] nicht andes als mit einigen (vom Standpunkt der Weltgeschichte vollständig unerheblichen) Korrekturen als Muster gelten kann.

9 Mit den entsprechenden Änderungen. D. Red.

Erstens – eine Revolution, die mit dem ersten imperialistischen Weltkrieg verbunden ist. In einer solchen Revolution mußten neue Züge oder eben in Abhängigkeit vom Kriege umgewandelte Züge zum Vorschein kommen, weil es in der Welt noch nie einen solchen Krieg, einen Krieg in solcher Situation gegeben hatte. Noch bis jetzt sehen wir, daß die Bourgeoisie der reichsten Länder »normale« bürgerliche Verhältnisse nach diesem Krieg nicht herstellen kann, aber unsere Reformisten, Kleinbürger, die sich als Revolutionäre aufspielen, halten nach wie vor die normalen bürgerlichen Verhältnisse für die Grenze (sie aber darfst du nicht überschreiten!), wobei sie diese »Norm« bis zum Extrem schablonenhaft und beschränkt auffassen.

Zweitens – vollkommen fremd ist ihnen jeder Gedanke daran, daß bei der allgemeinen Gesetzmäßigkeit der Entwicklung in der ganzen Weltgeschichte einzelne Entwicklungsphasen, die eine Eigentümlichkeit der Form oder der Ordnung in dieser Entwicklung darbieten, keineswegs ausgeschlossen, sondern im Gegenteil vorausgesetzt sind. Es kommt ihnen zum Beispiel nicht einmal in den Sinn, daß Rußland, an der Grenze stehend zwischen den zivilisierten und den zum ersten Mal durch diesen Krieg endgültig in die Zivilisation hineingezogenen Ländern, den Ländern des gesamten Ostens, den außereuropäischen Ländern – daß Rußland deshalb einige Eigentümlichkeiten aufweisen konnte und mußte, die natürlich auf der allgemeinen Linie der Weltentwicklung liegen, aber doch seine Revolution von allen Revolutionen der westeuropäischen Länder unterscheiden und einige teilweise neuartige Züge hervorrufen, wenn es sich um Länder des Ostens handelt.

Grenzenlos schablonenhaft ist bei diesen Leuten zum Beispiel ein Argument, das sie während der Entwicklung der westeuropäischen Sozialdemokratie auswendig gelernt haben und das dahin lautet, daß wir für den Sozialismus noch nicht reif seien, daß bei uns, wie sich verschiedene »gelehrte« Herren unter ihnen ausdrücken, die objektiven ökonomischen Voraussetzungen für den Sozialismus nicht gegeben seien. Und niemand kommt es in den Sinn, sich zu fragen:

aber konnte denn nicht ein Volk, das eine revolutionäre Situation vorfand, eine Situation, wie sie sich im ersten imperialistischen Kriege herausbildete – konnte es sich da nicht unter dem Eindruck der Ausweglosigkeit seiner Lage in einen Kampf stürzen, der ihm doch immerhin irgendwelche Chancen zur Erzielung von nicht ganz gewöhnlichen Bedingungen eines weiteren Fortschritts der Zivilisation bot?

»Rußland hat nicht jene Entwicklungshöhe der Produktivkräfte erreicht, auf welcher der Sozialismus möglich ist.« Mit diesem Satz gehen alle die Helden der II. Internationale, unter ihnen natürlich auch Suchanow, wahrhaftig wie mit einem bunten Futtersack hausieren.[10] Diesen unanfechtbaren Satz käuen sie zum tausendsten Male wieder und meinen, er sei entscheidend für die Beurteilung unserer Revolution.

Aber was dann, wenn die Eigentümlichkeit der Situation Rußland erstens in einen imperialistischen Weltkrieg versetzte, in dem alle irgendwie einflußreichen westeuropäischen Länder verwickelt waren, wenn sie Rußlands Entwicklung an den Berührungslinien der beginnenden und teilweise schon eingeleiteten Revolution des Ostens in Bedingungen versetzt hatte, unter denen wir gerade jenes Bündnis des »Bauernkrieges« mit der Arbeiterbewegung verwirklichen konnten, von dem ein solcher »Marxist« wie Marx im Jahre 1856 in Hinsicht auf Preußen als von einer der möglichen Perspektiven schrieb?

Und was dann, wenn die völlige Ausweglosigkeit der Lage die Kräfte der Arbeiter und Bauern verzehnfachte und uns die Möglichkeit eines anderen Übergangs zur Schaffung der Grundvoraussetzungen der Zivilisation eröffnete als in allen übrigen westeuropäischen Staaten? Hat sich deshalb die allgemeine Entwicklungslinie der Weltgeschichte geändert? Haben sich die grundlegenden Beziehungen zwischen den Hauptklassen in jedem Staate, der in den allgemeinen Gang der Weltgeschichte einbezogen wird oder schon einbezogen ist, deshalb etwa geändert?

---

10 Nach einem russischen Volksausdruck: „Er geht herum wie ein Narr mit dem bunten Futtersack." D. Red.

Wenn zur Errichtung des Sozialismus ein bestimmtes Niveau der Kultur erforderlich ist (obwohl niemand sagen kann, welches dieses bestimmte »Kulturniveau« ist), warum sollten wir dann nicht zunächst mit der Eroberung der Voraussetzungen für dieses bestimmte Niveau auf revolutionärem Wege anfangen und *dann*, auf der Grundlage der Arbeiter- und Bauernmacht und der Räteordnung, uns schon aufmachen, um die andern Völker einzuholen?

Zur Errichtung des Sozialismus – sagt ihr – brauche man Zivilisation. Sehr gut. Nun, warum konnten wir aber nicht zunächst einmal solche Voraussetzungen für die Zivilisation bei uns schaffen, wie die Verjagung der Gutsherren und die Verjagung der russischen Kapitalisten, und dann schon den Marsch zum Sozialismus beginnen? Aus was für Schmökern habt ihr denn herausgelesen, daß derlei Abänderungen der gewöhnlichen historischen Ordnung unzulässig oder unmöglich seien?

Napoleon, soviel ich mich entsinne, schrieb einmal: »On s'engage et puis ... on voit«. In freier Übersetzung heißt das: »Erst muß man sich in einen ernsthaften Kampf einlassen, und dann wird man sehen.« Und da haben wir uns denn zuerst im Oktober 1917 in einen ernsthaften Kampf eingelassen, und dann haben wir schon solche Details der Entwicklung (vom Standpunkt der Weltgeschichte sind es unzweifelhaft Details) wie den Brester Frieden oder die Neue Ökonomische Politik usf. gesehen. Und gegenwärtig bestehen schon keine Zweifel mehr daran, daß wir in der Hauptsache den Sieg davongetragen haben.

Unseren Suchanows, von den noch weiter rechts stehenden Sozialdemokraten gar nicht zu reden, fällt es nicht einmal im Traume ein, daß Revolutionen anders überhaupt nicht gemacht werden können. Unsere europäischen Spießbürger lassen es sich nicht im Traume beikommen, daß die weiteren Revolutionen in den an Bevölkerung unvergleichlich viel reicheren und durch Mannigfaltigkeit der sozialen Verhältnisse in unvergleichlich viel höherem Grade ausgezeichneten

Ländern des Ostens ihnen zweifellos mehr Eigentümlichkeiten vor Augen führen werden als die russische Revolution.

Kein Wort darüber: ein in Kautskys Art geschriebenes Lehrbuch war ein für seine Zeit sehr nützliches Ding. Aber doch ist es bereits an der Zeit, daß man endlich einmal den Gedanken aufgibt, als sähe solch ein Lehrbuch alle Entwicklungsformen der weiteren Weltgeschichte voraus. Wer das meint, den sollte man zur rechten Zeit einfach für einen Dummkopf erklären.

16.–17. Januar 1923

(aus: A. W. Bd. 6, S. 521–525)

Brief an den Parteitag

»Testament«

Ich würde sehr empfehlen, auf diesem Parteitag eine Reihe von Änderungen in unserer politischen Struktur vorzunehmen.

Ich möchte Ihnen die Überlegungen mitteilen, die ich für die wichtigsten halte.

In erster Linie rate ich, die Zahl der Mitglieder des ZK auf einige Dutzend oder sogar auf hundert zu erhöhen. Mir scheint, unserem Zentralkomitee würden, wenn wir eine solche Reform nicht vornehmen, große Gefahren drohen, wenn sich der Gang der Ereignisse nicht ganz günstig für uns gestaltet (damit müssen wir aber rechnen).

Sodann möchte ich der Aufmerksamkeit des Parteitags empfehlen, den Beschlüssen der Staatlichen Plankommission unter bestimmten Voraussetzungen gesetzgeberischen Charakter zu verleihen, diesbezüglich also Genossen Trotzki bis zu einem gewissen Grad und unter gewissen Bedingungen entgegenzukommen.

Was den ersten Punkt betrifft, das heißt die Erhöhung der Zahl der Mitglieder des ZK, so glaube ich, daß das nötig ist, sowohl um die Autorität des ZK zu heben als auch um ernsthaft an der Verbesserung unseres Apparats zu arbeiten und um zu verhindern, daß Konflikte kleiner Teile des ZK eine übermäßig große Bedeutung für das ganze Schicksal der Partei erlangen könnten.

Ich glaube, daß unsere Partei das Recht hat, von der Arbeiterklasse 50 bis 100 Mitglieder des ZK zu verlangen und sie von ihr ohne übermäßige Anspannung ihrer Kräfte erhalten kann.

Eine solche Reform würde unsere Partei erheblich festigen und ihren Kampf inmitten feindlicher Staaten erleichtern, der sich meiner Meinung nach in den nächsten Jahren stark zuspitzen kann und muß. Mir scheint, daß unsere Partei durch eine solche Maßnahme tausendfach an Stabilität gewinnen würde.

Lenin
23. Dezember 1922
Niederschrift: M. W.

Fortsetzung der Aufzeichnungen 24. Dezember 1922

Unter der Stabilität des Zentralkomitees, von der ich oben gesprochen habe, verstehe ich Maßnahmen gegen eine Spaltung, insoweit solche Maßnahmen überhaupt getroffen werden können. Denn der Weißgardist in der »Russkaja Mysl« (ich glaube, es war S. F. Oldenburg) hatte natürlich recht, als er erstens seine Hoffnungen in dem Spiel dieser Leute gegen Sowjetrußland auf eine Spaltung unserer Partei setzte und zweitens seine Hoffnungen hinsichtlich dieser Spaltung auf sehr ernste Meinungsverschiedenheiten in der Partei setzte.

Unsere Partei stützt sich auf zwei Klassen, und deshalb ist ihre Instabilität möglich und ihr Sturz unvermeidlich, wenn es dahin käme, daß zwischen diesen beiden Klassen kein Einvernehmen hergestellt werden könnte. Es ist zwecklos, für diesen Fall diese oder jene Maßnahme zu treffen und überhaupt von der Stabilität unseres ZK zu sprechen. Keinerlei Maßnahmen werden in diesem Fall eine Spaltung verhindern können. Ich hoffe jedoch, das liegt in allzu ferner Zukunft und ist ein allzu unwahrscheinliches Ereignis, als daß man darüber sprechen müßte.

Ich meine mit Stabilität die Garantie vor einer Spaltung in allernächster Zeit und beabsichtige, hier eine Reihe von Erwägungen rein persönlicher Natur anzustellen.

Ich denke, ausschlaggebend sind in der Frage der Stabilität unter diesem Gesichtspunkt solche Mitglieder des ZK wie Stalin und Trotzki. Die Beziehungen zwischen ihnen stellen meines Erachtens die größere Hälfte der Gefahr jener Spaltung dar, die vermieden werden könnte und zu deren Vermeidung meiner Meinung nach unter anderem die Erhöhung der Zahl der Mitglieder des ZK auf 50, auf 100 Personen dienen soll.

Genosse Stalin hat dadurch, daß er Generalsekretär geworden ist, eine unermeßliche Macht in seinen Händen konzentriert, und ich bin nicht überzeugt, daß er es immer verstehen wird, von dieser Macht vorsichtig genug Gebrauch zu machen. Andererseits zeichnet sich Genosse Trotzki, wie sein Kampf gegen das ZK in der Frage des Volkskommissariats für Verkehrswesen schon bewiesen hat, nicht nur durch hervorragende Fähigkeiten aus. Persönlich ist er wohl der fähigste Mann im gegenwärtigen ZK, aber auch ein Mensch, der ein Übermaß von Selbstbewußtsein und eine übermäßige Leidenschaft für rein administrative Maßnahmen hat. Diese zwei Eigenschaften zweier hervorragender Führer des gegenwärtigen ZK können unbeabsichtigt zu einer Spaltung führen, und wenn unsere Partei nicht Maßnahmen ergreift, um das zu verhindern, so kann die Spaltung überraschend kommen.

Ich will die persönlichen Eigenschaften der anderen Mitglieder des ZK nicht weiter charakterisieren. Ich erinnere nur daran, daß die Episode mit Sinowjew und Kamenew im Oktober natürlich kein Zufall war, daß man sie ihm[11] aber

11 Allem Anschein nach ein Schreibfehler; sinngemäß muß es „ihnen" heißen.

ebensowenig als persönliche Schuld anrechnen darf wie Trotzki den Nichtbolschewismus.

Was die jungen Mitglieder des ZK anbelangt, so möchte ich einige Worte über Bucharin und Pjatakow sagen. Das sind meines Erachtens die hervorragendsten Kräfte (unter den jüngsten Kräften), und ihnen gegenüber sollte man folgendes im Auge behalten: Bucharin ist nicht nur ein überaus wertvoller und bedeutender Theoretiker der Partei, er gilt auch mit Recht als Liebling der Partei, aber seine theoretischen Anschauungen können nur mit sehr großen Bedenken zu den völlig marxistischen gerechnet werden, denn in ihm steckt etwas Scholastisches (er hat die Dialektik nie studiert und, wie ich glaube, nie vollständig begriffen).

25. Dezember

Nun zu Pjatakow. Er ist zweifellos ein Mensch mit großer Willenskraft und glänzenden Fähigkeiten, der jedoch einen allzu starken Hang für das Administrieren und für administrative Maßnahmen hat, als daß man sich in einer ernsten politischen Frage auf ihn verlassen könnte.

Natürlich mache ich die eine wie die andere Bemerkung nur für die Gegenwart und für den Fall, daß diese beiden hervorragenden und ergebenen Funktionäre keine Gelegenheit finden sollten, ihr Wissen zu erweitern und ihre Einseitigkeit zu überwinden.

Lenin
25. Dezember 1922
Niederschrift: M. W.

Ergänzung zum Brief vom 24. Dezember 1922

Stalin ist zu grob, und dieser Fehler, der in unserer Mitte und im Verkehr zwischen uns Kommunisten erträglich ist, kann in der Funktion des Generalsekretärs nicht geduldet werden. Deshalb schlage ich den Genossen vor, sich zu überlegen, wie man Stalin ablösen könnte und jemand anderen an diese Stelle zu setzen, der sich in jeder Hinsicht von Genossen Stalin nur durch *einen* Vorzug unterscheidet, nämlich dadurch, daß er toleranter, loyaler, höflicher und den Genossen gegenüber aufmerksamer, weniger launenhaft usw. ist. Es könnte so scheinen, als sei dieser Umstand eine winzige Kleinigkeit. Ich glaube jedoch, unter dem Gesichtspunkt der Vermeidung einer Spaltung und unter dem Gesichtspunkt der von mir oben geschilderten Beziehungen zwischen Stalin und Trotzki ist das keine Kleinigkeit oder eine solche Kleinigkeit, die entscheidende Bedeutung gewinnen kann.

Lenin
4. Januar 1923
Niederschrift: L. F.

Fortsetzung der Aufzeichnungen 26. Dezember 1922

Die Erhöhung der Mitgliederzahl auf 50 oder sogar 100 Personen soll meines Erachtens einem doppelten oder sogar dreifachen Ziel dienen: Je mehr Mitglieder dem ZK angehören, desto mehr Genossen werden in der ZK-Arbeit geschult und desto geringer wird die Gefahr einer Spaltung auf Grund irgendeiner Unvorsichtigkeit sein. Die Einbeziehung vieler Arbeiter in das ZK wird den Arbeitern helfen, unseren Apparat zu verbessern, der unter aller Kritik ist. Im Grunde genommen wurde er uns vom alten Regime hinterlassen, denn es war völlig unmöglich, ihn in so kurzer Zeit, besonders während des Krieges, der Hungersnot usw., umzugestalten. Daher kann man »Kritikern«, die uns spöttisch oder boshaft mit Hinweisen auf die Defekte unseres Apparats aufwarten, ruhig antworten, daß diese Leute die Bedingungen der gegenwärtigen Revolution absolut nicht begreifen. Den Apparat in einem Jahrfünft hinreichend umzugestalten, ist überhaupt unmöglich, besonders unter den Bedingungen, unter denen sich die Revolution bei uns vollzogen hat. Es genügt, daß wir in fünf Jahren einen Staat von neuem Typus geschaffen haben, in dem die Arbeiter, gefolgt von den Bauern, gegen die Bourgeoisie vorgehen; auch das ist angesichts der feindlichen internationalen Umgebung eine gigantische

Leistung. Aber dieses Bewußtsein darf uns den Blick nicht dafür trüben, daß wir im Grunde den alten Apparat vom Zaren und von der Bourgeoisie übernommen haben und daß jetzt, nachdem der Frieden gekommen und der minimale Bedarf zur Stillung des Hungers gesichert ist, alle Arbeit darauf gerichtet sein muß, den Apparat zu verbessern.

Ich stelle mir die Sache so vor, daß einige Dutzend Arbeiter, die dem ZK angehören, sich besser als irgend jemand sonst damit befassen können, unseren Apparat zu überprüfen, zu verbessern und neu zu gestalten. Die Arbeiter- und Bauerninspektion, die diese Funktion zunächst innehatte, erwies sich als außerstande, ihr gerecht zu werden, und kann lediglich als »Anhängsel« oder unter bestimmten Voraussetzungen als Helferin dieser Mitglieder des ZK Verwendung finden. Die Arbeiter, die dem ZK angehören, sind meiner Meinung nach vorwiegend nicht unter jenen Arbeitern auszuwählen, die einen langen Sowjetdienst durchgemacht haben (in diesem Teil meines Briefes zähle ich zu den Arbeitern überall auch die Bauern), weil sich bei diesen Arbeitern schon bestimmte Traditionen und bestimmte Vorurteile herausgebildet haben, die wir gerade bekämpfen wollen.

Arbeitermitglieder des ZK sollen vorwiegend Arbeiter sein, die unter jener Schicht stehen, welche bei uns in den fünf Jahren in die Reihen der Sowjetangestellten aufgerückt ist, und mehr zu den einfachen Arbeitern und zu den Bauern gehören, die jedoch nicht direkt oder indirekt unter die Kategorie der Ausbeuter fallen. Ich glaube, daß solche Arbeiter, die in allen Sitzungen des ZK, in allen Sitzungen des Politbüros anwesend sind und alle Dokumente des ZK lesen, einen Stamm ergebener Anhänger der Sowjetordnung bilden können, die erstens fähig sind, dem ZK selbst Stabilität zu verleihen, und die zweitens imstande sind, wirklich an der Erneuerung und Verbesserung des Apparates zu arbeiten.

Lenin
26. Dezember

Niederschrift: L. F.

Fortsetzung der Aufzeichnungen 27. Dezember 1922

Zur Übertragung gesetzgeberischer Funktionen an die Staatliche Plankommission

Diesen Gedanken hat Genosse Trotzki, scheint mir, schon vor langem geäußert. Ich trat dagegen auf, weil ich der Ansicht war, daß sich dann im System unserer gesetzgeberischen Institutionen eine tiefgehende Unstimmigkeit zeigen werde. Aber nach aufmerksamer Prüfung finde ich, daß der Gedanke eigentlich einen gesunden Kern hat, nämlich: Die Staatliche Plankommission steht etwas abseits von unseren gesetzgeberischen Institutionen, obwohl sie, als ein Gremium von Fachleuten, Experten, Vertretern der Wissenschaft und Technik, im Grunde die meisten Voraussetzungen besitzt, um die Dinge richtig zu beurteilen.

Indessen sind wir bisher von dem Standpunkt ausgegangen, daß die Staatliche Plankommission dem Staat kritisch gesichtetes Material zu liefern hat, während die staatlichen Institutionen über die staatlichen Angelegenheiten entscheiden sollen. Ich glaube, bei der gegenwärtigen Lage, da die staatlichen Angelegenheiten sich ungewöhnlich kompliziert haben, da auf Schritt und Tritt abwechselnd Fragen zu lösen sind, die ein Gutachten von Mitgliedern der Staatlichen Plankommission erfordern und die ein solches Gutachten nicht erfordern, ja, mehr noch, Angelegenheiten zu entscheiden sind, in denen einige Punkte ein Gutachten der Staatlichen Plankommission erfordern, während andere Punkte ein solches Gutachten nicht erfordern – ich glaube, daß man jetzt einen Schritt in der Richtung machen soll, die Kompetenzen der Staatlichen Plankommission zu erweitern.

Ich denke mir diesen Schritt so, daß die Beschlüsse der Staatlichen Plankommission nicht im üblichen Sowjetverfahren umgestoßen werden könnten, sondern zu ihrer Abänderung eines besonderen Verfahrens bedürften, indem man beispielsweise die Frage der Tagung des Allrussischen Zentralexekutivkomitees vorlegt, eine neue Beschlußfassung darüber an Hand einer besonderen Instruktion vorbereitet, hierbei aufgrund besonderer Regeln schriftliche Berichte verfaßt, um abzuwägen, ob der betreffende Beschluß der Staatlichen Plankommission aufzuheben ist, und schließlich, indem man besondere Fristen für einen neuen Beschluß über die Frage der Staatlichen Plankommission festlegt usw.

In dieser Hinsicht, denke ich, kann und muß man Genossen Trotzki entgegenkommen, aber nicht darin, daß entweder jemand aus dem Kreis unserer politischen Führer oder der Vorsitzende des Obersten Volkswirtschaftsrates usw. der Staatlichen Plankommission vorstehen soll. Es scheint mir, daß die grundlegende Erörterung dieser Frage zu eng mit persönlichen Erwägungen verknüpft ist. Es scheint mir, daß die neuerdings vorgebrachten Einwände gegen den Vorsitzenden der Staatlichen Plankommission, Krshishanowski, und seinen Stellvertreter, Pjatakow, zwei Seiten haben. Auf der einen Seite übt man an ihnen Kritik, weil sie die Dinge zu leicht nehmen, weil sie sich nicht durchsetzen können, weil es ihnen an Charakterfestigkeit fehlt, auf der anderen Seite wirft man ihnen vor, daß sie angeblich ungewandt sind, daß sie sich wie Feldwebel benehmen, daß sie keine hinreichend soliden wissenschaftlichen Vorkenntnisse besitzen usw. Es scheint mir, daß diese Kritik zwei Aspekte der Frage in extremer Formulierung zusammenfaßt und daß wir in der Staatlichen Plankommission eine gute Kombination der beiden Typen, der eine von Pjatakow, der andere von Krshishanowski repräsentiert, brauchen.

Meiner Ansicht nach sollte an der Spitze der Staatlichen Plankommission ein Mann mit wissenschaftlichen Vorkenntnissen, besonders auf technischem oder landwirtschaftlichem Gebiet, stehen, ein Mann mit großen praktischen Erfahrungen, die er in mehreren Dutzend Jahren in der Technik oder Landwirtschaft gesammelt hat. Meiner Ansicht nach müßte ein solcher Mann nicht so sehr ein guter Verwalter als vielmehr eine überaus erfahrene Führerpersönlichkeit sein.

Lenin
27. Dezember 1922
Niederschrift: M. W.

Fortsetzung des Briefes über den gesetzgeberischen Charakter der Beschlüsse der Staatlichen Plankommission 28. Dezember 1922

Ich habe festgestellt, daß bei einigen unserer Genossen, die fähig sind, die Lenkung der staatlichen Angelegenheiten entscheidend zu beeinflussen, die Tendenz besteht, die administrative Seite zu übertreiben, die natürlich am rechten Ort und zur rechten Zeit notwendig ist, die man aber mit der wissenschaftlichen Seite, mit der Erfassung der breiten Wirklichkeit, mit der Fähigkeit, Menschen zu gewinnen usw., nicht verwechseln darf.

In jeder staatlichen Institution, besonders im Gosplan, ist die Vereinigung dieser zwei Eigenschaften notwendig, und als mir Genosse Krshishanowski sagte, er habe Pjatakow für die Gosplan-Kommission gewonnen und sich mit ihm über die Arbeit verständigt, erklärte ich mich damit einverstanden, hegte aber einerseits im stillen gewisse Zweifel, während ich andererseits manchmal hoffte, daß wir hier eine Kombination beider Typen von Staatsmännern erhalten. Ob sich diese Hoffnung erfüllt hat, muß man jetzt abwarten und aufgrund etwas längerer Erfahrungen beurteilen, aber im Prinzip, glaube ich, kann es keinem Zweifel unterliegen, daß eine solche Vereinigung von Charakteren und Typen (Menschen und Eigenschaften) für das richtige Funktionieren der staatlichen Institutionen unerläßlich ist. Ich denke, das übertriebene »Administrieren« ist hier ebenso schädlich wie überhaupt jede Übertreibung. Der Leiter einer staatlichen Institution muß im höchsten Grade die Fähigkeit besitzen, Menschen zu gewinnen, und zugleich über hinreichend solide wissenschaftliche und technische Kenntnisse verfügen, damit er ihre Arbeit kontrollieren kann. Das ist das Grundlegende. Fehlt es daran, so kann es keine richtige Arbeit geben. Anderseits ist es sehr wichtig, daß er zu administrieren versteht und dafür einen geeigneten Gehilfen oder deren mehrere hat. Die Vereinigung dieser beiden Eigenschaften in einer Person dürfte wohl kaum vorkommen und wohl auch kaum erforderlich sein.

Lenin

28. Dezember 1922 Niederschrift: L. F.

Fortsetzung der Aufzeichnungen 29. Dezember 1922

Die Staatliche Plankommission entwickelt sich bei uns offenbar restlos in eine Kommission von Fachleuten. An der Spitze einer solchen Institution muß unbedingt jemand mit großer Erfahrung und vielseitiger wissenschaftlicher Bildung auf dem Gebiet der Technik stehen. Die administrierende Kraft darf hier, im Grunde genommen, nur eine Stütze sein. Eine gewisse Unabhängigkeit und Selbständigkeit der Staatlichen Plankommission ist vom Standpunkt der Autorität dieser wissenschaftlichen Institutionen unerläßlich und setzt nur eines voraus, nämlich Gewissenhaftigkeit ihrer Mitarbeiter und deren gewissenhaftes Bemühen, unseren Plan des wirtschaftlichen und sozialen Aufbaus in die Tat umzusetzen.

Diese letzte Eigenschaft kann man jetzt selbstredend nur als Ausnahme antreffen, denn die überwiegende Mehrheit der Wissenschaftler, aus denen sich die Staatliche Plankommission natürlicherweise zusammensetzt, ist unvermeidlich mit bürgerlichen Anschauungen und bürgerlichen Vorurteilen belastet. Sie diesbezüglich zu kontrollieren, muß die Aufgabe einiger Personen sei, die das Präsidium der Staatlichen Plankommission bilden können; sie müssen Kommunisten sein und im Verlauf der Arbeit Tag für Tag verfolgen, inwieweit die bürgerlichen Wissenschaftler ergeben sind, sich von den bürgerlichen Vorurteilen lossagen und allmählich zum Standpunkt des Sozialismus übergehen. Diese doppelte Arbeit einer solchen wissenschaftlichen Kontrolle im Verein mit rein administrativer Arbeit sollte das Ideal der Leiter der Staatlichen Plankommission unserer Republik sein.

Lenin
29. Dezember 1922
Niederschrift: M. W.

Ist es zweckmäßig, die von der Staatlichen Plankommission zu leistende Arbeit in einzelne Aufträge zu gliedern, oder sollte man nicht umgekehrt danach streben, einen Kreis ständiger Spezialisten zu schaffen, die durch das Präsidium der Staatlichen Plankommission systematisch kontrolliert würden und alle Fragen, für die die Staatliche Plankommission zuständig ist, in ihrer Gesamtheit lösen könnten? Ich glaube, letzteres wäre zweckmäßiger, und man sollte danach streben, die Zahl der zeitweiligen und befristeten Einzelaufgaben zu verringern.

Lenin
29. Dezember 1922
Niederschrift: M. W.

Fortsetzung der Aufzeichnungen 29. Dezember 1922

(Zum Thema Erhöhung der Anzahl der ZK-Mitglieder)

Bei der Erhöhung der Anzahl der ZK-Mitglieder ist es meiner Ansicht nach nötig, wahrscheinlich als allererstes das Problem der Kontrolle und Leistungssteigerung unseres Apparates zu lösen, der absolut nichts taugt. Für diesen Zweck sollten wir die Dienste hochqualifizierter Spezialisten in Anspruch nehmen; die Aufgabe, diese Spezialisten verfügbar zu machen, fällt in den Bereich der Arbeiter- und Bauerninspektion.

Wie die Arbeit der Kontrollspezialisten, die auch ausreichende Kenntnisse besitzen müssen, mit der Arbeit der neuen ZK-Mitglieder zu koordinieren ist, sollte die Praxis entscheiden.

Mir scheint, daß die Arbeiter- und Bauerninspektion (infolge ihrer Entwicklung und auch infolge unserer Zweifel hinsichtlich dieser Entwicklung) in ein neues Stadium eingetreten ist, wie wir jetzt beobachten können, nämlich in ein Stadium des Übergangs von einem besonderen Volkskommissariat zu einer Beauftragung von ZK-Mitgliedern mit Sonderaufgaben. Dieser Übergang bedeutet die Abkehr von einer Einrichtung, die absolut alles beaufsichtigt, zu einem Gremium, das nur aus wenigen Mitgliedern besteht, welche allerdings erstklassige und deshalb hochbezahlte Revisoren sind (dies ist geradezu unerläßlich in unserer Zeit, wo man alles bezahlen muß, und in einer Situation, da die Revisoren nur in den Institutionen arbeiten, die ihnen bessere Bezahlung bieten).

Wenn die Anzahl der ZK-Mitglieder in angemessener Weise erhöht wird und wenn sie alljährlich an einem Verwaltungslehrgang für Regierungsarbeit teilnehmen, wobei ihnen hochqualifizierte Spezialisten und Mitglieder der Arbeiter- und Bauerninspektion zur Hand gehen, die auf allen Gebieten gut beschlagen sind, dann, meine ich, werden wir dieses Problem erfolgreich lösen, das so lange ungelöst geblieben ist.

Daher zusammenfassend: ungefähr 100 ZK-Mitglieder und nicht mehr als 400 bis 500 Helfer, Mitarbeiter der Arbeiter- und Bauerninspektion, die im Auftrag dieser ZK-Mitglieder die Kontrolle ausüben.

Lenin
29. Dezember 1922
Niederschrift: M. W.

Fortsetzung der Aufzeichnungen 30. Dezember 1922

Zur Frage der Nationalitäten oder der „Autonomisierung"

Es scheint, ich habe mich vor den Arbeitern Rußlands sehr schuldig gemacht, weil ich mich nicht mit genügender Energie und Schärfe in die ominöse Frage der Autonomisierung eingemischt habe, die offiziell, glaube ich, als Frage der Union der Sozialistischen Sowjetrepubliken bezeichnet wird.

Im Sommer, als diese Frage auftauchte, war ich krank, und dann, im Herbst, setzte ich allzu große Hoffnungen auf meine Genesung und darauf, daß das Oktober- und das Dezemberplenum mir die Möglichkeit geben würden, mich in diese Frage einzuschalten. Indessen konnte ich weder auf dem Oktoberplenum (bei diesem Punkt) noch auf dem Dezemberplenum anwesend sein, so daß dieses Problem fast völlig ohne mich behandelt wurde.

Ich konnte lediglich mit Genossen Dzierzynski sprechen, der vom Kaukasus gekommen war und mir erzählte, wie diese Frage in Georgien steht. Auch mit Genossen Sinowjew konnte ich ein paar Worte wechseln und ihm meine Befürchtungen hinsichtlich dieser Frage mitteilen. Aufgrund dessen, was Genosse Dzierzynski berichtete, der an der Spitze der Kommission stand, die vom Zentralkomitee mit der »Untersuchung« des georgischen Zwischenfalls betraut worden war, konnte ich nur die größten Befürchtungen hegen. Wenn es so weit gekommen war, daß Ordshonikidse sich zu physischer Gewaltanwendung hinreißen ließ, wie mir Genosse Dzierzynski mitteilte, so kann man sich vorstellen, in welchem Sumpf wir gelandet sind. Offensichtlich ist die ganze »Autonomie«konzeption von Grund auf falsch und unzeitgemäß.

Man sagt, die Einheit des Apparates sei nötig gewesen. Woher stammen diese Behauptungen? Etwa gar aus demselben russischen Apparat, den wir, wie ich schon in einer früheren Aufzeichnung meines Tagebuchs feststellte, vom Zarismus übernommen und nur ganz leicht mit Sowjetöl gesalbt haben?

Zweifellos hätte man mit dieser Maßnahme so lange warten sollen, bis wir sagen konnten, daß wir uns für unseren Apparat wie für den eigenen verbürgen. Jetzt aber müssen wir, wenn wir ehrlich sein wollen, umgekehrt sagen, daß wir einen Apparat als eigenen bezeichnen, der uns in Wirklichkeit noch durch und durch fremd ist und ein bürgerlich-zaristisches Gemisch darstellt, das wir beim besten Willen in den fünf Jahren nicht überwinden konnten, in denen uns die Hilfe anderer Länder fehlte und wir uns vorwiegend militärisch »betätigten« und die Hungersnot bekämpften.

Unter diesen Umständen ist es ganz natürlich, daß sich das »Recht des Austritts aus der Union«, mit dem wir uns rechtfertigen, als ein wertloser Fetzen Papier herausstellen wird, der völlig ungeeignet ist, die nichtrussischen Einwohner Rußlands vor der Invasion jenes echten Russen zu schützen, des Großrussen, Chauvinisten, ja im Grunde Schurken und Gewalttäters, wie es der typische russische Bürokrat ist. Kein Zweifel, daß der verschwindende Prozentsatz sowjetischer und sowjetisierter Arbeiter in diesem Meer des chauvinistischen großrussischen Packs ertrinken wird wie eine Fliege in der Milch.

Man sagt zur Verteidigung dieser Maßnahme, die Volkskommissariate, die mit der nationalen Mentalität, dem nationalen Bildungswesen unmittelbar zu tun haben, seien ausgesondert worden. Doch hier erhebt sich die Frage, ob man diese Volkskommissariate völlig aussondern kann, und die zweite Frage, ob wir mit genügender Sorgfalt Maßnahmen getroffen haben, um die Nichtrussen tatsächlich vor dem echt russischen Dershimorda[12] zu schützen. Ich glaube, wir haben diese Maßnahme nicht getroffen, obwohl wir sie hätten treffen können und müssen.

Mir scheint, hier haben Stalins Eilfertigkeit und sein Hang zum Administrieren wie auch seine Wut auf den ominösen »Sozialnationalismus« eine verhängnisvolle Rolle gespielt. Wut ist in der Politik in der Regel überhaupt von größtem Übel.

Ich fürchte auch, daß Genosse Dzierzynski, der nach dem Kaukasus gefahren war, um die »Verbrechen« dieser »Sozialnationalisten« zu untersuchen, sich hier ebenfalls nur durch seine echt russische Gesinnung hervorgetan hat (bekanntlich neigen die russifizierten Nichtrussen stets zur Übertreibung, was die echt russische Gesinnung betrifft) und daß die Objektivität seiner ganzen Kommission durch Ordshonikidses »Handgreiflichkeit« hinreichend charakterisiert wird. Ich meine, diese russische Handgreiflichkeit läßt sich durch keine Provokation und sogar durch keine Beleidigung rechtfertigen, und Genosse Dzierzynski hat eine nicht wiedergutzumachende Schuld auf sich geladen, weil er diese Handgreiflichkeiten bagatellisierte.

Ordshonikidse verkörperte gegenüber allen anderen Bürgern im Kaukasus die Staatsmacht. Ordshonikidse hatte kein Recht zu jener Reizbarkeit, auf die er und Dzierzynski sich beriefen. Ordshonikidse war im Gegenteil verpflichtet, eine solche Selbstbeherrschung zu zeigen, wie sie kein einziger

12 „Dershimorda" (Halt-die-Schnauze): Gestalt aus Gogols Komödie „Der Revisor"; Typus eines brutal-arroganten Polizisten.

gewöhnlicher Bürger üben muß, um so weniger einer, der eines »politischen« Verbrechens angeklagt ist. Und die »Sozialnationalisten« waren ja, im Grunde genommen, Bürger, die eines politischen Verbrechens angeklagt waren, und die ganzen Umstände konnten diese Anklage nur so und nicht anders qualifizieren.

Hier erhebt sich schon die wichtige prinzipielle Frage: Was verstehen wir unter Internationalismus?

Lenin
30. Dezember 1922
Niederschrift: M. W.

Fortsetzung der Aufzeichnungen 31. Dezember 1922

Ich habe bereits in meinen Schriften über die nationale Frage dargelegt, daß es nicht angeht, abstrakt die Frage des Nationalismus im allgemeinen zu stellen. Man muß unterscheiden zwischen dem Nationalismus einer unterdrückenden Nation und dem Nationalismus einer unterdrückten Nation, zwischen dem Nationalismus einer großen und dem Nationalismus einer kleinen Nation.

Was die zweite Art von Nationalismus betrifft, so haben wir Angehörige eines großen Volkes uns in der geschichtlichen Praxis fast immer einer Unzahl von Gewalttaten schuldig gemacht, ja mehr als das, unmerklich für uns selbst fügen wir den anderen eine Unzahl von Gewalttaten und Beleidigungen zu – ich brauche mir nur meine Wolgazeit ins Gedächtnis zurückzurufen und mich daran zu erinnern, wie man bei uns die Nichtrussen behandelt, wie man einen Polen nicht anders denn »Polacken« nennt, jeden Tataren als »Fürsten« verspottet, den Ukrainer nur beim Spitznamen »Chochol« ruft, alle Georgier und die Angehörigen anderer kaukasischer Stämme als »Kapkasen« verhöhnt.

Deshalb muß der Internationalismus seitens der unterdrückenden oder sogenannten »großen« Nation (obzwar groß nur durch ihre Gewalttaten, groß nur in dem Sinne, wie ein Dershimorda groß ist) darin bestehen, nicht nur die formale Gleichheit der Nationen zu beachten, sondern auch solch eine Ungleichheit anzuerkennen, die seitens der unterdrückenden Nation, der großen Nation jene Ungleichheit wieder aufwiegt, die sich faktisch im Leben ergibt. Wer das nicht begriffen hat, der hat die wirklich proletarische Einstellung zur nationalen Frage nicht begriffen, der ist im Grunde auf dem Standpunkt des Kleinbürgertums stehengeblieben und muß deshalb unweigerlich ständig zum bürgerlichen Standpunkt abgleiten.

Was ist für den Proletarier wichtig? Für den Proletarier ist nicht nur wichtig, sondern geradezu lebensnotwendig, daß ihm andere Nationalitäten ein Maximum an Vertrauen im proletarischen Klassenkampf schenken. Was ist dazu nötig? Dazu ist nicht nur die formale Gleichheit nötig. Dazu ist nötig, durch sein Verhalten oder durch Zugeständnisse gegenüber anderen Nationalitäten so oder anders daß Mißtrauen, den Argwohn zu beseitigen, jene Kränkungen aufzuwiegen, die ihm in der geschichtlichen Vergangenheit von der Regierung der »Großmacht«nation zugefügt worden sind.

Ich denke, für Bolschewiki, für Kommunisten ist es überflüssig, das noch weiter und eingehend zu erklären. Und ich glaube, im gegebenen Fall, in dem es sich um die georgische Nation handelt, haben wir ein typisches Beispiel dafür, wo eine wahrhaft proletarische Einstellung größte Vorsicht, Zuvorkommenheit und Nachgiebigkeit unsererseits erfordert. Ein Georgier, der sich geringschätzig zu dieser Seite der Sache verhält, der leichtfertig mit Beschuldigungen des »Sozialnationalismus« um sich wirft (während er selbst ein wahrer und echter »Sozialnationalist«, ja, mehr noch, ein brutaler großrussischer Dershimorda ist), ein solcher Georgier verletzt, im Grunde genommen, die Interessen der proletarischen Klassensolidarität, weil nichts die Entwicklung und Festigung der proletarischen Klassensolidarität so sehr hemmt wie die nationale Ungerechtigkeit und weil die »gekränkten« nationalen Minderheiten für nichts ein so feines Gefühl haben wie für die Gleichheit und für die Verletzung dieser Gleichheit, sei es auch aus Fahrlässigkeit, sei es auch nur im Scherz, für die Verletzung dieser Gleichheit durch ihre Genossen Proletarier. Deshalb ist in diesem Falle ein Zuviel an Entgegenkommen und Nachgiebigkeit gegenüber den nationalen Minderheiten besser als ein Zuwenig. Deshalb erfordert in diesem Falle das grundlegende Interesse der proletarischen Solidarität und folglich auch des proletarischen Klassenkampfes, daß wir uns zur nationalen Frage niemals formell verhalten, sondern stets den obligatorischen Unterschied im Verhalten des Proletariers eines beherrschten (oder kleinen) Volkes zum unterdrückenden (oder großen) Volk berücksichtigen.

Lenin
31. Dezember 1922
Niederschrift: M. W.

Fortsetzung der Aufzeichnungen 31. Dezember 1922

Welche praktischen Maßnahmen müssen in der Situation, die sich jetzt entwickelt hat,. getroffen werden?

Erstens muß man die Union der Sozialistischen Republiken bestehen lassen und festigen; über diese Maßnahme kann kein Zweifel sein. Wir brauchen sie ebenso, wie sie das kommunistische Weltproletariat braucht, für den Kampf gegen die Weltbourgeoisie und für die Verteidigung gegen ihre Intrigen.

Zweitens muß man, was den diplomatischen Apparat betrifft, die Union der Sozialistischen Republiken bestehen lassen. Nebenbei bemerkt bildet dieser Apparat eine Ausnahme in unserem Staatsapparat. Wir haben dort keine einzige irgendwie einflußreiche Person aus dem alten zaristischen Apparat zugelassen. Der ganze irgendwie maßgebende Apparat besteht dort aus Kommunisten. Deshalb hat sich dieser Apparat schon (das kann man ohne weiteres sagen) den Ruf eines bewährten kommunistischen Apparates erworben, der in unvergleichlich, unermeßlich höherem Maße von dem alten zaristischen, bürgerlichen und kleinbürgerlichen Apparat gesäubert ist als jener, mit dem wir uns in anderen Volkskommissariaten behelfen müssen.

Drittens muß man Genossen Ordshonikidse exemplarisch bestrafen (ich sage das mit um so größerem Bedauern, als ich persönlich zu seinen Freunden gehöre und im Ausland, in der Emigration, mit ihm zusammengearbeitet habe) sowie alle Materialien der Kommission Dzierzynskis nachträglich prüfen beziehungsweise neu untersuchen, um die Unmenge von Unrichtigkeiten und Fehlurteilen, die es dort zweifellos gibt, zu korrigieren. Politisch verantwortlich für diese ganze wahrhaft großrussisch-nationalistische Kampagne müssen natürlich Stalin und Dzierzynski gemacht werden.

Viertens muß man äußerst strenge Vorschriften hinsichtlich des Gebrauchs der nationalen Sprache in den nichtrussischen Republiken erlassen, die unserer Union angehören, und die Befolgung dieser Vorschriften besonders sorgfältig kontrollieren. Zweifellos werden bei uns, wie unser Apparat heute beschaffen ist, unter dem Vorwand des einheitlichen Eisenbahnbetriebs, unter dem Vorwand des einheitlichen Fiskus usw., eine Menge von Mißbräuchen echt russischer Art Platz greifen. Für den Kampf gegen diese Mißbräuche bedarf es besonderer Findigkeit, ganz zu schweigen von der besonderen Aufrichtigkeit jener, die einen solchen Kampf aufnehmen. Hier sind detaillierte Richtlinien nötig, die nur die Angehörigen der Nation, die in der betreffenden Republik leben, einigermaßen erfolgreich zusammenstellen können. Dabei soll man keinesfalls von vornherein die Möglichkeit ausschließen, daß man auf Grund dieser ganzen Arbeit auf dem nächsten Rätekongreß wieder einen Schritt zurück macht, das heißt die Union der Sozialistischen Sowjetrepubliken nur in militärischer und diplomatischer Hinsicht bestehen läßt, in jeder anderen Hinsicht aber die volle Selbständigkeit der einzelnen Volkskommissariate wiederherstellt.

Man muß in Betracht ziehen, daß die Zersplitterung der Volkskommissariate und die fehlende Koordinierung ihrer Arbeit mit Moskau und den anderen Zentren durch die Autorität der Partei ausreichend wettgemacht werden können, wenn von dieser Autorität einigermaßen umsichtig und unvoreingenommen Gebrauch gemacht wird; der Schaden, der unserem Staat daraus entstehen kann, daß die nationalen Apparate mit dem russischen Apparat nicht vereinigt sind, ist unermeßlich geringer, unendlich geringer als jener Schaden, der nicht nur uns erwächst, sondern auch der ganzen Internationale, den Hunderte Millionen zählenden Völkern Asiens, die uns folgen und in naher Zukunft auf der historischen Bühne erscheinen werden. Es wäre unverzeihlicher Opportunismus, wenn wir am Vorabend dieses Auftretens des Ostens, zu Beginn seines Erwachens, die Autorität, die wir dort haben, auch nur durch die kleinste Grobheit und Ungerechtigkeit gegenüber unseren eigenen nichtrussischen Völkern untergraben würden. Eine Sache ist die Notwendigkeit, uns gegen die westlichen Imperialisten zusammenzuschließen, die die kapitalistische Welt verteidigen. Hier kann es keinen Zweifel geben, und ich brauche nicht erst zu sagen, daß ich diese Maßnahme rückhaltlos gutheiße. Eine andere Sache ist es, wenn wir selbst, sei es auch nur in Kleinigkeiten, in imperialistische Beziehungen zu den unterdrückten Völkerschaften hineinschlittern und dadurch unsere ganze prinzipielle Aufrichtigkeit, unsere ganze prinzipielle Verteidigung des Kampfes gegen den Imperialismus völlig untergraben. Denn der morgige Tag wird in der Weltgeschichte eben jener Tag sein, da die vom Imperialismus beherrschten Völker erwachen und der lange, harte Entscheidungskampf für ihre Befreiung beginnt.

Lenin
31. Dezember 1922
Niederschrift: M. W.

(Auszüge von Trotzki 1928 publiziert; zum erstenmal vollständig veröffentlicht in »Kommunist«, Moskau, Heft 9, 1956)

Brief an Trotzki

Werter Genosse Trotzki!
Ich möchte Sie sehr bitten, die Verteidigung der georgischen Sache im Zentralkomitee der Partei zu übernehmen. Die Angelegenheit steht jetzt unter »Verfolgung« von Stalin und Dzierzynski, und ich kann mich auf deren Unparteilichkeit nicht verlassen. Im Gegenteil! Wenn Sie bereit wären, die Verteidigung zu übernehmen, könnte ich ruhig sein. Sollten Sie aus irgendeinem Grunde nicht einwilligen können, dann schicken Sir mir das gesamte Material zurück. Ich werde das als Zeichen Ihrer Ablehnung betrachten.

Mit bestem kameradschaftlichem Gruß
Lenin
Diktiert an M. W.
5. März 1923

Brief an die georgischen Kommunisten

An die Genossen Mdiwani, Macharadse und andere (Kopie an die Genossen Trotzki und Kamenew)
Werte Genossen!
Mit ganzem Herzen verfolge ich eure Sache. Bin tief entrüstet über die Grobheit Ordshonikidses und die Nachsicht von Stalin und Dzierzynski. Ich bereite für euch Material und eine Rede vor.

Hochachtungsvoll
Lenin
6. März 1923

(Veröffentlicht in L. Trotzki: »Mein Leben«, Berlin 1930)
(aus: Lenin, Studienausgabe, Frankfurt 1970, Bd. II, S. 266 bis 280)

VI. Abteilung

Die Dritte Internationale und Fragen der Weltrevolution

Im Unterschied zur Ersten Internationale, die ein lockerer Dachverband von Arbeitern und Organisationen verschiedenster ideologischer Orientierung war und im Unterschied auch zur Zweiten Internationale (1889–1914), die formell zwar marxistisch, jedoch sowohl revolutionäre als auch reformistische Parteien umfaßte und über eine lockere Koordination selbständiger nationaler Parteien nicht hinauskam, sollte die Dritte Internationale nach Lenins Intention eine Art internationaler Generalstab der Weltrevolution sein. Auf dem I. Kongreß im März 1919 galt es zunächst einmal Verbindungen herzustellen, auf dem II. Kongreß im Sommer 1920 aber stellte Lenin die berühmten *Aufnahmebedingungen* auf, die es allen Mitgliedern der Komintern zur Pflicht machten, die Ideologie und die Organisationsform der KPdSU zu übernehmen. Für demokratische Sozialisten wie die Labour-Party war fortan kein Platz mehr in der Internationale. Immerhin wurde die chinesische bürgerlich-demokratische Koumintang-Partei mit einem Sonderstatus zugelassen.

Nach dem Ausbleiben der in Westeuropa erwarteten großen Revolution und nach den Niederlagen der revolutionären Ansätze in Bayern, Ungarn, Deutschland (Märzaktion) konzentrierte sich die Tätigkeit der Komintern einmal auf die Verpflichtung der nationalen kommunistischen Parteien, in ihren Ländern gegen jede Bedrohung oder Boykottierung der Sowjetunion aufzutreten und zum anderen auf die Herstellung von Kontakten zu den Befreiungsbewegungen der »Dritten Welt«. Hier zeigte sich wieder Lenins kühner Weitblick, indem er früh auf die Rolle der bäuerlichen Massen Asiens hinwies und das kommende Ende des kolonialen und imperialistischen Zeitalters voraussah. Von größter Bedeutung für die kommende Entwicklung war daher sein Referat über die nationale und koloniale Frage auf dem II. Komintern-Kongreß (VI, 2). Hier – wie in Lenins politischem Testament – wird die enge Verbindung zwischen der von Lenin intendierten vorbildlichen Nationalitätenpolitik im Inneren der Sowjetunion und dem internationalen Bündnis zwischen den nationalen Befreiungsbewegungen und der internationalen Arbeiterbewegung hervorgehoben.

In seinem letzten Referat auf dem IV. Weltkongreß der Komintern (VI, 3) stellt Lenin dann noch einmal den großen Zusammenhang zwischen der Entwicklung in der Sowjetunion und der kommenden Weltrevolution her.

Die III. Internationale und ihr Platz in der Geschichte

Die Imperialisten der Ententeländer halten Rußland unter Blockade, in dem Bestreben, die Sowjetrepublik als einen Ansteckungsherd von der kapitalistischen Welt abzuschneiden. Diese Leute, die sich mit dem »demokratischen« Charakter ihre Institutionen brüsten, sind vom Haß gegen die Sowjetrepublik derart verblendet, daß sie nicht merken, wie sie sich selbst lächerlich machen. Man bedenke bloß: die vorgeschrittenen, zivilisiertesten und »demokratischsten« Länder, die bis an die Zähne bewaffnet sind und militärisch die ganze Erde ungeteilt beherrschen, fürchten wie das Feuer eine Ansteckung durch *Ideen,* die von einem ruinierten, hungernden, rückständigen, ihrer Versicherung nach sogar halbwilden Land ausgeht!

Schon dieser Widerspruch allein öffnet den werktätigen Massen aller Länder die Augen und hilft die Heuchelei der Imperialisten Clemenceau, Lloyd George, Wilson und ihrer Regierungen enthüllen.

Aber nicht nur die Verblendung der Kapitalisten durch ihren Haß gegen die Sowjets sondern auch ihre Balgerei untereinander hilft uns, da sie sie dazu treibt, einander ein Bein zu stellen. Sie sind miteinander eine regelrechte Veschwörung des Totschweigens eingegangen, weil sie mehr als alles die Verbreitung von wahrheitsgemäßen Nachrichten über die Sowjetrepublik überhaupt, besondern aber die Veröffentlichung ihrer offiziellen Dokumente fürchten. Immerhin hat »Le Temps«, das führende Organ der französischen Bourgeoisie, eine Mitteilung über die Gründung der III., Kommunistischen Internationale in Moskau veröffentlicht.

Wir sprechen hierfür dem führenden Organ der französischen Bourgeoisie, diesem Führer des französischen Chauvinismus und Imperialismus, unseren ergebensten Dank aus. Wir sind bereit, der Zeitung »Le Temps« eine feierliche Adresse als Ausdruck unserer Erkenntlichkeit dafür zu übersenden, daß sie uns so erfolgreich und so geschickt hilft.

Aus der Art, wie die Zeitung »Le Temps« ihre Mitteilung auf Grund unseres Radios abfaßte, sind die Beweggründe, von denen sich dieses Organ des Geldsacks leiten ließ, vollständig klar ersichtlich. Es wollte Wilson einen Nadelstich versetzen: Sehen Sie, was das für Leute sind, mit denen Sie Verhandlungen zulassen! Die Neunmalweisen, die auf Bestellung des Geldsacks schreiben, merken nicht, wie ihr Bestreben, Wilson mit den Bolschewiki zu schrecken, in den Augen der werktätigen Massen zur Reklame für die Bolschewiki wird. Noch einmal: dem Organ der französischen Millionäre unseren ergebensten Dank!

Die Gründung der III. Internationale wurde in einer solchen Weltlage vollzogen, daß keine Verbote, keine kleinlichen und kläglichen Kniffe der Ententeimperialisten oder der Lakaien des Kapitalismus, wie der Scheidemänner in Deutschland, der Renner in Österreich, imstande sind, die Verbreitung der Kunde von dieser Internationale und der Sympathien für sie in der Arbeiterklasse der ganzen Welt zu verhindern. Diese Lage wurde geschaffen durch die allerorts, täglich, ja stündlich offenkundig wachsende proletarische Revolution. Diese Lage wurde geschaffen durch die *Räte*bewegung unter den werktätigen Massen, die bereits eine solche Kraft gewonnen hat, das sie tatsächlich eine *internationale* geworden ist.

Die Erste Internationale (1864–1872) legte das Fundament der internationalen Organisation der Arbeiter zur Vorbereitung ihres revolutionären Ansturms gegen das Kapital. Die Zweite Internationale (1889–1914) war eine internationale Organisation der proletarischen Bewegung, deren Wachstum in die *Breite* ging, was nicht ohne vorübergehende Senkung des revolutionären Niveaus, nicht ohne vorübergehendes Erstarken des Opportunismus ablief, der schließlich zum schmählichen Zusammenbruch dieser Internationale führte.

Die Dritte Internationale entstand in Wirklichkeit im Jahre 1918, als der vieljährige Prozeß des Kampfes gegen den Opportunismus und Sozialchauvinismus, besonders während der Kriegszeit, bei einer Reihe von Nationen zur Bildung von kommunistischen Parteien geführt hatte. Formell ist die III. Internationale auf ihrem ersten Kongreß im März 1919 in Moskau gegründet worden. Und der am meisten charakteristische Zug dieser Internationale: daß sie berufen ist, die hohen Gebote des Marxismus zu erfüllen und ins Leben umzusetzen und die hundertjährigen Ideale des Sozialismus und der Arbeiterbewegung zu verwirklichen – dieser am meisten charakteristische Zug der III. Internationale trat sofort dadurch in Erscheinung, daß die neue, die dritte »Internationale Arbeiterassoziation« *schon jetzt* begonnen hat, gewissermaßen *einer Union der Sozialistischen Sowjetrepubliken gleichzukommen.*

Die Erste Internationale legte das Fundament zum proletarischen, internationalen Kampf für den Sozialismus.

Die Zweite Internationale war die Epoche der Vorbereitung des Bodens für eine weite, die Massen erfassende Ausbreitung der Bewegung in einer Reihe von Ländern.

Die Dritte Internationale hat die Früchte der Arbeiten der II. Internationale übernommen, ihren opportunistischen, sozialchauvinistischen, bürgerlichen und kleinbürgerlichen Unrat abgeschüttelt und *begonnen,* die Diktatur des Proletariats *zu verwirklichen.*

Der internationale Bund der Parteien, die die revolutionärste Bewegung der Welt, die Bewegung des Proletariats zur Niederwerfung des Jochs des Kapitals leiten, hat jetzt eine an Festigkeit unvergleichliche Basis unter sich: mehrere *Sowjetrepubliken,* die im internationalen Maßstab die Diktatur des Proletariats, seinen Sieg über den Kapitalismus verkörpern.

Die weltgeschichtliche Bedeutung der III., der Kommunistischen Internationale besteht darin, daß sie begonnen hat, die große Losung Marx' zu verwirklichen, die Losung, die aus der hundertjährigen Entwicklung des Sozialismus und der Arbeiterbewegung das Fazit zieht, die Losung, die im Begriff Diktatur des Proletariats ihren Ausdruck findet.

Diese geniale Voraussicht, diese geniale Theorie wird zur Wirklichkeit. Diese lateinischen Worte sind jetzt in alle lebenden Volkssprachen des heutigen Europas, ja mehr noch, in alle Sprachen der Welt übersetzt.

Eine neue Epoche der Weltgeschichte ist angebrochen.

Die Menschheit schüttelt die letzte Form der Sklaverei von sich ab: die kapitalistische oder Lohnsklaverei.

Dadurch, daß sie sich von der Sklaverei befreit, geht die Menschheit zum erstenmal zur wahren Freiheit über.

Wie konnte es geschehen, daß das erste Land, das die Diktatur des Proletariats verwirklichte und eine Sowjetrepublik organisierte, eines der rückständigsten europäischen Länder war? Wir gehen kaum irre, wenn wir sagen, daß gerade dieser Widerspruch zwischen der Rückständigkeit Rußlands und seinem »Sprung« zur höchsten Form des Demokratismus, über die bürgerliche Demokratie hinweg zur Sowjet- oder proletarischen Demokratie –, daß gerade dieser Widerspruch eine der Ursachen war (abgesehen vom Druck opportunistischer Gewohnheiten und philisterhafter Vorurteile, unter dem die Mehrzahl der Führer des Sozialismus stand), die im Westen das Verständnis für die Rolle der Sowjets am meisten erschwerte oder verzögerte.

Die Arbeitermassen erfaßten in der ganzen Welt instinktiv die Bedeutung der Sowjets als Kampfmittel des Proletariats und als Form des proletarischen Staates. Doch die durch den Opportunismus verdorbenen »Führer« fuhren und fahren fort, die bürgerliche Demokratie anzubeten, die sie als »Demokratie« schlechthin bezeichnen.

Ist es ein Wunder, daß die Verwirklichung der Diktatur des Proletariats vor allem den »Widerspruch« zwischen der Rückständigkeit Rußlands und seinem »Überspringen« der bürgerlichen Demokratie zeigte? Ein Wunder wäre es, wenn uns die Geschichte die Verwirklichung einer *neuen* Form der Demokratie *ohne* eine Reihe von Widersprüchen beschert hätte.

Jeder beliebige Marxist, ja jeder mit der modernen Wissenschaft überhaupt vertraute Mensch würde die Frage: »Ist der gleichmäßige oder harmonisch-proportionelle Übergang der verschiedenen kapitalistischen Länder zur Diktatur des Proletariats wahrscheinlich?« zweifelsohne verneinend beantworten. In der Welt des Kapitalismus hat es niemals Gleichmäßigkeit, Harmonie oder Proportion gegeben und geben können. Jedes Land hat bald diese, bald jene Seite, bald jenen Zug, bald diese, bald jene Gruppe von Eigenschaften des Kapitalismus und der Arbeiterbewegung besonders ausgeprägt entwickelt. Der Prozeß der Entwicklung ging ungleichmäßig vor sich.

Als Frankreich seine große bürgerliche Revolution durchmachte und damit das ganze europäische Festland zu neuem geschichtlichen Leben erweckte, stand England an der Spitze einer konterrevolutionären Koalition, obwohl es gleichzeitig kapitalistisch weit stärker entwickelt war als Frankreich. Die englische Arbeiterbewegung jener Epoche aber nimmt in genialer Weise vieles vom künftigen Marxismus vorweg.

Als England der Welt die erste, breit angelegte, politisch klar ausgeprägte, proletarisch-revolutionäre wirkliche Massenbewegung, den Chartismus gab, spielten sich auf dem europäischen Festland größtenteils schwache bürgerliche Revolutionen ab, in Franchreich jedoch brach der erste große Bürgerkrieg zwischen Proletariat und Bourgeoisie aus. Die Bourgeoisie zerschlug die verschiedenen nationalen Kolonnen des Proletariats einzeln und in den verschiedenen Ländern auf verschiedene Art.

England hat das Musterbeispiel eines Landes geliefert, in dem, wie Engels sagt, die Bourgeoisie neben einer verbürgerlichten Aristokratie die am meisten verbürgerlichte Oberschicht des Proletariats geschaffen hat. Das vorgeschrittenste kapitalistische Land war im Sinne des revolutionären Kampfes des Proletariats um mehrere Jahrzehnte zurückgeblieben. Frankreich hat gleichsam die Kräfte des Proletariats erschöpft in den beiden heldenmütigen weltgeschichtlich ungemein bedeutsamen Aufständen der Arbeiterklasse gegen die Bourgeoisie in den Jahren 1848 und 1871. Die Hegemonie in der

Internationale der Arbeiterbewegung ging hierauf in den siebziger Jahren des 19. Jahrhunderts an Deutschland über, zu einer Zeit, wo dieses Land ökonomisch sowohl hinter England als auch hinter Frankreich zurückstand. Und als Deutschland ökonomisch diese beiden Länder überholt hatte, d. h. gegen das zweite Jahrzehnt des 20. Jahrhunderts, stand an der Spitze der in der ganzen Welt als Muster angesehenen marxistischen Arbeiterpartei Deutschlands ein Häuflein Erzhalunken, das denkbar schmutzigste Gesindel, das sich den Kapitalisten verkauft hatte, von Scheidemann und Noske bis David und Legien, die abscheulichsten Henker aus den Reihen der Arbeiterschaft, die im Dienst der Monarchie und der konterrevolutionären Bourgeoisie standen.

Die Weltgeschichte geht unaufhaltsam der Diktatur des Proletariats entgegen, aber sie schlägt beileibe nicht glatte, einfache, gerade Wege ein.

Als Karl Kautsky noch Marxist und nicht der Renegat des Marxismus war, zu dem er in seiner Eigenschaft als Vorkämpfer für die Einheit mit den Scheidemännern und für die bürgerliche Demokratie gegen die Sowjet- oder proletarische Demokratie geworden ist, schrieb er zu Beginn des 20. Jahrhunderts einen Artikel: »Die Slawen und die Revolution«[1]. In diesem Artikel setzte er die historischen Bedingungen auseinander, die die Möglichkeit des Übergangs der Hegemonie in der internationalen revolutionären Bewegung an die Slawen anzeigten.

Es ist so gekommen. Für eine Zeitlang — selbstverständlich bloß für kurze Zeit — ist die Hegemonie in der revolutionären proletarischen Internationale an die Russen übergegangen, so wie sie in den verschiedenen Perioden des 19. Jahrhunderts die Engländer, dann die Franzosen, dann die Deutschen innegehabt haben.

Ich sagte bereits mehr als einmal: im Vergleich zu den fortgeschrittenen Ländern hatten es die Russen leichter, die große proletarische Revolution zu *beginnen*, es wird ihnen

---

1 Der Artikel erschien in der „Iskra", Nr. 18 vom 10. März 1902. Ausführlicher befaßt sich Lenin mit diesem Artikel im ersten Kapitel seiner Arbeit „Der ‚Radikalismus', die Kinderkrankheit im Kommunismus".

aber schwerer sein, sie *fortzusetzen* und bis zum endgültigen Sieg im Sinne der vollständigen Organisierung der sozialistischen Gesellschaft durchzuführen.

Wir hatten es leichter, zu beginnen, erstens, weil die für das Europa des 20. Jahrhunderts ungewöhnliche politische Rückständigkeit der Zarenmonarchie eine außerordentliche Kraft des revolutionären Ansturms der Massen hervorrief. Zweitens verursachte die Rückständigkeit Rußlands eine eigenartige Verschmelzung der proletarischen Revolution gegen die Bourgeoisie mit der Bauernrevolution gegen die Gutsbesitzer. Damit fingen wir im November (Oktober) 1917 an, und wir hätten damals nicht so leicht gesiegt, wenn wir nicht damit angefangen hätten. Marx hat schon im Jahre 1856, von Preußen sprechend, auf die Möglichkeit einer eigenartigen Verbindung der proletarischen Revolution mit dem Bauernkrieg hingewiesen. Die Bolschewiki verfochten seit Anfang des Jahres 1905 die Idee der revolutionär-demokratischen Diktatur des Proletariats und der Bauernschaft. Drittens hatte die Revolution des Jahres 1905 außerordentlich viel für die politische Schulung der Massen der Arbeiter und Bauern getan, sowohl in dem Sinne, daß ihr Vortrupp sich mit dem »letzten Wort« des Sozialismus im Westen bekannt machte, als auch im Sinne der revolutionären *Aktion* der Massen. Ohne eine solche »Generalprobe« wie die im Jahre 1905 wäre die Revolution von 1917, sowohl die bürgerliche Februarrevolution als auch die proletarische Oktoberrevolution, unmöglich gewesen. Viertens gestatteten die geographischen Verhältnisse Rußland, sich länger als andere Länder gegen das äußere Übergewicht der vorgeschrittenen kapitalistischen Staaten zu halten. Fünftens erleichterte das eigenartige Verhältnis des Proletariats zur Bauernschaft den Übergang von der bürgerlichen Revolution zur sozialistischen, es erleichterte den Einfluß des städtischen Proletariats auf die halbproletarischen, armen Schichten der Werktätigen auf dem Lande. Sechstens erleichterten die lange Schule der Streikkämpfe und die Erfahrung der europäischen proletarischen Massenbewegung, bei der tiefgreifenden und sich rasch verschärfenden revolutionären Situation, die Entstehung einer so eigenartigen Form der proletarischen revolutionären Organisation, wie es die *Sowjets* sind.

Diese Aufzählung ist natürlich nicht vollständig. Aber wir können uns einstweilen auf sie beschränken.

Die Sowjet- oder proletarische Demokratie wurde in Rußland geboren. Im Vergleich zur Pariser Kommune ist ein zweiter weltgeschichtlicher Schritt getan worden. Die Proletarier- und Bauernsowjetrepublik hat sich als die erste fest stehende sozialistische Republik der Welt erwiesen. Sie kann als *neuer Staatstypus* nicht mehr untergehen. Sie steht schon heute nicht mehr allein da.

Um die Arbeit des Aufbaus des Sozialismus weiterzuführen, um sie zu Ende zu führen, ist noch sehr, sehr vieles erforderlich. Die Sowjetrepubliken in Ländern höherer Kulturstufe, mit größerem Gewicht und Einfluß des Proletariats haben alle Aussichten, Rußland zu überholen, wenn sie einmal den Weg der Diktatur des Proletariats einschlagen werden.

Die bankrott gewordene II. Internationale stirbt jetzt und verfault bei lebendigem Leibe. Sie spielt tatsächlich die Rolle des Handlangers der internationalen Bourgeoisie. Sie ist die echte gelbe Internationale. Ihre bedeutendsten geistigen Führer wie Kautsky verherrlichen die *bürgerliche* Demokratie, die sie als die »Demokratie« schlechthin oder — was noch dümmer und noch gröber ist — als »reine Demokratie« bezeichnen.

Die bürgerliche Demokratie hat sich überlebt, wie sich auch die II. Internationale überlebt hat, die eine historisch notwendige, nützliche Arbeit zu einer Zeit geleistet hatte, als die Vorbereitung der Arbeitermassen im Rahmen dieser bürgerlichen Demokratie auf der Tagesordnung stand.

Die allerdemokratischste bürgerliche Republik war und konnte niemals etwas anderes sein als eine Maschine zur Unterdrückung der Werktätigen durch das Kapital, als ein Werkzeug der politischen Macht des Kapitals, die Diktatur der Bourgeoisie. Die demokratische bürgerliche Republik verhieß die Macht für die Mehrheit, proklamierte sie, konnte sie aber niemals verwirklichen, solange das Privateigentum an Grund und Boden und anderen Produktionsmitteln bestand.

Die »Freiheit« in der bürgerlichen demokratischen Republik war in Wirklichkeit die Freiheit *für die Reichen.* Die Proletarier und werktätigen Bauern konnten und mußten diese »Freiheit« ausnutzen, um ihre Kräfte zum Sturz des Kapitals, zur Überwindung der bürgerlichen Demokratie vorzubereiten, aber die werktätigen Massen konnten in der Regel unter dem Kapitalismus die Demokratie nicht *wirklich* ausnutzen.

Zum erstenmal in der Welt hat die Sowjet- oder proletarische Demokratie eine *Demokratie* für die Massen, für die Werktätigen, für die Arbeiter und Kleinbauern geschaffen.

Es hat in der Welt noch niemals eine solche Staatsmacht der *Mehrheit* der Bevölkerung, eine *tatsächliche* Macht dieser Mehrheit gegeben, wie sie die Sowjetmacht ist.

Sie unterdrückt die »Freiheit« der Ausbeuter und ihrer Helfershelfer, sie nimmt ihnen die »Freiheit« auszubeuten, die »Freiheit«, sich am Hunger zu bereichern, die »Freiheit« des Kampfes für die Wiederherstellung der Macht des Kapitals, die »Freiheit« der Verständigung mit der ausländischen Bourgeoisie gegen die Arbeiter und Bauern des eigenen Landes.

Mögen die Kautsky eine solche Freiheit verteidigen. Dazu muß man ein Renegat des Marxismus, ein Renegat des Sozialismus sein.

In nichts ist der Bankrott der geistigen Führer der II. Internationale, von der Art Hilferdings und Kautskys, so kraß zum Ausdruck gekommen wie in ihrem völligen Unvermögen, die Bedeutung der Sowjet- oder proletarischen Demokratie, ihr Verhältnis zur Pariser Kommune, ihren Platz in der Geschichte, ihre Notwendigkeit als Form der Diktatur des Proletariats zu begreifen.

In Nummer 74 der Zeitung »Die Freiheit«, des Organs der »unabhängigen« (lies: spießbürgerlichen, philisterhaften, kleinbürgerlichen) deutschen Sozialdemokratie, wurde am 11. Februar 1919 ein Aufruf »An das revolutionäre Proletariat Deutschlands« veröffentlicht.

Dieser Aufruf ist vom Vorstand der Partei und ihrer ganzen Fraktion in der »Nationalversammlung«, der deutschen »Konstituante«, unterzeichnet.

Dieser Aufruf beschuldigt die Scheidemänner des Bestrebens, die *Räte* abschaffen zu wollen, und schlägt – Spaß beiseite! vor, die Räte mit der Konstituante zu *verknüpfen*, den Räten gewisse staatliche Rechte, einen gewissen Platz in der Verfassung einzuräumen.

Die Diktatur der Bourgeoisie mit der Diktatur des Proletariats versöhnen, sie miteinander vereinigen! Wie einfach! Welch eine genial-philisterhafte Idee!

Es ist bloß schade, daß in Rußland unter Kerenski die vereinigten Menschewiki und Sozialrevolutionäre, diese kleinbürgerlichen Demokraten, die sich für Sozialisten halten, sie bereits erprobt haben.

Wer bei der Lektüre von Marx nicht begriffen hat, daß in der kapitalistischen Gesellschaft in jedem kritischen Moment, bei jedem ernsten Zusammenstoß der Klassen entweder die Diktatur der Bourgeoisie oder die Diktatur des Proletariats möglich ist, der hat weder von der ökonomischen noch von der politischen Lehre Marx' etwas begriffen.

Aber die genial-philisterhafte Idee der Hilferding, Kautsky und Konsorten von der friedlichen Vereinigung der Diktatur der Bourgeoisie mit der Diktatur des Proletariats bedarf einer besonderen Untersuchung, will man die ökonomischen und politischen Ungereimtheiten, die in diesem höchst merkwürdigen und komischen Aufruf vom 11. Februar abgelagert sind, erschöpfen. Dies muß einem späteren Artikel vorbehalten bleiben.

15. April 1919
(aus A. W. Bd. 10, S. 30–38)

Ursprünglicher Entwurf der Thesen zur nationalen und kolonialen Frage

Für den II. Kongreß der Kommunistischen Internationale

Indem ich den Genossen folgenden Entwurf der Thesen zur nationalen und kolonialen Frage für den II. Kongreß der Kommunistischen Internationale zur Diskussion unterbreite, möchte ich alle, insbesondere aber diejenigen Genossen, die konkrete Kenntnisse in der einen oder anderen dieser überaus komplizierten Fragen besitzen, bitten, ihre Meinung zu äußern oder Korrekturen, Ergänzungen, konkrete Erläuterungen in der kürzesten Form (nicht mehr als zwei Seiten) mitzuteilen, und zwar besonders über die folgenden Punkte:

Die österreichische Erfahrung.
Die polnisch-jüdische und die ukrainische Erfahrung.
Elsaß-Lothringen und Belgien.
Irland.
Dänisch-deutsche Beziehungen.
Italienisch-französische und italienisch-slawische Beziehungen.
Die Erfahrungen der Balkanländer.
Die Ostvölker.
Der Kampf gegen den Panislamismus.
Die Verhältnisse im Kaukasus.
Die baschkirische und die tatarische Republik.
Kirgisistan.
Die Erfahrungen in Turkestan.
Die Neger in Amerika.
Die Kolonien.
China – Korea – Japan.

5. Juni 1920
N. Lenin.

1. Der bürgerlichen Demokratie ist ihrem ganzen Wesen nach eine abstrakte oder formale Fragestellung in bezug auf die Gleichheit überhaupt und auch in bezug auf die nationale

Gleichheit eigen. Unter dem Schein der Gleichheit der menschlichen Persönlichkeit überhaupt proklamiert die bürgerliche Demokratie die formale oder juristische Gleichheit des Eigentümers und des Proletariers, des Ausbeuters und des Ausgebeuteten und begeht damit den ungeheuerlichsten Betrug an den unterdrückten Klassen. Die Idee der Gleichheit, die selbst eine Widerspiegelung der Verhältnisse der Warenproduktion ist, wird von der Bourgeoisie unter dem Vorwand angeblich absoluter Gleichheit der menschlichen Persönlichkeiten in ein Werkzeug des Kampfes gegen die Aufhebung der Klassen verwandelt. Die Forderung der Gleichheit hat aber nur dann einen wirklichen Sinn, wenn die Aufhebung der Klassen gefordert wird.

2. Die kommunistische Partei, die den Kampf des Proletariats für die Abschüttelung des Joches der Bourgeoisie bewußt zum Ausdruck bringt, darf, entsprechend ihrer grundlegenden Aufgabe des Kampfes gegen die bürgerliche Demokratie und der Entlarvung der Verlogenheit und Heuchelei dieser Demokratie, auch in der nationalen Frage von keinen abstrakten und keinen formalen Prinzipien ausgehen, sondern sie muß ausgehen: erstens von einer genauen Einschätzung der konkreten historischen und vor allem der ökonomischen Situation; zweitens von einer klaren Ausscheidung der Interessen der unterdrückten Klassen, der Werktätigen, der Ausgebeuteten, aus dem allgemeinen Begriff der Volksinteressen überhaupt, der gleichbedeutend ist mit den Interessen der herrschenden Klasse; drittens von einer ebenso klaren Unterscheidung zwischen den unterdrückten, abhängigen, nicht gleichberechtigten und den unterdrückenden, ausbeutenden, vollberechtigten Nationen, im Gegensaz zu dem bürgerlich-demokratischen Lug und Trug, vermittels dessen man die Epoche des Finanzkapitals und des Imperialismus eigene koloniale und finanzielle Versklavung der ungeheuren Mehrheit der Bevölkerung der Erde durch eine geringe Minderheit der reichsten, vorgeschrittensten kapitalistischen Länder zu vertuschen sucht.

3. Der imperialistische Krieg 1914–1918 hat mit besonderer Klarheit vor allen Nationen und vor den unterdrückten

Klassen der ganzen Welt die Verlogenheit der bürgerlich-demokratischen Phrasen aufgedeckt, und durch die Praxis ist bewiesen worden, daß der Versailler Vertrag der berüchtigten »westlichen Demokratien« eine noch brutalere und gemeinere Vergewaltigung der schwachen Nationen ist als der Brest-Litowsker Vertrag der deutschen Junker und des deutschen Kaisers. Der Völkerbund und die ganze Nachkriegspolitik der Entente enthüllen diese Wahrheit mit noch größerer Klarheit und Schärfe, stärken dadurch überall den revolutionären Kampf sowohl des Proletariats der vorgeschrittenen Länder als auch aller werktätigen Massen der kolonialen und abhängigen Länder und beschleunigen den Zusammenbruch der kleinbürgerlichen nationalen Illusionen über die Möglichkeit eines friedlichen Zusammenlebens und einer Gleichheit der Nationen unter dem Kapitalismus.

4. Aus den dargelegten Grundsätzen folgt, daß die ganze Politik der Kommunistischen Internationale in der nationalen und kolonialen Frage in erster Linie den Zusammenschluß der Proletarier und werktätigen Massen aller Nationen und aller Länder zum gemeinsamen revolutionären Kampf für den Sturz der Gutsbesitzer und der Bourgeoisie anstreben muß. Denn nur ein solcher Zusammenschluß sichert den Sieg über den Kapitalismus, ohne den die Vernichtung der nationalen Unterdrückung und Entrechtung unmöglich ist.

5. Die weltpolitische Lage hat jetzt die Diktatur des Proletariats auf die Tagesordnung gesetzt, und aller Ereignisse der Weltpolitik konzentrierten sich notwendigerweise um einen einzigen Mittelpunkt: um den Kampf der Weltbourgeoisie gegen die Russische Räterepublik, die einerseits unvermeidlich die Rätebewegungen der vorgeschrittenen Arbeiter aller Länder, andererseits alle nationalen Befreiungsbewegungen der Kolonien und der unterdrückten Völker um sich gruppiert, die sich durch bittere Erfahrungen davon überzeugen, daß es für sie keine andere Rettung gibt als den Sieg der Sowjetmacht über den Weltimperialismus.

6. Folglich darf man sich jetzt nicht auf die bloße Anerkennung oder Proklamierung der Annäherung der Werk-

tätigen verschiedener Nationen beschränken, sondern muß eine Politik der Verwirklichung des engsten Bündnisses aller nationalen und kolonialen Freiheitsbewegungen mit Sowjetrußland treiben und die Formen dieses Bündnisses nach der jeweiligen Entwicklungsstufe der kommunistischen Bewegung unter dem Proletariat eines jeden Landes oder der bürgerlich-demokratischen Freiheitsbewegung der Arbeiter und Bauern in den rückständigen Ländern oder unter den rückständigen Nationalitäten bestimmen.

7. Die Föderation ist eine Übergangsform zur völligen Einheit der Werktätigen der verschiedenen Nationen. Die Föderation hat bereits in der Praxis ihre Zweckmäßigkeit bewiesen: sowohl in den Beziehungen der Russischen Sozialistischen Föderativen Sowjetrepublik zu den übrigen Sowjetrepubliken (der ungarischen, finnischen, lettischen in der Vergangenheit; der aserbeidshanischen, ukrainischen in der Gegenwart) als auch innerhalb der Russischen Sozialistischen Föderativen Sowjetrepublik bei den Nationalitäten, die früher weder eine eigene staatliche Existenz noch eine Autonomie hatten (z. B. die Baschkirische und die Tatarische autonome Republik in der Russischen Sozialistischen Föderativen Sowjetrepublik, die 1919 und 1920 geschaffen worden sind).

8. Die Aufgabe der Kommunistischen Internationale besteht in dieser Hinsicht sowohl in der Weiterentwicklung als auch in dem Studium und in der Prüfung der Erfahrungen dieser neuen, auf der Basis der Sowjetordnung und der Sowjetbewegung entstehenden Föderationen. Indem man die Föderation als Übergangsform zur völligen Einheit anerkennt, muß man ein immer engeres föderatives Bündnis anstreben und dabei berücksichtigen: erstens, daß es ohne ein ganz enges Bündnis der Sowjetrepubliken unmöglich ist, ihre Existenz zu verteidigen, denn sie sind von den militärisch unvergleichlich mächtigeren imperialistischen Staaten der ganzen Welt umgeben; zweitens, daß ein enges wirtschaftliches Bündnis der Sowjetrepubliken notwendig ist, weil anders die Wiederherstellung der durch den Imperialismus zerstörten Produktivkräfte und die Sicherung des Wohlstandes der Werktätigen unmöglich ist; drittens die Tendenz zur

Schaffung einer einheitlichen, nach einem allgemeinen Plan vom Proletariat aller Nationen geregelten Weltwirtschaft als Ganzes, welche Tendenz bereits unter dem Kapitalismus ganz offen zutage getreten ist und unter dem Sozialismus unbedingt weiterentwickelt und ihrer Vollendung entgegengeführt werden muß.

9. Auf dem Gebiet der innerstaatlichen Beziehungen kann die nationale Politik der Kommunistischen Internationale sich nicht auf jene nackte, formale, rein deklarative und praktisch zu nichts verpflichtende Anerkennung der Gleichberechtigung der Nationen beschränken, auf die sich die bürgerlichen Demokraten beschränken — einerlei, ob sie sich aufrichtig als bürgerliche Demokraten bekennen oder sich, wie die Sozialisten der II. Internationale[2], hinter der Bezeichnung »Sozialisten« verstecken.

Die kommunistischen Parteien müssen nicht nur in ihrer gesamten Propaganda und Agitation — sowohl von der Parlamentstribüne herab als auch außerhalb des Parlaments — die Verletzungen der Gleichberechtigung der Nationen und der Garantien der Rechte der nationalen Minderheiten, die in allen kapitalistischen Staaten trotz ihrer »demokratischen« Verfassungen eine ständige Erscheinung sind, unaufhörlich enthüllen, sondern auch, erstens ständig Aufklärung darüber verbreiten, daß nur die Sowjetordnung imstande ist, den Nationen wirkliche Gleichberechtigung zu geben, indem sie erst die Proletarier, dann die gesamte Masse der Werktätigen im Kampf gegen die Bourgeoisie zusammenfaßt; zweitens müssen alle kommunistischen Parteien die revolutionären Bewegungen unter den abhängigen oder nicht gleichberechtigten Nationen (z. B. in Irland, unter den Negern in Amerika usw.) sowie in den Kolonien direkt unterstützen.

Ohne diese letzte, besonders wichtige Voraussetzung bleibt der Kampf gegen die Unterdrückung der abhängigen Nationen und Kolonien und die Anerkennung ihres Rechts

---

2 Auf dem Korrekturbogen macht hier Lenin den folgenden Zusatz: „9. + Bedeutung der Diktatur des Proletariats bei der Beseitigung des nationalen Haders (Rafes)." D. Red.

auf staatliche Absonderung ein falsches Aushängeschild, wie wir das bei den Parteien der II. Internationale sehen.

10. Das Bekenntnis zum Internationalismus in Worten und seine Ersetzung in die Tat, in der ganzen Propaganda, Agitation und praktischen Arbeit durch kleinbürgerlichen Nationalismus und Pazifismus ist eine ganz gewöhnliche Erscheinung nicht nur in den Parteien der II. Internationale, sondern auch in den aus dieser Internationale ausgetretenen Parteien, ja sogar nicht selten in solchen Parteien, die sich jetzt als kommunistische bezeichnen. Der Kampf gegen dieses Übel, gegen die am tiefsten eingewurzelten kleinbürgerlichen, nationalen Vorurteile muß um so mehr in den Vordergrund rücken, je aktueller die Aufgabe der Umwandlung der Diktatur des Proletariats aus einer nationalen Diktatur (die nur in einem Lande besteht und keinen bestimmenden Einfluß auf die Weltpolitik ausüben kann) in eine internationale wird (d. h. in eine Diktatur des Proletariats mindestens einiger vorgeschrittener Länder, die einen entscheidenden Einfluß auf die ganze Weltpolitik ausüben könnte). Der kleinbürgerliche Nationalismus erklärt die bloße Anerkennung der Gleichberechtigung der Nationen für Internationalismus und läßt (ganz abgesehen davon, daß eine solche Anerkennung nur ein Lippenbekenntnis ist) den nationalen Egoismus unangetastet, der proletarische Internationalismus aber fordert: erstens, daß die Interessen des proletarischen Kampfes des einen Landes den Interessen des internationalen proletarischen Kampfes untergeordnet werden; zweitens, daß die Nation, die über die Bourgeoisie siegt, fähig und bereit sei, die größten nationalen Opfer für den Sturz des internationalen Kapitals zu bringen.

Somit ist in den bereits vollkommen kapitalistischen Staaten, in denen Arbeiterparteien bestehen, die tatsächlich die Avantgarde des Proletariats sind, der Kampf gegen die opportunistischen und kleinbürgerlich-pazifistischen Entstellungen des Begriffs und der Politik des Internationalismus die erste und wichtigste Aufgabe.

11. In bezug auf die rückständigeren Staaten und Nationen, bei denen feudale oder patriarchalische und patriarcha-

lisch-bäuerliche Verhältnisse vorwiegen, muß man insbesondere folgende Punkte im Auge behalten:

erstens die Notwendigkeit der Unterstützung der bürgerlich-demokratischen Freiheitsbewegung in diesen Ländern durch sämtliche kommunistische Parteien; in erster Linie sind zur tatkräftigsten Unterstützung die Arbeiter desjenigen Landes verpflichtet, von dem die rückständige Nation in kolonialer oder finanzieller Hinsicht abhängt;

zweitens die Notwendigkeit des Kampfes gegen die Geistlichkeit und andere reaktionäre und mittelalterliche Elemente, die in den rückständigen Ländern Einfluß haben;

drittens die Notwendigkeit des Kampfes gegen Panislamismus und ähnliche Strömungen, die den Befreiungskampf gegen den europäischen und amerikanischen Imperialismus mit einer Stärkung der Positionen der Chans, Großgrundbesitzer, Mullahs usw. verknüpfen wollen;

viertens die Notwendigkeit einer besonderen Unterstützung der Bauernbewegung in den rückständigen Ländern gegen die Gutsbesitzer, gegen den Großgrundbesitz, gegen alle Äußerungen oder Überreste des Feudalismus; man muß darauf hinarbeiten, daß die Bauernbewegung einen möglichst revolutionären Charakter annehme, und muß ein möglichst enges Bündnis zwischen dem westeuropäischen kommunistischen Proletariat und der revolutionären Bewegung der Bauern im Osten, in den Kolonien und den rückständigen Ländern überhaupt herstellen[3];

fünftens die Notwendigkeit eines entschiedenen Kampfes gegen die Versuche, den bürgerlich-demokratischen Befreiungsströmungen in den zurückgebliebenen Ländern ein kommunistisches Gewand umzuhängen: die Kommunistische Internationale darf die bürgerlich-demokratischen nationalen Bewegungen in den Kolonien und den rückständigen Ländern nur unter der Bedingung unterstützen, daß die Ele-

3 Auf dem Korrekturbogen macht Lenin den folgenden Zusatz: „4 + insbesondere muß man alle Anstrengungen darauf richten, die Prinzipien des Rätesystems auf die Länder anzuwenden, in denen vorkapitalistische Verhältnisse herrschen, und zwar durch Schaffung von „Räten der Werktätigen usw." D. Red.

mente der künftigen proletarischen Parteien – wirklicher, und nicht nur dem Namen nach kommunistischer Parteien – in allen rückständigen Ländern gesammelt und in dem Bewußtsein ihrer besonderen Aufgaben, der Aufgaben des Kampfes gegen die bürgerlich-demokratischen Bewegungen innerhalb ihrer Nation, erzogen werden; die Kommunistische Internationale muß ein provisorisches Bündnis mit der bürgerlichen Demokratie der Kolonien und der rückständigen Länder eingehen, darf sich aber nicht mit ihr verschmelzen, und muß unbedingt die Selbständigkeit der proletarischen Bewegung – sogar in ihrer Keimform – wahren;

sechstens die Notwendigkeit, unter den breitesten Massen der Werktätigen aller, insbesondere der rückständigen Länder unentwegt jenen Betrug klarzumachen und aufzudecken, den die imperialistischen Mächte systematisch begehen, indem sie unter dem Schein der Schaffung politisch unabhängiger Staaten wirtschaftlich, finanziell und militärisch vollständig von ihnen abhängige Staaten schaffen; bei der heutigen internationalen Lage gibt es für die abhängigen und schwachen Nationen keine andere Rettung als den Bund der Sowjetrepubliken.

12. Die jahrhundertelange Unterdrückung der Kolonialvölker und der schwachen Völkerschaften durch die imperialistischen Staaten hat in den werktätigen Massen der unterdrückten Länder nicht nur Erbitterung, sondern auch Mißtrauen gegen die Unterdrückernationen überhaupt und auch gegen das Proletariat dieser Nationen hinterlassen. Der niederträchtige Verrat am Sozialismus, den die Mehrheit der offiziellen Führer dieses Proletariats in den Jahren 1914 bis 1919 beging, als unter der sozialchauvinistischen Flagge der »Vaterlandsverteidigung« das »Recht« der »eigenen« Bourgeoisie auf Unterdrückung der Kolonien und Ausplünderung der finanziell abhängigen Länder verteidigt wurde – dieser Verrat mußte unvermeidlich dieses vollkommen berechtigte Mißtrauen noch verschärfen. Andererseits, je rückständiger ein Land ist, desto stärker sind dort landwirtschaftlicher Kleinbetrieb, patriarchalische Verhältnisse und Krähwinkelei, die unvermeidlich dazu führen, daß die am tiefsten einge-

wurzelten kleinbürgerlichen Vorurteile, nämlich die des nationalen Egoismus und der nationalen Beschränktheit, eine besondere Stärke und Festigkeit erlangen. Da diese Vorurteile erst nach dem Verschwinden des Imperialismus und Kapitalismus in den vorgeschrittenen Ländern und nach der radikalen Umgestaltung der gesamten Grundlage des wirtschaftlichen Lebens der rückständigen Länder verschwinden können, so geht das Aussterben dieser Vorurteile notwendigerweise sehr langsam vor sich. Daraus erwächst dem klassenbewußten kommunistischen Proletariat aller Länder die Pflicht zu besonderer Vorsicht und besonderer Aufmerksamkeit gegenüber den Überresten nationaler Gefühle in den Ländern und den Völkerschaften, die am längten unterdrückt worden sind, ebenso aber auch die Pflicht, gewisse Zugeständnisse zu machen, um dieses Mißtrauen und diese Vorurteile rascher zu überwinden. Ohne das freiwillige Bestreben des Proletariats, und dann auch aller werktätigen Massen aller Länder und der Nationen der ganzen Welt zu einem Bunde und zur Einheit kann das Werk des Sieges über den Kapitalismus nicht mit Erfolg vollendet werden.

Juni 1920

(aus: A. W. Bd. 10, S. 224–231)

Fünf Jahre russische Revolution und die Perspektiven der Weltrevolution

Referat auf dem IV. Kongreß der Kommunistischen Internationale am 13. November 1922

Genossen! Ich bin auf der Rednerliste als Hauptreferent angegeben, aber Sie werden verstehen, daß ich nach meiner langen Krankheit kein großes Referat halten kann. Ich kann nur eine Einleitung zu den wichtigsten Fragen geben. Mein Thema wird sehr begrenzt sein. Das Thema »Fünf Jahre russische Revolution und die Perspektiven der Weltrevolution« ist allzu umfassend und groß, als daß es überhaupt ein einziger Redner in einer einzigen Rede erschöpfen könnte. Darum greife ich für mich nur einen kleinen Teil dieses Themas heraus, nämlich die Frage der »neuen ökonomischen Politik«. Ich nehme absichtlich nur diesen kleinen Teil, um Sie mit dieser Frage bekannt zu machen, die jetzt die wichtigste ist, die wichtigste wenigstens für mich, weil ich jetzt gerade daran arbeite.

Ich werde also darüber sprechen, wie wir die neue ökonomische Politik begonnen und welche Ergebnisse wir durch diese Politik erzielt haben. Wenn ich mich auf diese Frage beschränke, so wird es mir vielleicht gelingen, Ihnen einen allgemeinen Überblick und eine allgemeine Vorstellung davon zu geben.

Wenn ich damit beginne, wie wir zu der neuen ökonomischen Politik gekommen sind, so muß ich mich auf einen Aufsatz berufen, den ich im Jahre 1918 geschrieben habe. Anfang 1918 habe ich nämlich in einer kurzen Polemik die Frage berührt, wie wir uns zum Staatskapitalismus zu stellen haben. Ich schrieb damals:

»Der Staatskapitalismus wäre *ein Schritt vorwärts* gegenüber der jetzigen (d. h. gegenüber der damaligen) Lage der Dinge in unserer Sowjetrepublik. Wenn beispielsweise in einem halben Jahr bei uns der Staatskapitalismus eingeführt wäre, so wäre das ein gewaltiger Erfolg und die sicherste Garantie dafür, daß in einem Jahr bei uns der Sozialismus endgültig konsolidiert und unbesiegbar werden wird.«

Das wurde natürlich zu einer Zeit gesagt, als wir etwas dümmer waren als heute, aber doch nicht so dumm, daß wir solche Fragen nicht zu behandeln gewußt hätten.

Ich war also 1918 der Meinung, daß gegenüber dem damaligen wirtschaftlichen Zustand der Sowjetrepublik der Staatskapitalismus einen Schritt vorwärts darstellen würde. Das klingt sehr seltsam und vielleicht sogar widersinnig, denn schon damals war unsere Republik eine sozialistische Republik; wir trafen damals jeden Tag in größter Eile – wahrscheinlich mit überflüssiger Eile – allerlei neue Wirtschaftsmaßnahmen, die nicht anders als sozialistische genannt werden können. Und trotzdem meinte ich damals, daß der

Staatskapitalismus im Vergleich zu der damaligen Wirtschaftlage der Sowjetrepublik einen Schritt vorwärts darstellt, und ich erläuterte diesen Gedanken dann weiter damit, daß ich einfach die Grundelemente der wirtschaftlichen Struktur Rußlands aufzählte. Diese Elemente waren nach meiner Meinung die folgenden: »1. die patriarchalische, d. h. die primitivste Form der Landwirtschaft; 2. die kleine Warenproduktion (hierzu gehört auch die Mehrheit der Bauernschaft, die mit Getreide handelt); 3. der Privatkapitalismus; 4. der Staatskapitalismus und 5. der Sozialismus.« Alle diese Wirtschaftselemente waren im damaligen Rußland vertreten. Ich stellte mir damals die Aufgabe, klarzumachen, in welchem Verhältnis diese Elemente zueinander stehen und ob nicht eines von den nichtsozialistischen Elementen, nämlich der Staatskapitalismus, höher zu werten sei als der Sozialismus. Ich wiederhole: es wird jedermann überaus seltsam erscheinen, daß in einer Republik, die sich für sozialistisch erklärt, ein nichtsozialistisches Element höher angeschlagen wird als der Sozialismus, als etwas Höherstehendes anerkannt wird. Doch die Sache wird verständlich, wenn Sie sich erinnern, daß wir die wirtschaftliche Struktur Rußlands nicht als etwas Gleichartiges und Hochentwickeltes betrachteten, sondern uns in vollem Maße bewußt waren, daß wir in Rußland den patriarchalischen Ackerbau, d. h. die primitivste Form des Ackerbaus neben der sozialistischen Form haben. Was für eine Rolle aber könnte der Staatskapitalismus in einer solchen Situation spielen?

Ich frage mich weiter: welches von diesen Elementen ist das vorherrschende? Es ist klar, daß in einem kleinbürgerlichen Milieu das kleinbürgerliche Element das herrschende ist. Ich war mir damals bewußt, daß das kleinbürgerliche Element vorherrscht; anders zu denken war unmöglich. Die Frage, die ich mir damals stellte – es war in einer speziellen Polemik, die nicht zur heutigen Frage gehört –, war diese: wie stellen wir uns zum Staatskapitalismus? Und ich gab mir zur Antwort: der Staatskapitalismus, obwohl er keine sozialistische Form ist, wäre für uns und für Rußland eine günstigere Form als die gegenwärtige. Was bedeutet das?

Das bedeutet, daß wir weder die Keime noch die Ansätze der sozialistischen Wirtschaft überschätzten, obgleich wir bereits die soziale Revolution vollbracht hatten; im Gegenteil, wir waren uns schon damals bis zu einem gewissen Grade darüber klar: jawohl, es wäre besser, wenn wir vorher zum Staatskapitalismus und dann erst zum Sozialismus kämen.

Ich muß diesen Teil ganz besonders betonen, weil man, glaube ich, nur von diesem Ausgangspunkt aus erstens erklären kann, was die gegenwärtige ökonomische Politik darstellt, und zweitens daraus auch für die Kommunistische Internationale wichtige praktische Schlußfolgerungen ziehen kann. Ich will nicht sagen, daß wir schon einen im voraus fertigen Rückzugsplan hatten. Das war nicht der Fall. Diese kurzen polemischen Zeilen waren zu jener Zeit keinesfalls ein Plan zum Rückzug. Von der Freiheit des Handels z. B. – ein sehr wichtiger Punkt und für den Staatskapitalismus von grundlegender Bedeutung – steht hier kein Wort. Immerhin war eine allgemeine, eine vage Idee des Rückzugs darin bereits gegeben. Ich glaube, daß wir nicht nur vom Standpunkt eines Landes aus, das nach seiner wirtschaftlichen Struktur sehr zurückgeblieben war und es bis heute noch ist, sondern auch vom Standpunkt der Kommunistischen Internationale und der westeuropäischen fortgeschrittenen Länder aus unser Augenmerk darauf richten müssen. Gegenwärtig sind wir z. B. mit der Ausarbeitung des Programms beschäftigt. Ich persönlich meine, wir würden am besten daran tun, wenn wir jetzt alle Programme nur im allgemeinen, sozusagen in erster Lesung behandelten und sie drucken ließen, endgültig aber nicht sofort, nicht in diesem Jahre darüber Beschluß faßten. Warum? Zunächst natürlich darum, glaube ich, weil wir sie schwerlich alle gut durchdacht haben. Weiter aber auch noch darum, weil wir die Frage eines möglichen Rückzugs und der Sicherung dieses Rückzugs fast gar nicht durchdacht haben. Das aber ist eine Frage, auf die wir bei so grundlegenden Veränderungen in der ganzen Welt, wie dem Sturz des Kapitalismus und dem Aufbau des Sozialismus mit seinen gewaltigen Schwierigkeiten, unbedingt unser Augenmerk richten müssen. Wir müssen nicht nur wissen, wie wir zu handeln haben, wenn wir unmittelbar zum Angriff übergehen und dabei siegreich sind. Das ist in revolutionären Zeiten gar nicht so schwer, aber es ist auch nicht so wichtig, zum mindesten ist es nicht das Entscheidendste. Während der Revolution gibt es immer Momente, wo der Gegner den Kopf verliert, und wenn wir ihn in einem solchen Moment angreifen, so können wir leicht siegen. Aber das bedeutet noch nichts, weil unser Gegner, wenn er ruhig überlegt, vorher seine Kräfte sammeln kann usw. Er kann uns dann leicht zu einem Angriff provozieren und uns daraufhin auf viele Jahre hinaus zurückwerfen. Ich meine also, daß der Gedanke, daß wir uns die Möglichkeit des Rückzugs vorbereiten müssen, sehr große Bedeutung hat, und nicht allein vom theoretischen Standpunkt aus. Auch vom praktischen Standpunkt aus müssen alle Parteien, die sich anschicken, in nächster Zeit zu einem direkten Angriff gegen den Kapitalismus überzugehen, auch noch daran denken, wie der Rückzug zu sichern sei. Ich denke, wenn wir diese Lehre neben allen anderen Lehren aus der Erfahrung unserer Revolution in Betracht ziehen, so wird uns das nicht nur keinen Schaden sondern höchstwahrscheinlich in vielen Fällen Nutzen bringen.

Nachdem ich nun betont habe, daß wir schon 1918 den Staatskapitalismus als eine mögliche Rückzugslinie betrachtet haben, gehe ich zu den Resultaten unserer neuen ökonomischen Politik über. Ich wiederhole: damals war das noch eine ganz unklare Idee, aber 1921, nachdem wir die wichtigste Etappe des Bürgerkrieges zurückgelegt, und zwar siegreich zurückgelegt hatten, stießen wir auf eine große – ich nehme an, auf die allergrößte – innere politische Krise Sowjetrußlands, die zur Unzufriedenheit eines erheblichen Teils nicht nur der Bauernschaft sondern auch der Arbeiterschaft führte. Das war das erste und, ich hoffe, das letzte Mal in der Geschichte Sowjetrußlands, daß große Massen der Bauernschaft, wenn auch nicht bewußt, so doch instinktiv, stimmungsgemäß gegen uns waren. Wodurch wurde diese eigentümliche und für uns selbstverständlich sehr unangenehme Lage hervorgerufen? Die Ursache war die, daß wir in unserer ökonomischen Offensive allzuweit vorgestoßen waren, daß wir uns nicht eine genügende Basis gesichert hatten, daß die Massen das fühlten, was wir damals noch nicht bewußt zu formulieren verstanden, was aber auch wir bald, nach einigen Wochen, anerkannten, nämlich: daß der unmittelbare Übergang zu rein sozialistischen Formen, zur rein sozialistischen Verteilung unsere Kräfte übersteigt und daß uns der Untergang droht, wenn wir nicht imstande sein werden, einen Rückzug vorzunehmen, derart, daß wir uns auf leichtere Aufgaben beschränken. Die Krise begann, wie mir scheint, im Februar 1921. Schon im Frühjahr desselben Jahres beschlossen wir einstimmig – große Differenzen habe ich bei diesem Anlaß nicht gesehen –, zur neuen ökonomischen Politik überzugehen. Heute, nach anderthalb Jahren, Ende 1922, sind wir schon imstande, einige Vergleiche anzustellen. Was ist geschehen? Wie haben wir diese mehr als anderthalb Jahre überstanden? Was ist das Resultat? Hat uns dieser Rückzug Nutzen gebracht, und hat er uns wirklich gerettet, oder ist das Resultat noch unbestimmt? Das ist die Hauptfrage, die ich mir stelle, und ich bin der Ansicht, daß diese Hauptfrage auch für alle kommunistischen Parteien größte Bedeutung hat, denn wenn die Antwort verneinend ausfiele, so wären wir alle dem Untergang geweiht. Ich glaube, daß wir diese Frage mit ruhigem Gewissen bejahend beantworten können, in dem Sinne nämlich, daß die abgelaufenen anderthalb Jahre positiv und absolut beweisen, daß wir dieses Examen bestanden haben.

Ich werde das jetzt zu beweisen versuchen. Ich muß dazu kurz alle Bestandteile unserer Wirtschaft aufzählen.

Vor allem werde ich auf unser Finanzsystem und auf den berühmten russischen Rubel eingehen. Ich denke, daß man den russischen Rubel für berühmt halten kann, und sei es auch nur deshalb, weil die Menge dieser Rubel jetzt die Quadrillion übersteigt. Das ist schon etwas. Das ist eine astronomische Ziffer. Ich bin überzeugt, daß hier nicht einmal alle wissen, was diese Ziffer bedeutet. Doch halten wir diese Zahlen, und zwar vom Standpunkt der ökonomischen Wissenschaft aus, für nicht allzu wichtig, denn man kann ja die

Nullen streichen. Wir haben in dieser Kunst, die vom ökonomischen Standpunkt aus ebenfalls völlig unwichtig ist, schon etwas geleistet, und ich bin überzeugt, daß wir im weiteren Verlauf der Dinge noch viel Größeres in dieser Kunst leisten werden. Was wirklich wichtig ist, das ist die Frage der Stabilisierung des Rubels. An dieser Frage arbeiten wir, arbeiten unsere besten Kräfte, und dieser Aufgabe messen wir entscheidende Bedeutung bei. Gelingt es uns, den Rubel für eine längere Zeit und dann für immer zu stabilisieren, so haben wir gewonnenes Spiel. Dann sind alle diese astronomischen Ziffern, alle die Trillionen und Quadrillionen ein Nichts. Dann werden wir unsere Wirtschaft auf festen Grund stellen und auf festem Grund weiterentwickeln können. Zu dieser Frage glaube ich Ihnen ziemlich wichtige und entscheidende Tatsachen anführen zu können. Im Jahre 1921 dauerte die Periode der Stabilität des Papierrubelkurses weniger als drei Monate. Im gegenwärtigen Jahre 1922, das freilich noch nicht beendet ist, dauerte diese Periode länger als fünf Monate. Ich glaube, daß das schon genügt. Das genügt natürlich nicht, wenn Sie von uns den wissenschaftlichen Beweis dafür haben wollen, daß wir diese Aufgabe in Zukunft restlos lösen werden. Doch das vollständig und restlos zu beweisen, ist nach meiner Meinung überhaupt unmöglich. Die mitgeteilten Angaben beweisen, daß wir seit dem vergangenen Jahre, als wir unsere neue ökonomische Politik begannen, bis zum heutigen Tage bereits gelernt haben, vorwärtszugehen. Wenn wir das gelernt haben, so bin ich überzeugt, daß wir auch fernerhin lernen werden, auf diesem Wege weitere Erfolge zu erreichen, wenn wir nur nicht irgendeine besondere Dummheit begehen. Das Wichtigste ist jedoch der Handel, nämlich der Warenumsatz, den wir brauchen. Und wenn wir mit ihm im Verlaufe zweier Jahre fertig geworden sind, trotzdem wir uns im Kriegszustand befunden haben — Sie wissen, daß Wladiwostok erst vor wenigen Wochen genommen worden ist —, trotzdem wir erst jetzt anfangen können, unsere wirtschaftliche Tätigkeit völlig systematisch zu betreiben — wenn wir trotzdem erreicht haben, daß sich die Stabilitätsperiode des Papierrubels von drei Monaten auf fünf erhöht hat, so glaube ich sagen zu dürfen, daß wir damit zufrieden sein können. Wir stehen doch allein. Wir haben keine Anleihen erhalten und erhalten keine. Von jenen mächtigen kapitalistischen Staaten, die ihre kapitalistische Wirtschaft so »glänzend« organisieren, daß sie auch heute noch nicht wissen, wohin sie gehen, hat uns kein einziger geholfen. Mit dem Versailler Frieden haben sie ein Finanzsystem geschaffen, in dem sie sich selber nicht zurechtfinden. Wenn diese großen kapitalistischen Staaten so wirtschaften, so nehme ich an, daß wir rückständigen und ungebildeten Leute schon damit zufrieden sein können, daß wir das Wichtigste, die Bedingungen für die Stabilisierung des Rubels, begriffen haben. Das wird nicht durch irgendeine theoretische Analyse sondern durch die Praxis bewiesen, und die ist, denke ich, wichtiger als alle theoretischen Diskussionen auf der Welt. Die Praxis aber zeigt, daß wir hier entscheidende Resultate erzielt haben, nämlich daß wir anfangen, die Wirtschaft in die Richtung auf die Stabilisierung des Rubels zu bringen, was für den Handel, für den freien Warenumsatz, für die Bauern und für die gewaltige Masse der Kleinproduzenten von der allergrößten Bedeutung ist.

Nunmehr gehe ich zu unseren sozialen Zielen über. Das Wichtigste ist natürlich die Bauernschaft. Im Jahre 1921 standen wir unbedingt der Unzufriedenheit eines gewaltigen Teils der Bauernschaft gegenüber. Dann hatten wir die Hungersnot. Und das bedeutete für die Bauernschaft die allerschwerste Prüfung. Und es ist vollkommen natürlich, daß das ganze Ausland damals schrie: »Da, seht ihr, da habt ihr die Resultate der sozialistischen Ökonomie.« Es war selbstverständlich ganz natürlich, daß sie darüber schwiegen, daß die Hungersnot in Wirklichkeit das ungeheuerliche Resultat des Bürgerkrieges war. Alle die Gutsbesitzer und Kapitalisten, die 1918 die Offensive gegen uns begonnen hatten, stellten die Sache so dar, als ob die Hungersnot das Resultat der sozialistischen Ökonomie sei. Die Hungersnot war wirklich ein großes und ernstes Unglück, ein Unglück, das unsere ganze organisatorische und revolutionäre Arbeit zu vernichten drohte.

Also frage ich jetzt: wie stehen die Dinge heute, nach diesem noch nie dagewesenen und unerwarteten Elend, nachdem wir die neue ökonomische Politik eingeführt, nachdem wir den Bauern die Freiheit des Handels gewährt haben? Die Antwort ist klar und steht jedermann deutlich vor Augen, nämlich: die Bauernschaft ist in einem einzigen Jahre nicht nur mit der Hungersnot fertig geworden, sondern hat auch die Naturalsteuer in solchem Umfang abgeliefert, daß wir schon jetzt Hunderte von Millionen Pud erhalten haben, und dabei fast ohne Anwendung irgendwelcher Zwangsmaßnahmen. Die Bauernaufstände, die früher, bis zum Jahre 1921 sozusagen das allgemeine Bild Rußlands bestimmt haben, sind fast vollständig verschwunden. Die Bauernschaft ist mit ihrer gegenwärtigen Lage zufrieden. Das können wir ruhig behaupten. Wir sind der Meinung, daß diese Beweise wichtiger sind als irgendwelche, statistischen Nachweise. Daß die Bauernschaft bei uns ein entscheidender Faktor ist, das bezweifelt niemand. Diese Bauernschaft befindet sich jetzt in einer solchen Verfassung, daß wir von ihrer Seite keinerlei Bewegung gegen uns zu befürchten haben. Wir sagen das mit vollem Bewußtsein, ohne Übertreibung. Das ist bereits erreicht. Die Bauernschaft mag mit dieser oder jener Seite der Arbeit unserer Staatsmacht unzufrieden sein, sie mag klagen. Das ist natürlich möglich und unvermeidlich, weil unser Apparat und unsere Staatswirtschaft noch zu schlecht sind, als daß dem vorgebeugt werden könnte, doch ist irgendeine ernsthafte Unzufriedenheit der gesamten Bauernschaft mit uns jedenfalls vollkommen ausgeschlossen. Das ist im Laufe eines einzigen Jahres erreicht worden. Ich glaube, daß das schon sehr viel ist.

Ich gehe nun weiter zur Leichtindustrie über. Wir müssen nämlich in der Industrie unterscheiden zwischen der Schwer- und der Leichtindustrie, da sich beide in verschiedener Lage befinden. Was die Leichtindustrie betrifft, so kann ich ruhig sagen: hier ist ein allgemeiner Aufschwung zu beobachten. Ich werde mich auf Einzelheiten nicht einlassen. Es gehört nicht zu meiner Aufgabe, statistische Angaben anzuführen. Doch ist dieser allgemeine Eindruck auf Tatsachen begründet, und ich kann dafür garantieren, daß ihm nichts Unrichtiges oder Ungenaues zugrunde liegt. Wir können einen allgemeinen Aufschwung der Leichtindustrie und in Verbindung damit eine bestimmte Besserung der Lage der Arbeiter in Petrograd wie in Moskau feststellen. In anderen Bezirken ist das in geringerem Grade zu beobachten, weil dort die Schwerindustrie vorherrscht, so daß man das nicht verallgemeinern soll. Doch ich wiederhole: die Leichtindustrie ist unbedingt im Aufstieg begriffen, und die Besserung der Lage der Petrograder und Moskauer Arbeiter steht außer Zweifel. In beiden Städten herrschte im Frühjahr 1921 unter den Arbeitern Unzufriedenheit. Heute ist das nicht der Fall. Wir, die wir die Lage und die Stimmung der Arbeiter Tag für Tag verfolgen, irren uns in dieser Frage nicht.

Die dritte Frage betrifft die Schwerindustrie. Hier muß ich sagen, daß die Lage immer noch schwer bleibt. Eine gewisse Wendung in dieser Lage ist 1921 eingetreten. Wir können also hoffen, daß sich die Lage in nächster Zukunft bessern wird. Die Mittel dazu haben wir zum Teil schon zusammengebracht. In einem kapitalistischen Land wäre zur Besserung der Lage der Schwerindustrie eine Anleihe in der Höhe von Hunderten von Millionen erforderlich, ohne die eine Besserung unmöglich wäre. Die Wirtschaftsgeschichte der kapitalistischen Länder beweist, daß in zurückgebliebenen Ländern nur langfristige Hundertmillionenanleihen in Dollars oder Goldrubeln das Mittel zur Hebung der Schwerindustrie sein könnten. Wir hatten diese Anleihen nicht und haben bisher nichts bekommen. Was man jetzt über Konzessionen und anderes schreibt, stellt nahezu nichts anderes dar als bloßes Papier. Geschrieben haben wir darüber in der letzten Zeit viel, insbesondere auch über die Urquhart-Konzession. Doch scheint mir unsere Konzessionspolitik sehr gut. Trotzdem aber haben wir noch keine erträgliche Konzession. Das bitte ich nicht zu vergessen. Die Lage der Schwerindustrie stellt somit für unser zurückgebliebenes Land ein sehr schweres Problem dar, da wir auf Anleihen in reichen Ländern nicht haben rechnen können. Trotzdem beobachten wir bereits eine merkliche Besserung, und wir sehen ferner, daß unsere

Handelstätigkeit uns schon einiges Kapital eingebracht hat. Allerdings ein einstweilen sehr bescheidenes Kapital, um weniges mehr als zwanzig Millionen Goldrubel. Jedenfalls, der Grund ist gelegt: unser Handel liefert uns Mittel, die wir zur Besserung der Lage der Schwerindustrie verwenden können. Zur Zeit befindet sich unsere Schwerindustrie jedenfalls noch in einer sehr schweren Situation. Doch nehme ich an, daß wir schon imstande sind, gewisse Ersparnisse zu machen. Das werden wir auch fernerhin tun. Obwohl das häufig auf Kosten der Bevölkerung geschieht, müssen wir jetzt dennoch sparen. Wir arbeiten jetzt daran, unser Staatsbudget einzuschränken, unseren Staatsapparat einzuschränken. Ich werde über unseren Staatsapparat noch im weiteren einige Worte sagen. Wir müssen auf jeden Fall unseren Staatsapparat einschränken, wir müssen sparen, soweit dies nur möglich ist. Wir sparen an allem, sogar an den Schulen. Das muß sein, weil wir wissen, daß wir ohne die Rettung der Schwerindustrie, ohne ihren Wiederaufbau keine Industrie aufbauen können, daß wir aber ohne diese überhaupt zugrunde gehen werden als selbständiges Land. Das wissen wir sehr wohl.

Die Rettung für Rußland ist nicht allein eine gute Ernte in der Bauernwirtschaft — das ist noch zu wenig — und nicht nur ein guter Zustand der Leichtindustrie, die der Bauernschaft die Gebrauchsgegenstände liefert — das ist auch noch zu wenig —, wir brauchen auch eine *Schwer*industrie. Aber um sie auf einen guten Stand zu bringen, dazu braucht es der Arbeit vieler Jahre.

Die Schwerindustrie braucht Staatszuschüsse. Wenn wir sie nicht aufbringen, so sind wir als zivilisierter Staat — ich sage schon gar nicht: als sozialistischer — verloren. In dieser Beziehung haben wir also einen entschiedenen Schritt vorwärts gemacht. Wir haben die Mittel beschafft, die notwendig sind, um die Schwerindustrie auf eigene Beine zu stellen. Die Summe, die wir bis jetzt aufgebracht haben, übersteigt allerdings kaum zwanzig Millionen Goldrubel, doch ist diese Summe jedenfalls da, und sie ist allein dafür bestimmt, unsere Schwerindustrie zu heben.

Ich glaube, daß ich Ihnen im allgemeinen in Kürze, wie ich es versprochen habe, die wichtigsten Elemente unserer Volkswirtschaft vor Augen geführt habe, und ich glaube, daß man aus alledem den Schluß ziehen kann, daß die neue ökonomische Politik schon jetzt ein Plus gebracht hat. Wir haben schon jetzt den Beweis dafür, daß wir als Staat imstande sind, Handel zu treiben, unsere festen Positionen in Landwirtschaft und Industrie zu halten und vorwärtszuschreiten. Das hat die praktische Tätigkeit bewiesen. Ich denke, daß uns das einstweilen genügt. Wir werden noch viel lernen müssen, und wir haben begriffen, daß wir noch lernen müssen. Fünf Jahre lang halten wir die Macht, und dabei haben wir uns alle diese fünf Jahre hindurch im Kriegszustand befunden. Wir haben also Erfolg gehabt.

Das ist verständlich, weil die Bauernschaft für uns war. Schwerlich ist es möglich, noch mehr für uns zu sein, als es die Bauernschaft war. Sie verstand, daß hinter den Weißen die Gutsbesitzer stehen, die sie mehr als alles auf der Welt haßt. Und darum trat die Bauernschaft mit allem Enthusiasmus, mit aller Ergebenheit für uns ein. Es war nicht schwer zu erreichen, daß die Bauernschaft uns gegen die Weißen verteidigte. Die Bauern, die den Krieg vordem gehaßt hatten, taten alles, was möglich war, für den Krieg gegen die Weißen, für den Bürgerkrieg gegen die Gutsbesitzer. Nichtsdestoweniger war das noch nicht alles, weil es hier im wesentlichen nur darum ging, ob die Macht in den Händen der Gutsbesitzer oder der Bauern bleiben wird. Für uns war das ungenügend. Die Bauern verstehen, daß wir die Macht für die Arbeiter ergriffen und das Ziel vor uns haben, mit Hilfe dieser Macht die sozialistische Ordnung zu schaffen. Darum war für uns das Wichtigste die ökonomische Vorbereitung der sozialistischen Wirtschaft. Wir konnten sie nicht auf direktem Weg vorbereiten. Wir waren gezwungen, das auf Umwegen zu tun. Der Staatskapitalismus, wie wir ihn bei uns hergestellt haben, ist ein eigenartiger Staatskapitalismus. Er entspricht nicht dem gewöhnlichen Begriff des Staatskapitalismus. Wir halten alle Kommandohöhen in unseren Händen, wir haben den Grund und Boden in unserer

Hand, er gehört dem Staat. Das ist sehr wichtig, obgleich unsere Gegner die Sache so darstellen, als ob das nichts bedeutet. Das ist falsch. Der Umstand, daß der Grund und Boden dem Staat gehört, ist außerordentlich wichtig und hat auch in ökonomischer Hinsicht große praktische Bedeutung. Das haben wir erreicht, und ich muß sagen, daß sich auch unsere ganze weitere Tätigkeit nur innerhalb dieses Rahmens entwickeln darf. Wir haben bereits erreicht, daß unsere Bauernschaft zufrieden ist, daß die Industrie auflebt und daß der Handel auflebt. Ich habe schon gesagt, daß sich unser Staatskapitalismus vom buchstäblich aufgefaßten Staatskapitalismus dadurch unterscheidet, daß wir nicht nur den Grund und Boden, sondern auch alle wichtigsten Teile der Industrie in Händen des proletarischen Staates halten. Wir haben vor allem einen gewissen Teil der kleinen und mittleren Industrie in Pacht gegeben, alles übrige dagegen bleibt in unseren Händen. Was den Handel betrifft, so möchte ich noch betonen, daß wir bemüht sind, gemischte Gesellschaften zu gründen, daß wir sie bereits gründen, d. h. Gesellschaften, in denen ein Teil des Kapitals Privatkapitalisten, und zwar ausländischen, gehört, der andere Teil aber uns. Erstens lernen wir auf diese Weise Handel treiben, und das haben wir nötig, und zweitens haben wir immer, falls wir das nötig finden, die Möglichkeit, eine solche Gesellschaft zu liquidieren, so daß wir sozusagen nichts riskieren. Beim Privatkapitalisten gehen wir in die Lehre und suchen herauszubekommen, wie wir in die Höhe kommen können und was für Fehler wir begehen. Mir scheint, daß ich mich darauf beschränken kann.

Ich möchte noch einige unerhebliche Punkte berühren.

Es ist zweifellos, daß wir eine gewaltige Menge Dummheiten gemacht haben und noch mehr machen werden. Niemand kann das besser beurteilen und deutlicher sehen als ich.

Warum aber machen wir Dummheiten? Das ist verständlich: erstens sind wir ein zurückgebliebenes Land, zweitens ist die Bildung in unserem Lande minimal, drittens erhalten wir keine Hilfe. Kein einziger zivilisierter Staat hilft uns.

Im Gegenteil, sie arbeiten alle gegen uns. Viertens ist unser Staatsapparat schuld. Wir haben den alten Staatsapparat übernommen, und das war unser Unglück. Der Staatsapparat arbeitet sehr häufig gegen uns. Die Sache war die, daß 1917, nachdem wir die Macht ergriffen hatten, der Staatsapparat uns sabotierte. Wir erschraken damals sehr und baten: »Kommt, bitte, zu uns zurück.« Und da kehrten sie nun alle zurück, und das war unser Unglück. Wir haben jetzt gewaltige Massen von Angestellten, aber wir haben nicht genügend geschulte Kräfte, über die wir wirklich verfügen können. Tatsächlich geschieht es sehr oft, daß der Apparat hier oben, wo wir die Staatsmacht haben, einigermaßen funktioniert, daß sie aber unten, wo sie verfügen, es so tun, daß sie oft gegen unsere Maßnahmen arbeiten. Oben haben wir, ich weiß nicht wieviel, aber ich denke, jedenfalls nur einige Tausend, höchstens einige Zehntausend von den Unsrigen. Unten aber sind es Hunderttausende alter, vom Zaren und von der bürgerlichen Gesellschaft übernommener Beamten, die teils bewußt, teils unbewußt gegen uns arbeiten. Hier läßt sich in kurzer Frist nichts machen, das ist ganz sicher. Hier müssen wir viele Jahre lang arbeiten, um den Apparat zu vervollkommnen, ihn zu verändern und neue Kräfte heranzuziehen. Wir machen das in ziemlich schnellem, vielleicht zu schnellem Tempo. Es sind Sowjetschulen, Arbeiterfakultäten gegründet, einige Hunderttausend junger Leute lernen, lernen vielleicht zu rasch, aber jedenfalls hat die Arbeit begonnen, und ich denke, daß diese Arbeit ihre Früchte tragen wird. Wenn wir nicht zu hastig arbeiten, so werden wir in einigen Jahren eine Masse junger Leute haben, die imstande sein werden, unseren Apparat von Grund auf zu ändern.

Ich habe gesagt, daß wir eine gewaltige Menge Dummheiten begangen haben, aber ich muß in dieser Hinsicht auch etwas über unsere Gegner sagen. Wenn unsere Gegner uns Vorhaltungen machen und sagen, Lenin selbst gebe ja zu, daß die Bolschewiki eine gewaltige Menge Dummheiten begangen haben, so will ich darauf antworten: Jawohl, aber, wißt ihr, unsere Dummheiten sind doch von ganz anderer Art als die eurigen. Wir haben erst angefangen zu lernen, aber wir lernen in solch systematischer Weise, daß wir überzeugt sind, daß wir gute Resultate erzielen werden. Doch wenn unsere Gegner, d. h. die Kapitalisten und die Helden der II. Internationale, die von uns begangenen Dummheiten hervorheben, so gestatte ich mir hier zum Vergleich die Worte eines berühmten russischen Schriftstellers anzuführen, die ich ein wenig ändere; sie sehen dann so aus: wenn die Bolschewiki Dummheiten machen, so sagt der Bolschewik: »Zweimal zwei ist fünf«; wenn aber seine Gegner, d. h. die Kapitalisten und die Helden der II. Internationale, Dummheiten machen, so kommt bei ihnen heraus: »Zweimal zwei ist Stearinkerze.«[4] Das ist nicht schwer zu beweisen. Nehmen Sie zum Beispiel den von Amerika, England, Frankreich, Japan mit Koltschak abgeschlossenen Vertrag. Ich frage Sie: gibt es aufgeklärtere und stärkere Mächte in der Welt? Und was kam heraus? Sie versprachen Koltschak Hilfe, ohne eine Berechnung angestellt zu haben, ohne zu überlegen, ohne zu beobachten. Das war ein Fiasko, das sich meiner Meinung nach vom Gesichtspunkt des menschlichen Verstandes aus sogar schwer begreifen läßt.

Oder ein anderes, noch näher liegendes und wichtigeres Beispiel: der Versailler Frieden. Ich frage Sie: was haben da die »großen«, die »ruhmbedeckten« Mächte getan? Wie können sie jetzt aus diesem Chaos und aus dieser Sinnlosigkeit einen Ausweg finden? Ich denke, es wird keine Übertreibung sein, wenn ich noch einmal sage, das unsere Dummheiten noch nichts sind im Vergleich mit den Dummheiten, die die kapitalistischen Staaten, die kapitalistische Welt und die II. Internationale alle miteinander machen. Deshalb meine ich, daß die Perspektiven der Weltrevolution – das Thema, das ich kurz berühren soll – günstig sind. Und unter einer bestimmten Bedingung, glaube ich, werden sie noch besser werden. Über diese Bedingung möchte ich einige Worte sagen.

Im Jahre 1921, auf dem III. Kongreß, haben wir eine Re-

4 Lenin zitiert hier die Worte, die Turgenew in seinem Roman „Rudin" den Weiberfeind Pigassow sagen läßt, der damit sagen will, daß das Weib auch beim Irrtum weniger logisch ist als der Mann, wenn er irrt. D. Red.

solution über den organisatorischen Aufbau der kommunistischen Parteien und über die Methoden und den Inhalt ihrer Arbeit angenommen. Die Resolution ist ausgezeichnet, aber sie ist fast durch und durch russisch, d. h alles ist den russischen Verhältnissen entnommen. Das ist ihre gute Seite, aber auch ihre schlechte. Deshalb schlecht, weil ich überzeugt bin, daß nahezu kein Ausländer sie durchlesen kann – ich habe diese Resolution noch einmal durchgelesen, bevor ich das sagte. Erstens ist sie zu lang, sie hat 50 oder mehr Paragraphen. Solche Sachen können Ausländer gewöhnlich nicht lesen. Zweitens, selbst wenn man sie lesen wird so wird sie von den Ausländern kein einziger verstehen, eben deshalb, weil sie zu russisch ist. Nicht deshalb, weil sie russisch geschrieben ist – sie ist vortrefflich in alle Sprachen übersetzt –, sondern weil sie durch und durch von russischem Geist durchdrungen ist. Und drittens, wenn sie ausnahmsweise irgendein Ausländer verstehen wird, so wird er sie nicht durchführen können. Das ist ihr dritter Mangel. Ich habe mit einigen hier eingetroffenen Delegierten gesprochen, und ich hoffe, im weiteren Verlauf des Kongresses, wenn auch nicht persönlich an ihm teilzunehmen – das ist mir leider unmöglich –, so doch mit einer größeren Zahl von Delegierten aus verschiedenen Ländern ausführlich zu sprechen. Mein Eindruck ist, daß wir mit dieser Resolution einen großen Fehler begangen haben, nämlich, daß wir uns selbst den Weg zum weiteren Erfolg abgeschnitten haben. Wie gesagt, die Resolution ist ausgezeichnet abgefaßt, ich unterschreibe alle ihre 50 oder mehr Paragraphen. Aber wir haben nicht verstanden, wie man mit unserer russischen Erfahrung an die Ausländer herankommen soll. Alles, was in der Resolution gesagt wird, ist toter Buchstabe geblieben. Doch wenn wir das nicht begreifen, so werden wir nicht vorwärtskommen können. Ich glaube, daß für uns alle, für die Russen ebenso wir für die ausländischen Genossen, das Wichtigste ist, daß wir nach fünf Jahren russischer Revolution lernen müssen. Wir haben erst jetzt die Möglichkeit zum Lernen erhalten. Ich weiß nicht, wie lange diese Möglichkeit dauern wird. Ich weiß nicht, wie lange uns die kapitalistischen

Mächte die Möglichkeit zum ruhigen Lernen geben werden. Doch müssen wir jeden von Kampftätigkeit, von Krieg freien Augenblick zum Lernen, und zwar zum Lernen von Grund auf benutzen.

Die ganze Partei und alle Schichten Rußlands beweisen das durch ihren Wissensdrang. Dieses Streben zum Lernen zeigt, daß es für uns die wichtigste Aufgabe ist: zu lernen und zu lernen. Aber auch die ausländischen Genossen sollen lernen, nicht in dem Sinne, wie wir lernen – lesen, schreiben und das Gelesene verstehen, was uns noch not tut. Man streitet darüber, ob das zur proletarischen oder zur bürgerlichen Kultur gehört. Ich lasse diese Frage offen. Fest steht jedenfalls: wir müssen vor allem lesen, schreiben und das Gelesene verstehen lernen. Die Ausländer haben das nicht nötig. Was sie nötig haben, ist schon etwas Höheres: hierher gehört vor allem auch, daß sie ebenfalls verstehen, was wir über den organisatorischen Aufbau der kommunistischen Parteien geschrieben und was die ausländischen Genossen unterschrieben haben, ohne es zu lesen und ohne es zu verstehen. Das muß ihre erste Aufgabe werden. Man muß diese Resolution zur Ausführung bringen. Das läßt sich nicht in einer einzigen Nacht machen, das ist absolut unmöglich. Die Resolution ist zu russisch: sie widerspiegelt die russische Erfahrung, deshalb ist sie für Ausländer völlig unverständlich, und sie können sich nicht damit zufriedengeben, daß sie sie wie ein Heiligenbild in die Ecke hängen und davor ihr Gebet verrichten. Damit läßt sich nichts erreichen. Sie müssen ein anständiges Stück russischer Erfahrung verdauen. Wie das geschehen wird, das weiß ich nicht. Vielleicht werden uns zum Beispiel die Faschisten in Italien damit große Dienste erweisen, daß sie den Italienern klarmachen werden, daß sie noch nicht genügend aufgeklärt sind und daß ihr Land noch nicht gegen die Schwarzen Hunderte gefeit ist. Vielleicht wird das sehr nützlich sein. Wir Russen müssen gleichfalls Mittel und Wege suchen, um den Ausländern die Grundlagen dieser Resolution klarzumachen. Sonst sind sie absolut nicht imstande, diese Resolution durchzuführen. Ich habe die Überzeugung, daß wir da nicht nur den russischen sondern auch den ausländischen Genossen sagen müssen, daß in der jetzt anbrechenden Periode das Lernen das Wichtigste ist. Wir lernen im allgemeinen Sinne. Sie aber müssen im speziellen Sinne lernen, damit sie wirklich die Organisation, den Aufbau, die Methode und den Inhalt der revolutionären Arbeit erfassen. Wenn das geschieht, so werden, davon bin ich überzeugt, die Perspektiven der Weltrevolution nicht nur gut, sondern ausgezeichnet sein.

(aus: A. W. Bd. 10, S. 315–329)

ZEITTAFEL

Leben und Werk Lenins, Daten zur Geschichte der internationalen und der russischen Arbeiterbewegung.

1864–1873	Erste Internationale.
10. 4. 1870	(22. 4.) Wladimir Iljitsch Uljanow (Lenin) in Simbirsk geboren.
1872	›Das Kapital‹ von Marx von Bakunin und Danielson ins Russische übersetzt.
1878	Vera Sassulitsch schießt auf den Stadtkommandanten von Petersburg, der kurz zuvor eine Prügelstrafe befohlen hatte.
1878–79	Streiks in Petersburg.
1879	Aus der Organisation »Semlja i Wolja« (Land und Freiheit) gehen die »Narodnaja Wolja« (Volksfreiheit oder Volkswille) und »Tschorny Peredjel« (Schwarze Umteilung – nämlich des Grundbesitzes) hervor. Lew Davidowitsch Trotzki geboren.
1881	Alexander II. wird von Anarchisten ermordet, Alexander III. Zar von Rußland (bis 1894).
1883	Alexander Iljitsch Uljanow (Lenins Bruder) in Petersburg immatrikuliert. Gründung der revolutionärmarxistischen Emigrantenorganisation »Befreiung der Arbeit« durch Georgi Plechanow (1856–1918), Paul Axelrod (1850–1928) und Vera Sassulitsch (1851 bis 1919).
1884	Studentenorganisationen werden in Rußland verboten.
1886	Ilja Uljanow, Lenins Vater, stirbt.
1887	Alexander Iljitsch Uljanow, Lenins Bruder, wird wegen Vorbereitung eines Attentats auf Alexander III. in Petersburg hingerichtet. Im Herbst wird Wladimir Uljanow (Lenin) von der Universität Kasan relegiert.
1888	Rückkehr der Familie Uljanow vom mütterlichen Gut Kokuschkino nach Kasan, Antrag auf Wiederzulassung zum Studium abgelehnt.
1889	Lenin in Samara (Winter) und auf dem neu erworbenen Gut der Mutter in Alakajewa (Sommer). Gründung der Zweiten Internationale in Paris.
1890	Lenin schließt sein Studium an der Universität Petersburg als Externer mit Auszeichnung ab.

1891 Hungerkatastrophe in Rußland. Olga, Lenins jüngere Schwester, stirbt an Typhus.

1892 Lenin läßt sich vorübergehend als Anwalt in Samara nieder.

1893 Lenin übersiedelt nach Petersburg. Nimmt neben einer begrenzten Anwaltstätigkeit Kontakt mit marxistischen Zirkeln und Arbeitergruppen auf, lernt seine künftige Frau Nadjeshda Konstantinowa Krupskaja kennen.

1894 Lenins Schrift ›Was sind die Volksfreunde und wie kämpfen sie gegen die Sozialdemokraten?‹ erscheint (Verlag einer Provinzgruppe von Sozialdemokraten).

1895 Lenin veröffentlicht eine ›Erläuterung des Gesetzes über Strafen für Fabrikarbeiter‹ (Cherson).

Erste Auslandsreise Lenins im Auftrag eines marxistischen Zirkels, Kontakte in Genf mit Plechanow und seinen Mitarbeitern. Im Herbst gründet Lenin den »Kampfbund zur Befreiung der Arbeiterklasse«. Verhaftung Lenins.

1896 Verhaftung Krupskajas.

1897 Lenin wird für 3 Jahre nach Schuschenskoje in Sibirien verbannt. Arbeit an ›Die Entwicklung des Kapitalismus in Rußland. Der Prozeß der Bildung des inneren Marktes‹, die 1899 legal in Petersburg erscheint.

1898 Gründungsparteitag der Sozialdemokratischen Arbeiterpartei Rußlands (SDAPR) in Minsk. Der größte Teil der Delegierten wird verhaftet. Im Juli heiratet Lenin Nadjeshda Krupskaja in Schuschenskoje.

1899 Versammlung verbannter Sozialdemokraten unter Lenins Leitung in Jermakowskoje.

1900 Lenin kehrt aus der Verbannung zurück, läßt sich zunächst in Pleskau nieder, reist im Juli ins Schweizer Exil. Im Dezember erscheint in München die erste Nummer der theoretischen, revolutionär-marxistischen Zeitschrift ›Iskra‹ (der Funke), an der Lenin leitender Redakteur ist (zusammen mit Plechanow, Vera Sassulitsch, Martow usw.).

1901 Die agrarsozialistische Partei der »Sozialrevolutionäre« (SR) wird gegründet, sie tritt das Erbe der Narodnaja Wolja an. Krupskaja folgt Lenin ins Exil.

1902	Lenins Schrift ›Was tun?‹ erscheint (russisch) in Stuttgart.
1903	Zweiter Parteitag der SDAPR in Brüssel und London. Spaltung der Partei in Bolschewiki (Mehrheitler) und Menschewiki (Minderheitler) aufgrund der gegensätzlichen Position von Lenins Gruppe und Martows Anhängern in der Organisationsfrage (Kaderpartei von Berufsrevolutionären gegen offene Partei von Anhängern und Sympathisanten).
1904	Lenin publiziert ›Ein Schritt vorwärts – zwei Schritt zurück‹ (Bericht über die Auseinandersetzungen innerhalb der SDAPR). Der russisch-japanische Krieg bricht aus.
1905–1907	Erste russische Revolution. Erschießung von friedlich demonstrierenden Arbeitern in Petersburg (angeführt von dem Priester Gapon), Meuterei auf dem Panzerkreuzer Potemkin, Bauernaufstände, Generalstreiks in mehreren Städten usw. III. Parteitag der SDAPR (ohne die Menschewiki). Lenin publiziert ›Zwei Taktiken der Sozialdemokratie in der gegenwärtigen Revolution‹. Niederlage der zaristischen Regierung im Krieg mit Japan.
1906	IV. Parteitag der SDAPR in Stockholm (Vereinigungsparteitag), unter dem Eindruck der Revolution rücken die oppositionellen Flügel einander näher.
1907	V. Parteitag der SDAPR in London. Lenin wird zum Delegierten der russischen Sozialdemokraten im Büro der (II.) sozialistischen Internationale gewählt. Tritt auf dem Kongreß der Internationale in Stuttgart auf und formuliert eine Resolution zur Frage der Friedenssicherung und des Kampfes gegen den Militarismus (zusammen mit Rosa Luxemburg u. a.).
1908	Lenin in Genf. »Materialismus und Empiriokritizismus« – Auseinandersetzung mit Machisten etc. in der Partei, die idealistische Erkenntnistheorien mit marxistischer Geschichtstheorie kombinieren wollen. Lenin bei Gorki in Capri (Auslandsschule russischer Sozialisten).
1909	Tagung des Zentralkomitees in Paris, Lenin übersiedelt dorthin.
1910	Kongreß der sozialistischen Internationale in Kopenhagen, an dem Lenin teilnimmt.

1911	Lenin organisiert die Parteischule von Longjumeau bei Paris.
1912	VI. Prager Parteitag der SDAPR – Ausschluß der Menschewiki aus der Partei. Lenin übersiedelt nach Krakau um der russischen Arbeiterbewegung näher zu sein, die seit 1910 einen neuen Aufschwung erlebt.
1914	4. 8. die deutschen Sozialdemokraten stimmen der Kriegsanleihe im Reichstag zu, Lenin hält die Nachricht zunächst für eine »Fälschung« der deutschen Regierung. Zusammenbruch der II. Internationale. Lenin in Krakau als angeblicher russischer Spion verhaftet, aufgrund der Intervention österreichischer Sozialisten freigelassen und in die Schweiz abgeschoben.
1914–1917	Lenin in der Schweiz. Arbeiten über den Imperialismus (1917 erscheint die Schrift ›Der Imperialismus als höchstes Stadium des Kapitalismus‹ in Rußland legal), über den Krieg und den Zusammenbruch der alten Internationale, Teilnahme an den Konferenzen von Zimmerwald (1915) und Kienthal (1916), auf denen Lenin zur »Zimmerwalder Linken« gehört. Studium der Hegelschen Logik (1932 werden aus dem Nachlaß die ›Philosophischen Hefte‹ erstmals publiziert).
1915	›Über die Losung der Vereinigten Staaten von Europa‹ erscheint (23. 8.) in ›Der Sozialdemokrat‹.
1916	›Opportunismus und Zusammenbruch der II. Internationale‹ erscheint in ›Der Vorbote‹ Nr. 1. Januar. ›Das Militärprogramm der proletarischen Revolution‹ geschrieben Herbst 1916 (Jugendinternationale September-Oktober 1917 publiziert).
	Tod von Lenins Mutter.
1917	Februarrevolution (»bürgerliche Revolution«) in Rußland (Daten bis zum 1. [14.] Februar 1918 werden nach dem alten, julianischen Kalender angegeben, der am 1. [14.] Februar durch den auch bei uns geltenden gregorianischen abgelöst wird).
23. 2.	Generalstreik in Petersburg.
26. 2.	Auflösung der Reichsduma durch den Zaren.
27. 2.	Provisorisches Regierungskomitee.
2. 3.	Abdankung des Zaren.
3. 3.	Rückkehr Lenins nach Rußland, der durch Vermittlung deutscher Sozialdemokraten mit Hilfe des Generalstabs Deutschland passieren konnte.

4. 4.	›Aprilthesen‹ (Über die Aufgaben des Proletariats in der gegenwärtigen Revolution). »Über die Doppelherrschaft«. »Alle Macht den Räten« (gegen Zusammenarbeit mit der bürgerlichen Regierung).
24. 4.	Allrussische Parteikonferenz in Petrograd.
4. 7.	Juli-Aufstand, gegen den Rat Lenins unternommen – wird niedergeworfen. Lenin muß fliehen, zahlreiche Bolschewiki verhaftet.
8. 7.	Der Sozialrevolutionär Kerenski wird Regierungschef. Versuch der Unterdrückung der Bolschewiki. Offensive an der Front.
24. 8.	Revolte des zaristischen Generals *Kornilow*, zu deren Niederwerfung Kerenski genötigt ist, die Arbeiter um Hilfe zu rufen. August–September Lenin schreibt ›Staat und Revolution‹.
7. 10.	Lenin kehrt nach Petrograd zurück, um die Parteiführung von der Notwendigkeit einer baldigen Initiative zum bewaffneten Aufstand zu überzeugen.
24. 10.	Beginn der Oktoberrevolution. Organisatorische Leitung bei Lenin und Trotzki.
25. 10.	Sturz und Flucht Kerenskis.
26. 10.	»Rat der Volkskommissare« unter Lenins Vorsitz als neue Regierung gebildet. Dekrete über Nationalisierung des Bodens und Übergabe an Bauernkomitees, Selbstbestimmungsrecht für alle Völker Rußlands, Abschaffung aller Ausnahmebestimmungen für Juden, Aufruf zum Frieden an die Mittelmächte.
12. 11.	Bei allgemeinen Wahlen werden die von den bäuerlichen Massen unterstützten Sozialrevolutionäre Sieger.
1918 Januar	Lenin läßt die neue Konstituante auflösen, die parlamentarische Demokratie wird als ungeeignete Form der »Diktatur des Proletariats und der werktätigen Bauernschaft« abgelehnt. »Alle Macht den Räten« richtet sich jetzt auch gegen die im November gewählte Mittel-Konstituante.
8. März	VII. Parteitag der SDAPR. Der Parteiname wird in Kommunistische Partei Rußlands (Bolschewiki) geändert. Lenin schreibt ›Die nächsten Aufgaben der Sowjetmacht‹.

10. 3.	Übersiedlung der Regierung nach Moskau in den Kreml.
15. 3.	Austritt der linken Sozialrevolutionäre aus der Regierung, die sie bis dahin mitgetragen hatten.
6. 7.	Ermordung des deutschen Botschafters Graf Mirbach durch Sozialrevolutionäre.
16. 7.	Ermordung der Zarenfamilie in Jekaterinburg.
30. 8.	Attentatsversuch auf Lenin.
1918–1921	Interventions- und Bürgerkrieg in Rußland.
1919	Gründungskongreß der III. Internationale (Komintern) in Moskau.
1920 März	IX. Parteitag der KPR. II. Kongreß der Kommunistischen Internationale, Lenin verfaßt Aufnahmebedingungen, Rede über die nationale und koloniale Frage (asiatische Revolution).
1921 März	Streiks in Petrograd, Aufstand der Matrosen von Kronstadt (»Sowjets ohne Bolschewiki«) wird blutig niedergeworfen. X. Parteitag der KPR (b) nimmt die Einführung der »Neuen Ökonomischen Politik« (NÖP) an. Konzessionen an den »Kapitalismus«, Naturalsteuer statt Zwangsablieferung für Agrarprodukte, Liberalisierung des Handels, des Handwerks, der Klein- und Mittelbetriebe. Konzessionen an ausländische Unternehmungen. Verbot der Bildung von Fraktionen innerhalb der Partei.
1922	Prozeß gegen Sozialrevolutionäre. Neue Verfassung: Union der Sozialistischen Sowjet-Republiken. Lenin insistiert auf dem Recht auf Selbstbestimmung für die minoritären Nationen – bis zum Recht der Loslösung von der Union. Lenin ›Über die Rolle und die Aufgaben der Gewerkschaften unter den Verhältnissen der Neuen Ökonomischen Politik‹, ZK-Beschluß vom 12. 1. 1922. Zwei Schlaganfälle Lenins. Schwere Beeinträchtigung seiner Arbeitsfähigkeit. Schreibt ›Notizen eines Publizisten ...‹. XI. Parteitag (März). XII. Parteitag (Dezember).
1923	Lenin: ›Über das Genossenschaftswesen‹. ›Über unsere Revolution‹ (zu den Aufzeichnungen Suchanows), ›Lieber weniger, aber besser‹. Diktiert sein ›Politisches Testament‹. Vergrößerung des ZK, Ablösung Stalins,

Bestrafung Ordschonikidses und Dzershinskis wegen ihres Vergehens gegen Georgische Nationalisten. Dritter Schlaganfall. Kurze Besserung, Besuch in Moskau (Oktober).

1924 21. Januar Tod Lenins. Auf Lenins Wunsch wird sein Leichnam – insbesondere das Gehirn – seziert und untersucht. Stalin läßt ihn einbalsamieren und in das Mausoleum am Roten Platz überführen.

April: Stalins Vorträge ›Über die Grundlagen des Leninismus‹ an der Swerdlow-Universität.

LITERATURVERZEICHNIS

A. *Lenin-Editionen*

1. Sämtliche Werke, dt. Ausgabe nach der 2. und 3. russ. Ausgabe, Wien und Moskau 1929–1941 (nicht abgeschlossen) 22 Bde.
2. Werke, ins Deutsche übertragen nach der 4. russ. Ausgabe, Berlin 1955–1964 40 Bde. Ergänzungsbände I. und II. T.
3. Ausgewählte Werke in 12 Bänden, Moskau 1932–39
4. Ausgewählte Werke in 2 Bänden, Moskau 1946/47
5. Ausgewählte Werke in 6 Bänden, Frankfurt 1970

B. *Einzelausgaben der wichtigsten Schriften Lenins*

1. Der Imperialismus als höchstes Stadium des Kapitalismus, Berlin 1951 (167 S.)
2. Hefte zum Imperialismus, Vorarbeiten zu dem Werk ›der Imperialismus als höchstes Stadium des Kapitalismus‹, Berlin 1957 (815 S.)
3. Über die nationale und die koloniale nationale Frage, Berlin 1960 (711 S.)
4. Was tun? Brennende Fragen unserer Bewegung, Berlin 1954 (248 S.)
5. Ein Schritt vorwärts, zwei Schritte zurück, die Krise in unserer Partei, Berlin 1951 (140 S.)
6. Staat und Revolution, die Lehre des Marxismus vom Staat und die Aufgaben des Proletariats in der Revolution, Berlin 1963 (172 S.)
7. Der linke Radikalismus, die Kinderkrankheit im Kommunismus, Berlin 1953 (126 S.)
8. Materialismus und Empiriokritizismus, kritische Bemerkungen über eine reaktionäre Philosophie, Berlin 1960 (400 S.)
9. Aus dem philosophischen Nachlaß, Exzerpte und Randglossen, Berlin 1961 (412 S.)
10. Marx – Engels – Marxismus, Grundsätzliches aus Schriften und Reden, Berlin 1961 (568 S.)
11. Correspondence entre Lénine et Camille Huysmans 1905–1914, Paris-den Haag 1963

C. *Biographien und Monographien*

a) von Marxisten

1. *Otto Braun,* Lenins militärische Tätigkeit 1917–1920, Berlin 1957

2. *N. I. Buckharin*, Lenin as a Marxist, London 1925
3. *A. Deborin*, Lenin der kämpferische Materialist, Wien 1924, Frankfurt 1971
4. *L. B. Kamenew*, Lenins literarisches Erbe, Hamburg 1924
*5. *N. K. Krupskaja* (die Frau Lenins), Erinnerungen an Lenin, Moskau-Leningrad 1933, 2 Bde.
6. *Georg Lukács*, Lenin, Studie über den Zusammenhang seiner Gedanken, Wien 1924
7. *J. Luppol*, Lenin und die Philosophie, Wien 1929
8. *Karl Obermann*, Lenins Beziehungen zur deutschen Arbeiterbewegung, Berlin 1950
9. *Anton Pannekoek*, Lenin als Philosoph, mit einer Rezension von Karl Korsch und einer Einleitung von Paul Mattick, Frankfurt-Wien 1969
*10. *Maurice Pianzola*, Lenin in der Schweiz, Berlin 1956
11. *Arnold Reisberg*, Lenin und die Zimmerwalder Bewegung, Berlin 1966
*12. *Luise Schälike* (Ed.), Genosse Lenin, Erinnerungen von Zeitgenossen, Berlin 1967
13. *G. Sinowjew*, Lenin, sein Leben und seine Tätigkeit, Hamburg 1920
14. *Josef W. Stalin*, Zu den Fragen des Leninismus, Auswahl, Frankfurt 1970
15. Leo *Trotzki*, Über Lenin, Material für einen Biographen, Berlin 1924 (Neuauflage Frankfurt 1964)
16. *Leo Trotzki*, Der junge Lenin, Wien-München-Zürich 1969
*17. *Clara Zetkin*, Erinnerungen an Lenin, Wien-Berlin 1929
*18. *E. Zetkin-Milowidowa*, W. I. Lenin, die Jugendjahre, Berlin 1953
19. Lenin, Leben und Werk, mit Beiträgen von Bucharin, Kamenew, Krschishanowski, Larin, Preobraschenski, Radek, Stalin, Trotzki usw., Wien 1924
*20. (anonym) Lenin, ein kurzer Abriß seines Lebens und Wirkens, Moskau 1947

b) von Nicht-Marxisten

1. *M. Eastman*, Lenin and the Science of Revolution, London 1926
2. *Louis Fischer*, Das Leben Lenins, Köln-Berlin 1964

---

* Gekennzeichnete Arbeiten sind vorwiegend persönliche Erinnerungen und offizielle Biographien.

3. *Dietrich Geyer,* Lenin in der russischen Sozialdemokratie, Köln u. Graz 1962
4. *W. Hahlweg,* Lenins Rückkehr nach Rußland 1917, die dt. Akten, Leiden 1957
5. *T. T. Hammond,* Lenin on Trade-Unions and Revolution 1893–1917, New York 1957
6. *H. W. Kettenbach,* Lenins Theorie des Imperialismus, Teil I. Voraussetzungen, Köln 1965
7. *Helmut König,* Lenin und der italienische Sozialismus, ein Beitrag zur Gründungsgeschichte der kommunistischen Internationale 1915–1921, Köln, Graz 1967
8. *Wolfgang Leonhard,* Die Dreispaltung des Marxismus, Ursprung und Entwicklung des Sowjetmarxismus, Maoismus und Reformkommunismus, Düsseldorf, Wien 1970
9. *Moshe Lewin,* Lenins letzter Kampf, Hamburg 1970
10. *A. G. Meyer,* Leninism, Cambridge Mass. 1957
11. *Richard Nürnberger,* Lenins Revolutionstheorie, in Marxismusstudien, 1. Folge, Tübingen 1954
12. *Dieter Oberndörfer, Wolfgang Jäger,* Marx, Lenin, Mao, Revolution und neue Gesellschaft, Stuttgart 1974
13. *St. T. Possony,* Lenin, Chicago 1964, dt. Köln 1965
14. *Georg von Rauch,* Lenin, die Grundlegung des Sowjetsystems, Göttingen 1957, 1962[3]
15. *D. Shub,* Lenin, eine Biographie, Wiesbaden 1952, 1958[2]
16. *G. Walter,* Lénine, Paris 1950
17. *B. D. Wolfe,* Drei Männer, die die Welt erschütterten, Wien 1951, Neuausgabe unter dem Titel: Lenin, Trotzki, Stalin. Drei, die eine Revolution machten, eine biographische Geschichte, Frankfurt 1965
18. *Werner Ziegenfuß,* Lenin, Soziologie und revolutionäre Aktion im politischen Geschehen, Berlin 1948

D. *Lenin-Kritik von seiten der Neuen Linken u. a.*

1. *Gabriel u. Daniel Cohn-Bendit,* Linksradikalismus – Gewaltkur gegen die Alterskrankheit des Kommunismus, Reinbek 1968. (Enthält im letzten Teil eine Analyse über »Charakter und Strategie des Bolschewismus«, die nachzuweisen sucht, daß die russische Revolution von den Massen der Parteiführung aufgezwungen wurde – im Gegensatz zur Leninschen [Trotzkischen] Konzeption der führenden Rolle der Partei)
2. *Rudi Dutschke,* Versuch, Lenin auf die Füße zu stellen. Über den halbasiatischen und den westeuropäischen Weg zum Sozia-

lismus. Lenin, Lukács und die Dritte Internationale, Berlin 1974

3. *Hans Jürgen Krahl,* Konstitution und Klassenkampf. Zur historischen Dialektik von bürgerlicher Emanzipation und proletarischer Revolution, Frankfurt 1971
Enthält Notizen zu Lenin ›Was tun?‹, ›Staat und Revolution‹ und ›Der linke Radikalismus . . .‹ sowie über ›Marxismus-Leninismus‹

4. *Marcel Liebmann, Rita di Leo,* Zur Lenin-Diskussion, Berlin 1970 1973

5. Lenin, Revolution und Politik, Aufsätze von *Paul Mattick, Bernd Rabehl, Juri Tynjanow* und *Ernest Mandel,* Frankfurt 1970

6. Partei und Klasse, eine Diskussion zwischen *Jean Paul Sartre* und ‚Il Manifesto', Einleitung Rosan Rossanda, Berlin 1970
Als Vorläufer dieser linken Lenin-Kritik kann man vor allem *Karl Korsch* ansehen. Vgl. insbesondere seine Beiträge ›Zehn Jahre Klassenkampf in Sowjetrußland‹ und ›Zur Geschichte der marxistischen Ideologie in Rußland‹ in ›Politische Texte‹, herausgegeben von Erich Gerlach und Jürgen Seifert, Köln u. Frankfurt 1974

7. Bernd *Rabehl,* Marx und Lenin, Widersprüche einer ideologischen Konstruktion des ›Marxismus-Leninismus‹, Berlin 1973

PERSONENREGISTER